世界名人名传 ｜ 主编 柳鸣九

[法] 安德烈·莫洛亚 著

艾珉 俞芷蒨 译

巴尔扎克传（上）

Biography

Honoré de Balzac /

河南文艺出版社
·郑州·

图书在版编目（CIP）数据

巴尔扎克传：上下册/（法）安德烈·莫洛亚著；艾珉，俞芷倩译. —郑州：河南文艺出版社，2019.8
（世界名人名传/柳鸣九主编）
ISBN 978-7-5559-0728-2

Ⅰ.①巴…　Ⅱ.①安…②艾…③俞…　Ⅲ.①巴尔扎克（Balzac，Honore De 1799－1850）－传记　Ⅳ.①K835.655.6

中国版本图书馆 CIP 数据核字（2019）第 010682 号

巴尔扎克传
Balzac Zhuan

出版发行	河南文艺出版社
本社地址	郑州市郑东新区祥盛街 27 号 C 座 5 楼
邮政编码	450018
承印单位	河南瑞之光印刷股份有限公司
经销单位	新华书店
纸张规格	890 毫米×1240 毫米　1/32
总 印 张	23.25
总 字 数	555 000
版　　次	2019 年 8 月第 1 版
印　　次	2019 年 8 月第 1 次印刷
定　　价	119.00 元

印厂地址　河南省武陟县产业集聚区东区（詹店镇）泰安路
邮政编码　454950　　电话　0391-2527860
（本书封面图未能联系上作者，敬请作者与本社联系。）

译本序

    波德莱尔说得不错，巴尔扎克是《人间喜剧》诸多人物中"最奇特、最有趣、最浪漫、也最富有诗意的一个"。如果巴尔扎克把自己的一生写成小说，想必是《人间喜剧》中最可惊可叹的一部。然而，尽管《人间喜剧》中到处有巴尔扎克的影子，作家毕竟不曾为自己立传。这项饶有意趣的工作，在一个世纪以后，由著名的传记文学家安德烈·莫洛亚完成了。

    由莫洛亚为巴尔扎克作传，也许比大小说家本人执笔更为理想。"上帝能够创造一切，却不能创造另一个上帝；天才能够再现一切，却不能再现天才。"①巴尔扎克成功地塑造了成千个形象，却不一定能塑造好自己。他呕心沥血写作的《路易·朗贝尔》——《人间喜剧》中唯一带有自传色彩的小说，并不怎么受读者欢迎，莫洛亚的《巴尔扎克传》倒取得了完满的成功。在前一部作品里，巴尔扎克试图将拥塞在天才头脑里的奇思妙想倾盆大雨般向读者浇去，任何读者都消受不了这么一盆浓汤；莫洛亚则不慌不忙，带领读者沿着巴尔扎克走过的道路徐徐前进，和巴尔扎克一起研究社会，认识人生，和他一起熬过不眠之夜，一

---

    ① 安德烈·莫洛亚：《巴尔扎克传》，参阅本书第 240 页。

起躲避债主的追逐,分担他失败的忧苦,共享他成功的喜悦……于是,一个五短三粗、目光炯炯、既荒唐又深刻、既平凡又伟大的巴尔扎克便血肉丰满地站立了起来,亲切地活在读者的心里。

安德烈·莫洛亚(1885—1967)很小就显示了出众的文学才能,他的语文老师早就断言他将成为作家。但他以优异成绩从中学毕业后,却接受阿兰①的劝告,进了父亲的呢绒工厂。阿兰不愿意莫洛亚成为《幻灭》中的吕西安,而希望他通过社会实践写出二十世纪的《人间喜剧》。莫洛亚年近四十才发表第一部小说(《勃朗布尔上校的沉默》),一炮打响,此后四十余年,笔耕不辍,结集出版的作品竟达八十五种之多,总字数不在《人间喜剧》之下。莫洛亚是一位有多方面才能的作家,无论何种文学体裁,诸如长篇小说、中短篇小说、随笔、游记、文学评论、传记,乃至史学,他驾驭起来都得心应手,挥洒自如。他的短篇小说构思奇巧,极富魅力,特别是小说的结尾,往往别出心裁,难以逆料,不亚于"欧·亨利式的结尾"②。有人赞他是"莫泊桑后第一人",看来并非过誉。他的长篇小说《氛围》(1928)被视为法国现代文学的珠玑之作。他写过大量文学评论,均有独到的见解。但真正体现其独创精神,使之蜚声文坛的,是他的传记文学。

莫洛亚的传记作品兼有史学和文学的双重优点。作为史家,他崇尚严谨的科学态度,要求详尽地占有材料,尊重事实,一切以历史档案、信函、日记、回忆录为凭,不容许有任何穿凿附会之处;作为小说家,他善于从纷繁芜杂的资料中,剔粗取精,提炼出人物成长的思想脉络,发

---

① 阿兰即爱弥儿·夏基埃(1868—1951),法国学者,随笔作家,著名的哲学教授,莫洛亚的中学老师,对莫洛亚的成长曾产生重大影响。

② 欧·亨利(1862—1910),原名威廉·西德尼·波特,美国著名短篇小说家,其小说的结尾经常出人意料,显示了惊人的独创性,被称为"欧·亨利式的结尾"。

掘出足以反映性格特征的素材，捕捉住富有情趣或戏剧性的细节。所以他的传记作品虽来自大量枯燥乏味的档案材料，却既有感人的情节，又有生动的形象塑造，读来如小说般引人入胜，只是没有小说的虚构成分。长时期以来，在批评家们眼中，传记应隶属学术领域，算不上是文学作品，因为传记作品的材料是现成的，无须创造。莫洛亚却认为："以为缺乏想象力的人才去写传记，真是大谬不然……如果去追溯巴尔扎克小说的来源，那么连最细微的情节也都有迹可循。不过这源泉并非来自书本，而是撷自生活，传记反之，差别就在这一点上。"①莫洛亚自谓写《氛围》所花费的小说家的匠心，与他写传记所花费的传记家的匠心，并无太大不同，"只是作为小说家，行文更自由，我可以用两三个原型塑造一个人物，不受史实限制……"②可见，要把传记写成文学，其实比写小说更加不易。莫洛亚通过自己的艺术实践，大大提高了传记作品的文学地位，使之成为一种正式的文学体裁。法国文学史上，传记文学的成就，至今尚无出其右者。

　　莫洛亚一生所写的传记文学作品共十四部③，《巴尔扎克传》是最后一部，于1965年出版。当时莫洛亚已是八十高龄的老者④，然笔锋犹健，才华不减当年，且资料之翔实，技巧之圆熟，已达登峰造极的境界，所以不少人把这部传记视为莫洛亚传记文学的冠冕之作。

---

①　莫洛亚:《文学生涯六十年》。
②　莫洛亚:《文学生涯六十年》。
③　这十四部传记包括:《雪莱传》(1923)、《迪斯雷利传》(1927)、《拜伦传》(1930)、《利奥泰传》(1931)、《屠格涅夫传》(1931)、《伏尔泰传》(1932)、《夏多布里昂传》(1938)、《普鲁斯特传》(1949)、《乔治·桑传》(1952)、《雨果传》(1954)、《三仲马》(1957)、《弗莱明爵士传》(1959)、《拉法耶特夫人传》(1961)和《巴尔扎克传》(1965)。
④　据说莫洛亚之所以迟迟未写《巴尔扎克传》是出于对巴尔扎克研究权威布特隆的尊重。布特隆毕生从事巴尔扎克研究，自然最有资格写这部传记，可惜他直至去世尚未进行这一工作，他所积累的丰富资料，对莫洛亚有极大帮助。

莫洛亚所写传记的最大特点,是真实地再现伟人的本来面目,丝毫不回避伟人的渺小之处。他乐于"显示伟人的力量和弱点",写出"他之所以能完成伟大的事业,是因为他的力量克服了自身的弱点"。这种想法本身就是一种创新。人们习惯于把死去的英雄或伟人奉为圣贤,讳言他们的弱点或过失,唯恐有损他们的光辉形象。也许是出于同样的心理,优秀人物活着的时候很少能得到承认,人们往往指责他们的缺点而无视他们的功绩。在莫洛亚看来,伟人也是人,他们在凡人的世界中出生、成长,和凡人一样有这样那样的错误;他们并不总那么"伟大",更谈不上完美;他们也干蠢事,有时还显得可笑和渺小,然而他们却成就了凡人连想也不敢想的业绩。莫洛亚认为传记家的乐趣,恰恰在于"显示从貌似平庸的人生里,怎样迸发出超凡入圣的业绩来"。

　　巴尔扎克无疑是莫洛亚由衷敬佩的作家①,他将《巴尔扎克传》又命名为《普罗米修斯或巴尔扎克的一生》,以希腊神话中巨人普罗米修斯的传说②,来譬喻巴尔扎克创作《人间喜剧》的伟绩,可见对巴尔扎克评价之高。但这并不妨碍他以批评的口吻谈及巴尔扎克的某些行为。描写伟大平庸的一面而不损及其伟大,揭露他的弱点、过失,反倒令人备感亲切,这正是莫洛亚技高一筹的地方。显然,仅靠史学家的精确和小说家的生花妙笔是做不到这一点的。那么,莫洛亚的奥秘是什么?用他自己的词汇表达,就是"参与"。通过参与达到理解和学习。

　　　　我在《巴尔扎克传》里,想让读者看到巴尔扎克的家庭、图尔城、旺多姆学校,悉如巴尔扎克小时候看到的那样。之后,我们跟

---

　　①　莫洛亚在《文学生涯六十年》中谈到,对他产生重大影响的作家,首推巴尔扎克、托尔斯泰和普鲁斯特。
　　②　传说普罗米修斯用泥土造人,并为人类盗取天火。

他一起认识人生、女人、爱情、破产、贫困和作家的荣耀。让读者有时感到自己就在巴尔扎克的文学作坊里，跟他一样充满回忆，经过声光化电的熔铸，拿出一部《高老头》或一篇《夏娃的女儿》。如果我写得成功，读者得以参与一点巴尔扎克的生活与创作，那我就得分，算做了一桩有用的事。因为，跟伟人一起生活，了解伟人，崇拜伟人，是大有裨益的。①

　　这种参与的态度，对正确理解和真实再现伟人的面貌至关重要。干大事业的人常有些为世人所不容的短处，有时这短处恰与他们的伟大相辅相成。《绝对之探求》中的克拉埃为了探求"绝对"，不惜倾家荡产，使妻子儿女陷入贫困。按世俗的观念，他自然是个坏丈夫、坏父亲。然而在科学领域他却是个伟人，如果他的试验成功，必将造福于人类。巴尔扎克通过克拉埃夫人之口说道："你们的美德，不同于凡夫俗子的美德；你们属于世界，不能属于一个女人或一个家庭，你们像大树一样吸干了你们周围土地的水分……"②这句话是否也有作家为自己辩解的成分呢？巴尔扎克的一家，他的亲友和恋人，几乎都为他做过大大小小的奉献，而谁也没有从他的文学成就中获得任何好处，他的成就是属于全世界的。这位大作家在生活中确令人难以容忍的地方，他轻率、荒唐、异想天开，所有的实际事务都被他搅得一团糟……但是，他若是个精明强干的实业家或规行矩步的谦谦君子，也许就写不出《人间喜剧》了。没有他那种如火如炽的欲望，没有那些失败的痛苦经历，他怎能对这尔虞我诈的社会有如此深刻的了解，怎能对破产、负债有这等真

---

① 莫洛亚：《文学生涯六十年》。
② 巴尔扎克：《绝对之探求》。

切的感受,能怎将这个社会中无情的竞争写得这样有声有色,又怎能将两三千个人物刻画得千姿百态、栩栩如生? 莫洛亚以善意的嘲讽口吻写道:"他想出的主意'含满黄金',他经营失败的所有企业几乎都使别人发了财,不仅铸字厂、地皮买卖,也包括再版古典文学作品以及香水推销广告等,无不如此。唯有在他自己创造的世界里他才是主宰一切的上帝。每当他陷入困境,或遇到自己无法对付的厄运,他便溜之大吉,一头钻进文学创作之中。到了那个世界里,他最惨痛的失败便将成为最佳创作题材……"①就这样,莫洛亚在引导读者参与巴尔扎克的生活时,也就帮助读者全面理解了巴尔扎克的弱点、过失和伟大。

人们常常责备巴尔扎克的保王派立场和对宗教的宣扬。莫洛亚是如何理解这一点的呢? 他引用了阿兰的一句精彩论断:"他虽然拥护王权和教权,但是对两者都不相信。"②莫洛亚的解释是:"从信仰的绝对意义上讲,他对两者都不相信,但是他相信它们的实用价值。"③多么中肯、多么切合实际的分析! 不管巴尔扎克宣称自己"在王权和宗教这两种永恒真理的照耀下写作"显得多么不合潮流,却绝无主张历史倒退的用意。在巴尔扎克看来,经历了 1789 年革命的法国社会需要的是稳定,而任何一种形式的集权政治此时都比议会民主更能保证社会的稳定发展。法国历史的发展进程恰好证明了他的观点不无道理。在资本主义取代封建主义的新旧交替时期,在旧秩序已被破坏,新秩序尚待建立和巩固的时刻,代议制民主显得如此软弱无力,以至不得不让拿破仑一世的帝国来巩固资产阶级的胜利,让拿破仑三世的第二帝国来保障资本主义生产方式的长足发展。巴尔扎克只是从他的历史观出发来判

---

① 参阅本书第 359 页。
② 参阅本书第 513 页。
③ 参阅本书第 513 页。

断政治,从未直接卷入党派间的利害之争。严格说来他并不是保王党中的一员,他主张君主制却对保王党人并无好感。他反对共和却对为理想献身的共和党人满怀敬意。同样,他相信宗教对稳定社会秩序的作用,心里却比谁都清楚"天主教教义是一套自欺欺人的假话"。在某些作品中,他对宗教的描写完全可以与反宗教、反教权的司汤达媲美。可是,除了宗教,还有什么手段可以约束恶的发展,阻止人类滑向堕落呢?"要全民族都去研究康德是不可能的。对民众来说,信仰和习俗要比研究和论证更有实际意义。"①

对于巴尔扎克那些芜杂的哲学思想,莫洛亚同样表现了令人赞叹的宽容和理解的态度。不错,巴尔扎克对神秘学说兴趣很浓,对面相学、骨相学颇为迷信,他甚至求助于催眠师、巫师……可是莫洛亚从天才的思想中发现了大量智慧的火花。他无限感慨地指出巴尔扎克的许多思想"走在了科学之前一个世纪"。人们当时以为纯属异想天开的设想,一百年后也许会被科学所证实。例如关于宇宙的"统一性"的认识,关于"宇宙万物中重要的奥秘存在于无穷小的物质成分之中"的见解,对世界本原(即所谓"绝对")的探求……他不无根据地意识到物质与精神是同一实体的两个方面,意识到精神与物质的相互作用,他确信思想是一种物质的运动并能对肉体产生物质的影响,他从宇宙万物中看到了受物质世界客观规律所制约的运动以及支配人的生命力的内在力量……这些,显然都在一步步为科学所证实。

巴尔扎克属于那种思维能力超常发展的天才,他广博的知识和超级的感悟力,使他对一切都产生兴趣,从最概括、最抽象的哲学,到最琐碎、最具体的夫妻纠纷。社会科学、自然科学的各个门类他都涉猎到了。他

①　参阅本书第 515 页。

在作品中准确无误地使用各门学科的专业词汇,内行地谈论技术上的细节,他对音乐的精辟见解能使乔治·桑大吃一惊……只要他愿意,他可以成为任何一门学科的专家,然而他却不曾全力以赴从事任何学科的研究。他因为想要理解一切而不可能深入到任何一个门类,于是他成为一位前无古人的小说家,一位百科全书式的小说家。莫洛亚说得多么好:"这个帝国疆域如此辽阔,在这片疆土之上,智慧的太阳永不落。"

莫洛亚不想神化天才,把伟人写得高不可攀有什么好处呢?徒然让人们感到自己更渺小,更无存在的价值。而他的愿望却是要"给人以自信"①,让人们从伟人的生平中汲取力量。他的乐趣是记述天才所走过的坎坷道路,描写天才在创作上的艰苦摸索:那些呕心沥血写出来却受到冷遇的作品,那些经过十数次修改、涂得面目全非的校样,那些在同行的嫉妒和社会偏见压力下的苦苦挣扎……总之,他要说明天才比起旁人并没有什么得天独厚的优越条件,只不过具有更大的勇气、更坚定的信念和百折不挠的毅力。

巴尔扎克一生都在进行普罗米修斯式的拼搏,他给自己定下了凡人所不敢指望的目标。他在二十年中也许消耗了正常人五十年的生命,"房屋造毕,死神来临"。到他接近终点时,他和那位马拉松的长跑者一样,已经奄奄一息地倒下了。莫洛亚不惜笔墨,对巴尔扎克之死作了详尽的、饱含悲壮意味的描绘。巴尔扎克为人类留下了一座辉煌的永久性建筑,可是他的葬礼没有任何隆重的排场,棺椁上没有任何醒目的头衔。"他的王国不在这个世界上。"一些必朽无疑的人占据着"不朽者"的座位,真正的不朽者却难以获得同代人的认可。②"所有高大

---

① 莫洛亚:《文学生涯六十年》。

② 法兰西学院的院士被称为"不朽者",巴尔扎克尽管卓有成就,却因负债一直未能为法兰西学院所接纳。

的建筑都投下阴影,有些人则只看见阴影。"①在任何时代,人们要与思想超前发展的天才达成共识总是很困难的。因为大多数人都习惯于按现成的狭隘观念衡量一切。唯有待历史拉开一段距离以后,宏伟建筑的珍贵价值才能为世人所认识。巴尔扎克早就意识到"友谊和荣誉只能在坟墓里享受"。倘使社会对天才人物稍稍宽容一些,对有悖传统的思想行为能多少抱莫洛亚式的理解态度,优秀人物的生态环境想必要好得多。看来,这也是莫洛亚的名人传记给我们的启示之一。

莫洛亚从不自命为哲人,但他的作品常包含许多朴素生动的哲理成分,给予人们有益的启迪。他似乎不曾大力倡导某种人生观,也没有发出什么召唤,而他的作品本身却是一种强有力的召唤。的确,对那些经历了两次世界大战,心有余悸、困惑不安的人来说,对那些在生活中找不到自己的位置,消极苦闷、彷徨无依的人来说,有什么比恢复人的自信、发掘自身潜力更重要的事情呢? 让人们看一看伟人的生活,看一看这些与常人相似而又非同寻常的人如何选择自己的目标,而后又如何经历无数坎坷和挫折实现自己的目标,不正是一种催人上进的强大动力吗? 实际上,每个人都是有能量的,只不过大多数人直到生命结束还没有燃去能量的一半。巴尔扎克不仅充分燃烧了,而且燃烧得过速过旺。传记作家莫洛亚大约有意要借巴尔扎克燃起的这把熊熊大火照亮世人的思想。

《巴尔扎克传》开篇的题词说得好:谈谈巴尔扎克是有好处的。

艾　珉

1992 年 2 月

---

① 参阅本书第 727 页。

目 录

第一部　成长

第二部　荣誉

第三部　《人间喜剧》

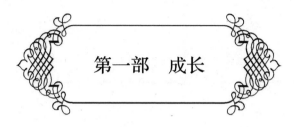

第一部　成长

谈谈巴尔扎克是有好处的。

——热拉尔·德·奈瓦尔

第一章　贝尔纳-弗朗索瓦·巴尔扎克或波拿巴时期的曲折经历

没有第二份人家，像我们这个家一样。

——巴尔扎克

1799 年,奥诺雷·巴尔扎克出生的那一年,法兰西大病初愈,正处于恢复时期。十年的狂热已使她厌倦、烦躁和疲惫不堪。公民投票几乎全体一致通过了执政府的宪法。法兰西并非被强奸,而是自愿委身的。天主教徒希望太太平平地信奉他们的宗教,富裕的雅各宾党徒只求保住自己的既得利益,也就不无嘲讽地同意了恢复宗教迷信。在图尔这个优美的滨河省城,人们高高兴兴地迎接和平生活的降临。1801年,波拿巴委派在旧王朝当过炮兵军官的德·波姆勒将军到此地任省长。这位《百科全书》的撰稿人,很快就显示出他是一位能干的行政长官。当初拿破仑在布里延讷参加第一次军事考试时,得到德·波姆勒将军的赏识,首席执政至今仍对他怀有感激之情。

看来省长将军是拥护现政权的宗教政策的,他为那些想要为天主唱颂歌的神甫开放了圣加蒂安大教堂,接着又任命了一位大主教——

德·布瓦日兰大人。他把教堂的钥匙交给这位大主教的时候,发表了一通号召教会与政府精诚合作的爱国演说,可是主教在答词中只冷冷地说了几句与这庄严的主题毫不相干的话。①

此后这两个人之间不时发生摩擦。主教向市政府索还被查封的教堂大钟,要求摘去钟楼顶上的自由之帽,换上十字架。省长请示了部长,政府当局比地方上的雅各宾派态度宽容,随即把钟还给了所有的乡镇,因为到处都发出同样的呼声。波姆勒曾下令让一个神甫停职,司法部长责备他说:"他的行为是应该处分的,不过在用行政手段惩办之前,更正规和更恰当的做法是把事情提交给主管此事的图尔主教大人,这样可以协调关系,且能对舆论产生良好影响,遇到类似的问题,你们应当协商解决。"省长和主教之间的不和对贝尔纳-弗朗索瓦·巴尔扎克(奥诺雷的父亲)的事业有着重大影响,因为他是省长的朋友和亲信。

下面这件小事有趣地表明了德·波姆勒将军的气质。查理七世的情妇阿涅丝-索雷尔的灵柩起初停放在洛什一座教堂的祭坛旁边,国王驾崩后,神职人员把它弃置在一间偏厅内,大革命期间遭到部分损坏。省长决定重塑这位"美貌夫人"的雕像,郑重地把它放在洛什城堡的一座塔楼里,还亲自拟定了石棺上的铭文:

> 接受她的捐献而富裕起来的洛什地方神甫,
>
> 要求国王路易十一把她的陵墓迁离圣地,
>
> "我同意,"国王说,"但是把捐款还来。"
>
> 陵墓留在了原地。
>
> 图尔大主教稍欠公正,

---

① 吉罗代:《图尔城的历史》,图尔,1873 年,第 2 卷第 10 章第 322—325 页。——原注

下令将墓移置偏厅，

大革命时期惨遭蹂躏。

一些多情人收拾起阿涅丝的遗骸。

安德尔-卢瓦尔省省长波姆勒将军

为国王们的情妇中这唯一值得祖国纪念的人重修陵寝，

因为她曾迫使国王把英国人驱逐出境以换取她的爱情。①

  将军让人在门楣正中刻上这样一行字：我是阿涅丝。法兰西和爱情万岁！这，就是波姆勒省长的格调，他就是这么一个没有宗教信仰的怀疑派大兵。贝尔纳-弗朗索瓦·巴尔扎克也是这么一个人，和他的保护人属同一类型，只是稍欠风雅而已。他虽是拉伯雷的信徒，却不能自称都兰人。他的真姓是巴尔萨，祖先原是塔尔纳省努盖里耶的贫困农户。巴尔萨的词根 bals，在奥克语里原意是峭壁。奥弗涅地区有巴尔萨克、巴尔萨和巴尔桑这几个姓氏。贝尔纳-弗朗索瓦爱虚荣，吹嘘自己是当地被征服的高卢人的后裔，当地高卢人抵抗过外族入侵，并且出了一个门第极高的贵族——安塔格的巴尔扎克。其实更可能的是，在蛮族入侵的压力下，勃里乌德附近巴尔萨克村里的奴隶们向塔尔纳省迁移。巴尔扎克的祖先是些冥顽的农民，他们"食不果腹，仍固执地用原始的犁耙耕地种黑麦"②。接二连三的战乱，使他们备受蹂躏；征服阿尔比人的十字军、拦路抢劫的土匪、英国人，无不叫他们吃尽苦头。然而，凭着坚韧不拔的意志，巴尔萨族中出了好几家富户。③

---

  ① 引自安德尔-卢瓦尔省档案。——原注

  ② 路易·吕迈：《奥诺雷·德·巴尔扎克的家谱》，《巴黎杂志》（1923 年 2 月 15 日）第 820 页。——原注

  ③ 勒内·芒德罗伊：《巴尔扎克的摇篮努盖里耶》（1952 年打字稿）。——原注

巴尔扎克的祖父贝尔纳·巴尔萨(1716—1778)在努盖里耶继承了祖上的一点土地①，又一小块一小块地置下了几片草地和葡萄园。他有十一个孩子，一个挨一个地睡在靠墙摆着的麦草垫子上。长子贝尔纳-弗朗索瓦是父亲的帮手，负责看管牛羊。晚饭后一家人常常谈论家中藏钱的秘窟，谈论他们的朋友，神甫维亚拉和公证人阿尔巴。聪明而有野心的贝尔纳-弗朗索瓦心想："我为什么不能当教士或者公证人呢？"神甫教他读书写字，他开始在莫内斯蒂埃附近卡讷扎克村的公证人阿尔巴事务所当跑街，在那里他学到了习惯法、诉讼程序和起草证书文件。"错综复杂、尖锐激烈的利害之争，冷酷地、赤裸裸地暴露在他面前"②，大约1765年以后，他的签名从事务所的文件中消失了。他到哪里去了呢？罗台？阿尔比？还是图卢兹？哦！这个弱冠少年，已在朝巴黎"攀登"，脚蹬一双铁钉鞋，身穿农民的短上衣和花背心，揣着三件粗布衬衫以及无限的野心和充沛的精力。

　　他自学成才，博览群书，对科学和历史有浓厚兴趣，他的诉讼才能更使他到处受到器重。难怪他对自己在事业上的成功颇感骄傲。这个贫苦农民的儿子，初到巴黎时全部财产只有背上的一个小包裹，竟当上了诉讼代理人，接着很快又步步高升，虽说还处在下属地位，却已爬上国民参政院行政法院审查官助理的位置，并且是在最广泛的事务中充当参谋。这一惊人的成功说明他具有健全的头脑、广博的知识和百折不挠的毅力。一个人单枪匹马，竟能由下层阶级上升到中产阶级。

　　贝尔纳-弗朗索瓦曾经协助行政法院审查官约瑟夫·德·阿尔贝

---

　　① 菲利贝尔·奥得勃朗：《奥诺雷·德·巴尔扎克的父亲》，见《过路人的回忆》卡尔曼-莱维版，1893年，第71—95页。——原注

　　② 路易·吕迈：《奥诺雷·德·巴尔扎克的家谱》，《巴黎杂志》(1923年2月15日)第836页。——原注

办理各种事务;从拍卖东印度公司直到在法国同德意志各公国之间达成引渡权的协议。① 在一份至今仍保存着的文件上,写有"国王陛下委任巴尔扎克先生为专事诉讼事务的枢密院秘书"。他还一度当过海军大臣贝尔特朗·德·莫勒维尔的私人秘书。由于和大人物有过这样的接触,他终生对贵族阶级怀有钦羡之情。他一直梦想在自己的姓氏前加上标志贵族的"德"字,这却不曾妨碍他在 1791 年以傲慢的态度称呼他从前的主子德·阿尔贝的遗孀为"积极的公民"。后来,新上任的安德尔-卢瓦尔省省长询问他过去担任过什么职务,他答道:"我连续十六年任行政法院秘书,1791 年 6 月 21 日国王出逃之前我担任巴黎分部委员,曾先后被任命为分部主席、市议员、市政官员、违警罪法庭审判员、庭长,这个法庭当时管理全巴黎的警察局。"②就这样,他机灵地应付了大革命时期的困难转折。

然而,从国王出逃到瓦兰纳被捕期间③,他的忠诚似乎受到了怀疑。他虽善于见风使舵,却又天性仁慈,据说他营救过一些保王党人,他从前的保护人和朋友。有一个国民公会议员很关心巴尔扎克公民,劝他暂避一下。他逃到瓦朗西纳,可说是因祸得福,他写道:"当时那里需要一个可靠的人来保管资金并主持北方部队的军需工作……机会落到我的头上,我同时被委派管理:1.粮食;2.草料;3.取暖和照明;4.巴黎的供应;5.各部队驻地的供应。我作为长官单独一个人负责这五个方面的事务直到弗勒鲁斯战役的胜利④。……我的部下没有一个被捕或坐牢,我始终认真负责,一丝不苟,而且公正无私……我这五方面的账

---

① 弗·哈瓦尔·德·拉蒙塔涅:《贝尔纳-弗朗索瓦·巴尔扎克和约瑟夫·德·阿尔贝》,见《巴尔扎克在萨榭》,《都兰巴尔扎克协会会刊》1963 年,Ⅸ,第 3—7 页。——原注

② 摘自安德尔-卢瓦尔省档案。——原注

③ 路易十六企图流亡国外,逃至瓦兰纳被捕。

④ 指 1794 年法国军队打败奥地利人。

目一清二楚,这些,我都有合法的文件证明……"①

好家伙!十足的雅克师傅②!何等诚实的表白!不过他的确在达尼埃尔·杜迈克的指挥下,在半官方性质的军需机构中担任过重要角色,而杜迈克其人在所有军需品交易中都要插上一手。1794年弗勒鲁斯战役之后,贝尔纳-弗朗索瓦·巴尔扎克先后在布列斯特和图尔任职,他说:"在镇压舒昂党人和旺岱叛乱的内战时期,图尔是提供军费的唯一重要据点。"可见,1797年他是住在图尔的。当时他从事军需工作,虽不算富有,生活倒也宽裕,他身穿银镶边的蓝色军装,挺括的衣领间夹着雪白的领带,好一副自命不凡的气派。到五十一岁上他还是一条光棍,于是他的老板杜迈克为他张罗,让他娶了一个比他年轻三十二岁的美貌少女洛尔·萨朗比耶为妻。

洛尔的父母是一对深情相爱的夫妇。当约瑟夫·萨朗比耶听到索菲·肖韦——他那金不换的好妻子——答应嫁给他的时候,竟高兴得晕了过去。萨朗比耶是德·博讷子爵的秘书,身为王家军队元帅的子爵曾在萨朗比耶的结婚证书上签字③。萨朗比耶继承祖业,是一户殷实的呢绒和肩章织造商,他在靠近布尔东奈街的奥诺雷大街上开设一家以"金羊毛"命名的花边、绦带、呢绒织造作坊,包揽民用及军用制服及装饰的制作。在富商聚居的沼泽区,萨朗比耶是颇受敬重的一户人家。他们家族中的一员在艾尔勃夫娶了呢绒业主的女儿玛尔特-雷娜·勒约纳小姐为妻;还有一个曾担任部队的军服及装备主任。这家人同马尔尚家联姻的不少。他们家的一个女儿嫁给了夏尔·赛迪约。著名的赛迪约家族中出了好几位东方学者、外科医生,还有一位天文学

---

① 摘自安德尔-卢瓦尔省档案。——原注
② 莫里哀的喜剧《悭吝人》中的用人,在阿巴公家中身兼数职。
③ 见公证人德拉吕的公证文书档案,第571札。(1777年11月9日)。——原注

家,当上了地理研究所主任助理。沼泽区的人也开始踏入学术领域了。

萨朗比耶太太是一位精力充沛、性情乖戾的女人,她为了让女儿受到良好教育,给她制定了严格的家规:

"我要求女儿洛尔在写字的时候要坐姿端正,握笔得法,笔尖蘸饱墨水,以便写出美丽的字体……对于她的举止,我无可指摘,她已向我保证要亲切待人,尤其是对**她的母亲**……"索菲·萨朗比耶用庄重的大写书写**她的母亲**这几个字。请看她的手笔:

我女儿洛尔的作息时间

星期一　说明:

七点:起床

七至八点:清洁卫生——刷牙,洗手,洗脸,整理房间

八至九点:早饭和休息

九至十点:写字

十至十二点:劳作——缝纫,编织,钩花边,刺绣;

　　　　　　装扮布娃娃是休息时的活动。①

就这样,一天又一天,一小时又一小时地安排下去,"星期天午饭以后检查一星期的行为"。只有当女儿严格执行了这样的规定以后,萨朗比耶太太才对她表示一点"亲热",而她同时也传给了女儿易怒的脾气。

萨朗比耶所处的社会地位显然比贝尔纳-弗朗索瓦·巴尔扎克优越。为什么他们会把年轻美貌的女儿嫁给这个五十多岁的老头子呢?

---

　　① 斯波贝奇·德·洛旺儒的收藏:A.381,第 267 页。——原注

也许是因为贝尔纳-弗朗索瓦的经历同约瑟夫·萨朗比耶有类似之处。两个人都干过"军需工作",都参加了共济会。他们感到相互之间有一种伙伴和同谋的关系。新娘的嫁妆是沃拉依庄园(地处加兹朗乡,离朗布绮约一法里①),在婚约上估价三万法郎,这是为了节约手续费,实际上这庄园价值十二万到十三万法郎。② 新郎在婚约上保证拿出一千八百法郎年金作为丈夫遗产。实际上贝尔纳-弗朗索瓦没有多少甚至根本没有财产,只有他的薪金、若干定期利息以及拉法热养老储金会的一个份额。养老储金是由若干个人凑起来的一笔存款,会员分享利息作为养老金,但死后即将本金所有权转给活着的会员,因此寿命最长的人可以得到为数可观的收入。

贝尔纳-弗朗索瓦深信自己能活一百岁。他觉得自己简直是优质材料铸成的! 因为他身上兼有高卢人、罗马人和哥特人的血统,他相信自己具有这三个种族的优点:健康、胆量和毅力。作为卢梭的信徒,他的生活方式极为简朴,他喜欢喝牛奶、菜汁,热爱步行,早起早睡。他吹嘘自己从来不找医生,也绝不让药剂师赚他一个铜板。他像征服者那样昂首阔步,自称"我漂亮得像大理石,结实得像一棵树"③。

他是共济会图尔支部的成员,《圣经》的忠实读者,还研究历代教皇的历史、教会的分裂和异端问题,甚至还涉猎中国的文化。他采取波拿巴的政治态度,并不反对大革命,但是指责随之而来的混乱和报复行为。④

他的女儿洛尔写道:

---

① 法里,约合四千米。
② 见公证人文书档案,第850札,第88宗。——原注
③ 菲利贝尔·奥得勃朗:《过路人的回忆》,第79—86页。——原注
④ 贝尔纳·居庸:《巴尔扎克的政治和社会思想》,阿尔芒·柯兰版,1947年,第61页。——原注

我父亲的哲学思想、古怪的性格和善良的心地来自蒙田、拉伯雷和托比大叔。① 像托比大叔一样，他有一个压倒一切的信念，这就是他的健康。他非常注意自己的饮食起居，希望活得越久越好。根据一个人修成正果所需要的时间，他算出自己应该活到一百岁以上……他对自己采取非同寻常的保养措施，不断地注意维持他自己所谓的生命力的平衡。……②

　　他的古怪性格在图尔是尽人皆知的，不仅表现在言论上，而且表现在行动上，处处与众不同，他那些异想天开的新花样落到霍夫曼笔下真可以创作出一个人物来。我父亲经常嘲笑别人，说他们是在为自己的不幸而奋斗；只要遇到相貌丑陋的人他就要迁怒于这个人的父母，尤其要攻击统治者对人的优生不如对动物品种改良那么注意。在这个极难对付的问题上他有许多奇特的理论，得出的结论也同样古怪。

　　他身穿褐色丝织棉袄，脑袋埋在督政府时期流行的大领结里，在房间里边踱方步边说："何必说出自己的想法呢，人家又要说我古怪了（这个说法使他很恼怒），而且世界上不会因此减少一个身体孱弱的人，也不会减少一个佝偻病患者！……"③

　　他太太的性格对他的耐心和人生哲学简直是一种考验。她很美，

---

　　① 蒙田(1533—1592)，法国思想家，作家，怀疑论者；拉伯雷(1483—1553)，法国著名人文主义学者，作家，《巨人传》的作者；托比大叔，英国作家斯特恩的小说《项狄传》中的人物。

　　② 洛尔·絮尔维尔：《从巴尔扎克的通信看他的生活和作品》，卡尔曼－莱维版，1878年，第7—8页。——原注

　　③ 洛尔·絮尔维尔：《从巴尔扎克的通信看他的生活和作品》，卡尔曼－莱维版，1878年，第10—11页。——原注

有一张端正俊秀的瓜子脸,很会打扮,但经常态度生硬、傲慢,她是个能干的女人,只是有点冷漠无情。她在巴黎圣热尔韦女校受过良好的教育。巴尔扎克太太和她母亲一样相信占星术、巫术和催眠术。

巴尔扎克一家日子过得相当阔绰。有人在图尔为开办一所中学募捐,巴尔扎克公民捐了一千三百法郎,而省长才捐一千法郎,大主教只拿出六百法郎。除了他自己的年息和太太的地租以外,贝尔纳-弗朗索瓦还有好几份俸禄。波姆勒省长是他的老相识,早在"宫中和兵营里"就认识了他,如今任命他为图尔市长助理和慈善事业的主管人。

这家人最早在意大利军队大街租了一所房子。1798 年 5 月 20 日,婚后十五个月,洛尔·巴尔扎克生下了一个男孩,她坚持自己哺乳,但孩子只活了三十三天。因此 1799 年 5 月 20 日第二个孩子奥诺雷出生的时候,巴尔扎克夫妇就把儿子托给别人喂养,奶娘是圣西尔-卢瓦尔村一个宪兵的妻子。第二年,即 1800 年 9 月 29 日,妹妹洛尔出世后也和他寄养在一起。

奥诺雷永远不能原谅他母亲这样同他分离,他曾写道:"我母亲的冷漠使我的身心遭受到多么不良的影响! 难道我只是义务的产物,偶然的产物? ……我被寄养在乡下,被家里人遗忘了三年,我回到父母身边的时候,他们一点也不把我放在心上,以致引起了外人的同情……"①实际上巴尔扎克夫人只是由于自己哺养的第一个男孩夭折,而照当时的习惯去做而已。不过必须承认,尽管孩子们离得近,她却很少去看望他们。

奶娘是个善良的女人,不幸的是她丈夫酗酒,醉后变得非常粗暴。但卢瓦尔河上这个小山丘却给奥诺雷留下了极其美好的回忆,他整天

---

① 巴尔扎克:《幽谷百合》。

在河边上"用小石子和泥巴砌筑小卢浮宫"①,他尤其热爱他的建筑助手—— 那"像拉斐尔的圣母一样美丽"的妹妹洛尔。父母的冷淡倒使他们兄妹间感情极深:

> 我只比奥诺雷小两岁②,和他一样同父母分居,我们在一起长大,相亲相爱,我记得很小很小的时候他就对我非常温柔。从我们奶妈的房间走到花园里有三级高低不一没有扶手的台阶,我忘不了他是多么敏捷地跑过来扶住我,怕我摔倒。直到我们回到家里,他仍对我爱护备至。他不止一次替我受罚,隐瞒我的过错。当我及时出来自己认错的时候,他总对我说:"下次可别再承认了,我愿意替你挨骂!"……③

他在那个小村庄里度过了好几年。村里一幢幢白色的农舍排列在卢瓦尔河边,"两岸美丽的杨树发出沙沙的声响",宽阔的河流在片片沙滩和点点绿洲间穿过。幼年的巴尔扎克尽情享受着这迷人的景色,它"并不雄伟壮丽,却充满大自然的纯朴之美"。河对岸丘陵起伏,草木茂密,山坡上镶嵌着几座白色的城堡。"是在你清澈的晴空下,我的眼睛第一次观赏白云的飞翔。"都兰地区的这些美景使他毕生难忘,对他来说这是理想的美,是产生最温柔的爱情的摇篮。

四岁时他回到图尔的父母身边。他母亲不善于培养和孩子间的感情。其实奥诺雷是个"非常可爱的孩子,性格活泼愉快,美丽的小嘴带着微笑,褐色的眼睛明亮而温柔,高高的前额,乌黑的头发,使他在散步

---

① 巴尔扎克:《斯坦妮》。——原注
② 实际上只差16个月(1799年5月20日至1800年9月29日)。
③ 洛尔·絮尔维尔:《从巴尔扎克的通信看他的生活与作品》,第15—16页。——原注

时十分引人注目"①。这个漂亮、天真、惹人喜爱的小男孩遇到的却是他母亲那道咄咄逼人的严厉目光。她"不懂得抚爱、亲吻和纯朴的生活乐趣,不会为旁人创造幸福的家庭气氛"。她一味追求奢侈、摆阔、讲排场,这损害了她的性情。

1802 年 4 月 18 日,第二个女儿洛朗丝降生了。为她举行洗礼的时候②,巴尔扎克夫妇终于在自己的姓氏前面加上了"德"字,这在过去不过是偶尔为之罢了。他们的地位上升得很快。由于得到省长将军的保护,贝尔纳-弗朗索瓦已跻身于本城显贵之列。作为市长助理,他认为应该在图尔拥有自己的房产。他把太太在加兹朗的庄园卖掉,买下了安德尔-卢瓦尔大街二十九号——"一条上等的大街,一条两边都有人行道,整齐地铺着石板的洁净如镜的街道,它是街中皇后,在图尔是独一无二的。"③——这是一座带有古色古香的细木护壁板的宅第,有马厩、花园;八天以后,又买进从图尔通往圣亚韦坦的大道上的圣拉扎尔庄园。这个庄园是国有财产,本来属教会,因此信徒们不会争购,价钱比较便宜。

这时贝尔纳-弗朗索瓦野心勃勃,他深信只要有后台,便可以达到一切目标。因此他忙于运筹帷幄,没有多少时间关心子女。他的过于年轻美貌的妻子"如痴如醉地投身于社交旋涡",她把附近的乡绅和被迫侨居在图尔的英国人统统吸引到自己周围。

很久很久以后,上了岁数的巴尔扎克夫人对她女儿说:"由于丈夫年纪大,我不得不处处检点,把所有对我有好感的人拒之于千里之外,

---

① 洛尔·絮尔维尔:《从巴尔扎克的通信看他的生活与作品》,第 5 页。——原注
② 摘自图尔主教档案。——原注
③ 巴尔扎克:《都兰趣话》。——原注

我的庄重表情使我显得很不可亲……"①辩白没有用,当地的太太们都忌妒她,说她"穿戴过于讲究",说她丈夫太一帆风顺。她在情场上的成功使她得罪了所有的贞洁女人。"你父亲因为年岁大,所以很谨慎,什么也不说……"②人们议论纷纷,说到他太太同一位萨榭的地主马尔戈讷先生的暧昧关系时,他照样缄口不语。他认为家庭和睦是长寿的主要条件。

马尔戈讷家的地位介于资产阶级和小贵族之间。人们称呼他时都加上"德"字,但是冉·德·马尔戈讷自己签名时只写**马 尔 戈 讷**,在户籍册上也是这样登记的。他生于 1780 年,1803 年时这位漂亮的年轻人娶了表妹安娜·德·萨瓦里为妻,③她身材矮小,脸色蜡黄,弯腰曲背,性格忧郁,但是给他带来了萨榭的土地,三处宅邸、两处庄园和六座磨坊。亨利-约瑟夫·德·萨瓦里老爷当过骑兵军官,精通骑术。1791年,他在伏弗雷买下了一座大葡萄园,名曰卡耶里庄园。他戴假发,养着一个女佣兼情妇,"在貌似简朴的外表下掩盖着地主的精明"。他的女婿马尔戈讷举止优雅、高傲,他过惯了城里的生活,不愿蛰居乡村。1815 年之前他主要住在图尔,不大去萨榭。为了找个正当的理由留在城里,他加入国民自卫队,当上了精锐部队城防军的军官。星期日,他经常在槌球场和王政大街操练他的队伍。也许洛尔·巴尔扎克就因为看到他身穿漂亮的军装,威武健壮,英姿勃勃,便爱上了他,这一点只要看看这家人的传统作风和外表就可以推测到。这种暧昧关系占去了她全部精力,所以她的儿子、女儿从圣西尔-卢瓦尔回到家里以后,她也只

---

① 斯波贝奇·德·洛旺儒的收藏:A.381,第 230 页背面。——原注

② 斯波贝奇·德·洛旺儒的收藏:A.381,第 96 页。

③ 关于萨瓦里和马尔戈讷这两家的情况,参看 J.莫里斯所著《德·萨瓦里先生,巴尔扎克的客人》,见《巴尔扎克在萨榭》Ⅸ,第 22—29 页。——原注

在星期日才看看他们。

奥诺雷、洛尔和洛朗丝三个孩子落到一位可怕的家庭女教师——德拉埃小姐手中。他们整天提心吊胆,既害怕母亲深蓝色眼睛的严厉目光,也害怕家庭教师的谎言。她认定奥诺雷厌恶这个家,说他并不是傻,而是心地阴险。她嘲笑他那么好奇地瞧着天上的星星。奥诺雷很小的时候就会编一些小故事逗妹妹们开心。洛尔回忆道:"他可以整整几个小时地拨弄一把红色小提琴的琴弦,脸上得意扬扬的表情说明他认为自己弹出了美妙的曲调,我恳求他停止这种音乐的时候,他吃惊地问:'你没有听出这曲子多么好听吗?'"①奥诺雷天生有生活在幻觉世界中倾听唯有他能听到的仙乐的本领。

他童年生活中最重大的事件是去巴黎的一次短期旅行。外祖父母萨朗比耶想看看他们的小外孙。巴尔扎克夫人把孩子带去了。漂亮的小男孩把老人们迷住了,他们对他百般爱抚,送给他各种礼物。他从来没有受过这样的宠爱,回家后对妹妹们讲个没完。他描述外公外婆家的房子、花园和那条叫作穆什的看门狗。外婆萨朗比耶夫人也特别喜欢给人叙述下面这有趣的一幕:

> 一天晚上,她租来幻灯给奥诺雷看。他发现观众里面少了他的朋友穆什,立即站起来以命令口吻喊道:"等一等!"……(他知道自己在外公家里是要人)他跑出客厅,把狗带了回来,对它说:"坐下,穆什,好好看!不要钱的,外公请客!……"②

---

① 洛尔·絮尔维尔:《从巴尔扎克的通信看他的生活和作品》,第18—19页。——原注
② 洛尔·絮尔维尔:《从巴尔扎克的通信看他的生活和作品》,第17页。——原注

小孩子说出的话,常常是大人们以为只是私下说过的话的天真翻版。在巴尔扎克家里,人们谈论金钱和遗产谈得太多了。不幸的是这次旅行以后几个月,老外公中风死了。奥诺雷非常伤心。不久外婆就住到女儿家里来。她给这家人带来五千法郎的年息,可惜的是她将一些本钱交给女婿去做一桩"可以发大财"的买卖,结果亏损了四万法郎。要不是女儿严厉,萨朗比耶老夫人准会把外孙们宠坏的。母亲一说起要管管儿子的学业,奥诺雷便当真吓得发抖。不知怎么他倒更喜欢他父亲的严肃的谈话和别出心裁的俏皮话。巴尔扎克夫人把女儿们送进伏盖寄宿学校,将儿子送到勒居埃学校当走读生,每个月花六个法郎进修一门阅读课①。教理讲授由拉贝奇神甫担任。巴尔扎克夫人在圣加蒂安教堂"订了自己的座位",每次都带儿子去做礼拜。正因为她知道自己的行为并不是无可指责,所以表现得格外虔诚。

奥诺雷八岁那年,巴尔扎克夫人决心将他送进旺多姆学校住读。必须指出,那时候她正怀孕,人们传得沸沸扬扬,说这个孩子是冉·德·马尔戈讷的。奥诺雷非常不愿意离开他的好妹妹,她是他"忧患中"的伴侣。也许他过于敏感地夸大了童年时代的不幸。后来他甚至写道:"我从来没有过母亲。"这太过分了,他是在盛怒之中写下这句话的。但这两个孩子的确曾经感受到极大的痛苦,即使事实上并不这么严重,毕竟他们自己是这么感觉的。有一些明明是合法婚姻所生的孩子,因不理解自己为何不受宠爱,便想象自己是私生子,得不到父母的承认。他们为了弥补内心的感伤,比一般人有更强烈的追求成功和荣誉的欲望。

---

① J.E.魏伦:《到旺多姆以前的巴尔扎克》,索米尔版,1952年,第3页。——原注

第二章　早熟的哲学家

小孩子在谈到自己的时候用自己的名字,作家则通过无数第三人称来描绘自己。

——罗兰·巴特①

1807 年巴尔扎克八岁时就读的旺多姆学校②,是法国最有特色的学校之一。创办这所学校的是奥拉托利会会员,他们同耶稣会会员一样热心办教育,但他们被认为是自由派人士,这一点想必很合贝尔纳-弗朗索瓦的心意。的确,在巴尔扎克上学时,领导这所学校的两个人——马雷夏尔和狄赛涅,都向国家宣过誓③,并且都结了婚。但是这两个结过婚的教士却保留了对天主教的信仰,并在学校里维持着修道院式的纪律。孩子们只在学业结束的时候才能离开学校。校长在写给

---

① 罗兰·巴特,法国批评家,符号学家。

② 参阅《1813 年至 1818 年间的旺多姆学校》,摘自爱德华·德·瓦松的《回忆录》(1893)、于贝尔-比莱的《巴尔扎克在旺多姆学校》(1939)、达尼埃尔·瓦尼埃的《〈路易·朗贝尔〉评注》(1949)、冉·马丁-德梅齐耶的《巴尔扎克与都兰》(1949)及《巴尔扎克在旺多姆》(巴尔扎克诞辰一百五十周年展览会目录前言)。——原注

③ 指大革命后宣誓遵守共和国的"教士公民组织法"。

奥尔良学区主任的信中说："我们的学生没有假期，他们从来不进城。我们要求家长绝对不要召孩子回家……"①学生的来往信件都要经过检查，家长不得不接受所有这些规定。

旺多姆学校的奥拉托利会会员教导学生们崇敬拿破仑皇帝，否则他们的学校就无法幸存。但他们抵制了帝国时期中学的军事化训练，用钟声而不是鼓声来通报作息时间。中学一般都规定吃饭时高声朗读，以防止学生们捣乱。而奥拉托利会却允许学生们吃饭的时候聊天。有人指责他们纪律松懈，他们回答说："怎么？我们为了培养学生良好的习惯和纪律，为了叫他们一年到头都循规蹈矩，连假都不放，为此我们牺牲了自己的休息，还增加了开支。为什么还要指责我们给学生这么一点点乐趣呢？"他们究竟给了学生哪些可怜的乐趣呢？"不过是几次去乡村的远足，而且是这样安排的：一位校长和三位教师带上四十四名学生，最早一批在清晨四点钟出发，步行四法里，参观几家炼铁厂、玻璃厂或者天文台，在草地上吃一顿简便的午饭，回到学校一个个都疲惫不堪。"应当承认这些课外活动显得充满活力和富有乡村气息。学校的生活清苦、严肃。从学校图书馆的一幅画上，可以看到学生们上数学课的情景。尽管教室里生着火，授课老师还得戴上帽子，竖起衣领。至于对学生的惩罚，则是用皮戒尺打手指（父辈的法宝），十指连心，疼痛难忍；稍重一些就是关禁闭，长时间地把学生关在楼梯底下的小房间里，学生们称这地方为"凹室"，或者关在宿舍里专为违纪学生设置的六尺见方的小房子里，它的外号是"木头裤衩"。

奥诺雷·巴尔扎克刚进旺多姆学校读初级班的时候，是个腮帮鼓

---

① 摘自旺多姆学校副校长拉扎尔-弗朗索瓦·马雷夏尔给奥尔良学区主任的信（1811年11月6日），参阅《1808年旺多姆学校简介》（见卢瓦雷省档案和雅克·德·瓦松的收藏）。——原注

鼓,脸色红润,神情忧郁而文静的小男孩。幼年时家庭生活缺乏温暖,给他留下了痛苦的回忆。后来他在作品中经常描写一些有罪的母亲,她们疼爱私生子而虐待自己合法婚生的儿子。他进学校时仍怀着一种苦涩的不信任感,好像一条经常挨打的狗,因感到自己得不到宠爱而胆怯。

这所大学校坐落在小城市中心。谁要是能想象在这修道院式的建筑里,在我们按程度划分的四个生活圈子(小小班、小班、中班、大班)里有多么孤寂无聊,就能理解来一个新生时引起的强烈兴趣,这真仿佛一条船上来了一位新旅客……①

幼小的巴尔扎克在这群小学生中毫无威望。因为他母亲出于审慎几乎不给他零花钱,他很少参加游戏,也不能买东西。其他孩子的父母都来参加学校的发奖仪式,只有他的父母从不光临。从 1807 年到 1813 年整整六年中,他的母亲只来看望过他两次,这也许是尊重学校的规定吧。保存至今的他的第一封信是写给贝尔纳-弗朗索瓦·巴尔扎克夫人的,信文如下:

亲爱的妈妈:

爸爸知道我关了禁闭一定很不高兴,请你宽慰他,告诉他我受到了表扬。我没有忘记用手绢擦牙齿。我自己订了一个练习本,把作业抄得干干净净,而且得了好分数。我想这样做可以使你高兴,我衷心拥抱你和全家人,还有我认识的先生们。下面是我知道的图尔来的学生中受到奖励的同学:

---

① 巴尔扎克:《路易·朗贝尔》。

布瓦勒贡特①〔原文如此〕

我只记得他了!

奥诺雷·巴尔扎克

你的听话的乖儿子②

1805 年 5 月 1 日于旺多姆

　　足以"宽慰爸爸"的拉丁课奖品是一本可怜的小书,封面用浅褐色软羊皮装订,标题是《瑞典国王查理十二》,下面用金字印着:**奖给奥诺雷·巴尔扎克,1808 年。**③

　　他是不是从老师那里找到了他父母不曾给他的温暖呢? 有一个老师,勒费弗尔神甫④,在小巴尔扎克的生活中起了重要的作用。他早年的学习笔记中说这位老师"有才能,有头脑,记忆力好,想象力比判断力更强,他相信奇迹和神机妙算"⑤。在这一点上老师和这个怪僻的学生有共同语言,因为这个学生也喜欢奇迹。年轻的巴尔扎克认为自己是被贬谪到地上来的,所以他期待着从天上来的奇迹。勒费弗尔神甫的部分工作是整理学校庞大的图书馆,馆中的书籍有一部分是革命时期从贵族城堡中没收来的。奥诺雷的父亲期望儿子有朝一日能进综合理工学院⑥,所以请勒费弗尔神甫给儿子辅导数学。但是这位老师更是诗人而不是数学家,他在辅导数学的时间里允许学生看闲书。

　　"因此,我们两人之间达成了默契,我从来不抱怨学不到东西,而他

---

①　即安德烈-埃内斯特·桑·德·布瓦勒贡特(1799—1862)。——原注

②　《巴尔扎克通信集》,第 1 卷第 15—16 页。——原注

③　斯波贝奇·德·洛旺儒的收藏:B.1238。——原注

④　亚桑特-洛朗·勒费弗尔,向帝国宣过誓的神甫,旺多姆学校五年级主任。——原注

⑤　菲利普·贝尔托:《巴尔扎克和宗教》,巴黎,布瓦万版,1942 年,第 25 页。——原注

⑥　菲利普·贝尔托:《巴尔扎克和宗教》,巴黎,布瓦万版,1942 年,第 28 页。——原注

则对我经常借书看保持沉默。"①他借书的范围极广,神甫不大理会小巴尔扎克究竟借些什么书。课间休息的时候,同学们都玩耍,巴尔扎克却坐在树下看书。为了能安静地阅读,他经常故意让自己关禁闭。就这样他日益沉溺到书堆里,开始攫取极其丰富而杂乱的知识,正是这些杂乱的知识形成了他早熟而独特的思想。他写道:"我幼年的时候经常像安德烈·谢尼耶一样拍着自己的脑门说:这里面还有点东西!我觉得自己有某种思想要表达,有某种体系要建立,有某种学说要阐释……"②当时只有他自己为自己设想着远大前程。在他的老师和同学们眼里,他是个极其平常的学生,他身上引人注目的地方只有他对书籍的爱好以及一种似乎毫无根据的自负。

他也像安德烈·谢尼耶一样试图写诗。

我被一种不适当的热情所支配,荒废了学业去写诗,下面这首歌颂印加人的史诗的第一句当时在同学中传为笑料:"啊,印加!啊,不幸的多灾多难的国王!"可以看出我当时的诗是没有什么希望的。

同学们取笑我,给我起了"诗人"的绰号,我却执迷不悟,不听从校长马雷夏尔先生的忠告,继续诌我的歪诗。他为了纠正我的顽固癖好,给我讲了小黄莺羽翼未丰就想飞翔因而不幸坠落的寓言故事。可是我照样看我的书,竟成了小班里最不好动、最懒惰的学生,所以受罚也最多……③

---

① 巴尔扎克:《路易·朗贝尔》。
② 巴尔扎克:《驴皮记》。
③ 巴尔扎克:《路易·朗贝尔》。

以上是他在书中对一位主人公的描写,而他的同学们则证实这个人物同作者本人十分相似。这句关于印加人的十三音节的诗句就是当时的中学生奥诺雷·巴尔扎克所写的。事实上他真正爱好的既不是诗歌也不是科学,而是追求一种神秘的、天真的哲学。由于在肉体上和感情上都受到深深的创伤,"他躲进了思想为他开启的天国里"。或许他不如路易·朗贝尔那样早熟,但是他也很早就读神秘主义作家的作品,"这使他习惯于灵魂上的强烈反应,而凝神沉思既是这方面的手段又是其结果"。①

"要说他是个虔诚的学生,他准会感到难过",其实做晚祷的时候,他是在"叙述或倾听白天的业绩";星期日望弥撒时,他在计算口袋里有限的几个零用钱"能从学校小卖部琳琅满目的货架上买些什么东西"。在旺多姆学校的学生中,不信教不仅是一种习惯,而且成了竞赛的目标。伏尔泰的信徒贝尔纳-弗朗索瓦的儿子绝不是那种既不思考也不问个为什么就盲目信奉上帝的孩子。他有自己的思想,经常同学校的指导神甫争论。

> 我年龄稍长,初领圣体的时候,曾经问我们那位布道老头儿:上帝是从哪里得到世界的?他并不是明确地回答"从卷心菜里"②,而是用圣约翰的漂亮词句对我说:"太初有道,道与上帝同在。"在我那个年龄,谁也理解不了这句话的含义,它是一切哲学的基础,也许还是一切哲学的总结。而我像所有不信神的人一样,要的是实在的东西,不要概念而要事实。于是我问他这个"道"是从哪里来的。他说:"来自上帝。"我问:"如果一切都来自上帝,为什

---

① 菲利普·贝尔托:《巴尔扎克和宗教》,第30—31页。——原注
② 这是法国的传统说法,当孩子问大人:"人是从哪里来的?"大人就说:"从卷心菜里来的。"

么世界上还有恶?"这老头儿水平不高,他把宗教当作一种感情来理解,他接受宗教的教条而不能解释它。他并非圣贤,于是恼羞成怒,指责我在他讲授教理的时候捣乱,关了我两天禁闭。①

尽管幼年巴尔扎克并不笃信正统的教义,虽然死板的教规使他感到压抑,但他初领圣体的时候仍然表现出"对神圣事物的仰慕"。他身材瘦小,漂亮的黑眼珠闪闪发亮,"带着心醉的幸福感双膝跪下,向上帝谢恩,觉得无比幸福、轻松和满足……晚上,他觉得自己无愧于天使,因为这一天中他无论在言语上、行动上、思想上都没有任何罪过……"②由于他父亲的自由思想以及母亲的冷漠无情,他所受的家庭教育很缺乏宗教色彩,但是自他到旺多姆以后,就认为自己"负有与天上的神灵密切交往的使命"。在他的思想中,天使们占据着了不起的位置。

学校的两位校长并不鼓励这种既天真又自负的神秘主义。冉·弗利贝尔·狄赛涅的思想不像神职人员,倒像个科学家。他的重孙曾经写道:"他(指狄赛涅)十分博学,能够轻而易举地从教修辞学和哲学改教自然科学、物理学或化学。他甚至还研究生理学,为哲学班的学生编写过生理学基础教材。"③他是一位观察家,研究者,写过多篇关于磷光现象的出色论文,他还打算从生理的角度来解释出神状态,准备写一部专著来说明情感和激情同肉体物质运动的联系。

狄赛涅教导说,对事物的观察和分析比任何思想理论都重要。但是巴尔扎克这个学生同他的老师相反,他更喜欢创立体系而不喜欢有

① 斯波贝奇·德·洛旺儒的收藏;A.167,第439页。参见菲利普·贝尔托:《巴尔扎克和宗教》,第32页。——原注
② 巴尔扎克:《红房子旅馆》。
③ 里伯蒙-狄赛涅博士:《狄赛涅一家》,《旺多姆考古、科学、文学协会会刊》1930年,第49卷,第46—47页。——原注

条不紊的研究,他偷偷地构思过一套模糊不清的玄学。这位年少的哲学家在"木头裤衩"或楼梯底下关禁闭的时候就已经研究起"世界的统一性"来了,他认为思想和意志也像电流一样是具体的物质。狄赛涅曾经提出过一种在当时看来很大胆很新奇的论点,即一切不可称量的流体,如热、光、电、磁等都是同一种以太的流质受到不同动力作用的表现。他有没有对这个好学的孩子谈过这个观点呢?他是否在巴尔扎克面前讲到过思想的生理基础呢?这是有可能的,因为巴尔扎克在一次病后疗养期间曾经在莱索尼耶尔——两位校长的乡间别墅住过,同他们一起采集过植物标本。但也不一定,因为狄赛涅是个性格孤僻的学者,他很少同学生交谈。爱德华·德·瓦松曾写道:"他同我们很疏远,既冷淡又威严。"①

当时还是中学生的巴尔扎克是否写过《意志论》?手稿是不是被奥古尔神甫撕掉了?看来巴尔扎克将这一段故事小说化了,但是他当时的确思考过关于意志的本质及其作用的问题。他同一个聪明的同学奥古斯特-伊莱尔·巴舒·德·庞埃一起关禁闭的时候,两个孩子讨论过哲学问题。巴舒·德·庞埃有怀疑论倾向;巴尔扎克则相信意志的几乎无限的能量和思想的物质性。也许他在回顾过去的时候夸大了他智力上的早熟,但他的确在懵懵懂懂的外表下,早已具有惊人的智慧和难以满足的野心。"我会出名的",当时这个平庸的学生经常这样对自己下断语,同学们讥笑他好吹嘘,他也笑自己,因为他是个和善的小男孩。

从小他就"如饥似渴地读书,不加选择地涉猎各种类型的作品,宗教、历史、哲学、物理,等等。他看起书来一目十行,思想像目光一样敏捷地捕捉住书中的内容;往往只需抓住句中的一个字就足以理解全句

---

① 爱德华·德·瓦松:《1813 至 1818 年间的旺多姆学校》,第 17 页。——原注

巴尔扎克传(上)

的意思了。他可以清晰地记住那些从阅读中获得的思想以及在思考和与别人交谈时获得的思想"。

　　由于长期的阅读和思考，十二岁的时候，他的想象力已非常发达，他能够对仅仅从书本中了解到的事物有非常确切的概念，它们清晰地印在他的脑海里，好像亲眼见过一样。或许他用了类比推理的办法，或许是天赋的第二视觉使他能够统观大自然。①

　　洞察这个词很早就进入了他的词汇。一个有洞察力的人能够在思想中同时观察过去、现在和将来。为什么不可能呢？我躺在床上做梦的时候能够跨越空间和时间去旅行，于是空间和时间全部都在我的脑子里。再说，既然精神能够如此遨游，思想能够走得极远，那么思考式阅读也是可能的，在想象中见到视线以外事物的第二视觉也是存在的。意志力能够积聚起来并且超越自身，可以像磁铁一般远距离地作用于其他人。而他，奥诺雷·巴尔扎克，从旺多姆的学生时代就已经具备这种力量了。

　　狄赛涅校长的副手拉扎尔-弗朗索瓦·马雷夏尔没有狄赛涅那么多的创见，却以他的善良博得学生们的爱戴。他常常写一些轻松的爱情诗，当然是不给学生看的。但是学生们用的一本由他编写的拉丁文语法书中却包含这样一些有趣的例句："上帝啊，请赋予这个妇人生育的能力和避免失足的能力。""一个姑娘藏在树丛后面。""维纳斯赤着脚。"②夏多布里昂从拉丁诗人那里获得最初的性欲；想象力如此丰富

---

①　巴尔扎克：《路易·朗贝尔》。
②　拉-弗·马雷夏尔：《基础推理语法试用本》，巴黎，1808 年，第 34—39 页。——原注

的巴尔扎克,在他反复阅读语法书中这些奇怪的例句时,头脑中肯定会出现那些魔邪的形体。"设想小学生巴尔扎克是从他反复翻阅的并不著名的古典书籍里获得他最初的梦想中的形体,恐怕并不过分吧!"①

他在这样的情况下升到了二年级②。过度的阅读,阅读引起的幻觉以及关禁闭时的孤独生活,使他堕入奇怪的"失神"状态。这种昏沉症状,引起老师们的担忧,尤其因为他们不知个中原因,便格外着急。的确,他好像"心不在焉",因为他的精神在"别处"——书中所描述的地方。在旺多姆的奥拉托利会会员眼里,年轻的巴尔扎克是个懒惰的学生,他不用功学习,受不了脑力的疲劳。他一天天瘦弱下来,像个睁着眼睛梦游的人;老师问他的大部分问题他都听不见,如果别人突然问他:"你在想什么?你在哪里?"③他竟张口结舌答不上来。

他自己后来才意识到的这种令人吃惊的状态,来自用脑过度。青春发育期无限充沛的体力本当有地方去发泄,他却只生活在精神世界中,由此出现一种呆滞状态。好心的马雷夏尔害怕了,他请来巴尔扎克夫人,于是 1813 年 4 月 22 日,在学年当中,这位中学生被领回图尔家里。他的父亲和妹妹看到他从旺多姆回来时的模样都吓坏了。

萨朗比耶外婆伤心地说:"瞧瞧这学校把我们送去的漂亮孩子弄成这副模样!"④

换了环境,呼吸到新鲜空气,同家人生活在一起,奥诺雷很快就恢复了少年的活力,贝尔纳-弗朗索瓦也就放心了。

---

① 菲利普·贝尔托:《巴尔扎克和宗教》,第 48 页。——原注
② 法国学校的班次序列是从六年级到一年级。
③ 洛尔·絮尔维尔:《从巴尔扎克的通信看他的生活和作品》,第 21 页。——原注
④ 洛尔·絮尔维尔:《从巴尔扎克的通信看他的生活和作品》,第 22 页。

第三章 从图尔到沼泽区

要想教育好孩子,必须自己的想法对头。

——巴尔扎克

离开六年之后回到家里,一切都感到新奇,他用新的眼光来看待人和事物。这时贝尔纳-弗朗索瓦·巴尔扎克的处境非常困难。他的朋友,省长波姆勒将军先后同两位主教大人——布瓦日兰和巴拉尔发生争吵,终于被调离。皇帝(拿破仑)不喜欢他的省长同主教不和。官员们都必须按等级去参加宗教仪式。但是他还记着布里延讷的那次考试,不忘波姆勒的恩情,所以任命他为北方省省长,后来又提升他为图书馆总馆长。有时候失宠反而导致升迁。贝尔纳-弗朗索瓦以及他在慈善机构中的同事们失去了保护人,新省长朗贝尔男爵马上同巴拉尔主教串通一气来排挤他们。他们被指控滥用医院的行政费用,有人重新抬出证券问题上的一件往事传出流言蜚语,说贝尔纳-弗朗索瓦·巴尔扎克贪污过国家财产。① 虽然没有任何证据，但是形势很不利，城里人分成两派：天主教派和共济会派。后者害怕失宠于皇帝而变得小心谨慎了。

朗贝尔省长接二连三向部里告状，指控慈善机构的一伙管理人，他们于是发表了一篇《道义报告》进行反击。省长在给内政大臣的一封信中写道："在这篇宣言式的文章中，省议会和我被描绘成这样一种人，好像我们不是有意取消省里最有用的公共事业，就是没有正当理由地拒绝必要的拨款。"② 他敦促大臣彻底改组医院的领导，大臣拒绝了："先生，我不能同意您的意见，没有必要彻底改组……我认为有必要提醒您注意，应该考虑到当时的具体条件才能公正评价慈善机构领导人的行为。"③ 总之，大臣阁下保护了巴尔扎克先生，尽管他的敌人一再向大臣控告他傲慢不羁，不信上帝，说他如何富有（其实是虚有其表），他的太太如何奢侈等。

尽管如此，贝尔纳-弗朗索瓦仍然保持着他那巴汝奇式④的愉快心情。他神秘地奔走活动，想要离开图尔。他拼命读书，滔滔不绝地演说，还在出版商玛门那里出版了几本轰动一时的小册子。1807年，在题为《论防止偷盗和凶杀的手段》一文中，他竟替苦役犯和刑满释放者辩护。这些人获释的时候拿到一张耻辱的身份证，从此谁还会雇用他们？为了填饱肚子他们只得再去偷盗。因此必须开办一些专门收容刑满释放者的工场以防止他们重新犯罪。这些人在工场里有饭吃，有衣服穿，

---

① 参看尼古拉·赛勒斯丁：《图尔慈善机构的管理人，贝尔纳-弗朗索瓦·巴尔扎克》，载《都兰地区考古协会季刊》1961年，第33卷第97—124页。——原注
② 1808年2月22日安德尔-卢瓦尔省省长朗贝尔男爵写给内政大臣的信（见安德尔-卢瓦尔省档案）。——原注
③ 1808年8月30日内政大臣给安德尔-卢瓦尔省省长的信。——原注
④ 巴汝奇，拉伯雷的小说《巨人传》中的人物，乐观开朗，诡计多端。

能拿到一份工资。他们的劳动能增加财政收入,还降低了犯罪率。

1808 年他发表了关于《论受骗遭弃陷于赤贫的少女所造成的风化问题》的陈情书。往日失去贞操的女子可以得到男方提供的生活补贴。拿破仑法典却禁止追究男方的责任。贝尔纳-弗朗索瓦用生动而矫揉造作的语言写道:然而这一新法令丝毫没有改变"创造生命的迷人的诱惑"。一个怀孕的姑娘无处存身! 多么痛苦! 多么伤风败俗! 这类需要救助的受害者有两万人之多。因此,所有的慈善机构必须为未婚的待产妇设立免费收容所。作者本人在图尔的慈善机构中已作了成功的尝试云云。

1809 年 5 月他发表了《论伟大的民族以及如何给子孙万代留下象征自己力量的不可磨灭的丰碑》。这篇文章的意图就不是那么无私的了。这时候贝尔纳-弗朗索瓦处境困难,所以想取悦于皇帝。怎样才能为后人留下对 1799 年建立起来的美好制度的不可磨灭的回忆呢? 写成文章可以被否定,只有纪念性建筑物能够留传久远。中国的长城,埃及的金字塔,至今巍然屹立。还有许多古迹象征着伟大的巴洛克文化。那么一位恢复了宗教信仰,振兴了财政,建立了明确的法典,改革了军队的领袖,理所当然值得人们永远纪念。应该在杜伊勒里宫和卢浮宫之间,在纳伊门或战神广场上为他建立一尊雄伟的雕像或者一座比埃及金字塔更大的金字塔。

1813 年,年轻的巴尔扎克逐渐从懵懵懂懂的状态中苏醒过来,他津津有味地听着父亲的高谈阔论,对于他的宏大规划,貌似科学的理论和拉伯雷式的长篇议论听得入迷。家里藏书十分丰富,包括所有拉丁文和法国的大作家的作品,一些哲学和历史著作,都兰地区的民间故事,介绍中国的带插图的书籍,他母亲收集的各种各样的神秘故事和光明异端派的作品。他尽量缩短"在书房里的漫长的学习时间,以便溜进父亲的工作室去阅读伏尔泰、卢梭或夏多布里昂的著作"①。

奥诺雷以嘲讽的眼光静静地、专注地观察自己的一家人。"好婆"——萨朗比耶外祖母——精力充沛,可她总是毫无理由地说自己有病,请催眠师看病。"好婆"怨恨女婿在莫名其妙的投机事业中丢掉了她的一笔财产(1813年贝尔纳-弗朗索瓦不得不卖掉了他那漂亮的房子)。萨朗比耶太太尽管对女孩子的教育有一整套观点,却没有在自己的女儿身上获得成功。在图尔,洛尔·巴尔扎克依然引起正经女人的反感。她过分得意地谈论自己的"老丈夫",她既严厉又骄傲,她可以表现出对家人的无限忠诚,但是缺乏温情。她从自己父母那里继承了严格的生活制度,比如刷牙的规矩,"我的好爸爸就是这样做的,"她说,"他命令我们必须刷得比别人快。"她阅读梅斯麦②的著作,相信磁气说,认为这是另一种能量。她的女儿洛尔对她很亲热,叫她"妈咪",大概是小时候叫她"小妈妈"而演变来的称呼。奥诺雷非常怕她,知道她更喜欢亨利,亨利是她跟情夫生的孩子。他太熟悉母亲那严厉冷酷的眼神了,每当孩子们惹她生气的时候,她就以这种眼光注视他们。

洛尔和奥诺雷亲密无间,小时候他愿意替她受罚,现在她成了全家最疼爱的孩子,巴尔扎克夫人也把她当心腹。洛尔不算很美,但是她那明亮的眼睛、丰富的面部表情和对生活的激情很讨人喜欢。奥诺雷常常对她说:"你这个人真俏皮,跟你在一起总想发笑。"二妹洛朗丝,大家叫她"洛朗索""胖子洛朗丝",或者"胖布丁太太"。乍看她似乎没有洛尔那么活泼,"但你若进一步熟悉她,就会发现她也有一种天生的自然风趣"。这一家子人人都有讲不完的故事,无穷尽的规划,诉不完的苦,

---

① J.-E.魏伦:《巴尔扎克在图尔中学》,都兰印刷总厂,1952年,第2页。——原注
② 梅斯麦(1734—1815),法国医生,创立一种类似催眠术的动物磁气说,并用以治病。

说不够的长长短短。个个都有点诙谐幽默、兴致勃勃和与众不同的性格，谁都为自己姓巴尔扎克而感到骄傲。孩子们喜欢互相开玩笑，充满了深厚的手足之情。他们和父母一样对读书有浓厚兴趣，还使用种种家里的专用词汇，譬如聊天叫作"塔拉拉"或"塔拉塔塔"，赌气叫作"嘟嘟囔囔"，自命不凡的新手叫作"小肩章"。巴尔扎克家族还执意培养批判精神，他们从不放过互相攻击的机会，但心里都明白对方是相亲相爱的自己人。

如果贝尔纳-弗朗索瓦在家里有权做主的话，早在 1813 年奥诺雷从旺多姆回来的时候，他就将儿子送进图尔中学了。但是巴尔扎克夫人更重视"灵魂的教育"。她以自己在教堂里的虔诚谨慎地弥补丈夫对上帝的不敬。她带大儿子去教堂。孩子逐渐熟悉了圣加蒂安教堂周围的古老房屋，街上漂亮的牌楼，甚至神甫同他们的房东老小姐之间的争吵。在圣加蒂安他嗅到一种"神圣的气息"。他常常独自来到教堂内院，"在阴湿静穆的气氛中"[1]徘徊。奥诺雷在父母家里住的是四层顶楼，穿的是"寄宿生的破旧衣衫"[2]。洛尔写道："我母亲认为一切教育的基础就是学习，她对作息时间规定得非常严格，从不让儿子有一刻空闲。"

可能她曾把巴尔扎克送进巴黎伯兹南-冈赛学校寄宿过几个月，1814 年 3 月又接回图尔了，因为她害怕盟军开进首都[3]。总之从 3 月到 7 月，巴尔扎克在家单独补课，拉丁文有所进步。

1814 年 4 月，拿破仑战败，被迫退位，流放到厄尔巴岛。这对巴尔

---

① 巴尔扎克未完成的小说：《天主教神甫》。见斯波贝奇·洛旺儒的收藏：A.196。——原注

② J.-E.魏伦：《巴尔扎克在图尔中学》，第 1 页。——原注

③ 参看莫伊士·勒·雅宛克的文章《关于冈赛和伯兹南的一些情况》，《巴尔扎克年鉴》(1964)，第 25—38 页。——原注

扎克家的孩子们冲击很大，因为他们是在皇帝的灿烂阳光下成长起来的。他们简直蒙了。昂古莱姆公爵在"狂热的欢呼声"中进驻图尔城。从来没有看见过这么多的风标如此迅速地转变方向。贝尔纳－弗朗索瓦所在的第二十二团为欢迎王室殿下举行了一次晚宴舞会。以前的贵族全都从城堡里出来了。城防军军官冉·德·马尔戈讷负责宴会的部分接待任务。母亲派十五岁的巴尔扎克代表当时不在图尔的父亲出席舞会，他混在众多的女宾之中，不觉心醉神迷。耀眼的灯光，红色的帷幔，尤其是那些珠光宝气、袒胸露臂的贵妇人，弄得他晕头转向。他一辈子也忘不了这豪华的场面和女人的香气。

1814 年 7 月，他进图尔中学当走读生，重新从三年级读起。在那里他获得了"授予奥诺雷·德·巴尔扎克"的百合花徽章。其实这并不说明他学习成绩出色，而是因为王室复辟还不巩固，需要收买年轻的一代。在图尔中学，奥诺雷像在旺多姆一样，吃尽了母亲无意识的吝啬的苦头，她在大开销上挥霍浪费，却在小处斤斤计较。同学们大吃大嚼家里送来的香喷喷的熟肉酱，小巴尔扎克则在一旁啃他的干面包。同学们嘲笑地问他："你真的什么也没有吗？"很久以后还有个同学称他为"可怜的巴尔扎克"。他感到受了羞辱，伤了自尊心，发誓总有一天要以自己的光辉成就在他们面前炫耀一番。什么样的成就呢？他还不知道，但他感到自己身上有一种超人的力量。他早熟的判断力甚至令他的母亲十分吃惊。她呵责他说："你一定不懂你自己在说些什么，奥诺雷！"他却只是狡猾地微微一笑，嘲讽中含有善意。这无声的辩解使巴尔扎克夫人有点恼火，她不能容忍自己膝下有这么聪明的孩子，他知道的事情太多了。听见他满有把握地说："有一天奥诺雷这个小鬼会震惊世界的。"妹妹们都直乐。在震惊世界之前，他首先得研究这个世界。

在他那非凡的头脑里，记录着一件件事物和一个个形象。都兰地区的优美风景,郁郁葱葱的河谷,山坡上星星点点的小村庄,壮丽的卢瓦尔河上滑过的悠悠白帆,圣加蒂安教堂上哥特式的钟楼,古色古香的彩色玻璃窗,神甫们的表情以及经常来访的客人们的谈话,都一一存入脑中。他不仅记得这些人和事物,而且还能有声有色地描绘出来。"当时他只是积累材料,并不知道要用它们建造什么。"①

那时他父亲隐隐约约还有让他攻读理工科的打算,给他增加了一些自然科学方面的辅导课。于是他聪明的头脑成了各种知识的大杂烩,其中有精确的科学知识,父亲的奇谈怪论,"好婆"的迷信和母亲所热衷的光明异端派信仰。暑假快结束的时候,他应邀去冉·德·马尔戈讷在萨榭的城堡小住几日。这时白杨树已开始落叶,树林披上了暗淡的秋装。在乡下他又遇到了几个在图尔的舞会上曾经使他倾倒的年轻女子。他渴求一切,包括爱情和荣誉。

然而贝尔纳-弗朗索瓦希望尽早离开图尔。皇帝退位以后不久,他发表了一本小册子,题目是《为了永远纪念亨利四世,法国人希望为他建造一座骑马塑像》,显然是为了以此抵消帝国的金字塔。在这动乱的年代,机会主义到处泛滥,一个军需官也就只能从需要出发考虑问题了。但是在图尔,一个昨天的波拿巴分子刚刚换上保王派的新装怎么能令人放心呢?侥幸的是,他的第一个上司的儿子奥古斯特·杜迈克依然很有势力,给他弄了个驻巴黎第一兵团军需官的头衔。1814 年 11月,全家人,包括老外婆在内,迁到沼泽区萨朗比耶的老窝神庙街四十号居住,回到了发源地。

奥诺雷进勒彼特学校住读,这是一所私立的保王派天主教学校,创办人雅克-弗朗索瓦·勒彼特是个跛子,挂着拐杖,很像路易十八。此

---

① 洛尔·絮尔维尔:《从巴尔扎克的通信看他的生活和作品》,第 22—23 页。——原注

人在大革命时期参与过保王派营救玛丽-安东奈特王后的行动,因此波旁王朝返回的时候他颇有点威望,并获得了荣誉勋位绶带。其实勒彼特跟贝尔纳-弗朗索瓦一样,在困难的年代也竭尽看风使舵之能事。他的学生都到查理曼中学去听课。① 校址设在丢兰纳街九号的一所贵族宅邸"快乐大厦"里。学校看门人是个"地地道道的走私犯,玩牌戏的能手,夜出晚归的学生的亲信,禁书出租者"。他还向学生出售牛奶咖啡,在拿破仑时代,这是贵族才能享用的早餐,因为从殖民地来的咖啡价格昂贵。奥诺雷有时身边没钱了,就在这个看门人那里赊账。对于王宫市场的烟花女子,他只能作一番梦想,比他更有钱更大胆的同学则可以到那"爱情的乐园"去领略女性的妩媚,"在那里解除童贞的疑团"②。据米什莱③说,勒彼特的某些寄宿生对那些"相当漂亮的男孩"公开表示有特别浓厚的兴趣。

1815 年"百日"④期间,勒彼特难以控制那些仇视君主政体的学生们的示威行动,他举起拐杖威胁捣乱分子,却无法慑服拿破仑皇帝的狂热信徒。到第二次王政复辟,重新实施"镇压"的时候,许多学生被开除了。奥诺雷·巴尔扎克到 9 月 29 日才带着战斗的荣誉离开学校,结业证书上还表扬他学习勤奋、品行端正。很可能他也跟其他学生一样,带着强烈的关切和希望注视着拿破仑的最后一场战役。至于波姆勒将军,因为他过分忠于拿破仑,在王室第二次复辟的时候被放逐了。贝尔纳-弗朗索瓦比较谨慎,平安地度过了这场斗争。

这时候奥诺雷进了冈赛神甫的寄宿学校。冈赛原籍德国,是个"既

---

① 参看莫伊士·勒·雅宛克的文章:《巴尔扎克在查里曼中学》,《巴尔扎克年鉴》1962年,第 69—92 页。——原注

② 巴尔扎克:《幽谷百合》。

③ 米什莱(1798—1874),法国历史学家。

④ 指拿破仑从厄尔巴岛返回法国,又当了一百天皇帝的事件。

严肃又慈爱"的品格高尚的人。自从伯兹南死后,他一个人领导着这所设在托里尼街的学校,和勒彼特学校一样,他的学生也到查理曼中学听课。年轻的巴尔扎克在那里念了一年,读完了修辞班①,他的拉丁文考了第三十二名,为此他母亲写信狠狠训了他一顿,还罚掉他一次外出机会。那时每个星期日他都在"可靠的监护"下到神庙街学跳舞。巴尔扎克太太希望自己的儿子是个天才,而不是懒虫,她待儿子特别苛刻是因为她爱儿子有她自己的方式。那时巴尔扎克的文笔已经相当流利,洛尔保存的家庭档案中有一篇他的作文("布鲁图斯的妻子在儿子们被判刑以后对丈夫说的一席话"),这不过是一篇修辞课的习作,辞藻华丽,但是写得不错。在查理曼中学,巴尔扎克又遇见了在旺多姆最要好的朋友巴舒·德·庞埃,还结识了一个新朋友:胖子奥古斯特·索特莱。可能维勒曼②也在那所学校教过他几个月,但是这位老师只注意到像儒勒·米什莱那样杰出的学生,而不是"淹没在平庸的学生群里"③的拉丁文第三十二名的可怜虫。

1816年,他成绩平平地念完中学回家。家里还是老样子,父亲贝尔纳-弗朗索瓦还像从前那样保养身体,还是那样"自得其乐";太太依然为一点小事就发脾气。洛尔和洛朗丝在女子学校寄宿。她们学习英语、钢琴、缝纫、刺绣,玩惠斯特牌,加上几本古典名著和"稍许一点化学"。洛尔的成绩总是第一,而宠坏了的亨利则像换衬衫一样换学校,成绩要多坏有多坏,却并没有因此失去分毫母亲对他的"娇宠"。沼泽区仍旧是巴黎最古板的地区,街道阴暗,人们晚上九点钟就睡觉,不像

---

① 法国中学的最高班叫修辞班。

② 维勒曼(1790—1870),法国历史学家,曾在七月王朝任教育部长。

③ 莫伊士·勒·雅宛克:《巴尔扎克在查理曼中学》,《巴尔扎克年鉴》1962年,第88页。——原注

贵族居住的圣日耳曼郊区逍遥到深夜。沼泽区的人们吃水是用奥弗涅的水桶装运的,他们用木柴取暖,用蜡烛和油灯照明;房租要交给看门女人,这种看门女人权力极大,完全能够驱逐一个靠年金生活的老贵族,仅仅因为她不喜欢他的政治观点。

在沼泽区,有一万利弗尔①年收入的家庭,生活便相当宽裕。巴尔扎克家的情况大抵如此。他们附近住的都是些中产阶级朋友,有经商的,也有退休的,其中有萨朗比耶家的全部亲戚——都是些呢绒花边商人,马吕斯家,赛迪约家,还有达布兰大叔,他是个老光棍,从前开一家叫作金钟的五金制品店,是个富有的收藏家和文学爱好者。由于他"正直而且心地善良",所以朋友很多。② 奥诺雷喜欢这些人。后来,他也像当时所有的艺术家一样嘲弄资产阶级,描写他自己这个阶级的缺点,不过笔端常带有"深厚的温情和暗暗的赞赏"③。老杜迈克死于1816年,巴尔扎克一家对他的女儿约瑟芬·德拉努瓦十分巴结,她是总军需供应商的妻子,很有点势力。他们还有一个朋友叫冉-巴蒂斯特·纳卡尔,是他们的家庭医生,写过一部著名的关于加尔④理论的著作:《大脑的新生理学》。纳卡尔医生特别强调要把心理学归入生理学的范畴,他说灵魂是人体的物理和化学作用的效应。奥诺雷常常读他的书,并且从中得出"人是个统一机体"的结论,他把道德降低到民俗学水平。

他周围的人都谨小慎微,不表示任何政见。沼泽区的大宅邸,如朗布绮公馆、塞维涅公馆,已经不住大户人家了。区里只剩下几家当法官的小贵族,他们实际上是资产阶级,很有钱,很受尊敬。经过这么多政

---

① 利弗尔:法国古代货币单位,约相当于一法郎。

② 见玛德莱娜·法尔若:《巴尔扎克的第一个朋友——善良的达布兰》,《巴尔扎克年鉴》1964年,第3—24页。——原注

③ 贝尔纳·居庸:《巴尔扎克的政治和社会思想》,第79页。——原注

④ 加尔(1758—1828),德国医生,颅相学的创始人。

治变迁,这些商人和公务员宁愿采取平庸的甚至是无知的态度,避免发表可能带来危险的见解。他们中的许多人曾经亲眼看到路易十六的兴衰,大革命和拿破仑称帝。对于政治,他们一味采取谨慎态度,但求下一次政权更迭的时候能够保持清醒头脑。几乎所有的人都到咖啡馆看报纸,因为如果你订一份报纸,就等于表明一种政治倾向,这是危险的。订《每日新闻》或《法兰西报》的是保王派,订《立宪报》或《辩论报》的就是自由派。如果你什么都看,人家就不知道你是哪一派了。

和巴尔扎克家住在同一幢房子里的有他们的公证人帕塞师傅和萨朗比耶外婆的一个老朋友鲁日蒙小姐,她是旧时代的一位才女,认识博马舍。奥诺雷最喜欢听她讲博马舍的绚丽多彩的生活,简直是一千零一夜式的故事,年轻的巴尔扎克就喜欢听故事。他自己又何尝不能成为一个戏剧家呢?可是母亲对他的前途另有打算。帕塞师傅曾经提出收他做自己的帮办,以便将来把事务所转让给他。还能指望比这更好的前途吗?贝尔纳-弗朗索瓦总是醉心于别出心裁的计划,他认为科学也许能够提供更多的成功的机会。于是善于安排时间表的巴尔扎克太太下决心不让儿子有一分钟的空闲,立刻让他去学法律。

1816 年 11 月 4 日,巴尔扎克初次在法学院注了册,打算三年之后获得法学士文凭。与此同时他还要进修科学,去巴黎大学听课,并且开始攻读"高级文学课程"。巴黎大学和法兰西学院的教师如基佐、库赞等都是名教授,"他们是抵制极端派的代表人物"①。尤其是维克托·库赞,他很年轻,在大学生里很有影响,他与学生之间有一种兄弟般的信任和友谊。当时巴尔扎克思想上有两种不同的倾向:一方面他不能接受正统的基督教唯灵论,因为他父亲是个把思想也归入动物学范畴

---

① 乔治·普拉达利叶:《历史学家巴尔扎克》(1955 年)。——原注

的唯物主义无神论者;另一方面,从旺多姆时代开始,他就非常厌恶纯粹的唯物主义。他始终认为世界是个统一体。精神也好,物质也好,都是互相联系的。库赞的折中主义理论在于把研究事实的科学(即探讨和观察),同研究自我的科学(即直觉、灵感)结合起来。巴尔扎克倾听着,充实着自己,但他傲气十足,认为:"这位老师不过是在讲一些任何人只要读过几本书都能知道的事情来沽名钓誉。"

他对什么都感兴趣,常去自然博物馆听课。在那里教课的有若夫华·圣伊莱尔①,他是动物学家、解剖学家,还自以为是个哲学家。他说科学不仅是观察和分类,推理和判断才是科学的真正目的。他创立了"思想学派",和他的同事居维叶②的"现象学派"相对立。巴尔扎克尤其崇拜居维叶。但是若夫华·圣伊莱尔在夏尔·博内③的基础上创立了"机体的统一性"学说,这种学说对于一个兴趣极其广泛的青年人很有吸引力。"大自然似乎把自己限制在一定的范围之内,并且按照同一模式来创造一切生物,他们原则上都是一样的,但又千变万化……"④总之,各种器官的胚芽存在于一切种类的生物身上,但是不同的需要使它们在这一类身上得到发展而在另一类身上被压抑。譬如若夫华在著名的《论鱼类》的论文中指出鱼类的鳍和尾同脊椎动物的四肢类似。这个类同原则和器官平衡原则(大自然的总预算是固定不变的,在某一方面开支多了就得在另一方面节省下来),就是他的统一性学说的基础。

年轻的巴尔扎克对这种新颖的假设很感兴趣,他已模糊地想到,是

① 若夫华·圣伊莱尔(1772—1844),法国生物学家。
② 居维叶(1769—1832),法国生物学家,自然史教授。
③ 夏尔·博内(1720—1793),瑞士哲学家和生物学家。
④ 见《若夫华·圣伊莱尔的生活、工作和学说》,他的儿子伊齐多尔·若夫华·圣伊莱尔作,巴黎,贝特朗版,1847 年。——原注

否有一天能够把这种学说运用到社会现象方面去。这个少年有强烈的求知欲,他喜欢穷根究底,经过初步的思考,他隐约看到一种极妙的体系。究竟可以用它作什么? 是一种哲学思想还是艺术作品? 他还不知道,但他毫不怀疑自己的力量。不管库赞和若夫华·圣伊莱尔说得对不对,他热烈地向法学院和医学院的同学们(其中有他的老同学,胖子索特莱)谈论他的这些宏大而模糊的思想。他们总是在课间花上十八个苏①到弗利谷多的小饭铺里吃午饭,这家饭店镶着小块玻璃的门面朝向巴黎大学的广场,被称为"饥饿与贫穷的庙堂"。他还滔滔不绝地向家里人发表演说。从前他很腼腆,现在变得和父亲一样健谈。可是谁也不爱听他的,嫌他饶舌。他一会儿大谈磁力学、神秘学或者世界的统一性,一会儿又像小孩子一样淘气。

父母为他规定了严格的纪律。贝尔纳-弗朗索瓦认为在巴黎大学的法学理论课程之外还应该马上让他接触法学实践,于是奥诺雷在法科学习的三年期间,必须去一位诉讼代理人和一位公证人那里见习。选中的诉讼代理人,冉-巴蒂斯特·吉约内-梅尔维尔,是巴尔扎克家的朋友。他是一位杰出的法学家,修养有素,爱好文学。巴尔扎克在那里当见习生的时候,斯克里布②刚刚离开事务所,儒勒·雅南③正在当跑街。

巴尔扎克在吉约内-梅尔维尔那里实习的几年收获很大。他学会了民事诉讼程序,这是一种强有力的手段,至今在男男女女的日常生活中仍起着鲜为人知的重大作用。"他整天同法典和案例打交道。"以后这些东西就变成了他的思想工具。"在法学的帮助下他开始挖掘这庞

---

① 苏,法国辅币名,相当于五个生丁。二十个苏等于一法郎。
② 斯克里布(1791—1861),法国剧作家。
③ 儒勒·雅南(1804—1874),法国小说家、批评家。

大无比的生活的奥秘。"①在诉讼代理人事务所里展开着一幕幕家庭惨剧。在那里,他见到一个女人想尽办法剥夺她丈夫的治产权。一位帝国时代的上校突然像幽灵一样从德国回来,发现妻子已经跟别人结婚了。成千部活生生的小说把人类灵魂丑恶的一面,偶尔也有高尚的一面披露出来。他同事务所的帮办们生活在一起,这些贫穷而贪婪的小怪物声称蔑视一切,但他们之中也不乏以自己一百法郎的月薪赡养住在六层顶楼上的老母亲的人。他们替顾客抄写状子,贪心地吞噬他们的钱财。他们在一间阴暗的积满灰尘的屋子里工作,仅有的装饰是墙上糊的那些颜色发黄的出售房产的巨大招贴纸,塞满案卷的书架和几件肮脏不堪的家具。吃剩的奶酪、排骨和巧克力同纸张一起发出难闻的气味。诉讼代理人事务所是"社会上各种店铺中最最令人厌恶的地方",可是年轻的巴尔扎克却在这里学到了可怕的生活的诗篇。他在那里非常活泼淘气,逗人发笑,经常搅得同事们不得安宁,以至于有一天主任帮办给他送去一张便条,上面写道:"巴尔扎克先生今天不要来上班,因为今天工作很多。"

晚上,他在家里同好婆玩波士顿或惠斯特牌戏。老人家年纪越大越宠爱外孙,总是故意让他赢几个钱去买他喜欢的书。他呢,越来越醉心于读书,读那些少见而难懂的稀奇古怪的书,而且越来越相信自己注定会获得荣誉、财富和爱情,尽管目前还没有任何迹象能证明这一切。假如他妹妹洛尔提供的情况属实,那么巴尔扎克尽管很穷,却从少年时代起就在女人中间获得过短暂的成功。"他也乐于讨人喜欢,于是发生了一些非常有趣的奇遇,生动得没法描述。我只能肯定地说,从来没有

---

① 斯·德·萨西:《巴尔扎克和冒险家的传说》,见《法兰西信使》(1950 年 1 月)第115—128 页。——原注

一个男人在刚踏入生活的时候,比他更有理由自命不凡……"①接着洛尔讲到有一次奥诺雷同外祖母打赌,说他能赢得巴黎一位最漂亮的女人的欢心。外婆指定了一位她认为根本没这种可能性的妇女,心想这一百埃居②的赌注绝不会输掉。可是奥诺雷居然赢了。别看他一头蓬乱的头发,一张大嘴和参差不齐的牙齿,竟然以他风趣的谈吐,闪烁着智慧的美丽的眼睛,也许还有他的青春年少取得了胜利。老外婆并不是十分古板的人,在这个奇妙的家庭里,玩着各种奇怪的游戏。

---

① 洛尔·絮尔维尔给维克托·雨果夫人的信。斯波贝奇·德·洛旺儒的收藏:A.378,第 242 页。——原注
② 埃居,法国古币。面值不一,一般值三法郎。

第四章　天才的实习期

他要像莫里哀那样，先成为深刻的哲学家，再写喜剧。

——巴尔扎克

1819 年，巴尔扎克家里发生了巨变。七十三岁高龄的贝尔纳-弗朗索瓦突然接到上司德·冉伯爵的通知，请他退休。他失去了一年七千八百法郎的高薪，尽管他竭力争取增加退休金，要求把他在国王参政院当秘书的年代也算进工龄，但他仍然只获得每年一千六百九十五法郎的退休金。除了这笔可怜的收入之外，只剩下巴尔扎克太太在巴黎的一幢房子和图尔附近一个田庄的收入，加上存在格朗利弗储蓄所和拉法热养老储金会的一点积蓄。要获得养老储金会的钱就有一个长寿的问题，在这一点上，贝尔纳-弗朗索瓦谁也不怕。他拥有无数长寿的秘诀。他以威尼斯人柯尔纳罗为例，说此人在四十岁时身体已很衰弱，可是还活到了一百岁。他从早到晚喋喋不休地谈论这个问题，讥笑那些死去的养老储金会会员，称他们为"逃兵"。

但是在拉法热储金会的奇迹出现之前，家庭收入大大减少了，不可能再在沼泽区像个富有的市民那样生活下去。人是有自尊心的。与其丢面子,不如迁出巴黎。巴尔扎克夫人的堂兄克洛德-安东尼·萨朗比耶答应在莫奥公路上的维勒帕里西斯买一幢房子租给堂妹家住。这个五百人的村镇位于巴黎和莫奥之间,没有任何装饰的泥灰房屋,排列在村中心大街的两旁。这条大街紧挨着巴黎到梅斯的王家公路。好几条驿道在这里设有驿站,所以村里有六家旅店接待过往人马,经常接待的是一些运货马车夫、旅行推销员和流动商贩。村中心大街热闹异常,整天车轮滚滚,人喊马嘶,耍猴戏的吵吵嚷嚷。村里的信件由一名步行的邮差从附近的城市克莱送过来。

当地像样的人家只有奥维利埃伯爵,住在巴尔扎克家对面一座很不起眼的"府邸"里;巴黎人加布里叶·德·贝尔尼一家,只有夏天才来;还有一个退休的上校。巴尔扎克家的房子正面一排有五扇窗户,上下两层带个假三层,花园四周植有灌木,分为菜园和果园。① 二楼有三个生火的房间,萨朗比耶老太太、巴尔扎克夫人和洛尔各住一间。那位养老储金会的元老,铁打的人,只要一间没有壁炉的房间,孩子们非常害怕"爸爸房门里吹来的穿堂风"。洛朗丝住在洛尔旁边的小间里。奥诺雷回来的时候住在顶楼上。他们的用人是一位有点耳聋的邻居——玛丽·弗朗索娃·佩勒蒂埃,外号叫"高明大妈"——和一名叫路易丝·洛莱特的厨娘,不久以后她嫁给了花匠皮埃尔-路易·布鲁埃特。

村里人热情地欢迎这生气勃勃的一家,"他们人人都是那样聪明,有教养,健谈,能读会写,敏锐,活跃"②。贝尔纳-弗朗索瓦仍然穿着督政府时代的服装,精神矍铄。他每天下午五点钟吃一个水果当晚餐(这是他长寿的秘诀之一),像鸡一样天一黑就睡觉。他的房间里有一只大

---

① 雷翁·里希:《巴尔扎克和他一家在维勒帕里西斯》,《兰希地区历史学会会刊》,1936 年。——原注

② 玛丽-冉娜·杜里:《巴尔扎克入世之初》,1953 年,第 73 页。——原注

书柜,他随身带着书柜的钥匙,退休以后他整天都在看书。塔西佗①和伏尔泰帮助他忍受太太的脾气和丈母娘的唠叨。丈母娘称女婿为"加斯科涅的狗"②,并且妒忌他那青春般的活力。"他则始终心情愉快,只在发现他的长寿理论似乎不那么灵验的时候,情绪才有些波动。有一次,他的一颗牙齿坏了,这意外的事故对他是很大的打击,使他非常伤心。"③但随后又自我安慰说:"什么东西都会损坏,只有知足常乐是坚不可摧的。"④他患痛风症的时候还得意地说:"最上层的贵族,包括大卫王也得过这种病。"特别使他遗憾的是不能像这位国王一样生活在六百个年轻女子中间。

萨朗比耶老太太常去巴黎走访医生和催眠师,她害怕自己"翻船",也就是说,唯恐"跌入永生"。洛朗丝还要在寄宿学校学习几个月,其实她参加舞会比学习还忙。洛尔继续弹钢琴,学英语,总是以她的好脾气来平息家庭内部的烦恼。家里发生过一件事:贝尔纳-弗朗索瓦的弟弟路易·巴尔萨于 1819 年 6 月 14 日被塔尔纳省法庭判处死刑,这件事没有让邻居们知道。据说是路易·巴尔萨诱奸并杀死了农庄里的一个女用人赛西尔·苏利耶。这位怀了孕的姑娘是被勒死的。可能路易·巴尔萨在这件谋杀案中是无辜的⑤,而真正的杀人犯是公证人阿尔巴,不过这个阿尔巴同贝尔纳-弗朗索瓦最早的保护人是亲戚,于是路易·巴尔萨于 8 月 16 日在阿尔比上了断头台。在巴尔扎克家的通信中找不到一点有关这桩悲剧的蛛丝马迹。多么雄辩的沉默!

---

① 塔西佗(约 50—120),罗马历史学家。
② "加斯科涅的狗",意即吹牛皮的家伙。
③ 玛丽-冉娜·杜里:《巴尔扎克入世之初》,第 73 页。
④ 玛丽-冉娜·杜里:《巴尔扎克入世之初》,第 85 页。
⑤ 参见保尔·巴拉吉:《一桩神秘案件:巴尔扎克的叔父路易·巴尔萨是杀人犯吗?》(载《环球》杂志 1927 年 6 月 1 日及 15 日)。——原注

哥哥并没有采取任何救援弟弟的措施。自己的面子比手足之情甚至比正义还重要,他们是善良的市民,却没有多余的善心。

这时候奥诺雷不能也不愿意离开巴黎。他已经在 1819 年 1 月获得法学士学位。现在他的父母指望他来振兴家业。贝尔纳-弗朗索瓦在儿子身上有无数想入非非的打算。帕塞师傅不是答应过让奥诺雷在他那里当帮办,然后把事务所盘给他吗?要是再攀上一门好亲事,就可以有钱买下事务所。儿子成为殷实的公证人,女儿们嫁给综合理工学院毕业生,最好是有贵族头衔的,这就是沼泽区人们的理想。奥诺雷却固执地反对这类计划。他自己也是既骄傲又野心勃勃,向往着成功,但他要的是文学上的殊荣。为什么?也许是由于书看得多,又经常议论博马舍的光辉生涯,加之受到他父亲写小册子的影响。家里人人都喜欢写点什么。但尽管他们喜欢文学,藏有一柜子古典作品,还都读过,可是他们真正重视的还是财富。文学能带来财富吗?在巴尔扎克夫人眼里这是很成问题的。家里展开了激烈的讨论。退休的五金制品商达布兰大叔在这方面是个预言家,而且似乎还是很有眼光很有文化修养的人,他宣称奥诺雷不过是块抄抄副本的料。贝尔纳-弗朗索瓦对儿子更了解一些,能赏识他的聪明,他在奥诺雷身上寄予最大的希望。既然孩子自称有天才,那就让他证实一下吧!他们给他两年的时间去进行尝试,在这期间父母给他每年一千五百法郎的生活费。

必须承认这是相当慷慨的供给,这笔钱占去家庭收入的相当大一部分,何况花这笔钱并不是让他去进行对前途有保证的学习,而是让他去写点什么戏剧和小说。这么天真的信任着实令人感动,为此真应该原谅巴尔扎克夫人当初给零用钱时的小气和她对儿子的凶狠眼神。她以每年六十法郎的价钱租下了军械库图书馆附近的莱迪吉耶尔街九号一幢老房子里的一间阁楼。奥诺雷将要在这里进行尝试。不过他们不好意思向沼泽区的朋友们承认在巴黎养着一个"什么也不干"的儿子，所以讲好对外人只说奥诺雷住在阿尔比的堂兄家里。因此他在巴黎必须尽可能少露面，并且只能在天黑以后出门。他和家里的联络通过经常去巴黎采购的"高明大妈"维系。奥诺雷和妹妹们封她为诸神的信使"伊里斯"①。

按巴尔扎克的说法，这间六层楼上的阁楼是个"堪与威尼斯铅顶监狱②媲美的小洞穴"，一道肮脏的吱嘎作响的楼梯通向这低矮阴暗的小屋。"阁楼的墙壁又黄又脏，一副寒酸相，再没有比这更可怕的地方了……从屋瓦的缝隙中可以看到天空……租这间房每天花我三个苏，灯油费每晚三个苏，我自己收拾房间，两个苏洗衣服，两个苏买泥炭，于是只剩下两个苏以备不时之需。"③事实上这寒酸的小房间只不过是一个父母相当富裕的年轻市民的贫穷假象，他只要回到维勒帕里西斯就可以过上舒服的生活。

奥诺雷自己买菜做饭。根据和父母亲商定的协议，这个被监禁在莱迪吉耶尔街的儿子除了偶尔见见达布兰大叔之外，不能和任何人见面，巴尔扎克称他为"皮拉得斯④·达布兰"。达布兰有时爬上六层楼给年轻的隐士带来一些忠告和外界的消息，向他提示一些可供观察的对象，譬如住在三层楼的一家人，他们有一个相当漂亮的女儿；还有租给他这间阁楼的房东一家子。为了挡住从门窗缝里钻进来的风，他花六个苏买了一些蓝纸给自己做了一个屏风。最高兴的事是"高明大

---

① 伊里斯，希腊神话中的彩虹女神，她为诸神报信，接亡灵到冥土。

② 指威尼斯的杜卡尔官用来作监狱的最高层，因屋顶用薄铅皮做成，温度骤冷骤热，使犯人备受折磨。

③ 巴尔扎克：《驴皮记》。

④ 皮拉得斯，希腊神话中俄瑞斯忒斯的生死与共的好友，此处喻达布兰好比他的皮拉得斯。

妈"伊里斯的来访,她带来洛尔写得有趣而充满温情的信,有时信中还转达母亲对浪子的责备:

爸爸告诉我们说,你的第一个自由行动是买了一面镀金框的镜子和一幅画来装饰你的房间,妈妈和爸爸对此都不满意。我的好哥哥,你有权支配你的钱,因此你应该明智地将它花在房租、洗衣服和伙食上面。在这困难时期妈妈给你这笔钱是多么不容易,八个法郎是相当可观的。妈妈很操心你的生活费还能剩下多少?妈妈提醒你,说你这第一笔钱花得很不恰当,因为你让她感到她给你的镜子是多余的,她花五个法郎买镜子是买错了,所以她要你把它交给高明大妈,因为在你这样的房间里没有必要放两面镜子。而且,我的好奥诺雷,请你不要再犯这样的错误了,我在信中只想给你写一些温情的话,至多转达一些妈妈的劝告,一点也不喜欢转达对你的责备,实在不愿意。①

说真的,多疑的母亲不能容忍儿子不喜欢她为他选择的镜子而另外去买一面。此外洛尔在信中还讲到一些发生在维勒帕里西斯的新闻:

假期里他可以活动活动,你知道他多么需要到乡下去! 大家以为你正在去阿尔比的路上,并且都在为旅行者祈祷……我们还不知道贝尔尼家的女士们是否适合做朋友……好婆送给我们三顶草帽,式样很时髦,漂亮极了,你想想我们多么骄傲……维勒帕里

---

① 《巴尔扎克通信集》,第 1 卷第 27—28 页。——原注

西斯的四郊总的说来是可爱的,树林很美丽。我每天早晨从六点到八点练琴,在弹音阶的时候我的思想不集中,飞到莱迪吉耶尔街去了……①

姑娘可爱的唠叨使奥诺雷非常高兴,他抽时间写很长的回信。兄妹俩都是信手写来,不假思索,"想到哪儿就写到哪儿"。这是"心灵的闲聊",天真而清新。

1819 年 8 月 12 日写给洛尔小姐:我亲爱的妹妹,你想知道我安顿下来的详细情况和我的生活方式吧。我这就给你讲讲! 关于买镜子的事我已经给妈妈写过回信了。现在我要说的事会把你吓坏的,这比买什么东西都更严重,我雇了一个用人! ……

"雇用人,哥哥? 你怎么啦?"

"纳卡尔先生的用人名叫'安静',我的用人名叫'我自己'。早晨我醒来的时候,我打铃叫'我自己',然后他给我铺床。"

"我自己!"

"什么事,先生?"

"昨夜我被虫子咬了,你看看有没有臭虫。"

"先生,根本没有臭虫。"

"好吧!"

他开始扫地了,虽然笨手笨脚……总的说来他是个好小伙子,他把我的衣服整整齐齐放在壁炉旁边的柜橱里,柜橱用白纸糊了一遍,还装上了锁。他用六个苏买了些蓝色的纸,加上人家送给他

---

① 《巴尔扎克通信集》,第 1 卷第 29 页。

的木框，做了一个屏风。他用白灰刷了墙，从书柜一直刷到壁炉。

在他不高兴的时候（至今还没有发生过呢！），我就差他到维勒帕里西斯去拿点水果或者到阿尔比去向我的堂兄问安……①

至于工作，咳！没有多少可说的："你相信吗？我一个星期都在思考，整理，吃吃东西，散散步，没有做什么正经事。《科克西格吕》②太难了，我力不从心。我仍在学习和培养兴趣。"他拼命地阅读诗歌和散文，法国的和外国的，他研究历史哲学，并且设想自己能否继孟德斯鸠之后，根据大革命带来的动乱和拿破仑法典写一部《新法意》。

十七岁的洛朗丝也像洛尔一样给哥哥写信，但是她错误地认为自己很笨。"外婆对我不耐烦了，人人都讨厌我，但他们是对的……妈妈尽最大努力平等地对待我和洛尔，但这对她来说是不公平的，因为我姐姐比我好得多……为什么她是那么和蔼而我总是那么颠三倒四？"③（这又是巴尔扎克家里独有的一个词，字典里是找不到的。）洛朗丝承认自己忌妒她的好姐姐钢琴弹得好。其实洛尔和洛朗丝深情相爱。洛朗丝有点浪漫，经常到她的百合花丛中去幻想未来的丈夫是什么样的人，并且已经放弃了七个之多。这里面有几个"跳舞的牧童"，是她的表哥萨朗比耶给她介绍的，表哥是个花边商人，当他在别人面前叫她"表妹"并且谈论他的生意时，她总觉得有点不好意思。

洛朗丝和巴尔扎克全家一样，是个伏尔泰式的怀疑派，说起话来很大胆。在巴黎时，大人带她去望大弥撒，她给洛尔写道："听完讲道之

---

① 《巴尔扎克通信集》，第 1 卷第 30—31 页。——原注
② 这是巴尔扎克当时构思的一部书信体小说的书名。
③ 原文是 bousarderie，字典上没有这个字。引文摘自斯波贝奇·德·洛旺儒的收藏：A. 378，第 185 页。——原注

后，我不知道还有哪个人会不相信自己已经在被烧烤，被罚受苦刑；至于我自己呢，我的腿这么冷，所以我发现自己还没有进地狱；因此你瞧，我还准备再干坏事：看戏、跳舞、听音乐，到这些邪恶的社交场所，在那里，天真和纯洁……"①巴尔扎克家的孩子们就这样无情地嘲讽正人君子们的陈词滥调。

奥诺雷从他的顶楼窗口望出去，可以看到巴黎的房顶，"棕色的、灰色的、红色的，有石板瓦，有普通瓦"，他发现了"一些奇特的美：从没有关严的百叶窗里漏出来的道道光线……路灯透过雾霭散射出的淡黄色光芒……一扇天窗的已经腐朽的窗框里，有个少女正在梳头，他只能隐隐约约看见一只雪白美丽的胳膊托起长长的头发……"②他沉浸在巴黎的诗情画意之中。晚上，为了呼吸新鲜空气，他漫步于圣安东近郊或拉雪兹神甫公墓。在郊外，他观察工人们，混在他们当中一起咒骂他们的工头。

有时他跟在一双情侣后面倾听他们的谈话，他觉得自己好像就是这个男人或这个女人，这时他的天才的观察力得到了实践机会：

> 在我身上，观察已经成为本能，我能洞察人的灵魂而不忽视他的躯体，或者说，由于我能如此迅速地抓住外部的细节，以至能够立刻透过表象深入到被观察者的生活里去，甚至取代他，就像一千零一夜里的苦行僧可以借别人的灵魂和躯体来说话一样。……当我倾听这些人说话的时候，我能体验到他们的生活，我感觉自己身上穿的是他们的褴褛衣衫，脚下蹬的是他们的破皮靴，他们的愿

---

① 见斯波贝奇·德·洛旺儒的收藏：A.378，第197—198页。——原注
② 巴尔扎克：《驴皮记》。

望,他们的需要都进入了我的灵魂,或者说我的灵魂附到了他们身上。真像白日做梦一样……①

他从童年时代就具有的,是一种什么样的能力呢?

在拉雪兹神甫公墓,他站在小山头上,一座座坟茔之间,俯瞰那巴黎城曲曲弯弯地匍匐在塞纳河两岸,裹在由于烟雾缭绕而呈现的浅蓝色帷幕里。灯光开始亮了,他的眼光贪婪地注视着这四万所房屋。在旺多姆广场和荣军院的圆顶之间,居住着体面的上流社会,这是他极想进入的世界,在情绪饱满的时候,他总希望能以自己的才华来敲开这扇大门。

家里给他两年的时间来证实他的才能。该做些什么呢? 好奇心把他引进哲学领域。他试图了解社会、世界和人类的命运。那时候年轻人都在阅读比夏②的《普通解剖学》和加尔——纳卡尔医生所崇敬的学者——的《大脑解剖》。在旺多姆、图尔以及巴黎,奥诺雷读了一些不完全是机械唯物论的思想家的作品,如笛卡儿、斯宾诺莎、莱布尼兹等。他从莱迪吉耶尔街附近的先生图书馆借到了马勒伯朗士③的《真理的探索》,他自己也在探索一种玄奥的哲学。有人保存着他于 1817 至 1820 年间随便写的哲学笔记。从这些笔记里可以看出他有一种强烈的愿望,要创立一套自己的理论,要"撕破最后的帷幕",还可以看出他像父亲一样读了大量的书。笔记中不时出现柏拉图、培尔、第欧根尼、亚里士多德、圣贝尔纳、拉伯雷、拉特朗的教谕,印度哲学家拉马克、霍布斯,等等。而且他后来始终喜欢罗列大人物的名字。

---

① 巴尔扎克:《法西诺·卡讷》。
② 比夏(1771—1802),法国解剖学家和生理学家。
③ 马勒伯朗士(1638—1715),法国哲学家。

他计划写一篇《论灵魂的不朽》，其实他并不相信灵魂是永存的，他写道："精神能力的衰老证明灵魂受到肉体规律的制约，它经历诞生、成长和死亡的过程……毫无疑问，记忆力会衰退，智力和勇气会消失，尽管有时人还活着……"①

总之，这毋宁说是一篇关于灵魂并非不朽的论文。他还写道："人们对于灵魂的存在还没有信服，连它是否存在都不知道的时候，又怎能认为它不朽呢？……在我们身上，没有比死后的名声更不朽的东西了，而前提还是世界是永恒的。……"②这位阁楼上的神学家还发现，灵魂不灭的教条来自第一届拉特兰大堂会议，"它并非来自基督，而是来自柏拉图"。

问题不在于他的哲学思想是什么，何况这个青年人的思想还在变化发展之中，重要的是他感到需要有一种哲学。"他不承认有什么非凡的天才可以缺乏深厚的哲学造诣……他对古代的哲学财富进行层层分析研究之后，加以吸收。"③后来他对一个好友口述一篇自传性序言的时候回忆道："那时候巴尔扎克先生隐居在军械库图书馆附近的一个阁楼上，不知疲倦地对比、分析和归纳古代的、中世纪的以及近两个世纪来的哲学家和医生们留下的论及人的头脑的著作。这是他的癖好。……"④这可不是夸张，这个时期的大量工作留下了丰富的痕迹：巴尔扎克小说中的哲学思想在创作之前就已经形成了，在阁楼时期，他就为以后的作品打下了基础。

为了获得他进行精神探索所需要的书籍，他到处求助。他向达布

---

① 见巴尔扎克:《哲学笔记》。——原注
② 见巴尔扎克:《哲学笔记》。
③ 巴尔扎克:《幻灭》。
④ 费利克斯·达文:《〈哲学研究〉导论》，1834年。——原注

兰大叔借了一本带有法语译文的拉丁文《圣经》，他还要求洛尔弄到父亲收藏的《塔西佗》："洛尔，喔，我亲爱的洛尔，我热爱的洛尔，你怎么会弄不到《塔西佗》呢？书柜的钥匙究竟在谁手里？爸爸一直在他的房间里吗？"①在弄到《塔西佗》之前，他阅读别的经典著作。他给泰奥多尔·达布兰写信时说道："我要写一篇西塞罗式的讽刺文章来攻击你呢，大叔，你怎么啦？有一个月没有到莱迪吉耶尔街来了？……"②是的，他完全知道不能单靠哲学幻想来过日子。就目前来说，写戏剧似乎更有希望。他向大叔借卡西米尔·德拉维涅的《西西里晚祷》，皮埃尔·勒布伦的《玛丽·斯图亚特》。诉讼代理人吉约内·梅尔维尔过去的帮办欧仁·斯克里布写的剧本已经在许多剧场里上演。但是这位斯克里布写的是些通俗笑剧，巴尔扎克的眼光比他高。为什么不可以写一出五幕诗体悲剧呢？不久前他写过几首诗，一首《圣路易》，一首《约伯》，连他自己都觉得可笑。这可能说明一件事，"他没有写诗的天赋"③。事实上，他对诗韵之缺乏灵感到了令人难以置信的程度。可是当他读完了维勒曼使克伦威尔风靡一时的两本书之后，他决定把这位英国的摄政者作为他的一部悲剧的主人公。他拟好了提纲。

1819 年 9 月 6 日致洛尔·巴尔扎克： 你要吓得发抖了，亲爱的妹妹，我至少需要七八个月来创作诗剧，还要更多的时间来润色。

主要的构思已经列在纸上，而且还写出了一些诗句，但是在完成我的第一部巨著之前，我得啃坏指甲七八次。（啊！你知道写这类作品有多么困难！）要知道伟大的拉辛花了两年时间来修改《费

---

① 《巴尔扎克通信集》，第 1 卷第 49 页。——原注
② 《巴尔扎克通信集》，第 1 卷第 44 页。
③ 《巴尔扎克通信集》，第 1 卷第 35 页。

德尔》! 诗人的艰辛! 两年啊! 两年! 你想想,两年!

　　不久我将要夜以继日地奋战。每当我想到我的工作同我亲爱的人们息息相关的时候,心里感到格外温暖。如果说上天赋予了我某种才能,那么我最大的愉快将是使我的才能变成荣誉,为你,为我的好母亲争光。你想想,如果我能使"巴尔扎克"这个名字生辉,该有多么幸福! 战胜默默无闻是一件多么有意思的事……因此,当我逮住某个美好的思想,把它变成铿锵的诗句时,我好像听见你的声音在对我说:**干吧! 加油!** 我倾听着你的琴声,以新的热忱伏案工作!……①

　　自然,他倾心于工作并不是出于眼前的兴趣,而是为了将来,当个作家是非常难的。奥诺雷作过一项有趣的统计。一出悲剧里有两千诗句,这要付出八千至一万次思索。"啊! 我的妹妹,荣誉的背后有多少痛苦! 食品杂货商人万岁! 该死! ……啊! 多么幸福的人们! 但是他们却在干酪和肥皂中间消磨生命! ……得了,去他们的! 文学家万岁!"有时候他对《克伦威尔》感到厌倦了,"就胡乱写一篇老式的小说……我不常出门,但若胡思乱想起来,我就到拉雪兹神甫公墓去逛逛! ……在追寻死人的时候,我只看见活人。"②就是在莱迪吉耶尔街,他也不时接待活人。妈妈带来过猪肉,可以改善一下伙食。达布兰大叔继续造访这个阁楼,奥诺雷盼着他来,同这个古典主义兼自由派的五金商人谈论戏剧、书籍和政治。"不守信用的大叔:整整十六天没有见到你了。这不好啊,我只有你来安慰我……你知道,我八天以来就像在

---

① 《巴尔扎克通信集》,第 1 卷第 35—36 页。——原注
② 《巴尔扎克通信集》,第 1 卷第 37 页。

地狱最底层一样,什么也看不到,什么也听不到,没有人写信给我,连高明大妈都不见影子……"①

英文的弑君者②已经够难啃的,而他还要日日夜夜强迫自己把它写成法文的亚历山大体诗句。"哪怕累死我也要把《克伦威尔》写完,要在妈妈来找我结账之前写出点东西来……"③不过戏剧只是他的第一步,他给他的心腹洛尔的信中写道,法国革命还远远没有结束,在未来的政治动乱年代,人们需要文学家,因为文学家知道人类的心声,总之,他说如果他是个朝气蓬勃的男子汉(他希望自己是这样的),他不仅可以在文学上出人头地,还将是一个光荣伟大的公民。"我简直是那个到市场去卖牛奶的佩莱特④……要是碰巧有人在维勒帕里西斯出售天才,你能买多少就给我买多少。"⑤

他多么希望自己的阁楼上有一架钢琴,以便在长篇大论的写作之余,弹一曲心爱的克拉迈尔⑥的作品《卢梭之梦》来消除疲劳。不许他出去露面使他难以忍受。1819 年 10 月他给泰奥多尔·达布兰写道:"我还没有看一出我的老将军高乃依的戏哩,对于一个年轻士兵来说这是不好的,我真想看一遍《西拿》,恨不得到有栏杆的包厢去,从正厅里,哪个鬼家伙能把我从人群里认出来呢?"⑦那时候他消瘦、苍白,眼窝深陷,胡子拉碴,好像刚从医院里出来,或是从戏台上下来。尽管牙痛得

① 《巴尔扎克通信集》,第 1 卷第 40—45 页。——原注
② 指《克伦威尔》。
③ 《巴尔扎克通信集》,第 1 卷第 41 页。——原注
④ 典出《拉封丹寓言》,描写农村姑娘佩莱特头顶一罐牛奶到市场上去卖,一路上算计用卖牛奶的钱买蛋孵小鸡,鸡长大会下蛋……卖了蛋又……因为想入非非,最后打碎了奶罐,希望全部落空。
⑤ 《巴尔扎克通信集》,第 1 卷第 42 页。——原注
⑥ 克拉迈尔(1771—1858),德国钢琴家、作曲家。
⑦ 《巴尔扎克通信集》,第 1 卷第 47 页。——原注

厉害,他也不去治疗,说什么"狼从来不去找牙医,那么人也可以像狼一样"。这条从父亲那里继承来的漂亮推理使他年纪轻轻就缺了门牙。

他的心始终留在维勒帕里西斯,人们不是那么容易脱离"神圣家庭"的。总是抱怨神经衰弱的老外婆暗地里为奥诺雷付清书账。"高明大妈"伊里斯(她还有一个外号叫"荆豆芯大妈")经常带来洛尔的信,信中总是催他"快写,快写,快写"!他乖乖地服从,并且对洛尔的博学感到惊讶,她引用孟德斯鸠的话说:"有洛尔这样的妹妹的哥哥是幸福的。"①她还取笑他对三楼一位小姐的爱情,其实他并不怎么认识那位小姐。洛尔说他还有一个女朋友。"这个洛尔!她想让我当洛弗拉斯②;究竟为什么,我倒要问问你。我要是个阿多尼斯或者塞拉东③就好了,但是一个丑八怪只能摆在贵妇人的壁炉架上,而不会到她们的床上去。"④他让妹妹想象他穿着一件莫列顿绒的背心和一件旧式大衣,晚间在阁楼上冻得发抖,要她寄一顶"絮棉花的红色美里奴羊绒便帽来,就像爸爸戴的那种"⑤。说起他点的灯,油费的开支真吓人。他还对某个姓絮尔维尔的人不放心,洛尔在信中提到他的地方太多了。这是一个综合理工学院毕业的年轻桥梁公路工程师。为了修造乌尔克运河,他住在维勒帕里西斯的一个客栈里。认识了巴尔扎克家的两姊妹之后,他变得非常殷勤。

　　你常对我提起德·絮尔维尔先生,你让他去追洛朗丝吧。他

---

① 《巴尔扎克通信集》,第1卷第49页。——原注
② 洛弗拉斯,英国小说家理查逊(1689—1761)的小说《克拉丽莎·哈洛》中的人物,一个善于诱骗妇女的花花公子。
③ 阿多尼斯,希腊神话传说中的美少年;塞拉东,法国作家杜尔菲(1567—1625)的小说《阿丝特莱》中漂亮多情的男主人公。
④ 《巴尔扎克通信集》,第1卷第51页。——原注
⑤ 《巴尔扎克通信集》,第1卷第53页。

好像常常来看你们。你们要显得可爱一些,但要保持庄重,就像神庙街街头歌曲中所唱的沼泽区的姑娘那样,征服一个人的事总是值得去做的。人们为了逮鸽子,不是要先放一只鸽子在陷阱边上吗?我并不是把你当陷阱,但是结婚!……咳!结婚!……①

以絮尔维尔为姓氏的欧仁-奥古斯特-路易,是1790年6月5日出生在鲁昂的一个私生子,母亲叫卡特琳-阿兰,别号絮尔维尔,是外省的一个女艺人,1785年开始演戏的时候就用这个艺名,"父亲已故"。②1792年2月22日,一个富裕的鲁昂人,"前贵族"路易-埃马努埃尔·米迪·德·安代,承认这个小男孩是他"已故兄弟的作品",兄弟名奥古斯特-路易-欧仁·米迪·德·拉格尔纳雷,死于1789年10月9日。由三个公证人拟定的契约规定:"为了保证这个孩子的前途并考虑到阿兰小姐抚养儿子的辛苦,以及她由于认识了米迪·德·拉格尔纳雷先生而遭受的损失,米迪·德·安代先生按照生前赠予的办法,将给予单身的母亲和私生子每年一千二百利弗尔的年金。"

鲁昂市的一名记者,冉-加布里叶,被鲁昂地区法庭指定为欧仁的监护人。此人出于对这位母亲的感情,要求让孩子承袭父亲的姓氏,并在出生登记册上作了更正。法兰西共和历二年风月14日的一纸判决,正式承认欧仁是"已故奥古斯特·米迪·德·拉格尔纳雷的私生子,并且以此身份具有继承父产的资格"。然而,小欧仁仍旧沿用阿兰的别号絮尔维尔为姓氏。1808年11月20日,他以这个名字考进了综合理工

① 《巴尔扎克通信集》,第1卷第54页。——原注
② 参见莱昂·热代翁:《巴尔扎克的妹夫的来历》(载1963年4月18日《法兰西文学报》第1、8、9版)。参看安娜-玛丽·梅南杰:《欧仁·絮尔维尔》,《巴尔扎克年鉴》(1963)第195—250页。——原注

学院。入学考试他是第二十名,可以算是名列前茅了。1810 年他进入皇家桥梁公路学院,并且以工程兵中尉的身份参加了 1814 年的战争。1817 年奉命参加乌尔克运河工程,他选择了维勒帕里西斯作为住地,从此热诚执着地投身于运河事业。

最初,洛尔认为这个人对她来说是个太不起眼的对象:"那时候我沉湎在白日梦中,希望自己有一天会富起来,嫁给一位英国爵爷,我希望,希望,希望!"①絮尔维尔元旦带来一些糖果,完全无济于事,这微不足道的小市民礼物受到蔑视。但是到了 1820 年 5 月,这位工程师正式宣布继承米迪·德·拉格尔纳雷的姓氏并且享有继承权。那时卡特琳-阿兰得知儿子有结婚的打算,刚刚向他透露了他的身世。欧仁在给公路桥梁总经理贝盖伯爵的一封信中说道:由于他母亲一直疏于执行法庭的裁决,他不得不亲自到鲁昂去更正自己的法律身份。他要求从今以后正式使用米迪·德·拉格尔纳雷这个名字,号絮尔维尔。这个名字以及那份终身年金在巴尔扎克父母亲的眼里改变了一切。一个带贵族头衔的综合理工学院毕业生是不可以拒绝的。家里对洛尔施加压力。絮尔维尔因为经常去鲁昂办理公事,受托捎去妹妹们给哥哥的信件。这些信写得很美。巴尔扎克家里所有的人都没意识到自己那么会写。奥诺雷尽管是个劣等的戏剧家,却毫不费力地表现出杰出的书信体文学的才能。下面请看洛朗丝的风格:

维勒帕里西斯日记

昨天,国王去望弥撒了。不,我弄错了,陛下从来不去教堂。

昨天国王签署了……小姐的婚约。不,他没有签字,因为他的公主

---

① 斯波贝奇·德·洛旺儒的收藏:A.378,第 32 页。——原注

女儿们不结婚。昨天国王腿部受了风寒,这倒是真的,他的房间冰冷,而且房门没有防风垫。

昨天,王后肩膀痛得厉害,医生们认为这是她客厅的穿堂风引起的。大家祈望王后陛下早日康复。乡下有许多鹅,它们一齐来到王宫的护墙沟前面,惹得王后心烦意乱,她在睡梦中被这些家伙惊醒。没有朱庇特神殿可以避难,王后陛下对这些搅得她无法安睡的鹅群非常恼火。

10月22日——安娜-夏洛特·洛尔·萨朗比耶王后陛下的生日。王后陛下始终关心臣民的福利,想要庆祝一番,但是国王考虑到国家的利益,愿意在静默中度过这美好的日子。这下可叫公主们伤心死了,她们本来要穿上节日服装去邀请贝尔尼的女士们。生日原先是打算这么过的,至少应该让你闻到一点气味。全家的灵魂洛朗丝公主应该给萨朗比耶表哥写一封信,暗示他把纸花束换成好吃的东西。这位表哥应该带来一只从著名的卡庞蒂埃店里买的热奶油蛋糕,一盒萨瓦饼干和若干里昂炒栗子;另外还要请几位牧童来跳舞……

迷人的公主们于是庆幸又能够舞动双腿了。可惜的是这一切计划竟变成了塞纳河上的烟雾。

总而言之,这个节是过不成了,因为萨朗比耶表哥(他在宫廷里是个重要的角色)此时正在艾尔勃夫巡视他的呢绒工场。于是这幸福的日子只好在自家人中间度过。晚饭以后,洛朗丝公主走开了一会儿。她走下陡峭的地窖台阶,去找一瓶吃剩的波尔多酒。在饭后吃果点的时候,大家为庄严的王后的健康干了杯。

絮尔维尔先生每天晚上都来,他是个举止高雅的年轻贵族。据王后看来,他一点也不想追求公主们。(算了!他还有点诗意

呢!)这门亲事要是成功的话,对法兰西倒有很大的好处……①

下面是奥诺雷的风格:

一个年轻人的脑袋里着火了! 就在我住的这个区,莱迪吉耶尔街九号四楼上,消防队员在那里奋战了一个半月,也没有办法将火扑灭。这年轻人迷上了一个尚未谋面的漂亮女人,她的名字叫"荣誉"……

今天我意识到财富并不意味着幸福,我向你保证,我在这里度过的三年对于我今后的一生都是值得庆幸和纪念的源泉。睡得安安稳稳,按照自己的意愿生活,随兴所至地工作,不想干的时候什么也不干,憧憬着未来进入梦乡,只同风雅的人士来往(其中有达布兰大叔),讨厌他们的时候就走开,遇着傻瓜就擦肩而过。想念维勒帕里西斯的时候总认为他们在家里很幸福:我把《新爱洛伊丝》当情妇,把拉丹丹当朋友,布瓦洛是法官,拉辛是榜样,拉雪兹神甫公墓是我散步的场所。啊! 要是能够永远这样下去该有多好! ……②

《克伦威尔》好歹算是成形了。1819 年 11 月他把完整的详细提纲寄给了洛尔。

恭敬点,小姐,是索福克勒斯在跟你说话。亲爱的妹妹,用你

---

① 《巴尔扎克通信集》,第 1 卷第 55—57 页。——原注
② 《巴尔扎克通信集》,第 1 卷第 59—60 页。

那美妙、有趣的小脑袋里设计出来的美妙、有趣的小蓝图来评判一下，按照三一律编写剧本有多么困难，不能有半点含糊……假如你有什么好主意，快告诉我。留下那些精彩的，我只需要最棒的主意。我一定要使我的悲剧成为国王和百姓们手头必备的书，我要一鸣惊人，不然就拧断我的脖子……①

至于洛朗丝，由于长个儿和疲劳而病倒了，她变得极瘦，极瘦。叫人认不出那个胖洛朗丝了。"王后"将她带到巴黎，那位好得出奇的冉-巴蒂斯特·纳卡尔医生又使她恢复到"最佳状态"。她继续写她的《宫廷日记》。

　　洛尔公主总是像天使一样迷人、可爱、快活、温柔，我非常爱她，她也爱我……我真羡慕她，她是在一个美好的节日里创造出来的杰作，她的心也是由大自然的双手完美无缺地托出来的。我愿意向她学习。我要像她一样，哪怕要我因此痛苦而死也甘心。
　　絮尔维尔先生还是常常来看我们。他很风趣，很有见解，毫无疑问他根本没有看中我们。他不愿意束缚自己。他高喊"自由万岁！"，这说明他要独身……②

然而奥诺雷却裹着旧大衣，头戴"一顶但丁式的无边圆帽"，在他的陋室里挨冻。他计划买一把旧的写字台用座椅，这至少可以"使他的

---

① 《巴尔扎克通信集》，第 1 卷第 63—66 页。——原注
② 《巴尔扎克通信集》，第 1 卷第 70—71 页。

脊背免于受寒,屁股不长痔疮"。工作进展得很慢,"我写了一段夏普兰①式的独白,觉得好极了。但是看来看去,我发现这些诗句几乎都很做作。真是废物!……"②12 月初,巴尔扎克夫人登上了莱迪吉耶尔街陡峭阴暗的楼梯。她惊呆了:"我抱着最大的希望,指望他对家庭有所建树,可是这个人在几年之内把上天赋予他的大部分长处都丢掉了,这都是因为当初不听我的话!"奥诺雷没有走上通向成功的大道,没有爬上令人颂扬的首席帮办的位置,却在那里醉心于戏剧,迷恋女演员的名字。他母亲说他活该。所有的首席帮办都鸿运高照,他们可能当上部长、将军。奥诺雷比他们更有天赋,却在只有一把破椅子、一张瘸腿桌子和一张旧床的陋室里,靠面包和牛奶过日子。这就是他的固执带来的后果。

然而,靠着大量的咖啡,《克伦威尔》在前进。这剧本好像是照着拉丁古典作品和高乃依、拉辛的悲剧依样画葫芦画出来的。例如,巴尔扎克在笔记中写道:"写第五章结尾的咒语,应该参考维吉尔的狄东的咒语和高乃依的卡米叶那段。"这种参考留下的痕迹太明显了。像卡米叶咒骂罗马那样,亨利埃特③这样咒骂英国:

> 可恶的阿尔比翁④,我会恨你!……
>
> 我拒绝在有人出卖我的地方进行统治!
>
> 我又变成了法国人,我要留给法兰西

---

① 夏普兰(1595—1674),法国诗人、批评家,对确定古典主义原则起过重大作用。但文风矫揉造作,在创作上并无重大建树。

② 《巴尔扎克通信集》,第 1 卷第 42 页。

③ 亨利埃特(1609—1660),法国公主,英王查理一世(1600—1649)的王后。

④ 阿尔比翁指英国,经常用于诗句中。

我的王冠和儿子,我的仇恨和权力!……

但愿从我的国家里站出一个复仇者,

他抛弃英国人的骄傲,

继承两千年来的仇恨,

在另一座罗马城下埋葬迦太基!……①

　　博叙埃②、《圣经》和奥诺雷联合起来组成了这样的诗句:喔,帝王们! 好好学习怎么治理这个世界吧! 查理一世的伟大性格是用《西拿》中奥古斯特的模子塑造的。总之,这不过是一份修辞班学生的作业,缺少诗人的才华,虽然相当下功夫,却是在一块不毛之地上的辛勤耕作。即便如此,这部《克伦威尔》从阁楼上出世的时候,母亲大人喜出望外了。作为一部五幕诗剧的作者的母亲,哪怕这剧本令人讨厌,也使她的自尊心得到极大的满足。1820 年 1 月间,洛尔在给哥哥的信中写道:"妈妈为你高兴,你的工作使她欣喜若狂。"她兴奋得用她漂亮的字体亲自动手将《克伦威尔》的手稿誊写了一遍。

　　奥诺雷在辛勤的劳动之后,需要休息。他到瓦兹山谷的亚当岛去住了几天,那里有他父亲的一个老朋友路易-菲利普·德·维埃-拉法耶,这是一位不信上帝的神甫兼修士③,他在 1782 至 1790 年间当过阿图瓦伯爵的"雄辩术教师",这个职务使他得益匪浅。大革命以后他脱去了修士衣服,回到世俗社会——其实他从来也没有离开过。在情场上他春风得意,到晚年还同女友艾梅·阿玛·德·拉普莱纳住在一起,她名义上是他的"管家",她已故的丈夫是努西的一个贵族。维埃"特

----

① 《巴尔扎克全集》法国老实人俱乐部版,第 23 卷第 538 页。——原注
② 博叙埃(1627—1704),法国作家和著名的宣道家。所写诔辞尤为著名。
③ 参阅菲利普·贝尔托:《巴尔扎克和宗教》,第 69—72 页。——原注

别擅长向妇女献殷勤"。他一向很喜欢小奥诺雷，这次欣然接待了他。奥诺雷也非常爱他。在阁楼时期巴尔扎克给洛尔的信中曾经这样写道：

> 我们对维埃先生保守秘密，这使我的良心非常内疚。他是那样地爱我，其实他不会向别人泄露秘密，他很谨慎，因为他自己有过许多风流韵事。你想想，经过这么一个辛勤劳动的严冬，我多么需要到阳光下休息半个月。亚当岛是我的人间天堂，它对我有极大的影响。你别以为我不想过我那一贫如洗的生活了，其实我现在比任何时候都幸福。但是可怜的维埃先生那么爱我，咳！你一定要写信告诉他，我始终很想念他。好吧，以后再说吧！……①

当过神甫的维埃伯爵对奥诺雷的影响是背离信仰和操守。这并不是因为他恶劣到想要诋毁给予他那么多好处的宗教，而是他风流的私生活本身就是"宗教和道德的相对性的表现"②。

从亚当岛归来，奥诺雷被父亲召回维勒帕里西斯，他们打算请几个朋友来听他朗读剧本。他预期会获得成功，坚持要达布兰大叔到场，因为这位大叔曾经宣称他只配当一个抄抄写写的文书。"朋友们陆续来到，庄严的考试开始了。朗读者的情绪越来越低落，因为他引不起听众的兴趣，看看周围人的脸部表情，都是冷冰冰、木呆呆的。"③朗读刚结束，那位多瑙河上的五金商人达布兰就以他惯有的生硬态度，坦率地发表他对《克伦威尔》的意见。"奥诺雷大声抗议，不同意他的判断；其余

---

① 《巴尔扎克通信集》，第 1 卷第 53 页。——原注
② 菲利普·贝尔托：《巴尔扎克和宗教》，第 72 页。——原注
③ 洛尔·絮尔维尔：《从巴尔扎克的通信看他的生活和作品》，第 63 页。——原注

的听众尽管比较温和,却也一致认为这部作品是相当不成熟的。"①这件事伤了妈妈的自尊心,洛尔和洛朗丝则因为热爱哥哥而伤心,善良的贝尔纳-弗朗索瓦看到心爱的儿子不好受也很难过。他建议请一位内行的不带偏见的人看一遍《克伦威尔》。絮尔维尔因为爱上了迷人的洛尔,殷勤地提出让他将手稿交给一位学院院士、剧作家安德里欧去看看,这是他在综合理工学院读书时的文学老师。

奥诺雷同意了,急忙起草了一篇天真的《告读者》,里面写道:"几个语法错误均系有意为之。"洛尔重新抄写了一遍,于是,1820 年 8 月,《克伦威尔》送到了大专家安德里欧手里,他是个好心肠的人,号称"小古典主义作家",喜欢涂几句歪诗,他的同行勒布伦对他的诗是这样评论的:

安德里欧轻松愉快地创作

充满美丽词句的故事,

而不合时宜的韵脚

破坏了他的散文的韵致。

他认真阅读了新手的作品,巴尔扎克夫人同洛尔一起来听取他的意见。安德里欧暗示这位年轻的作者满可以更好地利用时间,而不必在悲剧或者喜剧上下功夫。他还说他不愿意让一个青年人泄气,他随时准备指点他"应该怎样对待纯文学的学习"。院士在一片纸上随便写了一点阅读作品之后的印象,洛尔拿到后交给了奥诺雷,这可是更严厉的评语了:

---

① 洛尔·絮尔维尔:《从巴尔扎克的通信看他的生活和作品》,第 63 页。——原注

"这位作者随便干什么都可以，就是不要搞文学。"这么厉害的当头一棒却没有使奥诺雷眨一下眼睛，歪一下脖子，因为他绝不认输。

"悲剧不是我之所长，如此而已。"他说道。于是他又拿起笔来……①

在不幸的《克伦威尔》身上，他又作了最后一次努力。达布兰大叔有一个做军需生意的好友，名叫佩潘-勒阿勒尔，在法兰西剧院对面黎塞留街八号有一所房子，因此结识了他的房客——法兰西喜剧院的分红演员拉封。达布兰答应请拉封看一遍《克伦威尔》剧本，但是劝说巴尔扎克，不管这次判决是好是坏都接受。"放心让他们去评论你的孩子吧！他们巴不得说你的孩子多么可爱，只要事实果真如此。"这个忠告巴尔扎克没有听进去。拉封认为这个剧本很糟，巴尔扎克对佩潘-勒阿勒尔说："拉封是个笨蛋，没有资格来评论。"其实他心里很明白，《克伦威尔》是没有希望了，他知道自己如果一定要写作的话，应该另辟蹊径。

别以为经过这次失败他便消沉了，他对自己的信心毫不动摇。他会发现某种合适的体裁的。浪漫主义的绝望情绪和巴尔扎克家的孩子们从不沾边。他们总是乐呵呵，怀着善意互相开玩笑，期待着成名和发财。1820 年 5 月 18 日，洛尔在巴黎圣梅丽教堂同絮尔维尔结婚了，所有萨朗比耶这方面的亲戚都出席了婚礼。在婚约上，欧仁的母亲被称作"卡特琳-阿兰·絮尔维尔女士，已故米迪·德·拉格尔纳雷的妻子，现在是他的遗孀"，新郎的证婚人就是他的保护人"冉-加布里叶·

---

① 洛尔·絮尔维尔:《从巴尔扎克的通信看他的生活和作品》，第 64 页。——原注

米尔桑,文学家"。这位所谓的寡妇同这位保护人似乎同住在一起,因为他们都住在鱼市街四号。① 跟他们住在一起的是卡特琳-阿兰女士的另一个私生孩子——女儿泰奥多尔,但是絮尔维尔似乎直到婚礼举行之后才把这第二个私生孩子的情况告诉巴尔扎克一家。②

这有什么关系呢?"面子保住了,欧仁·米迪·德·拉格尔纳雷·絮尔维尔扮演着一个乘龙快婿的角色。"为什么说是角色呢? 当然啰! 因为他本人实际上并不怎么出色。当这对新婚夫妇在 1821 年调到巴耶新工地去的时候,这个普通的二等工程师每月只有二百六十法郎的薪水,远远没有婚约上答应的那么多,也远不能满足洛尔的期望。但她是一个巴尔扎克,既然眼前还不成功,就憧憬一个光明的未来吧。她鼓励丈夫动员起所有的社会关系,争取把全法国的运河工程都弄到手。这个神圣的家族在幻想世界中拥有广大的领地。

在获得那渺茫的晋升之前,洛尔已经邀请全家到巴耶去做客:"如果好婆到我们这里来,我们要好好照料她。我有一只欧弗拉齐③可以给她用,我自己呢,有别的保暖工具,脚炉或者脚毯。她可以随自己高兴散散步,听听音乐,做点活计。……爸爸来的话可以在他的房间里享受充分的自由,听音乐,晚饭后看看报纸,等等。还有哥哥,干吗要去都兰,为什么不能到巴耶来呢?"④对于她那坏脾气的母亲,她善意地劝解道:"你看了我的信会这样说:'喔,我的女儿,显然你是个享惯福的人;你的哲理,你的快乐性格丝毫没有遭受过风暴的损害;你的过去仅仅唤

---

① 安娜-玛丽·梅南杰:《欧仁·絮尔维尔,人间喜剧的新典型》,《巴尔扎克年鉴》1963 年,第 195—251 页。——原注

② 安娜-玛丽·梅南杰:《泰奥多尔》,《巴尔扎克年鉴》1963 年,第 67—81 页。——原注

③ 欧弗拉齐,一种手炉的名称。

④ 斯波贝奇·德·洛旺儒的收藏:A.378,第 30 页。——原注

起你对未来的幸福憧憬……'我要回答你说,我也有过痛苦和烦恼,但是对我来说,乌云很快会过去的……而你呢,亲爱的妈妈,你总要回头去看它们……"①这个可爱的洛尔,她有聪明的处世哲学,但尽管她总是那样心情愉快,也不免发现她的丈夫有点难处,不过她认为他就是这么个人。

她胆大包天,竟敢给母亲写这样的话:"你嫁给父亲几乎完全是出于理智,你对他有牢固的友情,但是你也许没有爱过他。"②母亲大人也针锋相对地警告她道:"请允许我再一次以母亲的身份对你这位高贵而能干的夫人说几句话,我要告诫你,我的年轻朋友,你应该警惕人们对你的恭维。幸福是很脆薄的,轻轻一口气就可以把它吹得无影无踪。"③这一点巴尔扎克夫人倒说对了,她本人就轻率地断送了自己的幸福。后来,洛尔谨慎地拒绝了一个追求者而使不安的絮尔维尔放心以后,母亲又给她写道:"你做得对,我的美人,你很好地保护了一颗爱你的心,假如他不是爱你爱得那样深,就不会那样嫉妒了。"④奥诺雷现在可以回到维勒帕里西斯去了,他在那里能够找到题材和典型。

至于他的远大目标,丝毫也没有改变:"我仅有的两个宏大愿望,成名和获得爱情,我能得到满足吗?"后来,他描写一个年轻人的时候,回忆起二十岁时的自己,他写道:"青年人的脑子里不知装着多少《天方夜谭》式的神话!……要制造多少盏神灯才能明白,真正的神灯不是侥幸,便是勤奋,要不就是天才。对于某些人,这种因思想活跃而产生的梦想持续并不久,而我的梦还在继续做!那时候我总是在梦中看到自

---

① 斯波贝奇·德·洛旺儒的收藏:A.378,第 36 页。
② 斯波贝奇·德·洛旺儒的收藏:A.378,第 244—245 页。苏珊娜·冉·贝拉尔在《幻灭》一文中引用。
③ 斯波贝奇·德·洛旺儒的收藏:A.381,第 92 页。——原注
④ 斯波贝奇·德·洛旺儒的收藏:A.381,第 145 页。

己是托斯卡纳①大公,百万富翁,被一位公主热恋着——或者梦见自己是个赫赫有名的人物。"②那么后来他的勤奋和天才给他带来公主和荣誉的时候,他究竟有没有停止向往那盏神灯呢?

---

① 19 世纪亚平宁半岛中部的一个大公国,于 1860 年并入意大利。
② 巴尔扎克:《奥诺丽娜》。

第五章　最初的小说，第一次爱情

……一个能够尽心竭力向我解释各条道路上存在的暗礁……
给我忠告而不伤害我的自尊心的女人。

——巴尔扎克

　　1820 年年底之前，巴尔扎克离开了阁楼。父母亲希望把浪子领回维勒帕里西斯。洛尔结婚以后空出了一个房间。奥诺雷顺从了。但是……"大自然使玫瑰长满了刺，让欢乐被无穷的痛苦包围。妈妈正是以大自然为榜样……亲爱的妹妹，我在家一天，就只好学爸爸的样子，什么话也不说……"①他并不缺少医治烦闷的良方。巴尔扎克家在沼泽区有落脚点，儿子们不时可以坐公共马车到巴黎去住上一两天。维埃-拉法耶常常邀请巴尔扎克到亚当岛去小住，他尽情享受这美好的时光，在那里阅读布丰的作品，写点东西，玩双陆棋，听人讲革命前的故事。冉·德·马尔戈讷的岳父萨瓦里先生也很喜欢这个可爱的小伙子，想请他到都兰去，住在伏弗赖他的卡耶里庄园里。总之，日子还算

　　① 《巴尔扎克通信集》，第 1 卷第 108 页。——原注

过得去，奥诺雷很爱他的父亲，老人家始终心胸开朗，愉快乐观。当然，他既不独立，也没有地位，妹妹洛朗丝说他住在"空钱包"街。奥诺雷给洛尔的信中写道："幸运的是，半个月来我打定主意要从读者身上获得十万埃居，这些钱我要分期分批地用我将在巴耶小住时高速度创作出来的几部小说来换取。"①

悲剧销声匿迹了，从此他期望以小说来争得荣誉。他年少的时候已经在这方面作过尝试。我们还记得他积累过哲学笔记，其中反映了贝尔纳-弗朗索瓦的无神论理性主义。但是奥诺雷的思想比父亲的要复杂一些。尽管他不相信上帝，不相信有一个爱护人类的天主正在为被遗忘在宇宙中一小团泥土上的渺小人类操心，但他却喜欢设想某些人由于高度集中自己的意志，能够获得支配大自然的某种魔术般的力量。他向往达到无所不能的境界，不论是通过性格的力量，还是某些通灵者所掌握的神秘科学。大约 1820 年前后，他曾经向布雷兹瓦的一个城堡主人宣称："不用多久我就会掌握这种神奇力量的奥秘。我可以驱使所有的男人听从我的命令，使所有的女人都爱上我。"②

他年轻的时候断断续续写过一本题为《法蒂尔娜》③的小说，故事发生在卡诺萨时代的意大利。在这部小说中，他的"神奇力量"体现在一个非常美丽的少女身上，她身材高大，具有超自然的能力，还有个奇怪的名字，意思是"光明的专制"。这本书也像所有少年人写的书一样充满了啃书本的痕迹。博叙埃为这本小说提供了崇高的时代背景，荷马和维吉尔提供了人物形象，他又从费讷隆和他的《忒勒玛科斯》中借

① 《巴尔扎克通信集》，第 1 卷第 98 页。

② 儒勒·德·佩蒂尼:《巴尔扎克先生》(载于 1855 年 3 月 4 日布鲁瓦出版的《中部法兰西》)。——原注

③ 巴尔扎克:《法蒂尔娜》，参看阿·普里乌:《写〈人间喜剧〉之前的巴尔扎克》，巴黎，乔治·库尔维勒书屋，1936 年。——原注

来了朴素淡雅的文风。小说的主要人物是一个假想的神甫,名叫萨沃纳蒂,这是一个司各特和拉伯雷笔下的巨人。另一个主要人物是译员兼小学教师马特里康特先生。萨沃纳蒂具有伟大的精神力量,同马特里康特形成鲜明的对照,后者是桑丘·潘沙式的人物,追求物质利益。这正是巴尔扎克的双重性格。

这部习作所宣扬的权欲和意志的魔力反映了埋藏于作者内心的根深蒂固的思想。另一个安排得很巧妙的次要人物是前修士邦加鲁斯,写这个人物说明年轻的巴尔扎克已经理解了拉伯雷和塞万提斯给人的启示。稍后,他开始写《法蒂尔娜》第二稿,书中描写神秘的姑娘米娜在深山老林中照料一个身患麻风病的十字军军人。巴尔扎克夫人收藏的神秘小说中有一本圣马丁的作品《充满欲求的人》,他受这本书的启发,想在小说的结尾让米娜"坐在一朵象征慈善的云彩上"升天而去。从在旺多姆读书的时候起,超凡入圣就令他着迷,尽管这种思想与他的性格颇不协调。

继《克伦威尔》之后,从 1820 年到 1821 年,他开始写一本书信体小说:《斯坦妮或哲学的错误》(以下简称《斯坦妮》)。二十岁的年轻人雅各布·台尔·里耶斯回到图尔,重新见到他幼年时代的女友斯坦妮·德·福莫桑,他俩是表兄妹。故事开始是台尔·里耶斯从卢瓦尔河中救起了斯坦妮的两个表弟。但是雅各布不在的时候,斯坦妮的父母将斯坦妮嫁给了旺代人德·普朗克赛。台尔·里耶斯听到这个消息时痛不欲生,他在斯坦妮的怀抱中醒了过来,遗憾的是她已经失去了自由。他俩在圣西尔-卢瓦尔河畔(巴尔扎克自己就像书中的主人公一样在这个地方被寄养在乳母家里)散步,被普朗克赛发现了,导致一场决斗。

"少妇吓坏了,情人非常顽强,而丈夫既粗鲁又阴险。"①这部浪漫史令人想起《勒内》、《维特》和《黛尔菲娜》②。台尔·里耶斯是年轻的巴尔扎克理想中的自己:妇女们都觉得他很漂亮,他最初的创作充满成功的希望。他吟诵的诗句使那些都兰女子赞叹不已;他写信给斯坦妮和另一个知心朋友谈论无神论的哲理,谈论梦和思维的物质基础。总之,写《斯坦妮》对巴尔扎克来说是尝试另一种对他有吸引力的文体,即充满崇高情操的小说。但是他缺乏技巧方面的经验,不善于把小说情节与离题的发挥融合起来,这本是极其困难的事情,因此《斯坦妮》一书始终没有完稿。

作者自己在手稿的边白上写满了"待重写……待修改……"的批语。然而以他当时的年龄衡量,这部作品却不乏令人瞩目之处。只要他谈及卢瓦尔河两岸的风景,都兰地区的山丘、草地、杨树以及曲曲弯弯的谢尔河,总能给读者一种美的享受。他满怀深情地描写他初次学步的圣西尔地方的小径,尤其是他整天在那里砌筑小卢浮宫的河滩。所有这些地方对他来说都充满美好的回忆,带有一种温婉的伤感。雅各布在从前走过的小径上追忆"他童年时代的乳伴,像柯勒乔③笔下的小爱神般美丽的小妹妹"。巴尔扎克在斯坦妮身上倾注了他对自己的妹妹洛尔的感情,一种模糊的下意识的双重感情使出神入化的浪漫主义添上了一层更加新奇的色彩。在很长一段时期内洛尔和奥诺雷之间除了手足之情外还存在着一种纯洁的、不可抗拒的脉脉温情。但是这一次巴尔扎克仍然不够成熟,未能把《斯坦妮》写成一部好书。

与此同时,他必须生活下去,要让家里放心,应该赚点钱了。他通

---

① 莫里斯·巴尔台什:《小说家巴尔扎克》第 49 页。——原注
② 指夏多布里昂的《勒内》,歌德的《少年维特之烦恼》,斯塔尔夫人的《黛尔菲娜》。
③ 柯勒乔(1489—1534),意大利文艺复兴时期的重要画家。

过忠实的老同学——胖子索特莱,在巴黎结识了一批放浪形骸的青年作家,他们同戏剧界、出版界有密切的联系。其中有奥古斯特·勒普瓦特万,别名埃格维尔的普瓦图人,是位名演员的儿子,他很年轻的时候就开始写一些粗制滥造却又聪明乖巧的小说,笔名是维耶格莱。"他像一个握有戒尺的小学教师,手下指挥着十几个青年,把他们当小傻瓜。他训练这帮小伙子把思想磨炼得敏锐,学会把辛辣的语言用得恰到好处。"[1]一位著名天文学家的弟弟艾蒂安·阿拉戈同普瓦图人合作。他们看出年轻的巴尔扎克眼中闪着智慧的光芒,便在他们的小说作坊里给了他一席之地。

因为他们成批地生产小说,对他们来说这不是艺术,而是一门行当,这行当有它自己的窍门、秘方。他们模仿风行一时的帝国—复辟格式的小说,这些小说也接受了英国作家的影响,诸如:艾琪渥斯小姐或欧比小姐描写贵族人物的感伤小说;安·拉德克利夫、天才的麦图林和蒙克·刘易斯[2]的既怪诞又恐怖的黑色小说。书中总有一名无辜受害者,一个坏蛋(流氓)和一位豪侠,都是些老掉牙的角色。但总有那么一批贪得无厌的读者来消费掉这种大批量的产品。还有皮戈-勒布伦和保尔·德·科克的滑稽小说[3]。一批出版商和书商在王宫市场和沼泽区搜罗作者,他们追求的不是质量而是数量。拜伦的阴影笼罩着这些商品式的书籍。对于年轻的巴尔扎克来说,经过野心勃勃的尝试之后来接受这项工作真是一种倒退,甚至是堕落。但是正如一个少年不能抵御小戏院的幕后诱惑,一个一文不名的男孩怎能不为物质利益所动

---

① 希波利特·卡斯蒂叶:《法国的人与风俗》(1853)第164页。——原注

② 安·拉德克利夫(1764—1823),英国小说家;麦图林(1782—1824),爱尔兰出身的英国牧师,小说家兼剧作家;蒙克·刘易斯(1775—1818),英国小说家兼剧作家。

③ 皮戈-勒布伦及保尔·德·科克(1794—1871),均为法国通俗小说家和剧作家。

呢?

他体验到了蔑视自己艺术才能的痛苦,这对任何艺术家都是很危险的。奇怪的是在他那里这种对文学作品的滑稽模仿变成了反映现实的手段。透过平庸的陈词滥调,人们隐约觉察到这个青年十分关注大革命和帝国时期阶级关系的惊人变化,他识破了使他那个时代的许多人获得成功的两面手法。从作品的某些片段中,人们可以透过雇佣文人的外表看到一个目光敏锐的作者。

奥古斯特·勒普瓦特万成了维勒帕里西斯的常客,巴尔扎克给洛尔写信时说"米拉迪·胖布丁"①天真地以为他是来追求自己的。奥诺雷好不容易才使洛朗丝明白"任何作家都不是好对象,自然指的是财产方面"。

1821 年 6 月 2 日,巴尔扎克致洛尔·絮尔维尔:假如你想知道家里通常的情况,请翻开这张报纸,第一栏讲的是爸爸,他刚刚看完报纸,正在房间里踱方步;第二栏应该是横排,因为妈妈生病躺在床上,她得了所谓的胸膜炎。弄得下面两个栏里的洛朗丝和奥诺雷忙得团团转,因此现在才给你写信,以便将坏消息和好消息一起告诉你。至于评论栏,经济情况,未来的丈夫和妻子的数目以及其他废话,要报道的还多着呢,不过要等到安静一点的时候再写了……②

请你一面看我的信,一面想象妈妈的房间,想想那位狼吞虎咽

①　指洛朗丝。
②　《巴尔扎克通信集》,第 1 卷第 93 页。——原注

的奥尔维耶先生的花园,他同儿子一起来来回回在浇水,还有你亲爱的哥哥坐在壁炉对面,在你从前写字的小桌旁写着信,请你设想一下我的声音,我们干的傻事,因为今天是星期六,星期日的前夕。你看见了吗?努力设想一下,好,你看见了……①

几天以后:

1821 年 6 月 10 日,洛朗丝·巴尔扎克致洛尔·絮尔维尔:奥诺雷决定到都兰去一趟,但是在走之前他要写完一部小说,第一卷写得非常妙,充满了风趣和想象。他还必须和他的朋友一起结束另外一部已经开了头的四卷本小说。

到目前为止,故事情节展开得很好,人物性格描绘得非常完美。他们机灵地穿插进去两个活泼快乐的人物,这样可以让感情丰富的女读者停止流泪,有些极富悲剧性的片段真会使人掉泪的。也许我该把故事梗概告诉你,不过我毫不怀疑这部小说将在全欧洲,甚至全世界流行,而且还可能是从巴耶开始呢,因此还是让你到那时候惊喜一下为妙。等这本书一出版,我们就把书名告诉你,好让你到还没有弄到这本书的书店里去通风报信。这就是策略……②

全家都想念洛尔:

---

① 《巴尔扎克通信集》,第 1 卷第 94 页。——原注
② 《巴尔扎克通信集》,第 1 卷第 97 页。

巴尔扎克传(上)

1821 年 6 月,巴尔扎克致洛尔·絮尔维尔:你离开了家感到很伤心,我们呢,再也看不见你在家里欢笑、跳跃、争吵、耍贫嘴、做游戏……难道我们不伤心? 而且我要告诉你,我一点也不喜欢看见你自己到市场上去买菜。巴耶人生活简朴,这能成为一个理由吗? 如果每到一处都要入乡随俗,人的骨头准会变得和丝线一样软。其实,适应那些无法避免的事情,譬如呼吸巴耶的空气,喝那里的苹果酒,吃那里的面包,这就够了! ……难道你也去望弥撒,在偏见和教堂的石膏像前屈膝下跪吗? 就在昨天,我还看见人们用模子做了一百个圣像,他们将要接受十万个受骗上当者的膜拜。喔! 充满信徒的巴耶一定是个值得开发的好地方,那里该有多少私通和轻浮的爱情呀! 因为虔诚祈祷正是这些玩意儿的标记。①

　　洛朗丝向洛尔这样描写维勒帕里西斯的家庭生活:"我们没有狂欢,但也不算忧闷,我们是循规蹈矩的市民,不走极端。晚上,玩几局惠斯特或波士顿牌戏,有时候也玩玩双人牌、追捕、煮粥……游戏。……奥诺雷说几句俏皮的傻话,然后我们就去睡觉。"②奥诺雷要求洛尔在巴耶为他物色个把"有钱的寡妇"做妻子:

　　1821 年 6 月,巴尔扎克致洛尔·絮尔维尔:啊! 你把我好好吹嘘吹嘘吧,年纪二十有二,仪表堂堂,性情温顺,双目炯炯,热情似火,真是上帝捏出来的头等的丈夫材料。事成之后,我从女方陪嫁中提出百分之五给你作佣金,外加一些别针什么的。

----

　　①　《巴尔扎克通信集》,第 1 卷第 98 页。——原注
　　②　玛德莱娜·法尔若:《不得宠的洛朗丝》,《巴尔扎克年鉴》1961 年,第 10 页。——原注

他真愿意逃出维勒帕里西斯：

我私下给你说说，我们可怜的妈妈现在变得跟好婆一样了，而且还要坏。我原来希望她所处的当今时代会对她产生影响，从而改变她的性格，可事实并不如此。喔！洛尔，警惕你自己，我们都要注意，我们都是冲动型的人，年轻的时候，还觉察不到，可是渐渐地会染上这种毛病。可笑的是"瘸驴碰着瘸驴"。妈妈老说："喔！这个可怜的好婆，她真烦人……多叫人受罪的毛病啊，等等，等等。"可就在昨天，我听见她自己像好婆一样叫苦连天，像好婆一样自寻烦恼，她轮流对洛朗丝和奥诺雷发脾气，情绪变化得像闪电一样快，只承认她当时认为对的事情，过一会儿就变了。她非常容易冲动。也许我越是害怕妈妈变成这样就越容易看到这种毛病。总之我希望她和我们都不要这样。最叫我讨厌的是我们家里的多疑症，我们三四个人就如同一座小城市，像蒙特库科利和蒂雷纳那样互相窥测①……喔！世界上没有第二份人家像我们这个家一样，而且，我认为我们每个人又都是一个独特的类型。②

他才华横溢地在信的结尾写道：

好，再见了，妹妹，从安乐椅里站起来，把你的哥哥送到客厅门口吧！

---

① 蒙特库科利（1609—1680），奥地利将军，他与法国元帅蒂雷纳（1611—1675）是死对头。
② 《巴尔扎克通信集》，第1卷第100—101页。——原注

"瞧！你的这些灯多好看啊！"

"喔！是吗？"

"啊！挂钟的式样也很美！"

"得了，你回来吃晚饭吧，当心别在巴耶迷了路。"

"那你们就击鼓寻人吧。"

"好了，五点钟再见。"

"再见。"

絮尔维尔遇见我，他对我说：

"怎么，你散步去？"

"是的。"

"好吧，等一等，我陪你去。"

咳！这不过是一场梦……好吧，再见了。热烈拥抱你，我是你的捣蛋哥哥，永远爱你的哥哥。①

这样生动的书信，对母亲大人一针见血的意见，以及经常以对话方式表现出来的想象力，这一切在文学观察家眼里早该看出是一个小说家正在试飞呢。

洛朗丝急切地想出嫁。父母对她不公正。洛尔的早熟、机灵和懂事使妹妹相形见绌。其实她也有"聪明机灵之处和一些很好的见解，如果她母亲只有这么一个女儿，一定会为她感到骄傲"。她写的信"充满出自本能的清新和妩媚"②。她竟敢攻击家里认为神圣不可侵犯的人物纳卡尔医生：

---

① 《巴尔扎克通信集》，第 1 卷第 103—104 页。——原注

② 玛德莱娜·法尔若：《不得宠的洛朗丝》，《巴尔扎克年鉴》1961 年，第 11 页。——原注

这位纳卡尔先生好说大话,放声大笑,盛气凌人,自命不凡,忠心有余而才学不足,我看他不过是个普普通通的医生,并不真正关心他的病人,而且当他把一切美丽辞藻都用完之后就建议你到乡下去,或者叫你去呼吸家乡的空气,或者干脆让你去旅行,反正都是一回事。①

洛尔出嫁以后,洛朗丝本该走运的。

　　1821 年 7 月,巴尔扎克致洛尔·絮尔维尔:而且你知道洛朗丝像画中人一样美丽,真没有见过这么漂亮的胳膊和小手,她的皮肤雪白,双乳长得出奇地好看;她非常风趣,很自然的风趣,并且还没有充分发挥出来。她的眼睛美极了,虽说她有些苍白,许多男人却正好喜欢这种气色。我绝不怀疑结婚将给她带来极大的好处……②

　　她的父亲没有让这朵鲜花盛开,也没有让她自己选择伴侣。1821 年 7 月 19 日,父亲给洛尔写信说他"已经为洛朗丝定了亲"。按贝尔纳-弗朗索瓦的心意定的亲。未婚夫名叫阿芒-德西雷·德·圣皮埃尔·德·蒙泽格勒,双重的贵族,加倍的骄傲。蒙泽格勒出生于一个十足的贵族家庭,尽管不是很古老的贵族,在维勒帕里西斯却也拥有过一座庄园和别墅,现在当然不属于他们了。不过贝尔纳-弗朗索瓦·巴尔

---

① 斯波贝奇·德·洛旺儒的收藏:A.378,第 247—248 页。——原注
② 《巴尔扎克通信集》,第 1 卷第 107—108 页。——原注

扎克过去认识这个年轻人的父亲,起先是在国王参政院,后来是在军需部。这种同僚的亲密关系对他来说似乎是一种保障。未婚夫今年三十三岁,在巴黎税务局工作。"你还能希望比这更好的条件吗?除非你去寻找魔鬼的钟声。"①

不错,他的过去是有点令人担忧,"他是巴黎的一个纨绔子弟,却也没有干出十分丢脸的事"。不过正是由于放荡不羁的生活耗尽了他的青春热情,现在他唯一能做的就是当个好丈夫了。他自负吗?"当然,因为他精于射击和击剑。这是他的缺点,但愿他只有这个缺点。"②巴尔扎克夫人这样说。奥诺雷很讨厌他未来妹夫的傲慢,给他起了个外号叫"江湖诗人",讽刺地描写道:"他会作诗,是个神枪手,用二十发子弹可以击倒二十六只靶标,他是个打台球的能手,他射击、打猎、驾车,他……他……他……"③洛朗丝接受了这桩虚荣的婚事,但丝毫不感觉快乐。江湖诗人没有爱她的表示,这也不足为奇。警察局的一份报告中说这个放荡的青年是赌场和妓院的常客。

贝尔纳-弗朗索瓦急于把事情办成,生怕这位蒙泽格勒之鹰④另外去找一门更加有利可图的亲事。他发了两批喜帖,第一批是前国王参政院秘书和军需部主任巴尔扎克先生和夫人为女儿洛朗丝订婚的启事,第二批是德·巴尔扎克先生和夫人为女儿洛朗丝·德·巴尔扎克小姐和阿芒-德西雷·德·圣皮埃尔·德·蒙泽格勒先生举行婚礼的启事。婚约于 1821 年 8 月 12 日签字。巴尔扎克夫妇给女儿三万法郎的陪嫁。"妈妈认为一笔经济上的赠予比一个世纪的好脾气更珍

---

① 斯波贝奇·德·洛旺儒的收藏:A.379。——原注
② 斯波贝奇·德·洛旺儒的收藏:A.381,第 77 页。
③ 《巴尔扎克通信集》,第 1 卷第 107 页。——原注
④ 蒙泽格勒的姓氏有"鹰之山"的含义。

贵。"①签订婚约那天在维勒帕里西斯举行了一次盛大的晚会,"那天有冰淇淋,有亲戚,有朋友,甚至还有些熟人、蛋糕、牛排和别的好吃的东西……"②贝尔纳-弗朗索瓦那天倒不像平常那样神气活现,因为公共马车车夫笨拙的一鞭子打伤了他的角膜,而他平常是那么爱护自己的视力和健康。他那富于同情心的儿子说道:"再没有比妇女和老人的痛楚更令人心酸的了。"③

奥诺雷非常害怕好心的纳卡尔医生给他找一份差事,于是他将变成:

一个办事员、一部机器、一匹马戏团的马,每天转上三十圈、四十圈,然后按时喝水、吃草、睡觉。我将变得同每个人一样。没完没了地重复同样的事情,而人们把这种磨盘似的转圈叫作生活。哪怕有人在这一潭死水中掷下一块石头也好啊!我的生命之花还没有开放呢,可是我正处在它们应该盛开的季节。等我到六十岁的时候,财产和享乐还有什么用处呢?难道一个人必须等到老得只能坐在观众席上旁观别人生活的时候才需要穿戏装吗?老年人应该是已经吃过饭,然后看着别人吃饭的人。但是我面前的盘子是空的,而且还是个粗瓷盘子,桌布褪了色,菜肴淡而无味。我肚子饿,可是没有东西给我解馋!我想吃什么呢?……山珍海味!因为我只有两个欲望,爱情和荣誉,现在一样也没有得到满足,永远也不会满足……④

① 《巴尔扎克通信集》,第1卷第108页。——原注
② 《巴尔扎克通信集》,第1卷第111页。
③ 《巴尔扎克通信集》,第1卷第112页。
④ 《巴尔扎克通信集》,第1卷第113页。

*我只有两个欲望,爱情和荣誉。*这是他的座右铭。个性强的少年差不多都说过这样的话,但是他却感到难以满足。他渴望成功而且担心受挫。从 10 月份起,他稍为放心了一点。办事员的职务可以免了,因为同勒普瓦特万的合作初见成效。王宫市场的一个出版商于贝尔用八百法郎买了他们的一部小说《比拉格的女继承人》,署名是维耶格莱和雷奥诺爵士(雷奥诺就是奥诺雷)。巴尔扎克说这是"一份真正的文学粗饲料"。故事是这样的:一个坏人觊觎一宗遗产,家庭遭受威胁,好人出来干预。但是书中出现的两个老兵是从瓦尔特·司各特那里借来的滑稽人物,给全书带来了生气。这部小说大概很畅销,因为他们写的下一部小说《冉·路易或拾来的女孩》竟然卖了一千二百法郎。发表这类低劣的作品是个耻辱,但是能够对家里人说"我可以挣钱养活自己了"该是多么快活啊。何况他写的并不全是低劣的东西。他笔下的大力士冉·路易很像庞大固埃,他编织离奇情节的巧妙手段又像博马舍。尽管那么荒诞无稽,起承转合倒颇灵活,铺陈手法也相当高明。仿制倒有利于哺育一个有天赋的作家,他在无意之中把自己的印记留在作品上了。令人讨厌的是为了多挣钱不得不粗制滥造,这又糟蹋了他的天赋。他头脑里已经在不停地算计着:"要是我自己写《克洛蒂尔德·德·吕西尼昂或漂亮的犹太人》,就可以独得两千法郎,如果每年发表四部小说,我就发财了。"不错,真要这样的话,他挣的钱可以比他父亲当军需部主任时的薪俸还要多。可惜这只是虚构的数字。

　　奥诺雷给洛尔报告的尽是关于蒙泽格勒夫妇的坏消息。洛朗丝从结婚以后就在生病,是神经官能症,一头漂亮的乌发失去了光泽。她的丈夫总是在外面打猎,把她一个人留在家里。她病痛缠身,远离自己的亲人,在一间"幽暗的大客厅"里读《法意》①。婚后不久,蒙泽格勒的债主就纷纷登门,因为"江湖诗人"背着一身债。洛朗丝含着眼泪到维勒帕里西斯来诉苦。萨朗比耶外婆宣称鹰中之王原来是个无赖、放荡鬼,"连莫卧儿大帝国②也会让他败掉的"。老外婆也像女婿和外孙一样喜欢引经据典,作些不恰当的比喻。"至于爸爸,简直像埃及金字塔,天崩地裂也岿然不动,而且越活越年轻。"母亲大人身体好极了,经常坐着邻居德·贝尔尼夫人的"高级马车"到巴黎去,一路上不停地对贝尔尼夫人唠唠叨叨。奥诺雷很怜悯这位可爱的邻居,对她说道:"这是您好心的报应!"

"街尽头的女士们",即贝尔尼夫人和她的女儿们,如今在巴尔扎克一家心目中占据了重要地位。贝尔尼家在维勒帕里西斯有两幢房屋。一幢在巴尔扎克家隔壁,租给那位退休的上校;另一幢是 1815 年从破产的蒙泽格勒手中买下来的,坐落在小镇的尽头,自己住着,她们因此被称作"街尽头的女士们"。这座房子与镇上其他房屋相比,除了比较大和窗子多以外,并没有什么两样,它一点也不像贵族宅邸,不过相当宽敞舒适,房前是一片沙地,周围是一圈橙子树和种在桶里的石榴。贝尔纳-弗朗索瓦很早就认识加布里叶·德·贝尔尼了,他从前是帝国宫廷的参事,现在是王室参事。以前在沼泽区的时候他们两家就是近邻,不过可以觉察到贝尔尼家的女士们对待巴尔扎克夫人的态度有一点居高临下的味道,巴尔扎克家的女士们对前者却带着三分敬意。请贝尔尼家的女士们来吃饭的时候,洛尔和洛朗丝都要穿上节日盛装。

---

① 《法意》,又译《论法的精神》,是 18 世纪启蒙时代作家孟德斯鸠(1689—1755)的代表作。

② 莫卧儿帝国,印度的伊斯兰教国家,由帖木儿的后裔巴卑尔于 1526 年灭德里苏丹国后建立,17 世纪为帝国盛世,经济繁荣,文化发达。

贝尔尼姓氏上代表贵族的"德"字比巴尔扎克的"德"字来得正规,因而他们的社会地位自然要高一些。

1793年4月8日,在恐怖时期①,加布里叶·德·贝尔尼娶了洛尔·伊奈为妻。洛尔·伊奈的父亲是一名德国竖琴手,母亲叫路易丝·德·拉博得,她是玛丽-安东奈特王后的贴身侍女。洛尔·伊奈于1777年5月23日出生在凡尔赛,路易十六和王后是她的教父和教母,因此她的全名叫作路易丝-安东奈特-洛尔。这可是够光彩的。她从小就熟悉宫廷生活,学得一派高雅风度。乐师伊奈死后,他的遗孀又与德·雅尔雅伊骑士结婚,骑士也是玛丽-安东奈特的亲信,他曾经试图帮助关在神庙监狱里的玛丽-安东奈特越狱。雅尔雅伊后来成为大仲马的小说《红房子》中骑士的原型。在这些悲惨的日子里,他们匆匆忙忙把刚满十六岁的洛尔·伊奈嫁给德·贝尔尼伯爵。几乎在同时,新婚夫妇便锒铛入狱。罗伯斯庇尔的失败救了他们的命。1799年,加布里叶·德·贝尔尼进入军需部工作(因此成为贝尔纳-弗朗索瓦的同僚)。1800年,他晋升为内政部主管人事的部长助理,接着在1811年当上巴黎的王室参事。

夫妇俩生过九个孩子,死去了一个儿子和一个女儿。这对夫妻感情并不融洽,加布里叶·德·贝尔尼身体很坏,五十岁上看起来已经像个老头子了。他性情暴躁,整天发脾气。眼睛失明以后只得让他妻子做一家之主,整个庄园由她去"裁剪修饰"。但他依旧不停地埋怨,叫苦,发脾气。夫妇俩曾经有过一段奇特而痛苦的历史。自1800至1805年间,两人曾经分居。那时洛尔·德·贝尔尼爱上一个"凶暴的科西嘉人,此人曾经占有过她的青春"。她为他生了个女儿叫朱丽。然后那个可

---

① 指法国大革命中雅各宾派实行革命恐怖政策的时期。

恶的科西嘉人冈比便不知去向了,于是贝尔尼夫妇破镜重圆。丈夫甚至允许朱丽·冈比到维勒帕里西斯来小住,她是朵"美神般迷人的孟加拉之花"。

奥诺雷·德·巴尔扎克自从回到维勒帕里西斯以后,经常遇见贝尔尼夫人和她的孩子们。"这些穿白礼服的贝尔尼小姐和穿黑礼服的贝尔尼先生"参加过镇上的节日庆典和巴尔扎克家的厨娘路易丝·布鲁埃特的孩子的洗礼。在维勒帕里西斯,"街尽头的女士们"俨然以城堡主的身份出现。

1822 年 2 月,巴尔扎克致洛尔·絮尔维尔:贝尔尼小姐(贝尔尼夫人的第二个女儿奥古斯蒂娜-冉娜-安东奈特)差一点把自己摔成三段;艾丽莎小姐(贝尔尼太太的第三个仍在世的女儿路易丝-埃玛纽埃尔,小名艾丽莎,姐姐奥古斯蒂娜-冉娜-爱梅,死于1816 年)不像我们想象的那样笨,她有绘画天才,尤其擅长漫画,她还喜欢音乐⋯⋯贝尔尼夫人做起生意来了,她买卖燕麦、麸皮、小麦、牧草,经过四十年的深思熟虑,她发现金钱比什么都重要。贝尔尼先生今年的视力不比去年强,他那群孩子的数目减少了,两个给送进学校,其中一个享受助学金(曼努埃尔先生①似乎掌握了大权)⋯⋯米希兰夫人②生了个米希兰姑娘,米希兰先生当然是她的父亲啰。此外,贝尔尼夫人的孩子们是世界上一伙懂得怎样谈笑,怎样跳舞,怎样吃饭睡觉,怎样交际的人,他们的母亲总是非常

---

① 曼努埃尔,贝尔尼家的房客和朋友。——原注
② 米希兰夫人即爱米莉·加布里叶,贝尔尼夫人的长女,生于 1794 年 1 月 20 日,一个月后她母亲就被捕了。1819 年 11 月 23 日她在维勒帕里西斯嫁给沙尔特的法官安东尼-维克托·米希兰。——原注

和蔼可亲……①

　　这种俏皮语气的背后隐藏着更强烈的兴趣。巴尔扎克在"街尽头的房子"里当孩子们的家庭教师，于是被他们的母亲所征服。她并不是有意的，她不曾隐瞒自己已经四十五岁，可以当奶奶了，根本不会想到去勾引一个二十二岁的男孩。她快活地嘲讽，甚至挖苦奥诺雷的举止、习惯、他的自命不凡和勃勃野心。但是她在他身上发现了一种罕见的聪慧、一种机智的火花和对一切事物的热忱，这些使人忘记了他的缺点。她倾听他叙述自己的童年，讲他母亲如何长期漠不关心地把他丢在一边，他讲话时"带着年轻人激烈的口吻，心灵的创伤似乎还在流血"。他则不厌其烦地向她打听旧时代上流社会的情况，他感觉到他父母的朋友，那些沼泽区的市民，同这位王后的教女之间有着天壤之别。他兴味盎然地倾听她那悦耳的声音。"她发出的卷舌音简直像在抚摸你……这样她就在无意之中使词句含有更丰富的意义，从而把你的心灵引入超凡的境界……"②

　　渐渐地他竟敢于爱慕她了，因为她仍然是有诱惑力的。她的脸蛋尽管没有惊人的美貌，却闪耀着善良和智慧的光芒，颈项和肩膀的皮肤还同少女一般鲜嫩，特别是他意识到唯有这个女人能给他带来他所缺乏的东西，即高雅的情趣和丰富的阅历，同时也能满足他对爱情的渴求。他已经到了这个年龄，加之他所阅读的书和他父亲的快活浪漫也激发了他的情欲。"爱情和天才一样，都有突发的时候。"他还不太清楚爱情是怎么回事，却已坠入情网了。

_____

① 《巴尔扎克通信集》，第 1 卷第 130—131 页。——原注
② 巴尔扎克：《幽谷百合》。

一个笨拙的少年同这个受人尊敬的妇人之间,要从打趣取笑的关系发展到征服和占有她,这简直是不可能完成的业绩。每天向她告辞的时候他总要问自己:"我能得到她吗?"但是他没有勇气开口。不过他知道她是不幸的,她丈夫的无能和坏脾气使她多么痛苦。况且七年前她失去了一个年龄同奥诺雷相仿的儿子,这使他们产生了一种感情上的联系,对死人的怀念给活人带来了好处。他还知道她曾经有过情人,这似乎使她变得容易到手一些。也许是 1821 年的秋天,或 1822 年的春天,他斗胆作过一次表白:"最初你会把这件事当作世界上最滑稽的笑料,你这种性格的人会把它当作一个玩笑……"①

1822 年 3 月,巴尔扎克致贝尔尼夫人:请想想,夫人,在远离您的地方有一个人,凭借一种奇妙的天赋,他在空中循着一条理想之路飞越漫长的距离,如痴如醉地守候在您的身边;他分享您生活中的甘苦,同情您,祝福您;他以青年人特有的纯真感情热烈地爱着您。对于他,您不只是朋友,不只是姐姐,甚至可以说不只是母亲,不,您比这些更多,对于我,您是看得见的神明,我的一切都是为了您。真的,如果说我梦想着伟大光荣的事业,那是因为我把这当作接近您的跳板;假如我开始做一件重要的事,这是以您的名义。您在无意之中成了我的保护人。最后,请您设想在人类心灵里所能产生的一切柔情蜜意和火热的激情。

我相信当我想念您的时候,全都具备了……②

---

① 《巴尔扎克通信集》,第 1 卷第 140 页。巴尔扎克给贝尔尼夫人的信在她死后都已烧掉,后人只找到一些草稿。——原注

② 《巴尔扎克通信集》,第 1 卷第 141 页。巴尔扎克给贝尔尼夫人的信在她死后都已烧掉,后人只找到一些草稿。

他写的都是真话，一个年少的人几乎总是相信自己写的情书是真心实意的。她却嘲笑他，笑他的唉声叹气，笑他写的小说，笑他的衣着仪表。而他仍坚持不懈，他写道："一颗仁慈的灵魂在取笑一个不幸的人时，该有多么快乐呀?① ……我越是往前走，就越是发现您不爱我，您永远也不会爱我……坚持下去简直是发疯。然而，我还要坚持下去。"②她回答他说，今后他只可能在她和孩子们在一起时见到她，她说自己已经四十五岁，可以做他的母亲了。的确，巴尔扎克夫人比"街尽头的夫人"还要小一岁。"天哪! 如果我是女人，即使四十五岁了，只要我还漂亮，啊! 我一定不像您这样……我会听从感情的支配，再去寻求少年时代的欢乐，重温那天真纯洁的幻想和上天赋予年轻人的特权……"③他知道自己缺乏情人的风度和勇气；但他认为"我像某些少女一样，在笨拙傻气，胆小而温顺的外表下掩藏着一团火……这火可以吞没整所房屋，吞没一切……"④他以《忏悔录》里的卢梭自许。卢梭不也同样追求一个情妇兼母亲的华伦夫人吗? 她不是也同巴尔扎克的母亲和他偏爱的妹妹一样名叫洛尔吗? 对妹妹的感情只能留在记忆中和心里，而在这位新洛尔身边却"燃烧起爱情的烈火和满足情欲的希望"。

与此同时，可怜的洛朗丝怀孕了，她只身一人在圣芒德同她那负债累累的江湖诗人在一起，学会了上当铺去"变卖她的钻石和美丽的开司米披肩"。⑤ 蒙泽格勒要求丈人为他的五千法郎债务做担保人。贝尔

---

① 《巴尔扎克通信集》，第 1 卷第 150 页。——原注
② 《巴尔扎克通信集》，第 1 卷第 151 页。
③ 《巴尔扎克通信集》，第 1 卷第 152 页。
④ 《巴尔扎克通信集》，第 1 卷第 153 页。
⑤ 玛德莱娜·法尔若：《不得宠的洛朗丝》，《巴尔扎克年鉴》1961 年，第 18 页。——原注

纳-弗朗索瓦认为应该"停止这只达那伊得斯木桶的挥霍"①，一口拒绝了女婿的请求。洛朗丝被这场争吵折磨得差一点流产。巴尔扎克夫人看见女儿得不到好的照料，简直觉得"掉进了地狱"。"十八岁的产妇，八十岁的助产士，此人一点名气也没有，瞧他那样子，连只猫都不敢托付给他照顾。"②最后这场风波终于过去，1822年4月母亲大人动身到巴耶去了。

　　奥诺雷留在维勒帕里西斯和父亲、外婆做伴。没有人严格管束他，他称心如意地整天跟街尽头那家人待在一起。那家人待他很不错，不过他需要的不只是友谊："我对您是一见倾心……您的四十五岁年龄对于我并不存在，即使有那么一刹那我注意到了这一点，也只认为这更加证明我的感情的强烈……假如我不是真的爱您，您的年龄会使您在我眼里显得可笑，然而事实恰恰相反，说来也奇怪，这似乎违背常情，您的年龄竟成为使我依恋您的一条纽带……只有我能够欣赏您的美貌……"③他声称，假如她拒绝他的崇拜，只给他友谊，他就不再去看她了。那么她顾忌什么呢？"道德？习俗？怕被人鄙视？"他知道她有一些豁达的道德原则，也就是十八世纪的道德原则。假如她真诚地信仰自己的观念，"那么结论应该是，人终有一死，那时就无所谓罪恶，无所谓贞操，无所谓地狱也无所谓天堂了，因此，引导我们的唯一公理应该是'及时行乐'……"④如果他们成为情人，那么她不仅不会丧失名誉，他们俩还会彼此敬重。

---

　　① 典出希腊神话，达那伊得斯指达那俄斯的五十个女儿，她们之中除许珀耳涅斯特拉外，均奉父命于新婚之夜把丈夫杀死，她们死后被罚在地狱中不断往一只无底桶中注水。

　　② 斯波贝奇·德·洛旺儒的收藏：A.381，第101页。——原注

　　③ 《巴尔扎克通信集》，第1卷第161—162页。——原注

　　④ 《巴尔扎克通信集》，第1卷第162—163页。

日复一日，情书不断，而且常常是热情动人的情书。年轻的巴尔扎克每次都要打一两遍草稿，誊写以后把草稿保存起来。他大胆地向她讲述自己的哲学思想，他知道她极为聪慧，希望通过描述他的思维系统，引起她对他的兴趣。按照莱布尼兹的说法，思维是从物质产生的，"他说树木也一样，正因为它们也有从无到有，从小到大的过程，所以它们是有思维的，只不过非常难以捉摸罢了"①。洛尔·德·贝尔尼倾听着，报以微笑，不过她命令年轻的哲学家不许再谈爱情，否则她就不再见他了。

巴尔扎克致贝尔尼夫人：我认为我看懂您的信了，这是一份最后通牒。别了，我不再抱希望，我宁愿受放逐之苦也不愿意像坦塔罗斯②那样受罪。既然您并不觉得痛苦，我想不论我发生什么事您都是无动于衷的。您真会相信我从来没有爱过您吗？别了……③

当然，他并不愿意同她决裂，其实她又何尝愿意呢？到了四十五岁的年纪还能被人热恋，岂不是很惬意吗？虽然这个少年有点笨拙，虽然他的父母很庸俗，不怎么讨玛丽-安东奈特的教女喜欢，这又有什么关系呢？"鲜花可以长在粪堆上"，何况她相当聪明，完全能够看出这些信的作者远不是平庸之辈。不错，他写了一些坏小说，但真是那么坏吗？她可以帮助他了解世态人情和女人，启发他写出和他的才气更相称的

---

① 《巴尔扎克通信集》，第 1 卷第 178 页。——原注
② 坦塔罗斯，希腊神话中的吕狄亚王，因杀子飨神，被罚永受饥渴之苦。他永世站在上有果树的水中，口渴想饮水时水即减退，腹饥想吃果子时树枝即升高。
③ 《巴尔扎克通信集》，第 1 卷第 166 页。——原注

作品。因此,他们每天都演一次假分手。然后又同莫里哀剧中的情人一样,一个从院子,一个从花园上场,微笑着重新相会。一天晚上他告辞以后又折回去,看见她在那里沉思,于是两个人在夜色朦胧的花园里对着满天星斗坐在一条长凳上。她第一次接受了他的一个吻。

巴尔扎克给贝尔尼夫人写道:您是不是像我想您那样想念我?您是不是像嘴上说的那样爱我?……

昨天晚上您美极了,多少次我梦见您美丽优雅、光彩照人,但是我承认昨天您超过了您的对手——我想象中的您;并且除了我所期待的温柔的微笑以外,您还达到了我幻想中理想美的境界,而我原来以为这是不可企及的。不要再对我讲您的年龄了,我会觉得说这种话很可笑,而且是个极不高明的玩笑。我的那位跛脚伙伴自己也会对我说您看上去还不到三十岁。

您得承认,昨天您身上那件衣服是节日服装,您穿上它是因为昨天不至于让人怀疑这样做是为了我,您想叫我高兴并且以此来弥补那些废纸①对我作的不公正的指责。不过要使我真正感到幸福,您必须在白天见到我时也像晚上那样温柔地对我说一声你好!②

她又拖了一段时间才委身于他,她总是先答应,到最后时刻又拒绝。他给她的信中写道:"什么都不能阻止我十点钟的时候站在栅栏门边怀念我应该在那里见到的人,即使没有希望,我在那里也是幸福

---

① 指贝尔尼夫人给巴尔扎克的若干责备他的信。
② 《巴尔扎克通信集》,第1卷第173页。——原注

的。"①—天晚上,他又假装告辞,然后转回来,发现她还在花园里,这次她让步了。

1822 年 5 月初,巴尔扎克致贝尔尼夫人:喔! 洛尔,在这充满你的形象的夜的静谧中,我给你写着信,回味着你的狂吻! 此刻我能有什么思想呢? 你把它们全带走了。是的,我的整个灵魂都同你的连在一起了,从今以后你只能同我在一起。

喔! 我被一种温柔而神奇的幻觉所包围,我只看见那条长凳,只感觉到你甜蜜的拥抱和我面前的这些虽然已经干枯却还散发着醉人的芬芳的花朵。

你说你感到疑惧,你的语气使我心碎。唉! 我现在对我的誓言仍旧确信无疑,因为你的亲吻没有引起丝毫变化。啊! 如果说我变了,那也只是我爱你爱得更加疯狂了……②

他崇拜卢梭,所以称她为"我可怜的妈妈……"他实在不愿离开她的左右,有时候在晚上幽会以后,他又独自回到"那条亲爱的长凳"边,忧郁而孤独地沉思起来。回到自己家里,一切都显得暗淡无光。"好婆的微笑使我厌烦,父亲的声音对我再也没有吸引力了,我含着眼泪看报纸……"甚至高明大妈读《冉·路易》时的爽朗笑声,甚至她说"啊! 少爷,这本书真有趣"时,也提不起他的兴致。他给洛尔写道:"上帝要是没让我出世该有多好……一个人孤零零的多么不幸,和别人在一起又是多么痛苦"……③

---

①《巴尔扎克通信集》,第 1 卷第 179 页。——原注
②《巴尔扎克通信集》,第 1 卷第 180 页。
③《巴尔扎克通信集》,第 3 卷第 111—112 页。

热恋中的人总是不谨慎的。人们注意到他过多地造访"街尽头的女士们"。贝尔尼家的孩子们也看出来了,并且十分反感。巴尔扎克写道:"我想我们不能否认姑娘们锐利的眼睛已经识破我们。不知怎么我一看你的艾丽莎,她就脸红……至于亚历克桑德丽娜,她流露出鄙夷和种种其他表情,冉娜早就明白了,她们在我们面前再也不能掩饰她们的不满……"①

现在是贝尔尼夫人更加大胆冒险,反而是年轻的情人请求她谨慎小心。母亲大人已经从巴耶回来,她看到儿子无数次地访问街尽头那户人家,深夜才归,一下子就猜透了其中的奥秘,青年人是透明的。巴尔扎克夫人知道奥诺雷爱上了一个与她的年龄相仿的女人,而且神魂颠倒,再也干不了正事。她立刻决定把他送到巴耶去。

奥诺雷无法抗拒,他害怕母亲的冰冷的目光。而且他很愿意再见到妹妹,看看巴耶,了解了解这对年轻夫妇的情况,虽然与情妇分离使他非常伤心。不过他要求作最后一次长凳上的幽会,而且他竟敢要求她到巴黎去,他可以单独在他父母的落脚点会见她:"你不能去吗?……"日程是这样安排的:5月8日星期三在长凳边相会;12日,星期日他同她一起去巴黎;14日他动身去巴耶。

父母亲很高兴他离去。1822年5月18日贝尔纳-弗朗索瓦·巴尔扎克给洛尔·絮尔维尔写道:"我们让奥诺雷到你们那里去……他每天在认识世界方面都学到一些新的东西……但是在最重要的问题上,即健康方面,他几乎没有一点进步,他不善于爱惜身体,等到出现严重的征兆使他意识到健康有问题的时候,我看他也总是一拖再拖,不肯下决

---

① 《巴尔扎克通信集》,第1卷第182—183页。——原注

心……"①

事实上,奥诺雷一直拖到 8 月 21 日才动身。贝尔尼夫人送给他一瓶葡萄牙花露水,作为旅途的"护身符",还有他俩一起读过的几首谢尼耶的诗。他央求她每星期给他写一封信,要写得密密麻麻,寄到:巴耶,染料街,絮尔维尔先生转交奥诺雷先生收。这样分离多么痛苦啊!他不得不放弃一切:爱情和欢乐。但是有什么办法呢?"这次旅行已经敲定,我母亲谈起时仿佛我已经上路了……"巴尔扎克夫人给女儿洛尔写道,奥诺雷动身时"情绪坏得可怜",分手时十分痛苦。其实她夸张了,送奥诺雷上车的用人路易·布鲁埃特回来说,他的小主人同一位"非常可爱的伯爵夫人"同乘一辆车,出发的时候已经同她说上话了。算了吧!如果他在旅途上献献殷勤,总比他父母所担忧的在家里的情形好一些。说真的,奥诺雷那样热爱生活,他能够轻而易举地堕入幻想,不会长久地沉溺于痛苦之中的。

---

① 斯波贝奇·德·洛旺儒的收藏:A.380,第 27—28 页。——原注

第六章　巴耶插曲

> 我曾经是将军、皇帝，我也当过拜伦，然后却什么也不是。在周游人间山巅之后，我发现依然有无数的山峰需要攀登。
>
> ——巴尔扎克

巴耶是一座美丽的诺曼底小城，巴尔扎克来到港口附近的托运处，妹夫来接他到染料街。宅院大门上绿色的油漆已经斑斑驳驳。头戴布制软帽的年轻女用人过来行了礼。客厅里装饰着光滑的核桃木护壁板，光线暗淡，对称地排列着织锦面软椅和老式的扶手椅。三扇窗户朝向一个外省的花园。"从打蜡地板到绿格子的帆布窗帘，处处都像修道院一样干净。"①洛尔真是个能干的主妇。他很高兴又见到他的小洛尔，他亲爱的妹妹，他们的心是多么亲近呀！

哥哥的来访使洛尔无比快活，按照沼泽区女孩子的常规，她很爱自己的丈夫。他并不喜欢巴耶。刚来的时候，她的活跃和气派曾经相当

---

① 巴尔扎克：《双重家庭》。参看约瑟夫·德玛尔：《1822 年奥诺雷·德·巴尔扎克在巴耶》，巴耶，哥拉印刷厂，1940 年。——原注

引人注目。但是絮尔维尔不过是个普普通通的公路桥梁工程师，每月只挣二百六十法郎。国家雇用这个综合理工学院毕业生只是让他测量公路上的石头和路面，挖挖路下面的水沟，平整空地，开凿渠道。这些琐碎事务令他厌烦，而他的平庸地位则使妻子非常失望。她梦想着豪华的生活，他则向往着巨大的工程，建桥梁、开运河。然而"亲爱的工程师"并不垂头丧气，工作起来总是哼着曲子。奥诺雷来后更增添了快活的气氛，这位大舅子满脑子宏伟计划，而且随时都在为别人的凌云壮志鼓劲加油。

奥诺雷同洛尔讨论自己写的书。他仍然认为《比拉格的女继承人》是"粗饲料"，但是即将出版的《克洛蒂尔德·德·吕西尼昂》将是一部杰作。他还带来了已经开始写的《瓦纳·克洛尔》以及另外一部小说《阿尔丹纳的神甫》的提纲。洛尔自己也有许多构思，他们要三个人一起来写《阿尔丹纳的神甫》，全家一起补充修改；然后他们还要写剧本。奥诺雷在这里小住期间，三个人整天欢笑聊天。奥诺雷斜躺在长沙发上，穿一条瘦小的长裤，不穿袜子，不系领带。兄妹俩闲聊起外婆、爹妈和可怜的洛朗丝，讨论《克拉丽莎·哈洛》和《朱丽》。絮尔维尔带他去游览卡昂和瑟堡，洛尔陪他观赏当地的自然风光。小说家像蜜蜂采蜜一样在收集素材：郊外的风景，市区的蓝图，教堂里蜡烛的神秘火光，还有一位贵妇欧特弗伊伯爵夫人被情夫抛弃的故事。有人说奥诺雷曾企图攻占这个空出来的位子，其结果却是可悲的失败①。他对什么都感兴趣，他调查巴耶的社会各阶层情况。如同博物学家区别物种一样，他有惊人的分析社会结构的能力，通过对巴耶的调查可以了

_____

① 参看居斯塔夫·德诺瓦泰尔：《德·巴尔扎克先生》，巴黎，保尔·帕尔曼版，1851年。——原注

解到复辟时期所有法国小城市的社会情况:一户几乎是王室的家族,虽然在方圆五十里以外不为人所知,却同巴黎最有名气的贵族是亲戚;一家更富有的却是比较新的贵族;几个有身份的老小姐;少许几个资产阶级家庭由于思想正统,受到这个小型圣日耳曼区①贵族社会的接纳②。在此期间《克洛蒂尔德·德·吕西尼昂》(以下简称《克洛蒂尔德》)出版了,可是一天,母亲大人寄来一发书信炮弹,这是她的拿手好戏。

1822 年 8 月 5 日,巴尔扎克夫人致洛尔·絮尔维尔:我亲爱的小洛尔,几天以来,我又受到一次新的打击……是奥诺雷,好一个奥诺雷,他不自觉地给了我残忍的一剑。你还不知道呢,我的好朋友,一个母亲的自尊心是多么敏感,多么强烈。所有的好母亲都望子成龙,因此就更容易产生这种自尊心。现在我和奥诺雷之间就发生了这样的事。真的,他一点也不听我的意见。

你们会说:我们的好妈妈怎么啦? 她对我们讲这些干什么? 事情是这样的:在写这封信之前(我希望你们看了这封信之后就做我要你们做的事),我曾经要求奥诺雷结束他说是在你们那里写成的作品。我想你们的意见也许他听得进去一些,我对他那本倒霉的《克洛蒂尔德》所提的任何意见他都听不进去③……

母亲大人以前听过作者朗读《克洛蒂尔德》,并且要求他再改一遍,现在发现奥诺雷对她的意见置若罔闻。印出来的书把她气坏了。书中充满什么"纤细的光线""柔软如丝的动作",什么"精液",还有反

---

① 圣日耳曼区是当时巴黎的贵族居住区,这里指当地的贵族社会。
② 参看巴尔扎克:《被遗弃的女人》。
③ 斯波贝奇·德·洛旺儒的收藏:A.381,第 115—118 页。——原注

复出现"甜蜜的"等等。这些毛病不知絮尔维尔们作何感想？在听朗诵的时候许多错误被忽略了，因为奥诺雷念得有声有色，充满感情。可是奥诺雷的父母在"冷静地阅读"的时候就发现这部著作有严重的缺陷。故事结构是好的，题材也是动人的，但是当作者想卖弄一下才智，想对读者讲几句话的时候，趣味就不高了。"我希望到处都听到赞扬声，可是一点也没有。"而母亲大人只看重"舆论"。朋友们承认奥诺雷有丰富的想象力，但又指出他缺乏判断力。拉伯雷对他产生了不利的影响，斯特恩更严重，加之跟那帮年轻人在一起，趣味也低了。"总而言之，我要再说一遍，我很难过。"但是她不敢直接对儿子讲，因为他很容易泄气。"奥诺雷要么认为自己了不起，要么认为一钱不值。"所以她希望絮尔维尔夫妇委婉地转达这些意见。

"你们还应该对奥诺雷谈谈另外一个同样严重的问题，就是他的自以为博学足以伤害所有的人，达布兰先生虽然很喜欢他，也指责他发表意见太轻率……奥诺雷在社交场合很不检点，他简直是一把三刃刀，到处伤人。贝尔尼夫人非常钟爱他，因为她有一个儿子如果活着的话和他是同年①，她有一天对我说，奥诺雷在她家里的表现有时甚至很可笑，不讨人喜欢……她说：'我很关心他，愿意尽力帮助他检点自己的言谈举止。'"

此外，奥诺雷还曾向书店老板保证《克洛蒂尔德》出版的时候报纸上一定有评论文章。母亲说他这是指望他那些朋友为他写书评，而"这些初出茅庐的小家伙"是没有一点威望的。"他需要众多的支持"，但是支持者都不肯露面，因为这本书中的错误太多了。连好心的纳卡尔

---

① 指路易-阿德里安-儒勒·德·贝尔尼，1799年9月9日生，1814年11月3日夭折，年仅15岁。

医生都说这样的话:"奥诺雷知道我是多么喜欢他,他怎么不把开头几章念给我听听? 第一页上就有错误!"

母亲大人还有许多抱怨的话。在她丈夫七十六岁生日那天(1822年7月22日),她买了一本初版的《克洛蒂尔德》送给他作礼物。这总该感动奥诺雷了吧! 可是他连一点感谢的表示都没有。这给她的精神造成很大的刺激。最后她希望在奥诺雷离开巴耶前,絮尔维尔夫妇能够劝诫他一番。当然不能让他灰心丧气,要好好劝说他,使他感到有必要检点一下自己,不要认为自己那么有学问、有教养。还要特别提醒他,15日是**好婆**的生日。

洛尔非常巧妙地完成了任务,她给母亲的信中写道:"我可怜的妈咪,我看你的信的时候眼泪都掉出来了,我对自己这样说:当妈妈的真苦啊! ……"①她承认巴尔扎克家的四个孩子都给"妈咪"带来许多痛苦,但是洛尔的人生哲学是当个"乐观派医生",她总是努力从美好的一面来看待事物。首先《克洛蒂尔德》这本书并不那么坏,比《比拉格的女继承人》和《冉·路易》要好得多。那两本书才叫洛尔"吓呆"了呢! 不错,里面是有些重复和疏忽的地方,但这是因为奥诺雷要在两个月里写出四卷书来,太匆忙了。其中有些章节从头到尾都是很好的,这样丰富的想象力大有发展前途。奥诺雷会从批评中得到好处的。而且洛尔对他开门见山不兜圈子,一上来就把母亲的信全念给他听,这封信写得多么"有分寸,既明智又公正"……"奥诺雷听了没有说什么,只说这些话都是对的,看样子他很受感动,也很伤心。他去坐在扶手椅里听我念信。我连看都不敢看他,因为他的眼神是那样地忧伤,要是多看他一眼,我会哭出声来跑掉的……"

---

① 斯波贝奇·德·洛旺儒的收藏:A.378,第26—27页。——原注

对奥诺雷只能攻心,你若感动了他,那么你叫他到哪儿他就到哪儿。而且,我的好妈妈,你只要管他大的方面就够了,小问题上就随他去吧。他穿什么衣服,他在细枝末节上有些什么差错,甚至在某些小地方没有尽到责任,这些都没有什么了不起。你对他的心肠不是很了解吗?有谁能像他这样善良呢?的确,他的情绪很不稳定,忽而忧伤,忽而欢乐,这又何妨呢?谁没有自己的弱点呢?你别去看他这些古怪脾气,你就会使他幸福,你也因此会更加幸福……①

何况,"好妈妈"的确把事情看得过于严重了。这本书没有用巴尔扎克的名字署名,家庭的名誉并未受损害;书的销路也许很好。为了赚钱而写的书从来不会是什么杰作,作者也不想通过这样的书来赢得荣誉。"奥诺雷并不想当理查逊、菲尔丁或瓦尔特·司各特这样的作家,这不是他的目标……您把这本书看得太重,他自己倒并没有这么重视它。"

这话倒一针见血。的确,那时候奥诺雷想的主要是赚钱而不是写一部杰作。不过他已经意识到自己的才能,并且力图使文笔更加漂亮,只是还不知道怎样才能达到完美的境界,于是故意摆出一副粗心大意的样子,功到自然成嘛!

洛尔还写道:哪个作家一开始就能写好?谁都需要练习,而奥诺雷确实越写越好。接着她就谈别的问题了:他们夫妇俩想离巴黎近一些。

---

① 斯波贝奇·德·洛旺儒的收藏:A.378bis,第 26—27 页。罗歇·皮埃罗著《1822 年家里人对巴尔扎克的看法》一书中发表的信。——原注

他们伤心的是奥诺雷第二天(1822 年 8 月 9 日)就要走了。"这真叫我们难过……这两个月我们过得非常愉快。可爱的好哥哥奥诺雷一走,我们会感到不习惯的,不过也许用不了多久我们又会见面,想到这儿我才稍稍好受一点……"①

他回到维勒帕里西斯有什么新发现呢?巴尔扎克夫人在家里接纳了自己的外甥爱德华·马吕斯,这个二十二岁的小伙子患肺结核已经到了晚期,他很有钱,是个孤儿加单身汉。晚上他睡在奥诺雷的房间里,白天躺在花园口一张帆布床上,已经奄奄一息了。好外婆向来是外孙的亲密同谋,前一段时间她盲目地充当了他同贝尔尼夫人之间的信使。她在信中写道:"我们照例经常见到街尽头的邻居们,她们对我们的小病人百般照顾……很关切地打听你的消息。"②街尽头的夫人带来自己庄园里产的奶油送给可怜的爱德华,以这个圣洁的借口去打听奥诺雷的消息。"你的信已经转交了。"一心想讨好外孙的老太太这样写道。

奥诺雷在离开巴耶之前给贝尔尼夫人写了一封忧伤的信:"我不敢说你真叫我伤心,因为你在信中不再夹花了。我的花露水用完了,除了那本谢尼耶的书之外我简直没有信物了……有那么一些不幸降生于世的人,我就是其中之一。"③这个快活的年轻人染上了少年维特式的烦恼。在他的生活上和艺术上有多少幻想破灭了!"要是我没有来到这个世界上该有多好呀!"贝尔尼夫人再三要他相信她"重新获得了自由",换句话说就是她的丈夫今后完全不管她了。但是没有用,他还是忧郁地在信中写道:"我心甘情愿不再见您。"《克洛蒂尔德》一书的失败使他消沉颓丧。

---

① 斯波贝奇·德·洛旺儒的收藏:A.378bis,第 26—27 页。——原注
② 《巴尔扎克通信集》,第 1 卷第 189 页。——原注
③ 《巴尔扎克通信集》,第 1 卷第 193 页。

1822 年 7 月 30 日,巴尔扎克致贝尔尼夫人:我想我是误解了自己,也误解了生活……今后我只要活在您的心里就满足了,假如我在您的心里占有您在我心中占有的同样地位,那么我就能生活在回忆、幻想和梦境里面,我的生命就会完全变成想象,其实它本来已经有点是想象的了。①

萨朗比耶夫人致洛尔·絮尔维尔:你哥哥就要回到我们这里来了。上帝保佑不要让他的伟大计划像往常一样全部落空,因为他总是让他那世界上最好的母亲不高兴。②

好婆并不理解奥诺雷是想以"他的宏伟计划"来补偿命运对他的不公正,并且忘掉现实生活给他带来的失望。现实摧毁了幻想,而文学创作能使幻想复活。他给"街尽头的夫人"写道:"在众多的幻想——它们是我过分活跃的想象力的高雅产物——之中,有一颗永远明亮的恒星给我指引方向,它就是您,我可爱的朋友。"③但是他甘心满足于远远仰望他的恒星吗?

巴尔扎克致贝尔尼夫人:一个平庸的人,一个只有一颗既无痛苦又无激情因子的灵魂的人,应该对自己有清醒的认识。平庸无能不能给人带来快乐。既然没有能力表现伟大的激情,显示不出可获得名声、才干和荣誉的素质,那么你只好从舞台上撤退,因为

---

① 《巴尔扎克通信集》,第 1 卷第 194 页。——原注
② 斯波贝奇·德·洛旺儒的收藏:A.378,第 134 页。——原注
③ 《巴尔扎克通信集》,第 1 卷第 194 页。——原注

你不应该给人以错觉。不然你就如同吹嘘一幢正在倒塌的房子一样有欺人之嫌。天才的成功和伟人的优势是不能窃取的东西,侏儒无法举起赫拉克勒斯的大棒。

我曾说过,在我承认自己的理想无法实现的那一天,我将要悲痛而死。尽管现在还没有发生什么,但我已经预感到这一天快来临了。我将是我的幻想的牺牲品,所以,洛尔,我恳求您不要同我捆在一起,我求您同我断绝一切联系……①

这是情人的顾虑?还是对注定不能持久的爱情的模糊预感?很久以后他在信中写道:"青年人突然萌发的感情火焰使他们热烈地爱上比自己年长的女人,但是这种爱情犹如囚犯的锁链,在心灵上留下不可磨灭的痕迹,给天真幼稚的爱情预先蒙上一层可憎的色彩……"②可是在目前,情欲还是驱走了顾虑。在上面那封信中他紧接着向她提出一连串温柔的问话:她还经常到牧场上、到菜园里去吗?她还去坐在那条长凳上吗?还像原来那样走过篱笆吗?她有没有放弃弹琴唱歌?在他写这封信的时候,絮尔维尔在他身边唱道"但愿人长久"。天哪!他唱得多么难听!诺曼底的天气多冷呀!

路过巴黎的时候,巴尔扎克被出版商兼书店老板夏尔-亚历克桑德尔·波莱公民抓住,签订了两本小说的合同:《百岁老人》和《阿尔丹纳的神甫》(以下简称《神甫》),每本印一千册,稿酬是两千法郎,六百是当时流通的现款,其余的付给他八个月的期票。事情看来不太坏,但是必须在 10 月 1 日之前交出两部书稿。而他却把《神甫》一书的手稿留

---

① 《巴尔扎克通信集》,第 1 卷第 194—195 页。
② 巴尔扎克:《幽谷百合》。

在巴耶,让信心十足的絮尔维尔夫妇去修改。

**1822 年 8 月 14 日,巴尔扎克从维勒帕里西斯致洛尔·絮尔维
尔:** 这样我们只有 9 月份可以用来完成《神甫》一书,我想你们不可
能每人每天弄好两章以便在 9 月 15 日把书给我,这样我也只有十
五天的时间来修改。你们商量一下吧……要是你们对我有点怜悯
心,就把那本见鬼的《神甫》寄还给我。你们若是不相信,我可以把
同波莱签的合同寄给你们看,上面订有违约条款。假如《神甫》在
11 月份印不出来,那么……这要命的工作你是完不成的,洛尔,我
不相信你能每天写出六十页的小说来。要是你们能写,而且答应
9 月 15 日把小说寄给我,那你们就干吧,但是那倒霉的违约条款逼
着我,如果我在 9 月 17 日还收不到这份手稿,我就得自己干了,你
们知道,跟波莱打交道,必须在一个月里写出一本小说来……①

在维勒帕里西斯,家里人在准备搬家。房主安东·萨朗比耶堂兄
把房子卖给了他弟弟夏尔·萨朗比耶,夏尔提出要把租金涨到五百法
郎。巴尔扎克夫妇生气了,决定重新到巴黎去落户。他们在金王街找
到了一个"窝",其中有一个房间给奥诺雷。可是怎么搬动奄奄一息的
爱德华·马吕斯呢? 可怜的小家伙在轮椅上还在学绣花呢。贝尔纳-
弗朗索瓦还是那样神采奕奕,说起俏皮话来叫奥诺雷笑得喘不过气。
精力过人的妈妈经常到巴黎去找一位有影响的朋友(德拉努瓦夫人),
请她为絮尔维尔在蒙塔尔吉或蓬托瓦兹谋个职务,好让他们夫妇俩离
巴黎近一些。她严厉责备奥诺雷把"一条红条纹毛巾和一块手帕"忘

---

① 《巴尔扎克通信集》,第 1 卷第 200 页。——原注

在巴耶,这是不可原谅的家常过失。奥诺雷向维勒帕里西斯的听众们朗读他在诺曼底开始写的小说《瓦纳·克洛尔》(或《冉娜·拉帕尔》),这书博得了好评,尽管他在书里把母亲的形象描绘得有点可笑。每一班公共马车到来的时候,他都要跑去打听有没有《阿尔丹纳的神甫》。"我热烈地拥抱你,絮尔维尔,只要你不叫痛……爱德华忙着进坟墓;好婆忙着她的病痛;妈妈忙着去巴黎,忙着小题大做;爸爸永远忙他的健康;路易丝忙着出门;路易忙着干傻事;亨利忙着胡闹;我呢,不知道忙些什么……我在等着《神甫》!啊!《神甫》!《神甫》! 一班班邮件过去了。我要动手干了……"①

至于洛尔·德·贝尔尼,只要一看见她,他的维特式的烦恼又让位给爱情了。

1822 年 10 月 4 日,巴尔扎克致贝尔尼夫人:我们相处越久,我越发现你美……洛尔,我向你坦白承认,长凳上的神圣仪式使我们曾经以为快要熄灭的爱情火焰死灰复燃,这可爱的地方不是坟墓,而是我的祭坛……

过去我们互相隐藏热烈的爱情是高尚的表现,今后我们如果坚持相爱,那便更加崇高……喔,亲爱的,我让你来抉择。今天我依旧同四个月以前一样,把我的命运,我的躯体,我的灵魂全部奉献给你,我向你起誓,我从与你接触中得到的只有好处……②

现在他们既然毫无拘束地相爱着,他便进一步察觉到他的情妇的

---

① 《巴尔扎克通信集》,第 1 卷第 205 页。——原注
② 《巴尔扎克通信集》,第 1 卷第 207—208 页。

① 《巴尔扎克通信集》,第 1 卷第 205 页。——原注
② 《巴尔扎克通信集》,第 1 卷第 207—208 页。

107　　　　　　　　　　　　　　　　　　　　　　　　巴尔扎克传(上)

深邃智慧。他难以掩饰自己的激情,巴尔扎克夫人恼火极了。

1822 年 10 月 12 日,巴尔扎克夫人致絮尔维尔夫妇:你们想象不出我们可怜的爱德华病得有多么厉害,他的舌苔呈深褐色,舌根几乎发黑;脉搏越来越细……他一天吃不下八只牡蛎和一杯牛奶……这样下去是维持不久的……

下面给洛尔单独写道:奥诺雷每天中午出门,五点钟回来,晚饭后看完报纸又走了,直到十点才回来。爱德华病得这么厉害,这些先生仍旧把我一个人撇在家里。奥诺雷没有察觉每天两次到她家去是多么不谨慎。他没有意识到她想控制他。我真想离得远远的,不待在维勒帕里西斯。他连一行字也不写。只差二十来页就可以写完《百岁老人》了,可是他现在脑子里只有一件事,他不知道过分沉湎于其中总有一天会感到厌倦,从他目前的行为看来,他在这件事上是不可能理智的。我向他指出过我的谨慎小心是多么必要。你给他写信吧,他也许会听听你的话。我明天要出门,以后再细谈……①

爱德华·马吕斯于 1822 年 10 月 25 日去世了。公证人维克托·帕塞师傅处理了他的财产继承问题。一笔九万金法郎的巨款现在属于巴尔扎克夫人了。在这件丧事中他们的忠诚得到了报偿。资产阶级的精明使得做好事都能盈利。从 11 月起,全家迁到沼泽区金王街七号,退掉了鲍特弗万街的落脚点。新的房租每年七百三十法郎,包括维修费在内。奥诺雷和他父亲在 11 月 1 日签订了一项奇怪的协定。儿子

---

① 斯波贝奇·德·洛旺儒的收藏:A.381,第 83—84 页。——原注

保证每个月付给父亲一百法郎的房租和伙食费。"奥诺雷先生自付灯油、木柴和洗衣费，一千二百法郎只管伙食和房租。"这倒并不是贝尔纳-弗朗索瓦吝啬，而是出于奥诺雷的自尊心。

第七章　工作

我们满怀着对富裕和幸福生活的憧憬来到了巴黎。

　　　　　　　　　　　——贝-弗·巴尔扎克夫人

　　萨朗比耶夫人没能长久地享受还乡之乐便于 1823 年 1 月 31 日溘然长逝。奥诺雷失去了亲密的同谋。老夫人的子女花了不少钱把葬礼办得相当体面。不能辱没自己的社会地位嘛！她留下的遗产并不丰厚，因为其中一部分已经被女婿的投机事业毁掉了。不过这个家庭的经济很快就恢复了元气。除了圣拉扎尔庄园和爱德华·马吕斯的遗产收入之外，又加上拉法热养老储金会的年金，这笔年金由于该会的"逃兵"日益增多而飞快地增长。借路桥工程施工之便，絮尔维尔一家迁到离巴黎不远的尚普罗塞镇。他们四处奔走，活动关节，想为絮尔维尔在凡尔赛谋得塞纳-瓦兹地区的工程师职位。与此同时，洛朗丝却陷入越来越深的不幸之中，家中的东西眼看都要被债主拿去作抵押，而她却赶在这个时候临盆了。她以忧伤的心情怀念着姑娘时代的生活："我敢打赌你们要做甜美的橘子蜜饯,要在火上烤栗子!"①喔! 这是一个婚姻不幸的可怜孩子对娘家的温馨生活的感伤回忆! 至于那位据说是马尔戈讷先生之子的宠儿亨利,则像奥诺雷一样挥霍,像洛朗丝一样轻率,但同巴尔扎克家的其他人相反,没有一点活力。

奥诺雷极其勤奋地工作着。他为书商波莱完成了《阿尔丹纳的神甫》,为出版商于贝尔写出了《瓦纳·克洛尔》。母亲称赞他"放了一个响炮……他一刻也不得闲"。无奈《神甫》刚出版就被逮住了。故事说的是德-罗桑侯爵夫人自以为爱上了新来的神甫——年轻的修道院长圣安德烈,实际上只是对他产生了一种母爱(因为神甫原本是她的儿子,是她同一位主教私通后生下来的)。这个故事触怒了代表正统思想的当局,图书检查机构下令禁止出售此书。

小说开头写得不错,有点斯特恩的笔调。书中描写了几个富有特色的乡间人物:富有激情的小学拉丁语教员,身兼杂货商的镇长,像桑丘·潘沙一般妙语连珠的老神甫,这些人物给作品增添了生动的色彩,尽管他们可笑的举止言谈显得有点过分夸张和单调。接下去一切都变糟了,陷入了一场令人心酸的悲剧。一个拜伦笔下的强盗侵占了阿尔丹纳,神甫不顾自己的身份居然结了婚,却发现娶的是自己的胞妹,后来又发现她不是胞妹! 禁止发行对荷拉斯·德-圣多班②倒没有什么不利的影响。

《神甫》出版之后才十五天,又出版了《百岁老人或两个白令海尔德》,仍旧以文学士荷拉斯·德-圣多班署名。这部作品显然受到麦图林的《梅莫特》的启发(该书于 1821 年被译成法文,曾给予巴尔扎克以

---

① 斯波贝奇·德·洛旺儒的收藏:A.378,第 188 页。——原注
② 巴尔扎克年轻时用过的笔名。

强烈印象)。书中的百岁老人肯定吸引了他。他从小就听家里人谈论长寿问题。与梅莫特一样，老白令海尔德同魔鬼立约，他得以享有好几次生命，条件是不时地杀死一个少女，吸取她的血液以获得新的青春。这是一个身材魁梧，形容可怖，力大无穷的老头子。"大胆地颠倒时间顺序"①，连续不断的插曲，表现这个吸血鬼怎样每隔一段时间就出现一次。结尾是白令海尔德家族的末代子孙，图里尤斯·白令海尔德将军，从可怕的百岁老人手中夺回了他的即将被杀害的未婚妻。

巴尔扎克致洛尔·絮尔维尔：我现在才认识到自己的能力，我很惋惜把自己的才思耗费在这些荒诞无稽的作品上。我觉得我的头脑里的确有点东西。假如我不为经济问题所困扰，也就是说假如我没有债务，不愁吃住，还有一个阿尔米塔②，我就能扎扎实实地写出点有分量的东西来。不过为此我必须离群索居，然而我每迈出一步，总是又退回原地……③

他同许多青年人一样被两种截然相反的力量驱使着忽而向东，忽而向西。他结交了一帮玩世不恭的记者，这些人为《导报》《海盗》之类的小报出卖文墨，热衷于炮制新闻、讽刺短诗，常常是讥刺中含着讹诈。他们为那些要求不高的女演员胡乱赶写一些音乐剧和通俗笑剧。

在这群人当中，巴尔扎克又遇到了大名鼎鼎的奥古斯特·勒普瓦特万和著名天文学家的弟弟艾蒂安·阿拉戈(这位意大利烧炭党人吹

---

① 莫里斯·巴尔台什：《小说家巴尔扎克》，第 75 页。——原注
② 阿尔米塔，意大利诗人塔索的叙事诗《被解救的耶路撒冷》中的女主人公之一，她在她的神秘的花园里窝藏着战士雷诺，使他免遭十字军的追捕。
③ 《巴尔扎克通信集》，第 1 卷第 159 页。——原注

嘘自己参加过党内的秘密集会)。还有一位是二十四岁的小伙子贺拉斯·雷松,他的父亲跟巴尔扎克的父亲一样,曾经轻而易举地由保王党人变为雅各宾派,继而又摇身一变恢复了保王党的面目。雷松同画家欧仁·德拉克洛瓦有交往,后者对雷松的评价是:"他爱撒谎,自命不凡,游手好闲,是我认识的人中最会吹牛皮的一个……"①亨利·莫尼埃说,有一次他和雷松坐在密涅瓦咖啡馆里,忽然雷松站起来说:"咱们走吧!那个讨厌的圣多班来了!"这时莫尼埃看见进来了一个青年人,神气活像个修士或农民,他就是巴尔扎克。如果事情真是如此,那么雷松不仅是爱撒谎和自命不凡,而且是忘恩负义,居心不良了。

这些年轻人都同有名气的剧作家有合作关系。巴尔扎克指望从戏剧开始发迹,他写了一出阴沉的音乐剧,题目叫《黑奴》,被"快活剧院"退了回来,尽管收到了几句赞美之词。

其实他明知这是浪费精力,自从洛尔·德·贝尔尼燃起了他的激情之后,他一直在梦想写出一部真正的爱情小说。早在 1822 年,他的信使兼同谋萨朗比耶外婆曾经温柔而笨拙地怂恿他实现这一梦想。"我的好奥诺雷,赶快从你那该死的忧郁中解脱出来吧……不要去写那些阴暗的故事,用愉快的笔调来处理爱情,我担保你会成功,会重新振奋起来。"可怜的老婆婆说得对,她外孙在《最后一个仙女或新神灯》中试图以一首浪漫诗来否定资产阶级的谨小慎微。可惜他依旧没能摆脱模仿的格局。他把斯克里布的通俗喜剧同麦图林的小说拼凑在一起,这本书简直糟糕透顶。尽管奥诺雷·巴尔扎克远比奥古斯特·勒普瓦特万和贺拉斯·雷松高明,他仍然不能甩开这帮人和他们的写作手法。

但是他一面参与这帮无情无义、寡廉鲜耻的家伙耍的把戏,一面却

---

① 欧仁·德拉克洛瓦:《通信集》,第 1 卷第 129 页。——原注

深感苦恼。他敏感的心灵受到冷酷环境的摧残。他自信有足够的力量去创造伟大的业绩。他在那些商业性的小说中不时插入一段精辟深刻的评论，针砭时弊，揭露社会的腐败以及邪恶战胜正义的现实。他从父亲那里承袭了一些关于物质与精神之间关系的观点，虽然有些偏颇，但绝不愚蠢。1822年，他接受纳卡尔医生的建议，买来了拉瓦特的著作，并且花很大代价请人精装成册。这位歌德极为钦佩的瑞士作家写过一本题为《相面术》的书（通过相面来了解人），作者以"精细而明鉴的观察力"描述了六千个典型人物的外貌和内心世界。

这本书成了巴尔扎克的《圣经》，"那些才智之士、外交官和女人是拉瓦特和加尔的为数不多的狂热信徒，他们自己也经常发现还可以通过其他很多种特征来窥见人的思想。诸如身体的习惯动作、笔迹、嗓音、举止等等往往能够表明女人在恋爱，外交官在作假，狡猾的行政长官和皇上（拿破仑）在违心地把功劳归于他人……"①这里面萌生着对社会各集团进行研究的草案。巴尔扎克作为布丰和若夫华·圣伊莱尔的信徒，对这类透彻的分类法表现出浓厚的兴趣。如果把这些伟大的思想编成小说岂不是比模仿维克托·杜康热或者皮戈-勒布伦要有趣百倍吗？他越看越觉得这本书有道理。无奈时间不允许，因为他要为谋生而写作，于是在头脑中模糊形成的作品雏形烟消云散了。

他一度设想写一部柏拉图式的对话集，以阐述他的理论体系。但是《今日斐德若》始终没有动笔。不过许多年之后（1841年）出版了他的一篇题为《无名的殉道者》的作品，表达了1824年前后他在奥台翁附近的伏尔泰咖啡馆同一些才思敏捷的朋友交谈中的某些观点。书中主要人物拉法埃尔酷似巴尔扎克本人，"健壮的体魄，乌黑的头发，机警的

---

① 巴尔扎克：《婚姻生理学》。

目光"。对话者中有一个爱尔兰人,名叫泰奥菲尔·奥斯蒙,他是巴朗什①的狂热信徒;德国人特绍恩,是一位金发的自由派诗人;二十七岁的都兰人费西多尔,是研究骨相学的医生;七十三岁的第戎人、方塔斯玛医生是梅斯麦的信徒,还有数学家兼化学家和发明家格罗南斯基。这些学者围着一张桌子玩多米诺骨牌,于是这张桌子被咖啡馆里的常客称作"哲学家的桌子"。

"双陆!该我来摆了!"方塔斯玛医生叫道。这些人一边玩牌,一边发表议论,对青年巴尔扎克的思想大有启迪。作者的代言人费西多尔叙述,有一次,一位信奉神秘学的老医生对他推心置腹地讲了一段不寻常的话:"我要告诉你一个秘密,就是:思维比肉体更有力,它可以吞噬、吮吸、销蚀掉肉体。"②思维能够杀人。哲学家们一个接一个地讲述那些神秘的悲剧。一些不知名的人死于虚构的中毒,死于莫须有的病痛,或者被一种暴虐的念头逼疯。由于思维是物质的,思维比肉体有更长久的生命,因此死者可以在生者面前显灵。"相信神秘学吧! ……"炼丹术士远远不满足于提炼出黄金,他们还有更多更高的奢望,他们企图找出构成物质的分子,在无限小的物质中寻找运动的本原,他们希望发现生命的秘密……"这是玄机妙理,是最高深的科学,不可与巫术魔法混为一谈……"

他们当时隐约看到有些无法惩罚的纯粹精神上的罪行。一个恶棍可以用精神折磨的手段使受害者发疯、致死,这往往发生在家庭内部,在最不为人知的地方。那些狠毒的人,采用刻毒的语言盘诘讯问,使柔弱的心灵惨遭摧残。年轻的小说家巴尔扎克正是从这些谈论中发掘出

---

① 巴朗什(1776—1847),宗教与社会哲学家,对法国浪漫派作家产生过重大影响。
② 巴尔扎克:《无名的殉道者》。——原注

许多新奇的主题。

他围绕这些问题读了大量的书。当时医学界分成三个派别：一是生机论，宣扬人具有一种"旺盛的生机"，这不过是灵魂的代名词；二是机械化学派，他们摒弃一切精神的东西，只承认器官以及它们的活动和反应；三是折中派，信奉经验主义。有一位名叫维磊的生机论派医生，宣扬一种同巴尔扎克的观点近似的学说，他认为节约使用生命力可以达到长寿，放荡的生活和脑力劳动都能消耗生命力，淡泊宁静的生活则可以积聚能量，能量集中在思维里就产生物理效应。在这些论点之外，巴尔扎克又添上了始终萦绕在他脑际的一个观点，即人可以用意志来控制自身的生命能量，也可以把它们释放出体外。根据这一理论，巴尔扎克像他母亲一样接受用手施行的磁疗。

在巴尔扎克思想深处还藏着第三个人的影响，比起雷松那伙青年，他更敬重另一个朋友，即他在法律系或许更早一些时候认识的冉·托马西。身为天主教徒和正统派的托马西，同贝尔纳-弗朗索瓦式的反宗教自由主义及在弗利谷多铺子吃饭的一群末流作家的厚颜无耻保持着同样距离。索特莱曾经写道："他只有一件事可做，就是出家当修士。你别说出去，我想他将来一定会走上这条路的。"①在伙伴中托马西既瞧不起胖子索特莱，也看不上妄自尊大的勒普瓦特万，他喜欢宽厚大度的巴尔扎克，并且感觉出他有非凡的聪慧。但在政治观点上，他俩却大相径庭，巴尔扎克随他的父亲，在理智上属于君主派，实践中是机会主义者，感情上仰慕拿破仑，气质上倾向伏尔泰。他的一本题为《冉·路易》的小说，曾被控具有"狂热的煽动性"和同情革命。其实，若说他憎恶这个社会，他却并不希望摧毁它，认为换一个社会未见得更好。

---

① 《巴尔扎克通信集》，第1卷第220页。——原注

起初他是个无神论者,自从阅读了斯威登堡①和圣马丁的著作,便表现出对天启论的爱好。早在童年时代他就对印度的圣贤和古埃及的隐士产生兴趣。他曾经幻想出神入化中的无极福祉,空灵无为中的安宁和美满爱情带来的幸福。他不是天主教徒,原本信仰一种听任事物自然发展的客观永恒原则,而不相信什么天上的神明。但是神秘主义在他身上打开了一个缺口,使他易于接受基督教的唯灵论。他认为人既不是天使,也不是野兽,不过只要他不愿意像野兽就可能成为天使,即拯救自己身上最可贵的那一部分——灵魂,从而登上"无限深广的永恒境界的顶端"。

　　巴尔扎克是否加入过马丁教派?有人说加入了。不过这是不可能的,因为马丁教派根本就没有入教仪式。但他在《论祈祷》一文的初稿中表示他要对受伤的心灵说:"我加入这个教派是多么愉快呀!自从我越过最初的障碍,我就以轻快的步履走在这条小径上,多么甜美的果汁滋润了我干渴的嘴唇……我要求本书的读者在阅读时保持必要的冷静,以便体会道的含义……"②这是圣马丁的风格,晦涩、圣洁。夏多布里昂与圣马丁见过一面之后,嘲笑"这位天上的哲学家",说起话来俨然是"天使长"。这个满脑子幻象的人触怒了夏多布里昂,巴尔扎克却把他当向导,在他指引下走向他称之为圣约翰的宗教——神秘主义教派。他的世界观中有一个方面就来源于圣马丁和斯威登堡。

　　早在1823年,他就跟托马西谈起过他一直想写的《论祈祷》。那时托马西已经离开巴黎去布尔日当省长秘书。他劝说巴尔扎克放弃这个计划。他在信中说:"您不知道,假如您的天才佐以道德和宗教的观念

---

① 斯威登堡(1688—1772),瑞典通灵论者,在欧美颇有影响。
② 巴尔扎克:《论祈祷》,斯波贝奇·德·洛旺儒的收藏:A.223,第6页。——原注

将有多么大的发展……但您休想在七情六欲束缚下写出《论祈祷》!"①
奥诺雷描写世俗爱情时,用的是色眯眯的、闪烁其词的笔调,托马西理
所当然对此持怀疑态度。

1824 年 1 月 7 日,约翰·托马西致巴尔扎克: 跟我谈谈您的
《论祈祷》吧! 要想写好它,仅仅有一颗美好的心灵和丰富的想象
力是不够的;还必须有宗教素养,必须同神灵有长久的交往,最后
还必须具备极其善感和富于恻隐之心的灵性……如果您猛然间听
到教堂里庄严肃穆的管风琴时没有瑟瑟颤抖,如果您在听到一个
年轻教士为一对同他一样年轻的夫妇祈求亚伯拉罕的神的保佑时
没有受到感动……那么您还是放弃您的《论祈祷》吧。就连卢梭
都不可能写成这篇文章,因为他不具备我所说的宗教素养。在受
神感召的时刻写下十行、三十行是一回事,而全书从头至尾保持这
种冲动则是另一回事。……②

在动笔写《论祈祷》之前,巴尔扎克刚刚出版了一本题为《论长子
继承权》的小册子和一本《耶稣会的公正历史》,里面的正统观念令人
瞠目结舌。那本《论长子继承权》写得颇有气魄。书中提出,由于葡萄
园和山林需要长期治理,这便要求固定的所有权。把财产平分给人数
众多的继承人是很危险的,因为这种方法"使得像英国这种青年人没有
多少出路的国家里,人们变得更加野心勃勃"。也许这本小册子是在雷
松的指使下写成的,以反对派自居的雷松总想把政府描绘得比实际上

---

① 《巴尔扎克通信集》,第 1 卷第 228 页。——原注
② 《巴尔扎克通信集》,第 1 卷第 243 页。

更加黑暗更加反动。这群年轻气盛的饿狼,为了一点点巴尔扎克称之为"实实在在的钱"什么事干不出来呢? 巴尔扎克自己也是更喜欢叮当作响的硬币,而不愿意接受书商们给的票据,因为他尝够了克扣和延期支付的苦头。

　　"孩子们,"斐诺说道,"自由党不得不重新挑起论战,因为眼下已经没有什么可以用来攻击政府的话题了。你们知道这会使反对党难堪的。你们当中哪一位愿意写一本要求'恢复长子继承权'的小册子,以便激起反对朝廷策划阴谋的呼声? 稿酬可是很优厚的。"

　　"我来写,"埃克托·曼兰应道,"这正合我意。"

　　"不行,你的党会责怪你损坏自己的名声,"斐诺反对道,"费利西安,你来写吧,由道里阿负责出版。我们会保守秘密的。"

　　"给多少钱?"韦尔努问。

　　"六百法郎,你用 C.×××公爵署名。"①

　　这一回巴尔扎克天才地扮演了魔鬼的辩护士,谁知道他自己是否信服这些观点呢? 他发现自己竟然如此轻而易举地进入了对立面的角色。他自然不会把这本《论长子继承权》的小册子寄给父母,不过他以匿名方式寄给了絮尔维尔夫妇。这本小册子寄到的那天,贝尔纳-弗朗索瓦正巧在女婿家里。读完之后,他对这么一个落伍的作者愤慨不已,并且立即动手写了一篇反驳文章。洛尔却感到很有趣,因为她猜得出这是奥诺雷的手笔,"在她看来,这场父子间的笔战是世界上最滑稽的

————————————

① 巴尔扎克:《幻灭》。

事情"①。

1824 年 6 月 24 日,巴尔扎克家以十万法郎现款从夏尔·萨朗比耶舅舅手中买下了他们以前住过的维勒帕里西斯的那所房子。住在乡间对贝尔纳-弗朗索瓦来说真是其乐无穷,他在这里比在巴黎要显赫得多,他说在巴黎"只看见一群老狼在烂泥里挤来挤去,磕磕碰碰"。他相信乡下的空气和消遣娱乐可以延年益寿,所以他在七十八岁高龄还保持着和村姑们调情的兴致。

巴尔扎克太太起初希望奥诺雷也跟到维勒帕里西斯来住,但是儿子拒绝了。他自己在图尔农街二号的六层楼上租了一间小屋。"这是为了工作",好心的洛尔为他辩解。但母亲根本不信这一套,她认为奥诺雷是想在他的小屋里自由自在地接待贝尔尼夫人。

1824 年 8 月 29 日,巴尔扎克夫人致洛尔·絮尔维尔:还是来谈谈奥诺雷溜号这件事吧。假如这果真是为了工作,为了学会像模像样地工作,我也会跟你们一样叫好的。但是我担心这不过是个借口,以便毫无顾忌地投入一种可以使他误入歧途的狂热感情。他同她一起从家里逃走了,她在巴黎待了整整三天。我根本没有见到奥诺雷,他知道我是为他而来的。我看他俩是在一起找房子,好让她像亲属一样住在那儿。我觉得他躲着我是因为不想告诉我他打算住到哪里去,这一切使我认定他是希望获得充分的自由,事情就是这样。但愿是我想错了,上帝保佑他最终能够明白过来!……

---

① L.-J.阿里贡:《奥诺雷·德·巴尔扎克文学生涯的开端》,巴黎佩兰学院书屋,1924年,第 168 页。——原注

街尽头的夫人经常来看我,对我关怀备至。你们瞧瞧,多么抬举我呀!她总是假装从村里路过,气得我直冒烟!她今天又来请我去吃晚饭,我尽可能不失礼貌地拒绝了……①

巴尔扎克夫人声称一直容许奥诺雷花父母的钱。

1824年9月4日,巴尔扎克夫人致洛尔·絮尔维尔:不久前我还提出替他还清所有的债务,只要这样做确实能使他的才能得到发展,最终能创作出一些得到认可的东西。但是哪怕一丁点儿的恩惠都让他感到受约束,所以他拒绝了。我提出负担他的生活费用,再多,我们就没有那个义务了,即使是为了他的幸福。可他不愿意接受。他以放荡不羁的行为(几乎在我们自己家里)来报答我们对他的关心爱护。尽管我们情愿什么也没看出来,他还是让我们确信无疑了。在外人面前,我们的处境非常尴尬。每当我与她同行时,我的神色再正经,目光再严肃,也无法制止某些人的讥笑……②

尽管听到对奥诺雷的这些责怪,洛尔仍然不相信巴尔扎克夫人真的怨恨儿子。母亲的怀抱和钱袋始终向他敞开着。只要他能证明自己确有才能,父母亲就欢喜不尽了。假如他还能驾驭好自己的激情,使之成为快乐的源泉而不是事业的障碍,父母亲只会因他能从中得益而感到高兴。现在真应该是这样的时候了。

---

① 斯波贝奇·德·洛旺儒的收藏:A.381,第138页。——原注
② 斯波贝奇·德·洛旺儒的收藏:A.381,第141页。

自从他离开这里以后，那女人常去巴黎。她每次去总要待上两天。这真叫我担心我的怀疑是对的：奥诺雷离开家只是为了更加自由自在。①

巴尔扎克夫人看到一个比她还要年长的妇人，一个当奶奶的人，夺走了她的儿子，怎么能不痛心呢。至于洛尔·德·贝尔尼，她则直言不讳自己从来没有这样热恋过。

德·贝尔尼夫人致巴尔扎克：亲爱的，我们俩在一起这样幸福，为什么还要如此顾忌周围的一切呢？……喔，是的，我爱你！你对我胜过天空之于飞鸟，大海之于游鱼，阳光之于大地，自然之于生命。在这没有春天的鸟儿啁鸣的时刻，我真想依偎在他怀里，在他耳边喃喃地说几句温存话：**亲爱的，我爱你，我崇拜你，我要请求他把他的爱人珍藏在心底，带着她去作甜蜜的漫步。我真希望让他相信这是在夏季最美好的日子里。但是这样的温情我却不能表达，因为我怕我的信给我亲爱的小人儿捎去的只是些笨拙的语言，惹得他不痛快，破坏了他愉快的心情……你的才华是无限的，你的爱人懂得如何去感受、去捕捉它们。噢！为什么我不能如我所渴望的那样，变成一千个我，把我所企求的一切都奉献给你呢？可是，朋友，假如我的全部——肉体和灵魂，再加上最完美的爱情所能带来的一切，能够使你满足，我也就知足了，因为我所有的一切都不再是属于我的了！……②

---

① 斯波贝奇·德·洛旺儒的收藏：A.381，第 141 页。——原注
② 《巴尔扎克通信集》，第 1 卷第 234—235 页。——原注

如果说贝尔尼夫人在他俩的关系中,起初扮演的是母亲的角色,采取嘲笑的态度,那么四年之后,她已经完全迷上了这位青年,她是第一个发现他的天才的人。看到他迫不得已去为文学掮客雷松写那些不伦不类的玩意儿,看到他如泉水般喷涌的创作激情受着盘剥,她忧心如焚。巴尔扎克不仅仅是支"笔杆",还是一支非常出色的"笔杆"。几乎每天,他不是去伏尔泰咖啡馆,便是去法兰西剧院附近的密涅瓦咖啡馆与他的伙伴们相聚。机灵的雷松比巴尔扎克更能吸引书商,他建议他们撰写一些指南,这在当时是很时髦的体裁。比如说《国民指南》《老实人指南》《推销员指南》《文学家与新闻工作者指南》《风流指南》之类轻松愉快、玩世不恭的打趣作品。巴尔扎克写作效率极高,他几个晚上就能赶写出一份小册子,在这一点上谁也不是他的对手。在拉瓦特的帮助下,他完成了一本《梳妆指南》,这本小册子的文笔轻浮却又不乏才华和机智。①

　　《老实人指南》刚出书时没有署名,后来署名雷松,其实大部分是巴尔扎克的手笔,这一点连雷松本人都供认不讳。论述的内容既是巴尔扎克式的,又是斯威夫特式的。他提醒老实的人们注意看管好自己的钱财,以防备时刻打它们主意的巴黎易洛魁人②。作者并不责怪盗贼,不论哪一种社会形态都是建立在有盗贼的基础之上的。如果没有他们,生活就如同一出没有克里斯平或费加罗③的喜剧。"后果将会怎样呢?那些宪兵、法官、警察、锁匠、门房、狱卒、律师将何以为生呢?"再说,人人都在行窃。军需官(巴尔扎克对这种人物非常熟悉)、军粮供应

---

①　参看勃吕斯·托莱:《巴尔扎克的杂文》,《巴尔扎克年鉴》1963 年, 第 31—64页。——原注
②　易洛魁人,即北美印第安人。这里指巴黎的地痞。
③　克里斯平和费加罗均为法国喜剧中以聪明狡猾著称的仆人。

商为供养三千军人,可以虚报人数,供应发霉的面粉和低劣食品,这是行窃;有人烧毁遗书,有的监护人存心弄乱主人的账目;还有人冒领养老金,这都是在行窃。

巴尔扎克以娴熟的技巧,运用他在司法界获得的经验,揭露了诉讼代理人和公证人的诡诈:他们巧施手腕,人为地设置种种障碍,使法律程序耗资巨大。他向老实的人们提出忠告:"请相信这一条重要原则,即最坏的交易也比最好的诉讼强……如果您不得已提出起诉,千万不要求助于那些花钱的诉状、无用的传票……您应该去请书记员吃饭而不必理会他的上司,拿糖果点心好酒来招待他,照这样您只需破费三百法郎而节省下上千个埃居。"①书中充满了尖刻的挖苦:"一般来说,一位在上层社会受过一定教育的人是不会不顾廉耻的,除非是为了攫取一笔足以供他享用一辈子的巨款……"②小册子虽然薄,却很有分量。这是一本草图,它包含着今后那些充满定律和歪理的小说的胚芽,也显示出画师对他丑陋的模特儿所持的嘲弄与宽容的态度。

随后时尚从指南转到了生理学,他为《婚姻生理学》拟就了一份提纲。很久以前,他的父亲已经在他面前就爱情生理与优生学等问题发表过一些引起争论的理论。他的老朋友维埃-拉法耶多次同他谈论女人,揭露她们的计谋,以及她们在夫妻生活中惯用的手腕。贺拉斯·雷松和菲拉雷特·夏斯勒③向他推荐过司汤达写的《论爱情》,这本书令他大为赞赏。在通奸及其危险性的问题上,巴尔扎克自己父母亲的例子向他提供了教育。巴尔扎克夫人对亨利这个由她强加给家庭而又得不到承认的儿子的过分宠爱,曾经是巴尔扎克少年时代的巨大痛苦之

---

① 巴尔扎克:《老实人指南》。——原注
② 巴尔扎克:《老实人指南》。
③ 菲拉雷特·夏斯勒(1799—1873),文学批评家。

一。此外,贝尔尼、絮尔维尔和蒙泽格勒三对夫妇的婚姻生活也给了巴尔扎克不少严峻的启示。总而言之,巴尔扎克很年轻的时候就已经熟知婚姻生活的难处,早想把它们遣诸笔端。他在考虑为这本书找个题目,是题为《婚姻指南》还是《怎样使妻子忠贞不贰》?要不就题为《守住妻子的办法》,或者干脆叫作《婚姻生理学》。巴尔扎克喜爱的一位作家劳伦斯·斯特恩早已为他作了示范,斯特恩"装作从医学角度来研究婚姻生活,认为它是定期地以生理行为表现出来的"[1]。《婚姻生理学》很久以后才问世,而早在 1824 至 1825 年间,巴尔扎克就已动手起草一部《生理学》初稿,并且很可能得到贝尔纳-弗朗索瓦的合作,因为人们发现有一本《生理学》初稿同他父亲的小册子《狂犬病史》装订在一起。

所有这些短小作品的创作都要求作者阅读大量书籍资料。巴尔扎克一头扎进书堆,学习和研究外国作家。为了写这些作品,巴尔扎克表现出拿破仑式的充沛精力。但此时他已年过二十五岁,仍然没有大的作为。那些以荷拉斯·德·圣多班署名的小说能算是成功之作吗?他可不这么认为。他是带着嘲讽,有时甚至是羞愧的心情写这些玩意儿的。为什么?因为他深知自己可以成为更有价值的人,一位哲学家、思想家。他从这些作品的写作中学到了一些技巧,掌握了若干诀窍。但他对自己的期望比这高得多。雷松、勒普瓦特万可以满足于当个只掌握雕虫小技的小说匠,而他,一切都引导他追求伟大,一切却又将他推向渺小。

---

① 莫里斯·巴尔台什:《婚姻生理学》诠释。《巴尔扎克全集》(老实人俱乐部版),第 21 卷第 178 页。——原注

巴尔扎克传(上)

我野心勃勃,相信自己注定要干一番大事业,可又总是一事无成……我像一般年轻人一样,暗中渴望甜蜜的爱情。在同龄人当中,我见过不少趾高气扬的牛皮匠,他们谈吐乏味,出言不逊,放浪形骸,装腔作势,肆无忌惮地坐在我认为非常尊贵的妇人身旁,玷污糟蹋美貌的女郎,他们吹嘘自己跟所有的女人睡过觉,装出一副对肉体享乐已经不屑一顾的神气,把最纯洁最自爱的女子都看作唾手可得的女人,声称只消一句情话、一个大胆的动作,或是只需放肆地朝她们看上一眼,就能轻而易举地征服她们!……很久以后我才明白女人并不喜欢男人们的乞求。我见过许多这类可爱的女人,我只敢远远地敬慕她们,我愿为她们献上一颗经得起考验的心,一个准备承受痛苦的灵魂,一股无私无畏忍辱负重的毅力。可是到头来她们却被那些给我当门房我都不要的蠢货所占有。……①

　　无论如何,总要生活下去。现在他孤身一人住在图尔农街,和家庭相连的脐带已经割断,不过母亲有时仍偷偷为他付清房租。人们知道他在 1824 年因劳累过度而生了一场病。光耀门楣的梦想依旧纠缠着他。但是由于对自己的作品缺乏信心,到目前为止他始终用的是笔名。在他走上写作生涯之初,父母亲曾经希望他一鸣惊人。宽厚达观的贝尔纳-弗朗索瓦给亲戚们的信中仍然这样写道:"奥诺雷不懈怠地从事文学创作,写出了不少精彩有趣的作品,并且销路不错。"可是奥诺雷对自己却要求甚严,对自己的处境非常沮丧,甚至产生过自杀的念头,至少艾蒂安·阿拉戈是这样说的:

---

　　① 巴尔扎克:《驴皮记》。

一天晚上，阿拉戈从塞纳河的一座桥上走过，看见巴尔扎克一动不动地趴在桥栏上，注视着桥下的流水。

"您在那儿干什么，亲爱的朋友？您在仿效《恨世者》里面的角色吗？您是在朝水中吐痰好激起几道水圈儿吗？"

"我，"巴尔扎克答道，"我看着塞纳河，心里在想是不是去睡在它那湿润的绒毯上……"

听到这回答，阿拉戈吃了一惊。

"您鬼迷心窍啦，"他喊道，"想自杀？真是疯了，得了，跟我走吧。您吃过饭了吗？咱们一起去吃晚饭吧。"①

其实这位风趣快乐，惹人喜爱，雄心勃勃的小伙子不见得真想自杀，但是难道他会甘心以他仅有的、短促的一生去为书商卖命吗？

---

① L.-J.阿里贡在《奥诺雷·德·巴尔扎克文学生涯的开端》一书中的引文（第184—185页），引自儒勒·克拉尔第《对艾蒂安·阿拉戈回忆录的分析》（1892年5月28日《时代杂志》）。——原注

　　　　　　　　巴尔扎克传（上）

第八章　幻想中的实干家

千万不要去评断你爱着的人,因为没有一种爱情不是盲目的。

——巴尔扎克

1825 年,巴尔扎克在图尔农街几乎每天都与贝尔尼夫人会面。她卖掉了维勒帕里西斯的房子,迁到距巴尔扎克不远的地方住下。她给他带来一切:一个经验丰富,既性感又温情的女人的爱;一个成熟的埃杰丽①对一个毛头小伙子的母爱。小伙子"黑钻石般的眸子不时闪射出金光,这是一双主宰者的眼睛,预言家的眼睛,征服者的眼睛"②。她教给他有关社交界的常识,并谆谆告诫他如何在上流社会应付裕如;她向他描述旧王朝时期、大革命时期以及督政府时期帝国社会的种种趣闻逸事。她眼光敏锐,既富于嘲讽又不乏激情,虽然对男人不存幻想,却也不怀恶意,而且还可以对你忠贞不贰。她揭露人间的诡诈、贪婪与阴谋,为他照亮了生活之路。

---

①　埃杰丽,传说系罗马王努马·庞皮留斯的私人女顾问。

②　泰奥菲尔·戈蒂耶:《奥诺雷·德·巴尔扎克》,《当代人物群像》(巴黎,夏庞蒂埃书屋,1898 年)第 48 页。——原注

巴尔扎克自己也在观察着他那个时代的社会——复辟时期的社会。帝国时代那种追求英雄主义的活力此时正在危险地积聚着。巴尔扎克看出,这个时代如同所有变革中的时代一样,提供了大量值得关注的事物。在最上层,有两个社会阶层相混杂。一个是旧贵族,恐怖时期残存下来的圣日耳曼区贵族集团,他们在复辟后恢复了元气,无所顾忌地企图重新夺回他们的特权和地位,恣意施行报复。另一个是帝国时期政界和金融界的暴发户,其中不少人不得已归顺了专制王朝而幸存。这两个阶层都是奥诺雷无法企及的。

　　在他们下面是一批中产阶级,他们缄口不言,小心谨慎,深藏起内心的感情,唯恐丢失在大革命时期获得和争得的利益。身为帝国时期官员的后代,年轻的巴尔扎克仇视那些极端分子。"一切现象都向我们表明,他那颗少年的心里充满波拿巴分子的热情。"①他了解年轻的自由党人和无所事事的英雄们的愤怒和不满,那些领半饷的军官无法再适应平民百姓的生活,他们聚集在咖啡馆里,一边打台球一边策划着反对当局的阴谋。

　　高踞在上的是国王路易十八。社会的危机没能逃过他的慧眼,他力图填平法兰西内部这两大派之间的鸿沟。巴尔扎克很赞同国王的明智。他写道:"波旁王朝最后一任首脑急于讨好第三等级和帝国拥护者的心情,绝不亚于当年拿破仑一世巴不得笼络贵族老爷们或者收买教会时的心情。"②作为头脑冷静的旁观者,年轻的巴尔扎克用艺术家和情人的眼光观察着复辟王朝,"他身居社会底层,在百姓中间,在苦难与挣扎之中,凭借他的天才和本性具备的锐利目光观察着,因此能够千百

------

① 　贝尔纳·居庸:《巴尔扎克的政治和社会思想》第 27 页。——原注
② 　巴尔扎克:《苏镇舞会》。

次地猜测到、想象到、洞察到人们所坚持的目标,而且是早在这些目标被实现和变得众所周知之前"①。

他所看到的巴黎社会冷酷甚至残忍。到处都有野心勃勃的人在策划着最卑鄙的阴谋。巴尔扎克这和善的小伙子心胸坦荡,不大提防他周围那些居心叵测的年轻人。不错,他熟悉自己家里的日常纠纷,那些因钱财引起的激烈争吵,听到过作家圈子里的朋友厚颜无耻的奇谈怪论,也闻到过那些尔虞我诈的新闻记者和贪得无厌的书刊发行人厨房里的腥臭味,然而他仍旧那么天真和轻信。

这时他已开始感到自己不可能在文学上出人头地,甚至对卖文为生丧失了信心(尽管书商们慷慨许愿,可是他们支付的票据常常不能兑现),所以父亲的一位朋友,蒙格拉斯(塞纳-马恩省)的城堡主人冉·路易·达松维耶·德·鲁日蒙建议他去试试另一条路:经商。他的道德顾问冉·托马西也劝他"从事一种务实的职业,**附带**写点文学作品。首先得保证有两道实实在在的正菜,然后再考虑饭后果点。只有采取这种办法,你才能高枕无忧。文学作为发迹手段犹如一件没有弹簧的工具,急躁莽撞的人使用它往往是要受伤的。何况专事写作、急于成名的人往往流于拾人余唾,倒是兴致来了才提笔写作的人总是不乏灵感,易于成功"②。为什么不把经商与写作结合在一起呢?

奥诺雷同贝尔纳-弗朗索瓦一样喜欢冒险事业。这位富于幻想的实干家,能一下子迷上任何一桩新的计划。他一看到达格雷照相术的最初成果,立刻意识到这项发明前途无量,并且为自己不能利用这项发明而懊恼不已。然而他生来缺乏耐心,一心只想着成功,却忽略了在此

---

① 圣伯夫:《德·巴尔扎克先生》,《月曜日谈话》(巴黎,加尼埃兄弟出版社),第2卷第444页。——原注

② 《巴尔扎克通信集》,第1卷第245页。——原注

之前所需采取的具体措施和旷日持久的努力。在他打算出版《瓦纳·克洛尔》的时候,雷松曾经为他联系了圣安德烈艺术广场三十号的书商于尔班·卡内尔。巴尔扎克听说卡内尔正与同行德隆尚合伙筹备出版一卷本《拉封丹全集》和《莫里哀全集》,用极小的字号,每页印两栏。这个主意使他大为兴奋。肯定的,许多有修养的读者希望收藏印刷精美的经典作品。假如合伙做这桩生意,那可真是事半功倍,既能获得一笔进项,又能腾出充足的时间从事写作。

他跟于尔班·卡内尔签订了一项联合出版《莫里哀全集》一卷本的合同,规定双方共负盈亏,平摊费用。首先要凑一笔钱作资金。达松维耶·德·鲁日蒙以高利率先借给他六千法郎,后来又追加三千。德·贝尔尼夫人也主动为《拉封丹全集》提供了九千二百五十法郎。她积极赞助这项计划,满心希望她年轻的朋友能够脱离家庭独立生活。与此同时,他的家庭对此举也表示赞同,他们早就满怀希望地期待他在文学上取得成就,可是奥诺雷已经二十六岁了,依然没有出名,那就让他在实业方面试试身手吧。

唯一劝告巴尔扎克冷静从事的是可怜的洛朗丝。痛苦煎熬着她,使她的健康每况愈下。她那个无赖丈夫为了夺取她的财产,硬逼她签字,但是巴尔扎克夫人不允许她这样做。患肺结核的洛朗丝在又一次痛苦的妊娠末期不得不回到金王街七号父母亲的家里避难。可是在家里,巴尔扎克夫人唠唠叨叨地用刻薄的语言折磨她,说:"我可以永远尽心为女儿做好事,可我不能勉强自己去爱她了。"①

---

①　斯波贝奇·德·洛旺儒的收藏:A.378,玛德莱娜·法尔若在《不得宠的洛朗丝》中的引文,《巴尔扎克年鉴》1961 年,第 25 页。——原注

1825 年 4 月 4 日,洛朗丝·德·蒙泽格勒致巴尔扎克: 亲爱的奥诺雷,你那些接二连三的经商计划使我十分不安。单是写作就够忙的了,你既已献身文学事业,很多名家为此奋斗终生尚嫌不够,如何还能抽出时间去操持一项你一窍不通的新营生? ……当你白手起家之时,为了赚钱,就必须像头好牲口一样,每天从早到晚脑子里只想着如何对人赔笑脸,吹嘘自己的商品,卖个好价钱。可是你现在并没有想到这些……和你在一起的人只让你看到世界上事情最美好的一面,你呢,继续发挥自己的想象力,看到自己将要有一笔三千利弗尔的年金。当你再开动脑筋,设想出上千种计划的时候,就会丧失判断力和理智。你生性和善、耿直,绝不会防备他人的暗算……亲爱的奥诺雷,我是为了你好才说这些话的。我宁愿看到你埋在手稿堆里,写作严肃的著作,哪怕囊空如洗,住在寒碜的顶楼上,也不愿看见你财运亨通,买卖兴隆……写到这里我要搁笔了,企业家先生,您可千万要留神您的买卖,若是您不想被人卖了的话。您赚了大钱,请不要结婚,因为您已经有了两个漂亮的外甥和一个外甥女。我的好大哥,这都是在跟你开玩笑。我只请求你不要荒废了你的文学才思。盼望能早日读到你的大作……①

可怜的洛朗丝倒是一针见血,无奈奥诺雷已经全力以赴投入这场冒险之中。为了给这些经典作品配上插图,于尔班·卡内尔想找个要价不高的制版人,其实已经有了一位现成的,就是阿朗松的书商皮埃尔-弗朗索瓦·高达尔。巴尔扎克坐上驿车,在一幢幢风格别致的古老

---

① 《巴尔扎克通信集》,第 1 卷第 254—255 页。——原注

房屋、塔楼和店铺中间找到了他,这景色立刻引起巴尔扎克的注意,铭刻在他那非凡的记忆里。1825 年 4 月 17 日,他们在高达尔的铺子里签订了合同。巴尔扎克在摩尔旅店下榻,这是一家传统的诺曼底式客栈,院子深处有一排马厩,厨房设在门厅。这些景象也顿时被他存入记忆中。

返回巴黎之后,他必须动手为《莫里哀全集》和《拉封丹全集》作序,赶写完小说《瓦纳·克洛尔》,还得四处奔走,为《莫里哀全集》的出版争得几篇捧场文章。他寄希望于菲拉雷特·夏斯勒,他是雷松的朋友,聪明灵活的文艺批评家。夏斯勒的父亲原来是国民公会议员,雷松的父亲是雅各宾派,他俩曾是一条战壕里的战友。菲拉雷特在英国旅居过两年,回国后一直为报纸杂志撰写文章。巴尔扎克希望得到他的支持。在此之前,贝尔尼夫人和达松维耶已经为他的未来开出了支票:为了成功,首先要争取荣誉。

絮尔维尔如今肥缺到手,当上了塞纳-瓦兹区的工程师,一家人住到了凡尔赛。巴尔扎克常来看望妹妹。卡米尔·德拉努瓦是他们家一位好友的女儿,她在寄宿学校念书时,和一位"天仙般美丽"的同学过从甚密,那同学名叫约瑟芬·德·阿布朗泰斯,她的母亲洛尔·佩尔蒙是德·阿布朗泰斯公爵即于诺将军的遗孀。洛尔·絮尔维尔通过德拉努瓦的关系结识了这位住在凡尔赛的鼎鼎大名的公爵夫人。早先,这位热情而轻佻的洛尔·德·阿布朗泰斯曾经有过不少密友,其中包括奥地利首相,神圣同盟的盟主梅特涅亲王。1825 年,她承认自己已经四十有一。

在复辟王朝时期,她像其他许多人一样,表现出君主主义的思想倾向。而不久前她崇拜的偶像拿破仑则已经变成"头号的篡位者"。滑铁卢战役之后,她曾试图恢复往昔的"宴饮生活",但是于诺将军负债累累,达百万元之巨。这位破了产的寡妇不得不出卖首饰、家具和酒窖来抵债。而她的老朋友,波琳娜·博盖斯①却还是那么富有,并且觊觎着她的蓝宝石和西班牙葡萄酒。

洛尔·德·阿布朗泰斯公爵夫人终于拿到六千法郎抚恤金之后,便隐居到凡尔赛蒙特伊街的一幢小房子里。她想写点文章,以补充她那份微薄的收入。虽然已是半老徐娘,她依然秀目朱唇,乌发如云,楚楚动人,奥诺雷被她迷住了。即便是拿破仑时代的一位公爵夫人,照样能满足他的虚荣心。洛尔·德·阿布朗泰斯以前经常出入杜伊勒里王宫,"这女人见过拿破仑,当时他还是个不知名的青年。她曾看到他忙于日常琐事,后来又亲眼看到他发迹,平步青云,扬名于世! 她对于我宛如一位来自上界曾侍奉于上帝左右的福星,如今坐到了我的身旁……"②

公爵夫人也觉得这个生气勃勃、求知欲强且有学问的小伙子颇为可爱。他同文学界有来往,因此她拿来一部译作请他指点。他却向她提出更大胆的建议。为什么不写回忆录呢? 他企图使她成为情妇,但她拒绝了。他为此责怪她"听任她的约束力窒息感情"。他对她说:有两种女人,一种属于温良柔顺型,另一种女人则把大胆果决与女性的柔弱奇妙地集于一身。他推崇这句至理名言:"女人只是在谦卑地从属于男人时才是最妩媚动人的。"③但洛尔·德·阿布朗泰斯可不是爱情的女奴,她只给他友谊。他颇不以为然地回答她:

友谊,只不过是空想,我一直在追求它,哪怕一再失望。从少

---

① 波琳娜·博盖斯(1780—1825),拿破仑的妹妹,后成为博盖斯王妃。
② 维吉尼·安塞洛:《巴黎的沙龙》,1858年,第95页。——原注
③ 《巴尔扎克通信集》,第1卷第263—264页。——原注

年时起,在中学时代,我就寻求朋友,并不是找很多朋友,而是找一个知己。我同意拉封丹的观点,我至今尚未找到我那既浪漫又苛求的想象力给我提供的那般光彩照人的友谊……但我仍然相信世界上有一见如故、一见钟情的人。夫人,您的建议着实美妙,着实吸引人,因此我不会缩回自己的手……①

有人告诉德·阿布朗泰斯公爵夫人,巴尔扎克已经"陷入柔情的羁绊"(影射他与洛尔·德·贝尔尼夫人的关系),他辩解道:"如果说我有长处的话,那就是强悍……受制于人是我无法忍受的,我不接受任何屈从的地位。在这一点上,我可以说是一个名副其实的野人。"②美人儿总是喜欢野人的,而他那些独立不羁的言论更能激起女人想要征服他的欲望。这正是他所希望的。他在给公爵夫人的信中这样描绘自己:

> 我这五尺二寸之躯,充塞着一切可能有的不协调与矛盾。如果有人指责我华而不实,挥霍无度,刚愎自用,处世轻浮,缺乏恒心,妄自尊大,粗枝大叶,好吃懒做,浑浑噩噩,浅尝辄止,变化无常,油嘴滑舌,鲁莽无礼,乖戾任性,而另一些人则完全有理由赞扬我克勤克俭,谦虚谨慎,勇敢顽强,精力充沛,不修边幅,吃苦耐劳,坚忍不拔,沉默寡言,精明强干,谦和有礼,乐天开朗。总之,骂我懦夫、傻瓜、蠢货,夸我勇士、智者、天才,都没有错。不管别人说我什么,我都不会惊讶。我终于明白,我不过是受环境摆布的工具而

① 《巴尔扎克通信集》,第 1 卷第 266—268 页。——原注
② 《巴尔扎克通信集》,第 1 卷第 269 页。

已。

　　这个万花筒般的混合体从何而来？是否由"偶然"将这一切注入这种人的灵魂之中？他们想要描绘人类各种各样的情感与心灵，于是凭借想象去体会所描绘的这一切。再者，观察力是否只是驰骋的想象力的助手和记录员呢？我开始相信这种解释了……①

　　1825年8月11日，命途多舛的洛朗丝在生完第二个儿子之后，终于因身心交瘁，在金王街七号父母亲家中去世。家里对她的死出奇地冷漠。洛朗丝在家中一直是最不得宠的。1825年8月5日，贝尔纳-弗朗索瓦在给侄儿的信中写道："当你收到这封信的时候，我的二女儿，两个孩子的妈妈，二十二岁的蒙泽格勒夫人恐怕已经到另一个世界去了。这是件令人悲痛的事。她的姐姐絮尔维尔夫人刚刚怀上第二个孩子。她丈夫设计了一条新的运河，预计耗资一千七百万法郎，政府已经批准了这个计划，并任命他为这一巨大工程的总工程师，公司正在为开工筹备资金……"②埃松运河在家庭生活中占有如此重要的地位，以至贝尔纳-弗朗索瓦竟然漫不经心地把它同洛朗丝的死扯到一起去了。全家人都指望从中发一笔财。奥诺雷甚至已应允起草一份工程简介。谁知公路和桥梁部长却因絮尔维尔只顾考虑自己的计划，忽视本职工作而把他申斥了一顿。有意思的是，奥诺雷一方面作为大舅子，参与了絮尔维尔的这场野心勃勃的金色美梦；另一方面作为小说家，在他妹夫身上观察到思想固执的祸害。

　　洛朗丝去世之际，他正住在凡尔赛妹妹家里，由于洛尔正处在痛苦

---

① 《巴尔扎克通信集》，第1卷第269—270页。——原注
② 斯波贝奇·德·洛旺儒的收藏，唐·马赛尔·布特隆卷。——原注

的妊娠反应中,所以他起先对她隐瞒了这件丧事,却告诉了阿布朗泰斯公爵夫人:

> **1825 年 8 月 11 日,巴尔扎克致德·阿布朗泰斯公爵夫人:**我可怜的小妹妹的痛苦熬到头了。刚刚接到一封快信,我立刻就要动身,还不知道这项沉重的使命需要我在巴黎待多长时间,我一定尽快赶回凡尔赛。请赐我一点同情吧,既然没有其他的感情。在此千般痛苦一齐向我袭来之际,请不要再折磨我了。我请求您把友情留给我,它将帮助我经受新的考验。
>
> 我妹妹对此事一无所知,请不要把这不幸的死讯告诉她,替我保守秘密吧。我和絮尔维尔一起走。再见,再见。①

在 8 月,两人之间还只有友谊,到了 9 月,这友谊就变为爱情了。巴尔扎克从萨榭发出的一封信中,用"你"来称呼公爵夫人,并把她唤作"我亲爱的玛丽"。她同巴尔扎克夫人、絮尔维尔夫人和贝尔尼夫人同名,也叫洛尔。也许是因为对 Dilecta②(对心爱的洛尔·德·贝尔尼的拉丁文称呼)立下过海誓山盟,这负心的情人感到给另一个女人写情书时用这个称呼良心上有所不安吧!做贼心虚者总有些奇怪的举动,令光明正大的人难以理解。

公爵夫人召他回凡尔赛,他答应尽快从都兰动身,前来领略同她相会的幸福:

---

① 《巴尔扎克通信集》,第 1 卷第 271—272 页。——原注
② 拉丁文:亲爱的。

我心爱的天使,我原谅你对我的一切责难。盼望不久就能陶醉在你温柔妩媚的目光里,欣赏你神圣的姿容。10 月 4 日之前我不会动身。这样我就可以再收到一封我的玛丽写的可亲可爱的来信,那绝不是呵责人的玛丽,而是可爱的玛丽,我心爱的玛丽。亲爱的,我不愿意在收到一封表示爱情与和解的信之前就匆匆飞到你的身边。我将满心感激地回到你的身旁,现在你可以放心等待我的归来……①

　　跟阿布朗泰斯公爵夫人同床共寝,卿卿我我,奥诺雷这小子在情场上发迹了。在文坛上他也看到了一线光明。1826 年 9 月,他的《瓦纳·克洛尔》出版之际,于尔班·卡内尔对他的一位在报界颇有影响的主顾、作家亨利·德·拉图什提到这本书时说:"这本书的作者是个勇气十足、很有前途的年轻人,你这位说话有分量的人应该为他美言几句。"拉图什是个学识渊博的人,各种形式的文学创作他都尝试过,戏剧、小说、新闻,无一不曾涉猎,可是终究没能"降服巨兽",就是说获得声誉。因此他变得精神忧郁,好发脾气。但他是个颇有水平的批评家。"我造就的作家比我自己出的书还要多。"他苦涩地说。这个粗暴的好心人读了《瓦纳·克洛尔》之后,发现尽管这本书存在着严重缺陷,仍然显示了作者的非凡天才。书中有一幕场景尤其令他赞赏:一个徐娘半老、风韵犹存的外省妇女,听到一位来客的门铃声,立刻把女儿打发到另一间屋里去练习钢琴,以便摆脱一个情敌。这是影射"母亲大人"的一支箭。

　　拉图什写道:"在我们面前为数众多的书籍中,这一本的确很出众。

---

① 《巴尔扎克通信集》,第 1 卷第 275—276 页。——原注

它的色彩强烈,情节引人入胜,场面悲壮,充满炽热激情的描写非常吸引读者,尤其是吸引女读者,因为她们喜欢在小说中寻找对世界的观察和强烈的共鸣。"几天以后他接待了一位年轻的来访者,此人苍白消瘦,头发乌黑,目光锐利,穿一件多层领的卡列克式大氅,一条裤腿不及地面的长裤,戴一顶被雨水淋得发亮的帽子。他就是巴尔扎克,前来向批评家致谢。他夸口许愿,要用一匹印度法师驯出来的良马来犒劳为他撰文的评论家。

这份慷慨的馈赠根本无法兑现,不过拉图什却很喜欢巴尔扎克。随即又为他写了第二篇评论文章:"一出歌德式的悲剧,主题悲怆哀婉,某些细节深刻动人,其余地方则显得滑稽可笑,这些或许就是小说《瓦纳·克洛尔》给读者的第一个印象……这部虚构的小说读起来妙趣横生,不愧是出自高手的作品。作者时而运笔精妙,但多数时候却不事雕琢。此外,《瓦纳·克洛尔》还赢得了不少眼泪,正在再版中……"[1]为了推销此书,拉图什宣称它已获得了成功。实际上《瓦纳·克洛尔》一直沉睡在于尔班·卡内尔的书架上无人问津。巴尔扎克陷入失望之中。在家人眼里,他成了"一个废物",只会写一些没有销路的东西。他们出于怜悯把他收留在维勒帕里西斯。

1826 年 1 月 14 日,贝尔纳-弗朗索瓦·巴尔扎克致洛尔·絮尔维尔:上星期奥诺雷到这里来了,我发现他非常悲观失望,萎靡不振,但我没有跟他谈。在最初四天里,他没有动一下笔,不过他已经慢慢地恢复过来。到了第五天,他开始写作,并且已经写出四十多页。星期三他去了趟巴黎,第二天就赶回来重新工作。我和

---

① 转引自弗雷德里克·塞居:《亨利·德·拉图什》,第 382 页。——原注

你母亲替他付了房租,我把房租收据交给他作为新年礼物。我只是跟你一个人说说罢了。他以后还会回来吗?他到底想干什么?他今后会干什么?我一无所知,也一无所闻。如果说他如今刚满二十七岁,我看他已经把才力消耗到四十多岁了,却依然没有迈出有用的第一步……①

在实业方面,他那些庞大的计划进展得并不顺利。《拉封丹全集》已开始出版上市,印数是三千册,但是销路极差。巴尔扎克的合伙人纷纷把各自的股份卖给了他,庆幸能够摆脱厄运。只剩下他一个人独自经营,还得靠借债才能把这桩生意做到底。有一个叫博杜安的书商开价二万四千法郎把他压在手中的书盘了过去。他原先印这些书花了一万六千七百四十一法郎,单从数字上看他还赚了一笔。但是博杜安付给他的全是些破产商号的期票。这种诈骗行径在当时不足为奇:诈骗者把那些靠不住的产权转卖给轻易上当的债权人,而实际上债务人连百分之三十的价值都付不出来。

达松维耶劝他自己办印刷厂以弥补损失。这主意对巴尔扎克很有诱惑力。自己出书自己印刷,这倒是极经济的做法。这样,他可以出版《莫里哀全集》《高乃依全集》《拉辛全集》。有个名叫巴尔比耶的中间人建议他把沼泽-圣日耳曼大街十七号的洛朗印刷厂盘过来,需要六万法郎,可是巴尔扎克连其中的百分之一都没有。巴尔扎克家的保护人德拉努瓦夫人提供了一笔三万法郎的借款,由老巴尔扎克夫妇作保归还。贝尔尼夫人虽然已经风闻巴尔扎克同阿布朗泰斯夫人的关系(可能是母亲大人在絮尔维尔家小住时发现奥诺雷有了新欢,并且故作粗

---

① 斯波贝奇·德·洛旺儒的收藏:A.379,第 70 页。——原注

心地透露给了她),仍旧继续帮助小巴尔扎克,贝尔纳-弗朗索瓦为此大受感动。这一暗中襄助的义举使巴尔扎克的父母宽恕了这位情妇的过错。贝尔尼夫人为奥诺雷的负心行为心痛欲裂,她断然禁止他同另一个洛尔接触。这可是痛苦的抉择。公爵夫人的爱情能够满足他的虚荣心,况且这种联系对他很有用处。最后还是 Dilecta 获胜了。迫于选择,他只好同第二个洛尔暂时分手。这引起她在信中以蔑视的语气作出了强烈的反应:

1826 年,阿布朗泰斯公爵夫人致巴尔扎克:您的勉强态度真是可笑之极。为了让您心安理得地去畏惧,我可以心平气和地告诉您,在已经发生过那一切之后,我已变得完完全全无动于衷了。我说的是真正的无动于衷,因此您无须惧怕我同您大吵大闹或把您痛斥一番。但是我必须和您见面,无论这是多么的不合情理,我必须见您。假如我家庭的利益、我的前途乃至您的前途与此无关的话,那么请您相信,我会把我们之间过去、现在和将来的关系一笔勾销的。

所以,请允许我最后一次提醒您,我是个女人,请对我保持一切男人对上帝的最后造物①应有的起码礼貌。假如您懦怯到竟然屈从于一道禁令,那真是个可怜的男人! 比我想象的还要可怜。

请把您借去的书寄还给我,凡尔赛图书馆催我不止十次了,要知道书是以我的名字去借来的。②

---

① 上帝创造世界万物以后才开始造人,先造亚当,后造夏娃,因而把女人称作"最后的造物"。

② 《巴尔扎克通信集》,第 1 卷第 287 页。——原注

在购买印刷厂主许可证之前,先要接受警方的调查。调查结果非常有利:奥诺雷·德·巴尔扎克先生是个"品行优良,思想端正的良家子弟,受过教育,学过法律,甚至还是位作家"。1826年6月4日他从图尔农街迁到沼泽-圣日耳曼大街(现在的维斯孔蒂街)十七号。说确切点这不过是一条小巷,位于巴黎僻静的一角,这一带在十八世纪曾是文人和喜剧演员聚居之地。房屋的底层是宽敞的印刷车间,临街是大玻璃窗。一架有铁扶手的旋转楼梯通向楼上巴尔扎克的私人套间:起居室、饭厅和双人卧室。趣味高雅、喜爱古董的拉图什帮助巴尔扎克布置房间,挂起了漂亮的蓝色薄纱帷幔,使这套小巧的单身公寓变成了巴尔扎克同贝尔尼夫人幽会的好地方。

唯有 Dilecta 每日的来访使他得以忍受印刷机的隆隆噪声和逼债人带来的烦恼。住在莱迪吉耶尔街的时候,他曾经向巴黎发出挑战("咱俩可要较量一番了!"),并且踌躇满志地幻想着有朝一日凭借自己的才能征服巴黎。为此"他现在不得不整天同纸张和油墨打交道,校对印样,整理单据"①。

他为卡内尔或索特莱印过回忆录,长寿祛痰丸之类的商业广告,《巴黎招牌趣味辞典》,1828年的《浪漫派年鉴》,维勒曼的《杂文集》,梅里美的《克拉拉·加祖尔戏剧集》,以及上百种小册子、布告和论争性文章。他还印过维尼的《桑-马尔斯》第三版。维尼这样描述他的印书商:"这个年轻人肮脏不堪,骨瘦如柴,说起话来滔滔不绝,漫无条理,而且唾沫四溅,因为他根本没有上牙,嘴里唾液又太多。"②

但是 Dilecta 没有抛弃他。十年之后他写道:"一位天使在这场恶

---

① L.-J.阿里贡:《奥诺雷·巴尔扎克文学生涯的开端》,第225页。——原注
② 维尼(1797—1863):《未出版的书信》(载1897年1月1日《两世界杂志》)。——原注

斗中支持着我,德·贝尔尼夫人仿佛是我的上帝。她是我的慈母、女友、亲人、知己、参谋,她造就了我这个作家,安慰了这个青年人,她如亲姐妹般地哭泣、欢笑,她像一位善良慈爱的催眠人,每天都来将我这个受苦人引入梦乡……"①

是的,痛苦始终在折磨着他。印刷厂生意清淡,收入微薄,入不敷出。巴尔扎克既不懂核算成本,又不会节约开支,由于老板的无能和疏忽,亏损总是很大。此外,他还有一个令人头疼的毛病,就是总要把个人和厂方的开销混在一起。可就在 1827 年,他居然雄心勃勃地想办个一条龙企业,他当了出版商就想办个印刷厂,为了办好印刷厂,又决定自己熔铸铅字。巴尔扎克-巴尔比耶公司联合起第三个伙伴冉-弗朗索瓦·洛朗。他买下一家铅字铸造厂,又一次得到贝尔尼夫人的资助。他们宣告要出一本精美的样册,上面印有各种字体样品、花饰及装饰图案。这次连样册都来不及出笼,破产就接踵而至了。

1828 年 2 月,巴尔比耶看出破产已经不可避免,赶紧退出了每况愈下的印刷厂,剩下巴尔扎克独自支撑局面。巴尔扎克-巴尔比耶公司就此解体,与此同时却组成了洛朗-巴尔扎克-德·贝尔尼公司。这正是她的过于年轻的情人迫不及待想要摆脱她而使她异常痛苦的时候。但是她仍然在热心地帮助他。

德·贝尔尼夫人致巴尔扎克:哪怕你这一生中只有片刻工夫经历到我从昨天起所感受的痛苦,你就不会如此冷酷无情了。至于你对女人的那些感想,我难以理解,但是假如你想要我像上帝一

---

① 巴尔扎克:《给外国女子的信》,巴黎,卡尔曼-莱维版,1899 年第 1 卷第 418 页。——原注

样爱你,同时又甘心与你分离而不感到痛苦,那简直是一个自私和没有心肝的人的妄想……还是照你原来的意图去经营咱们的企业吧,即使亮出我的名字我也不会介意……①

在三万六千法郎的资本(其中一万八千法郎是冉-弗朗索瓦·洛朗提供的实物资产)中,她投入了九千法郎。

这位慷慨的妇人真是不顾一切地卷入他的事务,因为当时奥诺雷的财政状况已经岌岌可危了。他在公司内部的私人借款高达四千五百法郎。这是怎么回事?原来他在裁缝铺、鞋店、地毯商那里花的钱太多了;另外,欠他债务最多的书店老板兰斯却拿一些书还给他抵债,他接受下来的这些书丰富了他的私人藏书,却没有给企业增加进项。最后的灾难已经无法避免,谁知道这时候贝尔纳-弗朗索瓦竟和儿子一样想入非非,居然欢呼起胜利来了:

> 奥诺雷真是进展神速。在短短的十五个月中,他先后创建了一家拥有十五台印机的印刷厂,取得了印刷厂隔壁一家书店的营业权,办起了一所铅字铸造厂,铸出的铅字还可供给其他的印刷厂。如果他不病倒的话,五六年内他就会财运亨通。这一切全仗着他的才干,仗着他那过人的活力以及我资助的五万法郎。这说明我为孩子们是多么尽心尽力……②

但事实并非尽如人意。

---

① 《巴尔扎克通信集》,第 1 卷第 323 页。——原注
② 斯波贝奇·德·洛旺儒的收藏:A.380。——原注

1828 年 3 月,巴尔扎克致泰奥多尔·达布兰:完了,我的大叔,您要是不拉我一把,我就完了。我最后的一点钱,一张一千法郎的钞票,今天早晨还了一笔意料之外的账。我给您写信的此刻,我已山穷水尽,连明天的钱都提前用完了。请替我想想,我的最后期限是今晚八点,我求您想想办法,帮我弄到这该死的一千五百法郎,虽然这只是我所需要的一半,但一定要给我弄到手。从昨天起我就囊空如洗了。今晚六点半我去找您,您神通广大,一定会弄到的……①

不久以后,巴尔扎克为了躲避债主和工人的纠缠,躲到拉图什家里去了。公司里唯一赚钱的铅字铸造厂转让给 Dilecta 的儿子亚历山大·德·贝尔尼。德·贝尔尼夫人替巴尔扎克还了一万五千法郎的债。至于印刷厂,必须进行清理。巴尔扎克的父母决心不惜一切代价使儿子避免宣布破产。更确切地说是他的母亲要这样做,虽然她有时显得过于冷酷,但每到危急关头便挺身而出。她瞒着八十三岁高龄的老伴儿,请求精明干练的堂兄夏尔·赛迪约出来体面地收拾残局。赛迪约说服巴尔比耶买回价值六万七千法郎的印刷厂,以这笔钱去支付债主。余下的债务由奥诺雷的父母去清偿。

就这样,巴尔扎克在涉足实业界三年之后,已经不再拥有铅字铸造厂、印刷厂、出版社,两手空空,只落得欠下父母亲四万五千法郎的债务,当时在他那个圈子里,这是个相当可观的数目。不过他却从中获得了一笔无价的精神财富,那就是窥见了金钱世界的内幕,体验了走投无路的商人所受的苦难,经历了无法挽救的破产的厄运。环境造就人,法

---

① 《巴尔扎克通信集》,第 1 卷第 329 页。——原注

律界的见闻以及企业界里的惨淡经营在巴尔扎克的思想上留下了深深的烙印。

不久,这个神圣家族又遭受了一次打击。风传八旬老人贝尔纳-弗朗索瓦把镇上一个姑娘的肚子弄大了,至少那姑娘是如此说的。巴尔扎克夫人对这件事本身并不介意,但是害怕有人乘机向精力过剩的老头子敲诈一笔。不久前,贝尔纳-弗朗索瓦还以巴尔扎克家特有的坦率给女儿洛尔写道:"我有一个漂亮健壮的姑娘做情妇,我跟她非常投契,她给我带来了一切欢乐……我快七十七岁了,我还有我的爱情。"①风流艳遇也是他的长寿妙方中的一味良药。不知贝尔纳-弗朗索瓦是否还记得他曾经撰写过这样的文章:《论受骗遭弃陷于赤贫的少女所造成的风化问题》。巴尔扎克夫人向洛尔·絮尔维尔求援道:

> 我极其谨慎地在为卖掉维勒帕里西斯的房子做准备,但是你父亲断然改变了主意。现在得靠你要点手腕哄得他重新迷上凡尔赛。必须设法使他害怕回去,不敢再涉足那个地方。最好是从默伦或莫城寄封巧妙的匿名信。是否要让他在动身去凡尔赛之前就收到?我看最好这样。一到凡尔赛,信就失去作用了。另一方面要设法使他在临走之前看到这封信后无法再去同那女人见面,免得去向她解释。再说你爸爸最初计划待到 7 月 10 日,但是要在这段时间里找到买主实在太仓促了。还有什么办法叫他离开维勒帕里西斯呢?一旦那孩子生下来,人家就会狠狠敲诈他的,到那时他由于心虚和为了保全面子,就会听任人家摆布了……②

---

① 斯波贝奇·德·洛旺儒的收藏:A.379,第 34 页。——原注
② L.-J.阿里贡:《奥诺雷·德·巴尔扎克文学生涯的开端》,第 219—220 页。——原注

巴尔扎克家终于迁到凡尔赛的莫尔巴街二号，离絮尔维尔家近了。他们的儿子得以冷静下来考虑爱情和老人的问题。这些年的学徒生活虽然艰苦，却也获益匪浅，"几经挫折，锐气未减"。他依旧保持着"迎风斗雨的顽强性格"。在他那被焦虑煎熬得深陷的眼窝里，一双乌黑的眸子炭火般熠熠放光。即使有时因困顿而显出忧郁的神情，他的心灵深处仍隐藏着炽热的感情。有一天他同佩潘·勒阿勒尔先生和达布兰大叔一起在旺多姆广场的圆柱下散步时，谈起自己今后的打算。他丝毫没有放弃那些宏图壮志。达布兰告诫他说，荣誉和财富会导致心灵的变化，他回答道什么也改变不了他的爱好。在失败的时候，他仍旧只想着未来的成功，他总是生活在未来之中——胜利的未来，簇拥着美女、铺满了珍宝的未来。

　　正因为如此，他现时的计划便总是遭到失败。然而，他阅读历史时，即已纵观数千年的人类生活历程；学习居维叶的地质学时，即已俯瞰亿万年的峭壁深渊，眼前这几个区区债主又算得了什么呢？每当诸事如意，志得意满之际，他便当真相信自己具有超凡的才能。他比以往任何时候都更加坚信世界是统一的整体。既然地中海的枪声可以一直传到中国的海岸，那么我们的意志就更有理由左右我们身边的人和事物。唯有《一千零一夜》里神通广大的巫师才会法力无边，无所不能。可是正如母亲大人所说，"奥诺雷要么自恃无所不能，要么认为自己一文不值"，每当他回顾那短短几年的经商中屡次遭受的失败，便不由得自惭形秽，觉得自己"一文不值"。这对于一个自恃无所不能的男子汉来说，实在无法忍受。

巴尔扎克传（上）

第九章　回到正事上来

> 作品在心灵中神秘地成熟起来,就像块菰在芬芳的佩里戈尔
> 原野上生长出来一样。
>
> ——巴尔扎克

　　1828 年,巴尔扎克活像一只被追逐得走投无路的野兽。债主包围了沼泽-圣日耳曼街的房子,他只好从那儿逃出来。让表兄赛迪约去处理债务吧! 这是小人物干的事情。拉图什在这次灾难中待他特别慷慨,亲热地取笑他,为他提供隐蔽所。他四处兜售贝尔尼夫人拿出的债券,可惜白费力气。这次破产使贝尔尼夫人大失所望。

　　母亲大人这下可有理由教训儿子了。她命令他必须到赛迪约表兄那里去,至少要去签署文件。而新上任的妹夫絮尔维尔却为他在天文台附近的卡西尼街一号租下一套公寓,并且预付了第一期租金。

　　天文台所处的这一地区当时相当偏僻,里面有一片卢森堡公园的苗圃,大得像座树林,蒙巴那斯大道伸向田野,两旁的小酒店带有葡萄架和秋千。"那里已不是巴黎,但还是巴黎。这个地方既是广场,也是街道,又是大路;既是碉堡,又是花园,还是林荫道;既是外省,又是首

都;的确什么都是又什么都不是。这是一片荒漠。"①伤心的巴尔扎克现在需要安静和孤独的环境写作,他来到这偏僻的地方,在布满车辙的小街巷里埋葬他的忧伤。房子坐落在天文台街尽头的一条小巷里,由两幢楼组成,絮尔维尔为自己的内兄租下了其中一幢的第三层,两幢楼房由玻璃走廊连接,前有花园,后有院落。玻璃走廊可以充当过厅。花园与后院之间有一垛矮墙相隔,墙头上放满了盆花。整幢房子、花园和后院被一道铁栅栏围住。在卡西尼街的一垛墙上,当时还挂着这样一块招牌:"砖瓦商拉布绍吕"。

对家具、陈设和珍奇古玩有浓厚兴趣的拉图什,又一次自告奋勇帮助他布置住所。巴尔扎克、拉图什和另外一个朋友奥热一起,用蓝色丝光细布糊了墙壁。巴尔扎克经过短暂的沉沦,很快又浮到浪尖上来了,他不仅忘记了身上的债务,还一心只想把住所布置得高雅华贵。他让人拆除一道板墙,刷净所有的护壁板。用四十法郎在"蓝狐商店"买了三条地毯,用一百四十法郎买了一座黄色大理石底座的座钟,还为他的工作室装备了一个桃花心木书橱,买了许多漂亮的书,其中有培尔的词典和图弗南精工装订的《一千零一夜》。他给妹妹洛尔的信中写道:"我这里不算豪华,但是格调高雅和谐。"②

住在这用蓝白条纹贝克林丝光细布装点起来的快乐的画廊里,谁还会去想那倒霉的赛迪约表兄和那些讨厌的债务呢?"卧室左面,壁毯后有一扇秘密的小门通向洗澡间,白瓷砖墙壁,白瓷砖浴缸,从宽大的红色毛玻璃天窗透进来的是粉红色的光线。"③真是美女的浴室。至于卧室,则充满白色、粉红色的光线,甚至闪着金光,"这是为十五岁的女

---

① 巴尔扎克:《费拉居斯》。
② 《巴尔扎克通信集》,第 1 卷第 379 页。——原注
③ 威尔代:《文学生涯的回忆》,第 326 页。——原注

公爵布置的洞房"①。床头那边粉白两色细纱帷幔背后，有一扇暗门与一道直接通向花园的暗梯相连。工作室里铺着又厚又软的蓝黑底色的地毯，书橱里摆满了红色摩洛哥皮精装的书籍，书上都印有巴尔扎克·德·安塔格的纹章。还有一只乌木文件柜，装有烫金字的红色文件夹。柜顶上放一尊拿破仑石膏像，剑鞘上挂着一块小卡片，上书："他用剑没有完成的事业，我将用笔来完成。——奥诺雷·德·巴尔扎克。"他要用杰作来铺设自己的前程。

为了使这所漂亮房子的主人与自己的环境相称，他在黎塞留大街一〇八号布依松裁缝那里定做了"黑色礼服裤一条——四十五法郎，4月29日；白色轧花背心一件——十五法郎，5月23日；高档蓝色呢料燕尾服一件——一百二十法郎，深棕白点斜纹布长裤一条——二十八法郎，麂皮乳花背心一件——二十法郎"②。这样挥霍是要有点勇气的。他似乎在说："我的债主们大吵大闹，让我的表兄去平息他们的怒火吧！我的家庭为我破产，我照样花钱！"那么谁来付账呢？布依松裁缝那里是不成问题的，他甘愿接受不断延期的债券，他在这位顾客的天才上面下赌注，他执着地仰慕巴尔扎克的才华，赞叹他的活力，陶醉于他的恭维，有时甚至替巴尔扎克结清厨娘的账单，参与他那些妙不可言的商务，他称巴尔扎克为"我的主顾、老乡，甚至可以说是我的朋友"。在家具商那里，拉图什乐意以自己的名字签署债券来救助"他的兄弟"。此外拉图什还安排发表奥诺雷写的文章，他的所作所为表现出慷慨、殷勤和愤世嫉俗的复杂感情。

---

① 威尔代：《文学生涯的回忆》，第 328 页。
② 斯波贝奇·德·洛旺儒的收藏。——原注

老兄,你答应过来看望你有病的兄弟;可是你没有来,这在你是合乎惯例的。而我呢,为了和你一样合乎惯例,我要告诉你:你留在我这里的手稿已经交给卡内尔先生,他是专门为你来的……再见,老兄。祝健康快乐……①

巴尔扎克坐在漂亮的书桌前面,他那惊人的逃避现实的本领使他忘记了事务上的一切烦恼,他再次感到充满了写作的激情。但是,写什么呢?他开了不知多少头,却一本也完不成。他计划写一部《原始基督教史》,写一本小说。他认为自己是这样一种人:"为了开动自己的想象力,需要另外一个作者,哪怕是个二流作者来给他起个音。"②起初,充当这"另一个作者"的是麦图林,或者皮戈-勒布伦,或者杜克莱-杜米尼尔。他们启发他写情节小说,迫使他接受永恒的三结合主题,即受害者、坏蛋和侠客,他们培养他描写闹鬼的古堡及其阴森恐怖的地道的兴趣。有人说拉图什教他模仿瓦尔特·司各特和菲尼莫尔·库柏写半现实主义的历史小说。他真的需要拉图什的指点吗?其实他自己认识的几个出版商如玛门、戈斯兰、索特莱等已经出版过菲尼莫尔·库柏的书。巴尔扎克对库柏欣赏备至。他给维克托·拉基耶的信中写道:"喔!像莫希干人③那样生活多有意思!喔!我要是能描写这样的野蛮人该有多好!喔!我完全理解海盗、冒险家和叛逆者的生活……"④

瓦尔特·司各特在《威弗莱》中描写苏格兰的历史、风土人情和居民的日常生活,给巴尔扎克作了很好的示范。他既写了历史小说,又研

---

① 《巴尔扎克通信集》,第 1 卷第 413 页。——原注
② L.-J.阿里贡:《奥诺雷·德·巴尔扎克文学生涯的开端》,第 237 页。——原注
③ 莫希干人,美洲印第安人的一支。
④ 《巴尔扎克通信集》,第 1 卷第 461 页。——原注

究了社会风情。"地方色彩不过是背景,画面的中心是有代表性的人物,后来巴尔扎克把这叫作'社会典型':地主、牧民、宫廷显贵、土豪、保王派、觊觎王位者、教皇主义者、小学教师、走私犯、法官,等等。他们不仅是小说中的人物,而且是各社会阶层的代表。他们的作用是重要的,没有他们,读者就不能理解苏格兰的生活。"①巴尔扎克是布丰的忠实读者,他觉得一个小说家若能在自己的书里完成对社会各阶层的分类,那真是天下最有兴味的事情。他曾经闪过这样的念头,是否可能通过一系列的小说来展现法国的全部历史。

然而他不愿意亦步亦趋地仿效司各特,他可以做得更多,而且也许更好。

您若不想照抄瓦尔特·司各特,就得另外创造一种手法。现在您是模仿他,像他一样开场用长篇的谈话引进人物,谈话完了才有描写和情节。这两个对立的因素,在一切戏剧性的作品中都必不可少,您偏偏放在最后。为什么不颠倒一下呢?散漫的对话在司各特笔下非常精彩,您却写得黯淡无光,我看还是干脆不用,拿描写来代替。我们的语言本来最宜于描写,让您的对话自自然然地从上文引出。最好一开始就进入情节。或者从侧面,或者从结尾入手去处理题材。各个场面要有变化,避免千篇一律。就算把苏格兰作家的对话体的戏剧形式应用到法国历史上来,你仍旧显得新颖。瓦尔特·司各特笔下没有情欲,他不了解这个,或许是他国内伪善的风俗不允许他去写。在他心目中,女人总是恪守妇道的。除了极少数的例外,他的女主人公简直是千人一面,照油漆匠

---

① 莫里斯·巴尔台什:《小说家巴尔扎克》,第32页。——原注

的说法,用的是一个纸样,个个都是从克拉丽莎·哈洛脱胎来的。他把所有的女人都归结为一个观念,因此她们都是同一个模子的翻版,只不过着色浓淡有些差别罢了。其实女人是因为有情欲才扰乱社会,情欲变化无穷,你一描写情欲,办法就多了。伟大的司各特要古板的英国家家户户看他的小说,才不能不放弃这些手法。……①

以上是《幻灭》中达尼埃尔·德·阿泰兹对吕西安·德·吕邦泼雷说的话,也就是巴尔扎克自己对自己说的话。这个忠告对巴尔扎克来说是很明智的。散漫的对话并非他之所长,为了支撑人物的性格,他需要结实的水泥砖瓦结构的房屋、一个城市,甚至某种学说。小说家遇到的问题不同于剧作家。要使人物栩栩如生,后者可以挑选活生生的演员来摆布,可信性产生于表演之中。而巴尔扎克必须以卓越的描写来令人信服。一架楼梯在巴尔扎克眼中不仅仅是一架楼梯的形象,它是使它成为这个形象的一切原因的总和。他以拉瓦特为师,描写一个男人或一个女人的外貌,还要努力让读者弄明白这些被感情因素搅得难以理解的形象。描写一个城市,他要说明它是怎样形成、怎样发展的,它的每一个区怎样由于历史变迁和自然条件的影响而变成如今这个样子。

他必将成为一个非凡的革新者和描写当代风俗的历史家。但是为什么不能先尝试一下当时流行的历史小说呢？1826 年出版了维尼的《桑-马尔斯》。维克托·雨果答应戈斯兰写一部《巴黎圣母院》。巴尔扎克也在酝酿着两部历史小说。其一是取材于十五世纪的《爆破队

---

① 巴尔扎克:《幻灭》。

长》，另一部题为《好汉》，描写新近发生的舒昂党叛乱。拉图什对《好汉》这个选题没有起任何作用，因为巴尔扎克对这个题目已经思考很久了。那时出版了许多关于这一引人入胜的戏剧性时代的回忆录和历史作品，如《关于舒昂党叛乱的起因》等等。这类书巴尔扎克买了许多，又从王家图书馆借了一些。起初他想写一个剧本，题为《一幅私生活的图画》，但是材料太丰富了，足可以写一部小说。一边是蓝军，即共和党人，后来成为波拿巴主义者；另一边是白军，舒昂党人，他们是些身披山羊皮的半开化农民，接受从英国回来的保王党人指挥。背景是荆棘丛生的荒原，林边的碉堡，古堡里在举行军事会议或者和勇敢的巾帼英雄结为情侣。历史背景是图谋夺回领地的乡村贵族和想要保住统治地位的城市资产阶级之间的对抗。

他在卡西尼街那座安静可爱的小楼里面阅读这些资料，来拜访他的只有温柔的贝尔尼夫人，她从她的新住所圣米歇尔地狱街步行到他这里来。他越读越觉得这个题材符合他的意图。写历史小说，必须找一个已经过去了的时代，不过"有时候十年工夫可以使一个国家比过了一个世纪还显得古老"。帝国的倾覆使整整一个时代成为历史陈迹。然而舒昂党叛乱又是相当近的事，可以找到见证人。贝尔纳-弗朗索瓦1795年曾经在布列斯特任职。巴尔扎克过去常听父亲讲那些故事。早在1825年之前他就起草过几个片段：一次对公共马车的袭击，一部与战争有关的爱情小说，保王党人绑架一名议员的故事。1827年他已经写出了《好汉》的手稿和告读者的提纲。

《好汉》的卷首题词中引用了黎瓦洛尔的话："我们眼见多少伟大的人物被遗忘，今日唯有从事丰碑式的事业，才能永远活在人们的记忆里。"这句话引得多么精彩，证明巴尔扎克经商失败以后，立即开始考虑如何为自己树立永久的丰碑。这本书还附有署名维克托·莫里荣的作者自传,因为当时他还不准备以真名出版《好汉》。读者看到这位年轻的作者出生在旺多姆附近,在一位前奥拉托利会①会员的训诫下读书,要不是他自己酷爱阅读和思索,这不会使他有什么成就。由此我们一眼就能看出这位作者是巴尔扎克的翻版,他和巴尔扎克一样具有洞察事物的天赋。

文中的维克托·莫里荣向老师叙述他在田野里、在小木屋的茅草顶下怎样幻想自己过着富豪的生活:"他以惊人的生动色彩来描写拥有巨大财富的欢乐,他讲到参加舞会时的醉人感受,怎样欣赏女人袒露的胸臂,她们的盛装,鲜花、钻石,她们轻盈的舞步和陶醉的眼神;他描绘自己住所的豪华,家具的精美、瓷器的贵重、油画的绚丽,丝绸和地毯上的花纹,直至华丽的马车内部的装饰和阿拉伯的骏马,以及他使用过的手杖和首饰,……这一切都曾经属于他,而事实上他从来没有亲眼见到过……"②

维克托·莫里荣的这些幻觉正是巴尔扎克自己梦寐以求的生活,东方式的豪富,巴黎的苏丹宫殿和后宫,里面有年轻的穷光蛋所向往的一切,连同那厚实的地毯和镶满珠宝的手杖,无一遗漏。"老师默默地观察他,发现他并不谦虚,但也不是自负,他谈起自己时好像有一种超然的自我观察能力,既严肃又轻松,既激动又快活……小树需要浇灌。"然而维克托·莫里荣并未降生,因为巴尔扎克终于决定在《好汉》上签署巴尔扎克的大名。

他抓住了这个题目,但还缺乏对那个地区以及当地景色的感性认识。没有任何东西能够代替这种直观的感受,小说家一旦亲眼看见这

---

① 奥拉托利会是天主教在俗司铎修会。
② 巴尔扎克:《〈好汉〉告读者》。

些,他的人物就能栩栩如生。奥诺雷开始搜索居住在舒昂地区的朋友。他想起在图尔的时候,巴尔扎克家同波姆勒省长将军过从甚密。此人已于1823年去世,但他的儿子吉贝尔——如今也是一位退休将军——住在富热尔。这家人在城里拥有一幢漂亮的住宅,在乡间有两座城堡和大片地产。富热尔正处在舒昂叛乱的中心。1828年,诚实的表兄赛迪约替他结清了所有的债务,他便给将军写信了。

1828年9月1日,巴尔扎克致德·波姆勒男爵将军:我那小小的事业失败了,扰乱巴黎市场的金融危机迫使我洗手不干。多亏我忠诚的父亲和善良的母亲,我们挽救了自己的荣誉和姓氏,但是损失了我和他们的财产……盘点结算之后我付清了全部债务,于是将近三十岁的我仍旧保持着原来的勇气和纯洁无瑕的名誉。

将军,我是在作出新的决定之后才告诉您这件伤心事的。我要重新拿起笔来,但愿灵巧的鹅毛笔或乌鸦毛笔能使我活下去,并且帮助我偿还欠母亲的债务。一个月来我在写历史著作……有人很偶然地向我介绍了有关1789年舒昂党和旺代党的战争,这是一个很容易把握的题材。除了需要到出事地点作些实地调查之外,其他一切资料都是现成的。

我首先想到的是您,我想请求您允许我到您那里去小住二十来天。缪斯女神和她的号角,她那握着纸的手以及我自己,都不至于妨碍别人;但是进一步考虑又觉得太打搅您……不过,将军,请放心,我只需要一张帆布床和一床褥子,一张四条腿能站得住的桌子,一把椅子和一间小屋,以及您那珍贵亲切的善意关怀……①

---

① 《巴尔扎克通信集》,第1卷第336—337页。——原注

这封信写得非常讨人喜欢,闪烁着青年人的朝气和信任感。波姆勒将军复信说:"欢迎您来。"巴尔扎克立即登上去布列塔尼的驿车,头一天晚上到达阿朗松,在他早已熟识的摩尔旅馆下榻。他游览了这座小城,在瓦勒·诺布勒街发现了一家足以反映外省悠远历史的古老旅店,这形象于是永远留在他的记忆里。他那准确无误的眼睛仔细察看阿朗松和富热尔之间的景物,然后来到了波姆勒将军的家。男爵夫人比丈夫年轻得多,极有风度。夫妇俩最初看到这位来客寒酸的装束,尤其是那顶极其难看的帽子,不觉吃了一惊。但是他们的不安很快就消除了,那顶丑陋的帽子摘掉以后,露出一张活泼开朗的脸,"像灯光一样闪亮"的前额下,长着一双像要迸出金光的棕色眸子。奥诺雷极其风趣地叙述他的旅途见闻,波姆勒夫妇听得眼泪都笑出来了。

　　友谊很快就建立起来了。波姆勒夫人和她的侍女路易丝下决心要使这位在旅途中消瘦下来的客人"羽毛重新丰满起来"。巴尔扎克给他的女主人起个外号叫作"劝食女士"。他喜欢他的房间,喜欢那张绿色的小桌子,他伏案工作直到路易丝来请他去用餐。餐桌上,在他的盘子旁边总放有脆饼和黄油。波姆勒夫人始终不渝的温厚友谊抚慰着他那颗伤痕累累的心。每天早晨他同波姆勒两人去进行实地考察,他们的足迹踏遍布满荆棘和荆豆的黄色荒原、秋日金色的树林和战争年代著名的狙击阵地——朝圣山丘。

　　他走进一户户人家,同人们闲谈,观察当地习俗。小说家能够也应该虚构,但要在真实的基础上虚构。将军给他讲述内战时期的故事,造反的农民怎样袭击富热尔,还让他认识了几个幸存者。将军向他描述了几个狂热的教士,如贝尼埃神甫、杜瓦尔神甫。后来巴尔扎克把他们糅合成小说中的居丹神甫。每天下午他重新修改《好汉》的手稿,把他看到听到的东西充实进去。波姆勒夫人不喜欢这个标题,说服他改一个。他先想出《舒昂党人,或三十年前的布列塔尼》,后又换成《最后一个舒昂党人或 1800 年的布列塔尼》(以下简称《舒昂党人》),这就是此书第一版的标题。他沉浸于创作的幸福之中,感到自己终于能够把小说和真实、历史和虚构融为一体。但是他湮没在丰富的形象、逸事和人物之中,不知怎样编排才好。

他收到拉图什寄来的愤怒的信件,指责他迟迟不归。

1828 年 10 月 9 日,拉图什致巴尔扎克: 富热尔——七千二百人的小城,只有一个初审法庭,一家生产粗布的作坊,还有库埃斯农河上的鞣革场,长 3.36、宽 48.20——这就是我那荒唐的朋友自找的浪漫荒僻的流放地,远离地狱街,远离圣奥诺雷街! 花了钱到驿车的硬板凳上去过夜,忍受着头痛、屁股痛,何苦来呢! ……回来吧! 有没有杰作都不要紧。你走了以后我还不曾笑过呢……①

他埋怨他的年轻伙伴违情悖理,住到那种荒凉的地方去,远离最必需的东西,即新出版的小说:"愿灵感之神诅咒你!"②

贝尔尼夫人也非常想念他,不过她的表达方式充满柔情蜜意。

贝尔尼夫人致巴尔扎克: 晚上好,亲爱的小人儿,快到十点钟了,我多么愿意相信你此刻正在纸上涂写"咪一咪",我多么希望能够听到或看到这亲昵的称呼……亲爱的宝贝,把你的心肝抱在

---

① 《巴尔扎克通信集》,第 1 卷第 344—345 页。——原注
② 《巴尔扎克通信集》,第 1 卷第 346 页。

膝上,让她将手臂搂着你的脖子,让你可爱的脑袋靠在她的肩上。可别在上面睡着,啊! 为了不让你睡着我要给你一个我们早已熟悉的吻。——多么可爱的场面! 但愿此刻现实赐予我这样的幸福! ——我真怕你在那里久留。——然而,如果你在那里过得很好,而且工作顺利,我应该感到满意。——亲爱的,我的理智愿意让你想干什么就干什么,但是我的心像一个宠坏了的孩子,不甘忍受这强加于它的分离……①

将近 10 月末,他回到卡西尼街,要求拉图什把《弗拉戈莱塔》拿几页给他看看,《弗拉戈莱塔》是拉图什描写那不勒斯一个两性人的怪异小说,这位粗鲁的好心人已经写了很久了。巴尔扎克自己则将为他的朋友朗读《舒昂党人》中的一段。拉图什听后说道:"好呀! 我要到卡西尼街来,不过就在五点到六点之间。我先给你念十分钟《弗拉戈莱塔》,然后你请我吃你的新鲜果子,吃一块刚刚开过花就已经成熟了的梨……"②巴尔扎克的朗诵非常成功,喜欢挑剔的拉图什很欣赏它,更惊人的是他居然肯说出来。当然他认为还可以更完善一些,这位很有鉴赏力的人提了几条意见。但结论是可以发表了。

拉图什致巴尔扎克:你的书嘛,可以出版了,完全可以了! 还要我噜苏什么呢? 天知道,并不是我不想听你朗读(这对我总是愉快和有益的),但是要给我点新鲜的,不要总是念叨缪斯,缪斯。我也乐意向我认为有才能的人征求意见,然后告诉他们我采纳了他

---

① 《巴尔扎克通信集》,第 1 卷第 342—343 页。——原注
② 《巴尔扎克通信集》,第 1 卷第 355 页。

们这样那样的忠告,以表达我感激的心情。但是我请人家吃过牛肉以后,不会再请他们吃回锅肉的。够了,够了,你真是个孩子!我要是懂得驱魔法就好了。这个骄傲的奥诺雷,这个可以用六个星期写出四卷书来的小说巨匠,在结束《舒昂党人》时却磨蹭得出乎人的意料,慢得无法解释。所以我想这本书一定是中了邪了。——啊!快点吧!我要的是四卷一部、有漂亮的蓝色封面带烫金字的《舒昂党人》。

你舐犊的时间够长的了,我们要它像面包一样畅销。①

"我们要它畅销……"拉图什负责同于尔班·卡内尔洽谈出版《舒昂党人》的事情。为什么?巴尔扎克认识卡内尔,而且对这位出版商的太太颇有点爱慕之情。他用英语称卡内尔夫人为"小姐"或"安娜小姐",喜欢抚弄她美丽的头发。但是卡内尔不愿意垫款,拉图什只得自己出钱。他能从中得利吗?或许正相反,他也许不得不同卡内尔一起分担亏损。总之,他只能拿出一千法郎给巴尔扎克出第一版。事实是第一版只印一千册,卖完之后,作者正好可以收回成本。拉图什给巴尔扎克的信中写道:"现在,如果你不是加斯科涅的加斯科涅人,或者空中楼阁的建造者,就带着你的东西或者口头上的保证来吧,我们准备签合同了……"②

同巴尔扎克签合同可不是件容易事,人们好不容易跑到巴黎尽头的卡西尼街,这位仁兄却不在那里,他大部分时间都在凡尔赛他父母亲或妹妹家里,那是他可以白吃白住的地方。怎么办呢?追到凡尔赛去

---

① 《巴尔扎克通信集》,第 1 卷第 356 页。——原注
② 《巴尔扎克通信集》,第 1 卷第 357 页。

找他吗?"对普鲁士国王说来,到凡尔赛去是件极乏味的事。"在他住宅的墙上写几句咒骂的话吗? 这也无济于事。巴尔扎克叫苦说是因为他没有钱了。这怪谁呢?

　　1828 年 11 月 30 日,拉图什致巴尔扎克:你的境况在 11 月 30 日不见得同 15 日有什么两样。有什么好叫苦的呢? 你就是这么个人,选了卡西尼街可又不去住,到处乱跑,就是不到能赚钱的地方去;花那么多钱买地毯,买桃花心木书架,书籍装帧之精美和一个蠢货家里摆设得不相上下,还有那无用的挂钟和雕塑品,叫我跑遍巴黎给你买来的根本不点的灯;最后你口袋里连三十个苏都没有,不能去看一看生病的朋友! 把自己抵押给地毯家具商超过两年是要坐牢的! 住在摇摇晃晃的木头小阁楼里啃干面包不是挺好吗? 朋友们可以就近来看你,鼓励你,赞扬你,给你带来欢乐。这才真是你喜欢的生活呢! ……①

　　他喜欢这样的生活吗? 他究竟喜欢什么样的? 连他自己都不知道。巴尔扎克给拉图什写道:"亲爱的朋友,我都交给你了,你替我签合同吧,拜托了……你想怎么办就怎么办吧。"②在茫然不知所措的时候,他甚至提出要住到欧尔奈附近拉图什的住所去。拉图什回答说:"在我这偏远的树林里,你来了以后谁去采买两个人的食品,谁来铺床? 谁来做中饭、晚饭? 你来做? 一天的时间都不够用来整理家务的……天哪! 我们第二天就会打起架来……一会儿是地狱街,一会儿是富热尔、凡尔

---

　　① 《巴尔扎克通信集》,第 1 卷第 354—355 页。
　　② 引自弗雷德里克·塞居:《亨利·德·拉图什》,第 395 页。——原注

赛、欧尔奈，你真能折腾！连游牧民族也会把你这个没常性的人驱逐出去。流浪的犹太人也不会要你做伙伴。"①这封信的末尾提出把巴尔扎克整理好的手稿都买下来，价钱不高，但是付现款。拉图什很聪明，知道巴尔扎克已经没有钱了，以他的欣赏水平也足以看出他的年轻朋友是个旷世奇才。可惜这位如此有天赋的年轻人总是给他带来烦恼。

1829 年 1 月 15 日，合同终于签了字，预支的款子也已付出。现在只等作者交出手稿，可是他像个参加会考的学生一样，握住考卷不敢交出来，因为他一心想完成一部杰作。

---

① 《巴尔扎克通信集》，第 1 卷第 350—351 页。——原注

第十章　初露锋芒

初尝荣誉的感觉比热恋更加甘美。

——沃夫纳格

　　《最后一个舒昂党人》(后来改为《舒昂党人》)是一部神奇莫测的书。白军与蓝军、保王党与共和党之间展开了白热化的斗争,"他们像野兔一样互相撕咬"。巴尔扎克倾向于哪一边呢? 他所受的教育和他的家庭,按说会使他站在蓝军一边。他的朋友波姆勒是个波拿巴分子,肯定会以同情的态度向他描绘蓝军。蓝军是由训练有素的军官指挥的;而白军则像莫希干人那样打仗。巴尔扎克不加评判,只是描写。他像黑格尔一样认为旺代叛乱是一出历史悲剧。舒昂党人虽然怀有崇高的动机,却是过时的英雄,来得太晚了。透过荒原和荆棘丛,可以隐约瞥见可怖的阴影。警察科朗坦企图利用失足的姑娘玛丽·德·韦纳伊,姑娘却爱上了她不得不交出来的男人,度过了世上最甜蜜也最绝望的新婚之夜以后,她便同自己心爱的人同归于尽。故事结尾是一个平和的农民牵着牛穿过市场,这就是著名的土行者,不久前舒昂党人中最野蛮的一个,很可能是波姆勒将军在集市上指给他看过的。最精彩的结尾往往来自这种偶然的巧遇。

　　年轻的作者意识到自己刚刚写出他的第一部小说。荷拉斯·德·圣多班的学徒生涯宣告结束了，维克托·莫里荣的名字尚未问世便已入土。《舒昂党人》将以奥诺雷·巴尔扎克的名字与读者见面。正因为如此，他一定要把它写得完美无缺。可是他认为自己写得一点也不顺畅，因此他的第一支新芽一钱不值。他在校样上反复地修改补充，弄得替他垫钱出书的拉图什火冒三丈。这些修改、订正、补充是要花许多钱的。拉图什在信中说："你心里到底在打什么鬼主意？让你情妇乳头上的黑痣留在那里吧，那是颗美人痣呢……"①巴尔扎克起初要求给他一个月的时间结束这部书，可是六个星期之后他还在那里加工。而且，他还要求给他家里人，给贝尔尼夫人，给波姆勒夫妇赠送样书。这当然是人之常情，可是拉图什不乐意了，他说："如果我早知道要多花五百法郎在排版上，还要在一千册书中扣除好几部，你想我会管这种闲事吗？……"②更糟的是他再也见不到巴尔扎克了，他写道："我不能相信你这是在赌气，一个正直的人可以发怒而不会赌气……"③其实这位正直的人在忙于向朋友们宣告他的作品即将问世。

　　1829 年 3 月 11 日，巴尔扎克致波姆勒男爵将军：我说什么来着？"我的著作？"……其实它也有点是您的著作，因为其中珍贵的逸事都是您在饭桌上、在喝茶时慷慨地给我讲述的。连里面的歌曲"来！出发吧，美丽的姑娘"和梅吕西纳的塔，没有一样不是您提供的。一切都属于您，连同作者的心、他手中的笔和他的回忆都应

---

① 《巴尔扎克通信集》，第 1 卷第 383 页。——原注
② 《巴尔扎克通信集》，第 1 卷第 388 页。
③ 《巴尔扎克通信集》，第 1 卷第 389 页。

该属于您。

波姆勒夫人如果有耐心看到底而不睡着的话,我希望她读到我写的关于黄油、小嘴酒壶、松脂蜡烛、树篱栅栏以及参加舞会的种种困难等细节时会发笑。我虚心接受了您美丽的夫人对于书名《好汉》的意见,我已经把它改掉了……①

这本书终于在 1829 年 3 月问世。拉图什在《费加罗》报上写了一篇赞扬的文章,并且引出了另外几篇评论。但还是谈不上成功,书卖不出去。

1829 年 4 月 15 日,拉图什致巴尔扎克:经过我们的努力,褒扬的文章纷至沓来。你的作品也许终于会打开销路。此外我们再也没有钱也没有什么忠告可以给你了。你不再露面! 这在你是合情合理的。那么,我的好朋友,我告诉你一句我的格言:"一个人到了三十岁还不通人情,那他就是一个没有心肝的人。"我这样说难道不对吗? ——别了,自私的人!②

八个月以后,于尔班·卡内尔才售出四百五十册。拉图什伤心地结算账目,他连垫款都收不回。稍后,当他自己的小说《弗拉戈莱塔》出版的时候,巴尔扎克在《信使报》上发表了一篇几乎带有敌意的文章,而且没有多加掩饰。文章中谈到那不勒斯,谈到维苏威火山,谈到雾月十八日政变,就是不提《弗拉戈莱塔》这本书。关于拉图什,他说:"这

---

① 《巴尔扎克通信集》,第 1 卷第 387 页。——原注
② 《巴尔扎克通信集》,第 1 卷第 391 页。

是一个既不相信幸福又不相信自由的人的苦笑……他的灵魂中既有伏尔泰也有拜伦……让勇敢的人去评论这部书吧,我可不敢……拉图什先生的简洁像闪电一样。人们被弄得眼花缭乱却不知所以。不论我个人的意见如何,这本书将轰动一时,赞扬和批评都不会短少。"这比敌人还厉害,拉图什气坏了。这个巴尔扎克真是自私透顶! 加上他的表兄夏尔·赛迪约还来火上添油,他锱铢必较,千方百计要替表弟收回一切债务,哪怕是对拉图什也毫不放松。"这太不像话了! 见鬼去吧,赛迪约先生! ……"①在盛怒之下他写道:

> 愿魔鬼混进卡西尼街! 让住在那里的人永远只有老太婆做情妇,铁刀叉用餐,干面包充饥,写的书一开场就谬误百出,结尾面目可憎! ……②

这两个人的关系发展到互相憎恶的地步。整洁讲究、细致小心的拉图什对巴尔扎克的大大咧咧、粗鲁无礼,甚至他的大块头都感到讨厌。巴尔扎克喜欢开粗俗的玩笑,讲些不干不净的故事,拉图什就噘起嘴不理他。乔治·桑熟悉这两个人,她说:"我总觉得拉图什在谈吐中用尽了他的真实才华,而巴尔扎克只说些荒唐的傻话,他抛掉过剩的东西,却把深刻的智慧保留给他的作品。"拉图什说巴尔扎克在文学上的华而不实已经流于滑稽,巴尔扎克回敬道:

> 对于有思想,只是不像你那样善于以风趣而优雅的方式进行

---

① 《巴尔扎克通信集》,第 1 卷第 373 页。——原注
② 《巴尔扎克通信集》,第 1 卷第 381 页。

论证的人,你就说人家华而不实。天哪,华而不实者何其多也!因为这世界上我有许多同行还不如我表达得好呢……

说起《舒昂党人》,这本书自费出版,我亏损了不少钱。我自己连一本都没有推销出去,而我的印书商不登一行广告就卖出了四百本。你的运气还不如我呢,你的书有推荐文章尚且只卖了三百本。你卖一本书需要在三家报纸上登赞扬的文章,还得登在显眼的位置。我的《舒昂党人》的销售情况当然只能如此了。假使我的华而不实影响它的销路就让我见鬼去好了……①

虽说《舒昂党人》没有成为畅销书,可是它有限的读者却都是有鉴赏力的人。奥诺雷知道,从此以后在若干内行人的眼里,他将是《舒昂党人》的作者。

综合理工学院毕业生絮尔维尔将巴尔扎克介绍给另外一些理工学院同行和圣西尔军校的教师,他们都住在凡尔赛附近,其中有卡罗少校,他现在是教导长,还有勇敢忠诚的炮兵上尉佩里奥拉。巴尔扎克同这些聪明人非常友好,他们都喜欢《舒昂党人》这本书。他经常请他们讲述自己参加战斗或被俘的经历。卡罗夫人(闺名珠尔玛·图朗然)是个道德高尚、性格刚强的斯多葛主义者,她成为巴尔扎克最可信赖的朋友。她的容貌略带男性,表情坚毅、热情,一点不爱打扮。巴尔扎克不时送给她一些小礼物:镜框、火柴盒之类。他希望她把这些礼物放在伊苏屯附近的弗拉佩斯勒她自己的家里,"让一个思想丰富心灵高尚的人记住我,是我最大的奢望之一。"

这不是奢望,心灵崇高的珠尔玛·卡罗独具慧眼,她看出巴尔扎克

---

① 《巴尔扎克通信集》,第 1 卷第 397—398 页。——原注

是一个掩盖在粗俗外表下的伟大人物,他有时到圣西尔来是为了忘却他的烦恼。

珠尔玛的父亲雷米·图朗然是伊苏屯的市长助理,相当有钱,珠尔玛从父亲那里继承了十八世纪的自由思想。她那富裕的资产阶级家庭属于共和派。珠尔玛的两个兄弟都当上了议员。她的丈夫卡罗少校曾经拒绝投票选举拿破仑为终身首席执政,因而影响了升迁。夫妇两人都给予巴尔扎克以最慷慨的友情。

这时候巴尔扎克的神圣家庭情况不妙,贝尔纳-弗朗索瓦很不适应新的环境。离开了他的老窝维勒帕里西斯,失去了那些迟暮的爱情,他很快就衰老下来。这位百岁寿星候选人越是保养、越是吃药,越是病得厉害。1829 年 4 月底,医生说他已经没有多少日子好活了,他的肝脏上部长了个大瘤,需要开刀。母亲大人不无理由地责备奥诺雷奢侈,她不能理解,他欠了这么多债(尤其是欠了她的债),为什么还要买家具、挂毯和小摆设。洛尔总是袒护哥哥。不错,他是买了只桃花心木书橱和好些摩洛哥皮的精装书。他不是说准备卖掉了还母亲的钱吗?可是这样的话他就不得不到皇家图书馆去借这些书,来回的交通费比卖书的钱还多呢!还有什么?不就是买了几尺帷幔、一点流苏、一块地毯吗?这点小事算什么?不,他真的一点也不内疚,母亲没完没了的责备真叫人受不了。为了写作,他需要隐修院的清静与安宁的环境。但是在短时间内放弃苦行僧的生活去享受一下,又有什么不自然的呢?对一个艺术家来说,在工作时间里只需要一间阁楼和面包。"但是当他的思维经历了艰苦的长征,当他在假想的人群和魔幻的宫殿里孤独地生活过一段时间以后,他便是世界上最需要也最有资格享受人类文明为有钱人和闲人创造的消遣手段的人了……"①

只有洛尔,也许还有絮尔维尔能够理解他。兄妹两在坎坷的童年建立起来的感情是多么深厚!

1829年2月11日,巴尔扎克致洛尔·絮尔维尔:在我痛苦时候,我的思想就飞到一个地方,如同飞到情妇身上一样。刚才我坐在火炉前下意识地用手臂做了一个动作,很像翅膀的扇动,那是你得意时候,或说出一句妙语,想出一个好主意,或者激动高兴的时候常做的动作。

于是我想到了你,我说:"瞧! 我该给她写信了,我要告诉她我多爱她,也爱絮尔维尔。"于是我拿起笔来……②

这样温柔的兄妹感情似乎很像爱情,与此同时真正的爱情在发展。在洛尔·德·贝尔尼的坚持下,他和德·阿布朗泰斯公爵夫人分开了两年。但他也像多数男人一样经不起诱惑,于是又回到公爵夫人身边,到凡尔赛她那座神秘的房子里同她幽会。他俩倚在窗前一起欣赏"天上美丽奇妙的星星",领略那"渗透灵魂的寂静",③夏日优美的夜晚最宜于谈情说爱。她像那些稍有阅历的妇女一样,诉说自己的苦楚,她那过早凋谢的青春,失去了的希望。伤感是卖弄风情的有效方式。他呢,像所有的年轻人一样,自欺欺人地安慰她说有许多年纪比她还大的女人都能重新开始甜蜜美好的生活。她责备他曾经抛弃她而受制于一条旧锁链。他呢,假惺惺地庄严宣誓要经常来看她,"但是不能让我妹妹

---

① 巴尔扎克:《论艺术家》(载1830年3月11日《侧影》周刊)。——原注
② 《巴尔扎克通信集》,第1卷第376—377页。——原注
③ 《巴尔扎克通信集》,第1卷第411—412页。

知道"。其实是因为贝尔尼夫人现在经常到凡尔赛来看望洛尔,她慷慨地救助过奥诺雷,因而赢得了巴尔扎克全家的宽恕,巴尔扎克不愿意给贝尔尼夫人造成任何痛苦。

这位 Dilecta 已经五十二岁了,还在热恋中。这同她当初那种克制和嘲讽的态度真有天壤之别。她狂热地爱着她那过分年轻的情夫,欣赏他的正在成长的天才。

贝尔尼夫人致巴尔扎克:喔,你呀!我神圣的爱人!我从早到晚呆呆地出神,沉浸于回忆之中。怎么向你描述我的幸福呢?这就需要你了解你自己,不过这是不可能的,你不可能知道你对我意味着什么。如果说我曾经狂妄地幻想得到天堂的爱情,如今即使这种梦想完全实现也远远比不上你对我的爱。喔!我能够做些什么?从哪里去寻找力量,寻找我想要和需要的一切来报答你的爱呢?仅仅昨天晚上,就抵得上一千年了……愿平安、荣誉、爱情都属于你……①

另一次,她写道:"亲爱的,你好,我温柔的主人,晨安!……"②可是她不能理解一个如此钟情的人竟然能向一个热恋着自己的人隐瞒什么。她知道他又到阿布朗泰斯公爵夫人那里去了。他坐在她的长沙发上,"在那神圣的位子上",对她表白说:"我的洛尔,我怎么能一下子就不理她呢?她似乎把一切都给了我,我怎么可以欠债不还呢?"但是奥诺雷难道不是有更紧迫的债务应当偿还给这位在他最困难的时候陪伴

---

① 《巴尔扎克通信集》,第 1 卷第 428—429 页。——原注
② 《巴尔扎克通信集》,第 1 卷第 430 页。

他,抚慰他,以自己的财产来支持他的这位可怜的女友吗? 她在信中答复他道:"我还要善意地补充一句,我亲爱的宝贝,我不相信这个女人能够或者愿意对你有所帮助……她不会乐意的,你在凡尔赛不会交到好运,她不过是不乐意让你离开她而已。"①

在那"神圣的"长沙发上,他什么都答应。一旦剩下他单独一人的时候,他就动身到凡尔赛去替他的公爵夫人写书,她则以自己的方式来报答他。可怜的 Dilecta 步行到卡西尼街去,问遍了所有的人都说他不在。她用一个郑重其事的"您"来惩罚他:"我要求您正式答复我,我还有没有必要风雨无阻地在三点钟到卡西尼街去碰运气? ……别了,孩子……别了,你啊……"②

道德家一定会指责他不忠和撒谎,但巴尔扎克为自己辩解,他说:"当一个人习惯于把自己的灵魂当作反射整个世界的一面镜子时,他往往缺乏我们称之为品格的那种逻辑和执着。他有点无赖……他像孩子一样对一切新鲜事都很热衷……他可以热恋一个女人而又没有什么理由地离开她……"③他说在原始时代,巫婆神汉、行吟诗人、民间艺人都被看成是受上天恩宠的人。而今天,只要看见一点光太亮了,大家就赶去扑灭它,以为发生了火灾。巴尔扎克是在要求朝三暮四的权利。

在他看来爱情有两种,另外还有一种是前两者的混合。小酒店里的伙伴教给他一种无所顾忌的放荡作风。他说"大自然赋予我们某种胃口,我们应该尽可能地不禁食……按照社会惯例和礼仪法规来过性生活,就像舞蹈、击剑和歌唱一样来履行这项职责",这种爱情从本质上说是不足称道的,任何到手的雪白粉嫩的肉体都可以满足它的需要。

---

① 《巴尔扎克通信集》,第1卷第431页。——原注
② 《巴尔扎克通信集》,第1卷第432页。
③ 巴尔扎克:《论艺术家》。——原注

但是性欲和情欲并不就是爱情。"男人和女人可以不失体面地陷入好几种情爱,因为追求幸福是十分自然的事情! 不过,人一生中只有一次真正的爱情。"这唯一的爱情,他在同贝尔尼夫人的关系中模糊地感觉到了。她既妩媚又聪明温柔,对他来说真好比"下凡的仙女"。她培养他,启发他,指引他。没有她,巴尔扎克的天才也许永远得不到发挥,这一点他是很清楚的。

　　他对洛尔·德·贝尔尼的爱情是肉欲与情感的混合,在肉体上他是不专一的,但在情感上却忠实如一。除了凡俗的美妙爱情之外,他还试图追求一种纯洁的超凡入圣的爱情,他要这女人不求亲昵抚爱,却能像个崇高仁慈的姊妹一样关心照料天才的成长。但是,女人既不是天使也不是傻子,她的肉体也是有需求的,这位 Dilecta 不管对他有多么忠诚,也难以忍受属于人类本性的性爱与情爱之间的对抗,同时也不能忍受富于创造性的艺术家所特有的女人与作品之间的对抗。任何女人只要爱上一位艺术家,那她就注定迟早是要受罪的。

　　贝尔纳-弗朗索瓦在 6 月 19 日与世长辞。这次是他自己当了拉法热养老储金会的"逃兵",因为他本来相信自己是不会死的,所以把全部终身年金都投入了这个储金会,结果使自己的遗孀陷入困难的境地。讣告由絮尔维尔和蒙泽格勒签字。当时奥诺雷给人的印象是不在巴黎,其实他是在奈穆尔附近的布洛尼埃尔写作,他住在贝尔尼夫人租下的一幢房子里,什么事情也不能够把他吸引到维勒帕里西斯去。也许他只回去参加了在圣梅丽教堂举行的葬礼。

　　现在他再回到巴黎接触的已经不是他父母引他加入的那个圈子了,那时他见到的巴黎是沼泽区的市民阶层,诸如律师、诉讼代理人、忙忙碌碌的报界人士、贴现商和高利贷者。由于结识了拉图什,加上《舒昂党人》的声誉,几户有名望的人家向他敞开了大门。每星期三晚上他去画家弗朗索瓦·热拉尔①家里。这位绅士既是艺术家,又是情场上的风云人物,在他的客厅里,巴尔扎克结识了一批巴黎的精英:欧仁·德拉克洛瓦、大卫·德·安格尔、阿里·施费尔、柯雷夫医生等②。他描写过晚间十一点到十二点聚集在这间客厅里的一批诗人、学者、政治家、花花公子和贵妇人之间的谈话情景。灯下,几个画家一面工作,一面听人闲谈,他们眼前就是一幅现成的画面。待到生动精彩而且充满对立论点的谈话转入叙述故事的时候,巴尔扎克便可乘机收集美妙的情节了。

不知不觉,他心中孕育出一部部长篇小说和短篇小说的梗概。"艺术家并不了解自身才智的秘密所在……他身不由己,往往为一种强大的变幻莫测的力量所左右……有些日子,他一行字也写不出来,如果勉强去写,那么握着笔的好像不是他自己,而是他的替身,他的索西③,那个骑着马,玩文字游戏的索西……他一点灵感也没有,只能胡诌一些荒诞无稽的东西。可是某一天晚上,走在街上,或一天清晨起床的时候,好像有一块火红的木炭点着了他的大脑、他的双手、他的舌头……于是炉火通红,运笔如飞……这就是分娩的阵痛之后的才思喷涌。"④同一个人在同一张皮囊之下,既是小丑,又是诗人。巴尔扎克很明白这种双重性。

他并没有加入新成立的浪漫派,但是同他们有来往。1829年7月10日,他应邀去听维克托·雨果朗读他的作品《玛丽蓉·德·洛尔

---

① 热拉尔(1770—1837),法国历史画家和肖像画家,《奥斯特利茨战役》一画的作者,复辟时期曾任王室首席画师。

② 欧仁·德拉克洛瓦(1798—1863),法国名画家;大卫·德·安格尔(1788—1856),法国著名雕刻家;阿里·施费尔(1795—1858),原籍德国的画家兼雕刻家。

③ 索西,罗马喜剧家普劳图斯的喜剧《昂菲特里翁》中假扮默居尔的仆人。

④ 巴尔扎克:《论艺术家》。——原注

姆》。雨果当时二十七岁,有一个可爱的妻子和三个孩子,他在青年人的眼里已经俨然是位大师了。阿尔弗雷德·德·维尼也在场,他写过《爱洛亚》《桑-马尔斯》,正在改编《奥赛罗》。在雨果周围还有小有名气的青年作家梅里美、圣伯夫、缪塞,赫赫有名的大仲马,这位《亨利三世和他的宫廷》的作者激动地挥舞着他粗壮的胳膊。而他,"可怜的巴尔扎克"刚刚埋葬了他的荷拉斯·德·圣多班,没有一个学派支持他。狡诈的批评家圣伯夫当时还只知道围着雨果转,根本不认识《舒昂党人》的作者。巴尔扎克面对这种"文学生活场景"只能强颜欢笑,免得自己哭出来。

可怜的听众,你第一次应邀踏进这神秘的社会,应该采取什么态度呢? 鼓掌? 叫好? 还是不知天高地厚地批评? 如果骂他们,你就完蛋了。你只有一个得救的办法,就是装作有那么多赞扬的话要说,以至堵在喉咙里说不出来。假如你是由一位亲密的朋友介绍进去的话,你可以设法靠近他,含着感激的眼泪,紧紧握住他的手说:

"谢谢你,我的朋友,谢谢!"

这样做是聪明的,引人注目,而且不乏风雅……

朗诵继续进行,插话开始出现:

"喔! 这是摩尔式的!"这个人说道。

"喔! 这多么像非洲!"那个人惊呼。

"这也像西班牙!"另一个补充一句。

"这一句像清真寺的塔尖!"

"这完全是格林纳达!"

"这纯粹是东方!"

我向天发誓,他们在我面前就是这样,讲起亚洲和西班牙时说道:"这纯粹是东方!"

　　……对于一首十五行的哀歌你至少要用这样的词语来称赞:"奇迹""伟大"……如果是一出正剧,就要说:"您再现了全部历史! 您展示了未来! 这就是世界! 这是宇宙! 是上帝! ……"①

　　这时候,阿布朗泰斯公爵夫人在奥布瓦修道院租了一个房间,这是个和平宁静的隐居所,修女们在与修道院隔开的一个院落里接纳那些希望半避尘世的贵妇人。在那儿的一套小公寓里,住着破了产,但仍以其美貌、忠诚和超越欧洲的名气使人倾倒的雷卡米埃夫人②。

　　在这四层楼上受到这位神圣的朱丽叶的接待真是莫大的荣幸。似乎有一位仙女的魔力在减轻登楼的疲劳。各种各样的男人都在那里相遇并且消除了敌对态度。夏多布里昂在那里会见贡斯当和拉马丁。圣日耳曼区的公爵夫人到了那里对拿破仑时代的公爵夫人也变得颇有礼貌。阿布朗泰斯夫人把巴尔扎克领进去,她介绍说:"请仔细瞧瞧这位目光炯炯的青年,看看他那乌黑的头发,他的鼻子,尤其是他的嘴,每当一个调皮的念头牵动他的嘴角时,你们看见他那高傲狡黠的神情了吗? 可是对待朋友,他的目光总是含着善意的。这位青年就是巴尔扎克先生,他只有三十岁,可是已经写出好几部书了。"

　　巴尔扎克被"接待"的那天,艾蒂安·德莱克吕斯③正好也在奥布瓦修道院,他永远忘不了巴尔扎克那副受宠若惊的孩子般的高兴劲儿。他说:"这个人一定是靠残存的一丁点儿理智才克制住自己没有去拥抱

---

① 巴尔扎克:《文艺沙龙和捧场用语》(载《时尚》杂志,1830 年 11 月 20 日)。——原注
② 雷卡米埃夫人(1777—1849),法国名嫒,夏多布里昂的挚友,以才貌双全著称。
③ 艾蒂安·德莱克吕斯(1781—1863),法国画家、作家、文艺批评家。

在场的每一个人。"这种过分的兴高采烈本来是可笑的，但是他的真诚感动了坐在他旁边的德莱克吕斯，而且他还发现这个青年相当诙谐风趣。强烈的愿望和长期的等待导致了这过分的快乐。

那个时期，他还结识了督政府时代的时髦妇女福尔蒂内·海默兰，她能给他讲许许多多的浪漫故事。在莎菲·盖依的客厅里，聚集着一批年轻的浪漫派，她也接待巴尔扎克，使他听到大量的趣闻逸事和精辟的议论。不久之前她还顶撞过国王呢：

"您听说过吗？我不喜欢机智风趣的女人。"

"听说过，大人，但是我不相信。"

人说莎菲·盖依样样事都做得好，写书，养孩子，做蜜饯水果。在她家以及他的朋友菲拉雷特·夏斯勒的情妇梅兰伯爵夫人家，巴尔扎克开始接触到上流社会，就是说巴黎的两三千有闲情逸致，互相熟悉，经常来往的人。看到自己被特权阶层中的几个人接纳和邀请，他一方面感受到一种天真的幸福；另一方面，每当他意识到自己仅仅是被他们容忍的外人，就有一种钻心的痛楚。"我忍受着冲击我灵魂的各个方面的痛苦。世界上只有怀才不遇的人和女人才善于观察事物，因为一切都触怒他们，观察的能力来自痛苦之中。"这些仙女的情夫，戴黄色手套的时髦青年们，傲慢地睥睨这个穿着不入时（或过分入时）的陌生人，他则在掂量这些自命不凡的花花公子，妒忌他们，评判他们。对那些可望而不可即的女人，他仰慕她们，却不抱什么希望，纵然他是那样地渴望占有她们：

啊！绮罗丛中的爱情万岁！它被最华丽的奢侈品装点得美妙绝伦！也许爱情本身就是一种奢侈品。我喜欢在情欲冲动下揉皱绮丽的女人服饰，掐碎美艳的花朵，用狂暴的手弄乱那透着馨香的优雅发式……一个贵妇人和她狡黠的微笑,她那娴雅的举止,端庄的仪态,都使我为之心醉神迷。她在自己和世人间设置障碍的时候,更能使我的全部虚荣心得到满足,这种虚荣可以说就是爱情的一半了。越是被众人忌妒,我的幸福就越有滋味。如果我的情妇不必做其他女人做的任何事情,出门不必走路,不必像别的女人那样生活,而是穿着别人盼不到手的豪华服装,呼吸着唯独她才有的香气,我才更加觉得她应该为我所有。她越是远离尘世(哪怕就在这尘俗的爱情之中),她在我的眼里就越美……①

　　他能不能赢得她们的欢心?其实他比自己想象的要强得多。他能给她们解闷,这就成功了一半。他的嗓音很好听,表情充满善意。在朋友中间,他扮演放荡的胖和尚或快活的推销员的角色,在沙龙里他却善于表现得沉默、含蓄或富于魅力。有一天他对一个名叫于连·勒迈尔的青年人说道:"您感到惊讶,是吧?在我这张粗糙的外皮下居然能产生细腻的思想和高雅的观念!"惊讶吗?有可能,但是听过他谈话的女人都知道这是真的。

　　当他瞥见她们眼里流露出温和的表情,他就窃喜自己获得了胜利。两年之前他还不得不因为自己遭到悲惨的失败而逃遁躲藏呢!他从来没有过"幸福的青年时代和鲜花怒放的春天"。不过他开始意识到自己的力量了,他要写出一些伟大的东西来震撼这冷漠无情、令人胆寒的巴黎。钟情而且忠实的洛尔·德·贝尔尼支持着他。尽管他有失败的时候,但一直在前进。他深知自己的弱点,诸如从家族那里继承了某种庸俗习气,缺乏高雅的教养,孩子般地渴求奢侈生活。但是他有他的王

---

① 巴尔扎克:《驴皮记》。

牌,即他的巨大的创造才能、火一般的激情、丰富的想象力和绝顶的聪明。很久以后他还对一生中的这个阶段保留着史诗般的回忆。在这个时期中,他那百折不挠的劲头总是能够及时控制住刚刚露头的畏难情绪和屈辱感。他对自己的艰难而卓越的青年时代的回忆,他那些破灭了的幻象,久久为他提供创作的素材,构成他的小说中最精彩的篇章。

第二部　荣誉

韶华犹如播种季节飞逝而过，继之而来的便是而立之年。人的一生往往要经历两个青年时期，先是幻想阶段，然后是行动阶段，但是在那些大自然的宠儿身上，如恺撒、牛顿、波拿巴等伟人中的佼佼者身上，这两个时期常常合而为一了。

　　　　　　　　　　　　　——巴尔扎克

第十一章　学徒期

最最贞淑的女人身上也难免有不洁之处。

——巴尔扎克

　　巴尔扎克的成功不久便确定无疑。以"一个年轻的单身汉"署名的《婚姻生理学》于 1829 年 12 月问世。这部坦率大胆、才华横溢的作品,反映出作者对女人有着惊人的了解。这种了解得自作者的个人经验,也得自贝尔尼夫人和阿布朗泰斯公爵夫人向他吐露的隐衷及奇闻逸事,还有一些源于福尔蒂内·海默兰和莎菲·盖依,以及他那位谈起女人便津津乐道、妙语连珠的父亲,最后还应该提到旧王朝那位怀疑主义哲人,前风流情种维埃-拉法耶。正如作者企望的那样,书中的笔调既幽默调侃,又大胆放肆,闪现着拉伯雷和斯特恩的文采,也颇具缪塞和戈蒂耶那种浪漫派才情。然而,在轻松俏皮的文字和十八世纪所谓的下流语言背后,却不乏严肃和深刻的思想。

　　本书主题是说明"婚姻并非出自人的本性",爱情冲动与生育的本能绝少相通之处,大多数丈夫对待妻子的感情就像猩猩拨弄提琴一样,因此他们迟早要受到"米诺陶洛斯"①入侵,也就是说,被一位更高明的乐师所愚弄。哪些是妻子们惯用的伎俩,做丈夫的应该如何防范,什么是感情破裂的先兆,怎样进行夫妻间的侦察活动,如何设计捉拿与人通奸的妻子,聪明的丈夫应该如何循循善诱等等,"年轻的单身汉"研究的就是诸如此类的问题。简言之,婚姻是一场战斗,一场需要武器、策略的内战,胜利(即指自由)属于善战的一方。

在夫妻间的战争中,巴尔扎克显然站在妻子一方,他并且承认得到过两位女士的指点,其中一位曾经是"拿破仑宫廷中最有人情味和最富才华的女人之一",这两位夫人都向他倾诉过衷肠。他一方面描绘女人的狡黠诡诈、不守妇道,同时又原谅她们。认为这类错误不应该归咎于妻子,而应该归咎于社会强加于她们的生活处境和丈夫们的麻木不仁。在某些方面,巴尔扎克吸收了圣西门的男女平等思想。这些思想起先是从和圣西门有通信联系的达布兰大叔那里听来的,后来他管理沼泽-圣日耳曼大街的印刷车间时,曾经承印圣西门派的《健身房》杂志,又接触到这类思想。《健身房》杂志上有这样的说法:"女人的心可赠予而不可出卖。"但是婚姻的现状必然演变成一场战争。既是战争,就不择手段。于是丈夫变成敌人,除非……除非他不滥用法律赋予他的"权利",而努力去博取妻子的欢心;并且顺乎人性的秘密法则,把感情与占有巧妙地结合起来。"由此说明,一个男子要获得幸福必须接受有关尊重人和体贴人的某些法规的约束。"

女人们竞相购买这本书,因为它替她们申诉了心底的冤屈,抒发了她们当中许多人敢想而不敢明言的观点。不过它也触怒了某些女人。

---

① 米诺陶洛斯,希腊神话中的人身牛头怪物。传说为克里特王弥诺斯的妻子帕西淮与波塞冬送来的一头白毛公牛所生,这里喻指妻子的情夫。

珠尔玛·卡罗从圣西尔发来一封愤慨的信,巴尔扎克回答道:

> 夫人,我带给您的那本书,您刚读几页就产生强烈的反感,这样的情操,只会使您备受敬重,而不会冒犯任何人,哪怕是作者本人。这表明您不属于那个虚伪诡诈,背信弃义的世界,不了解那个败坏一切的社会的内幕,在那与您如此相称的孤高的处所,男人总是那样伟岸、高尚和纯洁。

> 任何一个纯真无邪的人,每当听到一件罪行,看到一幅令人不快的画面,或者读到尤维纳利斯、拉伯雷、佩尔西乌斯、①布瓦洛的作品,都会情不自禁产生这种反感。您没能克制住这最初的反感。也许是作者的不幸,因为我相信,只要您继续读下去,一些严肃的忠告以及为女性和节操所进行的有力辩解,就会使您与作者和解。不过我怎能指责这种令人赞美的反感呢?……②

好一位善解人意的作者,他什么都能理解,既能理解卡罗夫人的高尚正直,也能理解阿布朗泰斯夫人的工于心计。

《婚姻生理学》蕴含着各种长短篇小说的素材,大量的戏剧场景、故事情节和作品概要。早在写作"指南"之类小册子的时候,巴尔扎克就已经像拉瓦特和加瓦尔尼那样置备了一个素材本。当时流行的已不再是历史小说,而是市民小说了,那么他何必一定要进行漫长的学术研究,而不写一些研究当代风俗的短篇故事,把当代历史搬上舞台呢?在这些作品里,他可以利用他所熟悉的社会背景和社会群体,例如圣德尼

---

① 尤维纳利斯(约60—140)和佩尔西乌斯(34—62)均为古罗马讽刺诗人,所写讽刺诗揭露了罗马社会的黑暗。

② 《巴尔扎克通信集》,第1卷第425页。——原注

大街和那里的富商(后来被写进《猫打球商店》的,即萨朗比耶亲戚家的商店),《苏镇舞会》里用作舞厅的圆亭子(这是他小时候常常带着妹妹们去玩的地方)。《家族复仇》从帝国宫廷的一幕开场(取自阿布朗泰斯公爵夫人讲的一段逸闻),继而叙述了一间画室里发生的故事(沼泽区和圣日耳曼区的年轻小姐们,如洛尔、洛朗丝以及其他人都来这个画室学绘画)。《双重家庭》的故事从巴耶展开。巴尔扎克可以利用在絮尔维尔家小住时的见闻,再加上无数其他的记忆和他自己的创造。

这组《私人生活场景》,一直深入到家庭内部的隐秘之处,其画面及人物性格的真实,感情刻画的细腻,与作者青年时代那些荒诞无稽的小说迥然不同。他发现他所处的时代理所当然是个浪漫的时代,无论是不同社会的交叉更迭(从旧王朝到拿破仑帝国,再到复辟王朝),还是社会的急剧动荡引起的戏剧性政局变化(尤其是拿破仑从厄尔巴岛的归来,第二次王朝复辟等等),都说明了这一点。他天才地想到给当代小说注入历史小说的成分,把故事放在政治或社会的广阔背景上,进行生动细致的描绘。在这个惊心动魄的时代,毫无长进的贵族阶级,将国家的财产化为私产的资产阶级,金融资本和工业资本势力都在争夺法兰西,而愤懑不平的人民群众则酝酿着新的反叛。巴尔扎克拉开必要的距离,把故事放在刚刚过去的历史环境内。对纪尧姆先生的店铺的描写,再现了拿破仑时代商业的家长式管理和墨守成规的作风。他巧妙地但又是不经意地使他的大部分故事都带上通俗小说所具有的道德教育色彩①。呢绒商的女儿奥古斯婷·纪尧姆高攀了一位风度翩翩的画家泰奥多尔·德·索迈尔维,然而画家爱的只是她美丽的容貌,不久便和一位公爵夫人欺骗了她,奥古斯婷悲痛绝望而死。她的姐姐维

---

① 莫里斯·巴尔台什:《小说家巴尔扎克》。——原注

吉妮满足于嫁给小职员约瑟夫·勒巴,却能平平稳稳经营他们的"猫打球商店"。高布赛克是高利贷者的典型,他面无血色,唇如薄刃,头发灰白,通过他给负债人带来的灾难,巴尔扎克意在说明行为不轨的危险。《双重家庭》一方面指出过分虔诚的坏处,同时也描写了婚外恋的不幸。

就这样,《私人生活场景》的主题几乎都涉及婚姻的祸福,差不多全是鼓吹夫妻间的忠诚和市民阶级的道德传统,哪怕这些传统是违背天性的。"我们迟早会因为没有遵从社会法规而遭受惩罚。"多么令人吃惊的因循守旧思想,何况还出自一个头脑清醒的"年轻单身汉"口中。其实他自己一面背着贝尔尼先生同贝尔尼夫人偷情,同时又瞒着贝尔尼夫人同阿布朗泰斯公爵夫人相好,双重地违背了上述法规。不过他的确从自己的家庭圈子里观察到了夫妻间的不忠所带来的恶果。他母亲给家庭塞进了一个晦气的亨利,他父亲在乡下的放荡行为败坏了自己的晚年。正是在自己的亲人中间,巴尔扎克目睹虚荣和贪欲导致不幸的婚姻。妹妹洛尔曾一度扮演类似《苏镇舞会》中爱米莉·德·封丹纳的角色,后来她意识到自己的错误,才明智地结了婚。可是小妹妹洛朗丝却成了和贵族联姻的牺牲品。

在巴尔扎克、赛迪约、萨朗比耶、马吕斯这些家庭里,遗产问题就像在吉约内-梅尔维尔师傅的公证人事务所里一样,占着极重要的地位。巴尔扎克看透了资产阶级社会及其拜金主义。他的《私人生活场景》构成了"一幅目前尚掩藏在家庭帷幕之下的社会风俗的真实画卷"。虽说他所考察的社会还不很广阔,但是对一个小说家来说,重要的不是无所不知,而在于很好地熟悉、掌握和透彻地了解他所处的那个小天地。

《三十岁的女人》是一本很特殊的书。它能算作一部小说吗?不能。它只是一系列片段,作者最初并不打算把它们连在一起,所以衔接得不很自然。开篇是1831年刊登在《查理》周刊上的一篇精彩的小故事:《拿破仑的最后一次阅兵式》。写的是一位年轻姑娘拉着父亲去参观杜伊勒里广场的一次阅兵,因为她爱上了一位漂亮的上校。这篇故事好似一盏耀眼的聚光灯,照亮了帝国时代的社会风貌。一个月之后,他在另一篇故事《两次邂逅》中描写一位将军夫人(这位将军也许就是前一篇故事中的上校)不再爱她的丈夫,而与另一个男子私通。女儿发现了母亲的秘密,便跟一个神秘的"巴黎强盗"私奔了,此人后来成为拜伦式的海盗。这段插曲写得既荒唐又笨拙,令人想起巴尔扎克早年那些黑色小说。接着在1831年9月和10月,他发表了一篇包含五个片段的中篇小说《约会》。这一下线索就清楚了。女主人公朱莉·德·哀格勒蒙就是杜伊勒里宫那位年轻恋人,她对丈夫感到失望之后爱上了英国人亚瑟·格朗维尔勋爵。五个故事是她一生中的五个片段。这些中短篇略加改动后被连缀成一篇完整的故事,题名为《同一个故事》,直到1842年才以《三十岁的女人》为题最终定型。这本书是巴尔扎克的几部最不完整的作品之一,几篇零散的东西勉强凑在一起。不过其中确有一些精彩的段落。老于世故、看破红尘的哀格勒蒙夫人有几段自白,令人联想到奥诺雷·巴尔扎克沐浴着月光,坐在维勒帕里西斯的长凳上所倾听的诉说。是"贝尔尼之歌"的光辉照亮了他的思想。①

　　1829年,巴尔扎克时来运转,他不再像过去那样对社会牢骚满腹。文学上的成就在一定程度上为他打开了浪漫派集团的大门,虽然他始终站在圈外。在一篇匿名文章中,他无情地嘲笑了被青年法兰西派奉

---

　　① 莫里斯·巴尔台什:《小说家巴尔扎克》。——原注

为经典的《艾那尼》①。他自认为和古典主义文学传统,和高乃依、莫里哀、拉封丹更加接近。可他又因为喜爱瓦尔特·司各特、拜伦、拉伯雷之类狂放的叛逆者而与浪漫派有点瓜葛,他这个异端分子倒没有被这个集团拒于门外。他经常收到一些陌生女人的来信,声称她们自己就是他书中所描写的女主人公。《私人生活场景》以其毫不做作的端正风格使那些曾被《婚姻生理学》激怒的女人宽下心来。在公共阅览室里,人们争相借阅他的书;出版商们都来讨取他的新作。他昔日的同窗亚德里安·布仑、约瑟夫·封特莫万,也都想起了当年在旺多姆学校受他们蔑视而今一举成名的这位朋友。不过巴尔扎克对过去的不幸体会太深,无法忘怀。他很清楚这些人背后的企图。"在坦然的笑脸后面,在平静的额头下,隐藏着卑鄙龌龊的盘算,信誓旦旦的友情是靠不住的,不少人提防友人胜过防备敌人。"②如果说虚荣使贵族阶级变得冷酷无情,那么资产阶级的形象便是嗜钱如命,"有没有钱,这才是关键"。

巴尔扎克越是观察,越是清楚地意识到金钱已成为"当今唯一的上帝",现代社会的杠杆。上流社会人士需要钱财,是为了维持他们奢侈的生活和体面的社会地位;资产阶级聚敛钱财,"与其说是出自享乐的本能,毋宁说是一种安全的需要"。高利贷者高布赛克则是以一种纯粹的、似乎抽象的方式贪恋财富。他说:"金钱代表了人间的一切力量……生活不就是一部靠金钱开动的机器吗?……金钱就是你们当今社会的精神支柱。"③高布赛克熟知巴黎的一切。他留心观察那些纨绔子弟、艺术家和上层妇女。在他的高利贷事务之外,他算得上是个正派

---

① 《艾那尼》,雨果的剧作,1830 年在巴黎上演时产生轰动效应,被视为浪漫派对古典派的胜利。

② 巴尔扎克:《家庭的和睦》。

③ 巴尔扎克:《高利贷者》。

人,甚至按他的方式来说,是个慷慨大度的人。但是既然到处都有穷人和富人之间的斗争,那么剥削别人总比被人剥削好一些。诉讼代理人但维尔谈到高布赛克的时候说道:"这个干瘪的小老头高大起来了,他在我眼里变成一个神奇的形象,成为金钱威力的化身。"①

一个神奇的形象……这个"巴尔扎克式的人物",既忠于自然,又高于自然,令人想起他的早期小说中的人物。同他用荷拉斯·德·圣多班署名的那些不成熟的作品一样,《私人生活场景》里的主题仍然是罪恶、坏蛋、侠客,所不同的是罪恶合法化了,坏蛋变成周围常见的人,侠客换成了法官。尽管作者还很年轻,阅历却已相当丰富。他对这社会深恶痛绝,却有清醒的头脑超越这种抵触、反感而作出有胆识的判断:"这就是现实。"他的哲学思想贯穿在他的描写之中。他不是为描写而描写,而是通过描写一个人的外貌、仪表、住房和习惯动作来揭示他的真实面目。他具备哲学和科学的眼光,他试图通过看得见的"果",去追溯被掩盖的"因"。他喜欢的一句口头禅是:"这就是其所以然。"紧接着会发表一通往往语惊四座并且总是很深刻的议论。

巴尔扎克不仅仅在书里展示他对他那个时代的社会风俗的非凡了解,还为报刊撰写了数不清的文章。他得还债,为了还旧债又不断欠下新债,因此他总是缺钱。发表文章比写书来钱快。当时报界有个翻江倒海的人物,一个思想丰富、敢作敢为的青年,名叫爱弥儿·吉拉尔丹。这个被人秘密抚养成人的私生子,无牵无挂,不受任何约束,他属于一代"彻底康复的勒内"②,即不再怨天尤人而起来战斗的一代。此人在1828年创办了《猎鹰报》,1829年又创办了《侧影》周刊,这份刊物由著

---

① 巴尔扎克:《高利贷者》。
② 引自圣伯夫:《新月曜日谈话》,第 7 卷第 310 页,巴黎,卡尔曼-莱维版。——原注。
勒内指夏多布里昂创造的世纪病患者的典型。

名的画家加瓦尔尼、沙尔莱、格朗维尔和亨利·莫尼埃绘制插图。巴尔扎克对这几个辛辣、尖刻的艺术家十分倾倒。像他一样，这些画家也创造典型，加瓦尔尼的画能"让衣服表现面貌，让裙袍体现思想"。而亨利·莫尼埃的普律多姆先生正是巴尔扎克笔下的资产阶级的雏形。

　　巴尔扎克有个邻居，记者维克托·拉基耶，住在离卡西尼街不远的圣母田园街，他当时担任《侧影》周刊总编辑。1830年1月他把巴尔扎克引进这家刊物，随后又把他推荐给同属吉拉尔丹报系的《时尚》杂志。加瓦尔尼这样描述他同巴尔扎克初次见面的印象："他看见一个胖胖的矮个儿男人，长着一双漂亮的黑眼睛，鼻子上翘，略有点驼背，讲起话来滔滔不绝，声若洪钟。他以为这是个书店伙计。"①可是此人只要一开口或者一动笔，立即才华迸射。他的生花之笔能使最普通的题目趣味盎然。他写的文章不计其数，无法列出清单，因为吉拉尔丹那伙人经常随心所欲地用姓名的第一个字母署名，或者使用变化不定的笔名。

　　《从手套研究风俗》无疑是他的手笔，因为这个题目在他脑海中酝酿已久。短文描写一位娇小而聪颖的伯爵夫人，善于根据某些男人所戴手套的变化推断他们的性格和爱情。《江湖郎中》和《杂货商》是两篇一挥而就的风俗研究文章。另一篇《时髦用语》则俏皮地讽刺了现实性这个刚刚流行的新词，他写道："当今，书籍也必须像所有其他东西一样具有现实性。"1830年，人们不能再这样评论一个女演员："昨天她演得好极了。"而应该说："昨天她真叫人眼花缭乱。"眼花缭乱成了赞词的顶峰。而它的反义词则是："其糟无比。"至于哲学，那就请用这样的句子表达您的思想："思考的再生之力不能触及某些现象，因为如果

---

　　①　埃德蒙和儒勒·德·龚古尔：《日记》，第1卷第83页，夏庞蒂埃版，1887年。——原注

说思考是一个整体,那么它就是一个混沌的整体。"①这类句子至今还很时髦。

虽然他已经在报界,在海默兰夫人、安塞洛夫人和热拉尔男爵的沙龙里获得了一些成功,他仍然觉得自己淹没在众多早已成名的人物中间。同居维叶、维克托·雨果、维尼、夏尔·诺迪耶和欧仁·德拉克洛瓦相比,他又算得了什么呢? 他的仪表欠佳而兴头十足。封塔内在他的《私人日记》中写道:"巴尔扎克先生来了,我终于看见了这位初露头角的新星。他是个壮小伙子,目光炯炯,穿一件白色背心,一副走江湖卖草药的架势,屠夫的穿戴,镀金工人的神情,整个说来是个不可思议的人物。"②德拉克洛瓦注意到他的穿着打扮不协调,而且"已经掉了门牙"③。法鲁伯爵认为他很粗笨。"许多人喜欢他丰富的想象力和雄健的谈锋,却又对他的虚荣和不通情达理感到不快。""上流社会"在某几个沙龙里接纳了他,但没有把他当作自己人。幸亏如此! 这使他能够"从侧面观察这个社会,从它那些司空见惯的寻常事中窥视出不寻常的东西来"。

他每次在沙龙里出现都要令人大吃一惊。洒了香水的头发蓬乱地竖在脑袋上,肥胖的脸似乎有些浮肿。他挺着过早凸起的肚子,喘着气走进客厅,一瞬间,他的女读者们会自问:"怎么? 难道他就是咱们的巴尔扎克?"可是只要他那双闪着金光的眼睛落在她们身上,她们立刻像着了火一样。于是一场风暴、一阵飓风、一股夹着闪电的龙卷风席卷整个客厅。这个膀大腰圆的小个子开腔了,美貌的夫人们全神贯注地倾

<hr>

① 巴尔扎克:《时髦用语》。——原注
② 安东尼·封塔内:《私人日记》,第 50 页,巴黎,勒内·雅新斯基书屋,《法兰西新闻》,1925 年。——原注
③ 欧仁·德拉克洛瓦:《日记》,第 2 卷第 80 页,巴黎,勃隆书屋,1950 年。——原注

听着。怎么能用"粗俗"这个字眼去指责一位才华横溢、卓尔不群的作家呢？

可是，不少心怀忌妒，或者有眼无珠的人仍然对他抱轻蔑态度。他的感觉那么敏锐，不可能猜不出某些人对他的仪容举止所抱的成见。他是何等痛苦，何等渴望报复啊！他在《致外国女子的信》中写道："有些事我很清楚，但是清楚这些只能引起痛苦，因此我内心对这个世界的反感油然而生……那些人使我理解了卢梭。"① 艺术家应该是不幸的，他只好用这个想法聊以自慰。"天才往往大智若愚，而那些沙龙里的宠儿终将证明他们只配充当店堂里的伙计。天才是远视的，他看不见世人所关注的那些细枝末节。"② 巴尔扎克尤其受不了发了财的资产者那种幼稚的满足感："万能的金钱把我们变成最可悲的贵族——钱柜的贵族。"③

那么他究竟是不是革命派呢？不，这个出生在沼泽区的市民，贵妇名媛的情人，并不喜欢急剧的变革。他谴责两个对立阵营中的极端分子。在《私人生活场景》中，他对反革命派和反波拿巴派愚蠢的清洗运动表示遗憾。任何一种过度虔诚都引起他的反感。在《双重家庭》里，安杰莉克·德·格朗维尔的忏悔师封塔侬被描绘成伪善而野心勃勃的神甫，这种形象本应当是司汤达那样的反教权主义者所塑造的。两年之后，在《图尔的本堂神甫》里，他又揭露了圣会的神秘力量。这个教士和在俗教徒的联盟，是为了攫取政权而组织起来的。正是靠着它的力量，神甫控制了地方官吏的升迁，代理主教掌握了省长的任免权。巴尔

① 巴尔扎克：《致外国女子的信》，第 1 卷第 20 页，巴黎，卡尔曼－莱维版，1899年。——原注

② 巴尔扎克：《论艺术家》，载于《侧影》周刊（1830 年 3 月 11 日）。——原注

③ 巴尔扎克：《现代风俗讽刺悲歌》，载于《时尚》杂志（1830 年 2 月 20 日）。——原注

扎克的政治代言人,是《苏镇舞会》中的德·封丹纳伯爵,这个曾经拒绝为拿破仑效劳的旺代党人,起初还反对路易十八的机会主义,后来却理解了这位有哲学头脑的国王,并接受了他那种温和的自由主义。为了拯救王朝免遭新的动乱,必须在发了革命财的资产阶级和逃亡国外的顽固派之间达成妥协。根本问题在于:必须有强大的中央政权,才能使这种妥协得以实现。"政治是一门平衡各派力量的艺术。"①

　　人们常说巴尔扎克出于向上爬的动机,为了挤进沙龙,或取悦于某个贵妇人而倒向正统派一边。这种说法毫无道理,事实上巴尔扎克永远不会成为一个真正的正统派。他既没有像夏多布里昂那样把全部感情倾注给"他的"国王,也不会像卡罗或絮尔维尔那样当个反对派。他对某些共和派领袖的纯洁真诚和旺代人的忠君态度同样表示理解和赞赏。他爱戴他的老朋友,那个忠于 1789 年大革命的自由派达布兰,主张采取顺应历史潮流的态度。一场革命改变了问题的前提,因此人们不能好像革命没有发生过一样照老规矩行事。"如果一场革命已经发生在实际生活中和人们的思想上,那它便是无可争议的,只能把它当作一件既成事实接受下来。"他怀着一种清醒的同情心注视"废墟上的胜利者——贵族阶级",但是他指出历史的演进是不可逆转的。

　　1830 年 5 月 8 日,他在《时尚》杂志上发表了一篇奇特的故事:《两个梦》。内容是 1786 年在某个沙龙里聚集了下面这些人:卡洛讷②、博马舍、故事叙述者本人和另外两个不知名的人(一个是外科医生,另一个是外省的律师)。读者很快就猜出后两个人物影射马拉和罗伯斯庇尔。这两个人各讲述了一个梦。罗伯斯庇尔梦见了卡特琳娜·德·梅

---

① 贝尔纳·居庸:《巴尔扎克的政治和社会思想》,第 367 页。——原注
② 卡洛讷(1734—1802),大革命前的法国财政部长,1787 年由于理财不当被免职。

迪契①，她向他解释了圣巴托罗缪之夜。在她看来，这场屠杀一不是残忍，二不是宗教狂热，三不是个人野心，而仅仅是为了王国的利益。"为了使我们当时的政权坚强有力，一个国度里只能存在一个上帝，一种信仰，一个主宰。"尽管这场大屠杀骇人听闻，但它是避免其他更加血腥的杀戮的唯一办法。她对罗伯斯庇尔说："是的，正是听我说话的你……"这句话没有写完，留待读者自己去补足。罗伯斯庇尔的结论是："我从自己身上发现我已部分地接受了这个意大利女人的残忍学说……"众所周知，这位来自阿拉斯地方的律师（指罗伯斯庇尔）后来也跟卡特琳娜一样为了维护国家的统一不惜杀人如麻。其实历史上这类做法并不怎么成功，贝尔纳-弗朗索瓦的儿子对此又作何感想呢？看来他倾向于赞同卡特琳娜、马基雅弗利、罗伯斯庇尔和梅特涅。正是在这个时期他写下了这样的话："他成为一个深谋远虑的政治家，因为他无视人道。这种感情不正是人们所崇拜的大人物们的秘密教义吗？"

在日常生活中，阿布朗泰斯公爵夫人为他提供了一个小小的马基雅弗利主义者②的样板。她要巴尔扎克帮她写回忆录，获得成功以后却厚颜无耻地否认巴尔扎克为此书出过力。她对他说："我不得不这样做，您为什么要夺走这本书给我带来的一点可怜的荣誉呢？……我请求您……严肃一点，别再提它了。您是个与人为善的人，您想想吧！最可恶最低级的莫过于……"③

他的另一位女友珠尔玛·卡罗是一位反马基雅弗利主义者。如今巴尔扎克不能随心所欲地经常去圣西尔拜访她了，因为写作、校稿等工

---

① 卡特琳娜·德·梅迪契，意大利公主，法王亨利二世的王后，查理九世幼年时由她摄政。著名的圣巴托罗缪之夜的大屠杀是在她的支持下发生的。

② 指不择手段者。

③ 《巴尔扎克通信集》，第 1 卷第 560—561 页。——原注

作让他忙得不可开交。"光阴从我手中消逝,仿佛冰块在阳光下融化。我不是在生活,而是在过度地消耗生活——不过,死于工作或其他,都是一码事……"①身为共和派的卡罗夫人批评巴尔扎克的机会主义。他回答:"请不要指责我不是爱国主义者,因为我的智慧帮助我对人对事进行精确的分析。您责备我,好比一个人在结账的时候发现财产亏损而恼火一样。历次革命之后,掌权者的明智在于能够推行融合政策,拿破仑和路易十八这两位有才干的人,就是这样做的。"②实用中的政治和信念上的政治不是一回事,巴尔扎克感觉到了这一点,而珠尔玛却不同意。

他被各种各样的非议、呵斥和反对的声浪所包围,只有贝尔尼夫人那儿是他的避风港。Dilecta 也许已经不再有青春的魅力,但是除了她,还有谁更值得信赖呢? 是她培养了他,他又超过了她。她不再存有别的奢望,"只希望保留她那不起眼的位置——坐在已经长大成人的孩子身旁,用母爱的目光照拂着他"③。只要在她身边,他就干得很出色。在一个作家眼中,这正是一个女人最高的价值。

1830 年五六月间,他决定和洛尔·德·贝尔尼一同到都兰去隐居一段时间。他们在卢瓦尔河畔的圣西尔(他曾经在这里度过了幼儿时期)租了一幢古老雅致的房子,名叫*石榴园*。在门前的平台上,可以俯瞰景致优美的山谷、图尔城、岛屿、钟楼和城堡。一条缓缓上升的小路通向这座房屋,路旁植满了葡萄。对于写作和爱情,这可是个绝佳的去处。来到这里下榻之前,他俩先乘船沿卢瓦尔河顺流而下,作了一次水

---

① 《巴尔扎克通信集》,第 1 卷第 445 页。
② 《巴尔扎克通信集》,第 1 卷第 478 页。
③ 弗朗索瓦·莫里亚克:《〈热爱巴尔扎克〉序》。(《热爱巴尔扎克》系克洛德·莫里亚克的著作,巴黎圆桌出版社,1945 年。)——原注

上旅行。巴尔扎克尽情地"说笑、打趣,每天能诌出一打文章和一打小说来,可就是厌恶动笔"。他们游览了索漠、克鲁瓦西、盖朗德等地,在他非凡的头脑里又印下了这些景色如画的小镇、盐田以及大西洋的风光。

1830 年 7 月 21 日,巴尔扎克从石榴园写给《巴黎杂志》的维克托·拉基耶:噢!您若是见识过都兰就会明白……在这里可以忘怀一切。我谅解这里居民的愚鲁,他们实在太幸福了。您知道,凡是沉湎于享乐的人自然而然都很迟钝。都兰向您完美地解释了什么是无业游民。我甚至开始把荣誉、议会、政治、前途、文学等统统视若敝屣……我敢说:"所谓道德、幸福、生活,就是以六百法郎的年收入幽居在卢瓦尔河畔……"

都兰给我的感觉犹如泡在肥肝酱里,它的醇酒不会令您醉倒,却能把您变得憨痴,使您乐而忘返。因此,我租了一所小房子,打算一直住到 11 月。在这里,我关起窗子就能工作,再说我得等到头脑里装备起足够的写作资料再重返那纸醉金迷的巴黎。

现在您来想象一下我在法国所作的最富于诗情画意的一次旅行吧:我们从这里出发,直抵布列塔尼海边,走水路,相当便宜,每法里只合三四个苏,一路经过世上最秀丽的河岸。河流在靠近大海时变得辽阔浩渺,我觉得自己的思想也随着河流一起变得宽广起来。

神圣的主啊!我的好朋友,我觉得今日的文学不过是为了一百个苏而上街拉客的娼妓行为。这行当没有前途。我真想浪迹天涯,去创造活生生的戏剧,去历险,无非是在这悲惨世界里多活或者少活几年……喔!当我在一个迷人的夜晚仰望那疏朗的星空,我真想解开下衣朝所有的王国兜头浇上一泡尿。自从我在这里看到了真正的辉煌壮丽，好比漂亮、完好的果子，金色的昆虫，我便具有了哲学家的气概，特别是我的脚踩上一个蚂蚁窝时，我便学着那位不朽的波拿巴的口吻说："蚂蚁也罢，人也罢！……同土星、金星、北极星相比，它们是多么渺小！……"①

在这种宇宙观的指导下写出一些轻薄的文字是不足为奇的，既然他写的不过是个蚂蚁窝，有什么必要不苟言笑呢？他正在撰写一篇《风雅生活论》，依旧是《婚姻生理学》那种轻松诙谐的笔调。赞扬游手好闲的人，英国的布律迈尔和浪荡公子，称颂讲究的服饰。"这像是我的作品吗？"他问他的 Dilecta，她也没有把握。但他已经听不进批评意见了，他嚷道："得！得！得！"

贝尔尼夫人带着手稿的第一部分上巴黎去了，1830 年革命爆发时，只有巴尔扎克孤身一人留在石榴园。5 月间他得知他的朋友奥古斯特·索特莱自杀了。这个可怜的小伙子似乎已经颇有成就，他既是律师，又是出版商，并且刚刚同吉拉尔丹和巴尔扎克合伙创办起一份专门登载书评书讯的周刊《政治报专刊》。司汤达说他是为了一个女人而寻短见的。阿尔芒·卡雷尔写了一篇质朴无华的悼文，既哀伤又充满对亡友的自豪感，还写到他年轻的令人愉快的秃脑袋以及和蔼可亲的面庞。② 巴尔扎克非常惋惜这位"软弱而又卓越的青年"。然而随之而来的 7 月却把这一记忆冲淡了。

查理十世曾说："妥协让步断送了路易十六，而我只需要跨上战马

---

① 《巴尔扎克通信集》，第 1 卷第 461—463 页。——原注
② 阿尔芒·卡雷尔：《自愿的死者》，载于《巴黎杂志》(1830 年 6 月)。——原注

或者催动战车。"然而他既未步路易十六的后尘,也没有实现自己的宣言。"光荣的三天"(1830 年 7 月 28、29、30 日)把他赶下了台。人民希望实现共和,拉法夷特①却把三色旗交到奥尔良公爵路易-菲力浦手里,让他充当法国国君。法兰西依旧处在战火纷飞、四分五裂的局面之中。这时巴尔扎克幽居在安宁的**石榴园**,对时局变化很少过问。他写完《风雅生活论》,又在写一篇《美食生理学》,同时起草《都兰趣话》,他模仿拉伯雷的风格,"采用十六世纪那种繁复缛丽、枝叶散漫、生气勃勃的绝妙语言"。贝尔尼夫人从巴黎写来的信中只字不提"光荣的三天",却大谈其与日俱增的爱情,"疯狂的情人,崇高的激情"。

喔!温柔可爱的人,我的希望,快到我怀抱中来,让我来抚慰你。我要看看我心爱的人儿,我崇拜的主人。向我宣布他的归期吧!只要你允许我在你的祭台上烧一炷香,我就不再用那些冒冒失失、没完没了的祝愿打搅你了。只要有那"唯一的",我就住嘴,那就是他,除了他还是他。其余的,你可以放手扔在别处,我对你别无所求,也不企望从你伟大的事业中获得任何好运。

心爱的,今天太阳仿佛也理解我的心情,它使整个大自然焕发着青春,宛如我们的爱情给我整个身心带来活力。一种神秘的力量把我从大地托起,一个更加庄严神圣的世界在等待着我,莫非我听到了我的天使的呼唤?……②

在这么一阕狂想曲之后,他的"得!得!得!"根本不起作用。这样

---

① 拉法夷特(1757—1834),法国将军,复辟王朝的反对派。
② 《巴尔扎克通信集》,第 1 卷第 466 页。——原注

强烈的热情感动了他,尽管他还同别的女人来往,Dilecta 仍然有理由认为他对她的爱情是"坚贞不渝"的。

　　他要满载文稿回到巴黎去。他从前的老师如维勒曼、基佐、库赞等夺取了政权,他对此毫无兴趣。每次改朝换代无非是一群人蜂拥而上谋取权位而已。他的伙伴们都设法得到了委任:吉拉尔丹被任命为美术学院的督学,司汤达是驻底里亚斯特领事,大仲马当上了皇家图书馆馆长,夏斯勒则出任驻伦敦使馆的专员。巴尔扎克不但没有伸手索取任何官职,反而斥责这种行径。他的政治野心还要高,他害怕陷进官僚机构。后来阿尔塞纳·乌塞耶写道:"巴尔扎克要等当上部长的那一天才说出心中的秘密。有人问他是哪一天,他答道:是法兰西重新想起黎塞留的那一天。"①

　　9 月,巴尔扎克回到巴黎,吉拉尔丹请他主持《猎鹰报》上的《巴黎信札》专栏。他在专栏上为外省的读者介绍革命以后的形势。这时,他的朋友卡罗夫妇来向他求援。因为圣西尔刮起了一股清洗风。他请他们就目前的处境写一份材料给他送来,说:"明天我要同作战部长的私人秘书共进晚餐,他是我的好朋友,亲密伙伴,他对我是有求必应的。"②巴尔扎克还特意为他们去请教催眠师,他对此人深信不疑。结果两位先知(部长秘书和催眠师)都相当无能。"去投奔综合理工学院吧!"巴尔扎克向卡罗夫妇建议,"因为我几乎可以肯定圣西尔将要被夷为平地。"事实上,圣西尔倒没有被夷为平地,而是卡罗在 1831 年 7月被任命为昂古莱姆火药库的督察,他很明白这实际上是降职。

　　起初《巴黎信札》显得很客观公允。按偏激的珠尔玛看来是过分

---

①　引自贝尔纳·居庸:《巴尔扎克的政治和社会思想》,第 380 页。——原注
②　《巴尔扎克通信集》,第 1 卷第 468 页。——原注

公允了。巴尔扎克辩白说《巴黎信札》的作用主要是"给相互争斗的政治和思想浪潮勾勒出一幅确切的图画,而无意于阐述某种见解"。朋友们曾经满怀激情地向他描述街垒上的自由女神,好一幅德拉克洛瓦笔下的景象。巴尔扎克从图尔返回,发现巴黎已是一片沉寂,人们心存疑虑,他道出了这一印象。他描绘出一些典型人物:聚在商业街咖啡馆里的好战分子和战略家随时准备向欧洲宣战;而和平主义者则是些"安分守己的地主,因为他们的土地处在边境上即将发生战争的地方"。他嘲讽"争名逐利"的行为,指出所有"7月革命的得胜者"都企图弄个一官半职。"喜剧开始抬头。你可以遇到许多宣称在革命中受过伤的时髦人物,其实子弹只射在他们的仆人的衣服上……六百名英雄宣称自己第一个冲进了卢浮宫。"巴尔扎克的一个朋友、梅尼埃尔医生在市立医院治疗过7月起义的伤员,他们都是平民。而资产阶级却把他们排斥在政权之外,更有甚者,还把他们当敌人对待。梯也尔先生和米涅先生的政府并不比查理十世的王朝开明。巴尔扎克写道:"任何一个政权,到头来不都是无一例外地操起同样的魔术杯和软木球,变那老一套戏法吗?"以前自由主义反对派曾经谴责莱维莱勒先生,说他命令国家公务员必须同政府保持思想上的一致。可是自由派执政后,也"照样发布文件,命令职员们同政府保持思想一致"。

在《巴黎信札》的头几封信中,巴尔扎克尽管抨击了新政权,但看来还是承认它的。不过他很快就失望了,而且在《查理》周刊中表达了这种失望情绪。① 他讽刺路易-菲力浦,说拉法夷特是外强中干的英雄,梯也尔是不择手段的野心家。巴尔扎克期望什么呢? 他主张举行

---

① 参看布吕斯·托莱:《巴尔扎克和〈查理〉周刊》,载于《法国文学史杂志》(1961年1—3月)第23—35页。——原注

新的选举,由年轻的一代执政。他认为老人政府(由一帮老态龙钟的老人和年轻一些的老人组成的政府)是政绩平平的原因,法兰西又落入了宵小之辈的手中。在《查理》周刊上,充满了志得意满、浅薄可笑的普律多姆先生和装腔作势、官气十足的国民自卫军的虚荣嘴脸。现在是什么人统治着法国?是7月革命的胜利者吗?根本不是。杂货商们窃取了胜利果实。谁掌握着对外政策呢?是保卫边疆的战士?是神圣同盟的反对者?都不是,而是一味妥协退让的主和派,是那些听任欧洲的反动派镇压比利时和波兰革命的家伙。

如果说政府对外不敢采取强硬政策,那么至少对内政策应当大胆一些。应该允许新闻出版完全自由。"一个遭受迫害而有才能的人往往比当权者更高明。"他认为国会议员的产生不应受财产多寡的限制,他无须缴纳许多捐税,只要是年满二十五周岁的法兰西公民就可以当选。这一点无疑关系到巴尔扎克的利益,虽然他心比天高,也不得不走竞选这条路,不过这种观点也符合全法兰西的利益。说到底,这位帝国官员的儿子内心深处仍怀着对拿破仑的崇敬。这位沼泽区的市民向往的是自由而不是平等。他用居维叶和若夫华·圣伊莱尔观察动物界的眼光来观察人类社会,结果看到了无情的等级划分,因此他不赞成任何乌托邦式的幻想。

他绝非喜欢这一严酷的现实,而只是确认而已:"我不能随心所欲地建造一个社会,我只是把它当作既成事实接受下来。"他说过,一个有组织的社会不过是大亨们对付穷人的保险契约。虽然穷人们不断起来反抗,但获胜的总是压迫者一方。法国大革命本身已经证明,那些革命者在胜利后变得有权有势,富裕悠闲,他们反过来指责革命具有破坏性和危险性。大革命的后果是孕育出拿破仑的专制主义。是谁推翻了拿破仑呢?是梅特涅和王朝的后裔。除了缓慢的改良以外,没有任何东西能够改变人类社会的等级制度。小说家的任务就在于揭示这个等级社会的面貌。世界是统一的。从野兽到天使,过渡阶段就是人。

　　"雅各①的神秘的登天阶梯,动物的分门别类和社会等级的划分;②地球、物种和阶级;造物的上升运动,物种的演变和人的野心,这些都是同一现实的三个不同侧面……"③基于这样一种宏观认识,他酝酿着一部恢宏的著作。但是一部巨著的诞生要比一种思想体系的建立复杂得多。

---

　　① 雅各,圣经传说中古希伯来人的祖先,他有十二个儿子,后来繁衍成十二个以色列部落。他曾经梦见一架梯子通向天堂,上帝预言他多子多孙。
　　② 这句话里的阶梯、分门别类和等级在原文里是同一个字 échelle,以此说明三者是一回事。
　　③ 贝尔纳·居庸:《巴尔扎克的政治和社会思想》,第416页。——原注

第十二章 《驴皮记》

天含寓意。

——阿兰

欲望愈强,生命愈短。

——巴尔扎克

家里的经济每况愈下。巴尔扎克夫人从丈夫的遗产中几乎一无所获。她拥有儿子奥诺雷欠她的一笔债务,而这项债权如同塞纳河上的迷雾一般虚无缥缈。此外,她还有两处房产。一是都兰的田庄,她于1831年1月以九万法郎出售;二是巴黎的一处价值无几的房屋。她还得为洛朗丝的孩子们准备一笔嫁妆。洛尔养着两个女儿:莎菲和瓦朗蒂娜。按照资产阶级的传统,有朝一日也要陪上一笔嫁妆。絮尔维尔为了多挣钱而甘冒风险。1829年他放弃了路桥系统虽然不肥却还稳定的行政职位,去从事同下卢瓦尔河平行的从奥尔良到南特的一段运河的设计和施工。"公务员絮尔维尔已经隐退,发明家絮尔维尔粉墨登场。"①

1830 年,欧仁和洛尔来到巴黎定居。"他们离开凡尔赛,向他们理想中的黄金国进军。"②然而絮尔维尔甚至连官方对开发运河的特许权都没有弄到手。他筹集款项,创建了一个"研究公司",波姆勒一家,他们的朋友德·瓦卢瓦骑士、纳卡尔医生都慷慨地入了股,母亲大人也不例外,每一次运气不佳的投机事业都能吸引她老人家。工程师宣布利润可能同投入的本金相等!入股者的股金可以翻一番。何等神奇的投资!但是絮尔维尔这个"狂热的共和派"不久便抱怨一伙居心险恶的人密谋反对他。(其实这完全是他多心!)奥诺雷则仗着他那逃避家庭灾祸的浪漫本领,已经着手写作一篇《如意算盘的坎坷命运》,并且为下一个诱人的题材《发明家的苦恼》收集素材。他同絮尔维尔夫妇手足情深,目前他们在共患难,有朝一日也会同欢乐。但与此同时,他也观察他们。

亨利总是令母亲失望。由于盲目的母爱,她曾经把亨利学习成绩差归咎于老师。她说:"亨利真不幸,人家总欺负这孩子……该给他换个学校了。"③可是转学并不见效。他不用功,缺乏毅力。1824 年,十七岁的亨利给洛尔的信中写道:"从新年的头一天到现在,我在我应该从事的事业中有哪些进展?毫无。"④这个宠儿天赋不高,却太受溺爱,他一度幻想精通几门外语,以便"平步青云"。他给洛尔的信中说:"提起

---

① 安娜-玛丽·梅南杰:《欧仁·絮尔维尔,〈人间喜剧〉的人物原型》,载于《巴尔扎克年鉴》1963 年,第 209 页。——原注

② 安娜-玛丽·梅南杰:《欧仁·絮尔维尔,〈人间喜剧〉的人物原型》,载于《巴尔扎克年鉴》1963 年,第 212 页。

③ 《巴尔扎克通信集》,第 1 卷第 108 页。——原注

④ 玛德莱娜·法尔若和罗杰·皮埃罗:《受溺爱的亨利》,载于《巴尔扎克年鉴》1961 年,第 39 页。——原注

你的丈夫，我就想，假如我是个英国豪绅，我一定让他当上总工程师。"①这真像是奥诺雷的惊人之语。但这句话出自亨利之口，不论他的愿望有多么良好，"从理想到现实的过程只能是从无穷到零的过程"。他多情、迟钝、无能，"他不断地改换职业，正如当年从这个学校转到另一个学校"。② 后来，在1831年3月21日，他自认为抓住了一生中的绝妙良机，搭上勒马奇朗号帆船到殖民地去了。同年6月，该船停靠莫里斯岛，亨利便下船留在那里。

奥诺雷在这个时期使出了浑身解数。各种报纸杂志争先恐后地找上门来，向他讨好，求他撰写文章或小说。《巴黎杂志》主编韦隆博士给他写信说："您可真抢手啊！"《婚姻生理学》使他背上了拈花惹草、寻欢作乐的名声，事实上"他大量的创作说明他只能过孤独的生活……许多女读者要是知道《婚姻生理学》的作者是个毛头小伙子，规矩得像个老站长，俭朴得如同忌食的病人，喝的是清水，整天埋头工作，她们肯定会感到失望"③。虽说此时他正以他的聪明才智为《查理》周刊和《时尚》杂志辛勤工作，与此同时他也已经拟就一个更大的计划，即写一部汇集了他的生活经验和哲学思想的小说——《驴皮记》。

在他的札记本上，有这么一段笔记："创造一张代表生命的皮。东方传奇故事。"他当时觉得这只是一个霍夫曼式的荒诞故事，而且把它说成"文学创作上的一件十足的蠢事，不过他想通过这个故事表现天才人物成名之前的苦难历程中的某些情景"④。故事围绕一块灵符展开。

---

① 玛德莱娜·法尔若和罗杰·皮埃罗：《受溺爱的亨利》，载于《巴尔扎克年鉴》1961年，第41页。——原注

② 玛德莱娜·法尔若和罗杰·皮埃罗：《受溺爱的亨利》，载于《巴尔扎克年鉴》1961年，第44页。

③ 巴尔扎克：《〈驴皮记〉初版序言》。——原注

④ 《巴尔扎克通信集》，第1卷第493页。——原注

这是一张驴皮,它能满足主人的全部心愿。皮上有一段用梵文写的铭文,其排列方式如下:

> 尔若得余,必将拥有一切,尔命属余,
>
> 此乃神之意愿。尔之所欲均能
>
> 满足,唯应节制今生之愿。
>
> 余将随尔愿之实现而收缩,
>
> 恰似尔之有生之年。
>
> 尔欲得余,请自便。
>
> 神将满足
>
> 尔之心
>
> 愿!

这样,每实现一个愿望,驴皮就缩小一圈。一旦它全部耗尽,主人的生命也就完结了。把驴皮卖给青年拉法埃尔的是个瘦骨嶙峋的老古董商,他之所以能活到百岁,是因为他能克制自己的需求和欲望。

巴尔扎克越琢磨就越发现这个神话故事寓意深刻。长生不老的观念是他再熟悉不过的了。父亲贝尔纳-弗朗索瓦曾经不厌其烦地谈到封特奈尔①如何劝诫老年人尽量减少消耗,避免激动。吝啬是老年人的智慧所在,因为他们不可能有别的智慧了。可是年轻人却喜欢"疯狂的消耗,轻率的行动,狂热的激情,焦急的探索"。因此他们总是走向灾难。老古董商把驴皮交给拉法埃尔·德·瓦朗坦时,对他说:"我打算用很简单的几句话给您揭露人生的一大秘密。人类因他的两种本能的

---

① 封特奈尔(1657—1757),法国哲学家、诗人,善养生,享年一百岁。

行为而自行衰萎,这两种本能的作用吸干了他生命的源泉。有两个动词可以概括这两种致死原因的一切形式,那就是欲和能……"①

这种哲学观点谴责豪华的生活、奢侈、放荡,乃至一切活动。我们记得,贝尔纳-弗朗索瓦曾经提倡住在农村,只吃土地上生长出来的果实。这样抨击社会生活颇有些卢梭思想的意味。如今奥诺雷也拾起了这个主题,说道:"社会把人引向死亡。"《驴皮记》绝不只是一篇霍夫曼式的荒诞故事。巴尔扎克把这篇神话置于他所处的时代之中,写成一篇哲理故事。他的祖师拉伯雷在中世纪的长期禁欲之后,写出了一篇气势磅礴的象征性小说,以重新确立肉体的价值。而巴尔扎克在帝国时代的纵欲行为之后,用另一种象征写出了权欲的危险。这远不是"文学创作上的蠢事",而是一个大胆、出色的主题。他有能力很好地发挥这一主题。"何况一篇美丽神话的特点,往往在于连作者本人都不了解它所包含的全部丰富寓意。"②

于是1831年1月,巴尔扎克以一千一百三十五法郎的价钱,把一部题为《驴皮记》的两卷本小说卖给了夏斯·戈斯兰和于尔班·卡内尔,说定2月15日交稿。他还答应给于尔班·卡内尔写一部"军旅生活场景"。任何工作都吓不倒他,何况只是一个许诺。其实《驴皮记》的写作起初进展很缓慢。他常常外出,成为风流倜傥的作家欧仁·苏及其情妇——美丽聪明的交际花奥琳珀·佩利西埃的朋友。奥琳珀的沙龙是费兹-詹姆斯公爵、杜拉斯公爵、贺拉斯·凡尔奈、罗西尼、韦隆博士等经常出入的地方。巴尔扎克喜欢这个风趣高雅的社会圈子,他自己也是其中出色的一员。他还经常去咖啡馆,在托尔托尼或土耳其

① 巴尔扎克:《驴皮记》。
② 阿兰:《和巴尔扎克在一起》。——原注

咖啡馆和这帮人聚会。有时他爬上圣米迦勒河滨道旁一间俯临塞纳河、与巴黎圣母院隔河相望的顶楼,同一对情人——奥罗尔·杜德望①和儒勒·桑多——分享便餐。巴尔扎克与他们之间产生了亲密的友情。奥罗尔说:"这个巴尔扎克真是个可爱的小伙子。"她给朋友夏尔·杜凡尔奈的信中写道:"您若从未领略过眼神的魔力和灵魂的可亲,您就体会不到巴尔扎克先生有多迷人。"②巴尔扎克在自己的卡西尼街寓所里,不时大摆筵席招待客人。旺多姆学校的同窗旧友约瑟夫·封特莫万来信对他的款待表示由衷的感谢:"我永远忘不了在卡西尼街度过的美妙时光。我们陶醉在你那引人入胜的朗诵之中,品尝着经过一番有趣的讨价还价买来的甜瓜,伴着你那些风雅的宾客,畅饮那清醇的香槟,由于无与伦比的莫尼埃的那些勾魂摄魄的尤物,香槟也更加醉人了⋯⋯"③简言之,他也在消耗着那块灵符。

　　为了逃离巴黎及其诱惑,安心从事创作,3 月间他躲到卡罗家里,4 月又转移到布洛尼埃尔,这是贝尔尼夫人在奈穆尔附近租下的一所环境凄凉而幽静的花园住宅。他在那里还真能出成果。然而他不安于现状,又冒出了一个新奇疯狂的念头:为什么不去参加 1831 年的竞选呢?从政可是一条名利双收的捷径。自从 1830 年革命以后,这条路似乎已经对所有的新来者敞开了。拉马丁和维克托·雨果都已披挂上阵。巴特莱米和巴尔比耶正在重振讽刺诗的雄风。司汤达在 1830 年出版了描绘想要改变阶级地位的平民的悲剧——《红与黑》。巴尔扎克一时心血来潮,梦想参加国家的重新组建。他写道:"我们已经打够了大仗,

---

① 奥罗尔·杜德望(1804—1876),即乔治·桑,奥罗尔是闺名,杜德望是夫姓。
② 《巴尔扎克通信集》,第 1 卷第 573 页。——原注
③ 《巴尔扎克通信集》,第 1 卷第 555 页。

我认为伟大的和平日子来临了。"①

为了获得竞选资格,必须缴纳五百法郎的税金。正在走红的巴尔扎克可以毫不费力地克服这点小小的障碍。但是到哪儿去毛遂自荐呢?他分别发出三封信,头一封发往康布雷,那里有个朋友叫萨缪尔-亨利·贝尔图。他是一个印刷厂主的儿子,又是《康布雷报》的老板。第二封寄往富热尔的波姆勒男爵将军,信中写道:"亲爱的将军,我记得您的富热尔政区缺少议员人选,因此我坦率地承认我想代表贵区的公民竞选议员。您了解我的政治主张,希望您在最近一次选举中,以我的支持者的身份向贵区的选民推荐我,这样您将又一次成为我真正的义父……"②最后一封信写给他的朋友,在图尔当律师的阿梅代·福煦。他给他们每人寄去一本政治小册子,题为《两种内阁政策的调查》,署名奥诺雷·德·巴尔扎克。图尔的朋友在回信中赞扬了一番《巴黎杂志》上的新闻,但又说在都兰地区巴尔扎克绝无政治前途,他说:"您的小册子的缺陷在于没有得出结论。而在我们这个时代,必须坚决地投靠到一个政党的旗帜之下。"③波姆勒将军的答复同样令人失望。首先,小册子的主张同富热尔大多数人的原则不相吻合,而且"他们只愿意要本地人"。贝尔图不那么悲观,他邀请巴尔扎克到康布雷去一趟。此时巴尔扎克正在布洛尼埃尔埋头写作《驴皮记》,一个逍遥自在地置身于幻想世界的作家,怎么会愿意回到令人如此失望的现实世界中来呢?他一股脑儿放弃了参加竞选的想法,甚至连康布雷都没有去。

传说他当时为了获得竞选资格和一笔财产,打算和一个名叫爱莱奥诺·德·特律米利的女子结婚,她的父亲是革命时期流亡国外的贵

---

① 《巴尔扎克通信集》,第 1 卷第 520 页。——原注
② 《巴尔扎克通信集》,第 1 卷第 513 页。
③ 《巴尔扎克通信集》,第 1 卷第 516 页。

族,由于对王室忠诚而受到路易十八的奖赏。还有人说巴尔扎克家和居住在杜埃的马莱·德·特律米利男爵是亲戚,巴尔扎克的政治倾向转向正统派大概是为了博取男爵的好感。其实这些说法都不可靠,即使这件婚事能给他带来金钱上的保证,那也必须在选举之后。至于奥诺雷的政治见解,都已经深深植根于他对人类行为的研究和思考之中了。

在他周围是一群受拜伦影响,患了世纪病的放荡不羁的青年,他们留恋帝国时代的赫赫战功,厌恶资产阶级新贵。

何等样的时代呀! 这是一个充满失败和失落感的时代。这个时代追求太多,期望过高,她寄希望于自己的力量,把活力洒向四面八方。她不肯停下来审视一下自己的生活,但她的的确确在生活。她充满热情、活力和奔放的情感……人们虽有失误,却是堂堂正正的失误;人们漂泊于小路和巉岩之上,但毕竟还在前进。人们处在狂风暴雨之中,而绝非生活在一潭死水里……①

巴尔扎克力图在《驴皮记》里描绘出这种精神上的无政府状态。书中主人公拉法埃尔·德·瓦朗坦第一次是这样使用灵符的。他想来一次狂饮,有盛筵,还有女人。奇妙的是这个愿望非常自然地得到了满足。他刚刚产生这个愿望,走出古董店就遇到他的朋友勃龙代和拉斯蒂涅,他们拉他去出席一个退休银行家举行的盛大宴会。这位银行家不知如何支配自己的金钱,一心想把金钱变成智慧,为此他要创办一家

---

① 菲拉雷特·夏斯勒:《回忆录》,第 2 卷第 207 页,巴黎,夏庞蒂埃书屋,1876 年—1877 年。——原注

报馆。

政府感到需要用些换汤不换药的新辞藻来迷惑善良的法国民众，就像各派哲学家和各个时代的当权人物所做的那样。其实今日所谓的政府，不过是由银行家和律师们组成的新贵政权，他们自称代表祖国，正如过去教士们自称代表王国。他们想要向我们灌输一种神圣的国家意识，叫你相信付出十二亿法郎三十三生丁给某某先生所代表的祖国，要比付十一亿法郎九生丁给一位称孤道寡的国王强得多……①

"啊！"拉法埃尔直率地说，"我们很快就要变成一群大坏蛋了。"接着是一段玩世不恭，然而十分精彩的对话：

"您说得一点不错。请把芦笋递给我。因为说到底还是自由产生混乱，混乱又导致专制，然后专制主义又招来自由化……"

"咳！亲爱的，至少拿破仑还给我们留下了光荣！"

"哼！光荣，难以下咽的食品，它代价高昂，而且难以保存。"

"您是个卡洛斯主义者②！"

"是又怎么样？我喜欢专制政体，它对人类显示出某种蔑视"……③

---

① 巴尔扎克：《驴皮记》。
② 卡洛斯主义者，指十九世纪西班牙支持卡洛斯国王的教权派集团。在法国，人们把支持查理十世的人称作卡洛斯派。
③ 巴尔扎克：《驴皮记》。

鞭挞了自由化和君主政体之后,喝得烂醉的宾客们叫来了一群妓女。

拉法埃尔双脚搁在一个半裸的美女身上,开始讲述他得到灵符之前的生活经历,也就是巴尔扎克自己的经历,不过他用丰富的想象把它大大美化了:一个大户人家的子弟,由于父亲的不慎而破了产。他躲进阁楼,写了一本题为《意志论》的著作。"由于我是一个在女人面前默默无闻的人,所以我记得我当时用一种鄙视爱情而富有洞察力的眼光来观察她们……我要向社会施行报复,我要占有所有女人的心灵,要看到当我站在沙龙门口,仆人通报我的名字之后,所有的目光都向我投来的情景……我要使自己成为一个大人物。"①

在拉法埃尔这个人物身上,许多方面都有巴尔扎克的影子。作者也像他创作的人物一样渴望一切:荣誉、财富、女人。他知道自己也拥有能给他带来这一切的灵符,那就是他的才华。他也知道自己正在过度消耗自己的生命,而且预感到不幸的结局。狡猾的野心家、机灵的加斯科涅人拉斯蒂涅,既将拉法埃尔看作天才,又把他当成傻瓜。根据拉斯蒂涅的说法,成功的秘诀不在于苦干,而在于善用计谋、唯利是图和挥金如土。挥霍财产,就是在朋友身上、在寻欢作乐和保护人身上投资。一旦财产荡尽,他仍可结一段美好姻缘,找个部长、大使做靠山。只是他必须投靠一个社会集团。第二天,拉斯蒂涅就把拉法埃尔介绍给巴黎头号美人,时髦的馥多拉伯爵夫人。拉法埃尔对她一见钟情,因他理想中的爱情跟贫困绝无缘分。

啊!绮罗丛中的爱情万岁!它被最华丽的奢侈品装饰得美妙

---

① 巴尔扎克:《驴皮记》。

绝伦！也许爱情本身就是一种奢侈品。我喜欢在情欲冲动之下揉皱绮丽的服饰,掐碎美艳的花朵,用破坏一切的手弄乱那透着馨香的优雅发式,隐藏在挑花面纱下的热情的双眼秋波一转,晶亮的目光像炮口的火焰,穿透烟幕投射过来,对我具有难以置信的吸引力……①

但是当手头连三十法郎都凑不足的时候,怎么去赢得馥多拉的垂青呢？这唤起了穷愁潦倒的年轻人的痛苦回忆,只有他知道为了满足一种情欲需要花多少钱来置办马车、手套(啊！多么不经戴的浅黄色、草黄色的手套!)、服饰、衬衣。而这一切花费又都是徒劳的,因为馥多拉是个没有感情的女人。一天夜间,他潜入她的卧室,躲在窗帘后面。他窥见了最美丽的肉体,也发现了最卑劣的灵魂。"我必须忘掉馥多拉,把自己从热狂中解救出来,重新回到清苦勤奋的生活中去,要么干脆一死了之。"②

有人说这幕闺房情节是巴尔扎克本人在奥琳珀·佩利西埃家中的亲身经历。但是这位可爱的交际花根本不像书中那个艳丽夺目而又善捉弄人的幽灵。她会毫无顾忌地委身于他(她的确这样做了)。她给他的信超出了友谊的范围。馥多拉既不是奥琳珀·佩利西埃,不是巴格拉蒂翁公主,不是马尔斯小姐,也不是任何别的女人。而是从巴尔扎克头脑中产生的一个象征性人物,是吸取了众多女人的特点塑造成的。

不管怎样求教于学者,驴皮还是不断地缩小(在这里,奥诺雷早先阅读的科学及医学著作对他大有用场),小到能放进拉法埃尔的小表袋

---

① 巴尔扎克:《驴皮记》。
② 巴尔扎克:《驴皮记》。

里。最后拉法埃尔的唯一出路就是像那个卖古董的小老头一样苟延残喘,不能再有任何愿望。但是当他看到半裸的情妇时,又产生了占有她的欲念,于是他咽下了最后一口气。

这本书极为精彩,巴尔扎克运用全新的艺术手法,使现实与神话巧妙地融合在一起。巴尔扎克写出了他那充满渴望而又坎坷不平的青年时代的诗篇。透过作品,人们揣摩到深藏其中的哲理。他盼望成功并且寻求支持。

巴尔扎克致夏尔·戈斯兰:我能找到有效的办法去争取:1.《时代》杂志;2.《巴黎杂志》;3.《国民报》;4.《费加罗报》;5.《信使报》;6.《两世界杂志》;7.《时尚》杂志;8.《每日新闻》;9.《未来报》;10.《猎鹰报》。

我将使他们迅速地为我写出像样的捧场文章,这会大大减轻您这个发行人的任务,因为您现在正需要时间照顾家庭事务……①

为了确保足够的捧场文章,他自己动手写了起来。"巴尔扎克先生的天才在这两卷著作中露出了锋芒。"(《时尚》杂志语)"我们对巴尔扎克先生怀着友好和敬佩的心情。"文章署名:亚历山大·德·B……伯爵,其实就是巴尔扎克。他预料本书第一版将很快售完,因此叫戈斯兰立即准备重印。否则"您将丢掉一笔好生意,机不可失,时不再来"。果然,书很快就脱销了,人们到租书店去争相借阅。

---

① 《巴尔扎克通信集》,第 1 卷第 548 页。——原注

1831 年 8 月 7 日,夏尔·菲利蓬致巴尔扎克:我最尊敬的大人,您不难相信要弄到一本《驴皮记》已经是不可能的了。为了读这本书,格朗维尔不得不搁下所有的事情,因为书店老板每隔半小时就派人前去催问他看完了没有。他像女人那样催促道:"您看得可真慢,快点吧!"我和欧底贝尔费尽心机也没有弄到这本魔书,因为它早已被预订一空……①

1831 年 8 月 10 日,让·德·马尔戈讷致巴尔扎克:我从图尔给您写信,我是昨晚到达这里的。从报上看到《驴皮记》获得成功,今天一早我就去购买此书。书确实来过,而且几乎一出版就送到了,但是卖得极快,我已无法弄到一本……②

奥罗尔·杜德望和儒勒·桑多来信说他们正在爱不释手地读《驴皮记》。这本书使《婚姻生理学》和《私人生活场景》的成功更加确定无疑。这个年轻的图尔人三年前还默默无闻,而今三部作品使他摇身变为出版商追逐的对象,书店老板的宠儿,女士们钟爱的作家。一些眼光更远的人预感到他将是一位伟大的作家。《驴皮记》不仅是一则神话,也是一幅描绘衰败中的文明社会的图画。在银行家家中狂欢宴饮的场景中,新闻记者和艺术家们以"智者的喧嚣"嘲笑当今舆论和思想,这一切在他们眼中都是谎言。权杖从王宫、议会转入银行家、律师、报刊编辑手中。在这样一个道德沦丧、冷酷无情的世界里,需要一个强有力的政府。巴尔扎克想要在一部浪漫型的巨著中阐述一种强权政治的观

---

① 《巴尔扎克通信集》,第 1 卷第 553—554 页。——原注
② 《巴尔扎克通信集》,第 1 卷第 557 页。

点。

这种悲观主义情绪在他当时所有的作品中都有所反映。他答应出版商戈斯兰发表一系列传奇故事，都是些辛酸苦涩的篇章。在《长寿药水》中，唐璜的父亲"临终时嘱咐儿子在他死后将一瓶魔水涂抹在他的尸体上，使他起死回生……然而早就巴望享受父亲遗产的唐璜没有满足他的遗愿，却把药水留给了自己。放荡一生之后，唐璜自己死期将至，便将他从前拒绝执行的老父遗嘱托付给自己的儿子。儿子倒是听从了吩咐，可是正在复活的尸体把他吓坏了，他没能完成任务就失手将药瓶跌碎。教会获知这一奇迹后，便郑重其事地把唐璜列为圣人"①。

在《红房子旅店》中，一个路经巴黎的德国人在某银行家家里晚餐时，讲了一桩 1799 年发生在安德纳赫②的凶杀案。他不知道凶手冉-弗雷德里克·泰伊番已成为一个富有的金融家，而且正和他同桌用餐。凶犯正是靠青年时代这桩未受惩办的罪行起家的。而当时被判罪的却是一名曾有犯罪企图的无辜者。他因曾预谋行凶而被牵累，但实际上并无犯罪行为。（这里可以再次看到《驴皮记》中的思想，即愿望、计划已经等于行动。）德国人赫尔曼叙述案件时，泰伊番神情紧张，几乎晕倒，而且导致神经痛急性发作。故事叙述人从他的举动中猜到了骇人的真相，然而他自己正巧是凶手的女儿维克托莉·泰伊番的恋人。他还能毫无顾忌地娶她为妻，从而成为这笔血腥财产的继承人吗？他提出这个良心问题，征求朋友们的意见。大家一致认为应当结婚，说："要是都刨根问底追溯一切财富的由来，我们还有立足之地吗？"

巴尔扎克的朋友菲拉雷特·夏斯勒为他这部《哲理小说故事集》

---

① 贝尔纳·居庸：《巴尔扎克的政治和社会思想》，第 441 页。——原注
② 安德纳赫，德国一小城，位于波恩以南莱茵河边。

所写的序言中,赞扬巴尔扎克不仅仅是小说家,而且是思想家:

> 他清楚地看到这千疮百孔的社会依旧为其表面的繁荣所陶
> 醉,然而它只不过是满身珠光宝气的垂死躯壳,一具回光返照的尸
> 体……与虚假的喧闹和日薄西山的华彩相对照的是这个社会机体
> 内部的空虚。他认为……在这对照中包含着一种魔力,在由如此
> 绚丽的外表所掩盖的尔虞我诈的人生游戏之中,还存在一种值得
> 关注的东西……巴尔扎克先生就是这样一个人,一个以揭露当代
> 社会的罪恶、腐朽和苦恼为创作基础的小说家,一个力图描绘思想
> 引起的社会解体和混乱的思想家和哲学家……①

这毋宁是巴尔扎克想要扮演的角色:一个生性快乐却愤世嫉俗的
思想家。从 1831 年 11 月起他就声名鹊起,以致引起文学界的嫉恨。
《巴黎杂志》的夏尔·拉布提醒他谨防文人们的嫉妒,并且警告他说,
颇有势力的批评家儒勒·雅南正准备阻挠他这种迅猛的、急剧的、咄咄
逼人的上升。"为此目的他已在《辩论报》上撰文对你表示深恶痛绝。
他们是存心捣乱……好吧,咱们得联合起来,天杀的!……"②年轻的
巴尔扎克发现一个人出了名并不见得使他的"朋友们"高兴。又一个
幻想破灭了。

冷言恶语企图堵住他的成功之路。他名字中表示贵族身份的
"德"字成了笑料。他并没有一开始就使用它。《舒昂党人》和《私人生
活场景》的署名是奥诺雷·巴尔扎克。1831 年 4 月,他才壮着胆在一

---

① 菲拉雷特·夏斯勒:《〈哲理小说故事集〉序言》。
② 《巴尔扎克通信集》,第 1 卷第 613 页。——原注

本政论小册子的封面上署以"奥诺雷·德·巴尔扎克"。他相信只有居心不良的人为了取笑他才给他加上"德·安塔格",使他本人和他的作品后来一辈子都成为最愚蠢、最无礼、最恶毒的攻击对象。别人的嫉妒只有在你卑躬屈节时才会罢休。

但是巴尔扎克身上的"伟人"成分,还是冲破重重阻碍,日渐发展壮大。打从他迫不得已地肩负起繁重的写作重担以来,他就已透过未来的薄雾,隐约窥见了一部鸿篇巨制。早在 1820 年,在他的小阁楼上,他已经拟就一项庞杂而模糊的计划。甚至当他还像皮戈-勒布伦一样写作喜剧小品的时候,就已经想到但丁和莎士比亚。等到他通过《驴皮记》中的拉法埃尔和《〈好汉〉告读者》中的维克托·莫里荣表现他想象中的"双重人物"时,他就把他们描绘成为他自己渴望变成的天才——从童年时代起他就相信自己会成为天才。

作为伟人,即使是个作家,也不能对国家的政治生活和宗教生活采取漠不关心的态度。"光荣的三天"之后的混乱局面,疯狂的人群洗劫巴黎大主教宫的野蛮行径,亵渎宗教艺术精品的劣迹,这一切都引起巴尔扎克对七月王朝的反感。"总有这么一天,一半法国人会公开地或者私下地对国王的下台表示惋惜。他们会这样说:'假如 1830 年的七月革命还没有发生,现在就不会发生了。'造成里昂流血、骚乱的原因是什么? 是纺织工人的悲惨处境,是资产阶级商人非人道的唯利是图,是他们那种毫无远见的生产方式。"①当时圣西门主义者鼓动工人阶级组织起来,平均财富。巴尔扎克则从道德的角度去阐述问题。他认为恪守中庸之道的资产阶级不配掌握政权,因为资产阶级只考虑自身的利益

①　冉-埃尔维·道纳尔:《〈人间喜剧〉中经济和社会的现实性》,第 115 页,巴黎,A.柯兰书屋,1961 年版。——原注

而不尽义务。"国家不再有任何宗教信仰了,"他写道,接着进一步解释说,"我指的不是某种枯燥的教条,而是信仰这个词的更广的政治含义。"

长久以来,他的宗教思想是自相矛盾的。受父亲和十八世纪哲学家的影响,他把宗教信条和仪式看作迷信。不过从童年时代起,在图尔和旺多姆的教堂里,他常常为圣歌和悦耳的钟声所感动。他常常独自一人到圣加蒂安教堂去寻求"妙不可言的静谧中的神圣激情"。1830年以后,他认识到宗教在政治上的必要性及策略上的实用性。宗教可以说是一种纽带,除了一个共同的信仰以外,还能有什么其他东西可以把各个阶级的人维系在一起呢?

受比利时一个古老传说的启发,他于1831年发表了一篇象征主义的短篇小说:《耶稣基督在弗朗德勒①》。故事发生在某个历史背景不明的时期,一条客船从卡德藏岛驶向奥斯坦德岛,有钱人和贵族聚集在船尾,穷人则集中在船首。临开船的时候,上来了一位留着中分头的金发男子,坐到穷人们中间。风暴来了,坐在船尾的人们惊慌失措,大呼:"我们完蛋了!"船主一面下令"往舱外淘水",一面同大海搏斗。小船要翻了。那个头上有光环的陌生人喊道:"凡信我的,必能得救,随我来吧!"接着他便踏波而行,相信他的人都和他一样,坚定地走在海浪上。而那些自命不凡的人全部葬身海底。接着是典型的巴尔扎克风格:船老板这个不信教的实干家抓住一块木板,凭着人类自身的力量,也终于得救了。陌生人对他说:"这一次算你走运,下次可别再这样了,你是个坏榜样。"

那么是否应该虔诚地信仰上帝呢?巴尔扎克写了另外一篇讽喻故

---

① 弗朗德勒又译佛兰德,法国西北部濒临北海的一片平原。今比利时的一个地区。

事来补充这则传奇,题为《教堂》。为了纪念上述故事中的基督显灵,此地修建了一座大教堂。他正在这教堂里凝神遐思,这时一个形容枯槁的老妇人抓住他的手喊道:"救救我,保护我!"她把他领进一间挂着破旧壁毯的房间,屋内到处是破衣烂衫和镀金的铜器。"我要使你永远幸福,"她说,"你是我的儿子!"这时他从这个面目可憎、布满皱纹的老妇脸上看出她昔日质朴、美丽的姿容。"啊! 啊!"他对她说,"现在我认出你了! 可怜的女人,你当初为什么要卖淫呢? ……你凌辱男人,为了看看人类愚蠢到什么程度,好从中取乐。你叫你的情人们在地上爬行,叫他们把金银珠宝连同他们的妻子都奉献给你。你无缘无故地吞噬成千上万的男人,把他们从西方抛到东方。你从崇高的思想境界堕入凡俗,为了坐到国王们身旁。你索取人血,而且有把握弄到手……你为什么活着? 你的财宝都到哪里去了? 你究竟干过什么好事?"

在诘问之下,矮小的老妇忽然挺起身子,变得又高又大,周身环绕着彩霞。她既白皙,又年轻,穿一件亚麻长裙。"你看了要信!"她说。于是他看到无数座教堂,上面的石雕令他赞叹不已。他还听见悠扬悦耳的乐曲。成千上万的人挤在这些建筑物里,他们在拯救文学艺术,他们在为穷人效劳。倏地,光影消逝,美丽的少女又变成丑恶的老太婆,身披死人穿的褴褛衣衫。"人们不再信了!"她愁眉苦脸地说。接着巴尔扎克总结道:"我发现教堂隐没在阴影之中,仿佛一个人裹在外套里。我自言自语道:'信就是生命! 我亲眼看见一个王朝的覆灭,我一定要护教!'"①

最后这一句是他在 1845 年再版时加上去的,而故事写在 1831 年 2 月。这篇东西足以反映当时巴尔扎克的宗教思想和君主思想。当载着

_____

① 巴尔扎克:《耶稣基督在弗朗德勒》。

x

219 巴尔扎克传(上)

查理十世的船连同教会和君主政体一起倾覆之时，他看到"艺术也随之隐遁于迷雾之中"。然而他一面为老国王的离去而惋惜，一面又对共和派表示敬意。阿尔芒·卡雷尔将成为他笔下的一个主人公，并为后来的人物米歇尔·克雷斯蒂安提供了重要的特征。真正的高尚——这一直体现在巴尔扎克身上——在于承认并且敬重这种高尚，甚至承认和敬重敌手身上的这种品质。莫非他也有敌手？他的天才表现在他能够理解一切：作为小说家，这是长处；作为实业家，这就是短处了。

第十三章　恣意享乐和离群索居

> 我的前途取决于属于这个世界的一个女人。
>
> ——巴尔扎克

1831 年是创作丰收年,对巴尔扎克来说本该是收支平衡的年份。他的《驴皮记》卖了一千一百二十五法郎,《私人生活场景》三千七百五十法郎,《哲理小说故事集》和《都兰趣话》五千二百五十法郎,为报纸杂志撰稿收入四千一百六十六法郎,共计一万四千二百九十一法郎,远远超出一个生活宽裕的单身汉所需要的数目。然而他的负债反而增加了六千法郎,到年底已欠下一万五千法郎(还不包括欠他母亲的四万五千法郎)。这是怎么回事?

原来他根本抵挡不住花钱的诱惑。长期的失意使他走上另一个极端。像拉法埃尔·德·瓦朗坦一样,他久已梦想着豪华的宴会、带软座的车辆和骏马良驹。他要把这些梦想都变为现实,因此他的酒账和饭费直线上升。受欧仁·苏和朋友们的影响,他认为自己变成了一个"时髦人物",但不是花花公子,因为他讨厌"英国佬在他们那儿骄矜地干下的那套一本正经的蠢事"。裁缝布依松为他做了六百三十一法郎的新衣服,其中包括三件白色晨衣,还有一件工作时穿的腰带上有金流苏的僧袍。作为一部短篇小说的代价,他向发行人于尔班·卡内尔索取一打上光的草黄色手套(喔!这些勾魂摄魄的黄手套!),外加一副驯鹿皮手套。至于书籍方面,那些精装本的开销,就更加可观了,这一项也没少让他破费。

然后,在 1831 年 9 月,他竟彻底地丧失理智,居然买了一匹马、一辆马车、一块印有数字图案的紫色毛毯和一顶四周垂着羊毛穗的华盖。一个月以后,他又买了第二匹马。为了侍弄这些牲口,又需要一个仆役,一个小厮或老虎①,他就是后来的小莱克莱尔克。布依松为他缝制了一件蓝色号衣、一件红袖美式绿背心和一条"人"字斜纹布长裤。有了这套行头,巴尔扎克先生就可以出入歌剧院或意大利剧院,和洛图尔-梅兹雷或欧仁·苏平起平坐地出风头了。

洛图尔-梅兹雷在巴尔扎克的生活中扮演了一个相当重要的角色。这位巴黎时装之王既是他的伙伴,又是他的榜样。他是阿尔尚唐市一个公证人的儿子,和爱弥儿·德·吉拉尔丹在一所中学里读过书。他参与了新闻界巨头创办的《猎鹰报》和《时尚》杂志。此人身材高大,言辞尖刻,傲慢无礼,留着一脸络腮胡子,棕色的发绺十分潇洒。这个外省佬居然征服了巴黎。这头狮子把林荫大道当作他的帝国,把托尔托尼当作他的魔鬼酒店,把歌剧院当作他的后宫。他和朋友们包下了歌剧院楼下的一个包厢(后来被人戏称"恶魔包厢")。巴尔扎克曾一度在那儿订过一个座位,后来因停止付钱而收到了一封侮辱性的讨账信,抬头为"德·巴尔扎克·德·安塔格·德·石榴园先生"②。洛图尔-

————————

① 当时巴黎的时髦青年自称"狮子",他们的跟班则称"老虎"。
② 苏珊·冉-贝拉尔:《巴尔扎克的小说〈幻灭〉的缘起》,第 17 页,阿尔芒·柯兰版,1961 年。——原注

梅兹雷每天在衣扣眼里插一朵白色的山茶花,这样虽然花费很大,但正因为他不惜代价,并且成了习惯,就变为"风流倜傥的真正标志"。人的某些癖好要比美德和才华更容易赢得名声。

谈到洛图尔-梅兹雷,不可不提赫赫有名的吉拉尔丹夫妇。能干的爱弥儿·吉拉尔丹于 1831 年娶了莎菲·盖侬的女儿德尔芬为妻。德尔芬在出嫁以前已经是浪漫派青年崇拜的爱说爱笑的金发诗神。她当了吉拉尔丹夫人之后,以她为核心形成了一个文学小集团。在意大利剧院演出之后或是舞会之前,谁要能够受到这个小集团的接待简直是莫大的荣誉和快乐。德尔芬的沙龙四壁挂着水绿色的植绒锦缎,拉马丁、雨果、欧仁·苏、大仲马和巴尔扎克都是那儿的座上客。女主人很喜欢巴尔扎克。"欧!昨天巴尔扎克多有趣呀!"她对颇有些忌妒的洛图尔-梅兹雷说。巴尔扎克这位著名的青年作家和才华出众的记者为吉拉尔丹的报纸杂志增添了不少光彩。

不久,这位卡拉巴侯爵①觉得卡西尼街的寓所太狭小了,他又租下了楼内的另外一层。于是又需要一笔开支,用于购买油画和室内装饰,自然,还有家具和地毯,尤其是地毯,必须是厚实、柔软,价格昂贵的。有什么关系呢?反正他现在一帆风顺。吉拉尔丹给他的信中有这样的句子:"咱们去看看那个靠你发财的出版商去……"尽管如此,那些爱护他的人对他到处借贷和他表面的轻浮深感不安。可爱的洛尔·絮尔维尔常常借钱给他,但是向他大声疾呼:"冒失鬼!放清醒点!"远在昂古莱姆的珠尔玛·卡罗眼见一个如此伟大的天才堕入她认为与他不相称的社会圈子,感到无比惋惜。

---

① 卡拉巴侯爵,法国 17 世纪作家佩罗的童话《穿靴的猫》中的人物,一个冒牌的大富翁。

1831 年 11 月 8 日,珠尔玛·卡罗致巴尔扎克:8 月 20 日,9 月 20 日,接着 10 月 20 日都过去了,我空等了您一场,不见片言只语,连个招呼都不打。这很不好,奥诺雷。我很难过,虽说我还没有把您列入我那些一走出校门就各奔东西的朋友。只有一件事可以使我稍感安慰,这就是您取得了新的成就……您什么时候需要倾吐心曲就来找我吧。卡罗说您是害怕染上乡下人的浅陋习气。但是,亲爱的奥诺雷,就算巴黎能够使您保持高雅风度,它能给予您在弗拉佩斯勒能够得到的真诚友情吗?

　　您一心一意描写小说中人物的思想感情,必然忽略了更为可贵的属于您自己的感情,因而我尽力避免苛求于您,但还是要求太高了。我不需要而且从来不曾要求过您奉献给女人的那种友情……我追求的是更为高尚的情感。是的,奥诺雷,您必须给予我足够的重视以免把我忘却。假如有什么不如意的事干扰您的快乐,或是什么失意的事惹得您心情不舒畅,您就会来找我,而您也会看到我是怎样来回答您的召唤的……①

　　好心的纳卡尔医生不时借给他三百五百,并不指望他归还,还给他写信说:"为了国家的光荣和朋友们的幸福,继续成长吧!"1831 年底,巴尔扎克的开销比前一年整整多了两倍。不过他总算尝到了花钱的乐趣。不久以前还是默默无闻,穷愁潦倒,站在拉雪兹神甫公墓高地上向巴黎挑战的穷小子,如今动辄出入托尔托尼酒店,成为巴黎显贵、时髦作家以及像奥琳珀·佩利西埃这样尊贵的交际花们的座上客,这对他来说是何等的幸福! 他知道人们很欣赏他的才华。

---

　　① 《巴尔扎克通信集》,第 1 卷第 606—607 页。——原注

1832 年 1 月 2 日,奥琳珀·佩利西埃致巴尔扎克:我能指望您下星期一九点钟光临敝舍吗?罗西尼要来我这里吃晚饭,这样会给新的一年带来好的开端。到那一天,您应该比以往更加可亲。利用这个时间休息一下,只会使您变得更加出类拔萃……①

过了几个月,1832 年 5 月 9 日,德尔芬·德·吉拉尔丹写信给巴尔扎克:

好久没有看见您了。明天晚上来吧!告诉我们您最近的消息。您会见到一个对您的新作佩服得五体投地的读者,还有一些好朋友,您把他们忘了,他们可不饶您……明天见,好吗?……②

当然,在这无与伦比的美妙生活背后,还有负债的阴影在游荡:他为赊欠的账单烦恼,常常提心吊胆,怕催债的执行员上门。但是债多不愁,虱多不痒。在这个已经成名的作家身上,仍保留着顽童的习性。他忘情于表面的胜利,任精神与肉体放荡不羁。他如此强烈地渴望功名,竟至狼吞虎咽地吞咽成功的果实。他被贫困折磨得太痛苦,竟不惜负债累累地去享受荣华富贵。他扮演了一个新的角色——踌躇满志的巴尔扎克。及至事情闹得无法收拾,他便退出前台,把家政托付给母亲大人。母亲虽然总是唠唠叨叨抱怨个没完,可还是忠心耿耿地前来料理这个烂摊子。而巴尔扎克则隐居起来,或到布洛尼埃尔的贝尔尼夫人

---

① 《巴尔扎克通信集》,第 1 卷第 642 页。——原注
② 《巴尔扎克通信集》,第 1 卷第 715 页。

那里,或到萨榭的马尔戈讷家,要么就到昂古莱姆的珠尔玛·卡罗家里住下,躲过纠缠不清的债主,安心写作。

这位拉伯雷主义者仍然大言不惭地主张一个作家应该尽可能地保持自身的纯洁,他认为能够节制情欲而纯洁无瑕者可以产生高尚的思想。与此同时他自己却保留着两个情妇:洛尔·德·贝尔尼和德·阿布朗泰斯公爵夫人。前者仍旧是他的 Dilecta,钟情、温柔,还是一个不可多得的校对员。后一位之所以依恋他,是因为他对她的文学事业有帮助,而且能给她解闷。此外,他的小说为他招来许多陌生女子的信。1831 年 10 月,他收到一封来信,给他印象颇为强烈,投书者署名是一个臆造的英国女人的姓氏。信封上只写着"巴黎,德·巴尔扎克先生收"。邮局居然奇迹般地找到了他,他们先把信投到卡西尼街,然后转至萨榭。这位神秘的通信者批评巴尔扎克在《婚姻生理学》中的玩世不恭态度以及对女人的评论。他却感谢她"在责难中间接流露出来的赞扬,因为这些责难之词告诉我,我的作品引起了强烈的反响……"

> 对于一个经历过生活风暴的女人,本书的用意就是把妻子犯下的所有错误无一例外地归咎于丈夫。这可是绝对的免罪处理……别以为我会对您那封充满感人的悲歌,自然地发自女人内心的书信无动于衷。那些来自远方的强烈共鸣,是我至珍至贵的财宝,是我最纯真的快乐……①

收到这位作家在百忙中写的满满四页纸的回信,真是莫大的荣幸!女读者大为感动,便披露了自己的真实姓名。她就是德·卡斯特里侯

---

① 《巴尔扎克通信集》,第 1 卷第 391—392 页。——原注

爵夫人,闺名克莱尔-克莱芒斯-亨利埃特·德·玛耶,属于圣日耳曼郊区贵族中最高贵的一支。她的经历足可以写成一部小说。她和后来升为公爵的德·卡斯特里侯爵的婚姻完全是失败的。1822 年她与奥地利首相的儿子维克托·德·梅特涅邂逅,她热恋上这位浪漫、文弱、英俊的青年,便离开丈夫,同这个年轻人同居,1827 年他们有了一个儿子,教名是罗杰。孩子的祖父,奥地利首相请求奥皇把这个私生子封为贵族,从此他便是德·阿尔登堡男爵。

后来有一次侯爵夫人从马背上摔下来,跌伤了脊椎,几乎成了残废。1829 年,她的情夫维克托·梅特涅患肺结核去世,使她从肉体到心灵都遭受极大打击。又因爱情上的丑闻为上流社会所不齿,亨利埃特只好时而躲进父亲德·玛耶公爵的洛尔莫瓦府邸,时而栖身于叔叔费兹-詹姆斯公爵的柯维戎城堡。大显贵费兹-詹姆斯是斯图亚特家族的后裔(费兹在英国相当于王族非婚生后代的一种徽号),他是在奥琳珀·佩利西埃家里认识巴尔扎克的。因此侯爵夫人投书的时候自然很清楚她是在同什么人对话。

在第二封信里她就邀请巴尔扎克去拜访她,他对这一信任的表示感激不尽。

1832 年 2 月 28 日,巴尔扎克致卡斯特里侯爵夫人:人生难得遇到崇高的心灵和真正的友谊。尤其是我,我是那么缺乏可信赖的真诚支持,因此我接受您慷慨的邀请,哪怕因此失去许多有助于我成名的时间。若不是由于紧迫的工作缠身,我一定早已前去向您致意,献上我这颗赤诚的心。然而,尽管我已奋斗多年,并历尽光荣而值得自豪的不幸,我仍需再走一段路程,方能企及那美好的时日,届时我不再是文学家、艺术家,而是我自己。如果您允许的

话,我将在那个时候献身于您……①

相见的时刻到了,他为此激动不已。卡斯特里侯爵夫人结婚的时候正当豆蔻年华,娇艳无比,红棕色的秀发,垂在雪白的前额上。"她芳龄二十,身穿一件肉红色的长裙,袒露的肩膀足以和提香的画中人媲美。她走进客厅,连辉煌的烛光都黯然失色了。"②1832 年时,她承认自己已经三十五岁。自从那次坠马事故之后,她走路步履艰难,但依旧秀美妩媚。当巴尔扎克手执马鞭,乘坐一辆崭新的轻便马车,还有一个身穿鲜红制服的小马夫相随,把车子一直驶进格雷奈尔-圣日耳曼街的一座漂亮宅第的院落时,他心中感到何等幸福啊!然而初次会面之后,巴尔扎克就开始佯作退却,他给她写道:"一个女人的怜悯心再温柔,也比嘲讽更伤人。受伤的心灵加上想象力,使我想得很远,还是让我对您保持一种充满柔情的回忆为好……"③

他这是不是故作姿态,卖弄小说家的乖巧呢?事实上他又去看她了,而且向这位新朋友献上他的手稿《和解》(即《夏倍上校》)、《信使》和《约会》,作为礼物。

1832 年 3 至 5 月间,巴尔扎克致卡斯特里侯爵夫人:作家的工作已经完成,现在请允许我向您表示衷心的感谢,深深地感谢您让我度过了美好的时光!它们深深印入我的记忆,仿佛未成文的诗篇,又仿佛来自上界的幻梦或欣赏仙乐时产生的遐思。假如这笨

---

① 《巴尔扎克通信集》,第 1 卷第 676 页。——原注
② 菲拉雷特·夏斯勒:《回忆录》,第 1 卷第 303 页,巴黎,夏庞蒂埃版,1876 年—1878年。——原注
③ 《巴尔扎克通信集》,第 1 卷第 683 页。——原注

拙的语言能够形容您的话,我真想告诉您,如此美妙诱人的事物简直令我感到恐惧了。这绝非谄媚之词,而是真话,而且怀着最深情的敬意……①

　　他开始构筑种种疯狂的希望,在那些高不可攀的贵妇之中居然有一个成为他的情妇,这是多么辉煌的胜利啊!"他为一种极端强烈的感情所控制,其中虚荣心和爱情奇妙地混杂在一起,一时间他似乎完全被这个女人迷住了。"②他向来不能设想爱情能与贫困相伴。他的侯爵夫人的生活排场使他心满意足。卡斯特里夫人似乎也很依恋他,常常在深夜把他留在小客厅里,当然还保持着必要的距离。1832 年 5 月 16 日圣奥诺雷节,她给他寄去了一大束绚丽的鲜花。他再三再四地为她"给予的美妙时光"表示感谢,每一封信都用"致以亲切的友情"来结尾。看来,他的事情进展顺利,不过这场征战占用了他不少珍贵的夜晚,他本该将这些时间用于写作的。

　　也许是为了博得卡斯特里侯爵夫人的欢心,他在一份新创刊的正统派报纸《革新者》上发表了几篇文章。费兹-詹姆斯公爵是这一派的头目之一。巴尔扎克显然觉得为待他如此热情友好的朋友尽力是件快事。卡斯特里夫人善于将颂扬和温情巧妙地交织在一起。她在信中写道:"我宁可为了见不到您而遗憾,也绝不愿损害您的事业,因为您的作品给了我极大的享受,我喜欢读您的文章。今天早上我一醒来就被《革新者》报吸引住了,可是听您谈话会使我更加喜欢您……"③也许,置身于格雷奈尔-圣日耳曼街的温柔乡中,他觉得政治的真谛同一个极其可

① 《巴尔扎克通信集》,第 1 卷第 686 页。——原注
② 贝尔纳·居庸:《巴尔扎克的政治和社会思想》,第 506 页。——原注
③ 《巴尔扎克通信集》,第 1 卷第 733 页。

爱的贵族身上的高贵气质自然地结合在一起了。

特别是他仍然倾向强权政治。由一个人来统治有利于集中能量，这始终是他的主张。不管这个人是波拿巴还是查理十世，皇帝也罢，独裁者也罢，国王也罢，他认为都无关紧要。他对七月王朝最为不满的是这个政权软弱无力。他在他的正统派新朋友家里谴责该党的极端分子，那些主张在一切选举中都弃权的人。费兹－詹姆斯公爵比那些人聪明，他提倡一种比较灵活的政治态度，即允许使用议会这个讲坛，不赞成"在国内流亡"。他已经同意向路易－菲力浦宣誓效忠，因为要拯救法兰西必须这样做。但是他放弃了贵族院议员的头衔，以便等待时机，一旦法兰西某个地方的选民想要推举"一位从不回避说真话的人"做代表时，他就可以进入另一个议会。这一明智、灵巧而又清高的态度，正好与巴尔扎克的野心不谋而合。

他"加入右翼的行为"使他那些自由派朋友既痛心又震惊。图尔的阿梅代·福煦叹息道："您现在简直成了彻头彻尾的正统派了！听我的，别跟那股在国内没有前途的恶势力同流合污。局势的确可能不妙，但是再糟也不至于让亨利五世及其帮凶——狗教士和劣绅们——卷土重来。"①珠尔玛·卡罗因为爱他，也责备他。

1832 年 5 月 3 日,珠尔玛·卡罗致巴尔扎克: 亲爱的奥诺雷, 您怎么永远也逃不出动荡不安的生活？……您像个炼金术士,糟蹋完了黄金,只剩下一个空空如也的坩埚。奥诺雷,您是个出色的作家,您完全可以发展得比现在更好。出风头不是您的事,您的目标应该远大得多。我真想大胆地告诉您,为什么您这样白白地糟

---

① 《巴尔扎克通信集》,第 1 卷第 698 页。——原注

蹭您那罕见的才智！得了，还是让那帮有钱人去过那种风雅生活吧，或者让精神上受到严重创伤的人去从中寻求麻醉吧！而您，您呀……我不再往下说了，因为我觉得我可能越出了您给予我的权限。不过我一定会为您获得荣誉感到非常自豪，只要这荣誉是我所能理解的。

听说您投身到政治当中去了。噢！当心哪，要格外当心！我出于友情为您担惊受怕。您可不应该是那号追随于大人物左右的人。只有那些同大人物过从甚密的亲信才有分享功名的可能，这也可能是出于友情而尽忠吧。但您是应该名垂千古的人，还是为自己选定某种原则，遵循它来发挥您的聪明才智吧！让您的生活习惯变得平易近人一些。把效忠大人物的行为留给宫廷里的差役去干吧，切莫同这号人搅在一起而玷污了您的名声……亲爱的，最亲爱的，请自重吧，哪怕高官厚禄从您身边滑过……①

这位激进共和派人物的话是有道理的，其实巴尔扎克心里也很明白。但是哪个男人不追求自己的欲望呢？他比谁都更加欲壑难填。一部小说写成了，还要写十部；有了一个女人，还要第二个；获得一次成功，又向往着更大的成功。他有永不满足的获得享受和补偿的欲望，他反复盘算文学创作能带来多少物质利益；他对地毯、名画和家具的需求永无止境，所有这些欲望都含有某种庸俗的东西。但是，尽管他垂涎这一切，为了写作却又能抛开这一切。一旦进入创作佳境，他就从享乐的追求者一变而为深居简出的隐士。他给珠尔玛·卡罗写道："我伏案工

---

① 《巴尔扎克通信集》，第 1 卷第 710—711 页。——原注

作了整整一个月,把命都搭进去了,就像炼金术士把金子丢进坩埚一样……"①"我给自己制定了最最严酷的专制制度。我夜以继日地干……没有任何娱乐……我成了笔墨的奴隶,不折不扣的思想贩子……"②

巴尔扎克每天晚上六点钟睡下,让人在半夜十二点把他叫起来,然后一气写作十二至十五小时,他还剩下多少时间去寻欢作乐呢?就算在某个晚上他到吉拉尔丹家里做客,或者去歌剧院,或者和伙伴们聚在一起共进晚餐,那也准是在闭门写作了几个星期以后,好比远航归来的水手在进港时鸣炮欢庆一样。他时常谈到合同啦,收益啦,这并不意味着赚钱是他写作的主要目的。他总是对自己的作品进行反复的大量的修改、增删,说明他是个一丝不苟的严肃的作家。巴尔扎克既有他浅薄的一面,又有他深刻的一面。珠尔玛在他的书信中没有发现这一点吗?那么她应该到他的作品中去寻找。

洛尔·贝尔尼夫人则一心希望把他拉出巴黎。她已经五十五岁,这种年龄不再适合充当钟情的恋人。阿布朗泰斯公爵夫人即使还没有被除名,至少也已失去了影响。1832年四五月间,贝尔尼夫人终于把巴尔扎克带到尚蒂伊森林旁边的圣菲尔曼。在那里,他奇迹般地一鼓作气写出了《图尔的本堂神甫》,并且完成了《三十岁的女人》。

《图尔的本堂神甫》既是一篇出色的中篇小说,又是一个大胆的行动。故事涉及一个可怜的头脑简单的教士皮罗托神甫的一段平淡无奇的经历。他的住房被一个好记仇的老小姐和一个正在往主教位置上攀登的老奸巨猾的议事司铎霸占了。巴尔扎克在这幅图画中描绘了图尔

---

① 《巴尔扎克通信集》,第 1 卷第 661 页。——原注
② 《巴尔扎克通信集》,第 1 卷第 35 页。

的各个社会阶层,圣会的幕后力量以及大神甫团的神秘影响。这篇小说是复辟时期的一份不可多得的历史文献,同时显示出作者对各类人物的心理状态以及那些最能说明问题的琐事有着令人称奇的知识。无疑,这是 Dilecta 启发了他。

他回到巴黎后,发现人们惶惶不安,原来发生了霍乱,而且女公爵德·贝里又在旺代登了陆。巴尔扎克非常气愤,责怪政府没有去求教催眠师,否则立即可以找出疾病流行的原因。刚回到巴黎,他又想赶快离开。如果有人以为他喜爱社交生活,那可就错了。他究竟追求什么?找一个理想的配偶,生活在乡下。娶爱莱奥诺·德·特律米利的机会已经错过,他现在考虑的是一个非常有钱的年轻寡妇,窦布鲁克男爵夫人,闺名卡洛琳娜-朗德里耶尔·德·鲍尔德,他指望夏天在萨榭的马尔戈讷家里遇见她。没有比这样一个寡妇更理想的了,她自己有一笔财产,并且不乏爱情方面的经验。但是 5 月末巴尔扎克出了一次车祸,他的双轮轻便马车已经是第二次翻车了。前一次在 4 月份,受害者是德尔芬·德·吉拉尔丹。

1832 年 5 月 31 日,巴尔扎克致爱弥儿·德·吉拉尔丹夫人:
夫人,我们俩都注定要被这辆马车掀倒。就在距离您受亏待的地方不远处,我又撞上了上述那些英雄的 7 月石。这个脑袋,这漂亮的脑袋,总而言之是您所熟悉的脑袋,挨了这么惨重的一击,我不知道我的脑子是否会在某个机件上发生故障……①

他的脑子倒没有发生故障,只是纳卡尔医生叫他卧床休息,又是禁

---

① 《巴尔扎克通信集》,第 1 卷第 727 页。——原注

食,又是放血,还不许他写作和思考。到了 6 月,他逃离巴黎的愿望更加强烈,一方面是为了躲避债主,摆脱金钱上的烦恼和出版商们的纠缠(他把所有的烦心事都丢给可怜的母亲,把她安置在卡西尼街的家中全权处理他的事务);另一方面也是为了躲避阿布朗泰斯公爵夫人,因为她还想要他帮她写书,可是他既没这个时间,也没这个愿望。更重要的原因是,他自己要写作,他感到脑子里充满了小说。卡斯特里侯爵夫人邀他 8 月到艾克斯温泉去同她相会,然后陪她去瑞士和意大利。"嗯哼?"他骄傲地给他的管家和亲信母亲大人写道。他常用这种相当动听的"嗯哼?"来回答母亲从前对他的严厉评价。

他没有足够的川资到艾克斯去旅行,隐居到萨榭倒能省出一笔开支。因此他来到热情好客的马尔戈讷家。虽然虔诚的驼背老太婆会令他厌烦,但在她家里可以有一个舒适的房间,一只咖啡壶,一盏床头灯和相对的清静。何况不久他又有了另一条理由庆幸自己离开了巴黎。动乱震撼了巴黎城。女公爵贝里在旺代策动疯狂的政变之后,一些杰出的正统派,如夏多布里昂、贝里耶、希德·德·努维尔等人都被拘禁,连费兹-詹姆斯公爵也没能幸免。

十天之后,这些显要的囚犯就获释了,可是这次拘捕仍使贝尔尼夫人感到高兴,"如果这伙人的政党被摧毁了,你就得投靠另外一股势力"①。她痛恨正统派,因为她把正统派和亨利埃特·德·卡斯特里连在一起。洛尔·德·贝尔尼不能和年轻的情人住在一起,就寄居在尼埃弗尔一位年迈的朋友阿列克斯将军家里,这是一个耳聋得厉害的老好人,成天抽着刺鼻的烟斗。她就在那里为巴尔扎克工作,帮他校改大量清样,对《私人生活场景》提出修改建议,并且告诫他提防那群圣日

---

① 《巴尔扎克通信集》,第 2 卷第 23 页。——原注

耳曼区的贵族。

　　然而一种极度的恐惧常常使我心惊肉跳。我担心,假如某位夫人写信叫你去看她,你大约很乐意前往。从前不就是有这么一位夫人把你从图尔召到凡尔赛去安慰她的痛苦吗?出于自私的目的,她还故意夸大她的痛苦。这回情况要严重得多,不幸的是你的虚荣心总是那么强烈,它左右着你的行为,尤其在你对它的力量无所察觉的时候,更是如此。不过,我心爱的人,我亲爱的朋友和儿子,还是听一听我的肺腑之言吧,为了让你听进这些道理,我以最友爱的声音对你说话。想想吧!在你急需三四千埃居的时候,那些人绝不会供给你分文。他们得势的时候,总是忘恩负义的,这是本性所致,他们绝不可能为你一个人改变本性。他们人人都自私自利,诡计多端,盛气凌人,蔑视一切非贵族出身的人。朋友!为着你所珍视的一切,为了你的荣誉,为你将来的幸福,也为了我的安宁(因为你是爱我的),不要听信他们,切莫上当……①

　　为什么巴尔扎克不来同她在一起呢?阿列克斯将军愿意留他住宿,还要给他讲述波拿巴以及高层政治的机密。他们可以生活在一起,远远避开那个对多情而伟大的心灵如此不相宜的世界,这该有多好呀!她继续对他"善良的心地"寄予希望,但是,在这样一个充满邪恶的环境里,怎么能使他保持纯洁呢?《私人生活场景》勾起了她许多甜蜜的回忆:"我还记得你给我朗读这些段落时的情景,记得你当时对我说的以及我回答你的绵绵情话,于是我深深地潜入你的心灵,正如潜入你可

---

① 《巴尔扎克通信集》,第 2 卷第 23 页。——原注

爱的肉体,那时候……你知道吗? ……"①

瞧! 她依旧是眷眷情深!"我相信我还是你的亲爱的,我还要像往常那样爱抚你,吻遍你的全身……"②几天以后又来信说:"喔! 我的宝贝! 我亲爱的! 我所热爱的主人! 来吧,再来享受你自己创造的甜蜜爱情,接受按你的习惯培养出的爱人的抚爱。喔! 希望不久我们又能在一起;若是让别人来摘取这些美丽的花朵就太可怕了。我至今仍呼吸着它们的香气,并为之陶醉,它们鲜艳的颜色愉悦我的心灵,我要怀着深情从你可爱的胸前摘取这些花朵……"③但是他还爱她吗? 他是不是已经属于另一个女人? 果真如此,她宁愿先死去:"亲爱的心肝,我不知道世上是否还有比一个人始终眷恋一个已经不再爱她的人更为悲惨的生活……"她已经同丈夫分居,各奔东西的子女使她无所适从,剩下的只有情人了,她说:"我的心都碎了。"

另一个抱怨他的就是母亲大人,奥诺雷不知羞耻地把一个又一个重担压在她的肩上。她得从他的纸堆里找出某一份手稿寄给玛门书屋。"还有,我的好妈妈,你得把夏天穿的长裤给我弄来,布依松想必已经做好了。"④"星期三上午我将托驿车给你捎去一个包裹,里面是欠戈斯兰的一份小说手稿(《路易·朗贝尔》)。……打发了戈斯兰以后,我得赶紧写《战斗》……"⑤"告诉所有来找你讨债的人说我正在外地旅行,8月15日才能回去……"⑥他还对他的"好妈妈"谈及娶窦布鲁克夫人的计划。不幸的是这位被追逐的寡妇并没有去都兰。然而在巴尔

---

① 《巴尔扎克通信集》,第 2 卷第 25 页。——原注
② 《巴尔扎克通信集》,第 2 卷第 27 页。
③ 《巴尔扎克通信集》,第 2 卷第 43—44 页。
④ 《巴尔扎克通信集》,第 2 卷第 13 页。
⑤ 《巴尔扎克通信集》,第 2 卷第 34 页。
⑥ 《巴尔扎克通信集》,第 2 卷第 42 页。

扎克的想象中,事情似乎进行得很顺利,他曾把《私人生活场景》寄给她,"她给我写了一封很礼貌的回信表示感谢"①。他有这种奇妙的本领,能把希望当作即将实现的幸福。

只是结婚不能解决他还债的当务之急。于是他不得不忍痛牺牲。巴尔扎克给母亲的信中说:"要是你能把马匹卖掉,那就卖了吧。如果你想把莱克莱尔克解雇,就付钱打发他走吧。"他只需要赢得六个月的时间,"因为我处在前所未有的良好状态中。迟早我的文学、政治、新闻、婚姻或者我的伟大事业都会使我发财的。我们必须再忍受一段时间的痛苦。假如只是我一个人受苦,倒也罢了,因为四年以来,若是没有贝尔尼夫人,我早就不知多少次逃亡国外了。但是现在你也在那里受苦,这也是使我内心受折磨的一个原因……你要我写信写得详细些,但是,我可怜的妈妈,你难道还不知道我的日子是怎样过的吗?我要是有时间动笔,我就得写稿,不写稿的时候,也得动脑子思考。让事务、责任或者情感缠身而少写一页书,等于听任它们吞噬我的生命……"②他说得不错,当一个人被现实世界的困境和责难所干扰,怎么能创造一个想象的世界呢?但是这一切对于日趋衰老、体弱多病的可怜女人来说,的确非常艰苦,她竭尽全力,而她的儿子还要埋怨她。

1832 年 7 月 19 日,巴尔扎克致母亲:今天早上我刚刚鼓足干劲开始工作,就被你的来信把情绪全破坏了,我真想哭。你想想,当我突然看到你所勾画的贫困画面,我还能作什么艺术构思呢?你不想想,若是我不知道我的困境,我会这样拼命工作吗?……再

---

① 《巴尔扎克通信集》,第 2 卷第 52 页。——原注
② 《巴尔扎克通信集》,第 2 卷第 53 页。

见吧……再见吧……①

儿子那个烂摊子里的种种事务,把巴尔扎克夫人弄得焦头烂额,洛尔不得不出面干预,她要求奥诺雷怜惜母亲,软心肠的巴尔扎克感动得流下了眼泪——他写了这样一封信:

> **1832年7月20日,巴尔扎克致洛尔·絮尔维尔:** 你不知道,当我想到可怜的母亲有病而且处境困难,我心如刀绞。正是这一切给了我魔鬼般的勇气来工作……只是她像我一样太富于幻想了,有时候她只看到贫困和艰难,而另一些时候又只看见胜利和光明。得了,我谅解她,今天我比任何时候更加爱她。我的好妹妹,把这话告诉她吧,写到这里我不禁热泪盈眶……

他借以自慰的是在萨榭期间写出了《路易·朗贝尔》,他企图以这部作品与歌德的《浮士德》和拜伦的《曼弗雷德》媲美,给他的敌人以有力的回击,并且"让人们意识到他那无可争辩的优势"。这本书描写一个年轻的天才,也就是旺多姆时期和阁楼时期的巴尔扎克。虚构的路易·朗贝尔在童年时代就已经阅读了巴尔扎克自己在十五到二十五岁期间读的书,已经具有了他自己在1832年,即三十三岁时才有的思想。不过基本框架没有变,因此只要仔细阅读《路易·朗贝尔》,就能了解巴尔扎克的成长过程。

"五岁那年,路易接触到《新旧约全书》,正是这部卷帙浩繁的大书决定了他的命运……从那时起,读书就成为他永无止境的欲望……"路

---

① 《巴尔扎克通信集》,第2卷第61页。——原注

易特别醉心于有神秘色彩的书籍。"我们的心灵是一个深渊,它在深渊中流连忘返。"他的秘诀在于他的"超视力"①,即在想象中看见从书中读到或从别人那里听到的事物的特殊功能。他能够清楚地了解他从未见过的人或事件。当他读到奥斯特利茨战役的时候,耳边会响起大炮的轰鸣、战士的呐喊和战马的奔腾,而且会闻到火药味儿。他简直是世界末日的目击者。当路易·朗贝尔全神贯注沉醉在书本里的时候,他就忘记了外部世界。但是只要他愿意,他也可以在某些时刻把全部力量集中到某一点上,这时他就变成力大无穷、无坚不摧的人。假如他认真想象刀子在割他的肉,他就真的感觉到尖锐的疼痛。"思想能够导致肉体的痛楚? ……嗯哼! 你说呢?"

路易·朗贝尔的思想体系也就是巴尔扎克的思想体系。他接受神示秘传的传统,圣马丁和斯威登堡曾经使这种传统得以复苏,这就使一些神秘色彩的场景有了依据。巴尔扎克像斯威登堡一样认为人是有两重性的,即屈服于自然法则的外在的人和支配着生命力的内在的人,至今科学还不能解释这内在的力量,而它却像物质力量一样地存在着。在某些有特殊天赋的人身上(如路易·朗贝尔),内在的人能够脱离外在的人,这就能解释为什么相隔很远的东西能在眼前浮现,催眠师为什么具有超视力,殉道者受酷刑时为什么能英勇无畏、泰然自若,因为他们的内在的我此刻在别处。

思想、欲望是内在人的流露,是不同的人所发出的或强或弱的波。这就是朗贝尔所谓的"思想的物质性"②,思想或欲望之所以能损害身体,就是这个道理。这里人们又一次见到了《驴皮记》的主题。路易·

① 实际上就是形象思维的能力。
② 莫里斯·巴尔台什:《哲学研究注释》,《全集》,第 18 卷第 24 页,老实人俱乐部版,1960 年。——原注

朗贝尔这个幻觉丰富的孩子,属于对整个宇宙有直观感受力的那种人(巴尔扎克也属于这类人),他觉得自己几乎可以解释天地万物。但是,过于丰富的内心生活毁坏了他外在的自我。在巴黎,他的心灵在这"自私的深渊"中受蹂躏。他宁愿思考而不愿去行动,喜欢思想而不喜欢事务。他原本可以成为一个强者,但是他缺乏想要发财的人必须具备的那种持久的全力以赴的精神,因此必定被碾得粉碎。路易·朗贝尔由于过强的天赋而走向疯狂,即使那位有部分犹太血统的美丽善良的波琳娜·萨洛蒙·德·维尔诺阿的爱情,也没能挽救他。这个"二十五岁的百岁老人",年纪轻轻就夭折在他女友的怀里。

巴尔扎克真诚地相信《路易·朗贝尔》是他的杰作。在这部小说里,他投入了从神秘主义者、占星家、哲学家和学者那里学到的所有东西。他多次改写这本书,增添一些有关社会学和玄学的篇章。他试图解释这个世界由思想和物质的逐渐交融而被创造出来的各个阶段。他赋予路易·朗贝尔的超人天才就是他自己的天才。但是"上帝能够创造一切,却不能创造另一个上帝;天才能够再现一切,却不能再现天才"。路易·朗贝尔缺乏生气。他把此书的第一稿交给贝尔尼夫人,并且把这本书题献给她:献给永远亲爱的人①。她读后感到十分焦虑:"我想你是在从事一件不可能的工作。"②她认为没有一个读者能容忍作者向他宣称已经了解整个宇宙。不论作者多么有天才,读者还是只会看到他的傲慢自负。"因此,诸如这样的句子:*令人敬佩的思想搏斗达到了最强大最广阔的境界……他使道德世界的边境为他向后退却……*是读者所不能容忍的。亲爱的,你要让人们从各个方面看到你

---

① 原文为拉丁文。
② 《巴尔扎克通信集》,第 2 卷第 82 页。——原注

所达到的高度,而不要去呼吁他们来崇拜你,不然的话,最高倍数的放大镜就要从四面八方瞄准你,你想想,再精美的东西到了显微镜下会变成什么样子呢?……"①女人哪怕堕入了情网也比天才更明智。《路易·朗贝尔》这本作者偏爱的重头著作缺乏普罗米修斯式的火花。

　　Dilecta 劝他"听听卡罗夫人的意见",她信任卡罗夫人,认为她是巴尔扎克的第二个真诚的女友。(这两个伟大的女人身上有着某种动人的甚至是崇高的精神,她们虽然互不相识,却始终共同守护着她们的诗人。)昂古莱姆距离萨榭只有六十法里。既然没有钱去艾克斯温泉,他很想奔往火药库去。他给妹妹洛尔写信说:"卡斯特里夫人为此很伤心,她对我很好,我本来会在她身上找到年轻的贝尔尼夫人,而且她也可以给我帮忙……"②珠尔玛也召唤他去,她的友情对巴尔扎克依然是珍贵的,不过他害怕自己成为一个不讨人喜欢的客人:"我是一个操笔墨营生的苦役犯,一个真正的思想贩子。"萨榭开始令他厌倦,而他1831 年 12 月第一次在火药库做客时就很喜欢那个地方。珠尔玛的住所相当简朴,更像一座农舍而不像是宅邸。庄重聪明的女主人把它布置成一处颇有魅力的隐居所。③

　　1832 年 7 月 10 日,巴尔扎克致珠尔玛·卡罗:在这里,城堡的生活使我不得安宁,总是有客人,每天必须按时穿戴整齐,而且外省人简直不能理解为了不打断思路可以不吃晚饭。事实上他们的钟声早已不止一次地搅乱了我的思想……④

---

①　《巴尔扎克通信集》,第 2 卷第 83 页。——原注
②　《巴尔扎克通信集》,第 2 卷第 63 页。此处年轻的贝尔尼夫人指卡斯特里侯爵夫人。
③　苏珊娜·J.贝拉尔:《巴尔扎克的小说〈幻灭〉的缘起》,第 134 页。——原注
④　《巴尔扎克通信集》,第 2 卷第 48 页。——原注

何况,他周围没有一个人能够认真听他朗读,试想马尔戈讷夫人怎能听得进他朗读《路易·朗贝尔》呢?于是他决定到**火药库**去。不过还得让珠尔玛到昂古莱姆的驿车站去接他。从城里到火药库的几公里路程对他来说简直像到中国去一样困难,他依然像个需要母亲保护的孩子。

在卡罗家居住期间,他完成了优秀的短篇小说之一《被遗弃的女人》。虽说对作品寻根究底是危险的,一部作品往往是把真人真事同作者的虚构糅合在一起,形成不可思议的效应,但是从这篇小说里人们仍能隐约看到真实与虚构的结合。这篇小说是献给阿布朗泰斯公爵夫人的。公爵夫人在她的《王政复辟时期回忆录》中发表了一篇雷同的故事。情节是真实的,人物也实有其人。两篇作品都讲的是一个男人为了结婚而与情妇破裂,然而他难忘旧情,在情妇拒绝再见他的时候竟自杀身亡。情节的巧合使人无法怀疑题材的来源。巴尔扎克从洛尔·德·阿布朗泰斯极其丰富的回忆录中汲取了许多素材。此外,不久前他在巴耶还仔细研究了另一位"被遗弃的女人",她就是德·欧特弗依夫人,"她的聪明才智堪与巴黎最杰出的才女媲美"[1]。至于小说的感情气氛,他从第三个被冷落的恋人那里了解得更清楚不过了,她就是洛尔·德·贝尔尼。

巴尔扎克从来没有"遗弃"过他的 Dilecta,但他却不停地追求另外两个女人(那就是在艾克斯温泉的德·卡斯特里夫人和有钱的寡妇窦布鲁克男爵夫人),而把这位最完美的朋友抛到第二线。对安定生活的向往使他想娶男爵夫人,不过他知道婚姻生活的单调乏味会损害他这个小说家的才华。作为小说家,他需要从危机和忧虑中汲取营养。在

---

[1] 摘自巴尔扎克在《政治报专刊》(1830 年 3 月 24 日)上发表的一篇文章。——原注

去不去艾克斯的问题上,他处于极其矛盾的心理状态中。一方面他不忍使 Dilecta 伤心失望,害怕失去她慷慨地给予他的幸福;另一方面他又热切地期待着德·卡斯特里夫人可能施予他的快乐。他描写克莱尔·德·鲍赛昂和加斯东·德·纽埃尔相恋的初期时,是否直接借用了他自己在维勒帕里西斯的切身体验呢?那时,他像书中的加斯东一样,遇见了一位心灵受伤的女人,"沉浸在对往昔激情的伤心回忆之中"①(指科西嘉人冈比的那段插曲),在僻静的村镇孤独地度日。在那里,他给她写了许多热烈的情书,并且一直保留着草稿。他从中受到启示。这并不是不可能的。他把阿布朗泰斯、贝尔尼、欧特弗依这些忧伤的影子糅合成一位动人的女主人公。若是巴尔扎克没有创造克莱尔·德·鲍赛昂这个人物,那么在许多年过去之后,有谁能回忆起她们,想到她们的痛苦,倾听她们的衷曲呢?

火药库这个地方很适宜于他的工作。他创作完《路易·朗贝尔》以后,精疲力竭地来到这里。他向珠尔玛承认,有时候他像书中的主人公一样,害怕自己会发疯。"如果您疯了,我来照料您。"她热情地说。他永远忘不了她的这句话和说这话时的目光。在创作热情高涨时期,他感到一些不知名的作品正在他头脑中成熟起来,他在酝酿着某种宏伟的计划。他给洛尔·絮尔维尔的信中说:"最近六个月,我在各个方面都有巨大的进展。"②当他头脑清醒的时候,他承认母亲为他破了产。"但是总有一天,伟大的幸福和荣誉将补偿这一切。"他还对母亲这样说:"我亲爱的母亲,我不得不用梦想来安慰你,就像用它来安慰我自己

---

① 安娜-玛丽·梅南杰:《〈被遗弃的女人〉、〈红房子旅店〉和阿布朗泰斯公爵夫人》,载于《巴尔扎克年鉴》1963 年,第 68 页。——原注
② 《巴尔扎克通信集》,第 2 卷第 63 页。——原注

一样!"①但是他总把这些梦想当作先兆,在心情快乐的时候从来不怀疑它们会变为现实。

在亲爱的卡罗家里,他又恢复了精神上的宁静,重新获得了朋友们的,以及对他说来更为珍贵的陌生人的崇拜。昂古莱姆有个大学生听到巴尔扎克的名字,竟然激动得把手中的纸夹和书本掉落在地上。巴尔扎克在理发店理发时,女人们争着拾取他的头发。他以他们家那种直露的现实口吻给母亲写信说,他在珠尔玛家过的不得已的节欲生活使他苦恼,甚至夜不能寐。也许就是因为这个缘故,他突然以惊人的急切欲念追求起珠尔玛来了。对这位可爱的女子来说,这是多么大的诱惑啊!珠尔玛钟爱奥诺雷,这是真诚的爱,比她大十五岁的卡罗少校正在迅速地衰老下去。"您是迷人的,"奥诺雷对珠尔玛说,"而您却拒绝肉体的享受。"他暗示说将向她揭示"尚未领略过的天国之乐"。这是勾引者的开门咒,但是珠尔玛没有让步。她清醒地知道他在这个时候需要她是"因为您需要一个女人……由于缺乏同女性的亲密接触,您就追求所有的女人……我的自尊心不能接受您在这种需要之下的选择"②。

正是在这个时候,到萨瓦省③去旅行的愿望终于有可能实现了。了不起的母亲大人居然从德拉努瓦男爵夫人那里弄到一笔一万法郎的长期贷款。这笔钱可以让他打发最难对付的债主,还能在驿车上订个座位。

1832 年 7 月 27 日,德拉努瓦夫人致巴尔扎克:我喜爱您的才

---

① 《巴尔扎克通信集》,第 2 卷第 65 页。——原注
② 《巴尔扎克通信集》,第 2 卷第 116—117 页。
③ 艾克斯温泉在萨瓦省。

华和您本人，我不愿意看到您的才华受束缚和您本人受折磨，我能够做点事情来改变这种状况。一个偶然的机会使我手头有一笔未派用途的款项，这可以使您清偿债务和作一次您想要作的旅行，无论您作何安排我都毫无异议……①

这样，两位老妇人好心地共同努力，把奥诺雷投入亨利埃特·德·卡斯特里的怀抱。他从昂古莱姆给卡斯特里夫人寄去了《路易·朗贝尔》中的下述片段——给波琳娜·德·维尔诺阿的情书：

> 一切迹象都在鼓励我去作这情欲的追求，鼓励我祈求一个女人往往会拒绝的初次恩情，这也许是她要使恋情变得更为欢乐；但是你啊，亲爱的，我的生命，请你别这样，你绝对预料不到你能给我的爱情带来什么，你会给我一切，尽管你可能并不愿意，因为你是真诚的，你只服从自己的感情……喔！你已经领略到这天国的诗情，你身上凝聚着多么复杂的情感，你总是抬眼望着天而避免回答我！你啊！你骄傲却又和善，谦逊却又专横，你可以在精神上、心灵上完全委身，却又躲避最胆小谨慎的抚爱……②

他确信这次在艾克斯等待着他的将是过去未能获得的幸福。在动身的时候，他缺现款，便向卡罗少校借了一百五十法郎，请母亲替他归还，另外还要母亲寄三百到里昂给他。在昂古莱姆火药库逗留期间，他写了《石榴园》（只用了一个夜晚）和《被遗弃的女人》。这时他才思敏

---

① 《巴尔扎克通信集》，第 2 卷第 76 页。——原注
② 《巴尔扎克通信集》，第 2 卷第 84 页。

捷,精力充沛。

我们提到过巴尔扎克从 1830 年起就在撰写严肃作品的间隙创作一些《都兰趣话》①作消遣,这都是一些拉伯雷风格的猥亵淫荡的趣闻,一些用古体文写的都兰地区的故事。1831 年和 1832 年,他继续写这类小品。他选择的标题清楚地说明了他的意图:*由德·巴尔扎克先生从都兰地区修道院收集编写的一百个趣闻,仅供庞大固埃主义者消遣取乐,别无他意。*

巴尔扎克为什么要坚持不懈,耗费精力去编写这些仿制品呢? 部分原因是受他父亲崇拜拉伯雷的影响,他感到自己就是个庞大固埃式的人物。更主要的原因是为了驱除浪漫主义(这荒谬的名词)中不合人道的忧伤,恢复和发扬高卢人的活泼性格——这种活泼并没有妨碍产生帕斯卡尔的《思想录》和孟德斯鸠的《法意》。"笑是法国的需要,"1830 年 2 月 20 日他在《时尚》杂志上发表的一篇文章中写道,"读者大众要求从画家、诗人和散文家把他们引进去的地下墓穴的死人堆里走出来……反对这种虚伪是公民的权利。"可以进一步说,反对不列颠式的假正经和日耳曼式的荒诞无稽是法国公民的权利。

人们可以指出,他自己也写过大量悲惨阴郁的场面,而且他的爱情小说总的看来并未有伤风化。但是他希望自己成为一个完整的人,像拉伯雷一样,他要还肉体以应有的地位,并且要复苏我们十五世纪的伟大文学,这文学"闪耀着天才的夺目光彩,风格自由洒脱,词汇丰富生动,当时还并不认为这些词汇是有失体面的呢"②。在他二十岁的时候,母亲抱怨说拉伯雷和斯特恩对他产生了不良的影响。相反,他自己

---

① 原题《趣话百篇》,但实际只写了三十多篇,故中译本译为《都兰趣话》。
② 巴尔扎克:《致外国女子的信》,第 1 卷第 60 页,巴黎,卡尔曼-莱维版,1899年。——原注

却认为,如果他成为十九世纪的拉伯雷,那么他的荣誉就确定无疑了。不过他也不愿意让他的庞大固埃风格影响他那些浪漫小说。"我写那一百篇《趣话》仅仅是一种特殊的小小嗜好。"①帕里亚普②有权爱自己的作品,但巴尔扎克只能把它安置在花园的尽头。

他从各种古老的故事里借取题材,然后以自己独特的方式去叙述,不时还穿插一些拉伯雷所没有的细腻的爱情描写:"得寸进尺,忸怩推却,喃喃细语,窥测时机,温存抚爱,就像在炉子里燃烧着的木柴,暖人心怀;犹如从爱情的森林中一根一根地拾取的枝权,异香扑鼻,说不完的温情话,漫无边际的闲聊,荒诞无稽的小玩意儿,千百种媚态,无穷的溺爱,像猫儿舐碟一样共同品尝甜美的蜜果,亲密地呼唤自己发明的爱称,这一切只有风流放荡的男子最为熟悉,热恋着的女人对之比灵魂的得救更为珍惜,因为她们像猫儿一样柔媚……"③从这段描写中,透过拉伯雷的语言,可以看到洛尔·德·贝尔尼的老练的情人的影子。Dilecta读了《都兰趣话》第一集有什么反应,人们不得而知,但是令人吃惊的是珠尔玛·卡罗认为这些故事是"如此的才智横溢,肯定将流传于世"。至于那位庞大固埃式的渊博的德·费兹-詹姆斯公爵,简直是毫无保留地加以赞扬。他一方面警告巴尔扎克,说他会遭到"假正经的人和学院派人物的轰击",另一方面却以公爵的身份喜爱这些故事。

乔治·桑属于对《都兰趣话》毫无兴趣的女人,她写道:"当他强迫我听他朗读其中的片段时,我差点儿把书摔在他脸上。我记得我骂他下流,他则骂我假正经,他出去时在楼梯上冲着我嚷道:您是个笨蛋!

---

① 巴尔扎克:《给 C.H.卡斯蒂叶先生一文的答复》(载于 1846 年 10 月 4 日《星期》周刊)。——原注

② 帕里亚普,希腊神话中花园及生命繁衍之神。

③ 巴尔扎克:《蓓特悔罪记》,《都兰趣话》第三集。——原注

结果我们却成了更好的朋友。巴尔扎克确实非常天真,非常善良。"①
相反,在德尔芬·德·吉拉尔丹家里,人们却醉心品尝这些带胡椒面的
蜜丸。1832年1月12日,安东尼·封塔内在日记中写道:"巴尔扎克以
一种奇异的令人难以置信的大胆放肆态度,给我们叙述一些荒诞有趣
的故事,这些故事把女士们逗乐了。德尔芬还替他帮腔,给他提示,而
我们则倾听着,赞赏着:多么奇特的场面。"②

　　《都兰趣话》第一集于1832年4月在出版商戈斯兰那里问世。像
往常一样,评论界对巴尔扎克采取敌视态度。《两世界杂志》写道:
"《都兰趣话》有趣吗? 不,它们淫秽而毫无趣味……"《巴黎杂志》写
道:"戈斯兰先生把他的作者当成孩子一丝不挂地推到我们面前,似乎
是那么天真无邪。我们要回敬戈斯兰先生:在文学上,巴尔扎克这种年
纪的孩子早就该穿裤子了。我们感到气愤的是,他甚至到了书店还没
有穿上。"只有巴尔贝·德·奥尔维利③赞赏作者的天真善良,他写道:
"总有一天,写文学史的人会以应有的尊敬和严肃态度对待巴尔扎克这
位文坛巨匠,我坚信他们将承认我今天所道出的真理,而绝不会推翻
它。"这位文坛总管的确有资格评论十九世纪的拉伯雷。事实上《都兰
趣话》的写作技巧并没有增添巴尔扎克的荣誉。正如他的祖师拉伯雷
一样,它的思想价值远远超过那些放荡的玩笑,不过偶尔来一点粗俗的
玩笑也许有助于活跃思想。

---

　　① 乔治·桑:《我的自传》,第17卷第214—215页,巴黎,维克托·勒库版,1855
年。——原注
　　② 安东尼·封塔内:《私人日记》第103页。——原注
　　③ 巴尔贝·德·奥尔维利(1808—1889),法国作家,批评家。

第十四章　难以征服的金发女人

毕安训：爱就是因为爱。

拉斯蒂涅：而我呢，我爱她还有许多其他原因。

——巴尔扎克

他兴高采烈地奔赴艾克斯。他的第一个"贵妇人"终于要到手了。有什么可怀疑的呢？是她召他去的，并且坚持保守秘密。每天黄昏，她将同他单独在一起。白天，他照常写作，而且他有许许多多的计划：创作《战斗》，修改《舒昂党人》和《路易·朗贝尔》；还要为《巴黎杂志》写短篇小说（他意外地同这家刊物签订了合同，每月可以确保五百法郎的进项）。他在里摩日城换驿车的时候停留了几个小时，见到了珠尔玛的妹妹吕茜尔·尼韦（娘家姓图朗然）。她丈夫是开瓷器店的，答应给巴尔扎克在卡西尼街的住所提供一套餐具。巴尔扎克要参观一下这个小城。女主人的儿子，小雷米·尼韦陪他看了大树广场、蒙唐马尼涅街，又同他一起从圣马尔西亚奔到克吕佐。巴尔扎克像往常一样把这些地名记在小本子上，又仔细地观察了古老的街市。

从里摩日到里昂的路上，他出了点事故：为了更好地欣赏河谷的美丽风景,他选择了公共马车的上层座位。在多姆山的梯也尔站停车以后重新上车时,他刚刚松开攀车的皮绳,马匹就奔跑起来,他跌倒了,这时他又抓住一根皮绳,身子悬空,然后他那八十公斤的身体重重地摔在马车踏脚板上,铁板刺破了他的大腿胫骨处。

他流血了,痛得厉害,而从里摩日到里昂的路程需要四天时间。好心的马车夫扶他在顶层躺下。路途上伤口倒是愈合了,腿还是肿的,走路极不方便,而且还有感染的危险。但他宁愿到达艾克斯以后再作治疗。这点"小伤痛"没有败坏他旅途的兴致。他一向喜欢美丽的风景。利穆赞和奥弗涅地区的景色令他心旷神怡。

卡斯特里夫人在艾克斯给他预订了一个漂亮的小房间。傍晚六点钟以前他在这间屋子里享受绝对的安静;中午,附近一家咖啡店给他送来一只鸡蛋和一杯牛奶;下午六点,他到侯爵夫人家里去吃晚饭,然后和她待在一起直到十一点钟。他给母亲写信说,这样他可以整天写作《战斗》(军旅生活场景中的一景)。事实上《战斗》并没有开始,他是在修改《被遗弃的女人》,并且精心地舐他的"爱犊"《路易·朗贝尔》。

在艾克斯洗过三次温泉浴以后,他的腿伤痊愈了,只留下一块疤。他的房租每天两个法郎,午饭只要十五个苏。亨利埃特·德·卡斯特里夫人不要他付晚饭钱。"嗯哼? 妈妈,如果说我有点像诗人和幻想家,你得承认我还是很节约的吧?"①这时候,他不同任何人见面,唯一的娱乐是晚饭后和他的侯爵夫人单独在一起。她对他关怀备至,但是只允许他轻轻地碰她,捏捏她的手,仅此而已。他不耐烦了。

1832 年 9 月初,巴尔扎克致珠尔玛·卡罗:我来这里所获甚

---

① 《巴尔扎克通信集》,第 2 卷第 104 页。——原注

少，但也很多。说很多是因为我见到了一位极其高雅可爱的人，说很少则是因为我不可能博得她的爱情。唉！您为什么让我到艾克斯来呢？……她是最高雅不过的女人了，胜过德·鲍赛昂夫人；然而，这些优美的举止难道全都是心灵的反映吗？①

骄傲的珠尔玛斥责道："可怜的奥诺雷！您痛苦得很，我可不来安慰您！"②她原来希望他见到美丽的山峦湖泊能够从虚荣的重压下解放出来。"是的，老爷，我这个微不足道的人竟敢对当今的偶像说这样的话！"③她看到他正在受偏见的腐蚀，这并不是出于他高尚善良的本性，而是由于他渴望得到那唯一的阶级的褒奖。"您只重视这个阶级对您的赞扬，这对您大概像英国蜂蜜或者葡萄牙香精一样香甜吧！"④一个能写出《路易·朗贝尔》的广博头脑，怎么会认为衣着过时的人全都思想闭塞，把工人看作一部机器，把双手长满老茧的人看作法庭追捕的嫌疑犯呢？"奥诺雷，看到您这样渺小，我很痛苦！"⑤知道他又同皮肖⑥恢复联系，她也十分难过，因为皮肖侮辱过他，如今皮肖会耻笑他说："只要花钱，总可以拢住他。"

您要钱！是呀，这是因为在您那个高贵的圈子里是不能安步当车的。我多么喜欢住在阁楼上的拉法埃尔，他是多么高大，多么值得波琳娜热爱！可是您别弄错，她后来爱的仅仅是记忆中的他。

① 《巴尔扎克通信集》，第 2 卷第 108—109 页。——原注
② 《巴尔扎克通信集》，第 2 卷第 114 页。
③ 《巴尔扎克通信集》，第 2 卷第 114 页。
④ 《巴尔扎克通信集》，第 2 卷第 114 页。
⑤ 《巴尔扎克通信集》，第 2 卷第 115 页。
⑥ 皮肖（1795—1877），1831—1834 年间《巴黎杂志》的负责人。

他变富以后她还爱他,那是因为在他穷的时候她关照过他。拥有几百万财富的他是多么渺小! 当您把住房修葺一新,当您的时髦马车每天清晨两点钟把您从渡船街送回去的时候,您有没有量一量您的那张驴皮? 为什么我要让您去艾克斯,奥诺雷? 因为您想要的东西只能在那里找到……我让您去艾克斯是因为我们俩没有一点共同的思想,因为我蔑视那些您奉若神明的东西,因为我是老百姓(虽然是贵族化了的老百姓,但仍然同情受压迫的人),因为我痛恨一切权力,我至今还没有遇到过公正的权力……您到艾克斯去是因为您愿意让一个政党来收买您,这笔交易的代价是一个女人;而像我这样丑陋、矮小的跛足女人,决不会接受人家想用这种方式收买的男人……您之所以去艾克斯,是因为您的灵魂走了样,因为您抛弃真正的荣誉而去追求虚荣。一个驱车超过行人率先到达路易十五广场就沾沾自喜的人,我是不会和他握手言欢的。这是以最虚荣的乐趣代替其他一切精神享受。亲爱的奥诺雷,我对您说了不少严酷的话,但我是满怀信任对您说这些的,因为我感到心底里充满了坦率善良的感情,足以弥补上面这些谈话的尖刻;因为在您得不到您的侯爵夫人的欢心的时候,我将永远在这里,以我真诚的同情来安慰您……①

也许,作为一个忠实的妻子,此刻在她心灵深处有些后悔曾经拒绝一个自己所爱的男人的抚爱。这些话如果是面对面地向他说出来,她的语调一定会泄露出内心的真情。为了表示自己的宽宏大度,她在信尾预祝他在艾克斯得到幸福:"这种事不可能马到成功。不过你们在一

---

① 《巴尔扎克通信集》,第2卷第115—117页。——原注

起吃晚饭,并且住在一个地方,虚荣心和爱情的欢乐会使你们结合,您将得到您追求的东西。而且,请相信我,您的对手太想征服您了,因此不会让您轻而易举地得到庸俗的爱情。"①

珠尔玛·卡罗作为一个女人和知己,尽管有这样的预感,却没有言中。巴尔扎克的事情并没有进展。卡斯特里侯爵夫人"天生有一套卖弄风情的本领,她那大胆而富于表情的眼神,温存的声音和亲切的话语里,蕴含着爱情所能给予的一切欢乐。她叫人相信她是一个高贵的神女……一旦解开胸衣肯定是最销魂的情妇"②。但她就是不肯解开。

一个人有欲望而得不到满足的时候,内心会分泌出毒汁来。这些优美而毫无结果的夜晚使巴尔扎克恼火得简直要发疯。如果他企图拥抱她,她就生气,假装害怕,而且每当长沙发对她产生危险的时候,她就及时把她的精神恋人赶走。她当然不无堂堂正正的理由:宗教教义啦,对一次伟大爱情的追忆啦,她表示要永远忠于过去的爱情,还说自从坠马事故以后她的身体非常虚弱等等。不错,这些理由都有一定的道理。她"是个有病的女人,腰部受过重伤",不能过性生活了。显然,宗教信仰并没有妨碍她委身于年轻的德·梅特涅亲王。然而对可爱的维克托的怀念使她同巴尔扎克保持一定的距离。是的,巴尔扎克的作家声誉很迎合她的自尊心,他的聪明才智和激情能活跃她的生活,使她得到消遣。她赞赏他甚至喜欢他,但是丝毫也没有同这个仪表很差的胖子同居的愿望。至于他内在的真正的美,她是不会看到的,她只是以高高在上的态度,恩赐给他一种按虚伪的规矩能为她这个圈子所容忍的情感,"在那个圈子里,人们企求爱情的一切,只要不达到被确指为爱情的那

---

① 《巴尔扎克通信集》,第 2 卷第 118 页。——原注
② 巴尔扎克:《朗热公爵夫人》。

一步"。

尽管如此,他依然怀着一线希望,以他惯有的温情要求她接受他专门为她起的小名,只让他一个人呼唤的小名,还是叫作玛丽。她同意了。这不是个好兆头吗,嗯哼,妈妈?亨利埃特·德·卡斯特里计划到瑞士和意大利去旅行,她的叔父德·费兹-詹姆斯公爵准备陪伴她。公爵很喜欢巴尔扎克。她约请她的骑士兼仆人同行。这又是个吉兆。在那里肯定会出现有利的时机。钱的问题嘛……好解决的。他母亲马上就要收到《巴黎杂志》给他的月薪,《都兰趣话》会畅销,再说他已经在指望《战斗》一书的稿费,虽然此书还在构思之中。在艾克斯的圈子里,他结识了詹姆斯·德·罗特希尔德,此人将把巴尔扎克介绍给他的住在那不勒斯的兄弟。到意大利旅行一趟需要多少钱?一千埃居。母亲大人接到命令:必须给他汇去一千二百法郎,还要靴子、发蜡、一瓶葡萄牙香水。在巴尔扎克式的魔术中,这些东西被认为和草黄色手套一样具有不可抗拒的诱惑力。此外,他还把自己缚在肚子上的两块法兰绒寄给母亲,让她拿到催眠师那里去询问他不顺心的原因,还让她用纸包好法兰绒,以免体气散逸。最后的一道命令是:"在包裹里再放上半打黄手套。"①

他和尊贵的朋友们一起,到沙尔特勒大修道院去游览了一趟。他在他的"玛丽"身边尽情享受阿尔卑斯山区壮丽的风景。在潺潺的溪流和破旧的磨坊边,卡斯特里夫人也显得非常激动,对他来说这是神圣的一天。

　　　我见到了沙尔特勒大修道院,漫步在它古老肃穆的穹顶之下,

_____

① 《巴尔扎克通信集》,第 2 卷第 124 页。——原注

倾听着拱廊内泉水的滴答声。我走进一间修士的斗室,在那里估量了自身的虚空。我呼吸了我那位前辈在这里呼吸过的宁静空气,读到了他按院规挂在门上的铭文。遁世,隐居,缄默,①这三个拉丁文使我深受感动,因为它归纳了我想要在此度过的生活的全部箴言……②

这次游览使巴尔扎克内心很不平静。一个月以来,他和他所追求的女人生活在一起,由于得不到对方的爱而深深地苦恼。隐修院的静穆气氛突然使他体会到一个在爱情上失意的男人逃避社会隐退到孤独生活中去的心情。他想起一句箴语③:对受伤的心灵,给予隐与静。他产生了一些构思。作家经常在一闪念间隐约看到可能创作出来的作品。这只是极短暂的一闪,却能突然照亮一大片美景。"智慧受到刺激达到绝妙的顶峰,在这一刹那间,分娩的痛苦让位于精神上极度兴奋所产生的愉快。"当然,一切尚待行动。"构思还不是作品。"不过,我们可以理解为什么巴尔扎克此时给母亲写信说道:"我工作了三天三夜,我写了一本十八开本,题为《乡村医生》的书。"④其实这不是真的,这本书还仅仅是一个计划,但是巴尔扎克在一阵突发的灵感之中,已经勾画出它的主要部分了,他真诚地相信他的作品已经诞生。

1832 年 9 月 30 日,巴尔扎克致出版商玛门:请加倍注意,玛门师傅,很久以来我一直向往着得到普及的光荣,这就是出版一本十

---

① 原文为拉丁文。
② 巴尔扎克:《乡村医生》。
③ 贝尔纳·居庸:《巴尔扎克的政治和社会思想》。——原注
④ 《巴尔扎克通信集》,第 2 卷第 132 页。——原注

八开的小册子,发行量成千上万册。像《阿塔拉》、《保尔和维吉尼》、《威克菲尔德的牧师》、《玛侬·莱斯戈》、佩罗的作品等等一样。

　　不断再版可以弥补篇幅的不足,这本书必须到达各种人的手里,不论是年轻姑娘、孩子、老年人,还是虔诚的女信徒。这本书一旦出了名——也许在很久以后,也许在不久的将来,这取决于作者的才智和出版商的能力——就会成为一笔巨大的财富,比如拉马丁那部印了四万册的《沉思集》,还有沃尔内的《废墟》等等。

　　总之,我的书要在这种思想指导之下创作出来,要让马车夫和贵妇人都能读。我是以《新约》和《教理问答》这两种最畅销的书为榜样来写这本书的。我把故事放在乡村,其余的嘛,您自己去看吧,从头到尾一气呵成,这在我是少见的……①

初看上去,这封信令人吃惊。什么? 他体验了伟大而神圣的情感,他要把这种情感写进小说,他把这本书当作"一桩绝妙的生意";还把《新约》和《教理问答》称作"两本最畅销的书"! 人们可以说"他这种腔调只是为了让商人玛门相信他"。但是巴尔扎克在给母亲的信中又一次满怀信心地说这本书可以支付他去意大利的旅费。仔细想想,应该理解对金钱的迫切需求也可以成为一部杰作诞生的契机。为什么不呢? 作者脑子里早就储存着作品的基本素材,只是需要高温来熔炼。对金钱的需求及其紧迫性促使时机成熟。②

　　但是,什么样的小说,怎样的情节能够表达他刚刚体验到的强烈情

---

① 《巴尔扎克通信集》,第 2 卷第 141 页。——原注
② 参阅贝尔纳·居庸:《巴尔扎克的文学创作》,第 80 页。——原注

感呢?他想要写一本篇幅不长的建设性的小说。一个心灵受伤的男人退居到"隐与静"之中;他从事一个山村的文明建设,使他的隐居生活具有了积极意义。这是一个简单而伟大的主题,让人联想起歌德用诗描绘出的画卷。他首先想到的范本是奥利弗·哥尔德斯密斯①的威克菲尔德牧师。最初他想把主人公写成一个教士。但是他缺乏对教士内心生活的了解,很难把一个乡村教士写活。最后他打算把中心人物写成一个医生。这是不是因为他在游览沙尔特勒大修道院时看到一个叫伏雷浦的村庄为医生罗姆所改造而得到启发?抑或因为不久前他在亚当岛的维埃-拉法耶家做客时,认识了为家乡做好事的博西翁医生?再不就是他在办印刷厂时,印过和读过一个愤世嫉俗的哲学家奥贝兰牧师的故事?我们不必在这些假设中做出选择,它们都有一定的根据。巴尔扎克在创造贝纳西医生这个人物时,无意识地糅合了他童年的记忆、新近获得的印象、他所遇到过的人、读过的书。有这么一天,上述这些影子糅合在一起,由作者的思想加以充实,于是贝纳西就以他自己的面貌出现了。如果说,巴尔扎克并不是一个塑造幻想世界的作家,那也应该说是一个改造现实世界的作家。"作家绝不杜撰任何事物",巴尔扎克喜欢这样说。是的,不过他还应该加上一句:"作家也绝不照搬任何事物。"

在次要人物中,巴尔扎克将用上一些帝国老兵的美好形象。那时拿破仑仍旧是许多人心目中的英雄,追忆拿破仑将有助于提高这本二百页的小书的"销售额"。通过书中贝纳西的对话者热奈斯塔少校,我们将了解到这个山区的巨大变化,这个人物脱胎于卡罗夫妇的亲密朋

---

① 奥利弗·哥尔德斯密斯(1730—1774),爱尔兰小说家、戏剧家和诗人。威克菲尔德牧师是他的同名小说中的主人公。这部小说属感伤主义文学类型,与理查逊的《克拉丽莎·哈洛》齐名。

友佩里奥拉,但也只是取其部分而已。一些拿破仑时代身经百战的近卫队老兵,退伍以后来到这里居住,他们会经常谈起皇帝。多亏圣西尔的朋友们,巴尔扎克才能知道许多军队里的故事。这些朋友比巴尔扎克更加崇拜拿破仑。但是,当他 10 月 10 日离开艾克斯的时候,《乡村医生》仍旧是一个梦;《战斗》则不过是幻影而已。

在离开艾克斯去旅行之前,他给珠尔玛·卡罗写过一封信为自己辩解,他已经原谅了她在来信中说的那些严厉的话:

> 您那样说是不公正的……您真的以为我会为了一个女人把自己出卖给一个政党吗? ……我已经过了一年循规蹈矩的生活……您对我想象中的游戏太大惊小怪了……我的套房对于我是一种乐趣,一种需要,就像人需要洁白的内衣和洗澡一样。我自己赢得了锦衣华服的权利。而明天,如果必要的话,我会毫无遗憾地回到艺术家的阁楼,回到我那一贫如洗的阁楼上去,而决不会向任何可耻的行为让步,更不会把自己出卖给任何人。喔! 不要诬蔑一个爱您的心灵,一个在困难的时候骄傲地想念着您的心灵。要干出一番大事业就得有一些出轨的行为,这是极简单的道理……①

至于他的政治观点,他向珠尔玛保证,一旦他获得政权,那么请放心,他的观点是自由派的:

> 废除贵族院之外的一切贵族,让神职人员脱离罗马教廷,保持法国的自然疆界,给中产阶级以完全平等的权利,发掘真正的优秀

---

① 《巴尔扎克通信集》,第 2 卷第 128—131 页。——原注

人才,节约开支,改善税收制度以增加财政收入,普及教育,这就是我的主要政治纲领,我将忠于这些纲领,我的言论和行动将是一致的……①

不过他要求她为这个政纲保守秘密,以免遭到他那个保王党的仇视。那么,为什么他要同那些人连在一起呢?因为没有他们的支持,他不可能当选。德·费兹-詹姆斯公爵将帮助他在议会获得一个席位,《乡村医生》的发表会使他获得更多的朋友。"这是一篇有益的著作,可以获得蒙蒂翁②奖的……"③

还有什么可说的?珠尔玛不应该把他看成卡斯特里侯爵夫人的奴隶:"我觉得像我这样一个人的生活不应该依附在任何女人的石榴裙下,我应该追求我自己的伟大前程,眼光要看得比腰带更高一些。"④

1832 年 9 月 23 日,巴尔扎克致母亲:好好计算一下,这笔钱够我到罗马去一趟的。我在卡斯特里夫人租的马车里坐第四个座位,从日内瓦到罗马,伙食费、车费、住宿费总共一千法郎,我的一份就是二百五十法郎……我将同公爵一起作一次美好的旅行,他对我像父亲一样。那么我到处都可以结识上层社会。再没有比这更好的机会了。他已经去过意大利,熟悉那里的一切,这样,我就不至于浪费时间,而且他的声誉将为我打开许多扇大门。侯爵夫人和他待我都很好……⑤

_____

① 《巴尔扎克通信集》,第 2 卷第 128—131 页。——原注
② 蒙蒂翁(1733—1820),法国著名慈善家,以他的名义设立了多种奖金。
③ 《巴尔扎克通信集》,第 2 卷第 128—131 页。——原注
④ 《巴尔扎克通信集》,第 2 卷第 128—131 页。
⑤ 《巴尔扎克通信集》,第 2 卷第 132—133 页。

待他很好？……公爵也许是这样，但是侯爵夫人依然每天晚上都把他撵走。她精细地计算好能够给他多少爱情的表示，尽管她不可能不知道他的欲望是多么强烈，却始终拒绝做最后的让步，为此他简直要发疯了。和这个赛莉梅娜①式的女人打交道，巴尔扎克应该有好些专门玩弄女性的人的胆量，即并非乞求一个女人，而是去夺取她。他的千思万想集中到一个念头，就是占有她。在日内瓦，他们一起下榻于王冠饭店，他以为肯定可以得手了。唉！他们朝拜诗人拜伦住过的狄奥达蒂别墅回来，在似乎有点意思的一次亲吻以后，她对他说，她绝不可能成为他的情妇。他哭着回到城里。他因欲望受挫，特别是自尊心受到伤害而痛苦。何必再固执下去呢？他不肯向卡罗夫人承认自己的失败，但是他信中写道："天哪！我又一次遭受巨大的痛苦的袭击……我必须放弃意大利的旅行……我太痛苦了，什么都没法向您说……"②

我们有证据说明巴尔扎克向珠尔玛解释他放弃意大利之行的理由是假的。他说："我母亲不愿意继续管理我在巴黎的事务了。"然而与此同时他写信给巴尔扎克夫人道："亲爱的妈妈，我觉得我回法国住三个月更好一些……我要回来了，但不是回到巴黎，不要让任何人知道我回来。明年2月份我再动身去那不勒斯，从马赛坐轮船去……"③他和卡斯特里侯爵夫人并没有闹翻，她还在继续给他写信。但是她让他痛苦地感到屈辱。他在《乡村医生》中起草了一段贝纳西医生的自白，医生把自己的隐居归因于躲避一个没有心肝的女人：

---

① 赛莉梅娜，莫里哀《恨世者》一剧中的人物，是个聪明漂亮然而刻薄刁钻的女人。
② 《巴尔扎克通信集》，第2卷第153页。——原注
③ 《巴尔扎克通信集》，第2卷第159页。

这就是我的经历,可怕的经历!在几个月内我尽情地享受着大自然的美,沐浴着阿尔卑斯山的灿烂阳光,可是我瞎了眼了。是的,先生,几个月的欢乐之后却一无所得。为什么要给我这么多的款待?……为什么有几天她把我称作亲爱的,然后又要收回这个我心中唯一珍惜的称呼呢?……她给我一个亲吻证实了她的爱,这是甜蜜的神圣的许诺……永远无法忘怀的亲吻……她究竟什么时候在装假?是在她以醉人的眼神看着我,喃喃地呼唤着我们两人之间的爱称(玛丽)的时候,还是她单方面撕毁把我们两颗心永远联结在一起的契约的时候?总之,她有些地方是在作假……你会问我这可怕的灾祸是怎么发生的?……再简单也没有了。前一天我还是她的一切,第二天却什么也不是。头天晚上她还是那么温柔妩媚,第二天就变得生硬淡漠,冷若冰霜。一夜之间我所爱的那个女人死去了。这是怎么回事?我不得而知……有几个小时,复仇的魔鬼在引诱我,我真想让全世界都来恨她,把她钉在耻辱柱上遭受众人的唾弃……①

这段自白是在盛怒之下写的,定稿时删去了。但是他一定要在一本小说里把这个挑逗他的女人钉在"耻辱柱"上,这本书已经在他腹中骚动。"一个作家可以用自己的办法来弥补命运给他的不公正待遇。"现在,他该到哪里去呢?巴黎充满了债主,不能去。珠尔玛虽然谴责他,却向他发出善意的邀请。这是他早已预料到的:"读了您善良深情的信,我心里是多么感激,而且我早已深信您会发出这样的信。正如拉

① 马赛尔·布特隆:《卡斯特里侯爵夫人和朗热公爵夫人》,《巴尔扎克研究》第102页。——原注

封丹到德·爱尔瓦夫人那里去时所怀的信心一样！……"①当然，他是要到昂古莱姆去住些日子的。但是，在此之前，受伤的鸟儿先要到布洛尼埃尔去停一停，到那个永远能为他包扎伤口的白衣天使——洛尔·德·贝尔尼那里去。

那里靠近奈穆尔，出版商路易·玛门来找他，想从作者手里取走《乡村医生》的手稿。可是巴尔扎克只能给他看看小说的开头。如果说在他眼里一本构思好的书等于已经完成了的书，那么在出版商看来就不是这么回事了。珠尔玛有个朋友、年轻的画家奥古斯特·博尔热，一个能干可靠的青年，他是巴尔扎克的崇拜者，为了让巴尔扎克加快工作，自愿住到卡西尼街料理这位伟人的事务。他来得正是时候，接替了母亲大人。但是过不多久，他也被巴尔扎克的债务风暴击倒了。博尔热写信给巴尔扎克："风暴接二连三以惊人的速度袭来。奇怪的是，我亲爱的朋友，您居然没有预料到……您所做的一切都是在聚集乌云，而最后打雷的时候您却感到惊讶……"

巴尔扎克和母亲商定每月付给她一百五十法郎，这对于母亲借给他的那笔款子来说是很微薄的利息。这时候母亲还拥有一幢房子（在蒙托格伊街），她已经不大宽裕，虽然还不算贫穷。12 月初，巴尔扎克回到了卡西尼街，而没有去昂古莱姆。他非常想念离开了很久的巴黎。欧仁·苏以"魔鬼包厢"里那种放荡不羁的口吻给他写信道：

> 我的好巴尔扎克……我来依次回答你的问题。第一，爱情问题：我养着一个妓女，并且正像我对你讲过的那样，我寻欢作乐，简直令人讨厌、憎恨。她一定是实在没有饭吃了才能忍受我对她的

---

① 《巴尔扎克通信集》，第 2 卷第 160 页。——原注

折磨。此外，我还维持着同一个上流社会女人的关系，我不怎么把她放在心上，她对我也一样不在乎，但是我们习惯地保持着关系。在我们这个年龄，人的思想太低级，太现实，不再把爱情当作生活的目标、幸福的源泉和信仰了……①

这种声色犬马、玩世不恭的态度，同 Dilecta 的喃喃细语耳鬓厮磨恰成鲜明的对照。她还经常深情地回忆两年前他俩在石榴园一起度过的甜蜜日子。贝尔尼夫人曾经给他真诚的爱情，但是，"现在应该结束了"②，她已经没有任何能引起欲望的美貌。他能期待什么其他的安慰呢？他没有胃口去找轻佻的女工或花钱养个情妇。"高贵女人是不会让我亲近的，我在短短的二十四小时之内要工作十八个小时，没有时间学那些花花公子的招数，在一个小女人身边糟蹋自己的人格。……结婚倒能使我得到休息，但是上哪儿去找一个妻子呢？……"③

最大的障碍是他的贫困。声誉倒是有的，而身材却没有改善，他已经发胖了。短短的双腿支撑着一个大肚子，侧面看去活像个黑桃 A。可是，在吉拉尔丹家里见到他的拉马丁却说，他轻快敏捷的思想很快就使人忘记他身体的粗壮笨拙。

> 他一点也不像本世纪的人。见到他的时候你会感觉换了时代，你好像被带进以路易十四为中心的两三个不朽的人组成的那个社会里……巴尔扎克站在大理石壁炉前……很有米拉波那种宏伟的气派，但是一点也不显笨重。他的心灵是那么丰富，因此可以

① 《巴尔扎克通信集》，第 2 卷第 171 页。——原注
② 《巴尔扎克通信集》，第 2 卷第 215—216 页。
③ 《巴尔扎克通信集》，第 2 卷第 215—216 页。

轻松愉快地承受这个身体,似乎它是个柔软的套子,而不是沉重的负担。他那富于表情的脸和非常吸引人的眼神很讨人喜欢,可以把你完全迷住。但他面部表情的主要特征,甚至不是他的聪明,而是他那一望而知的善良。这张脸上不可能表现出任何仇恨和忌妒的感情,它不可能是不怀好意的。但这绝不是拉封丹的伊壁鸠鲁主义那种无动于衷和无忧无虑的善良,而是对人对己的一种聪明友爱的善良……这就是巴尔扎克的确切形象。当我坐到餐桌边去的时候,我已经爱上他了……①

女人也是可以爱上他的,这一点贝尔尼夫人和珠尔玛·卡罗知道得很清楚。但是目前他要找的结婚对象既要有钱,又要有青春美貌,还要有社会地位。而他自己能够提供的聘礼呢?除了他那不能在公证人那里登记的天才之外,只有十万法郎的债务。

---

① 拉马丁:《巴尔扎克和他的作品》,第 13—18 页,巴黎,米歇尔-莱维版,1866年。——原注

第十五章　外国女子登场

> 亚当肋骨的神话在于他为自己创造了一个任何年轻人都渴望
> 着的女人,所以她就在睡梦中来到他的身边。
>
> ——巴尔扎克

几个月来,他陶醉在一场异国情调的荒谬而甜美的梦境中。在大量的女子来信里,他注意到一封署名外国女子的信,于 1832 年 2 月 28 日发自敖德萨。从笔迹和文风看来,这是一位"体面女人",甚至还要高一些。她对《私人生活场景》作了一番热情的赞扬,然后责备他在写《驴皮记》的时候缺乏那种使"场景"获得成功的细腻情感。那狂欢的酒宴,那些妓女,那个"没有心肝的女人",把这位神秘的女读者弄糊涂了,于是她决定给作者写一封匿名信。作者利用一次偶然的机会通过《法兰西新闻》登了一则启事,说他收到了这封信,可是神秘的投书者始终没有看到这则启事。11 月 7 日,外国女子再次来信说:

> 先生,您的心灵已饱经沧桑,您的哲学思想似乎是长时间深思
> 熟虑的产物。但是据说您还年轻,我很想见见您,又觉得没有必

要。因为，凭着我心灵的本能，我想象得出您是什么样子。我以我自己的方式来猜想您，如果有一天我看见您的话，我会说："喏，这就是他！"

您的外表肯定不会让人一眼看出您那辉煌的想象力，必须激励和唤醒您的天才的神圣火焰，才能让您显露真面目，即我所感觉到的您——一个对人的心灵有深刻了解的超人。

阅读您的作品时，我的心战栗了。您把女人提到她应有的崇高地位；爱情是她天赋的美德，圣洁的体现。我崇拜您那值得赞叹的敏感心灵，它使您体察到这一点。①

她不愿意签署自己的姓名："对于您，我是个外国女子，并将永远如此。"但是她仍旧不时给他写信，提醒他哪些是他的卓越之处。她感到在她喜爱的这位作者身上，有一颗"天使般的灵魂"，一定能理解她自认为具有的火一般的情感。在千里之外，她愿意成为他的良知，并且向他揭示不朽的真理。"您只需在《每日新闻》上声明您收到了我的信，我就可以放心大胆地给您写信了。您署名 A L'E.-H.B.②即可。"

这种神秘、超凡的天使般的风格太投合巴尔扎克的某些需要了，他绝不会放过这个机会。1832 年 12 月 9 日，《每日新闻》上刊登了这么一则小小的启事：致巴尔扎克先生的信已收悉，今天才有机会通过本报致意，遗憾的是不知如何作复。于是投书者透露了自己的身份。她原是夏娃琳娜·热武斯卡伯爵小姐，出身于一个同俄罗斯有血缘关系的波兰名门望族，于 1819 年嫁给了伏尔伊尼的贵族，比她大二十二岁的

---

① 《巴尔扎克通信集》，第 2 卷第 166—169 页。——原注
② A L'E.-H.B.是"致外国女子——奥·巴尔扎克"的缩写。

文赛斯拉·韩斯基元帅。她的姐姐卡罗琳娜是一位绝代佳人，聪明而有主见，她离开了第一个丈夫，五十岁的热罗姆·索邦斯基，公开与俄罗斯将军威特同居已有十五年。在"公开同居"期间，她又和密茨凯维奇①及普希金调情，并且使这两个人结为朋友。沙皇视她为危险分子，无论在爱情上还是政治上均不甚可靠。这个家族的女性都喜欢结交大人物，不过夏娃琳娜似乎比卡罗琳娜要谨慎一些。

文赛斯拉·韩斯基在乌克兰拥有一处名叫威尔卓尼亚的大庄园，占地二万一千公顷，有三千零三十五名奴隶。在巴尔扎克眼里，这次新的征战具有东方童话色彩，就他的自尊心而言，可说是对卡斯特里夫人的一次报复。这里似乎具备了一切条件：青春（韩斯卡夫人实际三十三岁，但她只承认二十七岁），美貌（他对此毫不怀疑），巨大的财富和一个年老的丈夫。碍于这位丈夫，他们需要谨慎从事。不久他们就找到了一位同谋者，亨利埃特·博雷尔（又名莉蕾特），她是韩斯卡夫人五个孩子中唯一存活的女儿安娜的瑞士籍家庭教师。女教师答应转递这位著名作家寄给浪漫的领主夫人的双层封套信件。

一个小说家可以有七十二变。在**外国女子**面前他扮演的角色同在欧仁·苏和洛图尔-梅兹雷面前完全不同。这是不是情场上的骗术呢？不是的。他年轻的心，未被玷污的想象力，纯真的温情，加上他自我表白的狂热，这一切确实构成他自己的一种面貌。他在信中对这位没有见过面的女人写道，在地上有一种人是来自天上的流亡者，他们互相理解，互相爱慕，他和她都属于这一类人。

生活在动荡的巴黎，政治和文学活动占去了我二十四小时中

---

① 亚当·密茨凯维奇(1798—1855)，波兰著名诗人。

的十六到十八小时。很不幸，我完全不像人们想象中的那个作家，我陷入艰苦的搏斗、繁重的工作和无休止的研究不能自拔，多亏您我才获得一些美好的时光。为了表示对您的感激，我曾经决定把我的《私人生活场景》的第四卷献给您，把您的印章放在最后一篇之首。因为，我收到您的第一封信时正在写这篇作品。但是有一个人坚决要求取消我这种内心情感的无声表白。她之于我好比母亲，我必须尊重她的意志，甚至屈从于她的忌妒心。我坦率地向您承认这件事。因为我相信您心灵高尚，不会希望得到这种使另一个人痛苦的献礼。这个人崇高、伟大，我之于她好比孩子，在我痛苦和濒临绝境的时候，是她挽救了我……①

这个人自然是 Dilecta 了。说到她那感人的形象以及他同她之间的亲子关系，他的描写基本上是符合实际的。这"既是永恒的关系，又是破裂的关系"。但是关于他的孤独生活和威胁着他的政治危机却写得不够真实："我是一个失败了的政党的喉舌，不久前还是贵族和教会思想的代表，如今已经成为众矢之的。人们越想听到我的声音就越是害怕我的声音。"②他又说在繁重的工作之余，他需要得到一位为他所热爱和尊敬的女子的同情。威尔卓尼亚庄园的女主人完全可以担任这个可爱的角色。她动心了，但是当她收到一封用另一种笔迹和风格写的，并且加盖黑漆封印的信时，又产生过一阵疑虑。这封信是由珠尔玛·卡罗代写的，当时她正在服丧，有时候巴尔扎克请她代为答复一些

---

① 巴尔扎克:《致外国女子的信》，第 1 卷第 3 页。巴黎，卡尔曼－莱维版，1899年。——原注
② 巴尔扎克:《致外国女子的信》，第 1 卷第 4 页。巴黎，卡尔曼－莱维版，1899年。——原注

陌生人的信。

1833 年 1 月,巴尔扎克致韩斯卡夫人:您害怕被人取笑? 谁会取笑您呢? 难道一个可怜的孩子会取笑您? 他昨天是,明天仍将是女人般的腼腆、胆小和信仰的牺牲品。您对于我的两种笔迹深表怀疑,不过一年中有多少天我就可能有多少种笔迹,却并不因此有丝毫的三心二意。这种变化多端来自无限丰富而又能保持纯洁的想象力……①

这个解释很牵强,不过他立刻转入另一个话题。他谈到《路易·朗贝尔》,认为目前写成的这本书是个"可怜的早产儿",他决定重新修改。当时(1833 年 1 月)他正在完成一本"真正的福音书",在他看来,"完全是诗化了的耶稣基督的复制品"。这本书就是《乡村医生》,它应该是写在《战斗》之后的一本书。《战斗》在当时连一页都没有写出来,而他却煞有介事地描述这本未来的书:

　　一个冷静的人坐在圈手椅里观望战场,看到那起伏不平的地形,密密麻麻的人群和一个个战略行动,察看多瑙河及河上的桥梁。他观察这场战斗的整体和细部,倾听枪炮的声音,注视棋盘上走的每一步棋。他看到了一切,甚至感觉到拿破仑的伟大躯体上的每一个关节。也许我不让拿破仑上场,也许只让他出现在夜间横渡多瑙河的一条小船上! 书中没有一个女人,只有大炮、战马、戎装、两军对垒。第一页就开始炮声隆隆,直到最后一页炮声才终

_____

① 巴尔扎克:《致外国女子的信》,第 1 卷第 6—13 页。——原注

止。您将在硝烟弥漫中阅读此书,合上书后您好像直接看到了这一切,当您回忆这场战斗的时候,就如同亲身经历过一样……①

多么浩大的工程!这个天才的"可怜孩子"多么需要一个勇敢的声音鼓舞他去体验男子汉的生活,"同时让他在路边捡拾爱情之花"。他有生以来一直渴望得到一个年轻貌美的女人的爱情。他有过爱情,但是,唉,那个女人已经不年轻了!"我爱您,不相识的女人,这奇怪的感情不过是我那始终空虚和不幸的生活的自然结果。"②韩斯卡夫人很快就作出反应。她向法国来的旅行者打听巴尔扎克的情况。人们说他贪杯("其实我只喝咖啡"),说他同欧仁·苏这种堕落的人交往("欧仁·苏实际是个善良可爱的年轻人,他只是假装堕落"),说他经常出入社交界(的确,有一段时间,他午夜以后在一些朋友家里讲故事,后来他不去了,因为他不愿意充当逗乐的角色),而且他说,"那场引起全巴黎关注的大失意"(指他在卡斯特里侯爵夫人那里的挫败)使他退避到沉默、孤独和工作之中。

1833 年的最初几个月,巴尔扎克的确疯狂地工作着。《路易·朗贝尔》出版于 1 月 30 日,这本书被评论界贬得一无是处。这个情况早该在意料之中,要想使抽象的思想感动读者,必须让它们以神话或故事的形态出现。而《路易·朗贝尔》却是赤裸裸的思想,未经雕琢又无镶嵌。但是忠诚的珠尔玛却认为:"抛开个人情感,这本书比歌德的《浮士德》要高出一个比克③。"卡罗夫人的这个评价,恐怕个人情感还是占了更多的成分。

---

① 巴尔扎克:《致外国女子的信》,第 1 卷第 6—13 页。——原注
② 巴尔扎克:《致外国女子的信》,第 1 卷第 6—13 页。
③ 比克,古长度单位,相当于 2.5 米。

没有履行的合同严酷地逼迫着他。《巴黎杂志》按月付给他稿费，同时大声地催他交稿。巴尔扎克匆匆忙忙赶写《十三人故事》的第一篇章，此书构思已经很久，正是他所喜欢的主题。"帝政时期的巴黎，有十三个人结合在一起……他们都有坚强的毅力，足以对共同的思想忠贞不渝，他们彼此以诚相待，绝不相互背弃……"充沛的活力，坚强的意志，秘密的会社，这些一直是巴尔扎克喜爱的题材。他父亲是共济会会员，经常谈论秘密会社的能量。在共济会会员之间，在手工业行会的工人之间，有一种特殊的关系，他们在全法国组成了一张同舟共济的网。后来成为保安局长的原苦役犯维多克的《回忆录》，使公众得以了解盗贼之间那种罪恶的却又不可摧毁的团结力量。

结成秘密会社是人类自古就有的一种需要，秘密会社及其内部具有魔力的联系可以追溯到人类文明的远古时期。巴尔扎克特别喜欢设想类似上帝的一个人或者几个人，控制着巴黎乃至全世界。他在创造十三人之一的费拉居斯时感到无比快乐，此人是行会头子，一个残忍的、不可征服的超人。《巴黎杂志》的读者以同样大的兴趣阅读这件发生在他们那个时代和社会中的神奇故事。《一千零一夜》搬到巴黎来了，十三个侠客夜晚在巴黎街上游荡。任何读者一捧起《费拉居斯》就爱不释手。囚禁在勃莱伊古堡的德·贝里侯爵夫人读了《费拉居斯》后，请她的医生，巴尔扎克的朋友梅尼埃尔大夫向作者询问故事的结尾。梅尼埃尔医生在致巴尔扎克的信中说："人们哭泣，人们叹息……谢谢您，魔法师，您是囚徒的神明。"①巴尔扎克兴高采烈，心满意足。他复信道："充当囚徒的神明，我亲爱的梅尼埃尔，这是世界上最美好的事情，能够安慰这些天使中的女性，——不管她们因什么罪名受苦——

---

① 《巴尔扎克通信集》，第 2 卷第 290 页。——原注

对我来说,比得到任何荣誉都更有意义。"①

他预告要写《十三人故事》中的另一篇章,题目将是:《切勿触摸刀斧》,即后来的《朗热公爵夫人》。这篇小说其实是讲述他同亨利埃特·德·卡斯特里侯爵夫人之间没有成功的爱情。作为想象中的凶残报复,他将让十三人用烧红的烙铁给这个玩弄感情的贵妇人打上烙印,打发她进加尔默罗修道院,然后再将她救出来。(在巴尔扎克居住的卡西尼街附近有一座加尔默罗修道院,修女们的歌声深深感动了他。)

但是他已经被"思维作坊"的劳动弄得精疲力竭。为了支撑这种高强度的工作,从阁楼时期开始,他就一直求助于兴奋剂(尤其是咖啡)来驱除睡意。普通人喝的咖啡只在十五到二十天之内起作用。"这个时间正好够写一部歌剧。"罗西尼这样说。巴尔扎克为了延长咖啡的有效期就加大剂量。他发现:第一,按照土耳其人的方法捣碎咖啡,比磨好的咖啡味道更浓;第二,用冷水浸泡比用滚水冲饮更有效;第三,少加点水,可以延长有效时间一至两个星期,这就是煮成一种浓缩的咖啡浆。假如空腹喝这种咖啡,能使胃壁充血,绞扭折磨肠胃。"于是全身兴奋,思想活跃起来,犹如大兵团的各个连队开赴战场,投入战斗。"回忆似冲锋的劲头一拥而上,旌旗招展,比喻如轻骑兵般以轻快的脚步奔来,逻辑好比炮兵带着他的辎重和弹药向前方挺进,机智风趣犹如狙击兵那样神出鬼没……"②总而言之,纸上盖满墨汁,好像战场上布满黑色的火药。书写出来了,而作家的心力则消耗殆尽。

巴黎的文学界也增添了他的疲劳感和厌倦感。"简直是一潭污泥浊水!"他向外国女子(极不确切地)谈论维克托·雨果,说他"有了美

---

① 《巴尔扎克通信集》,第 2 卷第 295 页。——原注
② 巴尔扎克:《论现代兴奋剂》。

满的婚姻和漂亮的孩子,还同不正经的妓女勾搭"。至于他自己,上天赐予他的几个伟大灵魂挽救了他,将他拔出泥潭。他们是:Dilecta,昂古莱姆的女士(珠尔玛·卡罗),画家奥古斯特·博尔热,他的妹妹洛尔以及现在的亲爱的外国女子。啊,请写信来吧!

　　我恳求您,用您柔媚亲切的文笔向我叙述您是怎么生活的,要一小时一小时地描写,让我参与您的全部生活。给我描写您家里的那些房间,乃至家具的颜色……当我的思想转向您的时候,您要使我能够遇见您,看见您手中的绣花绷子和您正在刺绣的花朵,让我的思想时刻紧随您的左右。您知道,当头脑疲倦的时候,需要一种积极的休息! 假如我能够这样开始我甜蜜的梦想:"此刻她在那儿,正在注视这件东西!"这对我是何等有益的休息呵! 我这个人的思想有超越和消除空间距离的巨大力量! 这是我在无休止的工作中的唯一乐趣……①

　　多么艰巨的工作! 一方面是完成一部巨大的不朽著作的愿望,另一方面是对金钱的提前需要,这两个原因导致他所签订的合同已经不是几本小说,而是一套一套的小说。他同戈斯兰签约提供一套《哲理研究》小说;同玛门签约写《风俗研究》的系列小说。即使他的力量大得令人难以置信,他也无法履行这些契约。他一口气答应人家写十本书,哪怕他夜以继日不停地写,到了规定的时间他也交不出来。于是他使出超人的力量:

---

① 巴尔扎克:《致外国女子的信》,第1卷第21页。——原注

致珠尔玛·卡罗: 应该告诉您,我陷入了过度的劳作之中。我的生活像一部机器。我像母鸡一样在傍晚六七点钟睡觉,让人凌晨一点钟把我叫醒,接着我一直工作到早晨八点。八点钟我再睡一个半小时,然后吃些营养并不丰富的早点,一杯纯咖啡,便又绑在我的战车上直到下午四点钟。这时候我得接待来访,洗个澡,出去走走,晚饭后就睡觉。我必须连续过几个月这样的生活,否则无法应付我的契约。盈利来得缓慢,而债务却毫不留情,永远如此。现在我确信能获得巨大的财富,但还必须再工作和等待三年,必须重写、修改,使每部作品都成为不朽之作——这可是无偿劳动,不能立即获利……①

此外,有几个女人总想侵占他的宝贵时间,(倒不是卡斯特里夫人:"一种前所未有的冷淡逐渐代替了我原来信以为真的热情,这女人曾经那样地接近过我。")如阿布朗泰斯公爵夫人写信问他还活着吗,并且抱怨不能常常见到他。聪明的珠尔玛恳求他当心吉拉尔丹这一家人:"男的是个投机商……女的冷漠无情……假如您始终跟像我们这样纯朴善良的人在一起,您会得到更多的幸福,哪怕使您的作品略微逊色一点也是值得的!"②作家的朋友们总是劝告他不要见任何人,除了他们自己。纳卡尔医生再一次建议他休息。于是巴尔扎克到昂古莱姆去同卡罗夫妇一起度过 1833 年 4 月的下半月和 5 月的上半月。

他回到巴黎的时候,一场风暴正等待着他。一家新办的杂志《文学欧洲》请他写稿,他买了这家刊物的一份股份,给了他们一篇具有拉瓦

---

① 《巴尔扎克通信集》,第 2 卷第 262—263 页。——原注
② 《巴尔扎克通信集》,第 2 卷第 261 页。

特风格的出色文章,题目是《步态论》,还准备为它写一部外省生活场景:《欧也妮·葛朗台》。出版商戈斯兰和玛门对他这种背信弃义的行为大为恼火,他们拿着没有履行的合同威胁他。玛门干脆撕破脸皮到商业法庭告了巴尔扎克一状。出于幼稚的报复冲动,巴尔扎克跑到巴尔比耶的印刷厂里(玛门曾经是巴尔扎克的合伙人,后来接收了他的印刷厂),捣毁了《乡村医生》的字版。这是一次战争,不过只能是一场失败的战争,因为在法律上他是理亏的。于是他请求洛尔·德·阿布朗泰斯出面调停,他曾经把她介绍给玛门,现在玛门还在出版她的东西。她答应"像姊妹保护自己亲爱的弟弟一般"保护他。她向玛门保证说《乡村医生》将是世界上最漂亮的书。作为答谢,她要巴尔扎克到她隐居的地方,"在太阳已经落山,夜幕尚未升起的时候"去看望她……"快来吧! 您可以把我当作最好的朋友来信赖。"①可是他既没有去,也没有感谢她,甚至还荒唐地否定他自己请来的这个调停人。

巴尔扎克致阿布朗泰斯公爵夫人:您向这个叫作玛门的混账刽子手谈我的作品是帮了我的倒忙。这个人满脸的血腥气和晦气,他让那么多人破了产,还要把一个贫穷勤奋的人逼得走投无路。他没法叫我破产,因为我一无所有,于是他企图玷污我,狠狠地折磨我。我不到您那里去是因为我不愿意遇见这个该判苦役的坏蛋……②

这些过分的言辞并不能改善他的处境,法庭任命的裁判员还是判

---

① 《巴尔扎克通信集》,第 2 卷第 340—341 页。——原注
② 《巴尔扎克通信集》,第 2 卷第 355 页。

他错了。他唯一的安慰是想到《乡村医生》将给他带来的光荣。这本书终于在9月9日出版了。"天哪！我想我可以死而无憾了，我为我的国家做了一件大事。我觉得这本书比法律和胜诉更有价值。这是一本会产生影响的福音书。"①《乡村医生》不同于他的其他小说，杰出的医生贝纳西，出于某些秘而不宣的原因来到阿尔卑斯的深山里寻找"隐与静"，在被他挽救的村庄里，他殷勤接待来访的热奈斯塔少校，向他介绍村里的居民：冉维埃神甫，动人的福瑟丝（巴尔扎克给她起了个神圣的名字夏娃琳娜），还有爱发牢骚的高格拉。贝纳西发表的政治见解其实就是巴尔扎克自己的见解。他反对普选制，他预言资产阶级自由主义的胜利不久必将导致资产阶级和劳动大众之间的长期斗争，民众会把资产阶级看成某种高高在上的贵族。"假如我们允许法国存在一百个贵族，他们只不过造成一百处冲突。"假如取消贵族院，那么所有的富人都会变成特权阶层，社会的不平等只会加剧矛盾。

在这部小说里，巴尔扎克的政治态度并不反动，而是建设性的革命态度。他看到乡村人口减少、因失去土地而产生不满的人群大量增加所带来的危险。"一个愿意忠实地反映法兰西现实情况而又能独立思考的人，面对这种情况不能无动于衷。"②书中的主人公贝纳西成功地使法兰西土地的一角恢复了生机。怎么办？首先，必须承认现实，应该从农民的现状出发制订办法。农民既不是天使，也不是恶魔，生活使他们变得冷酷自私，重要的是向他们灌输团结合作的思想。在这一点上，当今的改革派同巴尔扎克是一致的：要联合、协作、集中。这一切没有长期的耐心是做不到的。贝纳西说：为了取得这方面的成功，"必须在

①　《巴尔扎克通信集》，第2卷第355页。
②　贝尔纳·居庸：《巴尔扎克和乡村生活》，《巴尔扎克年鉴》1964年，第240页。——原注

每天早晨醒来的时候恢复昨天的勇气,一种外表上看来轻松自如的勇气,好比一个教师不断地重复同样的课程内容"。

读者随着贝纳西和他的客人坐在草垛上参加农民的夜间聚会,倾听美妙的民间故事,诸如《勇敢的驼背女人》之类,然后是老兵高格拉"讲述拿破仑皇帝的故事":"你们知道,朋友们,拿破仑生在科西嘉岛,这是一个靠近意大利的法兰西岛屿……"随即他以纯朴的诗意展开了那部伟大的史诗。这长篇的插叙与小说的主题毫无关系。也许这是巴尔扎克为著名的《战斗》一书所写的片段,但是这一片段本身获得了很大的成功,多次单独出版。最后贝纳西向热奈斯塔吐露真情。关于这一段,有两个版本,第一次写的时候巴尔扎克是在发泄对德·卡斯特里夫人的怨恨:一个卖弄风情的女人害得乡村医生绝望沉沦;第二个版本是为了弥补年轻时的一件过失——他曾经造成两个姑娘的不幸。这本书尽管情节松散,却非常动人。

珠尔玛·卡罗赞扬《乡村医生》:"好极了! 我喜欢您这样写作……这里没有一点戏谑打趣,我觉得这样最美。"①但就是这一点遭到了读者和评论界的反对。女士们在这本书里找不到她们喜欢的巴尔扎克,政敌们却正好找到了攻击目标。巴尔扎克致韩斯卡夫人:"这里所有的报纸都在攻击《乡村医生》,匕首暗箭一齐朝它飞来。"专栏作家们说巴尔扎克熟悉山林的工作,农村的经济,还懂得怎样治理乡镇,但是读者要的是一本小说,而不是什么宣传卫生、政治和道德的大杂烩。巴尔扎克顶住了这股冲击波。他相信自己总有一天会像从前的伏尔泰那样独占欧洲文坛的鳌头,相信读者会把《乡村医生》当成活生生的福音书。他甚至确信这本书会获得蒙蒂翁奖,而法兰西学院却做出了错

---

① 《巴尔扎克通信集》,第 2 卷第 367 页。——原注

误的决定,没有给他授奖。

在一篇没有发表的序言里,巴尔扎克说他没有在这本书上署名是因为不想获得蒙蒂翁奖:"如果法兰西学院忽然想到要给他一笔奖金,一定会伤害他的自尊心,他会认为自己写了一本无聊的书。"而他的本意倒是想使那些对于平凡的好事有动于衷的普通人得到慰藉。尽管他嘲笑已故蒙蒂翁的道德傻事,但他精心雕琢的作品受到攻击仍然使他非常伤心。于是他想逃离巴黎。

为了忘却痛苦,他终于想见见外国女子。这时她已经说服她的老丈夫带她去瑞士的纳沙泰尔,这是家庭教师亨利埃特·博雷尔的故乡。那时候有钱的俄国人旅行总要带上一大群随从。安娜·韩斯卡,她的女教师,两个女亲戚,一队用人,总之威尔卓尼亚的全班人马都来到了纳沙泰尔,住在福贡饭店对面的安德里埃公馆。外国女子一面在那里等候巴尔扎克,一面给他写信说她害怕他,人家说了那么多有关他的故事,他会不会是个狡猾诡诈别有用心的人呢?巴尔扎克致韩斯卡夫人:"喔,我未曾见面的爱人,请相信我,不要听信任何关于我的坏话!我是个孩子,真的,一个比您所能设想的更加容易一眼看透的孩子。像孩子一样单纯,像孩子一样地爱恋……女人一直是我梦寐以求的对象。但是至今我还只是在幻梦中拥抱她们……"①是的,他快来了,在长时间的战斗之后他需要休息。他将改名换姓,例如化名德·安塔格侯爵。"人人都提防巴尔扎克先生,但是谁认识德·安塔格先生呢?谁也不认识。"他施展他特有的想象力,向她描写起见面的情景来:"您的湖,我已经看见了,有时候,您的形象在我脑海中是那样地清晰,我一看见您肯

---

① 巴尔扎克:《致外国女子的信》,第 1 卷第 34—35 页。——原注

定会说:'这就是她!'她,我的爱人,就是您!……"①

　　为了避免引起怀疑,他为这次旅行找到了一个绝妙的借口。他打算做一宗大生意:通过预订途径,销售一套一法郎一册的小说。简言之,是一种"书刊俱乐部"的买卖。每月出一本小说,印数很大,他已经有了合伙人,还让珠尔玛和絮尔维尔都入股。这套书需要用一种特殊的又薄又结实的纸,一种仿制的中国纸,产地应当是贝藏松。从贝藏松到纳沙泰尔再方便也没有了。可是要会见外国女子却没有这么简单。他只知道她住在福贡饭店,怎么才能认出她呢? 十年以后,即 1844 年 2 月 29 日,他向她追忆第一次远远看见她的情景:

　　　　啊! 您还不知道,当我在那个院子尽头,从一个窗口瞥见您的脸庞时是什么样的心情。至今那院子里的每一块石子,还有那些长条木板和车库,都深深刻在我的记忆里……当时我简直感觉不到自己的存在,跟您讲话的时候,我发狂了。我那奔腾的激情呆滞了两天,然后以更猛烈的冲力倾泻下来。我以恐惧的心情不断重复这句疯话:"她对我会怎么看呢?"……②

　　那天她穿一件深紫色的丝绒长袍,巴尔扎克喜欢的正是紫色。他一到纳沙泰尔就给她写了一封短信,信封上写的是亨利埃特·博雷尔的名字:

　　　　从一点到四点我将在郊区林荫道上散步,一直在那里欣赏至

---

① 巴尔扎克:《致外国女子的信》,第 1 卷第 41 页。——原注
② 巴尔扎克:《致外国女子的信》,第 1 卷第 319 页。

今还从未见过的湖光山色。您在那里停留多久我都能陪着您。请写个字条告诉我,我能不能在这里安全地给您写信,寄到邮局待领,因为我不愿意给您带来哪怕是一丁点儿的不愉快。我恳求您告诉我您的真实姓名。

最最亲爱的,从巴黎到这里,我心里无时无刻不充满着您,我为您观赏了特拉维尔山谷,这山谷真是太美了。①

按照传统做法,他们约定她将在林荫道上看书,她让手帕掉到地上,于是巴尔扎克走过去,她手里拿的正是他写的小说。第一次会面对他们俩都是激动心弦的时刻,经过长时间天国的通信,忽见有血有肉的凡人就在眼前。尽管她在第一封信里曾经写道:"您的外表肯定不会让人一眼看出您那炽热的想象力。"但绝没料到他会是这么一个又矮又胖,牙齿缺损,头发乱蓬蓬的男子。不过,像往常一样,他聪明的相貌、闪亮的眼睛、善意的微笑和热情的谈吐使她很快就忘掉了第一印象。她觉得世界上没有第二个人能有他那样的风趣和活力。从巴尔扎克的角度,他看到的是一位庄重而肉感的贵妇,她天庭饱满,颈项稍粗,嘴唇的线条很有魅力。她的"神态既端庄又随便,表情在高傲中透着放荡"。她讲话时带着外国口音,使他感到格外动听。当然不论她长成什么模样他都会把她当天仙的,何况她真是出人意料的美丽。向谁倾诉他的幸福呢?自然是他那自幼就和他分享欢乐和忧患的好妹妹。

1833 年 10 月 12 日,巴尔扎克致洛尔·絮尔维尔:在这里我得到了能够满足人这种动物的无穷虚荣心的一切,而诗人又是各类

---

① 巴尔扎克:《致外国女子的信》,第 1 卷第 44—45 页。——原注

人当中虚荣心最重的。啊！不！我在说些什么呀！其实根本没有虚荣这回事。我很幸福，精神上非常快乐，到目前为止还只是精神上的诚实的幸福。因为那个讨厌的丈夫五天以来没有离开过我们一秒钟，不是在她太太的裙边就是在我的背心跟前。在纳沙泰尔这座小城里，一位显赫的外国女人一举一动都在人们的视线之内。我好像是在一只闷罐里，太别扭了。

重要的是她只有二十七岁，她有倾城的美貌，世界上最漂亮的乌发，柔嫩细腻的皮肤，纤丽可爱的小手，更有一颗天真的年轻的心，真是一位莉裒勒夫人①，她难以克制自己的感情，几乎当众扑到我的怀里。且不说她拥有巨额的财产，在这美的杰作面前，财产算得了什么呢？把她和快乐美丽的公主相比，她还要强过百倍。她那迷惘的眼睛注视你的时候会变得脉脉含情，我爱她爱得如痴如醉了……

天哪！这特拉维尔山谷多么美丽！比安湖多么令人心旷神怡！你想想，就在这个地方，我们打发她的丈夫去张罗午饭。因为周围有人看得见我们，我们便躲在一棵大橡树背后，偷偷交换了第一个吻。然后我向她发誓要等待她，因为她丈夫已经快六十岁了，她也发誓把她的身心都留给我。她多么可爱，居然把一个胖得像座塔的丈夫从乌克兰动员出来，行程六百法里，来会见我这个情人，而我却只消走一百五十法里，真该死！……②

这位丈夫戴一副眼镜，穿一件皮领大衣，是个十足的沙俄贵族。他

---

① 莉裒勒伯爵夫人，鲁韦·德·库弗雷所著《福勃拉斯骑士的爱情》中的人物。
② 《巴尔扎克通信集》，第 2 卷第 389—392 页。——原注

对于同这位著名作家的"偶然"相遇感到高兴,并且自然也很喜欢巴尔扎克。文赛斯拉·韩斯基看上去身体很不好。不久的将来娶他的遗孀为妻似乎并不是不现实的想法。这是多么了不起的一门亲事!一位真正的女王,统治着成千上万的农奴。他俩私订了终身。他们一起游览了比安湖,踏上山崖陡峭、绿树成荫的圣彼得岛。很快又约定圣诞节的时候巴尔扎克再到日内瓦去同韩斯基夫妇会面。因为他们的关系应该有个结果了。同卡斯特里夫人相反,这次是她责备他仅仅满足于给她一个吻:

> 你呀!你不能从我的眼睛里看出我的期待吗?喔!放心吧!一个热恋中的女人的迫切愿望,我全都感受到了。只是因为我住的地方太不方便,我才没有告诉你,我是多么希望有一天早晨你会来到我的身边。在这幢房子里是有危险的。在别的地方也许就有可能了。到了日内瓦,喔!我亲爱的天使!在日内瓦,为了我们的爱情,我一定会使出十倍于男人的聪明才智来……①

她曾经觉得巴尔扎克有点粗俗,但又感到他那非凡的活力可以叫人原谅他的一切缺点。在漂亮女人面前,他简直神魂颠倒,好像在鲜果面前一样贪馋。他的作品显得比他本人优秀,档次更高也更深刻。不过这只是表面现象,作品毕竟是人创造的嘛。

回巴黎的旅途相当艰苦,公共马车很不舒服,他像个包裹一样被摔来摔去,弄得浑身青一块紫一块。像过去一样,一到巴黎,他立即面临经济上的困难。"我发现这里的一切比我预期的还要坏,欠我钱的人,

---

① 巴尔扎克:《致外国女子的信》,第1卷第47页。——原注

保证要付给我钱的人,都没有履行诺言。只有我母亲始终如一地帮助我,可是我知道她自己并不宽裕。"①但是出现了新的希望:有一位夏尔·贝歇夫人(她是出版商贝歇的女儿,皮埃尔·亚当·沙尔莱的寡妇),继承了她父亲的出版事业。这位漂亮而有钱的妇人建议他出版一套选集,总标题是《风俗研究》,共十二册,其中包括重印的《私人生活场景》《外省生活场景》和《巴黎生活场景》。她要以二万七千到三万法郎的高价买下版权。"这笔款子足以叫所有那些游手好闲的懒鬼,只知骂人不会干事的无能之辈以及一帮文人统统气红了眼!……我亲爱的宝贝,我的夏娃,事情一成,这帮人都要忌妒死了!"这张了不起的合同能够让他付清所有的债务(当然,母亲大人的除外,她可以再等一等),还能结清"刽子手"玛门的旧账,这个人至今还在逼他交出《三主教》一书的手稿,否则就要他支付违约金。

为了凑足《外省生活场景》第二卷的篇幅,贝歇夫人要求巴尔扎克赶写八十页的作品,他只得用一个晚上写出短篇小说《大名鼎鼎的戈迪萨尔》。他并不重视这篇作品,这不过是一个旅行推销员的剪影,也是他当时向《时尚》和《查理》两家杂志提供的极其丰富的"当代人物"形象之一。戈迪萨尔这个名字从"粗俗的玩笑"派生而来②,这个人物后来却成为一个不朽的典型。旅行推销员在资产阶级社会的历史上占有重要的地位,他是联系首都和乡村的纽带,是他把巴黎形形色色的新发明带到落后守旧的外省。从 1830 年开始,他不仅仅给外省带去巴黎的帽子、布料等时兴百货,还带去新的思想。《环球》是一家圣西门派的严肃报刊,歌德是它的读者,圣伯夫为它写文章,可是它却需要仰仗戈迪

---

① 巴尔扎克:《致外国女子的信》,第 1 卷第 47 页。——原注
② 法语 gaudisserie 和 gaudriole 的意思分别为"玩笑"和"粗俗的玩笑"。戈迪萨尔(Gaudissart)即从这两个字派生而来。

萨尔那些妙趣横生的花言巧语、修道士式的形象，以及这个无与伦比的推销员典型身上拉伯雷式的激情，去为它赢得许多订户。

巴尔扎克把这篇粗犷的短篇小说出人意料地献给了卡斯特里侯爵夫人，同时给她写了一封愤怒的信，信中充满对她的严厉批评。也许是外国女子的温情接待与之形成鲜明对照，勾起了他对侯爵夫人的旧怨。总之这封信使她非常吃惊和生气，她给巴尔扎克的回信中说道："您给我写了一封多么可怕的信！我若是信中描写的这种女人，您永远不必再见我；您若是怀有信中这些看法的男人，我也永远不愿再见您。您使我十分伤心；难道要我向您赔礼道歉不成？我真不该在激动的时候给您写信。您把我这颗已经破碎的心碾得更碎了……"①

他在外国女子面前吹嘘说他为她牺牲了卡斯特里夫人。事实上他们之间的争吵已平息下来，重新建立了热烈的友谊。与此同时，他也经不起任何诱惑，在他当时的生活中，除了忠实、焦虑和病弱的贝尔尼夫人之外，还有一段风流秘史，这是"一个可爱的人儿，宛如从天而降的一朵鲜花，她是造物主创造的最天真的女人，她偷偷来到我的身边，既不要求我写信，也不要我的照顾，她只说：'你爱我一年，我将爱你一辈子！'"②这朵来自天上的鲜花名叫玛丽-路易丝-弗朗索娃·达米诺瓦，她是基·杜·弗勒内依的妻子，出身于一个上层的法官家庭。1833 年她二十四岁的时候，腹中怀着巴尔扎克的孩子。他把正在创作的《欧也妮·葛朗台》献给了她：

献给玛利亚——您的肖像最能为本书增添光彩，愿您的名字

---

① 《巴尔扎克通信集》，第 2 卷第 400 页。——原注
② 《巴尔扎克通信集》，第 2 卷第 390 页。

在这里像一枝曾经赐福的黄杨枝,为了庇护家庭,不知从哪棵树上采来,但已经过宗教圣化,并由虔诚的手所更新,因而永葆常青。①

如果欧也妮·葛朗台的肖像是以玛丽·杜·弗勒内依做原型的话,我们就可以从这段描述中知道后者是什么模样了:"高大健壮的欧也妮并没有一般人喜欢的那种漂亮",但是艺术家会从她身上发现来自基督徒美好情操的希腊式的纯净之美,在她安静的前额下藏着整个的爱情世界和她自己都不曾察觉的天生的高贵。富有想象力的人善于美化一切。

《欧也妮·葛朗台》原定归入《私人生活场景》,故事围绕葛朗台老头这样一个突出的巴尔扎克式典型展开。这部作品由于它的美学成就(结构简洁,主题完整)以及对欧也妮的纯洁爱情和拿侬的耿耿忠心的感人描写,成为巴尔扎克最著名的作品之一,而作者本人却以为这不过是一本"写得不错的畅销的小书",根本不能和他的《路易·朗贝尔》相比。在这一点上,巴尔扎克看错了。这本精彩小说里的一切都引起读者的兴趣:葛朗台老头的生意经(合情合理,富有真实感);为了追求富有的女继承人,求婚的两个阵营之间展开的斗争;家庭内部光明与黑暗形成的鲜明对照,一边是老头儿的贪婪刻薄,一边是他太太的圣洁和女儿的慷慨大度。特别有意思的是葛朗台的性格,他是那个时代社会一种新型人物的典型,他的地位的上升,反映了那个时代的历史。

巴尔扎克曾说:"吝啬鬼的一生,是人的力量的顽强表现。"也许这就是舞台上生动地演出的各种吝啬鬼能够引起人们巨大兴趣的原因。而葛朗台的形象还远不止是一个吝啬鬼:"他是一个善于赚钱的人。"

① 巴尔扎克:《欧也妮·葛朗台》卷首献词。

对他来说,金钱自然在感情之上。他的侄儿失去了亲爱的父亲,这不足以打动葛朗台,而这个年轻人失去了他的财产,倒使他产生了几分恻隐之心。他当军队供应商的时候,曾经用行贿的手段,从一个粗野的共和主义分子手里弄到原来属于教会的几个上等牧场。和巴尔扎克的父亲贝尔纳-弗朗索瓦一样,葛朗台曾经被认为是"热衷于新思想"的人,实际上他热衷的只是他的葡萄园。他荣任索漠市长期间,在房地产登记的时候神不知鬼不觉地占了不少便宜。王政复辟以后,他的贪婪又多了一项新收益:公债利息。他在1814年以四十五法郎买进的利率为五厘的债券,六年以后竟卖到一百法郎。葛朗台就这样发着复辟财,跟过去发革命财一样。这部小说比任何技术性的著作更精确地描绘了新兴资产阶级是用什么手段积累起巨额财富的。① 在任何时代,从手工业者变成百万富翁的,都是这样的人。他们思维敏捷,行动迅速,不动感情,这是一种冷酷无情的天才。

作者把《欧也妮·葛朗台》放在索漠,其实这故事完全可以发生在图尔或伏弗雷。有人曾经到索漠去找小说的人物原型,其实巴尔扎克只到索漠去过一次,仅仅停留了几个小时。"他不过是从这座城市借用了真实的背景素材。"②书中有好几处破绽,说明故事更像是发生在图尔地区。巴尔扎克在描写葛朗台的时候,很可能借用了马尔戈讷的丈人萨瓦里先生的特征。但是,毋庸赘述,一个写小说的行家在塑造人物的时候绝不会只借用一个模特儿。

珠尔玛·卡罗觉得葛朗台这个人物不真实。她说:首先是他太有

---

① 参看皮埃尔-乔治·卡斯泰克斯:《〈欧也妮·葛朗台〉序言》,加尼埃出版社。——原注

② 皮埃尔-乔治·卡斯泰克斯:《〈欧也妮·葛朗台〉溯源》,载《法国文学史杂志》(1964年1—3月)第73—94页。——原注

钱了,无论怎样节省和吝啬都不能使一个箍桶匠获得这样巨大的财富。巴尔扎克回答说:"事实证明您错了,在图尔,一个开小铺子的杂货商有八百万财产;艾纳尔先生不过是个流动商贩,竟拥有两千万……尽管如此,再版的时候我将把葛朗台的财产减少六百万。"①洛尔也有同样的意见,巴尔扎克回答她道:"唉! 傻瓜,既然故事是真实的,难道你想让我写得比真事还真吗?"珠尔玛还认为人物"太突出"了,她补充说:"在外省,没有任何事情是突出的。"但是巴尔扎克寻求的是效果而不完全是真实。作者有作者的观点,同读者的观点不尽相同。巴尔扎克想要再一次证明的,是一种顽固意念的破坏力量,它竟然摧毁了一个家庭。

早在旺多姆时期,意念的危险力量就是巴尔扎克进行哲学探讨的中心主题。他的同学,后来成为著名哲学家的巴舒·德·庞埃可以证实这一点。从发明家到吝啬鬼的那种执着的激情深深地吸引了巴尔扎克。但是在此之前,他一直分别从事两个领域的探索,一个领域是写哲理小说,如《驴皮记》《路易·朗贝尔》;另一个领域是《私人生活场景》。在 1832、1833 年写的作品里(如《费拉居斯》《欧也妮·葛朗台》),他实现了两者的结合。② 每一个故事都独立成篇,但每本书都是同一体系的组成部分。这时候巴尔扎克在思想深处开始模糊地窥见未来作品的轮廓:他将要描写各种各样的社会处境,把他的主人公们放在有充分现实依据的社会环境之中,让他们生活在一些他将分析其社会结构的城市里,在一个统一的世界里活动,而这个世界里,物质和精神不过是同一实体的两个方面。因此他长篇大论地描写和评论巴黎、索漠等城市,议论体面女人的仪态和吝啬鬼怎样节约使用自己的力量。一本令人爱

---

① 《巴尔扎克通信集》,第 2 卷第 466 页。——原注
② 参阅莫里斯·巴尔台什:《小说家巴尔扎克》,第 294 页。——原注

不释手的小说,应该包含近乎拉瓦特理论的论述和关于建筑结构的评论。居维叶能够依据一根骨头恢复某个动物的原形,巴尔扎克则可以从一件物品、一幢房屋出发,再现人物、城市甚至整个民族的面貌。

　　令人不解的是这位最深刻地反映了他的时代的作家,却很难得到评论界的重视。甚至有人写道:"毫无疑问,巴尔扎克先生永远写不出一本好小说。"巴尔扎克不得不自己写文章,或者授意别人写文章来赞扬他的才能。圣伯夫以及当时所有"重要的"评论家都以傲慢的态度对待他。而维克托·雨果则以其华贵的笔调、精选的主题及威严的风度使他们肃然起敬。巴尔扎克在当时只是个不入流的作家。因为他描写的是日常生活、金钱事务、感情悲剧,所以人们认为他是个低级、平庸的作家;而他那张快活的胖脸、不伦不类的穿着打扮,以及他那颇不沉稳的性格,似乎更证实了这种判断。

　　当他忘记自己的思想体系时,他倒是出色地达到了艺术的完美高度。他不止一次描写思想家、画家和音乐家怎样竭尽心力地去探索宇宙的真谛,终因野心过大而宣告失败。如果他顽固地在书中陈述自己的哲学思想,也会遭到同样的灭顶之灾。为了排除这种危险,他不得不回到现实中去。他一旦认识到最佳表达方式是以具体的生活来装载自己的思想,他便得救了。路易·朗贝尔年轻夭折,葛朗台老头却永存不朽。

第十六章 《绝对之探求》

虚荣心支撑着他的爱情,因为没有虚荣的爱是非常脆弱的。

——巴尔扎克

他热切地渴望去日内瓦和韩斯卡夫人相会,他那至今仍然是柏拉图式的爱情在那里终将打上占有的印章,这既是他的情欲,也是他的自尊心的需求。事实上他已经以"你"称呼她了!这是亲密无间的第一个表征。"好吧,不久再见,工作可以使我感到时间过得快一些。在纳沙泰尔的那些日子是多么美妙啊!我们以后还要旧地重游,你说好吗?……"①但是在进行一次长途旅行之前,他必须在巴黎了结一些"商务上的事情"。同寡妇贝歇签署的合同不能解决所有的问题。他在1833 年 10 月 29 日致韩斯卡夫人的信中写道:"我亲爱的夏娃,到星期四我必须偿清四千至五千法郎的债务,而严格说来,我连一分钱还没有呢。这些小小的战斗,我已经习以为常了……"②夏娃战战兢兢地送给

---

① 巴尔扎克:《致外国女子的信》,第 1 卷第 49 页。——原注
② 巴尔扎克:《致外国女子的信》,第 1 卷第 65 页。

他一小笔钱(她只有自己的零用钱,财产是属于丈夫的)。"亲爱的天使,我非常感谢你那一滴水的赠予;它是我的一切,却又毫无作用。你想想,当我每个月需要一万法郎的时候,这一千来个法郎又能顶什么事呢?……"①

"且不谈这些晦气的金钱事!"他的夏娃虽然做出一些谨慎的慷慨之举,却同时以极大的忌妒心折磨着他。天哪!究竟有什么事、什么人可以引起她的忌妒呢?卡斯特里夫人吗?"我们的关系很冷淡了。"②雷卡米埃夫人吗?多奇怪的念头!"这不过是对所认识的有地位的女人的一种礼节性关系,去拜望一下雷卡米埃夫人总不会是什么暧昧关系吧!"③她怎么可以责备他迟迟不去瑞士呢?因为他为了尽早同她相会正在豁出命工作。"为了到你那儿去,我正在出卖我好几年的寿命……"④到 11 月 20 日,他的《欧也妮·葛朗台》还差一百页没有写完,《切莫触摸刀斧》(后来改为《朗热公爵夫人》)需要收尾。还要写《红眼女郎》(后来改为《金眼女郎》)。"等我到你那里我都要累死了……昨天,我的座椅,我那熬夜的伙伴被我坐坏了。自从我投入战斗以来已经坐毁了两把椅子……"⑤他还找到了最美妙的题材,打算到日内瓦去创作。事情是这样的:11 月 17 日,星期日,他拜访了雕塑家泰奥菲尔·勃拉,他是巴尔扎克的女友玛瑟琳娜·代鲍尔德-瓦勒莫尔的表兄弟。

  我看到了一尊世间最美丽的杰作——《圣母马利亚怀抱由两

---

①　巴尔扎克:《致外国女子的信》,第 1 卷第 66 页。——原注
②　巴尔扎克:《致外国女子的信》,第 1 卷第 72 页。
③　巴尔扎克:《致外国女子的信》,第 1 卷第 74 页。
④　巴尔扎克:《致外国女子的信》,第 1 卷第 88 页。
⑤　巴尔扎克:《致外国女子的信》,第 1 卷第 89 页。

个天使守护的圣婴基督》……我当即构思了一部最美的小说,《路易·朗贝尔》将是它的前言,书题将是:《塞拉菲塔》。像弗拉戈莱塔①一样,塞拉菲塔也身兼两性,不同的是他最后将蜕变为天使,冲破自己的躯壳升天而去。他同时被一个男人和一个女人所爱,在升天之际他向这对男女说,是共同的爱把他们联结在一起,而他自己是一位纯洁的天使,他启发他们之间的爱情,让他们相爱而自己却逃离我们这悲惨的大地。如果可能的话,我将在日内瓦,在你的身边写这部优美的作品……②

玛瑟琳娜·代鲍尔德-瓦勒莫尔是一位温柔忧伤的女诗人,她的丈夫是个平庸的喜剧演员,拉图什是她的情人。从 1833 年起她就是巴尔扎克的朋友。"我们是同乡,夫人,我们都来自眼泪和苦恼的国度。"③他可不会给欧仁·苏写这样的句子,随机应变嘛。玛瑟琳娜介绍他认识勃拉,勃拉和玛瑟琳娜一样,是个二流艺术家,但他是个怪人,前后娶过两个催眠师为妻!勃拉同巴尔扎克一样,对斯威登堡、两性畸形人和上界星宿之类兴趣很浓。正是在这种精神气质支配下,他设计创作了圣母、圣婴和天使这组雕像,被巴尔扎克誉为"天才的杰作"。

同勃拉等人的交往,使得急于迷住外国女人的巴尔扎克的头脑里产生了最奇特的小说。书中的一位天使是他自己,另一个是夏娃琳娜,他俩结合生了两性人塞拉菲蒂斯-塞拉菲塔,既是男性又是女性,爱情使两性合而为一降生于世,"他们各自的使命是解放出禁锢于肉身中的

---

① 弗拉戈莱塔,拉图什写的同名小说中的主人公。
② 巴尔扎克:《致外国女子的信》,第 1 卷第 89 页。——原注
③ 巴尔扎克:《致外国女子的信》,第 2 卷第 492 页。

天使本质"①。两性人一直是巴尔扎克所喜爱的一种神话,男性带来智慧,女性带来美貌;男性代表运动,女性代表稳定;等到他们真正结合成一个肉体时,就升天而去,重新换上天使的形态。

这就是他要献给那位天赐的外国女子的作品。这不是一部容易写成的书。最后的升天要写得像一首但丁的诗。为了把读者拉出现实环境,从一开始就置身在一种圣洁的背景中,他选择了挪威! 故事开始于"一个阳光灿烂的早晨,冰雪晶莹的世界在朝阳照射下,像钻石般发着闪烁不定的耀眼晶光。有两个人向海湾走来,他们穿过海峡,沿着法尔贝格崖向上飞翔,快到崖顶时,又腾跃而起,从一道崖壁飞向另一道崖壁。他们是两个人,还是两支箭? 凡是看见他们在这样的高度飞翔的人都会误以为这是两只比翼穿云的绒鸭。……"②事实上这两个天使般的人物不过是两个滑雪者在攀登挪威的冰帽峰。

巴尔扎克仅仅是从书本中了解挪威,不过他亲爱的韩斯卡夫人可以启发他的灵感。对超自然力量的共同兴趣,在他们恋爱初期已经成为联结他们的一种纽带。夏娃琳娜从小就受这种熏陶。热武斯基家有好几个人在庄园里接待过神秘的流浪者,他们家奇特的诗文集里充满了幽魂显灵和先兆预感的故事。当时在波兰有许多精神焦虑不安的人试图摆脱肉体的牢笼。梅斯麦在波兰有众多信徒,斯威登堡在那里拥有大批读者。夏娃琳娜的姊母,罗莎丽·热武斯卡伯爵夫人,认为她的侄女善良温柔,但是有点疯疯癫癫。她阅读的书籍在她头脑里留下错综复杂的印象,"这种种杂乱的思想加上她极其丰富活跃的想象力,使她的谈话斑驳陆离,有时候让人感到非常有趣,但也时常叫人厌烦"。

---

① 菲利普·贝尔托:《塞拉菲塔》诠释。《全集》,第 21 卷第 12 页,老实人俱乐部版。——原注
② 巴尔扎克:《塞拉菲塔》。

这就是严厉的罗莎丽婶婶对夏娃琳娜·韩斯卡的看法。但这种对先兆预感的信仰和未卜先知的诗意,却使巴尔扎克非常喜欢。

为了写作《塞拉菲塔》,他想从瑞典的神秘主义作品里广泛地吸取营养,这些作品往往在严格的科学外表下融入《圣经》的诗意。这些精神食粮很合他的口味。斯威登堡曾经热衷于研究大自然的统一性问题。他和巴尔扎克都认为物质与精神是同一实体的两个方面。在任何器质性的生命和精神性的生命中,斯威登堡都看到了受支配宇宙的物质规律制约的运动整体。反过来,他又在一切物质中发现了"神明与精神逐渐贬值的后果"。不能说巴尔扎克从斯威登堡那里搬来了他的哲学思想。这种思想早在他青年时代的《哲学笔记》里就有过充分的表露,继而又受到布丰、居维叶、若夫华·圣伊莱尔的影响。不过斯威登堡给了他这样一种看法,即认为物质世界仅仅是精神世界的表征,而且在两者之间能够找到"联系"。巴尔扎克从这混沌的诗意中看到一种"比但丁和弥尔顿更为崇高卓越的神奇意境"。他像雨果一样认为物质内部饱含着秘密,由此便产生了神秘的、令人不安的"巴尔扎克迷魂阵"。在这迷魂阵里,物质只是一些符号。斯威登堡的影响并没有改变巴尔扎克的思想,而仅仅是坚定了他原来对自己和对世界的看法。

在这期间,通过亨利埃特·博雷尔转交的秘密信件中充满了柔情、辩解和对未来的憧憬。自然,还需要一些可以给丈夫看的"公开的信",因为丈夫不见这位好友来信会觉得奇怪。于是抒情的笔调换成了客套的和玩笑的语气:"夫人,我想韩斯基一家不至于拒绝巴尔扎克为感谢他们盛情友好的接待而赠予的一份菲薄礼品吧。"①其中有一件简朴的首饰,上面镶嵌着安娜小姐拾来的小石子,还有一件罗西尼的手迹,这

---

① 巴尔扎克:《致外国女子的信》,第 1 卷第 82—83 页。——原注

是先生想要的。"此件赠给罗西尼的热烈崇拜者韩斯基先生,夫人,请向韩斯基先生转达我亲切的友谊和怀念,并以我的名义吻吻小安娜的前额,请接受我最崇高的敬意……"①至于外国女人的感情,我们可以从她给兄弟的一封信中窥见一斑:

1833 年 12 月 10 日,韩斯卡夫人致亨利·热武斯基伯爵:在瑞士,我们结识了一位令人着迷的朋友,他就是巴尔扎克先生,《驴皮记》和其他许多优秀作品的作者,他变成我们真正的亲密朋友,我希望这友谊将维持终生。巴尔扎克很像你,我亲爱的亨利,他像你一样快乐、爱笑、和蔼可亲,连他的外表都有点像你,你们俩都有点拿破仑的气质……巴尔扎克真像个孩子。如果他爱你,他就像孩子一样天真直率地说出来。总之,你看着他这个人,简直难以想象一位如此博学且有很高造诣的人,在思想感情上,竟然如此纯真、可爱,充满稚气……②

这是一封热恋中的女人写的信。"有生以来,我还没有像在纳沙泰尔的七、八两月那样幸福宁静过。"她爱那里的一切:湖、散步的场所和那里的居民。一个人热爱一切的时候,他就是在恋爱。

爱情是需要付出时间的。整个 12 月份巴尔扎克都花在写信、拼命创作、和书商出版商吵架上面。为了更好地报复,他真想住在亨利埃特·德·卡斯特里曾经羞辱过他的皇冠饭店,但是夏娃琳娜·韩斯卡给他在弓箭旅馆订了一个房间,因为这样离主教草场街她和她丈夫下

---

① 巴尔扎克:《致外国女子的信》,第 1 卷第 82—83 页。——原注
② 华沙图书馆,由塔德·博依-泽林斯基公布的信,载《波兰文学》杂志(1934 年 9 月 15 日)。——原注

榻的米拉波公馆要近得多。这家旅馆坐落在活水区,四周林木葱郁,楼顶上有一只美丽的弓箭形风标,箭头指着风的方向。巴尔扎克正好在圣诞节那天到达,他看见了夏娃琳娜派人送来的一只戒指和一张问他是否爱她的便条。

> 我是不是爱你?可我已经来到你身边!哪怕再困难一千倍,为你受再多的苦,我也要来的。现在我们终于赢得了一个月或许两个月的时间。我不是要一次而是要千百万次地亲吻你。我是这样幸福,以至我不能比你写得更多了。回头见!
> 我的房间很好,戒指像你一样,我的爱,它多么精致美丽!①

他在那里度过了工作和爱情的四十三天。由于韩斯基先生完全把他当作朋友,因此米拉波公馆和弓箭旅馆之间的来往十分方便。他们互赠礼物,如奥尔良的木瓜酱(富有诗意的巴尔扎克总是吹嘘自己赠送的礼物,他认为这木瓜酱真是味美无比)、咖啡、茶叶、孔雀石的墨水瓶等等,还有书信,更是一日数封。他的夏娃的确叫他喜欢。她能理解和欣赏他对高度抽象观念的癖好,《塞拉菲塔》这一主题使她着迷。但是由于日内瓦勾起了他许多辛酸的回忆,他更想写的是《朗热公爵夫人》(当时题为《切莫触摸刀斧》)。这本书将要平息他心头的怨恨,书中的朗热公爵夫人(影射卡斯特里侯爵夫人)爱上了德·蒙特里沃(影射巴尔扎克),却遭到了拒绝。看到自己被一个外国贵妇人正式接纳为情人,他受伤的自尊心得到了安慰,又变得活泼、快乐、善良而且讨人喜欢了。他同"亲爱的伯爵夫人"在一起逗乐嬉戏。他嘲笑她的法语发音不

---

① 巴尔扎克:《致外国女子的信》,第 1 卷第 99 页。——原注

准(她把椴花念成绢花),她写信称他为"侯爵先生"(取笑他自称德·安塔格侯爵),他再回敬她一个"元帅夫人"(因为韩斯基当过波兰伏尔伊尼贵族的元帅)。

致热武斯金娜女皇陛下德·韩斯卡夫人,日内瓦:最亲爱的元首,神圣的陛下,保洛斯卡及附近地区杰出的女王,心灵的君主,西方的玫瑰,北斗星,等等……等等……等等……等等……等等,……还有绢花仙女!……

接着是邀请她带上她卑贱的**农奴**①驱车来科佩一游。

这样的柔情蜜意是动人的,而巴尔扎克所得到的还不止这些。晚上,在月光下,她身穿曳地的银灰色裙袍,偷偷溜到他的旅馆房间里来。最初几天她还没有完全让步,说她忌妒日内瓦的几个女人,忌妒她自己介绍给他的波托卡伯爵夫人(她的表妹),忌妒他的 Dilecta。她谴责巴尔扎克是个"见异思迁的法国男人"。他答道:"请原谅,我的爱人,如果这就是你所说的'拈花惹草',那么我再也不去见任何别的女人好了。"②至于他的 Dilecta 他并不否认确有其事,但那不过是现在这位 Dilecta 的前身。"你是年轻的 Dilecta……这两种感情混在一起了,请不要抱怨。我愿意相信我爱的是她身上的你……"③缠绵悱恻的爱情纠纷,真是永远没有尽头。

不过重要的是夏娃必须完全为他所有:"至今我们的亲吻仍处在很可怜的地位,它只能到达你的心,而我却愿意它裹住你的全身。你将会

---

① 原文特指俄国农奴。
② 巴尔扎克:《致外国女子的信》,第 1 卷第 106、111 页。——原注
③ 巴尔扎克:《致外国女子的信》,第 1 卷第 106、111 页。

看到彻底的占有能加深和扩大爱情……"①可是她却害怕占有会扼杀爱情。"我的上帝,怎么跟你说呢?你身上最微弱的一点气味都令我心醉,要是我能千百次地占有你,你将看到我更加如醉如痴,现在我们还只是生活在期望之中,而到那时则既有展望又有回味……在去狄奥达蒂的路上我哭了,因为你竟然只用一个字就撕破了你似乎很乐于编织的情网,而这还是在你给了我全部爱情许诺之后……我是多么崇拜你!你从来不想要任何手腕,你只是坦率而幸福地献身爱情,你这样说话和我的天性完全一致……"②1834 年 1 月 19 日,星期日,他终于能够起草一份胜利公报了:

> 我亲爱的天使,我几乎像疯子一样地爱你,我简直无法再想任何别的事情,只能念着你。我的想象力总是不由分说地把我拉到你的身边。我抓住你,拥抱你,亲吻你,抚摸你,于是千百次最甜蜜的亲吻攫住了我……喔!我的夏娃,亲爱的,你不知道吧?我把你的名片拾来了,现在它在我的面前,我对你说着话,好像你就在我的身边。我看见你像昨天一样美丽,出奇地美丽。昨晚,整整一个晚上,我对自己说:"她是我的了!"啊!天使们在天堂里也没有我昨天那样幸福!③

不过,1 月 26 日那天他更加幸福,成为他"难忘的日子"。为什么?答应和他结婚?还是度过了爱情的良宵?人们不得而知。我们至多不过在一封信里发现一种异乎寻常的热情,这是在一个欢乐之夜的第二

---

① 巴尔扎克:《致外国女子的信》,第 1 卷第 113 页。——原注
② 巴尔扎克:《致外国女子的信》,第 1 卷第 116—117 页。
③ 巴尔扎克:《致外国女子的信》,第 1 卷第 116—117 页。

天写的信。"我亲爱的爱人,你的爱抚给了我新的生命……"这"如火似蜜的爱抚"起到了给情人"传授新的爱情秘诀的作用"①。早在少年时代他就梦想着疯狂的爱情,梦想着一个既是贵妇人又如妓女般妖娆的情妇。他觉得艺术家和活动家一样有时候需要"在非同寻常的紧张生活之余,有强烈而刺激的娱乐消遣"。正如《驴皮记》里拉法埃尔的第一个愿望一样,他也曾向往宴饮狂欢。他很性感,在性生活方面似乎很老练。某些忌妒他的同时代人曾经说他阳痿。没有比这更荒谬的说法了。那么多热恋过他的女人都获得了情欲的满足。但是,如果说他喜欢柔顺的女性,他也希望她们多情而聪敏,能够理解他、崇拜他,并且能在写作上启发他。看来夏娃·韩斯卡在这几个方面都符合他的心意。

她自己似乎也很幸福。在严肃的精神生活方面,能够分享一个天才人物的思想是多么令人心醉的事。在肉体的欢乐方面,这位内行的情人并没有让她失望,而她也表现得颇有天赋。"世上只有艺术家才值得为女人所爱,因为他们本身也有点女人的气质……"②这一对心满意足的情侣筹划着未来。在衰老之前他们还有三十年的时间。他们不想对文赛斯拉·韩斯基打什么坏主意,不出五年,至多十年,亲爱的女郎就可以自由了。"可是到那时我已经四十岁了。"她说。他答道:"对我来说你永远是美丽的。"她怎么也想不到,沙龙生活、名誉地位和别的女人会把他从她身边拉开。他们之间的神圣箴言是:永远相爱③。"我今后的生活中将只有你和我的工作。"他在夏娃的纪念册上不恭敬地写

---

① 皮埃尔-乔治·卡斯泰克斯:《难忘的日子》,《巴尔扎克年鉴》1960 年,第 190页。——原注
② 巴尔扎克:《致外国女子的信》,第 1 卷第 126 页。——原注
③ 原文为拉丁文。

道:"伟人犹如岩石,只能粘住牡蛎。"韩斯卡夫人在下面写道:"那么我就是一只牡蛎了。"真是恋人的谦卑。有几天他病了,她得到丈夫的准许,来旅馆照料他。到 2 月份,他不得不回巴黎去的时候,他们约定不久以后在意大利或维也纳相会。他被邀去威尔卓尼亚庄园,在乌克兰住几个月,并且秘密约定有朝一日要结婚。

　　小宝贝,十年以后,你三十七岁,而我呢,四十五岁,在那个年龄,完全可以相爱结婚,并且白首偕老。好了,我高贵的伴侣,我亲爱的夏娃,切莫怀疑动摇,你已经答应我。要充满信心地相爱。塞拉菲塔就是咱们俩。让我们心心相印,比翼齐飞……①

1834 年 2 月 12 日他回到巴黎。他带回一些手稿:《朗热公爵夫人》已接近完工,《古物陈列室》写了一部分,还有几篇《都兰趣话》,以及夏娃赠送的指环。"我一坐下工作就把这吉祥物戴在手指上。"②为了写作《塞拉菲塔》,他曾向住在日内瓦的大植物学家彼拉姆斯·德·康多尔请教挪威的植物情况。更重要的是他从日内瓦带来许多美好的回忆:夏娃琳娜在弓箭旅馆的情景,她蹑手蹑脚地进门,终于脱下了那件银灰色裙袍。他从裙上撕下一条布料来捆扎《塞拉菲塔》的手稿。他还记得亲爱的人儿在狂欢中的表情。"你那幸福的微笑,欢乐中的痉挛和苍白脸色,令我想得如醉如狂……"③

　　他还不时给韩斯基夫妇写一封"可以公开的信",有一次提到在日内瓦的幸福时日:"你们不知道,在纳沙泰尔和日内瓦所度过的日子,是

---

① 巴尔扎克:《致外国女子的信》,第 1 卷第 134 页。——原注
② 巴尔扎克:《致外国女子的信》,第 1 卷第 110 页。
③ 巴尔扎克:《致外国女子的信》,第 1 卷第 128 页。

十二年来,或者说十五年来,我得以——真不知出于上帝的哪一种恩惠——既不考虑未来,也不回忆过去,既不操心事务,也不操心贫穷,无忧无虑地活在世上的仅有的两段美好时光……"①他动情地提到有一天他和她一起坐在花园里,一颗在水中腐烂了的印度栗子的古怪臭气,把两个人都逗乐了。爱情使他们从任何细小的琐事中都能找到无穷的乐趣,只要是他们在一起遇到的事。"有些日子,我念着绢花、绢花,发出孩子一般的欢笑。"甚至在"可以公开的信"中都充溢着感激之情。他祝愿小安娜身体健康,韩斯基先生诸事顺利,博雷尔小姐心情愉快!对亲爱的夏娃则更是谆谆嘱咐如何保健,告诉她什么食谱可以不让自己发胖,可惜他自己没有照办。

在法国,他又遇到了不顺心的事。贝尔尼夫人病得很重,一个月内简直衰老了二十年。"我不让她看出我无限的忧虑,除非一位医生或一位催眠师能治好她的病,否则我是不能安宁的。你们知道,她的生命对于我是多么珍贵……"②珠尔玛·卡罗夫人失去了亲爱的父亲。她继承了坐落在伊苏屯附近的弗拉佩斯勒邸堡,于是盛情邀请巴尔扎克到她那里去写作。这时她正怀着第二个孩子,身体很坏,甚至有危险。

在神圣的家族里,像往常一样,总有无穷的烦恼。巴尔扎克夫人做了几笔愚蠢的生意,终于破了产。絮尔维尔很不明智地吃醋,使妻子非常痛苦,洛尔连去探望兄弟都得偷偷摸摸。但是洛尔自己的脾气是不是有时也有点令人难以忍受呢?巴尔扎克开始感觉到这一点,不过想到从前兄妹俩手拉着手亲密无间地度过的童年,做哥哥的什么都能原谅她。小说家巴尔扎克隐隐约约勾画出一个野心勃勃、令人头痛的女

---

① 巴尔扎克:《致外国女子的信》,第 1 卷第 145 页。——原注
② 巴尔扎克:《致外国女子的信》,第 1 卷第 121 页。

人形象,他的计划中,有一部小说要描写两姊妹:"一个非常优秀,文静而谦逊,但是没有被人充分赏识就夭折了,她的丈夫是个浮夸的家伙。另一个是惹人注目的杰出女子,总是折腾丈夫,而丈夫却是个单纯而平庸的人。"①这岂不是在十年之后回顾洛朗丝和洛尔吗?这并不是不可能的。洛尔野心很大,逼迫絮尔维尔担负过多的工程,当然首先是开运河,然后又是灌溉工程,还有昂德利桥、苏利桥。可怜的丈夫简直不得休息,操心过度使他变得性情暴躁。"这些可怜的人精神错乱了。"巴尔扎克给他的外国女子写道。他担心有朝一日他母亲和妹妹会彻底破产,投奔到他的卡西尼街住所来。

尽管一切都不顺心,却也有一些好消息。《欧也妮·葛朗台》销路极好,读者们热烈颂扬。德尔芬·德·吉拉尔丹写道:"欧也妮·葛朗台非常可爱,还有大个子拿侬,葛朗台老爹,真是天才,天才。喔!伟大的巴尔扎克!!! 我妹妹、我母亲,还有我,我们全家都着迷了。您的作品中没有一部像这样成功的。快来看我们,听大家讲讲对您的感想……"②他想要冷淡卡斯特里侯爵夫人,却又惮惧她的怒气和影响,一回来就去给她朗读《朗热公爵夫人》的第一段。她非常满意,的确,在前几章里她的形象颇有吸引力。后半部就不那么讨她喜欢了。

巴尔扎克在《朗热公爵夫人》中坦率地表明了对复辟时期圣日耳曼区贵族社会的看法,他们像暴发户般贪婪小气而没有贵族的高贵大度。他谴责他们对名利地位孜孜以求。在他们表面的高雅风度背后掩藏着精神和灵魂的空虚。德·朗热公爵夫人居然赤裸裸地说出这样的话:"宗教将永远是一种政治的需要。有头脑的民众,谁敢去统治呢?

---

① 巴尔扎克:《思想、计划、片断》。《全集》,第 28 卷第 695 页,老实人俱乐部版。——原注

② 《巴尔扎克通信集》,第 2 卷第 475 页。——原注

连拿破仑也不敢,所以他要迫害那些研究观念形态的学者……因此,还是让我们接受天主教和它的一切副作用吧。假如我们想让所有的法国人都去望弥撒,我们难道不该自己先带头吗？您看得出,宗教是保守原则的中心环节,这些原则可以让富人过太平日子。所以宗教与财产所有权是紧密关联的。"作为保王派,巴尔扎克并不否认自己对政治和宗教的看法;作为小说家,却又无情地揭露一个贵妇人口中说出的这些思想。

波托卡伯爵夫人曾经劝巴尔扎克去拜访奥地利大使阿波尼伯爵的夫人。当时一些国家的大使在他们所驻留的国家里变成极有吸引力的人物,1826年以来,安东尼·阿波尼伯爵夫妇在巴黎就是如此。他们既接待正统派,又接待路易-菲力浦派,也接待作家和艺术家。他们豪华的招待会和午宴舞会吸引着全巴黎的人。巴尔扎克渴望受到邀请。波托卡伯爵夫人担心巴尔扎克那满嘴的风流故事,再三叮咛他说:"在阿波尼夫人家里您可要放规矩些。她是一位天使,不允许任何东西玷污她周围的纯洁空气……"①

对于天使,巴尔扎克毫不畏惧。他于2月18日造访大使,没有被接见,但是大使夫人写了一封友好的信表示道歉:"我亲爱的温柔的玛丽在您面前过于夸奖我了,我真不敢当……后天下午三点钟敬请光临,不胜荣幸……"②玛丽·波托卡伯爵夫人写信问巴尔扎克:"您是否已回到您那高雅的寓所？您有没有去拜访过阿波尼伯爵夫人？她抱怨您了,说她没有能力吸引您到她那里去,为此她很失望。下面是她的午宴舞会日程,您将在那里见到全巴黎的美女……"③于是巴尔扎克变成大

---

① 《巴尔扎克通信集》,第2卷第458页。——原注
② 《巴尔扎克通信集》,第2卷第473页。
③ 《巴尔扎克通信集》,第2卷第496页。

使家的常客。"大使说：'巴尔扎克公馆必须同奥地利使馆友好往来。'"①韩斯卡夫人从她在巴黎的波兰朋友那里获知她的情人在社交场上的成功，感到不安。他是否又暴露了"法国人的本性"？他为什么要同波托卡伯爵夫人通信？

"请不要忌讳P夫人②的来信，必须让这个女人站在我们一边。我恭维她，希望她以为你被冷落了。"③韩斯卡夫人可不愿意人家以为自己被冷落，她很在乎自己的面子。有人写信告诉她，说巴尔扎克有好几个情妇。巴尔扎克回信安慰她，"你的梅花雀非常规矩"，谁看了这封信都知道这"梅花雀"指的是什么。而且她的"小猫咪"还给梅花雀做了一只"逍遥笼"。巴尔扎克说自己工作那么繁重，哪能进社交场。一个晚上六点睡觉半夜起来伏案工作的人是没有时间去寻花问柳的。他甚至还同吉拉尔丹那伙人为了出版上的一件细小事情吵翻了（暂时的）。"啊，吉拉尔丹夫人做了多次努力要拉我回去，但是你的固执的农奴却以最高雅的态度说了声 niét④——他要是不会说 niét，就不称其为农奴了——因为你忠诚的农奴已经有点开化了……"⑤

像他这样日夜工作而不受到惩罚是不可能的。4 月初，他突然陷入一种麻木和日益严重的迟钝状态。纳卡尔医生警告他说可能是脑炎，建议他换换空气并且要绝对休息。这成了每年的惯例。于是巴尔扎克又动身前往贝里，在宽敞可爱的弗拉佩斯勒邸堡住了十来天。不过他也闲不住，他在动手写《赛查·皮罗托》和《豌豆花》（后来改为《老

---

① 巴尔扎克：《致外国女子的信》，第 1 卷第 226 页。——原注
② 指波托卡夫人。
③ 巴尔扎克：《致外国女子的信》，第 1 卷第 135 页。——原注
④ 俄语中"不"字的发音。
⑤ 巴尔扎克：《致外国女子的信》，第 1 卷第 147 页。——原注

姑娘》)①。《塞拉菲塔》一书由于太难写，进度不快。他在 1830 年 3 月 10 日致卡斯特里侯爵夫人的信中说写这部书简直是沉重可怕的负担。"我在它身上真是耗尽心血，反复删改，不过再有几天就见分晓了，不是我声名大振，就是巴黎人都看不懂它。"②这个题材真要了他的命。他感到好像（唉！一点不错）是在空气稀薄的世外荒原工作。但是他相信这本书会成为他的顶峰之作，况且还有她在等待着这本书。

他同怀孕的珠尔玛一起在花园里散步，帮助她布置房间。他向她描述自己在爱情上的成功。其实她已经早有所闻，年轻的画家奥古斯特·博尔热告诉她，一个偶然的机会，他遇见韩斯基夫妇同巴尔扎克在一起。巴尔扎克告诉珠尔玛他将到维也纳去会见他的俄国阔佬。他还同卡罗少校一起采访伊苏屯镇和当地的居民，收集地方上的小故事。这一切后来都写进了《单身汉的家事》。这个怪人在几天之内对一个小镇的了解，远远超出本地最年老的居民。

因此，他的生活由两个部分组成。在现实中，他安慰珠尔玛，爱抚夏娃，和亨利埃特·德·卡斯特里周旋，在奥地利大使官邸大谈磁气说，和那位由罪犯变成警察头子的维多克及刽子手桑松父子一起吃饭。在幻想世界中，他创造着一个完整的社会。伊苏屯和阿朗松之类小城便是其中的一部分，《赛查·皮罗托》中逐渐铺展了对沼泽区的回忆，《朗热公爵夫人》记录了狄奥达蒂的辛酸史。总之容易赚钱的通俗文学、风俗研究和伟大的哲理研究齐头并进。真正的巴尔扎克并不是那种计较金钱、寻花问柳的人，而是富有创造性智慧的作家。

4 月 20 日他去音乐戏剧学院听贝多芬的第五交响乐，发现了能与

---

① 巴尔扎克后来写《婚约》时也想到过用《豌豆花》这个书名。
② 《巴尔扎克通信集》，第 2 卷第 654 页。——原注

自己相提并论的兄弟(贝多芬)。他给夏娃写道:"啊!我多么希望您在我身边!当时我一个人在大厅里,孤零零的我!这是一种无法形容的痛苦。我有一种抒发情感的需要,却被工作束缚住了,我的情绪稍一激动就要涌出热泪……我只羡慕那些光荣的死者:贝多芬、米开朗琪罗、拉斐尔、普桑、弥尔顿,总之所有伟大高尚杰出的人物都使我感动。目前我还算不上什么,我不过是在准备一部伟大作品的细部。"①

他像一个建筑师,头脑中有一座宏伟的教堂,但是缺乏必要的手段来实现其庞大的计划,暂时只能雕刻和开凿一些零件。外行人看见这几块石头就评头论足,不知它们派什么用场。"如今在法国,人们只看重文笔,当你忙于汇集材料,还没来得及打磨柱头和安放梁柱的时候,就已经被扼杀了……"②有时候他厌倦了:"我怕是过多地消耗了我的本钱。眼看《驴皮记》的作者年纪轻轻地死去倒是件奇事。我对能否完成我的毕生事业几乎失去信心了……"③不久他的自豪感又占了上风。多么丰产的年份啊!这一年他写出了《欧也妮·葛朗台》《豌豆花》,改写了《舒昂党人》,并且即将完成《塞拉菲塔》、《人世一瞥》和《一个年轻女人的回忆录》。显然,有的说得太早了,他总是把在酝酿中的作品当作已经完成的。不过,有哪一个作家能一下子积累这么多的杰作呢?

但是他还得生活,现实世界总有事要他分心。他的弟弟亨利始终是个梦幻者。奥诺雷充满活力,亨利恰好相反。母亲把他宠坏了,"他到这个世界上来是坐享其成的"。我们还记得他频频更换工作,一事无成,最后漂洋过海到了莫里斯岛。在那里他以为自己有出息了。一所学校请他当教师。他寄宿在寡妇玛丽-弗朗索娃·巴朗的家里,其夫贡

---

① 巴尔扎克:《致外国女子的信》,第 1 卷第 157 页。——原注
② 《巴尔扎克通信集》,第 2 卷第 501 页。——原注
③ 《巴尔扎克通信集》,第 2 卷第 500 页。

斯当·杜蓬给妻子留下一个儿子、一所房屋和一笔可观的遗产。中年的杜蓬寡妇爱上了亨利,和他结了婚。巴尔扎克家的人本性难改,亨利立即阔绰起来,马匹、车辆、用人、盛宴,缺一不可,很快就把老婆的财产挥霍净尽。洛尔·絮尔维尔既不了解情况又盲目乐观,写信告诉她的朋友波姆勒将军夫人说:"亨利在那里创造了奇迹,他现在既能挣钱,行为也规矩……而且终于娶了一位有钱的妻子,给他带来了十五万法郎的财产。妈妈得到消息后简直乐坏了……"①起初,奥诺雷非常羡慕弟弟,因为巴尔扎克家的成员终于结了一门好亲事!他只能用自己的笔来抒发这种羡慕之情,把去殖民地发财写进小说。夏尔·葛朗台被送往西印度群岛。

随后,有两年时间没有得到亨利的消息。他在莫里斯岛诸事不顺。为了弄一张居留证,他得向英国政府交一笔保证金,而他教书的学校又停办了。1834 年 6 月他来信说要回法国。焦虑不安的母亲大人马上给小宝贝儿子租了一套带家具的公寓,就在考克纳尔街六号絮尔维尔夫妇住的那幢房子里。

宠儿亨利终于带着妻子和继子昂热-杜蓬回到了巴黎。他从海外只带回了五万法郎的债务和一个比他年长许多的妻子。奥诺雷挖苦地问道:"有必要远涉重洋去找这样一个老婆吗?"②勇敢的絮尔维尔答应雇用这位灾星到他指挥的诺曼底省昂德利桥梁工地上去工作。亨利在那儿同样无所作为。他的妻子正在待产。饱经忧患的巴尔扎克夫人伤心极了。她的大儿子认为"她是为自己选择的儿子受此惩罚"。洛尔倒是助人为乐,她关心同情不幸的弟媳,这位太太远离自己的阳光明媚的

---

① 斯波贝奇·德·洛旺儒的收藏:A.379ter,第 11 页。——原注
② 巴尔扎克:《致外国女子的信》,第 1 卷第 163 页。——原注

小岛,即将前往昂德利分娩。孩子出生后,由奥诺雷当教父,他送了一只摇篮(当然是豪华的),"带帷帐的婴儿吊床"。巴尔扎克夫人为了救助亲爱的小儿子,卖掉了她最后的一点产业——蒙托格伊的那所房屋。从此她只能靠奥诺雷还她的年息度日了。

巴尔扎克毫不怀疑自己养家的能力。他不仅和可爱的寡妇贝歇签订了一项关于《风俗研究》的美妙合同,而且贝歇书屋的经理爱德蒙·威尔代,一个雄心勃勃、夸夸其谈的戈迪萨尔,表示愿意充当巴尔扎克的发行人,为此他可以拿出自己的全部积蓄三千五百法郎来冒风险。巴尔扎克身穿白色睡袍,腰里系着威尼斯的金链,上面还挂着金剪刀,脚蹬一双镶金边的红色摩洛哥皮拖鞋,傲慢地接待了威尔代,对他极尽挖苦之能事。他说:"什么? 三千五百法郎? 我刚刚收入二万七千法郎,还有《巴黎杂志》的月薪五百法郎,你居然对我这个作家提出这样的建议?"但这不过是第一回合,一个漂亮的回合。第二步是再把威尔代召回来。因为巴尔扎克从来无法抵御"现金"的诱惑,哪怕再少也不能放过。无论如何,三千五百法郎可以付清几笔紧迫的债务,而且"明智的出版商是极其难得的"。自鸣得意的威尔代用自己的全部积蓄三千五百法郎只买下了《乡村医生》的再版权。这部书销路之好使得他又产生了独家出版巴尔扎克著作的大胆设想。为什么不呢? 瓦尔特·司各特不是也只有一个发行人吗? 完整的作品要求统一的版面。

这桩生意颇有些困难。因为必须从戈斯兰、勒瓦瑟和贝歇夫人那里买回版权,巴尔扎克自己也得出钱,而他根本没有这笔钱。但是他们不顾一切地签了合同。他给韩斯卡夫人的信中写道:"我今天总算摆脱了这愚蠢的梦魇。大名鼎鼎的威尔代(他有点像大名鼎鼎的戈迪萨尔)向我买下了《哲理研究》的版权(二十五卷,十二开本),总共五册,每册五卷,一个月出一册……您想想,要完成这些书,交给贝歇夫人,何

巴尔扎克传(上)

况我还欠她三册《风俗研究》，这真需要头脑里有维苏威火山的能量，有铁打的身子骨，流畅的笔，理想的墨水，还不能有丝毫忧虑来干扰，此外还得有坚定不移的愿望，要在每年 1 月份去访问斯特拉斯堡、科隆、维也纳、布劳迪(沙俄西南部一小城)等等地方，要在那里同西北风搏斗，且不谈人们所谓的健康和天才之类微不足道的小事……"①

　　他最不缺少的倒是天才。1834 年 6 月，巴尔扎克投身于一部新的哲理研究小说《绝对之探求》。和《欧也妮·葛朗台》一样，这部书叙述一种情欲发展到摧毁家庭的地步。最初的构思可以追溯到 1832 年，他先是打算写一段关于渥伦斯基的故事，继而想写贝尔纳·帕利西(他也想间接地写欧仁·絮尔维尔)，即《发明家的苦恼》。巴尔扎克曾经收集了不少有关帕利西的材料，但是现实生活中一个人的一生不可能是完美的，不可能满足这位性急的幻想家的要求，于是他投入自己的想象。巴尔塔扎尔·克拉埃是一个继承了巨额遗产的弗朗德勒人，他献身于化学研究，企图找出构成世间一切事物的本原——"绝对"。为了"分解氮"，他让他所爱的妻子和两个孩子破了产，变卖了家中珍藏的古代名画。有时候他似乎明白自己的疯狂；但是每次旧病复发都只会使他陷得更深，妻子的绝望再也不能将他拔出深渊。最后克拉埃家破人亡，"关于绝对的设想像火灾一样使一切都灰飞烟灭"。

　　克拉埃的论点就是巴尔扎克的论点。作者同书中的人物一样相信宇宙的统一性，相信有可能发现"绝对"。随着环境的变化，"绝对"产生了世界万物。事情妙就妙在克拉埃和巴尔扎克可能是对的，他们走在科学之前一个世纪。巴尔扎克致外国女子的信中写道："我向两位科学院士请教化学，以便使作品具有科学的真实感。他们使我十数次地

---

① 巴尔扎克：《致外国女子的信》，第 1 卷第 173 页。——原注

修改校样。我不得不阅读贝尔泽吕斯①的著作,熟悉科学和科学的风格,既要写一本以化学为基础情节的书,又不能让化学使冷淡的法国读者感到厌烦……"②他试图掌握贝尔泽吕斯和阿拉戈的理论,真是累得死去活来。书中约瑟芬·克拉埃对她丈夫说:"伟人既不能有妻子,也不能有儿女。独自走你们的贫困的路吧。你们的美德不是凡夫俗子的美德。你们属于世界,不能属于一个女人或一个家庭。你们像大树一样吸干了你们周围土壤中的水分!"③这一席话,巴尔扎克是对自己讲的。

巴尔扎克不断让韩斯卡夫人了解自己在巴黎的生活情况。请她不必害怕卡斯特里夫人,也不要害怕乔治·桑-杜德望,他认为乔治·桑的新作空洞无物、虚假不实。而且他刚刚邀请被她遗弃的情人儒勒·桑多住进自己的卡西尼街寓所,占用博尔热原来那套房间。"桑多将像王子一样住在这里,他简直不能相信自己有这么好的福气……"④巴尔扎克想雇用"小儒勒"当他的"笔奴",叫他和埃马纽埃尔、阿拉戈一起写剧本,以桑-德拉戈署名,然后共分盈利。

至于他自己,《绝对之探求》耗尽了他的心血。"《绝对之探求》无疑将提高我的声誉,但是成功的代价太大了……"⑤他的头发不久前还乌黑油亮,现在一天天地变白,一把一把地脱落。每天早上,他像"赌徒下赌场"一样地去工作。睡上五个小时,然后工作十五到十八小时。"只有亡命之徒才有这股狂热。"了不起的纳卡尔医生(从前可怜的洛

---

① 贝尔泽吕斯(1779—1848),瑞典化学家,现代化学的奠基人之一。
② 巴尔扎克:《致外国女子的信》,第 1 卷第 193 页。——原注
③ 巴尔扎克:《绝对之探求》。
④ 巴尔扎克:《致外国女子的信》,第 1 卷第 200 页。——原注
⑤ 巴尔扎克:《致外国女子的信》,第 1 卷第 167 页。

朗丝就这样称呼他)再次劝告他去乡下休息。这并不是什么天才的办法,但对这个病由己造的天才,还有什么别的药方可治呢? 9 月 25 日前后,巴尔扎克动身到萨榭马尔戈讷家去小住。在那里他着手写一本新的小说:《高老头》。

《绝对之探求》由贝歇夫人出版。但是巴尔扎克认为她没有做好宣传工作。"依我看,《绝对之探求》同《欧也妮·葛朗台》一样是部伟大的杰作,却没有获得成功。"①事实上对读者来说这本书比《欧也妮·葛朗台》难懂得多。但是失望的作者除了埋怨发行人之外还能做什么呢? 然而,他还是得到了一点安慰。他给外国女子写道:"我母亲为《绝对之探求》感到非常骄傲……卡斯特里夫人来信说她流泪了……"高傲的侯爵夫人让叔叔费兹-詹姆斯公爵邀请巴尔扎克到柯维戎城堡去做客,他拒绝了。朗热公爵夫人对他已经没有任何控制力,相反只能使他产生若干苦涩感。

此外,又发生了一件麻烦事:有几封"不能公开"的情书落入韩斯基先生之手。巴尔扎克极力向他解释,仍不无漏洞。他说事实并非如此,一切都很简单,很纯洁,由于韩斯卡夫人曾开玩笑说她想看看情书是什么样子,所以他写了这两封不幸的信,想必她一定还记得她说过的玩笑话。假如这样做冒犯了她,他请求韩斯基先生为他辩护。"我深切希望您能接受这十分自然的辩解。"人们不知道这位丈夫是否相信这件事"十分自然",只不过他选择了忘却的态度。而巴尔扎克则忙于更严肃的工作,他在写作《高老头》。

---

① 巴尔扎克:《致外国女子的信》,第 1 卷第 194 页。——原注

第十七章　宏伟蓝图

巴尔扎克用一种既是旁观者又是父亲的眼光回顾自己的作品,他灵机一动,突然想到,如果将它们连成一个系列,让相同的人物再度出现,效果会更好一些。于是,他按照这种衔接方法,为他的作品加上了最后,也是最精彩的一笔。

——马塞尔·普鲁斯特①

1833 年的一天,巴尔扎克从卡西尼街一直跑到絮尔维尔家住的鱼市区,朝妹妹、妹夫嚷道:"向我致敬吧!因为我老实不客气就要成为天才了。"他一面在客厅里踱步,一面向他们讲述自己的计划。他感到条件已成熟,可以将所有的小说合成一个整体建筑了。这并不是一种泛泛的设想。新年一过,他就在写给外国女子的信中,将他那套著作的宏伟规划详尽地作了一番描述。

我想,到 1838 年,这部巨著的三个部分,即使不能圆满完成,

---

① 马塞尔·普鲁斯特(1871—1922),法国名作家,《追忆逝水年华》的作者。

起码也要汇编在一起,可以见出其总体规模了。

第一部分"风俗研究"将全面反映社会现状——社会结出的各种果。任何一种生活处境、人情世态、男人和女人的性格、生活方式、职业行当、社会圈子或地域,无论老年人、成年人、儿童,还是政治、司法、战争,绝无遗漏。

在它的各个部分,人类心灵的历史和社会历史交织在一起,这就是它的基础,并且不是凭空虚构,而是随处可见的事物的真实写照。

第二部分是"哲理研究"。反映了果以后,再来追根溯源,找出它们的因。"风俗研究"已经描绘了感情及其波折,生活及其沉浮。"哲理研究"则要解释产生这些感情与形成这种生活的原因,说明社会与人赖以存在的条件。我已纵览社会,为的是描绘它;我还要继续勘探社会,为的是对它做出评断。还有,在"风俗研究"里,写的是典型化了的个性,而在"哲理研究"中,则是写个性化了的典型。这样,我就把一切都写活了,既使典型不缺乏个性,又使个性具有典型意义。我要给具体的生活片段注入思想内容,同时赋予思想以个人生活的形态。

继果和因之后,还要有"分析研究",《婚姻生理学》就是其组成部分。因为,在列举了果,分析过因之后,就该着手探讨原则了。风俗是前台的演出,因是幕后机关,而所谓原则,就是作者本人。当作品以螺旋形式逐渐上升到思想的高度时,它就变得浓缩和精练。如果《风俗研究》需要二十四卷,《哲理研究》有十五卷即可,而《分析研究》则九卷足矣。这样,人、社会和人类,都将在一部类似西方《一千零一夜》的著作中,得到简明清晰的描述、评判和分析。

待这些工作结束,我的玛德莱娜①全部竣工,雕刻完门楣,拆除了脚手架,涂上最后几笔油彩之后,就可以评说我的功与过了。不过,在写完诗篇,展现了整个体系之后,我还准备在《人类力量之研究》一书中作些科学探讨。此外,在这座宫殿的基底上,我这个爱开玩笑的顽童,还将勾画一座阿拉伯式的建筑:《趣话百篇》。②

　　建筑师已将主体构件安排就绪,他委托贝尔图的朋友、天才的作家费利克斯·达文为《哲理研究》和《风俗研究》写了两篇洋洋洒洒的大序言。在巴尔扎克的授意下,有时甚至由巴尔扎克亲自口授,达文向读者声明这一巨著的构思并非一开始就已形成,这样也许更好,假如在写最初几本书时,这一宏伟规划就已产生,他恐怕早因工程浩大而却步不前了。说这种意识是逐渐形成的,倒还可以想象。作品浑然一体,不是勉强凑在一起,而是有内在的、活生生的联系。艺术作品的诞生犹如制度的形成、婴儿的出世,并不是一系列有意识的活动的结果,而是某些不可控制的力量促成的。

　　费利克斯·达文写道:

　　难道我们不可以设想,当他对贯穿作品的各种思想加以比较的时候,他会像织毯工人那样,偶尔离开挂毯的背面,从正面再审视一下整个构图。因为,高度综合的想法,早已在他头脑里萌芽。从那时起,他便开始构思作品的整体效果。他在思想中将那覆盖着壁画的建筑物的空白处填补起来,设想这里加上一组人物,那里

---

① 　玛德莱娜是巴黎著名的大教堂,此处指巴尔扎克自己的巨著。
② 　巴尔扎克:《致外国女子的信》,第1卷第205—206页。——原注

　　　　　　　　　　　　　　巴尔扎克传(上)

塑造一个重要形象,稍远一点,添设一重背景或调整一下色彩,突然,他被这些画面迷住,便怀着"法兰西式的狂热"重新投入创作。因为他还处于无所顾忌的年龄。此人一旦投入工作,便有一种百折不挠的毅力,凡熟识他的人,对此无不敬佩。毫无疑问,总有一天,人们会像钦佩他的才华一样,崇敬他这种一往无前、不惜代价、不辞辛劳的坚强毅力……

或许,在把他的计划公之于众以前,他还想再试一试自己的力量;或许,他想等一些塑像完工,主要的线条勾画完毕,至少在正门已气势磅礴、清楚明白地竖立起来以后,才肯拆除大厦周围的脚手架和木板……①

达文不无理由地驳斥了那些不知分寸的批评家,他们把巴尔扎克的作品称为"故事"或"中短篇小说",故意贬低作品的价值。为了驳倒他们,达文援引了巴尔扎克喜欢用的形象说法。

这些像方石、散置的柱头、雕花的壁板檐饰一样的东西,在工人手里锯刨雕凿之时显得微不足道、无关紧要,然而建筑师在他的蓝图里,不正是要利用这些所谓小玩意儿,为他的大小教堂、城堡宫殿、乡间别墅装饰华丽的柱顶盖、拱形的穹顶和那一长列哥特式的十字窗吗?……②

建造大教堂的时刻已经来临。1834 年 9 月,巴尔扎克动身去萨榭,

① 费利克斯·达文:《〈哲理研究〉导言》。
② 费利克斯·达文:《〈哲理研究〉导言》。

打算在那里尽快为他的大厦写出一部顶梁柱般的小说——《高老头》。我们已经掌握这本书的原始细胞——作者在札记本记录的主要设想："一个老好人——平民公寓——六百法郎年金——为两个年收入足有五万法郎的女儿耗尽自己的钱财——像条狗一样地死去。"①他在给卡斯特里侯爵夫人的信中说,他想塑造"一种发自内心的伟大情怀,足以承受接连不断的挫伤"。他给韩斯卡夫人写信说,他选择了"一个圣徒般的慈父,一个自我献身的基督徒"作为主人公,因而他将再次描述一种使人变得痴狂的激情所导致的灾难。"激情所至,万夫莫当。"

　　《高老头》的画面远比《欧也妮·葛朗台》广阔,构思也更为大胆。书中多条线索相互交织:有高老头破产并被两个女儿(阿娜斯塔齐·德·雷斯托和但斐纳·德·纽沁根)遗弃的故事;有费拉居斯的新化身伏脱冷的故事,他原是苦役犯,乔装改扮以后住在伏盖公寓,这个手段高明的教唆犯策划了一系列阴谋,直至最后被警方识破;有拉斯蒂涅的故事,这位机灵的青年离开外省家乡时还相当单纯,看到巴黎的腐化堕落不禁瞠目结舌;还有拉斯蒂涅的远房表姐克莱尔·鲍赛昂的遭遇,这位出身名门的贵妇被她热恋着的情人抛弃,这段悲剧的续篇即已经完成的《被遗弃的女人》。一幢膳宿公寓是这些不同命运的人物的聚集场所。世界不就是"一座镀金的膳宿公寓"吗? 杜伊勒里宫不也就是一座门上顶着王冠的膳宿公寓吗?

　　从这时候起,他心里就有了整整一个社会。为了使这个人物世界活跃起来,他不断往里添加真实成分,放进他自己的回忆和观察。为了塑造高里奥这个前面条商的形象,他采访了卡西尼街的房东,面粉批发商马雷斯特。令人难忘的伏盖公寓是他非常熟悉的。这可不是随便哪

---

　　① 巴尔扎克:《思想、主题、片断》。——原注

一个膳宿公寓,而是"男女均收,兼包客饭"的公寓。伏盖这个词来自图尔。从下面这件小事可以看出文学创作的意外收获:可憎的伏盖太太像夏娃·韩斯卡一样把"椴花"念成"绢花"。巴尔扎克想出这个主意,觉得十分好玩。至于拉斯蒂涅这个角色,他是部分地(只是部分地)汲取了自己的形象。自然,拉斯蒂涅的野心同一个年轻作家的野心不大相同,不过拉斯蒂涅同巴尔扎克一样,也有两个妹妹。大妹妹洛尔把自己做姑娘的积蓄都花在了哥哥身上。拉斯蒂涅站在拉雪兹神甫的公墓的土岗上向巴黎发出挑战:"现在咱们俩来拼一拼吧!"这正是作者自己住在莱迪吉耶尔街时的一次经历。拉斯蒂涅身上这种既纯洁无邪又野心勃勃的双重性格,相当准确地反映出年轻的巴尔扎克的面貌。

伏脱冷则带有维多克的成分,不过也仍然是巴尔扎克。巴尔扎克二十岁的时候,就梦想过掌握某种可以征服世界的非凡力量。他早期的小说中已经充斥着江洋大盗、绿林好汉和亡命之徒。1834年,他的思想跟伏脱冷的所差无几,他认为"人类就像罐中的蜘蛛,你吞我,我吞你"。谁也不会去清算一个得势的无赖,"没有人会盘问我的出身,我就是四百万先生"。巴尔扎克欣赏伏脱冷:"一桩大罪行,有时就是一首诗。"但是他和拉斯蒂涅一样,并非无所顾忌,因为在这个弱肉强食的世界上,必须有法律、国家机器、宗教信仰以及家庭。

父性的神话触及巴尔扎克思想中一个深藏的敏感区,这就是表现在高老头身上的那种深切的骨肉之情,高老头说:"我的生活都在两个女儿身上,只要她们能玩乐,快快活活,穿得好,住得好,我穿什么衣服,睡什么地方,有什么关系? 反正她们暖和了,我就不觉得冷;她们笑了,我就不会心烦……"他与女儿的关系,如同上帝和人类的关系。"只不过我爱我的女儿,更胜于上帝爱人类,因为人类不如上帝美好,而我的女儿却比我美得多。"在巴尔扎克的作品中,处处可以发现这种通过别人来享受更美好、更广阔的人生的热切需要。这一主题,显然和他那普罗米修斯式的作品的主旋律暗暗联系在一起。巴尔扎克有一座后宫,里面藏着所有他没能得到的女人。他借助笔下的人物玩味着爱情,运用着权力,享受着荣誉,就像高老头把幸福寄托在女儿身上一样。他也和高老头一样,不得不在实际生活和他的作品中做出选择。高老头为女儿而死,他则把生命献给了创作。

在《高老头》一书的各个主题之中,与作者本人最接近的,是拉斯蒂涅的学习社会。"真正的作家是根据自己生活走向的无穷可能性来创造人物的。"欧也纳·德·拉斯蒂涅从外省来到巴黎时,还相信家庭生活的温暖,然而他耳闻目睹的却都是人心的败坏和堕落;女儿不认父亲,妻子愚弄丈夫,恋人冷酷无情。"在阿娜斯塔齐·德·雷斯托的蓝色小客厅和克莱尔·德·鲍赛昂的粉红色沙龙里,他只用了三个小时,就学到了巴黎法学院三年的课程。"他的表姐、高傲而多情的鲍赛昂夫人,给他上了入世的第一课:"你越没有心肝,越高升得快。你得不留情地打击人家,叫人家怕你。只能把男男女女当作驿马,把它们骑得筋疲力尽,到了站上丢下来,这样你就能达到欲望的最高峰。不是吗,你要没有个女人关切,你在这儿便一文不值。这女人还得年轻,有钱,漂亮。倘使你有一点真情,必须像宝贝一样藏起,永远别给人家猜到,要不就完啦……"①

可怕的伏脱冷斩钉截铁肯定了这样的论断:"我敢打赌,在巴黎走两三步路要是不碰到这一类鬼玩意才怪……人生就是这么回事,跟厨房一样腥臭,要捞油水不能怕弄脏手……世界上没有原则,只有事故;没有法律,只有时势。高明的人跟事故跟时势打成一片,驾驭它们来达

---

① 巴尔扎克:《高老头》。

到自己的目的……"一旦明白了这两条真理,飞黄腾达之路便畅通无阻了。初出茅庐的拉斯蒂涅在高老头的坟上洒下了年轻人的最后一滴眼泪,然后,"为了向上流社会发出第一个挑战,到纽沁根太太家吃饭去了"①。

这本书的独创性,在于人物的再现。这一来他这部作品果然成为大厦的一根顶梁柱石,也证实了他在絮尔维家所欢呼的胜利。以前他也曾多次重新起用已发表的作品中的人名或人物个性,从《高老头》开始,这一手法成了一套体系。巴尔扎克有他的医生(毕安训、德普兰),他的警察(科朗坦、佩拉德)、诉讼代理人(但维尔、德罗什)、金融家(纽沁根、凯勒)、高利贷者(高布赛克、帕尔马、比多——外号羊腿子)。雷斯托夫人吗? 我们在《高布赛克》中已经认识了。拉斯蒂涅吗? 在《驴皮记》里出现过,那时他仅仅是个名字,是个剪影。以后我们还会看到他的整个生涯,他的变化,这样就给作品的画面增添了时间的深度。伏脱冷对吕邦泼雷以及拉斯蒂涅的命运都将产生影响。至于鲍赛昂夫人,在《高老头》这部书里我们看到了她的情场失意,为《被遗弃的女人》做了铺垫。整个上流社会的显贵(利斯托迈尔、凯嘉鲁埃、摩弗里纽斯、葛朗利厄)都拥进了鲍赛昂子爵夫人的客厅。从此以后,这个从巴尔扎克的头脑里产生出来的社会,在他看来似乎比他周围的现实社会更加实在。他向别人讲述书中人物的动态,好似在透露现实生活中的新闻:"好,现在来谈点正经事吧,咱们把欧也妮·葛朗台嫁给谁好呢?"或者:"您知道费利克斯·德·旺德奈斯娶谁为妻吗? 他娶了格朗维尔的一位千金,这可是一桩美满姻缘哪……"

这种人物再现的手法看起来相当自然,所有大作家都可以采用它。

---

① 巴尔扎克:《高老头》。

每个作家各有几个自己心爱的人物,并且让他们在不同的作品中以不同的名字多次出现。对司汤达而言,法布利斯、吕西安·娄凡就是他理想中的男子,德·瑞那夫人和夏斯特勒夫人是他所向往的女人,娄凡的父亲和德·拉莫尔侯爵则是老奸巨猾而又富于才智的老头。正因如此,巴尔扎克创造了费拉居斯和伏脱冷这两个近似的形象,他们是权力意志①的体现。后来他发现让伏脱冷消失一段时间之后再出现是个更简单的办法,因为像他这样的恶魔是少见的。再说他需要塑造一组野心勃勃的纨绔子弟,从后来当上总理的铁腕人物亨利·德·玛赛、拉帕菲林、马克西姆·德·特拉伊,直到可怜的保尔·德·玛奈维尔;以及一批卖弄风情的贵族女子,诸如朗热公爵夫人、卡迪央王妃和埃斯巴侯爵夫人。

当然,为了把那些在宏伟蓝图形成之前写的小说纳入规划,就需要再做修改,变换某些姓名和日期,而由此得到的好处是巨大的! 过去的小插曲现在展示出无穷的远景。有时候是后来的事态发展说明了过去,更常见是从过去的作品中衍生出新的作品来。夜宵后的一席闲谈会突然揭露出一个至今仍是神秘人物的底蕴。完全像在现实生活中发现隐藏的秘密一样。通过偶然的机会,半掩的门户或是无意中听来的几句知心话,我们才认识了这些人物。最精彩的例子就是玛赛,人们从来没有见过他从事政治活动,然而仍然能够看出他是"继塔莱朗之后独一无二的政治家"②。也许还有更好的例子,龙克罗尔就是个"绝妙的形象……人们见过他,但是不怎么了解他,其实还是相当熟悉他。他不是别人,正是十三人帮的一员……"③

---

① "权力意志"是德国哲学家尼采的用语。
② 阿兰:《艺术与众神》,七星文库版第 973 页。——原注
③ 阿兰:《艺术与众神》,七星文库版第 972 页。

如此就产生了一种高于局部真实感的整体真实感。评论家们说:
"有限的一群人怎么能代表整个社会呢? 怎么能令人相信全巴黎只有
一个毕安训医生,一位诉讼代理人但维尔呢? 赛里齐、博旺和格朗维尔
怎么能掌管法兰西的司法大权如此之久呢?"然而事实上,任何时候总
是只有少数精英在领导一个国家,而且轰动一时的爱情故事的女主角
也总是屈指可数的。再说,由于需要,小说创作的一项公认的原则,就
是允许以少数典型形象代表众多的人物。艺术的功能之一就是用清晰
可辨的秩序取代现实生活中的杂乱无章。我们的艺术家现在学会了在
他创造的世界里设置相当多的谜和偶然,以使他的虚构世界更加引人
入胜和多姿多彩。

　　巴尔扎克从未像现在这样信心十足地投入创作。他先在萨榭,后
来主要是在巴黎的卡西尼街写作《高老头》。这个阶段,他每天伏案工
作达十六至十八小时之久(1834 年 11 月间每天甚至要干二十个小
时)。他向外国女子宣称这是一部"主干作品"。他本想尽早把书写
成,以便赶到维也纳与韩斯卡夫人一起庆祝那"难忘的一天"周年纪念
(1 月 26 日)。然而他一面进行小说的收尾工作,一面还得修改小说开
头部分的校样,因为这一部分很快就要在《巴黎杂志》上露面了。12 月
15 日那天,他终于"躺倒在床上,什么也干不了,什么也听不见"。德·
阿布朗泰斯公爵夫人召唤他去,责怪他心中没有她,这一切都无济于
事。他答道:"只有一件事支配着我的生活,那就是不间断的写作……
写作,目前我已力不从心,我太疲劳了……所以不要把我想得太坏。您
可以告诉自己:'他没日没夜地在工作。'现在只有一件值得您惊诧的
事,那就是还没有听到我的死讯。我打算到歌剧院或意大利剧院去散
散心。这是我唯一的消遣,因为在那里既不需要思考,也不需要说话,

只用眼睛看,用耳朵听就够了……"①

珠尔玛·卡罗生下了第二个儿子,给他起了个奇怪的名字约里克,这是出于对斯特恩也就是对巴尔扎克的爱。巴尔扎克没有时间赶到弗拉佩斯勒去,只能远距离地"吻吻他的额头"。"我的文思从来没有像现在这样顺畅,从没有一部作品像这样压倒一切地支配着我的思绪。我干起活来简直像个赌红了眼的赌徒,我每天只睡五个小时,工作长达十八个小时。我简直快要累死了。但是每当我想到您,就感到一阵清新。我要买下石榴园,我要还清债务……"②

奥诺雷和洛尔把亲爱的母亲安置在尚蒂伊的一位女友家里,为了祝贺老人家的五十六岁生日,他们本想一起去看望她,但是怎么可能呢? 在巴黎有那么多事缠住他们,使他们无法脱身。为了郑重地弥补过失,兄妹俩合买了一只带蓝色绶带的挂表送给母亲。洛尔特别叮嘱母亲不要告诉絮尔维尔,她在信中说,"因为我有一个不谙人情的丈夫"。

卡斯特里夫人又一次通过她的叔父费兹-詹姆斯公爵向巴尔扎克发出盛情的邀请。但是尚未完成的《高老头》压倒了已经脱稿的《朗热公爵夫人》,再说巴尔扎克也不能容忍侯爵夫人对他所厌恶的作家圣伯夫突然产生热情。1834 年 7 月,圣伯夫发表了一篇题为《情欲》的小说,卡斯特里夫人追逐雄狮的本性难改,立即给他写信表示"我是个除了生活中的悲哀之外什么都未曾领略过的可怜女人,要我向您解释您那美丽的书如何深深地打动了我,是件很困难的事情……"③这老掉牙的花招又一次获得了成功。文人像只小鸟,轻而易举地落入了捕鸟能

---

① 《巴尔扎克通信集》,第 2 卷第 563—564 页。——原注

② 《巴尔扎克通信集》,第 2 卷第 591 页。

③ 马赛尔·布特隆:《巴尔扎克研究》,第 108 页。巴黎,儒弗书屋,1954 年。——原注

手的网中。评论家和女读者结合在一起了。圣伯夫秉性温和淡泊,没有巴尔扎克那火一般的激情和欲望,精神上的友情已经使他心满意足。然而这种温柔的友情却激怒了巴尔扎克,因为侯爵夫人居然把维克托·梅特涅在病榻上吻过的银质十字架送给了圣伯夫。因此,巴尔扎克给她写了一封很不客气的信,在信中称她为"夫人"。她先是勃然大怒,随后又试图把他重新征服过来:

1834 年 10 月 29 日,卡斯特里侯爵夫人致巴尔扎克:我并不想向您重新要求您曾经慷慨地许诺给我的友谊。不,假如您心里已经没有友情,那也就不必挂在嘴边了……昨夜我做了个可怕的梦,我非常痛苦,我迫切需要向您诉说。我的朋友,人们可以跟情妇破裂,但是面对一个女友,一个愿意和您同欢乐共忧患、三年来一直与您思想相通的女友,她是如此多愁多病,上帝啊,她剩下的日子已经不多了,怎么可以再给她增添痛苦和忧伤呢?您这一声夫人,叫得我心痛欲裂。还记得艾克斯和您给我寄去的那封路易·朗贝尔的信吗?再想想那小溪,那倒塌的磨坊,沙尔特勒修道院,难道只剩下我一个人陶醉在回忆之中吗?……若是这样的话,干脆不要再给我写信了,您的沉默会告诉我,一切都已过去,一切都已结束!噢,不!这不是真的吧!您还爱着我。我是您的朋友,您的玛丽。别让我等待这令我心颤的称呼太久……①

这高傲的女子如今变得多么谦卑!他隔了很久才给她回信。然而他无力同她彻底决裂,他承认自己软弱:"您缓慢地,一点一点地撕去我

---

① 《巴尔扎克通信集》,第 2 卷第 565—566 页。——原注

们之间千丝万缕的联系,我曾经非常喜爱这些联系。但是王牌在您手里,只消您一句话,我们又会和好如初……"①

到 1835 年初,他由于劳累过度,只好去休息几天。这几天是在布洛尼埃尔,在有病的亲爱的贝尔尼夫人身边度过的。"她已经六十岁了,忧伤使她苍老憔悴。我对她的爱却更深了。我这么说并无自诩之意,因为我觉得根本不值得夸耀。是上帝造就了我这忘却丑恶、向往善良的禀性。一个人只要爱我,总会引起我内心的震颤。高尚的情感是如此丰富,何必再去寻求邪恶呢?……"②在给另外一位挚友奥古斯特·博尔热的信中,他诉说了心中的痛苦:"贝尔尼夫人身患绝症:心脏动脉瘤,医疗已完全无效了。这对我是致命的打击。若是失去这天国之光,我的生活将日趋暗淡。你知道,她是我的良知和力量,她宛如冥冥青天,宛如信仰与希望之神,高踞于一切之上。我不知道情况会变成什么样。她还不知道自己的病情,可是她很清楚自己不行了……"③

对韩斯卡夫人,他是这样说的:"一旦这个妇人舍我而去,世界上就只剩下您是唯一能启开我心扉的女人了,只有您掌握着芝麻开门的秘诀。因为伊苏屯的卡罗夫人对我的感情只能说是一种手足之情……"④在痛悼行将失去的情妇之时,他紧紧抓住另一位较年轻的恋人,尤其是在他们相隔遥远感情逐渐淡薄之时,这种情感对这位心力交瘁的男人来说更为珍贵,尽管他自己并没有意识到这一点。一个远在他乡的情妇仍有这么大的吸引力,这该是怎样的殊荣!"像贝阿特丽丝

①《巴尔扎克通信集》,第 2 卷第 624 页。——原注
② 巴尔扎克:《致外国女子的信》,第 1 卷第 202 页。——原注
③《巴尔扎克通信集》,第 2 卷第 644 页。——原注
④ 巴尔扎克:《致外国女子的信》,第 1 卷第 220 页。——原注

和洛尔①这样的女人在我们生活中占有重要的位置,且还有更甚者……"②而贝阿特丽丝和洛尔……却是贤淑女子的表率。

《高老头》大功告成,1月26日(这一天成了双重纪念日),他把由斯帕什芒装订的手稿寄给夏娃·韩斯卡夫人,并附上这样的献词:"**献给 E.de H.夫人,农奴所生产的一切皆属于他们的主人。德·巴尔扎克。**不过请相信,我之所以把它奉献于您的脚下,并非遵从制约着您那些可怜的农奴的法律,而是出于最诚挚的友情。1835年1月26日,日内瓦弓箭旅馆的房客。"③献词是公开的,可以让文赛斯拉·韩斯基看。

《巴黎杂志》的读者们和外国女子都非常赞赏《高老头》。巴尔扎克自己也意识到这本书比他以前的所有著作都更高一筹。"众口一词,《欧也妮·葛朗台》和《绝对之探求》都相形见绌了。"第一版尚未投入市场已被预购一空。然而评论家们并未偃旗息鼓,他们对巴尔扎克的夸张写法展开了攻势。"这是一个怎样的世界,怎样的社会呀!"《法兰西信使》杂志像煞有介事地惊呼,"何等漫画式的父爱,何等丑恶的风气,这么多无耻的画面,这么多不贞的女人!"巴尔扎克在一篇序言中颇为幽默地做了一个统计,他笔下的六十个女子中有三十六位是贞洁的。他甚至于发善心让过去著作中的邪恶行为在《高老头》中再度出现,以避免制造新的罪恶。但这一切都是徒劳,政治性的仇恨,假仁假义的抗议,特别是强烈的忌妒所形成的联合攻势,正紧锣密鼓向他袭来。

1834年12月,不久前还持友好态度的《时尚》杂志也加入了嘲笑"无所不在的"巴尔扎克先生的行列:"他的名字像幻影一样不停地在您眼前闪来闪去……巴尔扎克先生是书店里不可或缺的作者,但要明

---

① 贝阿特丽丝是但丁青年时代的恋人,洛尔是彼特拉克青年时代的恋人。
② 巴尔扎克:《致外国女子的信》,第1卷第228页。——原注
③ 巴尔扎克:《高老头》。

白,只是在书店,因为书店同文学可不是同义词……对巴尔扎克产生此种印象并非我们的过错……巴尔扎克先生和保尔·德·科克先生分享同等的荣誉,他的名字用四英寸大的字母挂在巴黎市区、郊区,乃至外省所有的书店橱窗上……巴尔扎克先生在书目预告中许诺,今后十年,他将满足食欲最大的现代作品消费者的胃口。上帝保佑! ……"他遭到人身攻击,连同他的姓氏,他的排场,乃至他的爱情,无一幸免。人一旦过分出名,恶意的攻击也就愈加过分。

他真可以高呼:"主啊,请保护我免受朋友的攻击,至于敌人,让我自己来对付吧!"但是他却选择了工作和沉默。"不管攻击和诽谤来势多么凶猛,我依然勇往直前,根本不予理会……何况《高老头》已经风靡全国,从来还没有见过人们以这样高昂的热情去争读一本书,书商们都预先张贴海报。平心而论,这够辉煌的了……"①

---

① 巴尔扎克:《致外国女子的信》,第 1 卷第 232 页。——原注

第十八章　战斗街

这神秘的两性人,通常是一部两卷本的作品。

——巴尔扎克

写作《高老头》之前,巴尔扎克在贝歇夫人出版的《巴黎生活场景》中发表了一篇美丽而奇异的故事——《金眼女郎》的开头部分。这是《十三人故事》中的一个插曲,最后完成已是 1835 年的事了。对于这部篇幅不长的中篇小说,我们应当给予足够的重视。故事一开始,是一段关于巴黎的精彩分析:巴黎是"一片广阔的田野,不断为个人利害的暴风雨所涤荡",在那儿人们看见的不是真面孔,而是些假面具。"有软弱的假面,强权的假面,贫穷的假面,快乐的假面和伪善的假面;人人都身心疲惫,急切的贪欲给每个人打上了无法磨灭的烙印。他们追求什么呢? 金钱,还是享乐?"①

在这个地狱里,"一切都在冒烟,一切都在燃烧,一切都在闪烁,一切都在沸腾,一切都烈焰熊熊,蒸发,熄灭……"巴尔扎克将这地狱划分

---

① 巴尔扎克:《金眼女郎》。

成五层:第一层是赤贫阶层,如工人、无产者、小摊贩。第二层是小有产者,包括批发商、公务员、帮办,总之,是市民阶层。他们要求的是什么呢?"国民自卫军的军刀,长年不断的肉汤,拉雪兹神甫公墓里一块体面的坟地,一笔堂堂正正挣来的养老年金。"①这个地狱的第三层,"说不定有一天会产生他们自己的但丁",他们是诉讼代理人、律师、医生、公证人,他们是这个社会的心腹,又是最蔑视这个社会的人。第四层是文艺界人士,他们形容憔悴,虽说是体面的憔悴,但终归是憔悴,扼杀他们的是竞争和诽谤。最后,第五个阶层,就是贵族,他们家财万贯,拥有空气流通、金碧辉煌的大客厅,这是一个富裕、闲适、有固定年金收入的世界。在这个世界里没有任何实实在在的东西,彬彬有礼的外表掩盖着轻蔑,虚荣和无聊主宰着一切。空虚的生活使他们的面孔如纸板一样呆滞,"在这些富人脸上,懦怯无能在抽搐,黄金在闪光,智慧却逃之夭夭"②。短短几页,便勾勒出一轴巨幅画卷,虽然稍嫌阴暗,却极为精彩。

巴尔扎克继续写道:在这极度动荡的巴黎,也有少数得天独厚的人物。你可以遇见按东方生活方式生活,因而姿色得以保持的女郎和相貌可人的小伙子。"他们集英格兰血统的青春魅力、南国人的鲜明轮廓、法国人的机敏及端正的形体于一身。目光炯炯,双唇娇艳,秀发乌黑油亮,肌肤白皙,与众不同的脸庞使他们成为人类中的佼佼者,在那一大群黯淡、苍老、歪歪扭扭、满是皱褶的面孔中显得气派非凡……"③

在这儿,故事的中心人物出现了:一位阿多尼斯式的青年——神秘的亨利·德·玛赛,杜德莱勋爵的私生子,十三人集团的成员。"女人

---

① 巴尔扎克:《金眼女郎》。
② 巴尔扎克:《金眼女郎》。
③ 巴尔扎克:《金眼女郎》。

只要看他一眼,就会疯狂地爱上他。"但是在玛赛青春年少的外表和清澈明亮的眼睛后面,却藏着一颗既不相信男人也不相信女人,既不信上帝也不信魔鬼的灵魂。然而,在斐扬平台上,他和一位美貌动人的姑娘邂逅,两人一见钟情。虽然这位金眼姑娘芭基塔·瓦勒戴斯被人严加看管,他还是成功地潜入她的住处。在一间极端豪华,宜于恋人幽会的白色小客厅里,她成了他的情妇。他发现她虽是处女,却又相当老练。芭基塔对床第之欢并非一无所知,因为她爱着一个女人——桑-雷阿尔侯爵夫人,此人也是杜德莱勋爵所生,是亨利·德·玛赛的同父异母姊妹。正是她安排了一个歹毒的黑白混血儿严密监视芭基塔。而芭基塔在杜伊勒里宫之所以频频回首注视这个青年,是因为她惊异地发现他长得酷似侯爵夫人。从此,她爱上了这同体两身的一男一女,为故事准备了残酷而离奇的结局。当亨利·德·玛赛发现金眼姑娘有另一种爱情,在十三人集团的支持下前来报复时,侯爵夫人刚刚用匕首结果了这个背弃她的女人。在这鲜血淋淋的房间里,姐弟俩面对面相遇了。后来侯爵夫人进了修道院,亨利却成为但斐纳·德·纽沁根的情人。

以上就是这段"卓越的,令人难忘的故事,在这故事中,快感产生于神秘,在不夜城巴黎,东方抬起了沉重的眼皮,奇遇与现实交织在一起……照亮现时的火炬燃出如此炽烈的光焰,倒让人觉得仿佛是年代久远的梦境……小说的开端好似但丁的手笔,结尾却酷似《一千零一夜》,然而整篇故事只能出自写它的那支笔。……"①这是一位诗人的评语。事实上这篇小说过分铺陈,风格夸张,略嫌刺激,可是请不要忘记拉图什的那句至理名言:"不必介意您情妇左乳下面的那颗黑痣,那是颗美人痣呢。"

---

① 冯·霍夫曼斯塔尔:《用散文写作》,巴黎,施弗兰书屋,1927年。——原注

不管故事多么引人入胜,书中的主题还是把韩斯卡夫人吓了一跳,珠尔玛·卡罗也掉转了头。不过巴尔扎克并不是第一个描写女子同性恋的作家。他读过十八世纪的色情文学和狄德罗的《修女》,这些书向他揭示了这种激情的过度疯狂。拉图什在《弗拉戈莱塔》中也提到过汉弥尔顿小姐同那不勒斯女王玛丽-卡罗琳娜之间的暧昧关系。巴尔扎克自己在《婚姻生理学》中有过这样的说法:"一个姑娘离开寄宿学校的时候可能是个处女,然而她还是纯洁的吗? 否。"他还描写"这类初尝的快乐,探索性的快感和模拟的幸福"①。他的写作计划中有这样的题目:《后宫恋》。内容是:"一个女人爱着另一个女人,她尽一切努力保护她不受主人糟蹋。"②尤其值得一提的是他听说过有关乔治·桑和玛丽·多尔瓦③的爱情传闻。巴尔扎克曾经在他的卡西尼街住所里收留过儒勒·桑多。"桑多曾经爱过这两个女人中的前者,破裂之后又使后者成为他的情妇","因为他从她身上找到了昔日的温馨"。④ 此外,巴尔扎克还是医生爱弥尔·勒尼奥的密友,这位医生是荷拉斯·毕安训的原型之一,也是桑多和乔治·桑这对情人的心腹。巴尔扎克一定是想到了多尔瓦,他在《金眼女郎》初版跋中暗示:"若有人对金眼女郎感兴趣,他可以在舞台帷幕落下之后重新见到她,像其他女演员一样,刚刚在戏中被刺杀,却又健康无恙地站起来接受观众的喝彩……"

这一新的例证并非使巴尔扎克选择这一主题的唯一原因。一个意在描绘当代社会全景的作家,不能忽视同性恋这个广泛的题材。伏脱冷对欧也纳·拉斯蒂涅的友情就很像桑-雷阿尔侯爵夫人对芭基塔·

---

① 巴尔扎克:《婚姻生理学》。
② 巴尔扎克:《思想、主题、片断》。——原注
③ 玛丽·多尔瓦(1798—1849),法国著名女演员。
④ 阿赛讷·鲁赛:《忏悔录,半个世纪的回忆》,第 2 卷第 14 页,巴黎,E.当蒂书屋,1885年。——原注

瓦勒戴斯的爱情。"这是因为我爱你,我!"伏脱冷对欧也纳说。而他的塑造者巴尔扎克对男人之间的友情的重视则近乎神秘。熟悉巴尔扎克的泰奥菲尔·戈蒂耶说:"巴尔扎克的梦想之一,是建立一种豪侠的赤诚友情,灵魂相依,肝胆相照,两人的智慧和勇气融合在共同的意志之中。"①英国剧作家奥特维的《被拯救的威尼斯》中,谋反者皮埃尔和杰弗尔身上那种为朋友赴汤蹈火的精神,给巴尔扎克留下强烈的印象,他屡次提到这一点。伏脱冷曾对拉斯蒂涅说:"皮埃尔和杰弗尔就是我的激情。"

《十三人故事》描写了这种意志的融合,它的范围扩大到整个小集团(不过并无性的关系)。在这种思想驱使下,巴尔扎克后来创立了一个秘密社团"红马会"。会员们必须在任何情况下无条件地相互支援,随时响应"马厩"的召唤,以夺取出版、新闻、戏剧界的"主要阵地"。泰奥菲尔·戈蒂耶、莱翁·戈兹朗、格拉尼埃·德·卡萨涅克、阿尔丰斯·卡尔、路易·德努瓦耶、冉-图善·梅尔勒,都是这"马群"中的成员。为了制订作战计划,巴尔扎克把他们集合在饭馆里的一张桌子周围。"这个怪人极富想象力,"泰奥菲尔·戈蒂耶说,"他给我们每个人细致入微地描述了'红马会'可能给我们带来怎样富贵荣华的前程。"②真的,早在少年时代他就梦想着征服社会,"以便谦逊地以法兰西贵族院议员、部长或百万富翁的身份结束自己的一生"。

巴尔扎克很快就不得不解散红马会,并且得出如下结论:"在法国,男人组成团体是不可能的。"尽管如此,他在很长一段时间内总是企图充当某个青年男子的保护人。他在卡西尼街的寓所里曾先后留宿奥古

---

① 泰奥菲尔·戈蒂耶:《当代人物群像》,第 87 页,巴黎,夏庞蒂埃版,1874 年。——原注

② 泰奥菲尔·戈蒂耶:《当代人物群像》,第 88—89 页。

斯特·博尔热和儒勒·桑多。菲拉雷特·夏斯勒在《回忆录》的未发表部分中暗示这种友情曾被人认为是一种暧昧关系,他写道:"他(指巴尔扎克)对女人毫无兴趣,相传唯一得到他青睐的女人是卡内尔夫人(他的出版商的妻子),据说她之所以能够博得他的欢心,是因为她生有一头浓密的垂地秀发,这位自然主义作家用手指伸进这头发的波涛时,体味到无穷的乐趣。"[1]

对女人毫无兴趣!然而事实和他的作品证明这种说法荒诞不经。没有人像他那样成功地描写过一个少年人对女人的渴望,也没有人比他更期待、更能献身于女人。他所有的情妇都称赞他是个好情人,贝尔尼夫人的信件充溢着性的满足感,他写给韩斯卡夫人的信泄露了大胆的亲昵,就连情场老手德·阿布朗泰斯公爵夫人都从未轻视过他。对他来说,女人的朋友就等于情人。他对女人的了解比谁都深。对此菲拉雷特·夏斯勒反驳道,正是这种了解证明他的本性中有女性的成分。的确如此。一个大作家应该在自己身上寻得人类的各种状态。为了写出某些篇章,他必须像女人那样去感受。可以肯定,当巴尔扎克描写一个漂亮青年时,他的笔调表现出对男性美的赞叹。也许他对这样一个男孩有一种克制着的欲望。他揣度、想象伏脱冷的内心,羡慕他是可能的,却并无仿效之意。

我们已经注意到巴尔扎克脑际萦绕着两性人的形象。塞拉菲蒂斯-塞拉菲塔这个半男半女的人物,在《金眼女郎》中以另一种形态出现——亨利·德·玛赛和他的姐姐。这种二元性恰好与作者本身的双重性格相呼应。巴尔扎克一方面是个强者,不乏反抗精神。他渴望一切,曾多次出于权欲而巴望获得某种魔力或秘密团体的支持,在他"与

---

[1]　C.皮旭瓦在《人文科学杂志》上的引文(1956 年 3 月 1 日)。——原注

文学创作这个天使的苦斗"①中,显示了英雄气概和强悍的性格。另一方面他又像个受到伤害的天真老实的"可怜孩子",需要母性的庇护(如贝尔尼夫人、韩斯卡夫人、珠尔玛·卡罗),这种性格在他描写爱情的词汇中是"属于女人"的。这既不是性倒错,也不是性反常,而是他性格中强悍与软弱的混合。也许,这种双重性格对于创作者来说是需要的。②

桑多是个明显的例子。1834 年 4 月间,有一次桑多同巴尔扎克共进午餐时,向他诉说自己和乔治·桑闹翻后几乎去自杀。桑多说他已经丧失自信,失去了生活的目标,经济上也到了山穷水尽的地步。巴尔扎克想充当这位不幸者精神上的父亲,建议他搬到卡西尼街来住。恰好这时博尔热出去旅行,空出了一套房间。为了解除桑多的顾虑,巴尔扎克雇他编写剧本《领班小姐》,脚本巴尔扎克已经起草好了。"我让桑多同我住在一起,由我提供他的生活费用,然后指引他在艺海里航行,这可怜而多情的落水者……"③供养他要破费很多钱,指引他也是困难的,那又何妨呢?"我的桑多"靠《领班小姐》致富之后会报答我的。

11 月 1 日这一天,"可怜的落水者"出席了巴尔扎克为"恶魔包厢"的五头雄狮(或称猛虎)所设的晚宴。"我无缘无故地大摆宴席。我邀请了罗西尼和他亲爱的夫人奥琳珀来主持……席间饮用的是欧洲最名贵的酒,桌上摆着最珍奇的鲜花和最精美的佳肴……"④颜色像鲑鱼的鳟鱼,童子鸡,冰淇淋,付的是现钞。金银器商勒库万特提供了五个银

---

① 这里以《圣经》传说中雅各与天使的搏斗,来比喻巴尔扎克在文学创作上的苦斗。
② 参看加埃唐·皮贡:《巴尔扎克自画像》,第 112 页,巴黎,门槛出版社,1956 年。——原注
③ 巴尔扎克:《致外国女子的信》,第 1 卷第 194 页。——原注
④ 巴尔扎克:《致外国女子的信》,第 1 卷第 200 页。

盘、三打叉子和一把精致的银柄薄刃刀。所有这些家什在炫耀一时之后就直接送进了当铺。"我的桑多"对此做何感想呢？他被这种生活方式弄得头昏眼花，更被巴尔扎克疯狂的工作节奏惊得目瞪口呆。"桑多说荣誉也无法补偿这样的操劳，他宁愿死去也不愿过这种生活……"①

　　彼此的失望由此而生。桑多累得晕头转向，为了写好剧本，巴尔扎克让他进行调查研究，可是工作毫无进展。桑多说："编书这活计把我累得气都喘不过来了，可是他还不满意。我精疲力竭地倒在我那张小铁床上，他却要我听他朗诵刚写好的小说新篇章，或者帮他看那些没完没了的校样，我若是能够不被这个提坦②突然叫醒该有多幸福啊！"③桑多给巴尔扎克的信中写道："战斗使您变得伟大，却把我给毁了。您需要暴风骤雨，而我需要的是安静。"④至于巴尔扎克，他现在对桑多的评价和乔治·桑对桑多的评价已不谋而合了。他的懒惰使这位埋头苦干的人既惊愕又愤怒。"您永远也想象不出有这样懒散，这样没精打采的人，他既无精力，又无意志……他断送了爱情，又断送了友情……"⑤

　　不过倒是桑多先同他分手的，巴尔扎克为此蒙受了"经济上和精神上"的痛苦。1836 年 3 月的一天，这位小儒勒溜走了，留给巴尔扎克的是未付的房租、他的全部债务和一封温柔的信："我的 Mar，我早就意识到我的生活缺乏价值。我的开销和我的工作极不相称，债台越筑越高，有时我觉得我正走向自我毁灭。我想工作，然而力不从心……哎！我抛弃了一切……别了，老朋友，您的 Musch 是爱您的。"⑥后来他又给巴

---

① 巴尔扎克:《致外国女子的信》,第 1 卷第 217 页。
② 提坦,希腊神话传说中的巨人。此处指巴尔扎克。
③ 转引自玛贝尔·西尔韦:《儒勒·桑多其人及其生活》,第 84、85 页。——原注
④ 转引自玛贝尔·西尔韦:《儒勒·桑多其人及其生活》,第 84、85 页。——原注
⑤ 巴尔扎克:《致外国女子的信》,第 1 卷第 303—304 页。——原注
⑥ 《巴尔扎克通信集》,第 3 卷第 41—42 页。——原注

尔扎克写信说:"亲爱的 Mar,我打算在末日到来的那天去拥抱您……"①人们试图从这 Mar 和 Musch 的称呼中窥测出某种值得怀疑的友情。其实这只不过是饭桌上的玩笑而已。伏脱冷也在拉斯蒂涅的名字后面加上后缀而称他为拉斯蒂涅喇嘛侯爵,巴尔扎克戏谑地把黑话中的后缀 mar 改成前缀而把自己称作 Mar-tyr(殉道者)和 Mar-about(伊斯兰教隐士)。由于他身穿修士的长袍,他的朋友们戏称他为唐·马尔(Dom Mar)。桑多写这封信的时候,巴尔扎克早已把他和女厨子两人撇在卡西尼街,并且在围墙上挂出一块小木牌,上书:"出租套房"。而他本人则迁到了夏约区的战斗街上一处"难以靠近的隐蔽所"。

这是为什么呢? 部分原因是为了躲避纠缠他的债主,虽然四年来他赚了不少钱,但是仍然未能偿清债务。除了欠自己家的钱以外,他还背着四万六千法郎债务。人们都说这是由于印刷厂的破产,其实应该归咎于他挥霍无度。巴尔扎克的开销大得吓人。为了能够快乐地工作,他需要住在摆满漂亮家具、铜器、精装的书籍和铺着柔软地毯的房间里。金银器商勒库万特不仅供给他各类银器,还为他制作了两根手杖,一根用肉红玉髓镶制,另一根镶有绿松石的球柄。巴尔扎克的手杖,如金手杖,饰满宝石的犀角手杖,都已变得赫赫有名。德尔芬·德·吉拉尔丹以"巴尔扎克先生的手杖"作为一本小说的标题。她装作相信那是一根魔杖,当巴尔扎克需要之时,可以对他施行隐身术,以便更好地观察人类的隐秘生活。

这一切不过是布景、白日梦或者太虚幻境而已。他倒巴望有这么一个晚上,借助一件法宝,消除金钱上和时间、空间方面的一切限制。但是当他用完一顿被罗西尼誉为在帝王家中都享受不到的丰盛晚餐之

---

① 《巴尔扎克通信集》,第 3 卷第 191 页。——原注

后,重新埋头工作,这时他便进入一个严肃而真实的世界,也就是伏盖公寓和纽沁根府邸所处的世界。在这里他才是名副其实的巴尔扎克。他又套上那件白色僧袍,腰间系一条绳子,伏案工作,头脑清醒地评论高老头那些疯狂的开销,构思巨大的投机买卖,以从不失误的智慧聚敛纽沁根的万贯家财。他有时试图把书中人物的辉煌设想用到现实生活之中去,可总是毫无成果,因为在现实生活中他稍受挫折就立即逃回内心世界。于是他的经商活动最终就变成一部小说,而不再是赚钱的营生了。

他的奢侈是否出于虚荣?这个问题比较复杂。所有这些都属于一个宏大的虚构故事的组成部分,巴尔扎克本人就是主角,这故事一方面写在他的脑海里,同时也写在现实生活之中。其实虚构与现实在他那里从未有过明确的界线。他宴请宾客时的每一瓶酒都有一段来历。某瓶波尔多酒曾经在世界上周游了三圈最后才来到这饭桌上,另一瓶朗姆酒取自在海上漂流了一个多世纪的酒桶。他的茶是一位中国公主在月光下采摘的……假如有人问他:"这都是真的吗,巴尔扎克?"他就以他特有的孩童般的笑声回答:"没有一句是真话。"在战斗街的"秘密巢穴"中,他布置了一间梦境里的小客厅,同金眼女郎在桑-雷阿尔公馆里的那间客厅一模一样。一张周长五十米的长沙发上罩着白色开司米织物,四周有黑色和朱红色小丝带结成菱形图案。

这张极大的沙发床,靠背高出靠垫几英寸,这些靠垫格调高雅,更为大床增添了光彩。床上张挂红色帷幔,又覆以印度薄纱,纱上罗纹凹凸交替,如科林多式柱的凹槽一般,帷幔的上沿和下沿饰有大红镶边,上面还织有阿拉伯式黑色图案。在薄纱覆盖之下,大红变成了粉红,这种象征爱情的色彩,恰与罩有印度薄纱的红色塔夫绸窗帘协调一致,窗帘下同样垂着红黑相间的流苏。六枝臂式镀金银烛台,各托两支蜡烛,等距离地固定在壁幔上,为大床照明。天花板正中垂下一盏闪光镀金银吊灯,天花板上的装饰在白色烛光照耀下显得金碧辉煌。地毯酷似东方披肩,上面的图案令人联想起波斯的诗情画意,它是波斯的奴隶们用手工织成的。室内家具全部覆盖白色开司米织物,红黑相间的饰物更使之熠熠生辉。座钟和枝形大烛台均用白色大理石和黄金制成……

帷幔随着视角的不同,不断变换颜色,忽而闪着纯白的光辉,忽而又变成粉红色,与光线产生的效果浑然一体,光线渗入薄纱那半透明的罗纹中,看去犹如云雾般若隐若现。心灵对白色有一种难以名状的眷恋,爱情偏爱红色,金色则能刺激情欲,它有一股巨大的威力,能使心血来潮的欲望得以实现。这样,人们内心深处所有模模糊糊、神秘莫测的东西,一切无从解释的亲和力,就在不知不觉的感应中被激发起来。在这完美的和谐中,自然有协调的色彩在起作用,心灵对这种色彩的感应,便是产生隐隐约约、飘忽不定的肉欲要求……①

经过那么多年的酝酿,从他童年和少年时代的幻想,以及他的失望和所受的羞辱中,终于浮现出为《一千零一夜》里的苏丹及其美丽无比的后妃们所设置的华美布景。

他逃出卡西尼街,除了躲避逼债人之外,还有另一个紧要的理由,就是国民自卫军愚蠢地逼他去当兵,好像他也是现实世界中的一位公民,由于他拒绝服从,便要处以监禁。因此他必须躲藏起来。战斗街十

---

① 巴尔扎克:《金眼女郎》。

三号那所房子不是用巴尔扎克的名义,而是以神秘的寡妇杜朗太太的名义租下来的。没有口令,谁也进不去。口令是时常变化的一句话:"收苹果的季节到了"……或者"我带来了比利时花边"。于是,在底层和无人居住的二层楼上面,熟悉内情的人穿过两间破烂的空房,在一条阴暗的走廊尽头,推开一扇沉重的大门,一座东方的宫殿便豁然展现在眼前。这究竟是巴尔扎克的工作室,还是芭基塔·瓦勒戴斯的小客厅呢?他叫人在四面墙壁上加了一层衬,既是为了防止噪音,也是为了减弱金眼女郎的叫声。他希望他的新欢蓓丽会来这里躺在这张爱情的沙发床上,那是在奥地利使馆邂逅的美丽的英国女人……谁知道呢?也许是亨利埃特·德·卡斯特里,他同她总是藕断丝连。

1835 年 3 月 10 日,巴尔扎克致卡斯特里侯爵夫人:老天爷,您怎么会以为我还住在卡西尼街呢?我和您近在咫尺。我可不喜欢您那样郁郁寡欢,如果您在这里我就要狠狠批评您了。我要把您放在一张大沙发床上,您将像宫中的仙女一般。我要告诉您,在这个世界上,为了生活,就得有爱情……①

接着他宣布他正在写一部关于"理想的未婚妻"的小说——《幽谷百合》。女主人公的名字跟卡斯特里夫人一样,也叫亨利埃特,这是两人之间的关系几经曲折之后,巴尔扎克出乎意料地给予她的献礼。他将全力以赴地投入这项工作中去。

这就是我为什么没有像您听说的那样整天和情妇厮混在一起

---

① 《巴尔扎克通信集》,第 2 卷第 655 页。——原注

337   巴尔扎克传(上)

的缘故。假如我能够一面像现在这样工作,同时又享有人们赐封给我的五六个情妇,我真可以要求当众授予我桂冠了。同我相比,连赫拉克勒斯也不过是个侏儒①……同女人玩乐一个小时,也许对我很有好处。然而我那张白色的沙发床旧貌依然,没有等来百合花。像这样在我身边布置起一个向往已久的诗一般美的环境,还是我有生以来的第一次。我开始工作的那天,儒勒·桑多进来了。他说仿佛看见了歌剧《魔鬼罗伯特》中的巴勒莫②大教堂。这里完全是闺阁陈设,非常秀丽典雅。感谢您派人送来羽笔和欧石南花,可惜这花被送进了无人问津的工作室。为什么您不能在我离开工作台站起身来的时候亲自降临,犹如一只小鸟在我的床榻之上歇息片刻呢?世界上谁会知道这个秘密呢?十一点到一点之间,就我们俩在一起,共同度过一段神秘的充满诗意的时光,但是您过早地放弃了欢乐,致使我不敢憧憬这青春的美好事物……③

他拜托阿尔弗雷德·勋伯格亲王把《金眼女郎》的手稿捎给夏娃·韩斯卡。勋伯格是奥皇费迪南一世的特使,专诚前来参加路易-菲力浦的登基典礼。他曾前往战斗街拜访巴尔扎克。关于《塞拉菲塔》,巴尔扎克承认自己还没能完成这部难写的书。过度的工作使他精疲力竭。自然规律是无情的。"我的生活节奏损害着我的大脑,我的身体则由于缺少体力活动而发胖。"他写信给外国女子,"总之,近二十天来,我每天为写作《塞拉菲塔》连续工作十二小时。世人并不知道这浩大的工作量,他们只看到,并且也只能看到工作的结果。但是为了写这本

① 据希腊神话传说,英雄赫拉克勒斯曾一夜之间使五十个处女变成妇人。
② 巴勒莫,意大利西西里岛上的城市,以阿拉伯式和拜占庭式教堂闻名。
③ 《巴尔扎克通信集》,第 2 卷第 659 页。——原注

书,我必须阅读所有涉及神秘学的资料。对信神的人来说,这是一部扣人心弦的书。不幸的是在这可怜的巴黎,天使只好给芭蕾舞剧提供主题……"①

他不无自豪地向夏娃宣称,他那镶嵌绿宝石的镂金柄手杖继续是巴黎甚至那不勒斯、罗马的热门话题。"这件宝物几乎要扬名全欧了……在您外出旅行期间,若是听说我有一支魔杖,可以变出良驹、宫殿和吐出钻石,请不必大惊小怪,还是跟我一起发笑吧。就连阿尔西比亚德②的狗也未曾如此起劲地摇动尾巴……"③对于喜好名望的人来说,给自己制造一个具体的传奇故事倒不失为一个好办法。广大群众对于诸如狗尾巴或手杖柄之类事物的想象力,比对于某种哲学思想的领悟力强得多。

好吧,再见了。现在是凌晨两点,写作《塞拉菲塔》转眼就用去了一个半小时,她在责怪我,召唤我。必须把这本书写完,因为《巴黎杂志》也在责怪我,他们已经预支给我一千九百法郎稿酬,《塞拉菲塔》勉强可以补偿这个数目。再见吧,您可以想见我是多么想念您,因为我正在完成这本属于您的书。该让它与读者见面了,这里的文艺界认定我完不成这部作品,声称这是不可能的事……④

不可能吗? 他才不信呢,他向外国女子许下诺言:在热武斯基王后陛下返回她的王国之前,要把《塞拉菲塔》的手稿给她带去。他没有向

---

① 巴尔扎克:《致外国女子的信》,第 1 卷第 242 页。——原注
② 阿尔西比亚德(约公元前 450—前 404),古希腊将领及政治家,苏格拉底的学生,为了惊世骇俗,曾割去自己的狗的尾巴。
③ 巴尔扎克:《致外国女子的信》,第 1 卷第 244 页。——原注
④ 巴尔扎克:《致外国女子的信》,第 1 卷第 245 页。

她提及的是,随着美好季节再度来临,他时常到凡尔赛去会见他的新恋人基多博尼·维斯孔蒂伯爵夫人。

1835 年 4 月 17 日,巴尔扎克致珠尔玛·卡罗:在我身上同时存在着好几个人:金融家,同报刊和公众做斗争的艺术家,为自己的作品和主题而奋斗的艺术家,而且我还是一个有七情六欲的男人,我会拜倒在一朵鲜花面前,陶醉于她的美色和芬芳。读到这里,您会骂道:"奥诺雷这个混蛋!"不,不! 我配不上这个称号。您还会发现我非常克制地拒绝享受一切送上门来的快乐,为了写作而离群索居。好啦,亲爱的,您为什么不给我写信了? 是不是认为失去了我的友情? ——生活的经验使老交情愈益深厚。所以过几天您就能再见到我。这次逃逸是为了享几天清福……不过,近几天来,我的确落入一位咄咄逼人的女人的情网之中,不知如何摆脱,我像可怜的少女一样无力抗拒我的所爱……①

不幸,在巴黎的波兰人把他在春天里的风流韵事透露给了韩斯卡夫人。从此她就只给他寄一些极简短的信,责备他。他觉得有必要亲自去维也纳向她表白,但是又难以离开他的工作台。"我像一只拴在木桩上的山羊。真不知任性的命运之手何日才能把我解脱。"这时他感到肝区疼痛:"站住,死神! 你要是非来不可,就来给我加重负载吧。我还没有完成我的使命呢!"②

---

① 《巴尔扎克通信集》,第 2 卷第 662 页。——原注
② 《巴尔扎克通信集》,第 2 卷第 268 页。

第十九章 《幽谷百合》

坚忍不拔是构成我性格的基石之一。

——巴尔扎克

1835 年春,他的工作十分繁重,已经着手写作或纳入计划的作品有:《幽谷百合》(和圣伯夫的《情欲》类似,但"更胜一筹")、《豌豆花》、《都兰趣话》的第三个十篇、《一个新嫁娘的回忆》、《玛丽·德·昂日嬷嬷》(此书始终没有动笔)。再加上需要修改的稿子,如《路易·朗贝尔》《塞拉菲塔》。此外还有寡妇贝歇的抱怨、威尔代的惊恐和报刊上的风暴。然而巴尔扎克一如既往地坚信胜利在望。他怎么能怀疑自己的力量呢? 六年前,他还是个为书店老板卖苦力的面黄肌瘦的记者。仅仅六年的时间,全欧洲都阅读他的作品。到 1837 年他将财运亨通,那时他的全部作品要合在一起,定名为《社会研究》,版权归他所有。他将富裕起来,还清欠款,连欠母亲的那笔钱也能偿清。他还要去会见夏娃,所有的辛苦都将得到报偿。

他给韩斯卡夫人写道:"我放开破嗓门唱着:'狄奥达蒂! 狄奥达蒂!'"她这时还在维也纳,正准备回乌克兰去。在她走之前必须去见她一面。巴尔扎克给她捎去大量手稿,并且向她讲述他计划要写的书:"我准备写一本美丽的巨著,题名《幽谷百合》,描写一位善良可爱的贞洁女子,她丈夫却极其讨厌乏味。这本书要塑造一个纯属人间的完美形象,正像《塞拉菲塔》塑造的是天仙的完美形象一样。"①但是胖胖的夏娃琳娜回信越来越少,信中只是发泄她的忌妒心。他却等待着,只要她一声召唤,他就会飞奔而去。他在信中写道:"您知道吗? 梅花雀的特性之一就是无限的忠诚。可怜的亚洲小鸟,没有他的玫瑰,没有他的女神,他是沉默、忧郁的,但依然是那样多情……"②梅花雀向往着维也纳,"维也纳会使我忘却一切烦恼。巴黎的空气令我窒息,在这儿我只看到工作、债务和敌人! 我需要一块绿洲。"③他打算在维也纳写完《幽谷百合》,还要去寻访昔日埃斯林和瓦格拉姆的战场④(为写作《军旅生活场景》做准备)。临走之前,他想买下都兰那座他最喜爱的房子——石榴园(当然,这是巴尔扎克式的梦,因为购房所需的钱,他一文也没有)。5 月间,他突然做出决定,请求韩斯基夫妇推迟回乌克兰的行期,说他要到维也纳逗留四天。"对这次出逃我像孩子般地高兴。摆脱我的苦役去看看外面的世界! 好吧,回头见。"

　　旅费在哪里呢? 他不是有那位忠心耿耿专救燃眉之急的威尔代吗? 此人自己也已囊空如洗,只好求助于詹姆斯·德·罗特希尔德男爵。男爵一面借给他所需的款项,一面说道:"当心这位巴尔扎克先生,他是个浪荡子弟。"果然,这位一掷千金的浪荡子弟坐上租来的四轮马车,带着随身男仆奥古斯特去了维也纳。路经海德堡附近,他的朋友阿

---

　　① 巴尔扎克:《致外国女子的信》,第 1 卷第 237 页。——原注
　　② 巴尔扎克:《致外国女子的信》,第 1 卷第 232—233 页。
　　③ 巴尔扎克:《致外国女子的信》,第 1 卷第 249 页。
　　④ 埃斯林是维也纳附近一村庄,1809 年 5 月 22 日拿破仑在此血战奥军,拉纳将军受重伤;瓦格拉姆镇位于维也纳东北,1809 年 7 月 6 日拿破仑在这里战胜奥地利大公查尔斯亲王。

尔弗雷德·勋伯格亲王在韦英汉宫把他介绍给埃朗博鲁女士。这位大美人在成群的情人包围之中寻求着新鲜的刺激。可是她绝不会想到,在巴尔扎克离开她时,她已经给这位小说家提供了《幽谷百合》中阿拉贝尔,即杜德莱女士的若干性格特征。(以后我们还会发现,他又找到另一位英国女人做模特儿,并且关系更近。)"我在埃朗博鲁女士的花园里散步的两小时之内,通过傻呵呵的勋伯格亲王对她的追求和那顿晚餐,从她身上发现的都是最真实不过的东西……"①他在韦英汉宫的短暂停留收获巨大,因为除了阿拉贝尔这个人物之外,他在等人的时候还起草了路易·朗贝尔"用斜体字写的信",这是一段阐述主人公的哲学思想的晦涩难懂而他自认为十分天才的议论。他坐在花园的长凳上潦草地写了出来,后来补进了书里。

随后他继续赶路,经过斯图加特、慕尼黑,最后到达维也纳。韩斯基夫妇已经替他在朗兹塔斯的金梨旅馆订了一个房间。这次重逢远不如日内瓦那次美满。夏娃·韩斯卡满肚子说不清道不明的怨气,而且也很少有机会单独和他在一起。他尽管偷偷地吻了她几次,然而当渴望幸福的欲望没能得到满足时,炽热的感情和活跃的想象只不过是鬼神赐予的晦气礼物而已。他给她写了《一个下流而不检点的男人的短笺》,暗示她对他的激烈谴责。他写道:"如果我不是下流,那就是愚蠢至极,因为我根本听不懂您赏脸跟我讲的那些话……"②

维也纳的全体贵族都是巴尔扎克的读者,他们恨不得整天缠住他。他尽量顺从这些友善的纠缠,但仍企图抢出时间写作,哪怕是在旅途中,他也要保持他那僧侣式的生活规律。他写信给韩斯卡夫人:"我不

---

① 巴尔扎克:《致外国女子的信》,第 1 卷第 538 页。——原注
② 巴尔扎克:《致外国女子的信》,第 1 卷第 253 页。

得不外出的时候是不可能写作的,而我从来不曾只工作一两个小时。您安排得那么好,以至于我到凌晨一点钟才睡觉……早晨我想去看看幽静的普拉台。假如您乐意去,那就太好了。因为若是从明天起才动手写《幽谷百合》,我就必须先干上十四个小时才能弥补失去的时间。我发过誓要在维也纳写完这本书,否则我就要跳进多瑙河里去……"①

不过他此行有一件事颇为得意,那就是奥地利首相梅特涅亲王的接见。由于阿布朗泰斯公爵夫人和卡斯特里侯爵夫人对他的介绍,他早已同这位首相建立了感情上的联系。卡斯特里夫人委托给巴尔扎克一项秘密使命,是为了她的私生子罗歇·德·阿尔登堡去找首相,因为他是孩子的祖父。

下面是梅拉妮·德·梅特涅王妃 1835 年 5 月 20 日的日记。

今天上午,克莱芒(指她的丈夫梅特涅亲王)会见了巴尔扎克。他的谈话是这样开始的:

"先生,我从来没有读过您的书;不过我了解您,显而易见您是个狂人,或者您是在拿别的狂人开玩笑,您想用更大的疯狂去医治他们的疯病。"

巴尔扎克回答说克莱芒一语中的,这正是他的目的,而且会达到目的的。克莱芒非常欣赏他观察和判断事物的方式……②

这件事说明巴尔扎克的政治思想体系与首相的十分合拍。至于梅

---

① 巴尔扎克:《致外国女子的信》,第 1 卷第 252 页。
② 《巴尔扎克通信集》,第 2 卷第 678 页。——原注

拉妮王妃,她认为"撇开他那身怪诞的装束不谈,巴尔扎克倒是蛮朴实、谦和的"。

费利克斯·德·施瓦岑伯格亲王带他去凭吊瓦格拉姆战场。勋伯格夫妇和基斯勒夫妇争着陪他出游。他还会见了一位东方学家约瑟夫-冯·汉默尔-浦格斯托男爵。他为巴尔扎克把《驴皮记》里的著名铭文译成了阿拉伯文。由于阿拉伯文"格言式的简洁",读来朗朗上口。根据小说原文,这段铭文应该是用梵文写的,可是汉默尔-浦格斯托不懂梵文。这无关紧要,谁能察觉阿拉伯文与梵文的差异呢? 男爵送给巴尔扎克一件珍贵的护身符作为礼物,这是一只刻有 Bedouck 字样的戒指,并且对他说:"总有一天您会发现我送给您的小小礼物非等闲之物。"这件礼物像一粒种子落进了适宜的土壤,不久巴尔扎克就煞有介事地宣称这只戒指是先知穆罕默德的遗物,被英国人从大蒙古可汗那里盗走,而大蒙古可汗正准备用成吨的黄金和钻石赎回这只戒指。Bedouck 是亚当的直系传下来的徽记。Bedouck 是隐身符。Bedouck 能治百病,能使人堕入情网。① 若说这件宝物进一步增添了巴尔扎克自认为具有的神秘力量,也许不无道理。汉默尔男爵把巴尔扎克比作"能在一夜之间打发掉五十个处女的赫拉克勒斯",以此喻指他的创作能力和他所创造的全部女主人公。

与巴尔扎克同时在维也纳小住的阿斯托夫·德·居斯蒂纳目睹了巴尔扎克的辉煌成功。但他给莎菲·盖依的信中却这样写道:"我们的朋友(指巴尔扎克)把我介绍给一位波兰女士时弄得我很尴尬。她称得上是荒僻的乌克兰的一位聪明绝顶的女人,是顿河河畔的一位博学多闻的妇女。在向她介绍我时,巴尔扎克先生把我称作他今生见过的

---

① 参看马赛尔·布特隆:《巴尔扎克研究》,第 181—187 页。——原注

最能妙语惊人的人。我不知该说些什么好，若依着我的自尊心，我可以像当今的大人先生们那样闭上嘴沉默不语，但是我没有这么做，我尽量当一个乖孩子。然而总有一种做戏的感觉，心里真不是滋味。我和这位女士待在一起无法感到轻松自如，尽管她是位杰出的女士……"①居斯蒂纳觉得巴尔扎克在这种场合缺乏分寸。而天才和分寸并不是不可分离的伙伴。

韩斯基夫妇要返回他们的乌克兰领地去了。一切事情都召唤巴尔扎克重返巴黎。他本人也有归去的愿望："得了吧！这千百次的偷吻，这些小恩小惠只能加重我的焦渴。我们再也找不到一小时、一分钟的时间能单独在一起。这些障碍撩得我欲火中烧，请相信，还是让我及早回去的好……"②只是他行囊已空，还得支付旅馆账单和回程旅费。这事好办：以威尔代的名义写一张期票就能弄到所需的钱，维也纳的罗特希尔德会乐于预付现金的。至于威尔代那里，他可以把这张期票归在《幽谷百合》的账上。如果他凑不齐这个数目，还可以向絮尔维尔夫人借贷。威尔代终于付了这笔钱，因而巴尔扎克把他捧上了天："请相信我，我的朋友，咱们俩如今已是生死之交了……"③这次维也纳之行，至少还有一点可喜的成果：巴尔扎克测试了自己的名气究竟有多大。某次音乐会散场时，一个大学生过来吻了他的手。全欧洲都以"巴尔扎克式"为时髦，并且购置"巴尔扎克式"的家具。他创造的世界已经吞并了我们的星球。

1835 年 6 月，他回到了巴黎战斗街，经历过维也纳这段辉煌的插

---

① 吕佩侯爵：《阿斯托夫·德·居斯蒂纳》，第 176—177 页，摩纳哥，罗歇出版社，1957年。——原注
② 巴尔扎克：《致外国女子的信》，第 1 卷第 255 页。——原注
③ 《巴尔扎克通信集》，第 2 卷第 677 页。——原注

曲，重新开始他那繁重的工作。从他给韩斯卡夫人的信中可以看出，他一回巴黎就被家中的麻烦事所困扰。毫无能耐的亨利稍微做一点工作就认为自己已经操劳过度。妹妹洛尔似乎病得很厉害。"亲爱的母亲"说自己快被烦心事逼疯了。也许这里面有些夸张，因为他要设法感动那位杳无音信的夏娃琳娜。为了得到一点消息，他去请教催眠师："她对我说您写信到巴黎打听我的消息……她发现您的心脏比正常状态要肥大……但是还没有危险。您的心犹如您的额头一样宽阔。她以催眠师特有的庄严表情对我说'这些人对您非常关心，他们真诚地爱着您'，听到这些，我感动至极。"①

就在这间白色夹粉红色的绣房里，一个男子汉正以思想和纸墨为武器奋战不息，为的是填补财政上不断出现的亏空。洛尔·絮尔维尔干了一件荒唐事，她为了帮助威尔代凑齐那张期票款项，竟然趁哥哥不在巴黎的时候，把他珍藏的那套银器送进了当铺！"为此，我不得不夜以继日地工作，以弥补别人给我干下的蠢事。这样一来我可要服三四个月的苦役了。在此期间，我不能实现经常给您写信的愿望，恳请多多包涵。我必须接连交出《幽谷百合》和《一个新嫁娘的回忆》，以便还清欠威尔代和贝歇夫人的债。所有的人都拼命埋怨我。但是请不要懊恼；我绝不后悔作这次旅行，尽管它历时很短，而且人们让我们单独在一起的机会是那样地少……"②

前所未有的压力迫使他创作，创作，再创作。紧迫感激发了他的天才。一夜之间他挥笔写完一篇杰作——短篇小说《无神论者望弥撒》，三天之内写出了《禁治产》。"工作，没完没了的工作！整夜整夜地灯

---

① 巴尔扎克：《致外国女子的信》，第 1 卷第 261 页。——原注
② 巴尔扎克：《致外国女子的信》，第 1 卷第 258 页。

火通明，日复一日地埋头构思。""杜朗寡妇"幽居在战斗街。朋友们写信称他为"亲爱的讨人喜欢的寡妇"，他回信说："我将用一杯奶油咖啡招待你们，就像寡妇们惯常做的那样……"①其实他并不希望客人来访，那些繁重的工作已经够他受的了。

除了偶尔出现几次神奇而幸运的灵感之外，巴尔扎克的工作是异常艰巨的。从写《舒昂党人》的时候起，他就养成了一种习惯，把初稿当成绣花底布，将花绣在校样上。由于他的笔迹极难辨认，他就叫人用废旧铅字先印成长条校样，然后在上面进行大量修改，修改之多使出版者不得不把修改费用算在巴尔扎克的账上。"排字工干巴尔扎克的活儿好比苦役犯服刑，干完这份苦差事再去干别的工作，简直像在休息。"②这位被一群债主追得走投无路的作家，并没有因此降低对作品完美性的要求。"固执的铸造工十至十二次地把不合格的铸件重新投入坩埚。"③

每当印刷厂停工待料等得不耐烦的时候，巴尔扎克会突然寄来用五个晚上赶写出来的二百张手稿。

　　大家熟知他的工作方式。那简直是一件粗糙的毛坯，一堆杂乱无章的东西，一种看不懂的天书，一首艰深晦涩的诗。印刷厂傻了眼，期限那么短，字迹前所未有地难认。人们只得给这怪物来一番改造，好歹把它译成能懂的文字……作者送回来的头两稿校样，总是贴在奇大无比的纸上，简直像广告牌或者屏风……从每一个

---

① 《巴尔扎克通信集》，第2卷第703页。——原注
② 尚弗勒里：《巴尔扎克及其工作方式》。——原注
③ 泰奥菲尔·戈蒂耶：《当代人物群像》，第79页。——原注

印刷符号、每一个词下面放射出贡克来福①火箭似的弯弯曲曲的杠杠道道，到了另一端就绽开出一大片句子、名词、修饰语，这些词句又被杠杠叉叉、修改、涂抹，搅成一团，简直令人眼花缭乱。

　　请想想，四五百页阿拉伯图案式的文字，彼此缠绕、虬结、攀附，从东头窜到西头，从南端连到北端。请想想，一打复杂的地图，上面城镇、河流、山川，纵横交错。一团被猫咬乱了的毛线，一堆古埃及法老的象形文字，或者庆祝活动中的缤纷焰火……害得人们只好凭着猜测，靠着老天保佑来完成这项工作……②

　　就这样，校样六次、八次、十次地被送回来，布满了横七竖八、涂改增删的笔迹，变得斑驳陆离，面目全非。用这种方法每年出几卷书，没有超人的毅力是不行的。每当巴尔扎克从事一部巨著，他就会像一条河流突然潜入地下，销声匿迹两三个月，然后突然冒出地面，已是一本杰作在手，"气喘吁吁，筋疲力尽"，但兴高采烈，得意扬扬。他一头倒在沙发上，拿沙丁鱼掺入黄油涂面包片，这让他想起在图尔吃的熟肉酱。饱餐一顿之后再睡上一个小时。这个巨人看上去气衰力竭，但是从朱庇特那里窃来的天火已经烧铸成上百具栩栩如生的陶俑。

　　1835 年，巴尔扎克心心念念的事是不惜一切代价写出《幽谷百合》。7 月底他到布洛尼埃尔贝尔尼夫人家里小住，然后又到弗拉佩斯勒的珠尔玛·卡罗家做客。丁香花的季节（春季）错过了，他在那里度过了玫瑰季节（夏季）。他忠实的女友此时把主要精力用于照料美丽的房子，不像以往那样关注这位来宾的著作了。但是置身在这些豪爽

---

① 贡克来福（1772—1828），发明火箭的英国军官。此火箭就以他的名字命名。
② 尚弗勒里在《巴尔扎克及其工作方式》一文中的引文。——原注

的朋友之中,他感到心情平静,工作效率也高。休息时,他津津有味地聆听卡罗少校谈论正在飞近地球的彗星,或倾听另一位军官佩里奥拉讲述他参加过的战役、炮队以及皇帝陛下的往事。

他几乎把每个夜晚都用来写作《幽谷百合》。他知道这是他最精彩的小说之一,是"一座美丽的白色雕像"①,一幅描绘"灵与肉的双重快感猛然攫住从未接触过异性的少年的两种天性"的油画。纯洁无瑕的女人"受到为女性美丽的肩膀着迷的中学生的袭击"②,再也忘不了那充满欲望的一吻,这两个人(费利克斯·德·旺德奈斯和亨利埃特·德·莫尔索)相互迷恋,却又为天上的和人间的道德原则所约束,不敢占有对方,结果双双陷入不幸。费利克斯和一个美貌的英国女人结合,她给予他的只是肉体的快乐而不是幸福。亨利埃特成为德行的牺牲品,垂危之际还为渎圣的悔恨所折磨。这部小说本身是非常优秀的,和巴尔扎克其他作品一样,书中表现的各种激情都深深打上了社会的烙印。用阿兰的话来说,"这是从卢瓦尔河的城堡上观看百日政变的历史"。的确,男主人公是作为"根特的王上"(指路易十八)的使节住在葫芦钟堡的。费利克斯将要进入宫廷——这个他连语言都不甚熟悉的陌生世界时,亨利埃特写给他的那封"教诲信"就充满了对整个社会和政治的深刻见解。这个已经摒弃上流社会的女人把自己点点滴滴的痛苦经验集中起来传授给她心爱的大男孩时,她心里是多么快慰啊!

这位母亲般的恋人对他说,首先您必须接受现实社会及其道德:"我所说的既不是宗教信仰,也不是情感,而是一台用黄金和铁制成的机器的齿轮……"这位情人中的典范表现出惊人的现实主义。连她的

---

① 《巴尔扎克通信集》,第 3 卷第 78 页。——原注
② 阿兰:《和巴尔扎克在一起》,《艺术与众神》,七星文库版第 941 页。——原注

道德说教本身都是为了取得世俗的成功。"正直、信誉、忠诚、礼貌,是您获得成功的最可靠、见效也最快的手段,真正的礼貌体现了基督教思想,犹如一枝慈善之花……有人求您什么事,您若办不到,就应该明确地回绝,不可给人留下不切实际的希望……切忌轻信、平庸和过分殷勤,这是航道上的三块暗礁! 过于轻信会降低自己的尊严,平庸被人看不起,殷勤过分则会被人利用。首先,我亲爱的孩子,在您一生中,只能有两三个知己……待人接物是一门学问,其中最重要的一条就是绝口不谈自己……如今青年人都有一套从暖室得来的学问,因而尖酸刻薄,好针砭别人的行为、思想和著作,锋利的断语宛如刚开刃的刀。您可别染上这种毛病……您要接近有影响的女子。她们都是上了年纪的人……她们将真心帮助您,因为保护别人是她们最后的爱的寄托……"①至于年轻女郎,她劝诫他切不可乱交,择其一位足矣。这叫作"为所有的女子效劳,只爱其中一个"。

这封典型的巴尔扎克式书信中是否含有某些自传成分? 完全有可能。以往的经验会不自觉地从作家的笔端渗出。从费利克斯·德·旺德奈斯身上,读者仿佛觑见了奥诺雷·德·巴尔扎克在 1814 年图尔的舞会上,面对着成群的上流女子所表现出来的忧郁、羞涩以及炽烈的欲望。只不过名门贵胄出身的费利克斯能够混迹于上流社会,缺乏靠山的巴尔扎克却只好通过作品来实现他的梦想。亨利埃特·德·莫尔索的那种讲求实际的聪慧和献身精神酷似洛尔·德·贝尔尼,不同的是前者拒绝委身而后者则奉献一切,但是两人都为爱情而死。在给韩斯卡夫人的信中,巴尔扎克称洛尔·德·贝尔尼为"神圣的造物,而德·莫尔索夫人只是她的一个苍白的写照"。他希望夏娃从亨利埃特身上

---

① 巴尔扎克:《幽谷百合》。

发现塞拉菲塔的影子,同时希望她乐于成为德·莫尔索夫人和杜德莱女士,既纯真又富有性感。那么德·莫尔索先生是不是有几分加布里埃·德·贝尔尼的特点呢?可能是,不过巴尔扎克想在他身上集中"流亡贵族和丈夫的所有特点"。他还自鸣得意地认为自己在杜德莱女士身上刻画出了恋爱中的英国女人:"在《幽谷百合》中,我着墨不多,却绝妙地描述了这个国家的女人。"

关键不在于模特儿怎么样,而在于图画本身。巴尔扎克想用以子之矛攻子之盾的办法来击败他的对手圣伯夫,他轻而易举地取胜了。《情欲》虽非一无是处,毕竟欠生动且缺乏气势。巴尔扎克以居高临下的口吻谈论这本书:"这本书绵软无力,松散冗长,废话太多,不过还有一些可取之处。"贝尔尼夫人也谴责《情欲》。情人为了满足性欲而去嫖妓的那一段情节使她非常反感。而《幽谷百合》则使她满心喜欢。虽然她刚读完的时候只对巴尔扎克说了一句*此书不错*。"出自她的口中,这已经是很大的褒奖了,她是很挑剔的。"① 作者本人也认为很不错:"啊!《幽谷百合》,它若不是女性的必读书,我就一文不值了……拿道德为主题来写戏,始终保持热烈的高潮,并且运用玛西永②的语言和风格,第一稿为了解决这个问题,已经花去三百个小时进行修改,在《巴黎杂志》那儿花掉了四百法郎,而我自己还落了个肝痛的毛病……"③

论评界的反应极其卑劣下流。他们说:"巴尔扎克先生无时无刻不在践踏伦理道德……不过,不能否认他有他的手艺;他是个给外省读者和小阅览室写书的天才……我们同意他享有保尔·德·科克的那种名

---

① 巴尔扎克:《致外国女子的信》,第 1 卷第 278 页。——原注
② 玛西永(1663—1742),法国高级教士,以文辞优美、口才雄辩著称。
③ 巴尔扎克:《致外国女子的信》,第 1 卷第 278 页。——原注

气。"①道貌岸然的书报检查机构不能容忍亨利埃特·德·莫尔索临终时悔恨当年拒绝享受人间幸福的那一段。"是的,所有的报纸都敌视《幽谷百合》,极力贬低它、诋毁它。显而易见,《法兰西时报》否定这本书是因为我不去望弥撒;《每日新闻》诽谤它是因为主编和我有私仇。总而言之,人人都有某种理由来攻击我。我原本指望威尔代能售出两千册,如今才卖掉一千三。因此,经济上要遭受损失。有那么一些浅薄的人不能领略莫尔索夫人之死这一段的优美,看不出物质与精神之间的斗争正是基督教教理的底蕴。他们死死盯住遭受欺骗和伤害的肉体所发出的诅咒,而不愿公正地看到伯爵夫人忏悔之后圣洁地升天之时,她那颗灵魂所表现出的崇高和宁静。"②

后来,他居然斗胆写下这样的句子:"在那鲜为人知的幽谷里,莫尔索夫人同情欲之间悄悄展开的这场激战,其规模之大,也许可以同任何一次最大的战役相比。"贝尔尼夫人读到这句话后说道:"我可以瞑目了,我确信你头上已经戴上那顶我希望看到的桂冠。《幽谷百合》是一部完美无缺的杰作。不过莫尔索夫人去世时不必来那么一通可怕的悔恨,这有损于她写下的那封美好的信函。"③在第二版中,他删掉了刺痛她心灵的那一百多行文字。"我不怜惜任何一行,可是每当我的笔从中划去一行时,我那颗男子汉的心都体验到一种前所未有的震颤。"

细心的珠尔玛·卡罗一切都能领会,并且还更深一层,她信中写道:"不论《幽谷百合》构思如何精巧,仍然有许多妇女在阅读时会评论说:'还不完全是这样。'因为,不管人们向你透露的隐衷有多么深,总还有一些是你永远不知道的,总还有一些是人羞于启齿、不能让人知道的

---

① E.佩勒唐:《新密涅瓦》,第 6 卷第 449 页。——原注
② 巴尔扎克:《致外国女子的信》,第 1 卷第 343—344 页。——原注
③ 巴尔扎克:《致外国女子的信》,第 1 卷第 376 页。

事。即使被朋友猜到也要矢口否认的……"①可怜的珠尔玛！否认，沉默，不就是承认吗？

1835年10月，巴尔扎克来到布洛尼埃尔，在《幽谷百合》的启发者洛尔·德·贝尔尼家里度过了他最后一次同她相处的时光。他在那里平静地创作《豌豆花》（后来更名为《婚约》）。这本书属于"司法战"的系列，最早发表的是《夏倍上校》（初名《交易》），接着是《禁治产》。凭着当年在诉讼事务所当小帮办时的回忆，巴尔扎克宣称自己掌握了一批"全新的悲剧素材"，并点出抵押财产的公证书常常是私人生活中的巨大灾难。

巴尔扎克致洛尔·絮尔维尔："我过去的幻想已成为光荣的现实。仅仅通过《婚约》这一场景，我已经把一对夫妻的未来生活全部表现出来了。"②

在布洛尼埃尔的这段日子里，巴尔扎克感觉贝尔尼夫人的心脏病稍有好转。但是不幸的事件接二连三向 Dilecta 袭来。一个月之后，这位已经失去四个孩子并且重病在身的母亲，眼见女儿洛尔-亚历克桑德丽娜精神失常，还得日夜守护在患肺病的爱子阿尔芒的病榻旁。这些不幸的打击，加上她心中隐隐的负疚感，促使她请求巴尔扎克不要再来看她，也不要再给她写信。"您要知道，此刻我们之间的关系异常脆薄，哪怕是最细小的冲突，无论是由于感情太深还是由于笨拙引起，对我都会是致命的一击。唉，我的处境真难呀！……"③阿尔芒死了，服丧的母亲同巴尔扎克之间除了书信之外不再有其他交往。现在他知道她已经没有希望了。

---

① 《巴尔扎克通信集》，第2卷第743页。——原注
② 《巴尔扎克通信集》，第2卷第749页。
③ 巴尔扎克：《致外国女子的信》，第1卷第282页。——原注

巴尔扎克致 B.-F.巴尔扎克夫人：噢！可怜的妈妈，我悲恸欲绝，贝尔尼夫人要死了！这已经无可怀疑。只有上帝和我自己知道我是多么的绝望。然而还必须工作！……①

巴尔扎克又一次被债主们包围。漂亮的寡妇贝歇夫人两年前还是那么和蔼可亲，如今却愤怒地龇出了美丽的牙齿。她已经为几部小说预付稿酬，结果却空等一场。她抱怨"生意上的烦恼"，变得"出奇地恶毒"，威胁说如果那些稿子再拖着完不成，她就要停止付款。巴尔扎克为这些"麻烦事"叫苦不迭，忙宣布即将发表《古物陈列室》和《幻灭》，凭这些许诺居然又收到一笔五千法郎的预付金。不过这样一来，他就差不多拿到了全部《风俗研究》的可得收入。现在他得为五百法郎写出两卷新书！"简直是毫无进项的差事！"假如他不是巴尔扎克，到1835年年底他的财政状况准会落到不可收拾的地步。金钱事务犹如"一条纤索，不断地把他从高处拖入泥淖"。他四处借贷：向纳卡尔医生、博尔热、救苦救难的德拉努瓦夫人，还有达布兰大叔。威尔代也为《幽谷百合》预付了款。卡西尼街的房东向他催要两个季度的租金（他虽住在战斗街，却没有退掉卡西尼街上的那套房）。巴尔扎克夫人也没能按时收到儿子答应供给的赡养费。

但是他并没有坐以待毙，他还有出路：第一，再版一批他年轻时化名荷拉斯·德·圣多班发表的小说。若是有人认出这是他的作品，怎么办？不承认就是了。人家不相信呢？那也无关紧要。从这笔生意中可获利一万法郎。第二，自费出版《都兰趣话》的第三个十篇，然后以更高的价格卖给威尔代。此外，一俟贝歇夫人手中的《风俗研究》售完，他

---

① 《巴尔扎克通信集》，第 2 卷第 611 页。——原注

就能够用四万五千法郎的价钱把版权卖给另一家出版商。

他又有钱了。干吗不买一所属于自己的房子呢？有了房产才能重新获得被选举资格，参加竞选是他政治生活中不可缺少的步骤。而他的竞选资格眼看就要因卖掉母亲的房产而丧失。唉！1835 年 12 月时，他的财政赤字上升到十万五千法郎。即使不算欠母亲的四万五千法郎，也还有六万法郎的债务或欠款。甚至威尔代这位及时雨也发出财源枯竭的告急。然而巴尔扎克不是有那只魔术指环 Bedouck 吗？一个天赐良机给作家和出版者双双解围。比洛兹起先在他的杂志上连载《塞拉菲塔》，现在突然变卦，因为他的读者根本看不懂"这些乱七八糟的东西"。威尔代"捡起了这篇东西"，把它同《路易·朗贝尔》和《流亡者》①合订成一本《神秘之书》。同神通广大的比洛兹闹翻看来是件蠢事。但是威尔代造了许多舆论，把同比洛兹的决裂大肆张扬了一番，结果成了很有效的广告。"乱七八糟的东西"第一版销路不错，希望重新燃起。"作家天天都可以写出《高老头》来，然而像《塞拉菲塔》这样的作品，一辈子只有一次。"

三个月以后，事情又不妙了。"《神秘之书》在这里引不起多少兴趣，第二版销路很坏。"隐居在乡间的贝尔尼夫人对这本书的批评十分严厉。"只有她敢于向我指出仙女说话过于轻佻。起初还很美好，到结尾时却流于庸俗。我现在明白了，对女性应该加以综合概括，其他部分我就是这样做的。不幸的是，我得用六个月的时间来重新改写这一部分，可是在这期间，那些高尚的灵魂都要谴责我这个显而易见的错误……"②

---

① 《流亡者》，中译本译为《逐客还乡》。
② 巴尔扎克：《致外国女子的信》，第 1 卷第 293 页。——原注

但有两件事是确实的。一是天主教徒托马西读罢《塞拉菲塔》之后，特地来拥抱巴尔扎克；另一件是巴尔扎克青年时期极为崇拜的著名学者若夫华·圣伊莱华从《神秘之书》中借用了一句话作为他的一本主要著作①的卷首题词，这句话是"科学是一体的，而你却把它分割了"，接着又补充了一句"这句题词得自本世纪最伟大的作家之一"。可是韩斯卡夫人——《塞拉菲塔》的受题献者——收到这份用她在日内瓦穿的那件银灰色曳地长裙上撕下的一缕布条捆扎的手稿后，却保持着令人不安的沉默。原来是那位可怕的婶母罗莎丽·热武斯卡对法国情郎始终怀有敌意，在她的影响下，夏娃琳娜对《塞拉菲塔》中的东正教观念产生了怀疑。她终于把这看法写信告诉了巴尔扎克。这可把他气坏了："没有哪个信教的作家比我更卖力地证明上帝的存在。"当然斯威登堡并不宣讲圣彼得和博叙埃的宗教。"您的婶母使我想到一个可怜的基督徒，米开朗琪罗刚刚在西斯廷圣堂里画完一幅裸体像时，他正巧来到教堂，于是质问教皇为什么允许在圣彼得教堂展出这类下流的东西？……**通向上帝的路是一种远比博叙埃的信仰更为高尚的宗教，它是圣泰蕾丝和费讷隆的宗教，是斯威登堡、雅各布·波墨和圣马丁的宗教……**"②

　　简言之，夏娃琳娜是罗马天主教徒，巴尔扎克是斯威登堡式的信徒。但是他把天主教教义看作一首诗，"一件在灵与肉的搏斗中使用的锐利武器"。《幽谷百合》不正是"向这位女劝教者"证明了他同她一样也懂得罗马天主教的伟大吗？现在他敢于和威尔卓尼亚的女领主展开论战了，当然很注意方式，而且不忘记表白爱情。

---

① 指若夫华·圣伊莱华的《自然哲学的历史的和生理的综合概念》。——原注
② 巴尔扎克：《致外国女子的信》，第1卷第335—336页。——原注

第二十章 《幻灭》

> 无论干什么事,都得认认真真去干,哪怕是件蠢事。

> ——巴尔扎克

"神圣家族"所有成员的共同特点,是极富幻想。他们宁愿相信自己的愿望,而不情愿面对现实,他们像小孩子一样永远弄不清两者之间的区别。过去老贝尔纳-弗朗索瓦是这样,洛尔是这样,而今,三十七岁的巴尔扎克依旧保持着这一特点。他对此倒不否认,反而颇为自得。幻想是一种夸张,一种舒适感,有时也是逃避现实的遁词。对此,珠尔玛·卡罗温情而一针见血地指出:"可怜的孩子一次次地眼看着自己追逐的幻想烟消云散!"[①]所有的朋友,戈蒂耶也好,戈兹朗、威尔代也好,都喜欢讲述关于巴尔扎克那些疯狂的生意经的绝妙故事,而且还要添油加醋。他自己承认有这种毛病,但总要在韩斯卡夫人面前为自己辩解,因为她时常责备他办事吃亏上当,虽说在作品中倒显示出极为敏锐

[①] 珠尔玛·卡罗给爱弥尔·欧康特的信。见斯波贝奇·德·洛旺儒的收藏:A.295,第96页。——原注

的洞察力。

　　唉！假如我从不吃亏上当,您还会爱我吗?……当我不分昼
夜集中精力去构思、写作、塑造、描绘、回忆的时候,当我扇动沉重
而往往是带伤的翅膀,飞翔在文学创作的精神战场上的时候,如何
能够顾及物质阵地呢?拿破仑身处埃斯林时,就不能同时在西班
牙战场。为了不致在生活中、与朋友相处中、在经营中以及各种各
样的交往中受骗上当,亲爱的离群索居的伯爵夫人,我就得把全副
精力投进去,其他任何事也做不成了。我得做个纯粹的金融家、社
会名流、商人。当然,我心里清楚有人在欺骗我,有人准备欺骗我。
我知道谁出卖了我,或者将要出卖我,或者在我这里占尽便宜之后
逃之夭夭。然而我察觉、预感、了解到这类情况的时刻,正是我必
须在别的战场上奋斗的时刻,是我为创作一部作品或是一项如不
及时完成则将前功尽弃的工作而忙得不可开交之时。我的茅屋落
成之日往往是我的另一所房子焚毁之时。①

　　好一篇出色的辩词,总的看来还不无道理。他想出的主意"含满黄
金"。他经营失败的所有企业几乎都使别人发了财,不仅铸字厂、地皮
买卖,也包括再版古典文学作品以及香水推销广告等,无不如此。唯有
在他自己创造的世界里他才是主宰一切的上帝。每当他陷入困境,或
遇到自己无法对付的厄运,他便溜之大吉,一头钻进文学创作之中。到
了那个世界里,他最惨痛的失败便将成为最佳创作题材。下面是洛
尔·絮尔维尔对哥哥的一段描写:有几次他来到她家里,情绪低落,萎

_____

　　① 巴尔扎克:《致外国女子的信》,第 1 卷第 452—453 页。——原注

靡不振,形容枯槁。他开始叙述近来所遇到的不顺:

"妹妹,我怕是要倒运了!"

"胡扯!"洛尔答道,"写出这么些好作品的人是不会倒运的。"

"你说得对,天杀的! 这些书可以养活我……再说,盲目的幸运之神既然可以降落到傻瓜头上,那么也可以降临到我身上……但愿有这么一位腰缠万贯的朋友(我还真有这样的朋友),或者某位钱多得不知怎样花的银行家,找上门来对我说:'我知道您极富天才,也了解您的苦衷。您为了能够自由自在地创作,急需这样一笔款子,那就请您收下它吧,不必担忧,您有能力偿还,您的笔完全抵得上我的万贯家财!……'"①

转眼之间,他已经把想象当成现实。银行家拯救了他:"'我拯救了一个巴尔扎克! ……'能说出这句话的确非同小可。哈哈,巴尔扎克自由了! 亲爱的朋友们,亲爱的敌人们,请你们看他怎样大显身手。"他的梦或小说继续做下去:奥诺雷长驱直入法兰西学院,进而跨进贵族院,又当上了部长。由于部里事事如意,他回到挽救了他的银行家那里,说他"前程似锦"。人们会说,这个人理解巴尔扎克,曾经解囊相助,使他的天才得以施展,最终赢得当之无愧的殊荣。功劳应该归于这位提携他的人。②

1836 年初,他倒是真需要有这么一位资助者。因为在 1835 年 12 月 11 日那天,他自费印刷、存放在铁罐街的《都兰趣话》第三个十篇,悉数毁于一场火灾。对于一个已经山穷水尽的人来说,这真是惨重的损失。另一方面,他与比洛兹之间的矛盾空前激化,原因是比洛兹瞒着巴

---

① 洛尔·絮尔维尔:《从巴尔扎克的通信看他的生活和作品》,第 127—128 页。——原注

② 洛尔·絮尔维尔:《从巴尔扎克的通信看他的生活和作品》,第 129—130 页。

尔扎克把《幽谷百合》拿到彼得堡秘密出版。巴尔扎克告到法院。比洛兹收买了一批记者在刊头报尾大肆攻击谩骂巴尔扎克。同时寡妇贝歇也逼得他走投无路。这时他需要争得一个讲坛以便进行回击。正好有一家叫作《巴黎纪事》的杂志要盘卖。这份小小的正统派刊物简直没有读者，它属于名声不太好的经纪人威廉·杜凯特，由白蒂纳和普隆印刷。巴尔扎克于1835年12月24日同玛克斯·德·白蒂纳和威廉·杜凯特合资成立了一个企业，以便振兴《巴黎纪事》。杜凯特和白蒂纳各占八分之一的股份，巴尔扎克则拥有八分之六。实际上巴尔扎克只付出一百二十法郎，因为《巴黎纪事》既无订户，也没有什么资产，没有任何价值。可是巴尔扎克却担保拿出四万五千法郎作为流动资金。当然，他根本没有这笔钱。

　　显而易见，《巴黎纪事》是一项毫无希望的事业，可是到了巴尔扎克眼里就俨然成为世界上最出色的买卖。首先，他自己每月提供一篇短篇小说，这将吸引许多订户，维克托·雨果也将同他合作。同比洛兹翻了脸的居斯塔夫·普朗什将包下文艺评论。儒勒·桑多负责邀来泰奥菲尔·戈蒂耶——这位青年作家的才能早已被巴尔扎克发现，并且准备接收他为"马厩"的成员。当戈蒂耶受到身披白色开司米晨袍的巴尔扎克接见时，激动的心几乎跳出胸膛。赫赫有名的小说家居然把他这个年轻作家视若同人。他欣赏巴尔扎克那圆柱般粗壮的运动员脖子，颇具个性的鼻子，宽阔而高贵的前额，尤其是那双眼睛，"一双使鹰眼为之逊色的眼睛，一双可以透视墙壁和胸膛的眼睛，一双帝王的、预言家的、驯兽师的眼睛"①。

　　戈蒂耶答应给杂志撰稿。报界巨头比洛兹气坏了。他说："您知道

---

① 泰奥菲尔·戈蒂耶：《当代人物群像》，第48页。——原注

吗？普朗什一面拥抱他非常爱慕的巴尔扎克,一面又热爱他极为敬仰的雨果的屁股! 哼! 多么美妙的联盟! ……您不觉得可笑吗?"①然而巴尔扎克却极其认真地对待《巴黎纪事》。凭着这份在他绝对领导下的"强有力的刊物",他渴望已久的政治生涯总算可以起步了,尤其重要的是这份杂志将成为"一棵摇钱树",每年至少能赚两万法郎,因为巴尔扎克社长将用重金酬劳巴尔扎克总编,此外巴尔扎克董事还将另有一笔收益。从此他的一切问题都迎刃而解。但是万事俱备,只欠东风,他需要一笔现金来开张。这不算什么! 大慈大悲的德拉努瓦夫人慷慨解囊,贷款一万五千法郎。他写信给洛尔:"事情有眉目了。告诉我的好妹夫,通向政权的第一步就这样迈出去了。"②凑巧,一切都非常如意。絮尔维尔又制定了一项开凿运河的新规划,工程可以获利二十万法郎。将来,当巴尔扎克政治上有了地位,就可以说服政府采纳这项工程的建议,于是他可以同妹夫分享红利,他们都将富起来,不,现在就是富翁了!

重新改组的《巴黎纪事》于 1836 年 1 月 1 日问世。维克托·雨果、居斯塔夫·普朗什、阿尔丰斯·卡尔、泰奥菲尔·戈蒂耶、夏尔·德·贝尔纳组成了一个杰出的编辑部。亨利·莫尼埃、格朗维尔、多米埃为刊物提供漫画。未来的部长巴尔扎克负责国际政治述评专栏。为了做研究工作,他还雇用了两个秘书,两个都是出身贵族的青年,但是和他一样身无分文。他们是贝卢瓦侯爵(巴尔扎克称他为"红衣主教")和费迪南·德·格拉蒙伯爵。但实际上,《巴黎纪事》的全部编辑工作都得由巴尔扎克一人包揽。每到周末,他便召集编辑们共享一顿精美的

① 斯波贝奇·德·洛旺儒的收藏:E.859,第 4 页。——原注
② 《巴尔扎克通信集》,第 2 卷第 781 页。——原注

晚餐。食谱中有烤火腿、烘山雀、炖小牛肉、鲟鱼片、白芦笋、菠萝馅饼等。盛宴在欠租的房子里举行。老板摆出一副"统领部下的长官架势",号召部下呈上稿件,可这些稿子没有一次如期上交。他们聚在一起欢笑、歌唱,阿尔丰斯·卡尔给奥诺雷戴上一顶纸做的玫瑰花冠。最后来宾和主厨全部退场,剩下巴尔扎克一个人"担起了编辑部的重担",也就是说撰写几乎所有的文章。

这也算不了什么,反正大家都乐了个痛快。巴尔扎克喜欢热闹,并不苛求玩笑的质量。他尤其喜欢那些玩弄谐音的谚语,常把它们记录下来。比如:把乱世出盗贼,说成乱世出活宝;滚石不生苔,说成流动的啤酒不生苔;说说你同谁来往,我就可以说出你是什么样的人,改成说说你同谁来往,我可以说出你恨谁。① 若是哪位朋友翻出个新花样,他就乐不可支。文字游戏是庸人的玩意吗?也许是吧,不过一个头脑中装有千军万马的人,完全有权利用一个晚上卸下担子,换换脑筋。再说这些改头换面的谚语都在《人间喜剧》里得到提炼,我们可以从艺徒弥斯蒂格里的嘴里重新听到这些(见《入世之初》)。

1836 年一二月,他写出了大量高质量的作品。他为《巴黎纪事》提供了不少中短篇小说,其中一部分是临时赶写出来的,有些是从抽屉里翻出来的旧作。如《无神论者望弥撒》(书中他用德普兰的名字,巧妙地刻画了外科医生迪皮特伦)、《禁治产》、《法西诺·卡讷》以及《不为人知的殉道者》中老医生的故事。"我的文思从来没有像现在这样活跃,也从来没有过如此宏伟的一部巨著控制住人的头脑。我像赌徒下赌场一样投入创作。"令人惊异的是尽管他在最紧迫的条件下写作,作

①　这些谚语中,盗贼与活宝、石头与啤酒、是与恨在法语中都是谐音。第三句谚语相当于汉语"近朱者赤,近墨者黑"。

品仍保持极高的质量。他的政论文章同样光彩夺目。他嘲讽那些遵照梯也尔和基佐的旨意说话的官方记者："基佐先生和梯也尔先生除了想统治我们以外，别无任何意图……梯也尔先生从来只有一个念头，就是只考虑梯也尔先生……基佐先生是一只曾经在三座建筑物上插过的风标。而梯也尔先生这只风标尽管变化不定，却只立在一座房子上……"①

如此出类拔萃、引人入胜的《巴黎纪事》本该一炮打响的。起初，订户"奇迹般地蜂拥而至"。这不过是最善于夸张的巴尔扎克的形容，所谓奇迹只不过是诗人的幻觉而已。新订户的数目在 1 月份还是一百六十，2 月份减至四十，3 月份十九，到了 7 月份只有七户。② 但是巴尔扎克仍然没有从幻梦中清醒过来。3 月 26 日他还给韩斯卡夫人寄去一份捷报：

> 我身上总有一股说不清的劲头促使我的所作所为与众不同。我的坚定也许来源于自傲。由于除了自己以外别无依靠，我不得不扩张自我，强化自我。我的全部生活就是这样，丝毫没有一般人所谓的乐趣。在我周围没有一个人愿意像我这样生活，按贝卢瓦的说法："哪怕把拿破仑和拜伦两个人的荣誉加在一起作代价，也不愿意。"在别人眼里，我是个可怜的赌徒，但是我每年都要孤注一掷投入自己的全部财产，还要收拾别人的烂摊子！……在日内瓦我不是对您说过吗？不出三年我将为赢得政治优势奠定基础，这话在维也纳又对您讲过一次。好吧！告诉您，《巴黎纪事》就是从

---

① 载于《巴黎纪事》（1836 年 5 月 12 日）。——原注
② 《〈巴黎纪事〉财产清册》，斯波贝奇·德·洛旺儒的收藏：A.254，第 120 页。——原注

前的《环球》(思想倾向是一致的)。不同的是它不属于左派而属于右派,这是保王党的新学说。我们充当反对派,鼓吹君主制。也就是说,我们的言行不会自相矛盾。我是这份每周两期满满四大版的报纸的最高领导……我拥有该报价值三万二千法郎的资本。如果订户超过两千,我可获得二万法郎的赢利,还不算我那些优厚的稿酬和作为经理的酬金。我们现在拥有足够经营两年的资金……怎么样?这难道不是一项宏伟事业吗?可以说,自从我接管这份报纸三个月以来,它日益赢得世人的瞩目与尊敬……①

他的财政状况好像是"非常稳固",因为他确信能够以一万六千法郎的价钱卖掉他在《巴黎纪事》中的十六股股份,这样他依然还占有该杂志的多数股份;再版《都兰趣话》可望给他带来三千法郎的版税;然后,当他终于向贝歇夫人交出《风俗研究》最后一卷,从而摆脱她的纠缠之日,他又可以有二万四千法郎的收入。换句话说,他在子虚银行里有四万三千法郎的存款可供支配。不过他也很明白,虽然从战略上看来,他是个巨富,但是在战术上,他连月底的期票都支付不出,更赎不回典当出去的银器。

必须偿还三千法郎而我没有这三千法郎。到 31 日,我大约还欠八千四百法郎。为了能够体体面面地支撑到今天,使各方面的开销与我的身份相称,我已耗尽钱财,囊空如洗。我如同马朗戈战役中的拿破仑,急待德塞②将军前来支援,凯勒曼去打冲锋,事情

---

① 巴尔扎克:《致外国女子的信》,第 1 卷第 312—313 页。——原注
② 拿破仑在意大利的马朗戈打败奥军,主要依靠德塞将军,德塞在这次战役中战死疆场。

巴尔扎克传(上)

才能定局。我则必须邀请那些将以一万六千法郎购买我的十六份股票的人来吃饭。要知道,人们只在相信你有偿还能力时,才敢放心地贷款给你。我家里的一切,给人以生活优越的艺术家阔气、舒适、富裕的印象。假如在我这儿的晚宴中,有人发现某件银器是借来的,那就糟了。经商的人像画家,最善观察,诡谲狡诈,具有亨利·莫尼埃的敏锐眼光。他能识破一切薄弱环节,嗅出当铺——他对那儿再熟悉不过了——的气味,于是再见吧!什么生意都做不成了。……人们以为我很富有,所以我不能向巴黎的任何人开口借钱,否则我会声誉扫地,那就全完了。《巴黎纪事》之所以能够重新开张,全仗着我的信誉。我说话算数。这种持续不断的狂热,自我吞噬的干劲,您怎么想象也不会过分,您说,这难道不是一场悲剧吗?我必须当一个大金融家,一个头脑冷静、清醒、谨慎的人,必须……不必说下去了。昨天一个朋友讲了一句很贴切的话:"如果有人要为您塑像,必须用青铜塑制,才能更准确地表现您这个人!……"①

的确,唯有"青铜铸成的人"才能经得起这样的操劳和忧患。不幸的是,《巴黎纪事》上的小说和文章占去了他的全部时间,他再也没有时间去应付威尔代和贝歇夫人。贝歇夫人大为不满,她马上就要改嫁,"脱离书店去追求幸福",成为冉-勃里斯·雅基亚夫人,因此急于了结同巴尔扎克的生意。可是她已经冒冒失失地先付了款。难道一份价值九万法郎的杂志的"首脑"会为了五百法郎去写小说吗?然而,《巴黎纪事》的合伙人见势不妙正在纷纷溜走。5 月间,杜凯特卖掉了他的股

---

① 巴尔扎克:《致外国女子的信》,第 1 卷第 314—315 页。——原注

份,买主却只有巴尔扎克和威尔代,而且几乎全部用现钞付款。为《幽谷百合》打官司也需要钱。到哪儿去弄钱呢?也许售出十六股股票还可以换得一万六千法郎,银行家们是否已被丰盛的晚宴所迷惑?不错,晚宴很精美,但银行家们是很难对付的。

1836 年 3 月 20 日,巴尔扎克致韩斯卡夫人:我现在感到前所未有的孤独,我的工作也是空前的艰难繁重。我的健康状况日趋恶化,以致我再不敢妄想恢复我那一心想要保持的青春容貌。如果在我这个年纪还没有尝到过纯粹的、无忧无虑的幸福,那么根据自然规律,越往后就越不容易和幸福沾边。白头发不会使人和幸福靠近。如果这就是我的命运,那么生活可真给我开了个最可悲的玩笑。我的雄心壮志一个接一个地泯灭。权力倒是小事。我本是为爱为温情而生的,可是命运却迫使我只能在纸上宣泄我的欲望,而无法在现实生活中得到满足……①

是的,他的希望接二连三地破灭。他周围的人都像老鼠逃离沉船般地溜之大吉,如何还能继续他的黄粱美梦呢?继杜凯特之后,两位青年秘书也离他而去。孤独使巴尔扎克无所适从。一切努力都归于失败:《巴黎纪事》、《都兰趣话》、卢瓦尔河的运河工程,没有一项获得成功。离奇的幻想好像任性而凶残的怪物在他头顶盘旋。只有见义勇为的纳卡尔医生还借给他一些小款项,让他至少有口饭吃。医生为亲爱的病人深感不安。焦虑和睡眠不足损害了可爱的奥诺雷的性格、健康和理智。"我被压垮了,比失望还要糟,我简直要发疯了。"

---

① 巴尔扎克:《致外国女子的信》,第 1 卷第 306—307 页。——原注

真不凑巧,韩斯卡夫人的奥地利朋友勋伯格夫妇偏偏在这个倒霉的时候把他们的一个儿子安置在战斗街巴尔扎克所住的同一所房子里,他不得不逃回卡西尼街桑多走后弃而不用的寓所里去。谁知,就在4月23日,国民自卫军前来捉拿他归案,这群"杂货商",这个"身兼国民自卫军上士,同时从事两种残暴行当的可憎的牙医",竟然判处他监禁,仅仅因为巴尔扎克拒绝承担"公民应征入伍的义务"。他被带到地处贝尔纳丹河滨道,人称"扁豆公馆",现在充作拘留所的巴藏古大厦。起初他的反应是愤怒,这并非没有道理。连梅特涅首相都极为赏识的作家,读者遍布全球的堂堂巴尔扎克,怎能容忍这帮小店主组成的指挥部把他当罪犯对待呢? 他觉得监狱是个可憎的去处,拥挤混乱,不堪入目。接着他很快就尝到这地方的好处,他争取到一间"望得见蓝天"的房间,室内有火炉,一桌一椅,甚至还有一把安乐椅。在这里他重新投入《幽谷百合》的修改工作。一旦他在思想上逃离现实,与世无争地埋头写作,痛苦就无影无踪了。

　　威尔代被召到扁豆公馆,给他带去一点钱。巴尔扎克留他和《每日新闻》的总经理共进晚餐。餐桌上气氛非常欢快。第二天威尔代奉命去邀请桑多、勒尼奥、居斯塔夫·普朗什、阿尔丰斯·卡尔。囚室里顿时充满了生气和女崇拜者们送来的鲜花。一位匿名朋友托门房送进来用一缕金发串扎的一枚金戒指。巴尔扎克致"神秘的路易丝":"您的鲜花使我的牢房馨香芬芳,如您所说,它们给我带来无比的快乐。"①同时这位魔术师囚徒又用读者送给他的金银珠宝请金银器商勒库万特为他打制了第七根手杖。狱中的晚宴由舍韦酒家和维福餐厅送来。由威尔代垫付现款。三天的监禁生活中,巴尔扎克挥霍掉五百七十五法郎。

----

　　① 《巴尔扎克通信集》,第3卷第73页。——原注

为《幽谷百合》同比洛兹打的那场官司尚未判决下来。"即使此案不再拖延,我们也还得等六天才能接到判决。《趣话百篇》的事尚未了结。《巴黎纪事》的股票卖不出去。我陷入层层困境之中。两个月来我忙于经营,却没有干成什么事,白白浪费了大好时光。换句话说,下金蛋的母鸡生病了。我不仅丧失了勇气,枯竭的想象力也需要休息……"①这才是最要命的。他唯一的资本,那颗非凡的大脑拒绝为他效劳了。可是至少他还能够修改《幽谷百合》。然而这时《巴黎纪事》的总管白蒂纳告急,新老订户都不再光顾了。"《巴黎纪事》是一宗糟糕的赔本生意……"②

1836 年 5 月 16 日,巴尔扎克致韩斯卡夫人:三天以来,我经历了一场巨大的变化。我准备改弦易辙,不再走众议员和新闻界的道路。因此我要尽快从《巴黎纪事》中解脱出来。是众议院的两个会议场面促使我作出这个决定。愚钝的听众,无聊的辩论,简直不可能去战胜如此可怜的平庸,于是我决定放弃当部长而走别的路。从现在起的两年内,我要设法用炮火轰开法兰西学院的大门,因为学院院士可以成为上议员,同时我要力争发一笔大财以便进入上议院,凭借权力本身介入政权……③

这个崭新的奇想对巴尔扎克本人当然是再好不过的了,可是对《巴黎纪事》的股东们和债权人却并非如此。这些人纷纷前来讨债,杜凯特以宣布破产相威胁。巴尔扎克不禁感叹道:"生活太艰难了,我从中体

---

① 巴尔扎克:《致外国女子的信》,第 1 卷第 319 页。——原注
② 苏珊·冉·贝拉尔:《巴尔扎克一部小说的起源》,第 258 页。——原注
③ 巴尔扎克:《致外国女子的信》,第 1 卷第 327—328 页。——原注

会不到一点乐趣。"①这位不屈不挠的人还很少发出这样的悲叹。不过他毕竟有所补偿。《幽谷百合》的官司胜诉了。判决书申斥《巴黎杂志》没有获得付印的许可就非法支配校样。加在巴尔扎克身上的种种诬陷不实之词得以全部洗清,贺信雪片般飞来。围绕这次诉讼的喧嚣成为《幽谷百合》的最佳宣传,两小时内,威尔代就售出两千册中的一千八百册。

但是6月12日又来了一次新的打击。急于摆脱出版业去追求幸福的贝歇夫人,通过法庭执行员向巴尔扎克发出最后通牒,限他在二十四小时②内交出《风俗研究》中所欠的两卷书稿,拖延一天交纳五十法郎罚金。大难临头了,却也有意想不到的好处。贝歇寡妇的凶恶成为逃离巴黎、避开白蒂纳和《巴黎纪事》的绝妙借口,巴尔扎克躲到萨榭去,"在安德尔幽谷中,用二十天时间写完这个女人所要的两卷书,摆脱她的纠缠……我再次投入一场恶战,为了钱,为了创作,为了打发贝歇夫人,了结最后一张合同。我有二十天的时间,这就行了。《布瓦鲁日的继承人》和《幻灭》可以在二十天内写成!……"③

《布瓦鲁日的继承人》始终躺在"流产儿的卷宗"里,但是《幻灭》的第一部分的确在二十天内写成了,而且写得前所未有的好。不幸的遭际激发了他的天才,选用的题材也比以往更加接近作者本人的经历,他得以在书中倾诉个人的苦恼和悲哀,书的主题是外省风俗同巴黎风俗的对比。他要揭示外省一些人对另一些人所抱的幻想,描写一个自以为是大诗人的青年受到一个女人的鼓励支持,后来又被她抛弃,使他穷愁潦倒、孤立无援地流落在巴黎。巴尔扎克一旦投入创作,故事和人物

---

① 巴尔扎克:《致外国女子的信》,第1卷第329页。——原注
② 疑为"二十四天"之误。
③ 巴尔扎克:《致外国女子的信》,第1卷第332页。——原注

就从笔下喷涌而出,以至《幻灭》第一部就足以填满欠贝歇夫人的两卷书稿。第二部留待以后再说。"作者何时能完成他的画卷?他自己也不知道,但是他会完成的。"①

《幻灭》第一部是吕西安·沙尔东的故事,他是昂古莱姆的一个穷苦青年,长得如天使般俊美,他袭用了母亲婚前的姓氏德·吕邦泼雷。小说描写了吕西安的妹妹夏娃和未来的妹夫——印刷商大卫·赛夏对这位漂亮而自私的兄弟的耿耿忠心,描写了吕西安和巴日东夫人的爱情,以及诗人如何随情妇私奔,远离家乡去寻求自己的前程。巴尔扎克很快就意识到他将写出更有分量的续集。《外省大人物在巴黎》,那将是他的"奋斗和幻灭的诗篇"。不过最初他想到的并不是他自己,而是乔治·桑和桑多这一对相处不久便因失望而痛苦地分手的情侣。当然他没有照搬现实,乔治·桑是真正的天才,而娜依斯·德·巴日东却更像罗莎·德·圣苏兰——作家、艺术家兼诗人,还有一双漂亮的眼睛,她同丈夫分开以后定居在巴黎。

在叙述年轻的吕西安和比他大十五岁的女人(吕邦泼雷在《幻灭》中初次露面时年仅二十一岁,而巴日东夫人已经三十六岁了)之间的爱情时,巴尔扎克大概时常想到他的 Dilecta。不过大作家常常把众多的头绪混在一起。同奥诺雷外貌相近的不是吕西安,而是印刷商大卫·赛夏。那张在粗壮的脖子上胖胖的脸庞,棕色的头发,宽阔的狮鼻,脸上有天才的闪光,也有"火山脚下的灰烬"。吕西安聪明外露,虽然举止柔弱,其实胆大妄为。他的腰身纤细,像个女扮男装的姑娘。在他俩的友谊中"狂热地爱着对方的是大卫",因此他后来为吕西安破了产。

他所熟悉的社会生活和地方特色给小说提供了坚实的基础。如印

---

① 巴尔扎克:《〈幻灭〉第一部初版序言》。—原注

刷厂及其经营中的各种问题,他从自己的惨痛经验中已经深有了解。昂古莱姆地方的那些秘密机制,是聪明的珠尔玛为他揭开的。他敏锐的直觉则使他看出划分为上城与下城的这些城区,各有自己独特的风俗。出于防卫上的需要而建在岩崖顶上的旧城,打从封建贵族时代起,一直是政权机构的所在地,但是周围的城墙阻碍了它的发展。然而岩崖下面,夏朗德河沿岸,乌莫镇却日益兴旺发达,走向工业化和富庶,建成了造纸厂、铸炮厂、皮革厂和洗衣作坊。"上面是贵族和政权,底下是商业和财富;无论在什么地方,这两个阵营总是对立的。"乌莫出身的吕西安向昂古莱姆发起了冲击,悲剧便由此开始。艺术家头脑里贮存的记忆与形象,一旦需要便涌上笔端,它们来自他生活的各个时期,来自他熟悉的各个地方。

他在萨榭的小房间里写完了这两卷书。正是在这间斗室里他度过了"创作生涯中最辉煌的时刻。在这儿,他写成了《路易·朗贝尔》,构思过《塞拉菲塔》,做出了创作《高老头》的决定"①。"我又见到了当年寻找思路时无数次凝望的美丽树木。我在 1836 年并不比 1829 年有所进步,仍然是负债累累,仍然不停地写作! 我依旧保持着年轻人的勃勃生气和一颗童心……"②不! 从 1829 年以来,他已经取得很大进步。他已经塑造出一大群人物,并且依稀看到了他们未来的命运。剩下来的工作量依旧是庞大的。一想到需要绘制的巨幅画卷,他便迫不及待地想要摆脱巴黎的处境,隐居到都兰的一间村舍里,安安静静地完成他的创作。他给抱怨他杳无音信的阿布朗泰斯夫人写道:"您应该理解,

---

① 冉·杜塔克:《巴尔扎克在萨榭的中风》,载于都兰《回声报》(1964 年 7 月 31 日)。——原注

② 巴尔扎克:《致外国女子的信》,第 1 卷第 337 页。——原注

身在沙场的战士是没有空闲聊天，或把他的生死消息通知朋友的……"①超量的工作严重地损害了他的健康。6月26日那天，他在萨榭的花园中散步时，突然中风倒在一棵树下。这是因为他仅仅用几天工夫就赶写出《幻灭》的一半，思想的高度紧张，"使大脑血压升高"。第二天，这次警告除了留下轻微的耳鸣外，其余症状均已消失。他又可以振作起来写完余下的部分，以便平息贝歇夫人（如今是雅基亚夫人）的不满。就在这天上午，他给爱弥尔·勒尼奥写了一封拉伯雷风格的信："写到这里，让我吻您的眼睛，并遥祝您在您所热爱的低地国家一切顺利……"②

　　由于书中的主人公吕西安·德·吕邦泼雷是诗人，作者需要在书中为他拿出几首诗来。因此他给爱弥尔·勒尼奥写道："请告诉好心的夏尔·德·贝尔纳，就说我的《幻灭》需要一首花哨的拜伦式的小诗……请他行行好帮我写一首，因为我实在没有这个时间。我还需要类似缪塞的《贝珀》、《拉慕纳》或《玛杜什》那样的诗，一首百行诗即可，另一首就写两节抒情诗吧！"③夏尔·贝尔纳是位颇有吸引力的作家，是巴尔扎克的弟子和朋友，他进入《巴黎杂志》仗着巴尔扎克的推荐。因此巴尔扎克无所顾忌地请他出力写两首拜伦或缪塞式的抒情诗。而实际上他只能写出夏尔·贝尔纳式的作品。巴尔扎克后来用的是他自己1824年为贝尔尼夫人和"凶暴的科西嘉人"所生的女儿朱丽·冈比所写的一首诗《孟加拉之花》。作家同发明家一样，善于利用昔日废品堆里找出来的小块废铁。

　　他向珠尔玛·卡罗发出紧急呼吁，请她为赛夏的印刷厂所处的十

---

① 《巴尔扎克通信集》，第3卷第96页。——原注
② 《巴尔扎克通信集》，第3卷第113页。
③ 《巴尔扎克通信集》，第3卷第114页。

字路口和娜依斯·德·巴日东所住的公馆提供地形方面的资料。"如果少校能给我画一份草图,那就再好不过了……我一直像个落水者害怕淹死似的在拼命搏斗。"①7 月 10 日,他不得不回巴黎去收拾《巴黎纪事》那个烂摊子。杂志停刊后,巴尔扎克欠下一万八千二百一十七法郎的短期债务,另外还欠着德拉努瓦夫人的二万四千法郎和达布兰大叔的五千法郎。他一下子从金色的云端跌落下来,这一跤着实跌得不轻。不过,从这次独来独往的飞行中,他带回了他的最佳杰作的第一部。

---

① 《巴尔扎克通信集》,第 3 卷第 109 页。——原注

世界名人名传 | 主编 柳鸣九

[法] 安德烈·莫洛亚 著

艾珉 俞芷蒨 译

巴尔扎克传（下）
Biography

Honoré de
Balzac /

河南文艺出版社
·郑州·

第三部 《人间喜剧》

总之，这就是我所扮演的角色，世界上有四个大有作为的人：拿破仑、居维叶、奥康奈尔①，我将成为第四位。第一位曾经威震全欧，他缔造了军队！第二位通晓了地球的奥秘！第三位成为一个民族的化身！我呢，我将在我的头脑里装下整个社会。

——巴尔扎克

---

　　① 奥康奈尔(1775—1847)，爱尔兰民族运动领袖。

第二十一章　伯爵夫人

强烈的爱情犹如杰作一样稀少。

——巴尔扎克

　　就在他信誓旦旦向神秘的妻子、圣洁的夏娃表白自己如何坚贞不渝和纯洁无瑕的同时,巴尔扎克已经极为隐蔽地同另一个女人建立了异常亲密的关系。她的美貌、贵族身份以及在上流社会的地位,正好满足了他的虚荣心。为了追溯两人之间私情的由来,必须提及 1834 年 2 月玛丽·波托卡伯爵夫人在日内瓦交给巴尔扎克的一封引荐信,介绍他去拜访奥地利大使夫人。这年秋天,巴尔扎克在奥地利使馆举行的一次盛大招待会上,看见了一位三十岁左右的女人,她那如花的容颜,淡黄的美发,婀娜的体态和东方后妃的明眸令他赞叹不已,尤其是她"荡妇般撩人的身段",引起了巴尔扎克的注意。他打听她的姓名,获知这位英国美人闺名弗朗丝·萨拉·洛维尔,是出身于米兰最有名望的家族之一的埃米利奥·基多博尼·维斯孔蒂伯爵之妻。

　　凡尔赛的一位法官维克托·朗比奈在《回忆录》中提供了有关这个家庭的大量情况,然而多半是讹传。据他讲,洛维尔家族有三个传

　　　　　　　　　　　巴尔扎克传(下)

统:惊人的蛊惑力,极度的精神错乱和顽固的自杀癖。他的母亲就是因为惧怕衰老而投河自尽的,两个兄弟一个自刎,一个上吊。朗比奈写道:

> 妹妹朱莉亚是个楚楚动人然而怪诞不经的尤物。她喜欢追逐年轻的理发师,勾引戏子,像她哥哥一样沉湎于酒精的刺激,最后陷入歇斯底里,因饮酒过度而性欲衰退,同普鲁士老学究比德曼博士结为夫妇,其实这老家伙娶妻只是为了寻个酒友而已……

实际上,弗朗丝·萨拉·洛维尔(家里人叫她芬妮)出身于威尔特郡一个很有名望的乡绅家庭——柯勒·帕克的洛维尔家族。芬妮的母亲是一位英格兰圣公会副主教的女儿,这位副主教本人又是巴斯地区主教的儿子。正是由于这种亲缘关系,同朗比奈的叙述大相径庭的是,芬妮·洛维尔婚前生活在英格兰最保守的上层社会圈子里。她的四个兄弟没有一个是自杀的,其中三位分别死于肝癌、心肌梗死和肺炎。最小的一位,据朗比奈讲,由于放浪形骸,早衰而死,然而事实上他到1906年才患卡他性肺炎去世,享年八十五岁。朗比奈编辑的逸闻中只有一件事是真的,即母亲的投水自尽。不过她于1854年自尽时已经七十二岁,也就是说,在芬妮婚后第二十九年。因此基多博尼·维斯孔蒂娶这位年轻女郎时是否"对这些骇人听闻的经历已有所闻"的问题根本不能成立。同别的男人一样,他也是被她天仙般的美貌和银铃般悦耳的嗓音所吸引,"真是一副谈情说爱的嗓子"。

婚后不久,La Contessa① 就暴露出无法克制的偷情的需要。一则

---

① 意大利文:伯爵夫人。

由于她那烈火般的气质,离开情人便无法生活;另一方面她的信仰也与这类行为方式一拍即合。她将阿尔巴尼伯爵夫人和泰蕾莎·基齐奥利引为榜样,钦佩她们敢于无所顾忌地与阿尔费耶里①和拜伦这样的天才人物私通。再说基多博尼·维斯孔蒂伯爵比基齐奥利伯爵更缺乏男子气概。这可怜人既没有坏心眼,又缺乏个性。他只对两件事感兴趣:音乐和配制药剂。他喜欢在戏院乐队里那些技艺精湛的乐师中间占一席地位,热衷于混合各种制剂,装填、擦拭大大小小的瓶子,给它们一个个加封盖罩,贴上标签。他"性情温和,不引人注目,思想僵化,有点招人讨厌,整天忙忙叨叨,可是并不傻,他兼有精细和稚拙双重气质"②。简言之,是个天生要受妻子欺骗、发现之后也能忍气吞声的窝囊废。

巴尔扎克受到这类描述的鼓舞,便托人引见。La Contessa 读过他的小说,久慕其名,自然正中下怀。初次见面,巴尔扎克的奇装异服颇令她失望。他穿一件缀有珊瑚扣的白坎肩和一件金纽扣的绿色燕尾服,手上戴满了戒指。大概她把这点印象告诉了朋友,然后又传到巴尔扎克耳朵里,第二次见面时他便换了一身简朴的深色服装。不过,女人们对他的印象总是转变得极快。"金发美人"的一位女友莎菲·科兹洛夫斯卡在给父亲的一封信中,对他俩的关系作了极好的解释:

> 你问我:"巴尔扎克先生新近对维斯孔蒂夫人燃起的热情是怎
> 么回事?"不是因为别的,只是因为维斯孔蒂夫人的头脑里充满着
> 智慧、幻想和新鲜的念头,巴尔扎克先生也是位趣味高雅的人,他
> 很欣赏维斯孔蒂夫人的谈吐。由于他写过许多作品,今后还要继

---

① 阿尔费耶里(1749—1803),意大利诗人,戏剧家。
② 阿里贡:《巴尔扎克和 La Contessa》,第 17 页,巴黎,鲍蒂克书屋。——原注

续写作,他就经常从她那丰富的头脑里撷取一些独到的见解。他们的谈话总是妙趣横生,余味无穷。这就是我对他们之间美妙情感的解释……

巴尔扎克先生称不上英俊男子,因为他身材矮小,五短三粗,肩膀又方又阔,头颅硕大,四方的鼻子活像一块橡皮,嘴倒是非常美,可惜几乎没有牙齿。粗硬的头发乌黑如墨,夹杂着一根根白发(原文如此),但是在他那双棕色的眼睛里有一团火,一种极为强烈的表情,使你尽管不愿意也不得不承认很难找到这么招人喜欢的人了。

对待他所喜欢的人,他非常和蔼可亲,对待他不喜欢的人却相当可怕,而对待那些可笑的大人物则毫不留情。听他说俏皮话的时候,你可能并不觉得惊诧,事后却回味无穷。他意志坚强,胆略过人,为朋友可以舍身忘我,见义勇为。他身上既有雄狮般的伟岸和高傲,又有孩童般的温顺……

以上是巴尔扎克先生的性格的一张肤浅的略图。我十分喜欢这个人,他待我也非常好。他今年三十七岁……①

巴尔扎克应邀到基多博尼·维斯孔蒂家做客。他们住在巴黎的讷伊大街(即后来的爱丽舍田园大道),一到美丽的春季,便迁往凡尔赛的一幢名叫"意大利人"的别墅。巴尔扎克在凡尔赛有几位熟悉 La Contessa 的朋友,他们大概告诉巴尔扎克,维斯孔蒂夫人有不少情人,其中最新的一位追随者名叫利奥奈尔·德·博讷瓦尔。

利奥奈尔·德·博讷瓦尔伯爵生于 1802 年,娶了一位英国女子卡

---

① 斯波贝奇·德·洛旺儒的收藏:A.363,第 102—103 页。——原注

罗琳娜-爱玛·加尔韦为妻。他们家后来说,他只是在妻子死后才对她忠实起来。他兴趣广泛,爱好收藏旧家具、青铜器、瓷器等。有一点多少可以说明他那种过分的讲究:他每天独自一人坐在家里的餐桌旁,用他收藏的珍品、塞夫勒的漂亮瓷盘吃饭。也许《幻灭》中的夏德莱的某些特征就取自这个人物。

有个把竞争对手是吓不退巴尔扎克的。果然,他和漂亮的英国女郎之间的关系不久就密切起来。他跟维斯孔蒂夫妇在意大利歌剧院合租一个包厢,每周去三个晚上。朋友们都注意到他对金发的芬妮紧追不舍。阿布朗泰斯公爵夫人给他去信道:"您没有来赴晚宴,我对您很不满意……得了,来一次吧! 然后再上您的滑稽剧院去……"①

他真爱这位 La Contessa 吗? 不错,他喜欢性感的女人,生性放荡的芬妮正合他的胃口。他追求出身显贵的女人,以满足虚荣心和服务于自己的野心,芬妮的丈夫是维斯孔蒂(至少母亲那边是显贵)。此外,他还需要能为他的作品提供素材的女人,维斯孔蒂夫人恰好具备丰富的想象力,她同埃朗博鲁女士一起,为《幽谷百合》中的阿拉贝尔·杜德莱女士的形象做出了贡献。她称巴尔扎克为巴利,这正是阿拉贝尔口中的*亲爱的*②。

她对他又怎样呢? 可以肯定她很喜欢她的伟人,在他最困难的时候给予他不懈的支持。他的愉快、活跃以及猥亵大胆的趣闻逸事给她带来不少乐趣,她也喜欢他那种几乎是女性的睿智,因而他不仅是她的情人,也是她的心腹。

圣伯夫写道:

---

① 《巴尔扎克通信集》,第 2 卷第 642 页。——原注
② 原文为英文。

巴尔扎克先生非常熟悉女人,从感情上到肉体上的秘密他几乎无所不知。他经常在讲故事的时候向她们提出一些大胆的、随便的、近乎放肆的问题。他就像一个可以深入贵妇内室和夫妻床笫秘密的年轻医生,有权含蓄地谈论种种隐私秘闻,其细节足以诱惑最羞怯的人……①

那么在这出新上演的戏中,巴尔扎克把他崇敬的夏娃、韩斯卡夫人摆到什么位置上去了呢?他喜欢在同一时期分别进行几件苟且之事,这可以丰富他的虚构世界。一位能创造出一个世界的作者难道没有权利过多种生活吗?早在他和夏娃琳娜·韩斯卡相爱之初,他就已经瞒着她和玛丽·杜·弗勒内侬(即玛利亚)相好了。从维也纳回来之后,他每次给外国女子写信时都对 La Contessa 的事只字不提。"在我的生活中绝不可能发生任何不忠的行为,甚至连这种想法也不会产生……我已经有一个月没有涉足歌剧院了,在滑稽剧院还有我一个包厢呢……我厌恶巴黎的女人,因此我从早上六点直到晚上六点都一心扑在工作上……"②可惜韩斯卡夫人对巴尔扎克有足够的了解,她确信她不在他身边的时候,他不可能安分守己地过日子。即使她可以容忍一个奥琳珀·佩利西埃,或者一些无足轻重的小家碧玉,那么为了维护自己的面子,她也会惧怕上流社会的女子,惧怕她所属的超越国界的贵族社会的淑女与他发生关系。她知道巴尔扎克一定会给属于这个阶级的情妇写许多漂亮的情书,这些情书会在巴黎广为流传,而他自己也会为这样的成功得意扬扬,忍不住到处吹嘘。

---

① 引自圣伯夫 1834 年 11 月 15 日发表在《两世界杂志》上的文章。——原注
② 巴尔扎克:《致外国女子的信》,第 1 卷第 194—195 页及第 202 页。——原注

巴尔扎克致韩斯卡夫人：您跟我谈起的这位维斯孔蒂夫人是个非常可爱的女子，她心地善良，美貌绝伦，风度娴雅。她帮助我承受着生活的磨难。她既温柔可亲，又坚定果断，爱憎分明，从不妥协，是个可以信赖的朋友。她没有什么财产，或者说她和伯爵的财产与他们显赫的姓氏并不相称。伯爵是最后一位公爵——大名鼎鼎的巴尔纳勃的婚生子中长系的代表，这位公爵身后只留下一群私生子，其中有些已获得合法地位，另一些则没有。同她的友谊可以减轻我的忧伤。但遗憾的是我和她很少见面。您简直想象不出我的工作剥夺了我多少乐趣。像我这样的生活，每天晚上六点钟就得睡下，以便半夜可以起来工作，任何其他事情也就做不成了……我无暇参与社会活动。我半个月才能同维斯孔蒂夫人见上一面，这对我说来是很难受的。因为她和我妹妹是仅有的两个可以抚慰我的亲人。我妹妹住在巴黎，维斯孔蒂夫人在凡尔赛，我难得见到她们。这能叫作生活吗？而您又远在欧洲的另一端，在荒凉的沙漠里，在这个世界上我再没有其他熟悉的女人了……

没完没了的幻想，永无穷尽的等待，眼看韶华流逝，一去不返，没有享受青春的乐趣，却被指责为唐璜！徒有虚名的唐璜！……①

La Contessa 迟迟没有委身于他。利奥奈尔·德·博讷瓦尔在她面前贬低巴尔扎克，取笑他的审美趣味，长至脖根的头发，过分华丽的背心，还有他那"爬格子"的职业。以"深谙社交生活艺术"著称的博讷瓦

---

① 巴尔扎克：《致外国女子的信》，第 1 卷第 530—531 页。——原注

尔对 La Contessa 还是颇有影响的。① 有一段时间,巴尔扎克简直害怕重演卡斯特里侯爵夫人的故事。他曾希望在卡西尼街的寓所接待这位"金发美人",没有如愿。后来又在战斗街重整旗鼓。那张著名的白色沙发床和《金眼女郎》的绣房就是为她准备的。究竟哪一位夫人将会前来落脚呢?是卡斯特里侯爵夫人,还是 La Contessa?当然是 La Contessa 喽!1835 年的春季终于促成了美满的结合。《幽谷百合》这标题无疑得之于基多博尼·维斯孔蒂夫人的英文别名:幽谷中的百合②。也许是巴尔扎克偶发奇想,以 Dilecta 和他的新欢为原型,在同一幅图画中描绘出莫尔索夫人和杜德莱女士。

肉体的结合并没有扼杀爱情,相反,迷恋并熟知女性的巴尔扎克为能亲自体验和观察这盎格鲁-撒克逊的情种而如醉如痴。他在《幽谷百合》中写道:

英格兰女人是一种可怜的造物,她们强作贞淑,却极易堕落。她们不得不永远以假象骗人,将真情深藏在心中,外表却显得无比娴雅,因为这个国家的人个个注意外表。……对她们来说,生活就是虚张声势地贞洁自守和在爱情中享受甜蜜,如此便形成了这个国家的女人特有的美,即其极度的温柔体贴。天才的莎士比亚在他的名著《罗密欧与朱丽叶》中,为我们勾画出英格兰女人优美动人的形象。您对她们钦羡不已,但是我要告诉您,您其实并不了解这些白色的美人鱼。表面上看,她们莫测高深,实际上不难识透。她们认为性爱即情爱,肉欲享受是单一不变的,灵魂只有一个音

① 安东尼·亚当:《〈幻灭〉导言》,加尼埃版。——原注
② 原文为英文。

符,声音只有一种节拍,她们没有在爱情的大洋里遨游过,因此对七情六欲的种种诗意缺乏了解。①

随后他又写道:

您有没有研究过英格兰风尚的本质究竟是什么?难道不就是对物质的崇拜吗?不就是一种经过深思熟虑,概念明确,极为考究的享乐主义吗?英国人一言一行,总离不开物质,即使他们自己并没有意识到这一点。他们自命虔诚且崇尚道德,却缺乏敬神的灵性和天主教徒的灵魂。而这两者是怎么装也装不出来的。他们精通生活这门艺术,最微不足道的用品也要精益求精:拖鞋做得无比精美,内衣缝制得无比合身,衣柜要镶嵌香气扑鼻的雪松木,每天在固定的钟点沏上一杯精心泡制的香茗。他们窗明几净,纤尘不染,楼梯和房间的每个角落都铺上地毯,酒窖的墙壁刷洗得干干净净,门上的把手锃光瓦亮,马车坐垫上的弹簧柔软舒适,食品做得营养丰富、细软可口、色味俱佳。不过,人太享福,便丢了灵气。他们制造了舒适安逸但乏味透顶的生活,一种事事如意但丧失主动性的生活,总之,把人变成了机器……②

La Contessa 身上就有这种追求物质享受的倾向,不过她还兼有聪明和个性上的优势。她不像夏娃琳娜·韩斯卡那样生性多疑,纠缠不休,也从不在暗中监视他。她一旦献身,便真心实意,毫无保留。在世

----

① 巴尔扎克:《幽谷百合》。
② 巴尔扎克:《幽谷百合》。

人面前她毫无顾忌,居然同他一起出现在意大利剧院。然而她并不要求独占他,她懂得艺术家是需要自由的,他的艳遇甚至让她感到十分有趣。

1835 年 6 月 16 日,巴尔扎克到布洛涅海滨城去过一趟,有六天不在巴黎。8 月 29 日他又办了一次去布洛涅的通行证,31 日便乘上一辆租来的四轮马车出发了。一周之后,他把马车还给了车主庞阿尔。从布洛涅可以渡海去英国。巴尔扎克很可能是去送 La Contessa 回国,她在国内住了两个月。等到她回来的时候,他似乎又被一阵新的感情冲动所驱使,再次赶到布洛涅去迎接她。他仍有用特殊的爱称来称呼情妇的习惯,并且获准用她名字中的第二个词萨拉,而不像大家一样叫她芬妮。1836 年基多博尼·维斯孔蒂伯爵夫人生下一个儿子。有人说孩子的父亲是巴尔扎克,但并无证据。孩子命名为利奥奈尔-理查。如果巴尔扎克认为确有其事的话,他肯定会把这桩当父亲的荣耀大吹大擂一番的。何况新生儿名字中的利奥奈尔不正是博讷瓦尔的名字吗?

不过萨拉同巴尔扎克的关系维持了很久,而且待他十分慷慨热诚。在《巴黎纪事》倒闭,巴尔扎克急需逃离巴黎的关键时刻,她为走投无路的作家想出了一条妙计,使他体体面面地脱身。

当时她的丈夫埃米利奥·基多博尼·维斯孔蒂刚刚丧母,但他无意撇开他的小药房和乐队去都灵接受他的那份遗产。然而这笔遗产的继承问题极为复杂。他母亲同他的生父皮埃特洛·基多博尼伯爵共有两个孩子,父亲死后,母亲嫁给一个名叫皮埃尔-安东尼·康斯坦丁的法国人,又生了一个名叫洛朗的儿子,由此产生财产争端……La Contessa 认为巴尔扎克凭着以前在律师事务所的办事经验,肯定能保住她丈夫的利益,应该委托巴尔扎克立即前往都灵。他难道不是能以极快的速度争取公正解决遗产问题的最佳人选吗？这位理想的谈判者还能从到手的遗产中提取一笔佣金。多么巧妙的帮助他的办法！

还有一件值得一提的事,正当他同萨拉打得火热的时候,他还同另一个女人保持着神秘的通信联系。他从未见过这个女人,只知道她的名字叫路易丝。像其他许多人一样,她一直通过他的书商转信。自从领教了卡斯特里夫人的手腕之后,他对任何陌生女人都怀有戒心。

有好几次我都因为轻信而上当受骗,您大概注意到了动物之所以机警多疑,正是由于它们弱小……不过有时我在提笔写信时有一种负疚感,仿佛一个违令离营不归,第二天应当受罚的可怜士兵……要知道我身上的优点比您想象的只多不少,我的忠诚是无限的,我的情感和女人一样细腻,我作为男人只不过是力气比女人大罢了。可是我的优点被一个整日埋头工作的形象所扼杀……我一心只顾工作,仿佛一个戴镣铐的苦役犯,却没有锉刀……我关在工作室里,就像一艘倾覆在冰水中的船……①

他没有拒绝这只伸过来的手,却画地为牢,不曾迈出一步。"还是让我在禁地内滚动我的石头吧！不过请相信,假如我有自由的话,我是不会作茧自缚的。"他说过,他一生中只遇到过一个忠诚不渝而又不影响他工作的女性,她就是那位十二年如一日,每天抽出两个小时,摆脱社会、家庭及种种义务的羁绊来安慰他、帮助他的天使。他乐于想象他的那位通信者是位年轻、美貌、聪颖的女郎,但他宁可把这段温情隐匿起来。路易丝自己也始终不肯暴露自己。总之,神秘的路易丝是最幸

---

① 《巴尔扎克通信集》,第 3 卷第 30—32 页。——原注

运的一位,她收到世界上最美妙的情书,却没有付出任何代价,因为他拒绝任何回报。当然,这也是因为他的生活中已经有萨拉·基多博尼·维斯孔蒂,他在和路易丝的关系上才会表现得如此克制。

第二十二章　如诗之游

> 既然世界上再没有公主可以诱拐，那就只好埋头工作，或者在
> 烦闷中死去。
>
> ——欧仁·德拉克洛瓦

1836 年 7 月 25 日，巴尔扎克启程前往都灵。这次旅行既负有使命，又是一次冶游。经桑多介绍，他结识了一位三十三岁的漂亮女性，里摩日人，芳名卡罗琳娜·玛尔布堤。他答应在《巴黎纪事》上登载她写的一篇署名 C.马塞尔的自传体小说。玛尔布堤夫人出生在一个传统的新教徒家庭，外祖父冉-埃梅·德·拉高斯特曾代表拉罗舍尔市出任立法议会议员，后进入元老院。卡罗琳娜的父亲弗朗索瓦·佩蒂尼奥是里摩日法院推事，于 1825 年去世。卡罗琳娜年轻时是个爱幻想、易冲动、抱负很高的姑娘，这个贵族家庭因而十分为她担忧。她公开表示厌恶外省生活，鄙视市民阶层的偏见。她写道："外省人除了金钱上的得失之外便一无所知、一无所觉了。他们的交往索然寡味，生活中毫无

诗意。"①

身为法院推事的父亲听到这样的言论,认定必须尽早把姑娘嫁出去。中选的夫婿是一位法院书记官,名叫雅克-西尔韦斯特·玛尔布堤,此人品貌平庸,体质孱弱,只因他父亲是王家检察官,又有地产,才被选中。他们于1823年结婚。新郎三十二岁,新娘年方十九。卡罗琳娜过去写过诗,婚后也不安于当贤妻良母,居然写起小说来。她在里摩日以好客闻名,很快就建立了一个文艺沙龙。受到酒饭款待的来宾,对女主人心生爱慕,便请她吟诗诵文,对她极尽恭维之能事,将她奉为"里摩日的缪斯"。在她朗诵的时候,丈夫往往溜出沙龙,因为"缪斯"抒发的是她个人的希冀和失意,有失丈夫的体面。

王家检察官及其夫人严厉责备儿媳"滥交朋友","过分讲究穿戴","以才女自居"。尽管她被追求者所包围,但是直到二十八岁还没有欺骗过她那法院书记官丈夫。做到这一点,似乎已经很不简单了。到了1831年,纪尧姆·迪皮特伦出现了。这位赫赫有名的巴黎市立医院外科主任,法兰西研究院院士,路易十八册封的贵族,也是里摩日人。大人物们一旦起了步入政界的雄心,总忘不了利用家乡的势力。迪皮特伦男爵为了参加上维埃纳省的议会选举,在里摩日玛尔布堤家里住了一个月。美丽的缪斯主动带领男爵一一造访当地的显贵,并为他的聪明才智而倾倒。他向她推荐一些读物,并且,据她讲,"闯入了她的灵魂深处"。他不愧是情场老手,轻而易举地征服了她。至于选举,迪皮特伦的唯一对手只是个小小的乡村医生,因而满以为胜利在握。"他天真地把赌注压在自己的地位和名气上……但是天才人物竟然被乡下人

---

① 参阅1836年4月11日《巴黎纪事》,第76页。——原注

所击败。"①

　　迪皮特伦一气之下离开了里摩日,声称再也不回去了。卡罗琳娜不久也借口"健康的原因"溜到巴黎,途经拉罗舍尔时,为了会见桑多小住了几天(拉高斯特家在那儿有房子)。此刻,小儒勒·桑多正为同乔治·桑破裂而心痛欲裂,倒获得了里摩日缪斯的垂青。当时憧憬着荣誉与爱情的外省才女们都对乔治·桑崇拜得五体投地。卡罗琳娜深感长久待在乡间那粗俗而毫无生气的社会里,她的才能正在生锈。她终于说服温顺的丈夫同意她迁居巴黎,理由是为了女儿们的教育。她原想在巴黎与迪皮特伦重聚,可是他坚决不肯把这段短暂的艳遇发展成碍手碍脚的关系,于是设法让她明白:一个正派人不能败坏有夫之妇的声誉。喜新厌旧和背信弃义的人从来少冠冕堂皇的借口。现在谁来安慰缪斯呢?小儒勒吗?他太微不足道了。不过卡罗琳娜仍把他当朋友,同时一心想捕捉更大的猎物。小有名气的批评家圣伯夫倒可以为她效劳。她把他请来,但是"他瘦小枯干,笨手笨脚,一双有病的眼睛和过分的拘谨使他的举止显得滑稽可笑。总之,他活像一幅漫画……"②

　　剩下的就是巴尔扎克了,他是女士们的朋友,她们的希望之光。卡罗琳娜在里摩日有一位名叫吕茜尔·尼韦的女友,是图朗然家的小姐,珠尔玛·卡罗的妹妹。卡罗琳娜从她那里听说过巴尔扎克,并且已经热衷于读他的作品。她给他写过许多信,却没有胆量寄出。后来,1833年终于寄出了一封,但他根本没有收到。直到桑多搬进巴尔扎克的住

---

　　①　亨利·蒙多尔:《解剖学家和外科医生纪尧姆·迪皮特伦》,第 306 页,巴黎,弗拉格朗斯版 1949 年。——原注
　　②　克莱尔·布吕纳(卡罗琳娜·玛尔布堤的笔名):《记圣伯夫》。西蒙娜·安德烈-莫洛亚的收藏。——原注

所,才有了同这位大人物交往的便利条件。玛尔布堤夫人先是应邀到卡西尼街吃饭,接着又为巴尔扎克的《巴黎纪事》撰稿。她乐于喋喋不休,坦率而又含蓄地向巴尔扎克袒露自己的内心世界,使这位热心研究外省人心理的学者兴味盎然。他前往都兰时邀她同行,并请她游览卢瓦尔城堡,可是被她拒绝了。

巴尔扎克致爱弥尔·勒尼奥,1836 年 6 月 27 日自萨榭:老鸟儿,我写这封信是想跟你说,你的穷光蛋 Mai 要是有一百法郎或五十埃居就好了。因为写完《古物陈列室》或者再加上《殉道者①》之后,我很想在去都兰的途中到什侬舍和尚堡游览一番……儒勒现在怎么样? 别忘了向白蒂纳和勒韦尔问好。你甚至可以在漂亮的玛尔布堤太太的红脸蛋上亲一下,要是她当初愿意跟我一起游览都兰城堡的话,她肯定不会对这次旅行感到遗憾……②

一个月之后,携卡罗琳娜出游的良机终于来临:为了解决基多博尼·维斯孔蒂名下的遗产问题,他受命去一趟都灵。这一回,里摩日的缪斯接受了同行的邀请。她还提供五百法郎作盘缠。为了避免流言蜚语,她女扮男装,乔装成巴尔扎克的秘书或侍童。这种女扮男装的把戏是从乔治·桑那儿学来的。卡罗琳娜历来崇拜这位出生在诺昂的女士,因此决定仿效她。这回又是布依松裁缝赊账给巴尔扎克,替她特制了这次旅行的服装。出发那天,卡罗琳娜来到卡西尼街,随身带了一只手提箱,里面装了一套女服和一个星期的换洗内衣。驿站快车已经套

---

① 原文为拉丁文。
② 《巴尔扎克通信集》,第 3 卷第 112—113 页。——原注

好,装载完毕守候在院子里。桑多和巴尔扎克正等着她。她上楼去换装,待她身穿男式外衣,手持马鞭,英姿飒爽地下楼时,他们觉得她真是俊美极了。儒勒目送她和巴尔扎克一同出发,心中不免涌起一股醋意。他天生只会忌妒别人的幸福,而没有能力创造自己的幸福。

卡罗琳娜·玛尔布堤致寡妇佩蒂尼欧·德·拉高斯特,1836年8月2日自都灵:亲爱的妈妈,这封信的日期一定会让你大吃一惊。你想不到我会在远离老窝二百里之外的意大利吧。我这就告诉你事情的原委,但只告诉你一个人。只让你知道我这次旅行的秘密,因为我相信你会守口如瓶的……

巴尔扎克通过儒勒邀我和娜娜①到他家去吃晚饭。我早就打定主意在会见他时必须迷住他,果真,我成功地把他吸引住了……

没过几天,他(巴尔扎克)来找我,说要到都灵去,回来以后再去意大利……他从都灵来信说我当初本该跟他一起去的。回巴黎后他又来邀我一同去都灵、热那亚,也许还要去佛罗伦萨。我犹豫了好一阵,最后还是同意了。多么美妙的旅行啊!从巴黎乘驿车出发,五天后抵达都灵,途中翻越了阿尔卑斯山的塞尼斯峰,还参观了沙尔特勒大修道院。在那儿我想起了你,你也到过这些地方,你当初所看到的一切全部展现在我眼前。我终于明白了为什么那次旅行使你兴奋不已。

只有我和巴尔扎克单独在一起,没有带仆从。他让我穿上男子的服装,这身合体的装束叫我喜不自胜。他尽力不让别人看出

---

① 即安娜·德·玛萨克(西多尼·阿亚斯的笔名),卡罗琳娜·玛尔布堤和儒勒·桑多的挚友,她曾和他们一起在拉罗舍尔逗留。——原注

破绽,而且给我最大限度的行动自由,这正合我的心意。在都灵,我充作他的秘书。他非常爱我,照料我无微不至。不幸的是我身体不适,世上没有十全十美的事。我倒霉的老毛病又犯了,而且比以往更严重。我竭力掩饰,但是这毛病搅得我疲劳不堪。上个月在巴黎就已经这样了,旅途劳顿很可能加剧不适,因此我还真得有点拼劲来对付这该死的毛病。幸亏没有继续恶化,我已经感觉好一些了。

同一切优秀人物一样,巴尔扎克忙于自己的思索,显得不那么殷勤。但他的智力极为发达,人品高超,着实讨人喜欢。他相貌不佳,那颗表达力极强的脑袋长得十分古怪。

我们的身份仿佛王子。他身上带着大使的信函,因而每到一处都是接触最有地位的人物。今晚他去一位上议员家赴宴。晚上十点我要驾车到都灵郊外二法里远的地方去接他,可以乘敞篷马车尽情地兜兜风。其余的时间,这辆车完全归我支配。

我住的是一套很气派的房间,服务也非常周到。这一切之所以显得妙不可言是因为巴尔扎克的脚下没有土地,还背着一身债务。只有像他这样以惊人的努力拼命工作的人,才能维持目前这种介乎奢华和时刻威胁着他的破产危机之间的局面。

他说我"很有能力",想让我做点工作,好赚取一笔两万法郎的年金。不过有必要告诉你,他是一个专会做梦的人,对他的计划只能姑妄听之,我并不把它当真。他说是要和我合作写剧本……①

---

① 西蒙娜·安德烈-莫洛亚的收藏。——原注

巴尔扎克死后,玛尔布堤夫人写了一篇被她称作死者"亡魂口授"的游记。这篇记述提供了一些细节。他们骑着骡子去参观沙尔特勒大修道院的时候,乔装改扮的侍童瞒不过神甫的眼睛,因而只放巴尔扎克独自进去。稍远处,一条清澈的小溪吸引住了卡罗琳娜,她说:"在这儿洗个澡该多好!"下面就是"巴尔扎克的灵魂"所叙述的这段经历:

> 我们选择了一个绝妙的去处,把您从骡背上搀扶下来。您穿过灌木丛,一直走到小溪旁。阳光透过树林,照得溪水金光闪烁……我终于要伴着您在水中嬉戏了,于是我准备跳进水里。可是,亲爱的,您说如果我不走开您就拒绝下水。您已经疲惫不堪,洗个澡会减轻您的疲劳;您说鞍具磨破了您的皮。然而我若不发誓回避,您就要放弃这十分必要的沐浴……您的主意已定,我只好让步。
>
> 我不想说这对我是多大的损失,也不想说在离开您的那几分钟时间内我的想象为我创造了多么美妙的幻影。也许我把您吓着了。您只脱去长裤,坐在水中,用您的外衣挡住了一切视线……您在水中仅仅待了片刻。我虽然答应走开,但是如何能够信守诺言呢?我寻找(并且找到了)一条迂回的小径,期望出其不意地出现在您面前。我悄悄潜入小径。可是您仍旧怕我不守信用,只下水扑腾了一两下,等我出现时您早已穿好衣服。太晚了!……①

都灵是一座街道宽阔壮丽的都城,这奇怪的一对下榻在欧罗巴饭店。他们被安置在最漂亮的套房里。"马塞尔"住在贵宾室,富丽堂皇

---

① 西蒙娜·安德烈-莫洛亚的收藏。——原注

的大床放在一座高台上,她简直惊呆了。巴尔扎克的卧室较为简朴,两间卧室是相通的,但是两人并未来往。卡罗琳娜是这样向母亲解释的:

> 我保留着自由权,只接受友谊,纯洁朴素的友谊。至于其他的关系,那就要看我什么时候高兴了。我之所以对自己设计的这种爱情感到非常幸福,正是因为这种爱情在当今世界是极为罕见的。只有艺术家多少还能领略一二,其余的人连想都想不到。一个女艺术家不是有足够的自由去追求并获得这种爱情吗?

> 我本人并未怀有过多的热情。自从我认识了现实世界,熟悉了优秀人物的特点、要求和本性之后,我对于爱情的看法经历了很大的变化。人们只有在学会控制自己的感情,并且保持冷静的时候才会得到爱情……眼下我就是处于这种状况。不过我能否始终控制住自己呢? 问题就在这里。

> 巴尔扎克是个伟大的人物,他非常善良、忠诚,平等待人。只是他忙于开创一个前程和实现自己的抱负,不可能沉溺于爱情和女人。他这个人需要爱情就像需要体力活动一样。除此以外,他把整个生命都献给了工作。这种状态从长远说能使我满意吗? 特别是它能满足我对爱情的需要吗? 我怕不能。但生活就是这样,必须接受现实……①

1842 年,也就是这次出游的六年之后,巴尔扎克发表《石榴园》时,把这个短篇献给了卡罗琳娜,"以纪念那如诗之游",落款是"感激不尽的游客"。在给韩斯卡夫人的信中,他是这样写的:

---

① 西蒙娜·安德烈-莫洛亚的收藏。——原注

"如诗之游"仅仅有诗意而已,绝无其他意思。我将坦率地把真实情形告诉您,等您来巴黎时我会把她指给您看,以作为对您的惩罚。您会知道我对拉马丁夫人那一类女人向来不感兴趣,她们使人想起旧喜剧里的台词:

嘿,当然!骑士!我宁愿是个混蛋,

假如这鬼鼻子的颜色不是深蓝!

人家问我的看法时,我用这两句戏文逗笑了满堂宾客。

我神圣的爱人,她是卡罗夫人的密友。从那以后我再没有见到过她。不过她的性格倒是挺可爱的……①

对外国女子说的"真话",很少是百分之百真实的,不过巴尔扎克和卡罗琳娜都矢口否认他们在历时二十六天的冶游中成了情人。他们之所以能保持这种西庇阿②式的克制(巴尔扎克语),大概是因为这位乔装的马塞尔犯了"倒霉"的毛病。不管怎样,他们俩在途中一直是好伙伴,大家都很开心。"您还记得我们在楼下餐厅里用餐时的美妙情景吗?那些敞亮的大玻璃窗开向一个摆满鲜花的露台……豪华的餐具沐浴在意大利和煦的阳光下。餐具、食品都已在我们下楼之前摆在桌上,以便进餐时无人打搅。美味的鱼、无花果,小瓶的意大利白葡萄酒温和适口,水果更属上乘……"③

巴尔扎克在豪华的旅馆里尽情享受着阔绰的生活,受到皮埃蒙特

---

① 巴尔扎克:《致外国女子的信》,第 2 卷第 116 页。——原注

② 西庇阿(Scipion,前 184—前 129),罗马名将,战功卓著,公元前 148 年和公元前 134 年两次当选为执政官,以英勇果决、刚正不阿著称。

③ 西蒙娜·安德烈-莫洛亚的收藏。——原注

上层社会的瞩目。他精心部署，尽力使别人把他当大人物看待，所以他随身带着奥地利驻巴黎大使阿波尼伯爵和撒丁岛总督布里尼奥勒侯爵的引荐信。在都灵，声名显赫的文豪弗德里各·司克洛比·德·萨尔拉诺对他很有好感，并请他母亲把巴尔扎克引进当地最富魅力的沙龙。于是他结识了圣托马斯侯爵夫人①，杰出的考古学家、著名的迦泽拉主教②，巴罗尔侯爵夫人（柯尔柏小姐）③。司克洛比母亲曾经接纳从斯皮尔堡监狱出来的西尔维奥·佩利柯④，桑塞弗里诺伯爵夫人（波西亚小姐）⑤等一批高贵可爱且有教养的社会名流。他还从桑塞弗里诺伯爵夫人那里学会了几句十六世纪的意大利粗话，后来用在短篇小说《吕吉耶里的秘密》中。

尽管巴尔扎克一再否认，都灵人还是把卡罗琳娜当成了乔治·桑，并给予她极高的礼遇。司克洛比致巴尔扎克的告别信中谈到她："请您千万别忘了替我问候您那位迷人的旅伴。我们男人不敢当真把他归为同性，唯恐他落入女性之手……"⑥巴尔扎克复信道："我的旅伴向您致以亲切的问候……她是位极富魅力的聪明贤淑的女性……她从烦琐的家务中抽出二十天时间，极其秘密地投靠我，以求得安慰和休憩……她知道我爱着别人，因而能得到最可靠的保护……"⑦一天晚上，马塞尔

---

① 指卡隆·德·圣托马斯侯爵夫人。——原注
② 康斯坦丁·迦泽拉神甫(1779—1859)，目录学家、考古学家和文学批评家。——原注
③ 指朱丽叶·德·柯尔柏·德·莫莱弗里叶(1785—1864)，唐克雷蒂·法勒蒂·巴罗尔侯爵夫人。——原注
④ 西尔维奥·佩利柯(1789—1854)，意大利作家，曾在布尔诺的斯皮尔堡监狱关了九年，在狱中写了《我的监狱生活》一书。
⑤ 弗朗西斯卡·莎拉菲娜·波西亚刚刚嫁给米兰的福斯蒂诺·桑塞弗里诺-维迈卡蒂-塔第尼伯爵。——原注
⑥ 斯波贝奇·德·洛旺儒的收藏：A.319, folio38.——原注
⑦ 原件藏在都灵科学院。——原注

在圣托马斯侯爵夫人的沙龙里脱去了外衣,露出"一身妩媚动人的女装,出落得典雅脱俗,一副地道的巴黎打扮"①。他(或她)大获全胜。"从头到脚,连同当时流行的被称为贝贝的小帽都焕发着巴黎女郎的魅力。"②那位严肃而虔诚的西尔维奥·佩利柯围着她转了一个晚上。

然而巴尔扎克并没有忘却此行的主要目的,即为基多博尼·维斯孔蒂伯爵争得那份私人遗产,何况这趟美好的旅行是他资助的。司克洛比介绍他认识了吕依吉·考拉律师,一位博学的法学家兼植物学家。"他在里沃利有一座花园,种植了许多珍奇植物,他把从事枯燥的司法事务之外的全部时间都花在耕耘上面。"③考拉邀请巴尔扎克参观他的花房。玛尔布堤夫人身着男装伴随着他。不难看出这正是《古物陈列室》里一个场面的原始素材。书中摩弗里纽斯公爵夫人就是一身花花公子的打扮,手持马鞭,在老律师勃龙代的指引下"漫步在他的仙人掌、天竺葵等奇花异草丛中"④。作家在写作中能够及时地回忆起有关的情景,不仅是复制,而且还加以创新。

吕依吉·考拉和他的儿子阿尔诺(也是律师)两人为了帮助基多博尼·维斯孔蒂打赢这场官司,可说是费尽心机。这桩案子相当复杂,伯爵有一个同母异父的兄弟(洛朗·康斯坦丁)和一个尚未成年的外甥(他已故的姐姐玛西米拉同丈夫弗朗西斯科·德·加尔瓦涅所生)。巴尔扎克同考拉父子保持了长时期的通信联系,这父子俩尽了极大的努力同皮埃蒙特法律机构的拖拉作风做斗争。基多博尼夫妇的确选中了一位干练的使者。巴尔扎克似乎也有意在都灵这迷人的古城多住几

---

① 西蒙娜·安德烈–莫洛亚的收藏。——原注
② 西蒙娜·安德烈–莫洛亚的收藏。
③ 亨利·普里奥尔:《巴尔扎克在都灵》,载 1924 年 1 月 15 日《巴黎杂志》,第 391 页。——原注
④ 亨利·普里奥尔:《巴尔扎克在都灵》,载 1924 年 1 月 15 日《巴黎杂志》,第 391 页。

巴尔扎克传(下)

天,他给司克洛比的一张便笺中,头脑清醒而又不无伤感地写道:"二十天的期限就像灰姑娘的绿舞鞋(原文如此)。马塞尔不得不重新绾起女人的发髻,丢掉她那大学生的马鞭……"①在路经马热尔湖和日内瓦回到巴黎之后,巴尔扎克写信向意大利的友人们致谢。

1836 年 9 月 1 日,巴尔扎克致司克洛比伯爵:亲爱的伯爵,我和马塞尔作了一次非常疲劳的旅行,因为要游览的地方很多:马热尔湖、奥尔塔湖、辛普朗隧道、西翁山谷、日内瓦湖、维韦、洛桑、瓦尔斯林讷、布尔和她美丽的教堂。时间不够,我们不得不占用睡觉的时间。我们在日内瓦时去找过您,但未能如愿。我们到处溜达,"哪儿也没有司克洛比!"马塞尔不禁叫出声来……

我重新投入苦役式的创作生活。晚上六点钟上床,午夜起身,这十八小时的工作量只能勉强满足我写作的需要。我平时辛苦的写作生活和刚刚度过的二十六天逍遥日子形成如此奇怪的对比,倒使我产生一种做梦的感觉。我自问是否真有都灵之行,只是当我想到您那盛情的款待,才发觉这一切都是真的。

我请求您,看在我们刚刚开始并逐渐加深的友情分上(这是我所希望的),关照一下那件小小的官司和我们的考拉律师。请代我以他那卓越才干的崇拜者而并非主顾的身份向他致意。请他用左耳②多多留意基多博尼·维斯孔蒂夫妇的利益……

如果您给我写信,请寄:巴黎夏约区战斗街十三号杜朗夫人收。用双层信封。这是我隐居地点的秘密,不论是国民自卫军(我

---

① 斯波贝奇·德·洛旺儒的收藏:A.391,第 44 页。——原注
② 吕依吉·考拉的右耳朵是聋的。——原注

不在巴黎时,他们判了我十天监禁)还是其他任何人,谁都不知道这个秘密据点,因而无法来捣乱。噢!我多么渴望六个月以后能重游塞尼斯峰!但是首先得写出一大批有损于健康的作品和伤脑筋的佳句来……再见吧!①

　　这一段幕间插曲虽然很短,却给人以喘息的机会,而且趣味无穷。犹如两场大雨之间的一束阳光。

　　在给韩斯卡夫人的信中,这次旅行被大大冲淡了:"我找到一个机会重游都灵,替一位姓维斯孔蒂的先生办点事。他在都灵有一桩诉讼案要了结,但他本人脱不开身。我是在意大利歌剧院的包厢里同他认识的……归途中我取道辛普朗,一路上有卡罗夫人和儒勒·桑多的一位女友做伴。您一定猜到了,我(在都灵)下榻于皮亚查·卡斯特洛,您的旅馆。在日内瓦,我又见到了莱维克牧场和米拉波公馆……唯有您和对您的怀念能滋润一颗枯槁的心……"②——旅游竟然变成了朝圣。

---

① 斯波贝奇·德·洛旺儒的收藏:A,391,第45—46页。——原注
② 巴尔扎克:《致外国女子的信》,第1卷第341—342页。——原注

第二十三章　贝尔尼夫人之死

　　请记住,没有一个女人愿意在您心中与您念念不忘的那位死
者并存。

　　　　　　　　　　　　　　　　　　　　　　　　——巴尔扎克

　　一回到巴黎,他就接到了令他心碎的噩耗:贝尔尼夫人已于 1836
年 7 月 27 日去世。亚历山大·德·贝尔尼致函巴尔扎克:"亲爱的奥
诺雷,这是一封讣告。妈妈经受了整整十天剧烈的神经痛、呼吸困难和
腹水的折磨之后,于今晨九时离开人世……"①人们对自己所爱的人,
尽管知道他们已经无药可救,总是固执地希望他们和自己活得一样久。
长时间以来,巴尔扎克一直为 Dilecta 每况愈下的病情担忧,慢慢也就
习以为常了。他伤心地责备自己没能守在她的身旁。但是她自从 1835
年 11 月 25 日在布洛尼埃尔失去爱子阿尔芒以后,便不许他再去看她。
他曾经给她寄去专为她印制的《幽谷百合》首份样本,在此之前,她已
经读过手稿。她最后的乐趣就是重读书中这段精彩的颂词:她不只是

---

　　① 《巴尔扎克通信集》,第 3 卷第 117 页。——原注

心爱的人,而是最心爱的人……她是佛罗伦萨诗人①心中的贝阿特丽丝,是威尼斯诗人②心中的纯洁无瑕的洛尔,她是伟大思想的母亲,是促成英明决断的无名因素,是前途的支柱,是在黑暗中闪耀的光芒,宛如浓荫下亭亭玉立的百合花……她赋予我柯利尼③式的坚强意志,帮助我战胜强敌,从失败中重新站立起来,拖垮最凶顽的敌手④……我的大部分思想都源于她,正像馨香源于鲜花一般……她在这部书的每一个细节中都能发现自己的影子。"教诲信"只不过是她长久以来试图教导他的基本思想。"你的素质、条件非常好,余下的事就靠自己努力了!……千万注意举止自然朴实,谈吐温文尔雅,自信而不自负,尤其要注意谨言慎行……"⑤

医生断定洛尔·德·贝尔尼已不久于人世,她自己心里也明白,但仍旧再三拒绝巴尔扎克到布洛尼埃尔来探望她。她只愿意奥诺雷看见她健康、美丽的模样。她甚至佯作安详,不让他知道病情的严重性。此时巴尔扎克为了处理《巴黎纪事》正忙得焦头烂额,加之还要同寡妇贝歇谈判,为意大利之行作准备,他以为还来得及作这次旅行。

不过洛尔毕竟还是思念他,打算在临终前把他招来。她把《幽谷百合》放在枕边,重读莫尔索夫人之死那一段。她的费利克斯·德·旺德奈斯也将来到她的床前,减轻她最后的痛苦。亨利埃特·莫尔索因生前未能享受人生乐趣而遗恨终生,洛尔·德·贝尔尼则对她一生所做的奉献以及她得到的一切毫无遗憾。她发现、热爱并且造就了一个天

---

① 指但丁。
② 指彼特拉克。
③ 柯利尼(1519—1572),法国海军元帅,屡建奇功,在查理九世时代享有崇高威望,因支持胡格诺派教派,于圣巴托罗缪之夜的大屠杀中被害。
④ 巴尔扎克:《幽谷百合》。
⑤ 巴尔扎克:《幽谷百合》。

才,她为此深感自豪。当她意识到大限将至的时候,她就叫儿子亚历山大去找巴尔扎克,把他带到奈穆尔来。亚历山大去了两天。她躺在那间只能望见窗外的树木和天空的房间里,要来镜子重新梳理了头发。她自知形容枯槁,却想起了巴尔扎克描绘的"病痛中的妇女令人悲悯的动人姿色"。她对医生说:"我要活到明天。"可是第二天回来的只有亚历山大一个人,他没能找到巴尔扎克。莫非他躲在某一处隐居所? 不,他是到意大利去了。她自知已经支撑不到他回来。完了,再也见不到他了,她可以去了。她请来格莱兹的神甫格拉赛教士,日暮时分,教士为她做了临终傅礼。①

她向儿子亚历山大交代:"我死后,你把我书桌里一捆用粗毛线系着的纸包找出来,那是奥诺雷的来信,你要把它们烧掉……"他答应了。第二天一早,她刚刚咽气,儿子就将这十五年来写的情书付之一炬。不难想象,巴尔扎克看到自己青年时代炽热感情的最美好的见证如此烟消云散,内心是多么惋惜。他在给神秘的通信者路易丝的信中写道:

> 我失去的这个人比母亲还亲,比女友更近,我们的关系超出了世界上任何一种人与人之间的关系……每当我在生活中遇到雷雨风暴,她都用她的言语、行动和忠诚的心给我以支持。我是仗着她活下来的,她是我的一切。虽说两年来疾病和繁忙的工作使我们天各一方,但彼此总能遥遥相望。她一直在影响着我,她是我精神上的太阳。《幽谷百合》中的莫尔索夫人只不过是她身上最微不足道的优点的苍白写照,同她本人相去甚远。这是因为我不愿把

---

① 《巴尔扎克通信集》,第 3 卷第 118 页。参阅阿尔贝·亚罗尔:《贝尔尼夫人,巴尔扎克的培养者》,第 230—244 页;热奈维埃·鲁格斯顿:《巴尔扎克的 Dilecta》,第 256—267页。——原注

自己的感情出卖给公众。我身上的一切真实感情永远不会为人所知。唉！在种种新的厄运向我袭来之际，又加上了她的死……①

他的确又遇上了新的灾难，家庭的不幸。洛朗丝的儿子阿尔弗雷德·德·蒙泽格勒食不果腹，衣不蔽体，赤着脚来投靠他们一家。母亲大人早已把剩下的那点财产贴给了儿子亨利，现在只好向奥诺雷求援："孩子，给点面包吧！"此时巴尔扎克正在同攻击《幽谷百合》的报刊苦斗，絮尔维尔一家在官僚机构统治下苦苦挣扎。母亲大人劝诫她的"小异教徒"——不幸的洛尔到宗教中去寻求慰藉。

1836 年 5 月 3 日，巴尔扎克夫人致洛尔·絮尔维尔：是的，信教的人都是幸福而善良的，把人们引向这个目标的宗教是必不可少的美好事物……世上存在着五花八门种类繁多的宗教，说明人们毕竟觉得有必要选择其中的一种……是啊，我的天使，你目前就处于这样一个关头，你需要精神上的依托……不错，我亲爱的宝贝，你知道祈祷，但是你不懂得其中美妙的内涵……你的灵魂还没有受到上帝的抚慰……从我对你施行磁气催眠时你所体会到的安宁和惬意中，你可以领略一二……②

将催眠术和上帝的抚慰相提并论，似乎对上帝欠恭敬，但其用意是无可指摘的。如今巴尔扎克夫人已穷得一无所有，却仍然娇宠女儿："一旦奥诺雷把给我的五百法郎交给你，你务必让我最疼爱的漂亮夫人

---

① 《巴尔扎克通信集》，第 3 卷第 131 页。——原注
② 斯波贝奇·德·洛旺儒的收藏：A.381。——原注

405

收下一百法郎,好让我心满意足地送给她八米花边。这是我执意要做的,是一个做母亲的愿望……"①她声称对那些开凿运河的竞争对手非常愤怒,如果她不是基督徒的话,定要把他们的脖子拧断。

此时巴尔扎克仍在恳求韩斯卡夫人今后接替贝尔尼夫人的位置,充当他亲切明智的顾问:

> 我把您当作她的继承人。因为您具有她的一切高尚品质。您也能写出莫尔索夫人的那封信(那不过是她多年来所施影响的不完整的吐露),至少能把它补充得更完善。亲爱的,只是不要用那些不光彩的疑心加重我的痛苦。请相信,对于一个在各方面都承受着重压的男子来说,流言蜚语已无足轻重,我现在必须对人们的议论完全置之度外。您知道,从您最近的几封信看来,您相信了一些同您所了解的巴尔扎克风马牛不相及的东西……②

他接着写道:"我用曾经为贝尔尼夫人封信的印章给您封信,我不认为这是罪过。"③也许这算不上什么罪过,但无疑是个失误。多疑的夏娃琳娜不可能接替宽厚的 Dilecta 的角色。珠尔玛·卡罗倒是更为合适的人选。她深深地同情巴尔扎克的悲痛:

1836 年 10 月 7 日,卡罗夫人致巴尔扎克:我看到您心灵的巨大创伤,我和您一道为这位天使般的妇人垂泪,您并不了解她经受了多么大的痛苦。奥诺雷,难道在您身上没有产生任何反应吗?

---

① 斯波贝奇·德·洛旺儒的收藏:A.381。——原注
② 巴尔扎克:《致外国女子的信》,第 1 卷第 344 页。——原注
③ 巴尔扎克:《致外国女子的信》,第 1 卷第 345 页。

我没有资格像她那样对您谈话,然而我不会像她那样因顾面子而常常保持沉默。不论您怎样恳求我不要提及这个话题,我还是要问问您,当如此重大的打击降临到您的头上时,您是否仍然不懂得世界上除了一把价值八百法郎的小刀和一根仅仅是为了引人注目的手杖以外,还有些什么别的东西? 这对《欧也妮·葛朗台》的作者来说,是多么了不起的声望呀! ……①

这位住在弗拉佩斯勒的斯多葛主义者责备她的朋友奥诺雷。那些令人飘飘然的阿谀奉承,那些上流社会的贵妇人和挥金如土的纨绔子弟,把他引上了邪道。他破了产,这怨谁呢? 难道不是自作自受吗? 早在八年前他就开始挣大钱了,可是如今欠下的债比当初还要多。难道一个思想家的生活真需要这么大的开销吗? 有必要追求那么多的物质享受吗? 是由于写作才使他把刀架在自己的脖子上吗?"奥诺雷,您把生活弄成了什么鬼样子? 您把正在迸发的天才毁到了何等地步! ……"②说他毁了生活,倒也有理,但是说他糟蹋了天才,她就错了。"究竟要到什么时候,我最亲爱的,才能看见您一心一意地写作? ……那时您会写出极其漂亮的高质量的作品来的!"③其实他已经写出来了。尽管他屡屡受挫,命途多舛,也不论他如何缺少节制,他的守护神始终没有抛弃他。1836 年 10 月 1 日他给韩斯卡夫人的信中说:"为了向您说明我的干劲有多大,必须告诉您,《吕吉耶里的秘密》只用一夜工夫就写了出来。您读它的时候好好想想这一点吧!《老姑娘》的写作仅用了三个晚上。'宁为玉碎'作为《被诅咒的儿子》的结尾部分

---

① 《巴尔扎克通信集》,第 3 卷第 154—155 页。——原注
② 巴尔扎克和珠尔玛·卡罗的通信,第 228 页,巴黎,伽利玛出版社。——原注
③ 《巴尔扎克通信集》,第 3 卷第 224 页。——原注

也只是一夜之功。这是我的布里延纳战役、尚波贝尔战役和蒙米拉伊战役①，这儿是我的法兰西战场。"②

《老姑娘》是为《新闻报》撰写的作品，这多少修复了一些巴尔扎克同他们破裂的关系。1836 年 10 月 1 日，吉拉尔丹致信巴尔扎克："我亲爱的巴尔扎克，您可知道，咱们俩分手一点也没有毁掉我们之间的老交情……我真诚地喜欢您，我想我已经向您证实了这一点。如果我有对不起您的地方，我乐于认错，向您道歉……"③这完全是主编大人害怕失去一位走红的作家而做出的谨慎之举。期刊连载小说虽说已有一段历史，报纸上连载小说当时还没有先例。这个既可以吸引读者（他们关心故事的下文），又能把广告客户拴住的新点子确实是吉拉尔丹的发明创造。他需要巴尔扎克这位受读者欢迎的多产作家。④

《老姑娘》的主题很早就在巴尔扎克脑子里酝酿。巴尔扎克这位博物学家对"老姑娘"这一门类颇感兴趣。他看出她们都受着内心的煎熬，缺乏正常性生活的人都会感到若有所失。其中品格优秀的强者把压抑着的欲念和难言的懊恼升华为仁爱，而另一些人则变得刻毒，例如《图尔的本堂神甫》中的索菲·迦玛尔。萝丝·科尔蒙是阿朗松一位富裕的资产者，她因"超龄未嫁"而整日心神不宁。直到四十二岁还梦想着出嫁和生儿育女。早上起来，收拾房间的女仆总是发现她的床"乱七八糟"。

小说在生理描写方面相当大胆。老姑娘在情欲的困扰之下拿不定

---

① 布里延纳战役，见本书第 3 页。尚波贝尔和蒙米拉伊均系法国地名，1814 年拿破仑在这里分别打过两次大胜仗。
② 巴尔扎克：《致外国女子的信》，第 1 卷第 349 页。——原注
③ 《巴尔扎克通信集》，第 3 卷第 148—149 页。——原注
④ 见勒内·吉斯：《巴尔扎克和连载小说》，载《巴尔扎克年鉴》1964 年，第 283—338 页。——原注

主意选择两个求爱者中的哪一个。这两人都是贪图她那笔可观的财产和她那极为丰满的乳房。一个是瓦卢瓦骑士，上了年纪的登徒子，至今还忍不住要调戏洗衣女工苏珊娜。他长着一只奇大无比的鼻子，足以让拉瓦特一眼看出他是个大色狼。另外一个是前军需商杜布斯基耶，因"生活放荡"而秃了顶，还患上了阳痿病。可怜的科尔蒙小姐对此一无所知，她为杜布斯基耶的宽肩和假发所蒙蔽，急于满足自己的欲念和希望，直到嫁给他以后，才发现上了当。可是她忽视了第三个求爱者，一位二十三岁的青年人，名叫阿塔纳斯·格朗松，他天资聪颖，却被误解。他倒是真的为萝丝的魅力所倾倒。阿塔纳斯·格朗松酷似得到贝尔尼夫人之前的巴尔扎克。不过萝丝·科尔蒙拒绝担任 Dilecta 的角色，结果格朗松纵身投入流经阿朗松市的河中自杀身亡。杜布斯基耶夫人这位圣女"至死对此还一无所知"。

《老姑娘》是在非常艰苦的条件下创作的。他当时正为洛尔·德·贝尔尼的去世而悲痛，贝歇寡妇仍在折磨他。此外他还写着好几个短篇（《被诅咒的儿子》是根据一篇旧稿改写的，描写一个受法定父亲虐待的私生子的悲剧；[①]《吕吉耶里的秘密》是卡特琳娜·德·梅迪契的逸闻）。与此同时吉拉尔丹也在纠缠他。《老姑娘》的开头部分见报时，结尾部分连草稿还没有写出。一些思想保守的订户写信给编辑部，对小说中某些巴尔扎克式的放肆的生理描写提出抗议。科尔蒙小姐肥大的乳房令他们反感，洛尔·絮尔维尔也觉得别扭。韩斯卡夫人则缄口不言，她拒绝接替 Dilecta 充当文学指导。评论家们嘲笑他使用拉瓦特式的生理剖析，讥笑他那种自称能够通过外部表象窥探人类内

---

① 见弗朗索瓦·日耳曼：《〈被诅咒的儿子〉溯源》，载《巴尔扎克年鉴》1960 年，第 21—29 页。——原注

心和激情的科学。其他各家报纸,受到吉拉尔丹连载小说的挑战,为了夺回被吸引过去的读者,也纷纷刊登小说连载。巴尔扎克清楚地知道自己的作品是成功的,那是一幅外省社会的真实图画。萝丝·科尔蒙和她的求婚者都是生动的有个性的典型。在他的"法兰西战场"上,他尽管表现出非凡的天才,却处于孤立无援的境地。

他是在战斗街那套改建过的住所里展开这一系列后卫战的。为了不放过任何一次挥霍的机会,他把一间阁楼装饰得像"一个十六岁的轻佻女工那样雪白、俏丽",还让人为他布置了一间黑红两色的工作室,室内摆一张环形沙发床,上面配有十二个雪白的枕头。这一年安东尼·封特内在画家路易·布朗热的画室里遇见过他。他当时穿一件白色修士袍,双臂交叉在胸前,正在高谈阔论:

封特内的日记:有关他那几件白色长袍的描写。自从他参观了大修道院之后就不再喜欢别的服装。——他每次洗衣都只送去一件袍子。——他从来不让衣服沾上墨迹。"他干活非常干净。"——必须跟屋内的陈设放在一起来观察他的长袍。他的房间的主色调是粉红。——他仿照教堂里的装饰,挂起很多流苏。教堂的一切装饰都是有讲究的。——他安置那张著名的白色沙发床,是为了接待一位即将到手的上流社会女士。天哪!那是因为她需要讲究的家具,她习惯于这种排场。当她躺在这张大床上时,不会感到受委屈……①

果然,"这位女士"即萨拉-基多博尼·维斯孔蒂,没有什么不满意

---

① 安东尼·封特内:《私人日记》第200页。——原注

的,因此她经常"憩息"在这张夏约的沙发床上。至于韩斯卡夫人那边,鉴于她那危险的姆母消息极为灵通,不时警告侄女要提防巴尔扎克的不忠,因此巴尔扎克请人复制了一幅布朗热的油画(用韩斯卡先生的钱),他认为画中修士般贞洁的形象定会让她放心。"布朗热画得成功且使我满意之处,就是他画出了柯利尼式,或者说彼得大帝式的坚强不屈的性格,这正是我的性格的基础,即对未来不屈不挠的信念……"①

他不仅对未来满怀信心,对眼前的生活也如饥似渴。他向威尔卓尼亚城堡的女主人描绘这样一幅凄惨景象:一群债主对他紧追不舍,一帮穷凶极恶的记者咄咄逼人,贝尔尼夫人的丧事,还有财政危机。这一切,唉! 都是千真万确的实情。不过,面对这一切消极因素,必须用一种充满活力、决不示弱的积极行动去战斗。巴尔扎克在各盘赌博中都是输家,但是直觉告诉他一切将会好转。他的生活本身不就是一部小说吗? 他可以像修改校样般地修改生活。就在他为了吃饭不得不向纳卡尔医生和一位"比上流社会人士更为信任他的老工人"伸手借钱的那天,居然还花六百法郎买进了一根新手杖。越是感到山穷水尽,越要买这买那,以便给自己一种强有力的幻觉。不过这果真是幻觉吗? 他知道,这一次他还会像伏脱冷一样有力量向社会挑战,并且战胜它。

1837 年初,他的财政状况比以往任何时候都糟。债务比 1836 年底又多出五万三千法郎。部分原因是《巴黎纪事》的失败。他倒是从未被债务吓倒。可是法律上的情势似乎更为严重。他这个诉讼方面的行家居然犯了个不谨慎的错误。他在杜凯特那儿为威尔代的期票作担保,以便买回一部分《巴黎纪事》的股份。而杜凯特这个铁面无情的商人知道威尔代已经破产,便抓住巴尔扎克不放。巴尔扎克曾经当过"商

---

① 巴尔扎克:《致外国女子的信》,第 1 卷第 348 页。——原注

人"（经营印刷厂和铅字厂），杜凯特完全有权控告他，使他因欠债而被捕入狱。这就是当时的法律。巴尔扎克深知处境危险，但是有什么办法呢？他没有钱来结清账目。这当口，他又病倒了。霍乱加流感。他不顾发烧，抱病写完并修改出《幻灭》第一卷。尽管这仅仅是一本大部头小说的序篇，却不得不立刻拿去出版，因为他急需用钱。这有什么不可以呢？他的大厦已经在头脑中形成了，如果穷困和不幸迫使他过早地砌上一块石头，那就随它去吧！等到他为作品揭幕之日，所有汇集在一起的石块将构成一幅统一的出色的图画。

在此期间，他不得不躲避杜凯特方面的法庭执行员。这个无情的债主已经夺走了他那辆无人不晓的双轮轻便马车和带花的坐垫，但始终抓不着他本人。到战斗街去找，看门人说不认识巴尔扎克先生。杜朗寡妇呢？不在家。执行员想把门撬开，但是门房以私闯民宅之罪相威胁。他只得边战边退，门房给了他一个地址：普罗旺斯街二十二号。巴尔扎克先生在那里租下了一间带家具的房间，但是并没有住在那里。执行员终于得出结论："所有迹象清楚地表明，巴尔扎克先生力图摆脱债主的追踪……因此使用了许多化名。"这是毫无疑问的，而巴尔扎克先生认为自己落到这一步全是好心造成的。他之所以欠债，不就是为了拯救别人吗？他从前帮助过一个可怜的印刷厂主，不久前拯救了软弱的桑多，昨天又帮助了穷愁潦倒的威尔代。他总是同无能之辈打交道，难道这是他的错吗？不过他忘记了自己那些惊人的开销，忘记他那白色的绣房、珠光宝气的手杖和穿制服的马车夫。他深信自己是为了帮助印刷厂主巴尔比耶才造成自己的印刷厂倒闭。当他站在镜子前对自己高声说话时，看见的是一个被一帮无情无义之徒盘剥的无辜受害者。

他被人当作猎物追捕得精疲力竭。他感觉"头脑空空，浑身乏力，精神崩溃",没法再工作了。他希望躲开这群吵吵嚷嚷的索债人。他甚至一度想申请去俄国的签证,希望在韩斯基家里寻找"一块安定的绿洲,在那里避两年风,听任那些蠢货和敌人去糟蹋他的名誉"。这时,救苦救难的及时雨基多博尼·维斯孔蒂夫妇又一次伸手相助。他们那桩遗产继承权的官司在意大利继续审理,这回是在米兰。巴尔扎克接受他们的委托,独自一人匆匆上路。旅费由委托人支付,事成之后,他还可以从收回的遗产中分得一笔钱。

阿尔卑斯山这一边的负债人,一到山的另一侧就变成了凯旋者。巴尔扎克在米兰被奉为文豪。那些崇拜他而未曾见过他的女士见到这么一位红脸汉子未免暗自吃惊。他的"脖子粗得像个屠夫,系一条不三不四的带子算是领带,浓密的头发上扣一顶硕大的软帽"。不过那双"驯兽师"的眼睛仍像往常一样征服了女人的心。有关他的传说在他到来之前就流传开了。在沙龙里,巴尔扎克的手杖、白色的睡袍、黄色的手套,特别是他的小说,成为谈话的主题。意大利是尊重艺术家的。意大利全体贵族都向他表示欢迎。

他于 1837 年 2 月 19 日到达米兰,下榻在"美丽威尼斯饭店"。桑塞弗里诺伯爵夫人把他介绍给自己的兄弟阿尔封斯·波西亚和她的女友克拉拉·玛费;贝尔吉奥乔索王妃把他介绍给自己的亲戚特里芙尔齐奥、丽达和阿尔钦多;阿波尼夫妇把他介绍给奥地利权贵。各类邀请纷至沓来,令他应接不暇。克拉拉·玛费青春年少,颇有教养。她喜欢接待上流社会的文人雅士。巴尔扎克极其愉快地在这位亲爱的小伯爵夫人陪同下游览宫殿、博物馆。巴尔扎克不肯放过追求这样一位漂亮而好客的女人的机会,他成了"小玛费"家的常客,以致玛费夫人的那位早已独居的丈夫不得不向她发出告诫:

所有的眼睛都盯在这个声名显赫的外国人身上,人人都知道他经常在上午和晚上长时间地在我们家里做客……你读过他的小说,应该知道他对女人了解极深,并且精通勾引的艺术……更有甚者,他在巴黎这座荒淫之城中本来就以放荡和缺乏道德著称。别以为他的丑陋能使幼稚的你免于受骗……请记住,我的小克拉拉,你是全米兰城钟爱的美人……①

其实,并没有发生什么严重的事情,不过这场小小的调情游戏给他这次米兰之行增添了不少快乐的气氛。

除了克拉拉·玛费之外,巴尔扎克在米兰结识的好友还有波西亚亲王和他的情妇博洛尼尼伯爵夫人。这对情侣之间有着近乎夫妻的温情,使巴尔扎克不胜感慨:"要是我能得到一位妇人垂爱并愿意同我生活在一起该有多幸福啊!"这是给韩斯卡夫人的暗示。波西亚亲王尽力使巴尔扎克在米兰过得愉快,他把自己的马车和在斯卡拉剧院的包厢交给巴尔扎克自由支配。司汤达曾把这座剧院描绘成天堂。有名望的大户人家都在那里租有包厢,演出过程中各包厢之间进行频繁的友好交往。纯朴友爱的气氛,令人愉快的艺术,构成米兰人生活中最富魅力的部分。不难想象,对于摆脱了巴黎纷争的奥诺雷,这种生活有多甜美。

报界把他奉为上宾:"您见过北极光吗?您见过巴尔扎克先生吗?这是近几天人人见面必谈的两个问题。不过北极光的事人们已淡忘了,巴尔扎克却仍旧挂在大家的嘴边……"人们称赞他风趣机敏,谈话

---

① 勒内·吉斯:《巴尔扎克和意大利》,《巴尔扎克年鉴》1962 年,第 267—268 页。——原注

生动活泼,甚至赞美他的谦虚。唯一的不愉快是有个扒手假装同他拥抱,顺手把他的打簧表连同金钥匙一起偷走了。朋友们立即展开侦破活动,当晚就抓获了窃贼,巴尔扎克又收回了他那精美的怀表。有位米兰的雕塑家亚历山大·佩蒂纳蒂出于爱慕之情,为巴尔扎克制作了一座小型雕像。所有漂亮女郎都争着请巴尔扎克在纪念册上题词。他为克拉拉·玛费题的是:"芳龄二十三,前途无限美!"有人带领他去见大作家曼佐尼,这次会见却是失败的,因为巴尔扎克并没有读过曼佐尼的杰作《约婚夫妇》,竟同他谈论起犯罪学来。毕竟是文人相轻嘛。

至于基多博尼·维斯孔蒂的案子,进行得并不顺利。康斯坦丁夫人遗下三个继承人:一个是巴尔扎克的朋友,埃米利奥·基多博尼-维斯孔蒂,他是长子;另一个是外孙加尔瓦涅(他的母亲已先于外祖母去世);最后一个是她第二次结婚所生的儿子洛朗·康斯坦丁。在遗嘱中她把财产分作两半,一半由这三个继承人均分,另一半全部留给她的宠儿,小儿子洛朗。要争的这份遗产数目并不大,只有七万三千七百六十米兰利弗尔。巴尔扎克不愧是吉约内·梅尔维尔的弟子,他争辩说康斯坦丁夫人第二次结婚后就成了法国人,应该尊重法国的遗产继承法,因此她的遗嘱是无效的。最后他终于争得一个妥协方案,为埃米利奥伯爵和未成年的加尔瓦涅争取到一万三千利弗尔,还要从中抽出四千利弗尔作为巴尔扎克的旅差费和律师的酬金。

为了使协议获得认可,首先要征得未成年继承人的父亲——康斯坦丁夫人的女婿加尔瓦涅男爵的同意。他住在威尼斯。巴尔扎克认为通过书信联系永远不会有结果,他动身前往这座总督治理的城市。在一个淫雨霏霏的日子他下榻于雷阿尔旅馆(现改名为达尼埃利旅馆),那里的套房布置得非常豪华,甚至还有钢琴。他并不知道自己住的就是1834年乔治·桑和缪塞住过的套房。巴尔扎克在寄给克拉拉·玛费的信中写道:"恕我直言,既不是我自命不凡,也不是我目空一切,威尼斯给我的印象不如我预想的那样好。"他接着写道:"风俗画家们为我们真真假假地描绘了那么多皮阿扎广场和小皮阿扎,以致我难以想象其真面目,我好像一个多情女子,厌倦了各种各样的谈情说爱,一旦真正的爱情来到面前,要用理智、情感和肉体去爱的时候,已经不再有任何神圣的新奇感了……"①

他在威尼斯的日子里仍不停地向玛费伯爵夫人求爱,他又写道:"我宁愿用威尼斯之行来换取在您的炉边度过的一个晚上、一个小时,哪怕是一刻钟的快乐时光……我从数不清的雕像中看到的都是小玛费伯爵夫人,但玛费不愿意在一群普通的雕像之中,必须找到一尊真正使我喜欢的雕像我才把它当作小玛费……"②不错,他是在同小玛费夫人玩爱情游戏,但这本身不也证明多少有点感情吗?谈到威尼斯的贡多拉③这项美妙的发明时,他写道:"但是必须承认,我没能同我日夜思念的夫人一起泛舟,使我茫然若失……"④他所思念的夫人指的不是凡尔赛的维斯孔蒂夫人,而是米兰的小伯爵夫人。人是善变的⑤。

两天以后,雨过天晴,威尼斯终于博得了他的好感。但是这里人们对他的接待远不如米兰人热情。报纸采取了嘲讽,甚至近乎敌视的态度,原因是他没有去巴结当地的末流文人。杜利奥·唐多洛伯爵还把他同巴尔扎克共进晚餐的事写成一篇不太客气的文章投寄给《威尼斯报》。然而巴尔扎克此行所负的使命却顺利完成了。加尔瓦涅男爵接

---

① 《巴尔扎克通信集》,第 3 卷第 264 页。——原注
② 《巴尔扎克通信集》,第 3 卷第 266 页。
③ 贡多拉,威尼斯的一种轻舟。
④ 《巴尔扎克通信集》,第 3 卷第 270 页。——原注
⑤ 原文为意大利文。这是套用意大利作曲家威尔第的一出歌剧《弄臣》中的台词:"女人是善变的。"

受了协议。巴尔扎克把属于他儿子的四千五百利弗尔交给了他,第二天就启程返回米兰。

两次意大利之行改变了巴尔扎克对意大利和意大利人的看法。以前他把意大利妇女描写成轻浮的女性,1837年以后却把她们誉为忠贞的典范,无论是夫妻或是情侣关系都是如此。两位漂亮的女友,克拉拉·玛费和欧也妮·博洛尼尼,引起了他的爱慕和崇敬。"法国女人对裙子的认真态度到了令人难以置信的地步,而意大利女人却落落大方,她们并不用装模作样的严肃态度来维护贞操,因为她们深知自己受到专一的爱情的护佑,对她们来说,圣洁的爱完全是双方的……"在这一点上巴尔扎克同他的朋友司汤达观点完全一致。

他打算取道热那亚回法国,就在那里被该死的边境检疫站隔离了几天,栖身在一处肮脏不堪的"比囚禁犯人的监牢还不如"的鬼地方。不过他在那里遇见一位热那亚的商人佩济,此人跟他谈起一桩奇妙的生意:古罗马人当初在撒丁岛开采银矿时,限于当时的技术水平,废弃了堆积成山的矿渣,几百万财富沉睡在那些含银的矿渣堆里。巴尔扎克对这充满浪漫色彩的历史性的投机事业动了心,他答应不久的将来要去唤醒这沉睡的矿山。这次旅行重振了他的精神,使头脑恢复了元气,勾起了他对笔墨事业的怀念之情。路过佛罗伦萨,他尽情欣赏了它的绘画。他乘邮车回到米兰,再穿过积雪数尺、气温零下25℃的圣哥达山口。"尽管有十一个向导,我还是有好几次险些冻死。"不要忘记巴尔扎克是喜欢夸张的,而且这也许只是讲给他的夏娃听听的惊险故事。

1837年5月10日,巴尔扎克致韩斯卡夫人:我终于又回来重操旧业。我准备接连不断地出版《赛查·皮罗托》《卓越的女人》《冈巴拉》。我要先后把《幻灭》、《高等银行》和《艺术家》写完,然

后我们一起游历乌克兰，也许在那里我还能写一出戏，最终结束我经济上的后顾之忧。这就是我的作战计划，亲爱的伯爵夫人……①

他的确有创作剧本的念头，而且看来内容还不坏。这出题为《领班小姐》的戏剧发生在圣德尼郊区的一家商店里，与《猫打球商店》相类似。这位"首席女店员"是个女性答尔丢夫②，她成了店老板的情妇之后便在这个家庭里发号施令起来，虐待情夫的妻子和女儿。这是个蛮不错的题材，巴尔扎克说女性答尔丢夫比男性答尔丢夫更危险，因为她拥有更为有效的手段来达到她的目的。另一个剧本的主角将是普律多姆先生。他打算毫无顾忌地借用亨利·莫尼埃创作的人物，从内心到外表都照搬不误。约瑟夫·普律多姆是路易－菲力浦时代的资产者，国民自卫军、中产阶级的代表，巴尔扎克认为他比费加罗和杜卡莱更富有喜剧性。剧本拟定名为《普律多姆小姐的婚礼》。剧情已经巧妙地构思停当，只待动笔。但是从心里讲，巴尔扎克还是倾向于写小说。除了经济拮据之时，他从不涉足戏剧，因为他在戏剧创作方面总是令人失望。况且在 1837 年，他手头还有一小笔钱，是从维斯孔蒂的遗产中分得的。他根本不考虑用这些钱去还债，还了债就不能自己享用了。但是他可怜的母亲正在为贫困发出凄惶的呼号。应该承认，他的确有两年不怎么理会母亲了。她的一封信（寄给寡妇杜朗太太）早就在战斗街等着他呢。

---

① 巴尔扎克：《致外国女子的信》，第 1 卷 393 页。——原注
② 答尔丢夫，莫里哀的名剧《伪君子》中的主人公。

贝尔纳-弗朗索瓦·巴尔扎克夫人致奥诺雷，1837年4月寄自尚蒂伊：你的意大利之行真够长的，我的好奥诺雷！很久没有见到你，也没有你的消息，我受不了这样的待遇。

尽管你有一片孝心，但是你已经两年多不给我写信，我只能从尚蒂伊的女士们带来的报纸上看到你的行踪，知道你在干些什么。我若是不抱怨，你会觉得我不关心你，要是抱怨，又该让你讨厌了。唉，我的孩子，变成一个多余的没有人爱的老人是多么悲惨的事啊……

我的孩子，既然你有能力收养桑多这帮朋友，结交若干情妇，购买珠光宝气的手杖、戒指，添置银器、家具，那么你的母亲向你索取你自己许诺的东西总不能说是不知趣吧！她不到万不得已之时是不会向你开口的，不幸的是这一时刻已经来临……①

人老珠黄遭人嫌弃的时候，只有靠财富才能维持人们对自己的虚幻感情，因为他们已经没有别的可取之处了。"喔！上帝呀，你为什么没有给我留下一笔财产呢?"老太太发出天真的哀叹。她如今一无所有，不能再以威慑的目光逼视孩子们，至多只剩下一点引起怜悯的手段。女儿一家尽其所能地给她帮助，但是他们自己也是每况愈下。波姆勒将军夫妇多次对运河工程慷慨解囊。他们先是担心，看到工程迟迟不能开工，终于转为愤怒。洛尔坦率地写道："最糟糕的是投资没有得到分文利息。"于是她试图平息他们的怒气，经常替将军夫人在巴黎购置衣裙、头巾、织物、睡帽、发罩等在富热尔见不到的东西。

她勇气十足地和厄运搏斗。"我丈夫毫不泄气……"然而她自己

---

① 《巴尔扎克通信集》，第3卷第271—273页。——原注

忧心如焚。两个女儿要抚养……没有钱……还有一个穷愁潦倒的母亲和败家的弟弟……1836 年洛尔曾因忧虑过度而病倒。亨利的行为使全家无可奈何,他们请奥诺雷劝他回到岛上去,1836 年 12 月他终于答应回去。但是在班伯夫港等船的时候他又来信说连住店的钱都没有了。"快救救我,好姐姐!"家境艰难的好姐姐自己还需要帮助呢。絮尔维尔老了,忧心事染白了他的鬓发。他到处奔波、写东西,整夜整夜地忙……他说道:"我真感激波姆勒夫妇对我的信任。"然而这种信任已经大大地动摇了。男爵将军夫人甚至开始怀疑奥诺雷的天才。这一来家庭观念重占上风,洛尔出来保护哥哥:"奥诺雷想要把他所处的时代完整地描绘在画幅上……我们只有等到巨画完成之后才能对它做出评价……"她勇敢地道出了自己的真知灼见。从 1837 年 3 月起,波姆勒夫人不再给洛尔写回信了。当朋友的利益严重受损时,必须有伟大的气度才能保持友谊。

洛尔和哥哥之间一直保持亲密的手足之情,这是最崇高的支持。1836 年 9 月,洛尔在自己过生日那一天来看望奥诺雷。巴尔扎克在给外国女子的信中写道:"她丈夫的工程进展缓慢,她的生命在惨淡的光景之中流逝,她那美妙的青春在默默无闻、劳而无功的斗争中消耗殆尽。真是颗深陷泥淖的钻石啊!……我们俩用眼泪庆祝了她的生日!可怜的小妹妹,她一直在看表,因为她只有二十分钟的时间,她的丈夫忌妒心太重。怎么能私自找哥哥去解闷儿呢?"[1]絮尔维尔夫妇再也不可能在经济上援助奥诺雷,他们自己也已山穷水尽了。对于母亲的抱怨,巴尔扎克是这样回答的:

---

[1] 巴尔扎克:《致外国女子的信》,第 1 卷第 351—352 页。——原注

我的好妈妈,我现在就像在战场上鏖战一样,所以不可能回你一封很长的信。但是我认真地考虑过了,盘算着最好的办法。我认为你首先应该到巴黎来和我好好谈谈,以求得相互谅解。我觉得面谈比通信更方便,你的要求都是可以满足的。来吧,你愿意住在哪儿都行。不管是战斗街还是卡西尼街,你都可以同儿子住在一起,那时你的每一句话都会打动他的心。越早来越好。我紧紧地拥抱你。我希望自己再长一岁,因为我的前途有最大的保障,你不必为我担心……①

　　这是一封充满感情和勇气的信,只不过如他自己所说,并不能为饥寒交迫的老母带来多少"实实在在的金钱"。

---

① 《巴尔扎克通信集》,第3卷第277页。——原注

第二十四章　西绪福斯神话

有那么一段时间,西绪福斯①不哭也不笑,他不停地把石头推向山顶,他的性格也变得同他手中的石头一样了。

　　　　　　　　　　　　　　　　　　　——巴尔扎克

三个月的**甜蜜生活**②一晃而过,从意大利归来情况就不妙了。在他外出期间,账单如雪片般纷纷落到战斗街。1837 年的巴尔扎克比 1828 年时更为贫穷。九年的辛劳和成就既无法帮助他偿还十六万二千法郎的债务,也不能在眼前再给他带来什么收入。要知道那些预先卖出去的小说此刻还在他想象中的虚无缥缈处呢。更要命的是,杜凯特那个穷凶极恶的债主一心要把他送进监牢。米兰和威尼斯的凯旋者,意大利王公们的座上客,果真要为负债而变成阶下囚吗? 他给神秘的路易丝写道:"走开吧,走吧,听我的,不要涉足我这悲哀的深渊。关

---

① 西绪福斯,希腊神话中柯林斯的奠基人,以狡诈著称,死后被罚在地狱不停地往山上推一巨石,到顶后滚下来,重新往上推,永无终结。

② 原文为意大利文。

心我,就是自寻烦恼……"①

当务之急是躲避法庭执行员。他们已经知道他的两处住所。到哪儿去藏身呢?去弗拉佩斯勒,藏在忠心耿耿的珠尔玛家吗?不,在那里他很快就会被认出来的。唉!要是原先《巴黎纪事》的秘书、"红衣主教"贝卢瓦能向他提供"一间密室、面包和水"该多好啊!可是贝卢瓦只给他提供了一部中篇小说的题材(《冈巴拉》),却没有房间可给他住。最后只剩下金不换的基多博尼·维斯孔蒂了。La Contessa 慷慨地把他迎进爱丽舍田园大道五十二号。这可真是豪侠之举,因为他们夫妻俩也"穷得跟乞丐一样"。她不顾舆论,甘冒风险,"她和许多英国女人一样,追求轰动和离奇的行为。她需要刺激心灵的胡椒和辣味,正如英国人为了开胃需要辛辣的调料……"②萨拉·洛维尔迷恋充满浪漫情趣的惊险离奇的生活。于是巴尔扎克神不知鬼不觉地搬进了她的家,并立即投入写作。

巴尔扎克创作上最惊人的特点,是在紧迫的情况之下能够始终满怀信心地建筑他那布局完美的宏伟大厦。1837 年内,他必须履行合同,为《哲理研究》补充一系列短篇;要写完《新闻报》等着发表的《卓越的女人》,还得把《赛查·皮罗托》交给阿尔丰斯·卡尔办的新《费加罗报》。令人钦佩的是他居然能在紧张繁忙之中把每一本书都写成出色的作品。

意大利之行为他的短篇小说提供了不少形象和题材。此刻萦绕在他心头的最大主题是:一件艺术作品有可能因艺术家的激情过度强烈而被毁坏。音乐家企图模仿天使的音乐时,他就不能为人类所理解。

---

① 《巴尔扎克通信集》,第 3 卷第 132 页。——原注
② 巴尔扎克:《幽谷百合》。

巴尔扎克自己也亲身体验过这种危险,他的《塞拉菲塔》终因曲高和寡而失败。他在《玄妙的杰作》中,试图描绘一位过于伟大的绘画大师弗朗霍费,这位大师一味追求艺术中的绝对,脱离了自然,结果毁灭了自己的作品。不过这篇小说第一次发表时,还缺乏画家所探索的艺术创作理论。后来泰奥菲尔·戈蒂耶为他带来了画院艺徒和文艺批评方面的经验,这样他就可以把小说改得富有哲理研究意味了。

在中篇小说《冈巴拉》里,巴尔扎克又采用了同一个主题。这一次主人公是位天才的音乐家,但因他的乐曲深奥难懂而不能为人理解。先是由奥古斯特·德·贝卢瓦起草故事梗概。莫里斯·施莱辛格预定在他的音乐杂志上发表。巴尔扎克把小说重新写了一遍,并且在德国作曲家雅克·施特龙茨的帮助下补充了两大段对歌剧《穆罕默德》和《魔鬼罗伯特》的分析。巴尔扎克自称对音乐术语"一窍不通":

> 乐谱在我眼里是难懂的天书,乐队像一群胡乱凑在一起的怪物,一堆缠着弯曲管子的奇形怪状的木头,一些或老或少,或涂脂抹粉或剪短发的脑袋,要么探出在低音提琴的琴柄上,要么藏在眼镜后面,要么钻在一道道铜圈之中,或者拴在叫作什么大鼓的酒桶上,灯光照射下,一切都熠熠发光,只有乐谱除外,人们做出种种莫名其妙的动作,间隔一段时间便咳嗽、擤鼻涕……①

其实各门艺术他都不外行,他向乔治·桑阐述他对音乐的见解时使她大为倾倒。雅克·施特龙茨替他编写技术性的部分,内容过于庞杂。非得有巴尔扎克那两下子,才能把那些冗长的技术描写拾掇得让

---

① 《巴尔扎克通信集》,第 3 卷第 292 页。——原注

读者可以接受,诸如"美女四重唱(大调)……转调,(♯f 小调)。主旋律在 mi 音上表现出来,然后重回大调"①之类的术语长达十页之多。这些抄来的东西倒没有给作者带来什么困难。换任何别人,这些都会写得无法卒读,而经过巴尔扎克的手一加工,连篇累牍、离题万里的议论竟然同故事融为一体了。

于 1837 年写成,1839 年出版的短篇小说《玛西米拉·多尼》中,这一主题思想同时贯穿在爱情和音乐两个方面。过度的激情会毁灭艺术,有的时候还能破坏男子的性机能。一个男人在他热恋着的女人面前会表现得性无能,相反在一个并不为他所爱的妓女面前,他倒显得是个强有力的男子汉。正如一个男高音歌唱家,当他的情感进入音乐的最高境界时反而唱砸了锅。"一个艺术家不幸充满他所要表达的激情时,他就无法表现这种激情了,因为此刻他变成了它所要表现的事物本身,而不是它的形象。艺术是要用头脑而不是用感情来实现的。一旦被创作对象所控制,你就成为它的奴隶而不是它的主人。你就像个处在百姓包围之中的君王,演唱的时候感情过于强烈,必然妨碍能力的发挥……"②总之,想象力把一个人的精力消耗殆尽,等到需要行动时就再也没有力气了。正如思想可以杀人,想象力会使人变得无能。

《玛西米拉·多尼》是巴尔扎克最成功也是最"大胆"的短篇之一。故事情节在两条线索上展开:瓦雷泽③王子埃米里奥痴狂地热恋着卡塔内奥公爵夫人玛西米拉·多尼。但他知道,如果企图占有她,结果肯定是一败涂地④。首席男高音热诺韦兹爱上了他的搭档克拉拉·坦

---

① 巴尔扎克:《冈巴拉》。
② 巴尔扎克:《玛西米拉·多尼》。
③ 瓦雷泽,意大利的一个小公国,在米兰西北部。
④ 原文为意大利文。

蒂,但是坦蒂却爱着埃米里奥。只要坦蒂不在舞台上,热诺韦兹就表演得非常出色,而一旦在她身边演唱,他就像头驴在号叫。一位法国医生提出了一个处方,美丽、纯洁的玛西米拉·多尼为了挽救埃米里奥,答应扮演一个下贱的角色,她躺在坦蒂(克拉拉·坦蒂也赞同这个计谋)的床上,使情人中了计。"就这些吗?"她微笑着问医生,"为了拯救我朋友的生命,必要时我可以超过坦蒂。"①很可能是司汤达的《阿尔芒斯》启发他想出这么一个题材。爱情生理学这一命题始终萦回在巴尔扎克脑际。他的高明之处在于把情人和艺人的无能相提并论,并且将原因统统归结为过度的激情。这一次,雅克·施特龙茨关于罗西尼的艺术的长篇论述又为小说增色不少。同时巴尔扎克依然沿用了人物再现的方法,把这一篇作品同《冈巴拉》联系起来,玛西米拉·多尼从前一篇小说又跳进这一篇,在这一篇里她挽救了老音乐家。

巴尔扎克只需花几个小时的时间就可以了解一个城市或者一个社会。他在《玛西米拉·多尼》中描绘了昔日在欧洲称雄的威尼斯贵族阶级,可惜如今已经彻底衰落了。在今天的威尼斯船夫中间,可以找到当年总督的后代,其世系远比当今王上的更为久远。巴尔扎克写道:"威尼斯和热那亚的贵族,根本不在姓氏上加头衔,只要姓基里尼、多里亚、布里涅尔、莫罗西尼、索利、莫塞尼戈……就足以自豪了。"②他描述主人公埃米里奥·梅米的伤感心情,他为衰落的威尼斯伤心落泪,情不自禁地回想起"昔日梅米宫夜间灯火通明,舟船穿梭,波浪轻吻石阶,声声入耳,娴雅风骚之客蜂拥而至,巨大的宴会厅里满桌洋溢着欢声笑语,露天游廊里乐曲声不绝如缕,仿佛全威尼斯的人都来往逡巡于回荡

---

①　巴尔扎克:《玛西米拉·多尼》。
②　巴尔扎克:《玛西米拉·多尼》。

着欢笑声的楼梯上。……"①

如今,墙壁上美丽的装饰早已剥落,死气沉沉的天花板无声地漏着雨水。往日的土耳其地毯、花枝形吊灯、雕像、油画,连同欢乐和金钱都一去不复返了。唉,金钱,你是运载欢乐的工具。威尼斯,这座中世纪的伦敦城,一砖一瓦地坍塌,一家一户地败落。宫墙脚下被海水浸泡抚弄的阴沉绿苔,此刻在亲王眼中仿佛是造化摔上去的一摊象征死亡的污泥。终于,一个伟大的英国诗人扑向威尼斯,好像乌鸦扑向尸体。他以抒情的语言,唱出了威尼斯的挽歌。英国诗歌竟劈面扔向曾经孕育意大利诗歌的城市!……可怜的威尼斯!……②

巴尔扎克凭着直觉一下子摸透了他那些意大利朋友的感情。他理解受压迫的意大利的那种高傲的忧伤。通过弗尼斯剧院上演罗西尼的歌剧《摩西》的实况描写,他揭示出剧中受奴役的希伯来人盼望挣脱枷锁的情节同观众心中深埋着的痛苦发生了共鸣。"一种能用两句话就概括祖国的全部含义的艺术,难道不比其他任何艺术更高超吗?"③当竖琴为解放了的希伯来人的祈祷奏出第一组和弦时,公爵夫人正左手托腮,胳膊支在丝绒椅的扶手上侧耳静听。演出大厅欢声雷动,要求重唱那段祈祷。

"我仿佛亲身参加了意大利的解放。"一个米兰人在想。

---

① 巴尔扎克:《玛西米拉·多尼》。
② 巴尔扎克:《玛西米拉·多尼》。
③ 巴尔扎克:《玛西米拉·多尼》。

"这支曲调使受屈辱的人们挺起胸膛,使浑浑噩噩的人们看见了希望的曙光。"一个罗马人高声叫道。

"唱吧!"公爵夫人忧郁而热情地听完最后一段演唱时说,"唱吧,你们自由了!……"①

人们赞赏巴尔扎克在极度的动荡不安中,在索债人的追逼之下,还能从容不迫、如此成功地描绘出他对意大利的印象。他一直喜爱音乐,在意大利,他感到音乐以他从未体验过的魅力与灵魂相通,唤起心灵深处的无限情愫。

致韩斯卡夫人:昨晚我去听了贝多芬的 C 小调交响曲。贝多芬是唯一能让我体验到忌妒是什么滋味的人,比起罗西尼和莫扎特,我更愿意成为贝多芬。这个人身上有一股神圣的力量……唉,作家没有能力给予人们这样的享受,因为我们描写出来的东西是有局限的,而贝多芬给予你的却是无限的!……②

除去有关意大利的中短篇小说之外,他还用一个月的时间(而不是他希望的四天)写了《卓越的女人》(即《公务员》),在《新闻报》上发表时占了七十五栏的篇幅。

这要命的三十个日日夜夜中,我大概只睡了六十多个小时。只因没有工夫刮胡子,我这个一向反对刻意修饰的人现在留着"青

---

① 巴尔扎克:《玛西米拉·多尼》。
② 巴尔扎克:《致外国女子的信》,第 1 卷第 443 页。——原注

年法兰西"派的山羊胡。给您写完这封信以后我打算去洗澡,这是一个月来的第一次,可我还担心这绷得紧紧的弦会松弛下来,因为我还得继续写《赛查·皮罗托》,再拖下去就会受人奚落了。何况《费加罗报》十个月以前已经预付了稿酬。……①

　　《卓越的女人》起初的构思有点像洛尔·絮尔维尔的故事:一个可爱而有抱负的女人企图把比自己平庸的丈夫推上难以达到的阶层。赛莱斯蒂娜·拉布丹嫁给了一个公务员,财政部的一个处长。处长的身世带有某些神秘色彩。像絮尔维尔一样,他从未见过自己的父亲,这个不露面的强有力的人物帮助拉布丹在事业上打开局面以后就销声匿迹了,想来是已经故去。品行端正、姿色动人的赛莱斯蒂娜过着拮据的生活。每天早上她穿着便袍,趿着旧拖鞋,披着头发料理家务。(这个家庭主妇的形象大概就是洛尔的形象,洛尔每天早上的秘密已被巴尔扎克发现了)。然而有一天厚颜无耻的财政部秘书长克莱芒·德·吕卜克斯突然闯入赛莱斯蒂娜家里,发现衣冠不整的女主人格外妩媚动人,紧身衣下隐约可见的肉体此刻更显得勾魂摄魄。德·吕卜克斯手中掌握着拉布丹的前途和命运,越发肆无忌惮起来。

　　赛莱斯蒂娜既想保持贞洁又想帮助丈夫升官,不幸她的丈夫偏偏有些行政管理才能,这对政府官员来说是最危险不过的。巴尔扎克深谙公职人员的内幕。爱弥儿·德·吉拉尔丹、洛朗-扬和亨利·莫尼埃都给他描述过。这次他把政府的一个部搬进作品,完成了一部杰出的喜剧。对拉布丹的描写比较平庸,缺乏特色,但是对一些次要人物,诸如毕西沃、杜托克、波阿雷等人的描写,不论是职业方面还是私人生活

---

　　①　巴尔扎克:《致外国女子的信》,第 1 卷第 407 页。——原注

方面都堪称大师手笔。

巴尔扎克每开辟一个主题都要深入挖掘。本来只是一个家庭悲剧,最后却变成了涉及面很广的历史研究。在拿破仑时期,皇帝的意志暂时遏制了无所不在的官僚主义,官僚体制"像一块沉重的幕布,横在要做的事和能够下令去做的人之间"①,到了立宪政府时代,部长的职位不稳固了,必须为保住自己的官职而忙碌,于是官僚机构应运而生,还发明了一种耗损活力的东西叫作"报告",以拖延一切有效的行动。"在法国,最美好的事物都是在没有报告的情况下完成的……"②这官僚机构完全由一群鼠目寸光的人组成,是国家繁荣富强的障碍。一份开凿运河的计划可以在卷宗里压上七年之久(这里吐露了絮尔维尔的遭遇),它让一切营私舞弊之事永久存在下去,自己也赖以永存。

正是出于以上考虑,拉布丹(即巴尔扎克)拟定了一份人事改组计划。办法是把部级机关压缩到三个,减少雇员,提高薪金二至三倍。巴尔扎克和拉布丹主张取消间接税,只收人头税和动产税。"在法国,个人财产出色地表现在房租、仆人的数目、马匹以及豪华的车辆上,这些便是征税的依据。"赋税可能是沉重的,那又何妨?"财政预算不是一个钱柜,而是一只喷水器,它汲上来又喷洒出去的水越多,国家就越繁荣兴旺……"③值得注意的是这些极其新鲜的观点与正统派的思想是背道而驰的。作者和他书中的主人公一样与潮流抗争。所不同的是,身陷逆境的格扎维埃·拉布丹可以从不弃贫贱、美丽忠诚的赛莱斯蒂娜那里得到安慰,然而谁来安慰巴尔扎克呢?

就在他埋头于拉布丹的改革计划时,负责捉拿逃债人的商务警察

① 巴尔扎克:《公务员》。
② 巴尔扎克:《公务员》。
③ 巴尔扎克:《公务员》。

终于设法在基多博尼·维斯孔蒂家找到了他。维斯孔蒂夫妇曾吩咐仆人对前来盘查的人说巴尔扎克先生不住在这儿，谁知出了叛徒。"生性忌妒"的女仆阿丽亚娜泄露了小说家的秘密。一名化装成邮局职员的商务警察声称他不是来找巴尔扎克先生要钱的，而是给他送来一个包裹和六千法郎。其实引虎出山不必用如此大的诱饵。巴尔扎克闻声而出，假送信人便一把抓住他的睡袍说："巴尔扎克先生，我以法律的名义逮捕您，除非您马上付给我一千三百八十法郎，外加手续费。"房子已被包围，如不当场清账就得进监狱。萨拉·基多博尼·维斯孔蒂尽管手头拮据，还是替他清了账。

这些搏斗和焦虑损坏了巴尔扎克的健康，但他为已经完成的作品感到自豪：《冈巴拉》《玛西米拉·多尼》《卓越的女人》。他在致外国女子的信中写道："但愿伐木师傅在伐木，工人的手不闲。"①可是他从藏身之地出来之后，仍然遇到一些巴黎人问他："怎么，您没有出版什么吗？"在大街上他遇见詹姆斯·德·罗特希尔德，这位先生问他："您在干些什么？"正是这个时候，《卓越的女人》刚刚在《新闻报》上连载了十四天！哎！反复不断地向上推这块西绪福斯巨石真把他累得筋疲力尽！他给韩斯卡夫人的信总是没完没了地诉苦："难道还要把我的不幸向您解释千遍万遍吗？……"②可他还是絮叨个没完，他的家庭从1828年起就不再供养他啦，拉图什如何悭吝啦，威尔代的破产啦，高利贷者的利率高达百分之二十啦，铁罐街的火灾啦，《巴黎纪事》的悲惨失败啦，等等！夏娃琳娜责怪他开销太大。然而对于一个惜时如金的作家来说，马车只能是项节约，再说外表上穷愁潦倒的作家是要受出版商盘

---

① 巴尔扎克：《致外国女子的信》，第 1 卷第 412 页。——原注
② 巴尔扎克：《致外国女子的信》，第 1 卷第 414 页。

剥的。

　　像我这么一个负债累累、一手执笔写作、一手进行抗争，从不懈怠，不屈服于高利贷者和新闻舆论，不论是对债主还是对朋友都从不抱怨的人，处在这样一个人们只肯把钱借给富人的最猜疑、最自私、最吝啬的国家里，终日被流言蜚语所跟踪（当我同您一起待在维也纳时，却有人谣传我进了圣佩拉吉监狱）而始终不动摇其心志的人，要是还不能博得您的赞赏，那您真是太不了解这个世界了！……①

的确，夏娃·韩斯卡对巴黎社会一无所知。因此巴尔扎克暗暗对已经失去的难得的良师益友，伟大的洛尔·德·贝尔尼深感惋惜，是她勉励了青年时代的巴尔扎克，造就了这个作家，培养了他的鉴赏力……她总是毫不犹豫地在他的手稿上注下眉批：不好，重写这句……他多么希望韩斯卡夫人能接替她的位置。

　　亲爱的爱人，您那漂亮的额头下闪烁着如此高超的智慧，我无条件地信任您的文学鉴赏力，因而我把您当作我已失去的天使的继承人，我希望您的来信总能引起我久久的思索，我一而再地盼望您来信对《老姑娘》提出批评，就像我以往的知音所做的一样，她的声音至今仍在我耳际回荡。我的意思是请您重读这篇作品，逐页加上精确的评注，标出您觉得别扭的形象和观点，告诉我哪些该

---

① 巴尔扎克：《致外国女子的信》，第 1 卷第 416 页。——原注

删,该改,该换。切勿心慈手软,放胆干吧……①

　　韩斯卡夫人既不缺少智慧,也不缺少文学修养,但是要成为文学上的知音,她并不具备洛尔·德·贝尔尼对巴尔扎克那样宽厚大度的赞赏和真挚深切的爱。巴尔扎克同外国女子的书信往来及各方面的接触中,尽管有爱情的回忆,却也有许多分歧。她往往是指责、训斥和争吵,他叹息在他们之间有多少距离就有多少分歧意见。

　　他又发起牢骚来,真像《费加罗的婚礼》中的大段独白:"1827 年,为了帮助一个印刷工人,使我在两年以后背上了十万五千法郎的债务,我被抛进一间阁楼,连面包都没有……走上文学道路后,我又充当了弱小者的堂吉诃德。我希望给桑多以信心和勇气,在他身上花费了四五千法郎,这笔钱应该用来救济别人才是!……②我已经三十八岁,仍然负债累累……我的头上已生白发!……哎!夏娃琳娜,夏娃琳娜,你把我折磨得好苦啊!"

　　1837 年初夏,巴尔扎克被逼得如困兽一般。神奇的脑袋再也开动不起来了。经检查发现肺部出现一连串罗音。不知疲倦的热心人纳卡尔医生十分担忧,打发他去萨榭,强令他停止工作,叫他消遣消遣,散散步。这的确是一服治病良方!但是在必须完成《赛查·皮罗托》和《纽沁根银行》的节骨眼上,怎么能停止工作呢?

　　消遣,散步?但是他像个老头子一样咳嗽不止,有时连一点力气都没有了!

---

①　巴尔扎克:《致外国女子的信》,第 1 卷第 391 页。——原注
②　巴尔扎克:《致外国女子的信》,第 1 卷第 404 页。

我已到了不再留恋生活的地步,希望太渺茫,安宁太难觅。假如我所做的只是平庸的工作,这种命运我也就忍受了。但是我的苦恼太多,敌人也太多!《哲理研究》的第三册已经上市,却没有一家报纸发表评论……①

　　最令他畏惧的还是巴黎,巴黎充满了债主,巴黎有可恶的国民自卫军,他们又一次找到了他,并且给他写了一封充满恶意和嘲讽的信:致德·巴尔扎克先生,又称杜朗寮妇太太,文人,第一军团轻步兵……然而巴黎又有无与伦比的景色,铺着沥青的林荫大道,镀铜的灯柱,点的是煤气灯! 不,他不能舍弃这城市之冠,这热闹非凡、变化万千的不夜城。但是他必须躲开那帮毫不留情的国民自卫军,退避三法里,住到巴黎郊外去。

　　从萨榭回来,他的梦想已经成形。他要买下一所房子,一座距离巴黎不太远的茅屋,当他需要音乐的时候,不消一个小时就可以赶上意大利剧院的晚场演出。这距离也不能太近,以便躲避商务警察和那些市民阶层的上士。可是这位满身是债的人怎么能付得出买房子的钱呢? 不过巴尔扎克一心想得到某个东西的时候是不顾一切的。他把生活当作虚构的故事,幻想出许多情节来。首先一桩大买卖正在进行之中,有人帮他出版带插图的全集,并且实行有奖预订的办法,也就是采用贝尔纳-弗朗索瓦非常赞赏的拉法热养老储金会的原则来出版这一套书。当人们听说后死的人可以得到一笔三万法郎的奖金和一套巴尔扎克全集,谁还会在预订时犹豫不决呢? 其次他要推出两部喜剧,甚至四部、五部,谁都知道戏剧这行能赚大钱。再则,韩斯卡先生会死的,等他一

---

① 　巴尔扎克:《致外国女子的信》,第 1 卷第 419—420 页。

死,就可以娶他的寡妇为妻,到那时他不就成了金银满地的威尔卓尼亚庄园主了吗?最后,撒丁岛上古罗马人留下的矿渣山就只等着他去发掘银子了。有这么多财路,何愁买房子?

买哪一处房子呢?他知道在通往凡尔赛的路上有一个掩蔽在绿树葱茏中的美丽村庄——达弗赖镇,奥琳珀·佩利西埃过去常在那里接待他。要是住在那里,离凡尔赛,也就是离基多博尼·维斯孔蒂夫人可就近了。从那里坐上双轮公共马车,只需一个半小时就能赶到意大利剧院。他先在那里租了一套房间(当然是用絮尔维尔的名字),随后1837 年 9 月,他在一处叫作雅尔迪的地方选中一块地和一幢破房子,产权属于一个名叫瓦尔莱的织布工人。售价四千五百法郎,外加一些手续费。第二天他又用六千八百五十法郎买下旁边的一块地产。到 1839 年他总共花费一万八千法郎取得了四千平方米地皮的所有权。"我那可怜的隐修所名叫雅尔迪,是原来这一带的地名。我呢,就像一只蜷在莴苣叶上的小虫栖身在这块土地上……"他计划用织布工人的这幢房子招待他的朋友基多博尼·维斯孔蒂夫妇,他们为购置房产提供了资助,并打算请建筑工程师絮尔维尔为他设计一座小楼。在那里他就成了不住在巴黎的巴黎人,无须缴纳入城税和繁重的捐税。还可以躲避那些多嘴多舌的小报记者。建造房子不会超过一万二千法郎,加上地皮费和内部装修,四万法郎足矣。这对他来说仅仅是一笔小小的房租。说实在的,他并没有这四万法郎,但是在交纳一千五百法郎的预付款之后,承包商答应开工。剩下要做的就是结束《赛查·皮罗托》,着手《纽沁根银行》了。西绪福斯再一次挽起袖子,推动他的石头。

第二十五章　寻宝

　　巴尔扎克不是别的,他是一个接一个的欲望,是向着未来的冲
刺,这种与一切艰难险阻的较量既是无往不胜的,又是永无休止
的。总之,他代表一种永远进取的精神。

——加埃唐·皮贡①

　　早在 1833 年,巴尔扎克就对珠尔玛·卡罗谈起过《赛查·皮罗
托》,1834 年他又给韩斯卡夫人写道:"我在写一个大部头:《赛查·皮
罗托》,皮罗托是您早已认识的那位图尔的本堂神甫的弟弟,和他哥哥
一样,也是个牺牲品。所不同的是,他哥哥仅仅是一个人的牺牲品,他
却是整个巴黎文明社会的牺牲品……他是被人踩在脚下的天使,受误
解的老实人。啊! 这可是一幅巨型画啊!"②当时他计划将这部小说交
给威尔代收入《哲理研究》。之后他又去写其他的一些书,加上外出旅
行,威尔代破产,致使《赛查·皮罗托》一直搁浅。威尔代把巴尔扎克将

---

①　加埃唐·皮贡(1915—1976),法国评论家和随笔作家。
②　巴尔扎克:《致外国女子的信》,第 1 卷第 149 页。——原注

要创作的作品的版权以六万三千法郎转让给一个书籍出版发行财团。该财团答应预付巴尔扎克五万法郎,外加每月一千五百法郎。作者不能领取版税,但可以分得一半红利。1836 年,新改组的《费加罗报》从财团手里买去了《赛查·皮罗托》作为赠给有奖订户的奖品。海报:

> 凡订阅《费加罗报》三个月(二十法郎)者免费赠送奖品《赛查·皮罗托》一部,香水制造商、荣誉勋位骑士勋章获得者、巴黎市第二区副区长赛查·皮罗托的故事,巴尔扎克先生的《巴黎生活场景》中的新作,二卷八开本,首版问世。①

1837 年 11 月 14 日,巴尔扎克致韩斯卡夫人:如果我能在 12 月 10 日交出《赛查·皮罗托》,他们将付给我两万法郎,我还有一卷半要写,但是贫困迫使我接受了这个条件,我必须连续工作二十五个日日夜夜……②

现在巴尔扎克已经有了《赛查·皮罗托》的校样,但是书的内容从各个方面扩展开来。贫困迫使他答应交稿,创作的乐趣却使这本书朝纵深发展。"《赛查·皮罗托》是一部研究巴黎商界的作品,起初是一家一户的小商店,如萨朗比耶家和五金商达布兰那样的小店铺,后来逐渐发展,商业中心由圣德尼街慢慢向圣奥诺雷近郊转移,这个时期重要的商贾已经不是从前那种小买卖人,但还没有出现从事大宗买卖的批发商……那时的店铺门面招牌林立,布幡招展,店伙计们吃在铺子里,

---

① 引自《赛查·皮罗托》出版说明。——原注
② 巴尔扎克:《致外国女子的信》,第 1 卷第 448—449 页。——原注

宿在阁楼上,有的大伙计苦熬十年之后终于娶上掌柜的小姐为妻。这正是法国商业的新旧交替时期,一方面商界仍然保持着古老的家长制传统,另一方面公共马车、商业银行、股份公司等稀奇古怪的庞然大物也已经在街上出现,宣告了资本主义的繁荣……"①

赛查·皮罗托本是个农民,后来"上升"为巴黎的手工业者,在化妆品行业里发迹,只因染上本世纪的最大恶习,放弃手工业,转而从事投机买卖,终于破产。小说在叙述皮罗托的故事的同时,也展示了社会风俗的变化。在巴尔扎克眼里,皮罗托夫妇,他们的朋友拉贡、皮勒罗以及他们的伙计昂赛末·包比诺都是正派的商人,当然也只是相对的正派。赛查明知他的"头油"对头皮毫无作用,但是为了推销商品,不惜利用顾客的无知、知识界的沉默和老人们的愚蠢。后来他又签发周转票据,照法官包比诺的说法,这已是"欺诈的第一步"。巴尔扎克却原谅他这一点,买卖就是买卖嘛!但是在主人公和作者看来,破产仍然是奇耻大辱。当年巴尔扎克的父母为了使儿子免遭此难,就曾不惜倾家荡产。赛查·皮罗托是看重名誉的资产者,他终于"像被手枪击毙一样被正直的思想折磨而死"。因此这部小说是一篇风俗研究,是一幅描写巴尔扎克极为熟悉的一个社会阶层的风俗画。巴尔扎克自己就出身于这个阶层,在这个社会中"玫瑰皇后商店和猫打球商店之间有着无形的千丝万缕的联系"。这部书同时又是一篇哲理研究,它揭示出小店铺和大银行之间,古老的"纯朴"和现代的堕落之间的对立,它尤其强调了意念的强大力量,极度的欢乐甚至能导致死亡。

赛查的致命错误和他哥哥一样,是愚蠢。他天真地信任纽沁根、克拉帕龙、杜·蒂耶,就像弗朗索瓦神甫轻信奸诈的脱鲁倍一样。他预料

---

① 莫里斯·巴尔台什:《读〈赛查·皮罗托〉》。——原注

不到虚荣心会将他引向破产。但他毅然放弃了全部资产，为自己堂堂正正地恢复了名誉，而不像葛朗台或纽沁根那样，利用破产捞取利益。还有被阿兰誉为"五金行业的加图"①的皮勒罗，在他身上有达布兰大叔的影子。"像他这样挣来的一份家私可以说是最光明正大，合情合理，问心无愧的了。他从来不漫天要价，也不钻营牟利。"②达布兰就是这么一个人，一个忠实的朋友，"古道热肠的五金商"。

　　一边是五金行业的加图和古老风尚，另一边是商业银行家、奸商和高利贷者。这是一部扛鼎之作，一则巴尔扎克写的是自己非常熟悉的题材（他自己就是一个身陷绝境的欠债人，经常到期无法支付票据，并且多次面临破产的威胁，他可以把自己的亲身感受写进书里），再则本书具有广阔的历史画面且结构十分严谨。与赛查缓慢发迹相对应的是他一步步的衰败。这就叫作盛极而衰。第一卷以皮罗托为庆祝自己荣获荣誉勋位勋章而举行的舞会结束。这场舞会的蓝本很可能是达布兰为佩潘－勒阿勒尔小姐的婚礼举办的一场舞会。巴尔扎克在致外国女子的信中曾经说："今晚我得去参加舞会。我这个人居然还参加什么舞会!? 可是没办法呀，我的爱人，我必须去。这是唯一慷慨地帮助过我的朋友家举办的呀!"③

　　为表现赛查的幸福心情，巴尔扎克引用了贝多芬 c 小调交响曲中那段雄壮的结尾，赋予它视觉形象。在第二卷的结尾，赛查凭着自己的正直和朋友们的忠诚而恢复了名誉，猛然间似乎听到这首雄壮的乐曲在他的脑海和心灵里奏响："出神入化的音乐从一个调式转到另一个调式，鼓号声在他疲劳的头脑里轰鸣，对他的头脑来说，这确是庄严的最

---

①　加图（约前 234—前 149），古罗马政治家，以正直、清廉著称。
②　巴尔扎克:《赛查·皮罗托》。
③　巴尔扎克:《致外国女子的信》，第 1 卷第 134 页。——原注

后乐章了……"①法国文学史上还从未产生过如此精彩的资产阶级史诗,既渺小,又精深博大。可是作者一度对它信心不足,他给外国女子写道:"我不知道《赛查·皮罗托》究竟如何,我想在公开发表之前听听您的意见。我现在对它厌恶至极。它把我拖得精疲力竭,因此我对它只有诅咒的份儿了。"②

与《赛查·皮罗托》相对应,巴尔扎克还创作了它的姊妹篇《纽沁根银行》,这里面聚敛财富的艺术已经置法律于不顾。与殉道的绵羊赛查形成对照的是凶恶的狼,金融资本家纽沁根故意停止支付以讹诈债务人,乘机以低价收购他们手中的债券。这个控制了当代社会的银行家,是靠心计而不是凭苦干起家的。纽沁根毫不在乎股票市场的波动,正如水手毫不在乎海上的风暴。他懂得价格像海潮一样有起有落,波浪的起伏总是把他托出水面。在他周围,懂得个中奥妙的野心家如拉斯蒂涅、杜·蒂耶等都发了财,而牺牲品博德诺、拉贡之流则总是听信愚蠢的意见而落得山穷水尽。整个故事,是由四个受报界和金融界雇用的狂生在一家饭馆的单间里聊天时说出来的。他们是:安多希·斐诺、爱弥尔·勃龙代、冉-雅克·毕西沃和初出茅庐但已相当有作为的银行家库蒂尔。他们辛辣嘲讽的谈话内容透露出,正当皮罗托由于感情激动而猝然去世时,纽沁根获得了爵位并成为贵族院议员。勃龙代引用孟德斯鸠的一句话概括道:"法律好比蜘蛛网,大苍蝇穿网而过,小苍蝇落入网中。"③在这两篇醒世之作中,到处可以看到作者自己的影子。他曾经是皮罗托,又很理解纽沁根;他想当拉斯蒂涅,同时以自己的狂放点活了毕西沃和勃龙代。他本人不正是"一只刚刚破壳而出,天

① 巴尔扎克:《赛查·皮罗托》。
② 巴尔扎克:《致外国女子的信》,第1卷第457页。——原注
③ 巴尔扎克:《纽沁根银行》。

不怕地不怕的出类拔萃的鸨鹬吗"①？但是如今他深陷在债务之中，唯恐落到皮罗托同样的下场，他创造出一个纽沁根来为自己壮胆。

1837 年是艰苦的一年。一大堆《赛查·皮罗托》校样等着他去修改，为了按期交活他不得不日夜奋战。他把双脚浸泡在芥末水里，以防脑充血。他白发频添，心力交瘁。在 1 月 1 日给珠尔玛·卡罗的信中写道："向 1838 年致敬！不管她给我们带来些什么，不管她的裙褶中藏着些什么样的苦难，没关系！总有办法解救一切的，那就是死亡，我对死已经无所畏惧了。"②当这种念头袭来之时，他就躲到弗拉佩斯勒去。他计划在那里继续创作《幻灭》，然而极度的疲劳使他对写作产生了一种无法抗拒的厌烦心情。评论界的不公正也令他沮丧。尽管他发表了那么多杰作，评论界还是不肯把他列入夏多布里昂、拉马丁及雨果等大作家的行列，而把他同文坛上升起的假明星欧仁·苏相提并论。

既然手边就有一笔巨大的财富——撒丁岛上的银矿，何苦还要在这吃力不讨好的行当上自寻死路呢？只需买下开采权，他就可以自由了，就可以发财了。但是他不敢跟财界人士谈及此事，生怕某个纽沁根或者杜·蒂耶式的人物捷足先登。他向正直的卡罗少校吐露了这项计划。卡罗是综合理工学院毕业生，懂得技术，为人正派，他倒不认为这项计划是荒唐的。但是他既不下决心加入勘探，也不打算提供资金。他是个无所作为的人，属于"具有伟大的数学头脑"那一类，他们客观地评论生活，"由于看不到合理的结局，便坐等归天"③。为了弄到旅费，巴尔扎克不得不求助于他最后的挚友纳卡尔医生和布依松裁缝。

---

① 巴尔扎克：《纽沁根银行》。
② 《巴尔扎克通信集》，第 3 卷第 367 页。——原注
③ 巴尔扎克：《致外国女子的信》，第 1 卷第 467 页。——原注

他写信给他们:"我母亲已经山穷水尽,还有一个可怜的表姐也是如此。"①

　　既然他住在离诺昂不远的弗拉佩斯勒,他很想在外出之前再见见乔治·桑。有一段时间,由于桑多的原因,他们之间有些不和。但是巴尔扎克对"小儒勒"的看法终于与伟大的乔治·桑意见趋于一致。他说:"这是个任人摆布的人。"再说韩斯卡夫人有收集名人签字的癖好,正想获得这位女作家的签名。1838 年 2 月,巴尔扎克在弗拉佩斯勒给乔治·桑写信,请求"到诺昂作一次朝拜……没有见到贝里的雄狮或窠中的夜莺我是不愿回头的"②。乔治·桑也不愿意同天才闹翻,因而热情地发出了邀请。他于 2 月 24 日抵达诺昂:

　　巴尔扎克致韩斯卡夫人:我于封斋节的星期六晚上将近七点半到达诺昂城堡,见到我的同行乔治·桑身穿便袍,坐在一间极大的房间里的壁炉旁吸饭后雪茄。她足蹬一双饰有黄色毛边的漂亮拖鞋,穿着时髦的长筒袜和红色长裤,以上是她的精神状态。再说她的身体状况,她的下巴像议事司铎似的胖得打了双褶,她那极其不幸的经历没有给她留下一丝白发,茶色的皮肤还是老样子,漂亮的眼睛依然炯炯有神,她思考的时候神情痴呆,一如我从前在仔细观察她后对她说的那样,她的全部表情都在眼神里。她住在诺昂已经一年,精神非常痛苦,工作极其勤奋。她的生活与我近似,早上六点钟睡觉,中午起床,而我是晚上六点睡下,半夜起身。当然我来后,把自己的作息时间调整到与她一致。我们长谈了三天,从

　　① 《巴尔扎克通信集》,第 3 卷第 389 页。——原注
　　② 《巴尔扎克通信集》,第 3 卷第 374 页。

晚饭后五点钟开始一直谈到清晨五点。通过这三次长谈,我们彼此之间的了解比过去四年还要深。那时她因爱着儒勒·桑多,常到我家来,她与缪塞相好时也是如此。我很少去找她,总是她来见我。

这次见见她很有好处。我们交换了对桑多的看法。我是最后一个责怪她抛弃桑多的人,而今我对她只有深深的同情。您若有朝一日明白了桑多是怎样一个人,也会对我深表同情的。她对桑多是爱情,我对他则是友情……

她所做的蠢事在心灵伟大善良的人看来都是值得称道的勋业。她受过多瓦尔、博卡日①、拉末耐②等许多人的骗。由于同样的原因,她还上过李斯特和阿古尔夫人③的当。她刚刚认识清楚这一点。她属于那些在书斋是强者,而在现实生活中极易被捉弄的人之列……④

这两位伟大的“男人”对妇女问题都是专家,他们通宵达旦地谈论婚姻、情人、妇女地位等问题。巴尔扎克认为自己已经说服乔治·桑,使她认识到婚姻是社会的需要。他从诺昂带回一个新的小说题材:《爱情的奴隶》。这是乔治·桑给他讲述的关于李斯特和玛丽·德·阿古尔这一对情人的故事,因为她自己不便写,就把这篇题材当作礼物送给了巴尔扎克。同时巴尔扎克还染上了一个癖好:“她教我抽土耳其水烟和叙利亚烟草,我一下子就上了瘾。这一新的嗜好使我免去了咖啡,更

---

① 博卡日(1797—1863),法国名演员,以扮演浪漫派戏剧中的人物闻名。
② 拉末耐(1782—1854),法国作家,思想家。
③ 李斯特(1811—1886),匈牙利著名钢琴家、作曲家;阿古尔夫人(1805—1876),法国作家。
④ 巴尔扎克:《致外国女子的信》,第1卷第462—464页。——原注

换了我工作时所需要的兴奋剂……"①巴尔扎克只要吸上土耳其水烟，就能不知疲倦地用脑思考：

> 美妙绝伦的希望反复显现，并且不再是幻觉，她们个个具有形体，宛如无数个塔格利奥尼②，优美动人！您也是吸烟者，您一定有同感。这景象美化了自然界，驱散了生活中的一切困扰，生命变得欢快，神志变得清朗，思想的灰色烟雾也化为湛蓝湛蓝的颜色；但奇怪的是，土耳其水烟做的雪茄或者烟斗刚一熄灭，剧场的帷幕旋即落下……③

其实巴尔扎克无须依靠土耳其水烟就能把希望变成确定无疑的事。撒丁岛银矿事件又一次表现了巴尔扎克和现实的搏斗。令人无法理解的是，巴尔扎克这位聪明非凡，谙熟商业游戏，能够像检察官一样准确地识破纽沁根之流的花招的人，一旦自己介入，竟无丝毫戒备之心。当代最敏锐不过的头脑，对虚构人物的分析判断是那么明晰、准确，对自己却从来做不到这一点，就像"大律师向来处理不好自身的事务"一样。然而在这桩冒险中，他是完全应该仔细考虑、慎重行事的！

在热那亚遇见的那位批发商基乌赛普·佩济在巴尔扎克极易发热的头脑里播下了火种。他答应给巴尔扎克寄矿石标本来，可是并没有实践诺言。这很可以说明他想把这桩生意留给自己。矿山的确切位置到底在哪儿？巴尔扎克根本不知道。他这个外行又怎能估算出矿山和

---

① 巴尔扎克：《致外国女子的信》，第1卷第464页。——原注
② 塔格利奥尼（1777—1871），意大利舞蹈家。但此处也可能指他的女儿，舞蹈家玛丽·塔格利奥尼（1804—1884）。
③ 巴尔扎克：《论现代兴奋剂》。

已崩塌的矿场的价值呢？他没有带一件测量工具，也不知该向谁去申请采矿执照，也不大懂意大利文，怎能就地打听清楚呢？

其实，他这是再现一部小说的情节，即他自己在 1836 年为《巴黎纪事》创作的题为《法西诺·卡讷》的短篇小说。书中的故事叙述者遇见一个吹奏单簧管的老人，此人自称是威尼斯某贵族院议员家族的后裔，并且知道威尼斯行政长官的宝窟的位置，那里面埋藏着威尼斯共和国的巨大财富。但是他双目失明，无法独自去探宝。叙述人被这番知心话弄得迷迷糊糊，惊异地望着这位满头白发的老人，以为他是疯子，没有理会他。法西诺·卡讷拿起他的单簧管，"忧郁地吹奏出一首威尼斯船歌"。在吹这首曲子的时候，他又表现了他的天才，他那多情的贵族的天才。这支曲子有点像在**巴比伦河上**①。

　　"我们一起去威尼斯！"他站起来的时候，我脱口喊道。

　　"那么我终于找到一个人了！"他叫了起来，满面通红。②

可是法西诺·卡讷没过两个月就死了，叙述者也将威尼斯宝藏忘得一干二净。作为小说家的巴尔扎克把法西诺·卡讷看作一个疯子，而生活中的巴尔扎克却同法西诺·卡讷一样，为一些子虚乌有的金山银海发狂。戈蒂耶说道："他专会梦想金河、钻石山之类的东西。"他请催眠师帮助他寻找深埋的宝藏。他声称知道在圣多明各造反之后图森·卢韦蒂尔埋藏财宝的地方。他把环境和地点描写得如此逼真，以至戈蒂耶和桑多都动了心。他们商定购置锹、镐，租一条双桅帆船，悄

---

　　①　原文为拉丁文。
　　②　巴尔扎克：《法西诺·卡讷》。

悄起航。总之，这纯粹是一部小说。"不用说，我们永远也挖不出图森·卢韦蒂尔的财宝……我们三人连买镐的钱都凑不齐……"①

《法西诺·卡讷》中的叙述者没有去威尼斯，巴尔扎克倒踏上了去撒丁岛的路程。由于行囊羞涩，他不得不尽快赶路。3 月 20 日他从马赛寄给珠尔玛的一封信里这样写道："我终于成功在即了。我可以告诉您，您是不了解我才认为我这个人离不开奢侈。我坐在车顶篷上旅行了四天五夜，每天只喝十个苏的牛奶。写这封信的时候我住在马赛一家下等旅馆里，房费每天十五个苏，饭费才三十个苏！在这种情况下，您会发现我变野蛮了。"②到了马赛，他才知道根本没有去撒丁岛的船，必须取道科西嘉岛。"我真不走运，过几天，我的又一个幻想即将破灭。人总是在成功在即之际开始丧失信心。我明天去土伦，星期五可以赶到阿雅克修。我准备从阿雅克修渡海前往撒丁岛。"③他写信告诉母亲："我住在一间寒碜的旅店里，幸好还能洗澡……"④

马赛正流行霍乱，巴尔扎克因而在科西嘉岛被隔离了五天。为了消遣，他瞻仰了拿破仑故居——"穷酸的房子"，到阿雅克修图书馆阅读了几部英国小说，《格兰狄松和帕梅拉》——"极其无聊，蹩脚透顶"。不过他喜爱当地优美的风光和居民们质朴的性格。"这里既没有书店，也没有妓女；既没有大众剧院，也没有社团，没有报纸，没有任何文明造成的腐化现象。这儿的女人不喜欢外乡人，男人一天到晚叼着烟东游西逛。简直是个令人难以置信的懒人世界。这里有八千生灵，到处是贫困，对现代社会一无所知。我倒可以在此地享受隐姓埋名的福

① 泰奥菲尔·戈蒂耶：《巴尔扎克》，《当代人物群像》，第 74 页。——原注
② 《巴尔扎克通信集》，第 3 卷第 389—390 页。——原注
③ 《巴尔扎克通信集》，第 3 卷第 389 页。
④ 《巴尔扎克通信集》，第 3 卷第 388 页。

气……"然而还是有一个军官和一名大学生把他认出来了。"唉！真讨厌，不论你干什么，总有人把你公之于众！"①后来总算有几个捕捞珊瑚的渔民渡他去撒丁岛，一路上除了刚刚钓上来的鱼之外，没有其他东西可以充饥。

通往矿山的路途异常艰难。那时候撒丁岛上既没有道路，也找不到车子，更没有客栈。巴尔扎克不得不以马代步，他已有四年不骑马了。岛上是一片广袤的原始森林，巨大的橡树，绿荫如盖，什么吃的都没有。当他到达阿尔让蒂拉时，才知道马赛的一家商号早已和热那亚人佩济合作，对矿渣作了化验，获得了巴尔扎克所期望的结果，并且已经买到王室批准的开采权。巴尔扎克在任何一件投机事业上总是有正确的预见，而在实践中则以失败告终。阿尔让蒂拉矿业公司的股东们将获得一百二十万法郎利润，正是巴尔扎克朝思暮想的那笔数目。然而他却白白耗费了心机和财力。正当商人佩济在政府机构内奔走活动之际，巴尔扎克却在写他的《赛查·皮罗托》。这两种禀性和才能是无法并存的，显然后者更为美好，但它却排斥前者。巴尔扎克致信韩斯卡夫人："请您在复信的时候不要责备我，因为失败者需要的是安慰。在这次充满艰险的旅途中我时常想念您。我想您顶多只会说一句：'他怎么会干这个勾当的？'"②

他取道热那亚和米兰回国，因为可以借助维斯孔蒂的关系。此次米兰之行不如前一次愉快。然而热情的波西亚亲王还是免去了他住旅店之苦而提供给他一间可以安静地工作的房间。后来他把他的两部佳作《交际花盛衰记》和《夏娃的女儿》分别献给了好客的亲王和博洛尼

① 巴尔扎克：《致外国女子的信》，第1卷第471页。——原注
② 巴尔扎克：《致外国女子的信》，第1卷第475页。

尼伯爵夫人。他在献词中写道："如果说法国人的名声是轻浮、健忘，那么您看，我就应当是个忠诚不渝、不忘旧情的意大利人。"①

《交际花盛衰记》一书经过漫长的时间才成为巴尔扎克的一部重要巨著。然而在1838年连书名和提纲都尚未产生。在米兰，巴尔扎克多少出于对巴黎生活的怀念，起草了一篇《电鳗》，讲的是妓女爱丝苔·高布赛克和《幻灭》中的吕西安·吕邦泼雷之间的一段爱情故事。爱丝苔是天仙般的美女，男人见了她会像触电一样被吸引住，故有"电鳗"的绰号。一天她出外游逛，在圣马丁门街与吕西安邂逅，从此疯狂地爱上了他。她赎回了自由，同他一起幸福地生活了三个月。但是在巴黎歌剧院的一次化装舞会上，她被一伙恶毒的青年认了出来，暴露了她的卑贱身份。绝望之中她企图自缢，被一位教士所救。教士理解她在这次爱情中倾注的深厚感情及所遭受的屈辱，决定把她送进一所修女办的寄宿学校，把她由妓女改造成规矩姑娘。作品计划于1838年在《新闻报》上发表。可是吉拉尔丹害怕引起订户们的抗议，因为《老姑娘》已经把他们吓坏了。一个妓女进寄宿学校？那还了得！《电鳗》后来由威尔代拿去与《卓越的女人》《纽沁根银行》合集出版。巴尔扎克在米兰的波西亚亲王家里只写出了《电鳗》的前半部。

他在米兰的朋友们倒是给了他充裕的时间去工作。这一次全米兰正在为奥皇自封伦巴第王而忙乱，无暇顾及巴尔扎克。他思乡了。这里晴朗的蓝天令他痛心地忆起巴黎那阴云翻滚的天空。他魂牵梦萦，急欲重返"他那亲爱的地狱"——那谣诼纷起、无情无义的巴黎。5月20日，巴尔扎克迈进了他的第四十个年头。他致信外国女子："等到我这第四十个年头结束之时，我就将属于那屈从于天命的芸芸众生。因

---

① 巴尔扎克：《〈夏娃的女儿〉献词》。

为在我那充满厄运、战斗和信心的悲惨的青春岁月,我曾发誓等四十岁一过,就再也不为任何东西去奋斗拼搏了……"①在这决定命运的过渡关头,这位四十岁的中年人感到比以往任何时候都更需要安身立命,需要一所属于他自己的、可以和梦寐以求的女人同住的小房子。

可是今后谁能成为他梦寐以求的女人呢?在他青年时期支持过他的女人相继去世。1836年他从意大利归来时获悉洛尔·德·贝尔尼去世的噩耗;1838年再次外出归来,传来的是洛尔·德·阿布朗泰斯的死讯。可怜的"巴黎女管家"死得很凄凉。她在文学创作上走红没几年光景,失败的痛苦便接踵而至,原因是巴尔扎克不再帮助她了。她早就料到会失去这个情人,但总还希望保住这位能帮她修改稿件的朋友。"我的老交情可没有那么脆弱,天哪!老交情和青年时期的爱情是刻骨铭心的。"②她在拉罗什富科街租了一套底层房子,试图重新建立一个沙龙。不少朋友都来光顾,有朱丽叶·雷卡米埃、布罗格利③、努阿伊④,甚至还有对帝国念念不忘的雨果。泰奥菲尔·戈蒂耶戏称她为"达布拉卡达布朗泰斯公爵夫人"。在儒勒·德·卡斯泰拉讷伯爵家里,她还领导着一个由上流社会人士组成的剧团,但是在女演员中她接纳了许多有钱的老寡妇,因此被小报戏称为"驼背丑角剧团"。上了年纪还想玩出风头的把戏是可悲的。

不久贫困再次袭来,书商拉沃卡拒绝收买她的稿件并停止贷款。她不得已搬进一套狭小的公寓。一天,债主们当着她的面拍卖了她的家产,这时她正生黄疸病躺在床上。有人把她送进医院,但因没有钱,

---

① 巴尔扎克:《致外国女子的信》,第1卷第475—476页。——原注
② 《巴尔扎克通信集》,第3卷第382页。——原注
③ 布罗格利(1785—1870),法国政客,曾在七月王朝任议会主席和内阁大臣,1848年革命后成为立法议会议员。
④ 努阿伊,法国著名家族,此处应指努依将军(1756—1804)的亲属。

便被搁置在一间阁楼里。最后她就在那里咽气,终年五十四岁。为她送葬的有雨果、夏多布里昂、大仲马、雷卡米埃夫人。死者的友人本想在拉雪兹神甫公墓为她立一块碑,但市议会不批给地皮,内政部也不批给石料。这到底是为什么? 雨果写了两节对仗工整的漂亮小诗以示抗议:

> 你,——显赫的缪斯和我,——无名的使徒,
>
> 在当今之世,我们肩负同样的使命;
>
> 一个死结将你我牢牢系在一起,
>
> 你,——英雄的遗孀;我,——士兵的儿子!

> 因此,在这巴比伦城,我不知疲倦地
>
> 吻遍受辱的旗帜上每一块碎片。
>
> 我为皇帝呼吁:归还他的凯旋柱!
>
> 我为你呼吁:给她一块墓地![①]

　　阿布朗泰斯夫人去世时,巴尔扎克正星夜跋涉在积雪覆盖的哥达山路上。两个月以后,他致信韩斯卡夫人:"您一定在报上读到了可怜的德·阿布朗泰斯夫人悲惨的结局。她同帝国覆灭一样悲惨地死去。有朝一日我要向您详细介绍这个女人,这故事将伴随我们在威尔卓尼亚庄园度过一个美妙的夜晚……"[②]多么健忘! 当年被他苦苦追求过的情妇的一生,如今竟然成了一个"美妙夜晚"的话题。不过他的确从

---

①　维克托·雨果:《给洛尔·阿布朗泰斯公爵夫人》,《光与影集》。——原注

②　巴尔扎克:《致外国女子的信》,第 1 卷第 487 页。——原注

未像爱洛尔·德·贝尔尼那样地爱过洛尔·德·阿布朗泰斯。前者曾经为他效力,后者却始终在利用他。他是怀着多么伤感的心情追忆这段往事:

> **1838 年 11 月 15 日致韩斯卡夫人:**精神比肉体更不容易得到满足。我老了,需要有个伴侣。我没有一天不怀念那个躺在枫丹白露附近小镇墓地里的可爱的人儿。我妹妹的确很爱我,却再也不能在她自己家里接待我了,她丈夫那颗冷酷忌妒的心把守着一切通路。我和母亲根本无法相互沟通。我只能与工作为伴,我多么希望身边有一家亲切的朋友可来往。美满幸福的婚姻? 算了吧! 我对此已不抱希望,尽管没有一个人比我更能适应家庭生活……①

尽善尽美的爱情生活对巴尔扎克来说从来只是希望和幻想。无疑,完美的女主人公,具有天使的心灵,举止优雅,风度绝佳的 Dilecta 曾给他带来过美好的时光和珍贵的教诲。"但是她毕竟比我年长二十二岁,因此从精神方面,她已经远远超出我的理想,但在物质方面,而这也是很重要的一面,其缺陷却是难以弥补的。我灵魂深处所萌发出来的无限激情从未得到充分满足。我一直缺少另外那一半……"②卡罗夫人的确是个高贵的女人,但是友谊根本代替不了爱情,"那种无日不在的爱情……你可以从随时听到的房间里的脚步声、说话声、衣裙的窸窣声中,得到一种无尽的快感。过去十年中我断断续续地享受到一些,

---

① 巴尔扎克:《致外国女子的信》,第 1 卷第 500 页。——原注
② 巴尔扎克:《致外国女子的信》,第 1 卷第 500 页。

虽然并不是很完美"①。假如韩斯卡夫人信得过他,她本来可以给他带来这种幸福。然而她却是个多疑的人,她为自己臆造出一些恶魔,把巴尔扎克变成一个她想象中的人物,当作责骂、训诫、谴责的对象。

亲爱的,请给我解释一下您最近一次给我的信中,"您天生品性轻浮"这句话是什么意思。我什么地方轻浮了? 是不是因为我十二年来不懈地为一项宏大的文学创作而努力? 是不是因为六年来我心中对您一往情深? 是不是因为十二年来我没日没夜地苦干,为了偿清我母亲凭着最荒谬的推算加在我身上的债务? 是不是因为尽管我多灾多难,依然没有被窒息,没有一蹶不振,更没有投河自尽? 是不是因为我不断努力寻找巧妙的途径以缩短我的苦役期却都归于失败? 请您解释一下吧! 是不是因为我避开一切社会的和商业的活动,全身心地投入激情、创作和为还债而进行的劳作之中? 是不是因为我创作了十二卷而不是十卷作品? 是不是因为我的作品没有按期出版? 是不是因为我狂热地、持之以恒地给您写信,并且不断以难以置信的轻浮给您寄去我的亲笔手稿? ……我恳求您,不必害怕,说吧……

我生性轻浮?! 显然,您像一个小市民看见拿破仑为了视察阵地,一会儿向东,一会儿向西,左转右转,于是断定:这个人坐不下来,肯定是个没有主见的家伙!

看看您那可怜的农奴的肖像吧! 看看他宽阔的两肩,厚实的胸膛与额头,然后再说:"这就是最忠贞不渝,最不轻浮,最踏实的

---

① 巴尔扎克:《致外国女子的信》,第 1 卷第 501 页。

人!"这才是赎过的表示!……①

最不轻浮的人……也许是吧,但他又是最难以满足的人。他始终在为一项极其庞大的计划而奋斗,其规模之大,任何人,任何超人的力量也难以完成。他想要什么?什么都要!戈兹朗说:"他是个既无理智而又杰出的全才。他不喜欢做一件件孤立的事,他所做的每一件事都同另一件事情相关联,而那一件又同千百件其他事情相联系……他写的所有文章、小说、悲剧、喜剧仅仅是他打算写的作品的序幕……"②因此,正如他说他的生活就是他的一部部作品一样,我们可以说他的一生只是他的整个生活的序幕。寻宝之举对他来说,只不过是他探索绝对的过程中的一段小小插曲而已。

---

① 巴尔扎克:《致外国女子的信》,第 1 卷第 504—505 页。——原注
② 莱翁·戈兹朗:《穿拖鞋的巴尔扎克》,第 24 页,巴黎,代尔玛出版社,1949 年。——原注

第二十六章　在雅尔迪

要能忍受生活,除非永不生活。

——福楼拜

"一座小屋和梦寐以求的女人……"巴尔扎克外出的时候,泥瓦匠们造好了这座小屋。于是他充满诗意地向他梦寐以求的女人描述他的领地。它高踞达弗赖镇之上,一派迷人的风光在山脚下展现,"他亲爱的地狱"——巴黎上空烟云弥漫,使那著名的默东山坡的轮廓变得朦胧了。"真是奇伟壮观、令人心旷神怡的背景。"①领地的尽头便是巴黎通马赛的铁路线上的一个小站,因此只需破费十个苏,十分钟就能从雅尔迪到达巴黎市中心。而从战斗街到市中心却至少要花一个小时和四十个苏。仅就这一点,这块领地也永远不会失去它的巨大价值。"我要在那里待下去,直到发财……我要在那里颐养天年,静悄悄地埋葬我的希望、雄心和其他的一切……"②

---

① 巴尔扎克:《致外国女子的信》,第 1 卷第 483 页。——原注
② 巴尔扎克:《致外国女子的信》,第 1 卷第 484 页。

房屋上方有一块黑色大理石匾,刻着"雅尔迪"几个大金字。在他想象中,这就是马尔利①,这就是凡尔赛。但是在那些缺乏想象力的朋友们看来(甚至在他自己冷静地观察的时候),这不过是一座有绿色百叶窗的小木屋,一只鹦鹉笼子,三个房间从上到下叠在一起,梯子极不方便地建在室外,这就是所谓"楼梯"了,真是一处"又小又破的房产"②,屋前的坡地陡直地冲向公路,一级一级的土台阶似乎只需经历一场小小的风雨便会争先恐后地崩塌。为了稳住滑坡而花大价钱筑起来的挡泥墙使内行的人惊讶不已,因为那墙迟早也要倒塌。任何树木都休想在如此陡峭的土坡上生根。巴尔扎克声称要从威尼斯运来打桩用的芦荟木,说它们是不朽的梁木,在上面可以筑起雄伟的宫殿。然而一个聪明的建筑承包商打消了他这个荒诞的念头。园丁们花了几个月的时间,用尽各种招数和大量石块,企图阻止这黏土陡坡的水土流失。演员弗雷德里克·勒迈特去那儿拜访他,散步时手里一直拿着两块石头,每当主人停住脚步,他便把石头垫在自己脚下才能站稳。

只有坚如磐石的巴尔扎克不会滑倒,他靠的是自信。他向人解释说这是世界上最好的土地,从前在这里种过很有名气的葡萄,陡坡便于接受阳光。为此,他把雅尔迪划为异国植物种植园。他设想用温室种植十万株菠萝。当时一株菠萝在巴黎能卖二十法郎。他每株只卖五法郎,十万株的收入就是五十万。除去温床、煤炭、种植成本费的十万法郎,每年"一个字不写"就能净赚四十万法郎。稳当的收入啊!

他同泰奥菲尔·戈蒂耶去蒙马特尔大街物色一间小店,作为今后的菠萝销售点。店铺将漆成黑色,嵌以金色线条,并在招牌上用大字写

---

① 马尔利,路易十四一宫堡名,建筑此宫的用意是表现"太阳王"的伟大光荣,主体建筑象征太阳,周围十二座建筑象征太阳的光芒。

② 莱翁·戈兹朗:《穿拖鞋的巴尔扎克》,第 28 页。——原注

上"雅尔迪菠萝"。"巴尔扎克仿佛已经看见在暖房敞亮的玻璃拱顶下,那十万株菠萝头顶锯齿形的羽冠,身披金色方格铠甲破土而出。他自己的身躯在暖房温暖的空气中膨胀,他张开鼻翼贪婪地吸进热带植物的香气。直至回到自己的住处,倚窗注视飞雪悄然无声地落在光秃秃的山坡上,才好不容易地从梦幻中清醒过来……"①

雅尔迪最早的建筑是一所农舍,距离奥诺雷的木屋六十步开外。基多博尼·维斯孔蒂伯爵夫人一家将住进这所房子。巴尔扎克总算聪明,把他最好的家具和一部分藏书存放在那里,以防万一被捉拿。他自己这间寒舍中,除了一张床、一把椅子和一张写字台以外就别无他物了。在光秃秃的墙上,他用木炭涂写着:*这里是巴洛大理石墙板,这里是雪松木柱座,这里是欧仁·德拉克洛瓦绘制的天花板,这里挂一块奥比松壁毯,这里装一个云母大理石壁炉,这里装几扇特里亚农式门,这里是用海岛上出产的稀有木材制成的拼花地板……*②书架上躺着一排排原稿和同一作品的一系列校样,一卷卷分开,从初稿到最后的定稿依次排列。在这些卷册旁边,戈蒂耶瞥见一本用黑带系着的晦气卷宗。"拿去看看吧,"巴尔扎克对他说,"这是一本没有发表过的书,很有价值。"书名是《忧郁的账簿》。上面记录着票据的付款期限,供货人的账单,欠款一览表等。在这本簿子旁边是《都兰趣话》。"那账簿可不是它的续集。"巴尔扎克笑着补充说。

接着他以"赫拉克勒斯式的乐观"又笑了起来。忧郁的账目不久即可清偿,因为他将进行戏剧创作。不过这绝非他之所长。他的才能主要不是在对话中,而是在描写、性格分析或广阔的历史画卷中展现

---

① 泰奥菲尔·戈蒂耶:《巴尔扎克》,《当代人物群像》,第 93 页。——原注
② 莱翁·戈兹朗:《穿拖鞋的巴尔扎克》,第 31 页。——原注

的。但是一个成功的剧本可以赚十万到二十万法郎，是小说的十倍。他可以学会这门营生，就像过去学会写小说一样。再说剧本的文字不多，写起来很快。找几个朋友帮他"捉刀"，对付出三四个剧本，耽误不了他的大部头作品。

他的小本本里出现了大量戏剧素材，整页的**构思和片段**。他草拟了一些提纲：一部《奥尔恭》，莫里哀的《伪君子》的续篇，第一幕还相当不错；一部《好心的理查》，故事发生在执政府初期，从提纲上看是个颇有希望的剧目。穷极无奈，必须尽快弄一个剧本搬上舞台，他决定立即动手写作《领班小姐》。这是一出发生在巴黎沼泽区市民中的悲剧。他曾对夏娃·韩斯卡讲过这个故事，夏娃不怎么感兴趣。后来他又讲给乔治·桑听，乔治·桑却很感兴趣。巴尔扎克把剧名改成了《家事学堂》。最初的构思看起来相当精彩：老板被女店员领班所征服，引起了这个家庭成员的愤怒。然而在落笔时一切都变了样。本来应该是女性伪君子的小姐一变而成为纯洁少女，"温文尔雅的雇员"，真诚地爱着批发商。巴尔扎克居然冒出这样糟糕的念头，结局用了一段梅特涅给他讲的故事：一对情侣都疯了，结果互不相认。市民喜剧以拙劣的情节剧告终，令人遗憾不已。剧情中若包含巴尔扎克最初的素材则会好得多。

巴尔扎克请来一位没有什么成果的作家到雅尔迪协助他写作《家事学堂》，他对这个青年人寄予不少幻想，此人名叫夏尔·拉萨伊，"人高马大，配上个大鼻子。向前，开步走！鼻子启动，笨蛋紧随其后"①。拉萨伊被主人的工作节奏吓呆了。凌晨一点，穿制服的仆人就来叫醒

---

① 吕多维克·阿莱维：《札记》，第 1 卷第 19 页，巴黎，卡尔曼－莱维书屋，1935年。——原注

他:"先生请您起床。"他被领进餐室,饭菜已经上桌,排骨,酸模菜,浓咖啡等。随后身穿僧袍的巴尔扎克走进来,把他带到另一个房间。"写吧……《家事学堂》。"就这样,口述剧情直到早晨七点。这便是雅尔迪的生活方式。拉萨伊终于步了桑多和博尔热的后尘,吓得溜之大吉。普通人怎么能与超人并驾齐驱呢?①

真正的合作者是聪明的洛朗-扬,他比巴尔扎克小九岁,真名叫冉·洛朗,瘦高个儿,背微驼,罗圈腿,拄着手杖,走起路来一蹦一跳。他嘴尖舌利,"灰色的眼睛里似乎喷射着火焰"。他既是画家,又是小说家,但是画得不多,写得更少。加瓦尔尼说:"巴尔扎克把他留在身边是为了有机会说:我的雅尔迪有一棵不结果的无花果树。"巴尔扎克留住洛朗-扬的主要原因是此人逗他开心。还有一个原因是,这个放荡不羁的家伙对他忠心耿耿。洛朗-扬和戈兹朗都是在卡西尼街大吃大喝的那帮快活人中的一员。只要和这群人在一起,"沉湎于寻乐与牟利之中",巴尔扎克就可以忘掉他所有的公爵夫人。由于关系密切,洛朗-扬对巴尔扎克以"你"相称,叫他"亲爱的"或"我的爱",并且在信尾常写上"紧紧依偎在你宽厚的胸膛上"。他甚至称巴尔扎克老夫人为"我的孩子"。她嗔怪他说:"跟教皇说话他都敢叫他'我的孩子'。"②然而这个怪僻尖刻的人却表现得极为忠诚。他悄悄付清巴尔扎克在弗拉斯卡蒂的赊账,打发走找麻烦的人。他奔走斡旋,向法兰西喜剧院推荐《家事学堂》。不巧比洛兹当上了剧院经理,巴尔扎克对这个仇人是不能有所指望的。他们又把剧本送到文艺复兴大剧院,经过反复谈判,仍

---

① 参阅莫里斯·雷加尔:《巴尔扎克和洛朗-扬》,《巴尔扎克年鉴》1960 年,第 161—176 页。——原注

② 参阅莫里斯·雷加尔:《巴尔扎克和洛朗-扬》,《巴尔扎克年鉴》1960 年,第 161—176 页。

被退了回来。然而剧本并非一无可取。热拉尔·德·奈瓦尔说:在这个市民悲剧中可以看到希腊神话中阿伽门农家族中的一切狂暴行为。巴尔扎克给许多人朗读过《家事学堂》,他的听众包括作家(司汤达、戈蒂耶)、大使和上流社会人士。先是在圣克莱尔的古久里夫人家里,后来在居斯蒂纳侯爵家。他并没有泄气,当初开始创作小说时不也同样艰难吗? 这并不奇怪。

在雅尔迪,巴尔扎克完成了在日内瓦开始写的《古物陈列室》。同《老姑娘》一样,故事也发生在阿朗松。科尔蒙小姐的对应人物是埃斯格里尼翁小姐,巴尔扎克就喜欢把对比和反衬糅合在一起。正是在这部小说里,巴尔扎克把卡罗琳娜·玛尔布堤在都灵的吕依吉·考拉律师的花房里那段情景写了进去。书中人物狄安娜·德·摩弗里纽斯身着男装,手持马鞭漫步在爱好养花的老法官家的花房里。巴尔扎克这位大导演对道具库里堆放的玩意儿了如指掌,在需要的时候,他知道从什么地方去找出盖满尘土的道具和有用的形象。

在一篇精彩的序言中,他点出了主题:外省精英荟萃巴黎。

> 《古物陈列室》描写这类出身名门的贫穷青年,他们来到巴黎,并在此沉沦——或毁于赌博,或毁于向上爬的欲望,或被拖进巴黎生活的泥沼,或毁于发财致富的贪欲,或毁于幸福或不幸的爱情。埃斯格里尼翁伯爵是拉斯蒂涅的对照,拉斯蒂涅是外省青年的另一种典型。他机灵、大胆,所以在前者跌倒的地方他竟获得了成功。①

---

① 巴尔扎克:《〈古物陈列室〉初版序言》。

趁着文思泉涌，他紧接着开始写《幻灭》第二部《外省伟人在巴黎》。作品中投入了他创业阶段的回忆：艰辛苦涩的记者生涯，他自己的黄粱美梦，被收买的报刊之阴险恶毒。书中吕邦泼雷的十四行诗，他曾经请友人德尔芬·吉拉尔丹、戈蒂耶、拉萨伊写过（阿兰说"我发现这里表现出某种可以说是职业上的玩世不恭"），吕西安的豪华排场（镶宝石的手杖，钻石纽扣，珍馐美馔等），令人联想到 1835 年奥诺雷也曾因同样的原因陷入灾难。但是必须再次指出，一部好的小说绝不可能是自传。《幻灭》是所有前来征服巴黎的外省人的"严酷洗礼"。巴尔扎克无疑想到了勒普瓦特万、雷松、桑多。他描绘吕西安的那些书商时，头脑中肯定出现了拉沃卡、朗迪埃尔、威尔代的形象。在塑造吕邦泼雷时，他用了桑多的形象（桑多也是卢斯托的原型），加上受珠尔玛·卡罗保护的年轻人爱弥尔·谢瓦莱、格勒诺布尔人绍德赛格，他"满怀着对自己的才能和俊美的十足信心来到巴黎，狂热而冒失地闯入上流社会，同侯爵夫人们谈情说爱，直到有一天落得两手空空，被逼到自杀的边缘时才醒悟过来"①。总之，他有的是活生生的模特儿。

从手稿中可以发现不止一处的生活原迹，发展到后来就不那么清晰了。斐诺的报纸起初就是现实中的《戏剧通讯》，斐诺本人很像韦隆医生、阿梅代·皮肖和维克托·博安，但是巴尔扎克尽量避免在书中照搬真实人物。如勃龙代、卢斯托、拿当、吕邦泼雷等，都是他虚构的人物，却比生活中的真人更为生动。小团体中的大作家阿泰兹酷似圣西门主义者比谢。这里，巴尔扎克同样是将好几个真实人物融为一体，而阿泰兹首先是一个更完美的巴尔扎克。

---

① 安东尼·亚当：《〈幻灭〉导言》，巴黎，加尼埃版 1963 年。——原注

有一句意大利谚语精辟地说明了这种现象:"这条尾巴不是这只猫身上的①。"文学创作也运用绘画手法,在绘画中,画家为了创造一个完美的形象,通常取这个模特儿的手,另一个模特儿的脚,这一个的胸,那一个的肩。画家的工作就是给那些入选的各部位注入生命,变成可能存在的人。假如他所临摹的完全是一个真实的形象,你多半会掉头而去……②

《幻灭》也许是巴尔扎克写得最好的小说。它的题材最接近巴尔扎克本人的经历。卢斯托把吕西安引荐给书商,正像当年拉图什将巴尔扎克领进文学界的大门。吕西安在小团体和下流的新闻界之间的摇摆,反映了巴尔扎克自己的摇摆,他模模糊糊希望共和派和正统派(米歇尔·克雷斯蒂安和达尼埃尔·德·阿泰兹)携起手来共同反对资产阶级个人主义。柯拉莉对吕西安的爱情,她的死,以及她死后吕西安为付她的丧葬费而在遗体旁写下一首歌的情景,达到了诗意的最高境界。

还有许多小说正在巴尔扎克的头脑中酝酿成熟:《乡村教士》《一有地,争战起》《夏娃的女儿》《贝阿特丽克丝》。每一部后来都成为(并且一直是)令人称赞、惊叹、陶醉的作品。这个人通晓一切。阿朗松的派系斗争,里摩日的内幕,妓女交际花阶层,新闻出版界,直到女人们对爱情的迷恋和悔恨,他全都了解。他遇见巴黎上流社会的明星们,往往不大能把他们和自己书中的人物分清。这是德拉克洛瓦呢还是勃里杜?是迪皮特伦还是德普兰?是乔治·桑还是卡米叶·莫潘?是居斯塔夫·普朗什还是克洛德·维尼翁?一条从未剪断的脐带联结着现实

---

① 原文为意大利文。
② 巴尔扎克:《〈古物陈列室〉初版序言》。

世界与小说世界。他已变成他自己创造的人物世界的绝对主宰,只需从中选出几个角色便可编出新的故事,从他们的过去就可以产生他们的未来。

在他看来,根据个人的需要,报刊的要求,或为了凑齐一卷书而选择人物、故事是很自然甚至很必要的。如果说,阿斯托夫·德·居斯蒂纳这样的作家,由于拥有一笔丰厚的遗产而鄙视卖文的收入,对卢梭的贫寒和清高备加赞扬,对"贪财者拿才能做交易"嗤之以鼻,那么巴尔扎克则驳斥这种他认为十分虚伪的论调,他指出:卢梭在《忏悔录》中详细地叙述了那笔给他带来六百法郎终身年金的交易,拉辛、莫里哀、布瓦洛也都接受了国王赐予的赏金。

1837 年,一个作家为贫困所迫,不得不迎合出版商们的口味和需要,这是一条无情的法则。某张报纸,某家杂志,征求一篇"不长不短"的作品……作者来到报社,说:"我有一篇《纽沁根银行》。"正巧这篇小说的长度、广度和价钱都合适,只是里面涉及一些敏感的问题,正好同该报的政治观点相抵触。作者第二次登门,拿出了《卓越的女人》和《电鳗》。"嘿!你们这些耻笑这类事情的人,是不是认为这里面就不存在艺术了呢?其实,艺术是最灵活不过的东西。它无处不在,它蛰伏在每一个角落,不论你赋予它什么形式,它都会熠熠发光……"①偶然是个高明的工匠,这一点早已被达·芬奇和米开朗琪罗无数次地证明了。一面光秃秃的墙壁为《最后的晚餐》提供了园地,一块丑陋的大理石则为《被缚的奴隶》创造了机会。

为了使一本书能够摆上书店的货架,作家就得同时进行好几部作品的创作,并且有一部也上不了架的危险。作家的头脑中有一个作坊,

① 巴尔扎克:《〈卓越的女人〉〈纽沁根银行〉〈电鳗〉序言》,威尔代版 1838 年。

在作坊的一角，你看见的是《幻灭》……如果它只写了一半，宛如巴黎的一些尚未完工的墙，请你不必抱怨，那是因为出版商只需要一卷，而不是两卷。到一定时机第二部分自然会出来。如果《电鳗》迟迟未能与读者见面，那是因为报纸对刊登一篇洛莱特（指漂亮风骚的年轻女子）的故事还有顾虑。这就是作坊里放着一些暂时搁置一旁的图画的原因。一个作家如果没有额外收入，没有国王的津贴，也没有世袭的爵位（影射居斯蒂纳），那么他就得为填饱肚子而创作。如果他塑造的人物形象在创作过程中有所变化，那也不足为奇。譬如他从意大利回国后开始创作的《卓越的女人》中，公务员很多，卓越的女人却很少。其原因在于公务员是现成的，卓越的女人却还有待塑造。《新闻报》正等着这篇小说，《费加罗报》为《赛查·皮罗托》预付了两万法郎，还要编写几篇中短篇小说以补齐《哲理研究》。所有这些因素迫使画家奔忙于好几个画架之间……无论巴尔扎克怎样解释，受报刊束缚的艺术有时仍然很受折磨。读者是文章的检察官。他们要求作品"适应一切口味，雅俗共赏，老少咸宜"。《新闻报》的读者嫌《卓越的女人》（《公务员》）太严肃，而《世纪报》的读者则提出要删改《贝阿特丽克丝》。这些文化上的清教徒害怕见到"酥胸"或"性感"之类的字眼，"真是蠢得可笑！"这是巴尔扎克给韩斯卡夫人的信中的话。

不过他始终按他自己的程序来创作。他头脑中充满各种各样的主题，往往由一句话来概括，如："人间之爱升华为神圣之爱。"（这是尚未动笔的《玛丽·德·昂日嬷嬷》）"一个善良的人为女儿荡尽家产，像狗一样地死去。"（这就是《高老头》）"政治生活场景：一个部长为建立某种联系而出卖自己的女儿、女婿和朋友。"（此书尚未动笔）有时候他把一个题材用上两次，但结局不同。《贝阿特丽克丝》讲的是现实中的阿古尔伯爵夫人毅然舍弃丈夫、幼女和上流社会的地位，去追随艺术家弗朗兹·李斯特的故事;而《夏娃的女儿》中,玛丽·德·旺德奈斯虽表现了同样的追求,却被聪明的丈夫及时挽救了。

成百部小说题材像鱼塘里的鳟鱼一样在他脑海里游来游去,一旦需要,他就抓起一条。也有一时没有捉住的时候。《赛查·皮罗托》就让他费了不少时间。假如一本书"来得不顺",巴尔扎克就把它扔回池塘,再去抓别的。何必死盯着一条不放呢? 反正塘里有的是鱼。有时也可以换一种方式再写。试看《贝阿特丽克丝》,此书最初的灵感来自乔治·桑,她给他讲述了李斯特和玛丽·德·阿古尔这一对情侣的故事,他当即看出这可以写成一篇小说,题为《爱情的奴隶》(或《被迫的爱情》),但是为了挥洒自如,还必须加以篡改。角色是现成的:这一对情侣加上乔治·桑自己,由这位才女注视事态的发展,并且讲述着故事。那么,对谁陈述这一切? 在什么地方展开情节呢?

他拟出两份草样。第一篇以巴黎为背景,一开始展示的是 1830 年革命后正统派社会的画面。爱玛·德·雷佐男爵夫人是个出身显贵的少妇,她"身材纤瘦挺拔,长脸,尖下巴……浅蓝色的眼睛周围总有一圈黑晕,弯弯的鼻子上紧绷着一对鼻孔,倒也十分秀气,配上一副很适合她身份的公主般的高傲神情"①。(这是玛丽·德·阿古尔的肖像。)她爱上了作家拿当(拿当是巴尔扎克笔下多次出现的人物,是拉斯蒂涅、勃龙代、马克西姆·德·特拉伊的朋友),并准备跟他私奔。这一片段到此为止(这情节后来用在《夏娃的女儿》中)。因为巴尔扎克找到了更好的处理办法。他通过一个想象的乔治·桑式的人物来描述这一对情侣的故事(这在生活中是经常发生的),由这位才女来叙述这段风流

---

① 巴尔扎克:未完成的《被迫的爱情》手稿,斯波贝奇·德·洛旺儒的收藏:A.6.第47—50页。——原注

韵事是再好不过的了。

　　但是他不能把故事地点放在诺昂或贝里,否则将暴露乔治·桑的身份,她不想同李斯特闹翻,所以她自己不写这本书。这时巴尔扎克想起了 1830 年同贝尔尼夫人一起作的盖朗德之游。何不为虚构的乔治·桑在这条海岸上安排一幢房子呢?如此这般就产生了一个布列塔尼的诺昂和图希庄园。至于乔治·桑这个人物,在小说中被命名为卡米叶·莫潘。因为泰奥菲·戈蒂耶把他的莫潘小姐写成性欲旺盛的女人,这正是人们认为乔治·桑所具有的特征,卡米叶是法文中仅有的三个可以男女通用的名字之一。而莫潘听起来则与奥罗尔·杜德望的父系姓氏迪潘相近。卡米叶·莫潘一身男人装束,喜欢纵马驰骋,热爱音乐。她有着同乔治·桑相同的落落寡合而又自由放任的少年时期;她也是身材纤巧,肤色褐黄,头发乌黑,面部表情有时呆滞,而感情激动时,眼睛便闪闪发光。总体上如此迷人的女性,乔治·桑看了是不会生气的。巴尔扎克为她安排了一位情人,声名显赫的文艺评论家克洛德·维尼翁。这个人物的原型是居斯塔夫·普朗什,但克洛德·维尼翁远远超过普朗什。小说家真是美妙的职业,既然他可以在幻想世界中随心所欲地安排一切,何必过分为这平凡庸俗的现实世界中发生的事情操心呢?

　　盖朗德是一座防御坚固的古老城池,令人联想起封建豪强社会。巴尔扎克把古老的陷尼克家族安置在这样一个环境之中。男爵这个人物是按照拉瓦特的相面理论拾掇出来的,看上去制作的痕迹多于观察得来的印象。① "这是一位布列塔尼省的骑士。"男爵夫人则是一位在许多方面同基多博尼·维斯孔蒂夫人相似的爱尔兰人。陷尼克夫人四

---

　　①　莫里斯·勒加尔:《〈贝阿特丽克丝〉导言》,巴黎,加尼埃出版社 1962 年。——原注

十二岁,依然风韵犹存,她生于 1804 年,比 La Contessa 大几岁,但是她们都具有"绚丽多彩的秋日之美",都是碧眼金发,皮肤白皙,并且小名都叫芬妮。不难看出作家在《贝阿特丽克丝》中同在《幽谷百合》中一样充分施展了他那炼丹师的本领。他从乔治·桑叙述的真实故事中撷取了大量细节。完全杜撰只会是白费力气并且缺乏真实感,但是也不能把现实原封不动地搬进小说,重要的是加工整理,使色彩更鲜明突出,使人物性格上升到典型的高度,还要通过故事来说明古老、闭塞的盖朗德社会被现代社会所摧毁这一历史现实。在创作过程中有可能出现另一种情况,即现实生活中没有画家所需要的原型。这时巴尔扎克便将画布搁置一边,直到重新来了灵感,或是某个机遇帮助他完成这幅图画。《贝阿特丽克丝》就是这样搁置了五年之久才收尾,在这五年当中玛丽·德·阿古尔和她的影子都会变老的。因此读者后来看到另一个女人如何成了贝阿特丽克丝的补充,天真的布列塔尼人卡利斯特-杜·陆尼克如何为了同这个邪恶的女人鬼混而遗弃自己年轻的妻子,后来他的岳母葛朗利厄公爵夫人又怎样协同一个聪明的教士及另一个冒险家马克西姆·德·特拉伊一起破除了他的幻想,并使他们夫妻重归于好。在巴尔扎克塑造的人群中,各行各业,三教九流,什么样的人都有。

虽说"头脑里装着整整一个社会"是件美事,有时候,唉!还是不得不回到泥泞的雅尔迪,这儿的事情糟透了。1839 年这所房产的开销高达五万法郎。巴尔扎克不仅向所有的朋友借了钱,而且在夏约的看门女人、从维勒帕里西斯带来的园丁布鲁埃特,甚至达弗赖镇的乡警那儿,他都有债务。这位小官吏冒冒失失地借给了他六百法郎。戈兹朗去看巴尔扎克时发现他"像一只被围猎的野兔,躲藏在花园里,不敢到林子里去",唯恐撞上那位乡村警察!这家伙的名字被列入"急"债名单,巴尔扎克在名单后面天真地加上这么一句:"疏忽,共四千法郎。"此外还有一部分"缓"债,其中有欠基多博尼·维斯孔蒂夫人的一万法郎。在他的账簿中,这一条微妙的欠款后面写下了这样的注脚:"争取年内还清,不带利息。"他把装订成册的《贝阿特丽克丝》的校样送给这位漂亮的英国女人,后来出版的书上也印上这样的题词:"献给萨拉。"这下可激起了韩斯卡夫人的醋意。

不过他仍满怀希望,甚至坚信不移,认为可以创作戏剧来偿清债务。1839年,他开始创作一部新的剧本《伏脱冷》,题材取自他的小说。他居然在剧本尚未动手写作之前就大胆地请圣马丁门剧院主任哈雷尔买下来。说来也真绝,哈雷尔正急需一个剧本,他像巴尔扎克一样充满幻想。"绝对保险,"他想,"观众早已通过《高老头》熟悉了剧中主要人物,主角将由弗雷德里克·勒迈特扮演,成功是毫无疑问的。"

泰奥菲尔·戈蒂耶是诚实而友好的见证人,他描述了剧作家巴尔扎克令人无法置信的工作方式。他可以十来遍地重写他的小说,却不肯写一遍他的剧本。在约定到圣马丁门剧院朗读《伏脱冷》的前一天晚上,他把戈蒂耶、贝卢瓦、乌利亚克和洛朗-扬召到黎塞留街一〇四号布依松裁缝家里。巴尔扎克在那里有一个落脚点,雅致的阁楼里布置讲究,墙上挂着壁毯,地上铺着蓝白两色的地毯。下面是戈蒂耶对当时那个场面的叙述:

> "哈,泰奥,你们总算来了!"看见我们他便嚷道,"懒鬼,拖拖拉拉的家伙们,喏,咦,快点儿吧! 一个钟头前你们就该来了……明天我要给哈雷尔朗诵一出五幕大话剧。"
>
> "所以你想听听我们的意见是吗?"我们边坐下边说,像一般准备长时间聆听朗诵的人那样。

见我们这样,巴尔扎克猜出了我们的想法,直率地说:"剧本还没有写出来呢!"

"见鬼,"我叫了起来,"这么说,你应该过六个星期再找我们来听朗读。"

"不,咱们来合伙搞出一个劳什子剧本挣几个钱,眼下我有笔账要急着还呢。"

"从现在干到明天,那怎么可能呢!连抄的时间都不够。"

"我已经安排好了。你写一幕,乌利亚克写一幕,洛朗-扬写第三幕,贝卢瓦第四幕,我来写第五幕,到明天中午我合在一起朗读一遍。就这么说定了。每一幕不超过四五百行字。一个人一昼夜可以写出五百行对话。"

"告诉我你的主题,讲讲你的提纲,再简单地给我描述一下主要人物,我就动笔写去。"我颇感惊慌地回答。

"呀!"他以一种绝妙的居高临下和不屑一顾的气势喊道,"要是跟你讲主题,咱们还有完吗?……"①

实际动手写的,最后只有那位不可缺少的洛朗-扬,他写的可能比巴尔扎克还多。剧本当然没有在第二天朗读,而是拖到1840年1月才送去审查。最初是由于道德方面的问题未予通过:因为主角与罗贝尔·马凯②类似,是个玩世不恭而又得势的强盗,并且作者没有让伏脱冷受到惩罚。作了一些肤浅的改动之后,剧本才得以通过。3月14日那天的首场演出是在敌对气氛中进行的。巴尔扎克惧怕记者(在《幻

---

① 泰奥菲尔·戈蒂耶:《巴尔扎克——当代人物群像》,第120—121页。——原注
② 罗贝尔·马凯,昂蒂埃的情节剧《太阳坡旅店》和《罗贝尔·马凯》中强盗的典型,经常以银行家、律师或记者的面目出现。

灭》中他对他们的描写相当不客气,所以得罪了他们),本想把他们夹在一般的观众之中。但是那天还是他的对手占了多数。前三幕,观众反应冷淡。第四幕,扮成墨西哥将军的弗雷德里克·勒迈特上场,留了一绺路易-菲力浦式的头发,引起了一阵抗议的风暴。奥尔良公爵退出了包厢,回到王宫唤醒了国王,禀告道:"父亲大人,有人在剧院讽刺您的形象,您受得了吗?"第二天,这出戏便被禁演了。可怜的巴尔扎克好像寓言中的贝莱特一样,呆立在打翻的奶罐前。这则故事始终纠缠着他。

《伏脱冷》的失败,对巴尔扎克全家都是沉重的打击。入不敷出的絮尔维尔被那些开凿不成的运河和修筑不起来的铁路搅得晕头转向,脾气越来越暴躁。"他真是一把利刃和一头猛狮。"母亲大人以她生动的文笔写道。经常遭他辱骂的妻子自我安慰地对女儿们说:"这是路桥情绪。"每次发过脾气之后絮尔维尔总感到内疚,想请夫人原谅,却又放不下架子,而洛尔又那么脆弱敏感,"致使坚冰难以融化"。可怜的洛尔已经不年轻,一个人日渐年老色衰,偏偏还要去追忆风华正茂的往昔以及失去的机会。幸而女儿莎菲在家庭纷争中始终表现得很乖巧,善于体贴人。她也跟着说:"这是路桥风波。"说实在的,这位工程师也真值得同情,他不分昼夜地工作,随时受着破产的威胁,又有这样一位丈母娘和一位奥诺雷这样的大舅子,确实处境困难。洛尔对他最了解,她承认她的好丈夫"虽然没有杰出的才干,但心地比任何人都宽厚"。一次夫妻争吵之后,她对女佣说道:"瞧瞧,这就是幸福家庭里的温暖。"她放弃了舞会、晚宴和剧院,开始为女儿们的婚事操心。她已扮演起贝尔纳-弗朗索瓦·巴尔扎克夫人在维勒帕里西斯的角色了。

奥诺雷让她们母女俩深感焦虑。《伏脱冷》禁演之后,洛尔悄悄从丈夫交给她的每月五百法郎伙食费中匀出六十法郎借给哥哥。若是让絮尔维尔知道了,非得大闹一场不可。尔后,洛尔又鼓起勇气,收留了因剧作失败而病倒的巴尔扎克。他躺在她家的床上,受到精心的护理,只是他母亲不断唠叨:"我早就提醒过你。"母亲大人在信中写道:"你不明白《伏脱冷》对我的打击有多重,(钱先不说,)首先是名誉上的损失。如果第一部剧本不能一鸣惊人,你这个人就完了。"他们似乎又退回到 1820 年在巴耶的那段时期,举世闻名的大作家的母亲还要为儿子"犯愁",就像他在写《比拉格的女继承人》或《阿尔丹纳的神甫》的时候一样。

第二十七章　后卫之战

大智者的不幸之一,是对万事洞烛幽微,从美德到罪恶。

——巴尔扎克

由于在人们心目中和社会上得不到应有的声誉,巴尔扎克难免要羡慕伏尔泰的崇高威望。1839 年,佩台尔事件引起了他的注意。巴尔扎克以为遇到了他自己的"卡拉事件"①。解救一个无辜受害者,比塑造一个强盗的功绩当然显赫得多。被告佩台尔是他的熟人。1831 年至 1832 年间他们在巴黎经常见面,当时佩台尔风华正茂,他为《猎鹰报》撰写戏剧评论文章,给巴尔扎克的印象是好虚荣、活跃、脾气暴躁,但是心地善良。离开巴黎后他先在里昂的一家公证事务所工作,后来迁到马孔,最后在贝莱开了一家公证事务所。1838 年 5 月 7 日,他娶了克里奥尔②血统的费莉西·阿卡扎尔为妻,她"绝对迷人……有着安的列斯群岛女人的那种皮肤,她们动情时脸上泛起红晕,而底色仍保持着纤弱

---

① 卡拉(1698—1762),法国图卢兹的一个批发商,被诬出于宗教原因杀害了自己的儿子,于 1762 年被处死。伏尔泰于 1765 年为他恢复名誉,从而获得崇高的荣誉。

② 克里奥尔人是安的列斯群岛上的白人后裔。

女子的苍白。她的任性造成她的水性杨花"①。连家里人也认为她是个"虚假、危险的小姑娘"。

1838 年 11 月 1 日夜里，住在贝莱的马尔泰医生被佩台尔从睡梦中唤醒。佩台尔用马车从马孔带来受了重伤的妻子，恳求医生救她一命。他对医生说，他的仆人路易·雷朝他的四轮敞篷马车开了一枪，他见妻子中弹，立刻冲过去追赶凶手。他说他用平日随身带的榔头猛击路易·雷："我把他踩在脚下，不知在他脑袋上砸了多少下。"

宪兵队和法官们不相信佩台尔的陈述。在贝莱市，舆论对这位新来的外乡人非常敌视。心理上的仇视对预审产生了很不利的影响。起诉书把佩台尔说成一个阴险伪善的人，过去在巴黎就放荡不羁，把自己的财产挥霍净尽之后，为了弄一笔钱买下事务所才娶了个有万贯家财的丑女人（此与事实不符）。巴尔扎克和加瓦尔尼认识佩台尔，无法相信当局捏造的那个恶魔形象。在佩台尔被贝莱市法庭判处死刑后，他俩到监狱去探望过他。巴尔扎克写了一篇长篇回忆录为他辩护，题为《关于贝莱的公证人佩台尔案件的公开信》。

他试图澄清佩台尔的本来面目："佩台尔受过良家子弟的正规教育。他有一万埃居家产。作为公证人，他属于目前在法国几乎居于最高阶层的资产阶级，年轻时他曾从事文学和巴黎的新闻事业。我辈有责任保护他这样的人……"②他还以充分的证据说明佩台尔拥有足够的财产，完全不需要费莉西的嫁妆去购买他的事务所，他在马孔的家产完好无损。况且拉马丁，就是那位大名鼎鼎的拉马丁，曾"毫无保留地

---

① 皮埃尔·安东尼·佩罗:《佩台尔事件》，第 88 页，巴黎，阿歇特出版社 1958 年。——原注

② 巴尔扎克:《关于贝莱的公证人佩台尔案件的公开信》,《全集》，第 27 卷第 663 页，老实人俱乐部版。——原注

为他清白的历史和规矩的生活作证"。

他的一切努力都归于徒劳，或许反而激怒了法官。路易-菲力浦没有忘记当初身为政治记者的佩台尔，曾用"园丁路易·伯努瓦"的笔名发表过一篇题为《梨子的生态》的文章，极不恭敬地丑化了国王的尊容。此文还由亨利·莫尼埃作了插图。后来，罗歇·德·博伏瓦编了一首刻毒的打油诗："唉呀呀！巴尔扎克正在寻找他的卡拉，小心千万别撞上他！"

贝莱市的法官们很不喜欢巴尔扎克的不修边幅。加瓦尔尼说："啊！巴尔扎克，您为什么没有一位朋友，一位愚蠢而多情的市民朋友，来替您洗洗手，为您系好领带呢？……"

佩台尔于 1839 年 10 月 28 日被处决。看来他的确有罪，但未必如判决书所说的那么严重，那么卑劣。佩台尔不肯透露他的妻子同他的仆人之间有暧昧关系。（这种关系也许早在他们婚前就已存在，因为路易·雷曾侍奉过费莉西的姐姐德·蒙特里夏尔侯爵夫人。）这桩案件显然是情杀案而不是利害关系引起的卑鄙的凶杀案。巴尔扎克致外国女子的信中说，假如"这可怜的孩子"说出事情真相，也许是可以保住脑袋的。

　　喔！不少情节是可以减轻罪行的，但是无法加以证实。某些人的自尊心是别人难以置信的。总之，一切都过去了。有朝一日我将把他临刑前给我的信念给您听……他成了自己名誉的牺牲品。在卡尔德隆、莎士比亚、洛珀·德·维加①的作品里受到赞扬

---

　　① 卡尔德隆（1600—1681）和洛珀·德·维加（1562—1635），都是西班牙著名诗人、戏剧家。

的人物,到了贝莱市却要被送上断头台!①

　　然而巴尔扎克在这件事情上慷慨地贡献了他的时间、笔墨和金钱。他花在佩台尔案件上的费用,包括走门路、去贝莱的旅费和印刷他的《关于贝莱的公证人佩台尔案件的公开信》,共计一万法郎。他直率地说,这期间他还少写了价值三万法郎的作品。况且这事正发生在他急需用钱的时刻。1840年他的债务正处于高峰时期,欠款总额高达二十六万二千法郎,其中十一万五千属于向至亲好友借的债(包括巴尔扎克夫人、德拉努瓦夫人、纳卡尔医生、布依松裁缝等),另有三万七千法郎的"缓"债(维斯孔蒂夫妇等)。然而有一位债权人毫无"缓"意,此人便是高布赛克式的人物,财主富隆先生,他在剧本《伏脱冷》的版权上以高于一般高利贷的利率预付给巴尔扎克五千法郎。由于没有收回债款,他便像不久前的杜凯特那样,用尽各种诉讼手段,包括查封、扣押财产。在雅尔迪,又喜剧重演。园丁布鲁埃特对前来索债的执行员说,备有家具的小楼是属于基多博尼·维斯孔蒂伯爵的财产。在巴尔扎克的房子里,除了一只缺了口的中国花瓶和若干零散的书籍外没有任何可典押之物。冷酷无情、寸步不让的富隆只好把两所房屋建筑充作"不动产"查封。必须尽快卖掉雅尔迪,迁往别处。战斗街被封锁着,存放在黎塞留街布依松家的精致家具也在债权人的穷追之下被没收。

　　母亲大人不像儿子希望的那样保持"安静"。1840年10月22日巴尔扎克夫人写信给奥诺雷:"我亲爱的,今天是我的六十二岁生日……一大早我就为孩子们祈祷祝福……每天我都在恳求神明保佑

---

　　①　巴尔扎克:《致外国女子的信》,第1卷第52页。——原注

你……"①"两年多来"她都保持着沉默,由于害怕他的"冷淡接待"而一直没有来看他。可她又苦于成为女婿的累赘。能不能住到儿子那里去呢?这个念头可把巴尔扎克吓坏了。假如跟这样一位坏脾气的母亲住在一起,作家还能有什么安宁?然而他还有那么多事情要做。他越是朝前走,越是写得多,离目标似乎越远。有一天他写信给珠尔玛·卡罗,声称"前途正向我靠近"。几个月以后他又写道:"老是这样,一夜又一夜,没完没了的稿件!我要建筑的大厦是那么高大,那么宏伟!"②说实在的,既然他要同上帝较量,他就无法"完成"他的作品,哪怕活上一百岁也不行。

除了珠尔玛,还有谁是知音?同基多博尼·维斯孔蒂夫妇的关系不如以前热乎了。虽然 La Contessa 爱过巴尔扎克,但她对这种动荡的生活,久欠不还的债务和四面八方围上来的索债人已深感厌烦。巴尔扎克自己对这种关系似乎也失去了热情。萨拉从未强求他的忠贞,也从未许诺过忠于他。她信奉的是不列颠式的神秘的道德观。她知道巴尔扎克同韩斯卡夫人的关系,但她并不感到难堪。况且他同夏娃之间的通信日趋稀少,希望的一再破灭使他对她的眷恋也日趋淡漠。时而还有其他女人进入他的生活。因为他委实不能抵挡艳遇的诱惑,这种经历还可以变成作品的新题材。

1839 年 4 月,巴尔扎克在他的朋友杜塔克办的《世纪》报上发表了《贝阿特丽克丝》的第一部分。不久他收到一封谈论这篇小说的来信。来信者自称是出生于盖朗德的一位姑娘。因为与小说中的女主角同乡又同名(也叫费利西泰),所以对小说备感兴趣。欣赏一部杰作居然有

---

① 《巴尔扎克家书集》,第 20 页,阿尔班·米歇尔版 1950 年。——原注
② 《巴尔扎克通信集》,第 3 卷第 576 页。——原注

这种奇怪的理由！不过这种读者确实大有人在。巴尔扎克很乐意同这个姑娘通信，因为这个"盐场小女工"自称对这位难以接近的大人物爱慕倾倒。她得知他刚刚扭伤了脚踝，正在雅尔迪休养，就寄去了一块绣花挂毯。巴尔扎克收到后回了信：

1839年7月3日：小姐，我现在尚不能行走，疼痛使我不能及时以可怜的笔墨之花来答谢您绣制的娇艳花朵，这些花朵之出神入化犹如出自一位身陷囹圄的仙女之手。

从您来信中表露的感情可以看出，您一定能谅解我为什么不住在令人无法忍受的巴黎而隐居到乡下。本星期内，如果可能的话，我会把这几卷书按您标明的地址寄去。

既然您学上帝的样子，不露面地施予，我也愿意在此向您表明我的心迹：您的深情令我感动，我知道您不属于那些只对作家怀有好奇心的人，我才给您回信。

您的来信以及信中的最后一句话说明您的心灵充满诗意。真挚的感情从来都是善于表达的。当我想到我会失去的一切，我更感到您行事有方。不过请您相信，如果见不到您神秘的芳容，我就不会再想到布列塔尼——您居住的这块美丽的土地。

我遭到某些诽谤，但是，如果您的教母通达情理的话，那么请您相信，小姐，我不说在作家们中间，而是说在普通人中间，我属于毫无保留地仰慕您的人，尽管我担当不起您赐予的"浪漫气质"的封号。我们这些人比其他任何人都更加懂得这颗高尚脱俗的纯真的心是何等罕见。我恳求您丢开苦恼。请接受我对您的美好情谊

所表示的谢意和感激之情……①

这位新出现的陌生女子在来信中把真实的底细与无耻的谎言离奇地混为一体。海伦-玛丽-费利西泰·德·瓦莱特炫耀的高贵出身属实,但是说她母亲"依然健在并陪伴在她身边"却是谎言,德·瓦莱特夫人早在二十一年前就已去世了。

海伦自称布列塔尼人,并尚未婚配。布列塔尼人,一点不假,因为她出生于濒海的罗什福尔市,在瓦纳的一所修道院里长大。但说她从未结婚却不实。她的父亲早先是一名海军军官,丧妻后做了教士,海伦是他的独生女儿,十七岁时嫁给了一个鳏居的公证人,此人已经五十多岁,还有一个未成年的儿子。1839 年海伦试图征服巴尔扎克的时候已是三十岁的妇人。然而她却在信纸上印上女伯爵的冠印,不愿意再被人称为"古庸的未亡人"了。

她婚后的夫妻生活是相当短暂的,1826 年 1 月 18 日结婚,1827 年 11 月 25 日就成了寡妇。死者遗嘱中注明给未亡人以"四分之一的动产及四分之一的不动产使用权和收益享用权",其余的遗产均由公证人前妻所生的儿子继承。条文规定假如这个年方十九的小寡妇再醮的话,就会丧失那四分之一不动产的收益享用权。这守寡的真相她没有向巴尔扎克透露,同样她还隐瞒了她有一个情人和一个私生子。她和谢尔河边的一个贵族老爷莫里奈·德·哈德马尔长期同居,并于 1831 年生了个儿子,受洗的名字是欧仁。"她把伯爵当丈夫对待,因为她对他只有敬重而不大有爱情,所以在欺骗他的时候也没有丝毫愧疚。"②

---

① 西蒙娜·安德烈-莫洛亚的收藏。——原注
② 莫里斯·雷加尔:《〈贝阿特丽克丝〉导言》,巴黎,加尼埃出版社 1962 年。——原注

在她生活中还有另一个保护人,即伊波利特·拉雷男爵,男爵父子两代都是著名的外科军医。他是"世界上最可爱的男子",对她一往情深,并且终生不渝。1839 年,这位"美丽的盐场女工"在布列塔尼和巴黎两地轮换居住。她在巴黎有一个落脚点,即卡斯底格里奥纳街十二号的一间简朴的"艺术家阁楼"。这年秋末,她获得巴尔扎克的许可到达弗赖镇去拜访他。她登门那天,巴尔扎克正好不在雅尔迪。她竟大胆闯入室内,甚至偷偷拿走一件东西作纪念。"我知道在您家的盗窃行为是非常失礼的,但当时我真是疯了,我竟然置身于您满怀着喜悦和爱进行创作的地方,我幸福、激动得热泪盈眶。原谅我吧,就像人们从不怪罪精神失常的人……"①

海伦大概是拿走了巴尔扎克的文具盒,因为她把自己的教母德·拉莫瓦尼翁夫人留给她的文具盒"作为交换"送给了巴尔扎克。在一封封书信中,这位说谎成性的女人继续杜撰自己的故事。她说她新近才结婚,在不得不离开布列塔尼的时候她把"当姑娘时候的全部小家什都分送给了女友们"……"我会更幸福吗? 只有上帝知道! 我不无遗憾地离开了我的故乡,然而我在那里的唯一幸福是您给我带来的,不论我走到哪里,这个幸福总会跟随着我……"②这么一番甜言蜜语,只能对巴尔扎克构成诱惑。1840 年初,海伦终于露面了,她慷慨地提供了一笔资助,并且表现得极易亲近。到 3 月份,他称她为"我亲爱的玛丽",这充分说明了他们之间的关系。他向她借了一万法郎,这又是一个说明问题的迹象。他答应在《伏脱冷》演出成功之后归还给她,后来由于无法偿还,他就把亲手修改的《贝阿特丽克丝》的校样作为礼物送给她:

① 《巴尔扎克通信集》,第 3 卷第 755 页。——原注
② 斯波贝奇·德·洛旺儒的收藏:A.394,第 3—4 页。——原注

我亲爱的玛丽:这里寄上我修改过的《贝阿特丽克丝》的校样,您使我对这部作品倾注的热情是我在以往任何一次创作中所没有的。这本书成了联系我们之间友谊的纽带。我从来只把这些东西送给爱我的人……而在所有接受过我的馈赠者之中,我还从未遇见过比您更纯洁高尚的心灵……请接受我的万千柔情……再见,亲爱的……①

像这样倾诉衷肠、奉献手稿之类,在巴尔扎克眼中都算得上是爱情的表示。这并不束缚他的手脚。不过想到自己被一位纯洁的天使,一位来自布列塔尼荒原的姑娘所爱,毕竟是让他高兴的。一个月之后,他向海伦宣称自己正在创作另一部新剧《麦卡泰》,足以还清《伏脱冷》的欠款。"到10月份,我就能清偿戏剧方面的债务……我给您匆匆写几句以便让您放心,亲爱的宝贝,谢谢您的来信,亲爱的亲亲……"②

然而"布列塔尼的天使很快就被折断了翅膀",一个名叫爱德蒙·卡多尔的人(此人似乎就是化名颇多的记者罗歇·德·博伏瓦)以确凿而令人不快的事实向巴尔扎克透露:海伦·德·瓦莱特原是古庸的寡妇,她承认同别人生了一个私生子,还公开地和两个阔佬姘居,此外还有许多风流韵事,连这位告发者本人也是她的情人之一! 受骗的巴尔扎克当即写信请这位正在布列塔尼消夏的骗子做出解释。她一下子慌了手脚:

1840 年 7 月 29 日,海伦·德·瓦莱特致巴尔扎克:自从收到

---

① 这封信连同《贝阿特丽克丝》的校样,于海伦·德·瓦莱特夫人去世后十三年,由她的遗赠财产接受人拉雷男爵转赠图尔市图书馆保存。——原注

② 斯波贝奇·德·洛旺儒的收藏:A.394,第5—6页。——原注

您的来信,我一直生活在噩梦中。我给您写回信时简直不知所措。我只坚持一点,就是向您保证我从来没有爱过卡多尔先生。如今您要我道出细节和真相……我从来没有委身于这个男人……他不过是和我逢场作戏,我与他周旋不过是出于害怕和卖弄风情而已。我第一次见他,他就告诉我他曾经是乔治·桑的情人,还用马鞭抽打过她!这使我惊骇不已……亲爱的,现在您都知道了……卡多尔先生非常虚荣。您可以从他那儿夺回我的信,但您阻止不了他信口开河。他很高兴通过一件风流韵事把他的名字同您这样的人连在一起。我绝不愿意发生这样的事,我将因我的轻浮而遭惩罚,但是,亲爱的,您无论如何不要卷进去……①

谎言大师海伦为自己编造的诗一般美丽的谎话沾沾自喜,就继续云山雾罩地编下去:

1840 年 8 月,海伦·德·瓦莱特致巴尔扎克:我应该更加了解您,信任您才是。既然您对我的处境如此关心,我们就谈谈心吧。我会谨慎从事的……我一向愿意保持自己的独立。一年之中我有十个月是自由的,单身居住……与我有关的这个男人是世界上最正直的人,他为我在财产方面和社会地位方面做出了巨大的牺牲……我对他负有责任。我绝不允许发生丝毫伤害他的事情,因此我非常害怕这个可恶的爱·卡多尔会败坏我的事情!……我对伯爵并没有产生我理想中的感情,因此我明白必须让他感受到我的温柔体贴……我本想向您隐瞒这一切,希望我对您仅仅是个无

---

① 马赛尔·布特隆录自阿蒂尔·梅耶的拍卖品,编号 174。——原注

形的幻影,永远是荒野的布列塔尼的村姑……但是冒出来这么一位卡多尔先生,向您透露了我的姓名和身世,您希望我说明底蕴。现在我的好与坏您全知道了……①

老实说,巴尔扎克从来不是一个忠于爱情的模范,他自己并不那么重视事实真相。两位喜剧演员互相需要,互有隐瞒。海伦是个很可爱的旅伴,再说奥诺雷还欠着她的钱,何必反目呢? 1841 年 4 月他和海伦相邀去布列塔尼,重游了当年同 Dilecta 一起游览过的盖朗德、克鲁瓦西和巴茨。这次旅行为当时尚未完工的《贝阿特丽克丝》的最后一部分补充了不少素材。巴尔扎克于 1841 年 7 月 16 日给韩斯卡夫人的信中说:"精神和身体上的疲劳促使我从 4 月下旬到 5 月初去布列塔尼作了一次为期十五天的旅行。一回来我就病了,整个 5 月下旬我都泡在浴盆里,为了消炎,每天在水中浸泡三个小时……"②与此同时,有关海伦·德·瓦莱特的健康状况的流言蜚语也随之传开了。

在《贝阿特丽克丝》的最后一部分里,海伦·德·瓦莱特替代玛丽·德·阿古尔成了主人公的原型。巴尔扎克塑造了一个变态的,因怨恨而发狂的女人。在她身上冷酷取代了柔媚。莫里斯·雷加尔在《贝阿特丽克丝》的序言中写道:"这种冷酷与海伦·德·瓦莱特不无关系。"③她天才地扮演着爱情喜剧中的角色。书中马克西姆·德·特拉伊对葛朗利厄公爵夫人的一席谈话,表达了巴尔扎克对海伦的看法:"所谓爱情,就是要提醒自己:我爱的这个女人是个下流坯,她在欺骗我,并且以后还要骗下去。她是个狡诈的女人,浑身散发着地狱里的一

---

① 斯波贝奇·德·洛旺儒的收藏:A.394,第9—10 页。——原注
② 巴尔扎克:《致外国女子的信》,第 1 卷第 560 页。——原注
③ 莫里斯·雷加尔:《〈贝阿特丽克丝〉导言》。——原注

切恶浊气味……但还要往那儿去闯,去寻找晴朗的天空和鲜花盛开的天堂……"1841年巴尔扎克曾把《乡村教士》题献给海伦。但是1845年在作者签字的付印清样上,他把题献删掉了。这时两位情人已经闹翻,德·瓦莱特夫人凶狠地逼迫巴尔扎克连本带利归还欠她的一万法郎。真是一场可怜又可鄙的艳遇。

然而高尚的珠尔玛看来真的完全被遗忘了。奥诺雷不仅不再到弗拉佩斯勒去,而且卡罗夫人来到距离雅尔迪不远的凡尔赛小住时,他都没抽出时间去看望她一次。心灵高尚的人最容易受冷落,因为她们不屑于抱怨。

巴尔扎克在信中向珠尔玛解释:

> 请您好好想想吧,如果我没能去凡尔赛看望您,那是因为我被那些摆脱不掉的工作缠住了,甚至连去看 diva① 的时间都抽不出来!在我的战场上既没有歇脚处,也没有宿营地。那时候我正在写《夏娃的女儿》《贝阿特丽克丝》《外省伟人》,一共是五卷八开本的书,而且当时我还在为出版《乡村医生》奔忙。您掂量掂量我过的是什么样的日子……②

珠尔玛谴责得更多的是巴尔扎克的爱情而不是他的工作:

> 亲爱的,您很幸福,这我知道。我不想说一些与您现在的快乐生活不相容的话……我知道您已经出版了《外省伟人》,我弄到了

---

① 意大利文:著名女歌唱家。
② 《巴尔扎克通信集》,第3卷第576页。——原注

一本。真是一部才华横溢的作品，而且是好的才华，朴实而不花哨。很久没有读到我如此喜欢的书了……我们俩走的道路完全不同，因此我们之间存在着距离是不足为奇的……①

    1835 年 11 月，巴尔扎克致珠尔玛·卡罗的回信：天哪！您居然认为我很幸福，悲哀已经来临，难以言喻的深深的悲哀。谈到物质方面，今年完成的十六卷小说和二十幕戏剧竟然还嫌不足，赚得的十五万法郎还是没有给我带来安宁！……雅尔迪从各方面讲都应该给我带来幸福，然而它却是一堆废墟。我对爱情已心灰意懒，因此要认真地考虑一下结婚的事情了。假如您遇见一位芳龄二十二的年轻姑娘，有那么二十万或者十万法郎，只要陪嫁能服务于我的事业，那就请您给我做媒。我要的是能适应我生活中各种需要的女人：有时是大使夫人，有时是雅尔迪的女管家。这事可不能往外说，这是秘密。她应该是一位有抱负、有头脑的姑娘……②

    1839 年 12 月 2 日，珠尔玛·卡罗致巴尔扎克：符合您条件的姑娘我一个也不认识。即使我认识一个，您的那句话也把我吓住了。您说："我对爱情已心灰意懒，因此要认真地考虑一下结婚的事情了。"在我看来婚姻是再严肃不过的事情。我认真拜读过《婚姻生理学》，熟知由丈夫们自己酿造的种种不幸的婚姻，我总是含着眼泪来观察这些不幸。请原谅我绝不愿意卷入一件或许会给您的生活带来痛苦的事件中去……③

---

① 《巴尔扎克通信集》，第 3 卷第 736 页。——原注。
② 《巴尔扎克通信集》，第 3 卷第 770—771 页。
③ 《巴尔扎克通信集》，第 3 卷第 777 页。

她那么了解巴尔扎克,怎么会把一个小说家一时的气话当真呢?其他早已把"这件事"抛到脑后,专心致志地创作《乡村教士》以及好几个中短篇小说了。很久以前他就向韩斯卡夫人许愿要写《天主教神甫》。这时他正在还这个愿,以阴森的罪恶和爱情为背景(隐约再现了佩台尔事件)。博内神甫带来的光明是在第一部分之后才写的。第一部分中讲的是韦罗尼克·格拉斯兰的故事,她是里摩日最富有的银行家太太。因为厌恶粗俗而专横的丈夫,暗中与瓷器工人弗朗索瓦·塔士隆相爱,爱情导致塔士隆犯下了并非预谋的杀人罪。被捕后他被判处死刑,为了不连累韦罗尼克,他假装疯狂,直到有一天从虚构的蒙泰涅克村来的博内神甫感动了这颗狂傲的心,塔士隆最终皈依了基督,坦然赴刑。

　　作者没有具体描写这段私情,却着力于表现韦罗尼克的忏悔。成了寡妇之后,她隐退蒙泰涅克村,住在纳瓦兰公爵卖给银行家格拉斯兰的世袭领地里。从她的城堡上望得见她那被斩首的情人的坟墓。在博内神甫的引导下,她试图以造福地方来赎罪。蒙泰涅克由于干旱缺水、治理无方而贫瘠落后,她得到一位年轻的工程师格雷古瓦·杰拉尔的帮助。这位综合理工学院毕业生厌倦了高等学校及行政事务,很乐意献身于这项庞大的工程(杰拉尔身上有絮尔维尔的影子)。天主教教义和善行拯救了韦罗尼克,临终时她作了一次公开的忏悔。没有一部小说(包括《幽谷百合》和《乡村医生》)如此明朗地表达了巴尔扎克的宗教观。他不相信基督教教义字面上的真理,但他认为教士们的慈悲(如博内神甫)能够唤醒那些自认为无可救药而变得日益冷酷的人们心中的希望。一颗非常谦逊、虔诚,体现着爱和仁慈的灵魂,有力量挽救罪孽最深重的人,只要他们能"在这一奉献中与他合作"。①

　　这一高深的教义,在《乡村教士》中得到了有力的阐述,同时作品在思想和文笔方面也相当出色。对森林、荒原风光和"阳光灿烂的乡村"的描绘,同博内神甫与杰拉尔工程师共同领导的工程的令人惊异的技术描述相互穿插。巴尔扎克用大量篇幅去讲解开垦与灌溉的技术问题。"这些是理工学院毕业生的农事诗。"乡村教士像乡村医生一样相信行动本身具有精神效能。他说:"你们的工程就是你们的祈祷。"这里巴尔扎克的观点与第二个浮士德的结论很接近,它激发了工程师的道德观。巴尔扎克总是不知不觉地靠近歌德。

　　他又一次投身实业,创办了《巴黎评论》。《巴黎纪事》的失败本该让他领教够了。但是 1839 年,阿尔丰斯·卡尔创办的小型文学政论刊物《胡蜂》一下子售出了两万份,不久月发行量达到三万份。巴尔扎克的才智、工作能力和胆量都远在阿尔丰斯·卡尔之上,为什么不能单枪匹马办起一份刊物呢? 在一篇导言中,他道出了刊物的宗旨,这就是揭露政治生活内幕,撰写"政府喜剧";在文学领域——即"缺乏真诚"的文艺评论界——讲出真话;刊登他本人未曾发表过的小说片段。"本杂志并不空口许诺名家的作品,而是实际刊登佳作。"事实上为杂志撰稿的只有他这一支著名的笔杆,不过是一支最优秀的笔杆。

　　要办杂志,还得有个经理,人选是杜塔克,他也得参加撰稿,利润两人平分。巴尔扎克希望有了自己的杂志之后能重新获得独立。他在报界有一些强大的对手:大仲马、欧仁·苏、弗雷德里克·苏利叶。虽说这些人的作品不如他的深刻,但他们更精通分段、制造悬念等适合连载

---

　　① 参阅菲利普·贝尔托:《〈乡村教士〉序言》。——原注

小说的手法。巴尔扎克尽管仍属连载小说大师之列，但是指挥棒在他手中已经不太自如了。因此他要创办《巴黎评论》，作为退一步的阵地。

巴尔扎克在自己的杂志上发表了一篇杰出的短篇小说《泽·马尔卡斯》。这个名字是他察看了桑蒂耶路区所有的商店招牌之后发现的。"马尔卡斯(Marcas)！……这个名字虽略嫌古怪、生僻，却足以流传后世。它结构巧妙，朗朗上口，具有名人姓氏的那种简洁的特点……"①嗨！它很像巴尔扎克(Balzac)的名字！再看那 Z 的形状，"不正表现了他坎坷不平的一生所经历的离奇而飘忽不定的曲折吗？……"②有趣的是：马尔卡斯是个共和派爱国主义者，像巴尔扎克一样长着一颗结实的大脑袋，一只阔而塌的狮子鼻，相貌几乎是可怕的，但一双明亮的黑眼睛却闪烁着无限温柔、安详、深沉而充满智慧的光芒。巴尔扎克热爱他，如同热爱米歇尔·克雷斯蒂安一样。"马尔卡斯把法国当自己的心上人，他热爱她，崇拜她，就像皮特把英国当作自己的妻子来爱……"③此处必须重申，巴尔扎克对马尔卡斯的欣赏同他的君主主义的政治主张并不矛盾。巴尔扎克和马尔卡斯一样与庸人政治和老人政治势不两立。青年和智者所进行的革命之后建立起来的政体却背弃了青年和智者，"于是人们把整整一代青年推向共和派……"青年人还记得 1792 年那些年轻的人民代表和年轻的将领。如今在路易-菲力浦的议会里已经见不到三十岁的议员。这就是巴尔扎克和他书中主人公的一致怨愤。

巴尔扎克还在他的杂志上发表一些爆炸性的、十分引人注目的文艺评论文章。对倒霉的拉图什和欧仁·苏，严厉得失之偏颇；而对当时

---

① 巴尔扎克:《泽·马尔卡斯》。
② 巴尔扎克:《泽·马尔卡斯》。
③ 巴尔扎克:《泽·马尔卡斯》。

还默默无闻的司汤达,其预见却相当英明。下面是他对拉图什的评论:"一堆乌七八糟的罪行,荒谬绝伦的蠢事,这就是题为《莱奥》的那盏可悲的毫不奇幻的魔灯奉献给读者的内容。《莱奥》一文表明德·拉图什先生既无安排场景的艺术,又无描写人物、制造冲突和吸引观众兴趣的能力……"①他们两人不仅仅是不和,而且是互相憎恨。拉图什过去给巴尔扎克的指点太多了,巴尔扎克不能原谅他;而巴尔扎克又根本不听他的指挥,这更是拉图什绝对不能宽恕的了。巴尔扎克对乔治·桑说:"当心点!总有一天您会莫名其妙地发现他成了您的死敌。"事实上拉图什一直很喜欢他自己培养的徒弟,直到有朝一日徒弟超过了师傅。不过也得承认,徒弟扭头咬师傅一口时,咬得也够狠的。

圣伯夫一向瞧不起巴尔扎克,巴尔扎克便对他展开报复。他对圣伯夫的《王家港》的批评委实厉害:"圣伯夫先生有那么一个吓人的想法,他要重振乏味文学……阅读圣伯夫的文章时,乏味之感宛如纤细的雨丝落在身上,一直渗入骨髓……从某一点上讲这位作家很值得赞扬,那就是他有自知之明。因为他很少出入社交场合,而只靠笔杆子来散布无聊,……圣伯夫先生的诗读起来就像一个粗通外语的人翻译过来的外国诗。"②其实《王家港》是本好书,巴尔扎克的批评是不公正的。

这样猛烈的恶意攻击的唯一可原谅之处,是圣伯夫开了头一炮。他把巴尔扎克称作专治隐病的医生:"他像个放肆的医生,经常从后门进出女商贩、指甲修剪师和小丑们的床笫之间。"③还说:"当今最多产的小说家需要有比这房子还要大的粪堆才能长出几朵病恹恹的稀有花

① 巴尔扎克:《巴黎评论》(1840 年 7 月 25 日),第 57—58 页及第 63 页。——原注
② 巴尔扎克:《巴黎评论》(1840 年 8 月 25 日),第 193—194 页及第 226 页。
③ 圣伯夫:《我的毒剂》,第 109—111 页,巴黎,普隆书屋,1926 年。——原注

朵来。"①于是巴尔扎克利用《巴黎评论》反唇相讥。他把圣伯夫比作"无血无心的软体动物，即使有思想，也是隐藏在一副苍白暗淡的躯壳里"。至于文笔，"他的句子绵软无力、胆小怯懦、不敢鲜明地亮出主题和思想"。

不过巴尔扎克对拜尔（司汤达原名亨利·拜尔）先生的评论却永远值得宽厚的人们所称颂。这位赫赫有名的作家施展自己全部力量去影响评论界，目的是把这位写出《巴马修道院》的无名作者捧进一流作家的行列。而当时司汤达的作品出版十个月以来根本无人问津，没有一个记者能够赏识它或加以研究。"我自认对这本书读懂了一点，这几天读到第三遍，觉得越读越有味道，一种要做一件好事的喜悦油然而生……拜尔先生写了这么一本书，章章节节奇彩纷呈。像他这样的年龄，很少有人能找到重大的主题，而他却继二十多篇极富才华的作品之后，又推出了这样一部只有真正优秀的人和心灵才能够理解的著作。他终于写出了《现代君主论》，假如马基雅弗利生活在十九世纪，被放逐出意大利，一定也会写出这样的小说……我知道我的这种赞赏会引来多少嘲笑……"②他还写信告诉韩斯卡夫人："拜尔刚刚写出了我认为是五十年来最好的一本书。"③

巴尔扎克早已认识司汤达，1830 年他先后在画家热拉尔的沙龙里和阿斯托夫·德·居斯蒂纳家里见过他。1840 年，亨利·拜尔在意大利的契维塔韦基亚任领事，他曾写信给巴尔扎克说："现在我敢向您承认，这篇惊人之作（任何一个作家也休想从同行那里得到这样的赞扬），我拜读的时候放声大笑了。每当我读到一句略为过火的赞扬，而

① 圣伯夫：《我的毒剂》，第 109—111 页，巴黎，普隆书屋，1926 年。
② 巴尔扎克：《巴黎评论》（1840 年 9 月 25 日），第 279 页。——原注
③ 巴尔扎克：《致外国女子的信》，第 1 卷第 509 页。——原注

我时刻遇到这样的情况,我就仿佛看到我的朋友们读到这一句时扮的鬼脸。"①

　　直到 1857 年(司汤达死后十五年),圣伯夫还对巴尔扎克"如此看重那些小说"感到诧异。他认为司汤达的小说"虽有可取之处,但都不能算是成功之作,总的看来是相当拙劣的……"②。然而有两个人对司汤达有正确的评价,一个是歌德,在《歌德谈话录》中有所评论;另一个就是巴尔扎克。由于司汤达在他的"滑铁卢"里成功地实现了巴尔扎克十年来未能实现的梦想——在《战斗》一书中描写拿破仑(此书最终也没有写成),因此巴尔扎克推崇司汤达的举动就更加显得高尚大度。见到这三位极不相同的巨人能够超越卑贱小人而互相赏识,令人体验到一种纯净的喜悦。不幸的是《巴黎评论》只出了三期就夭折了。两位股东平摊了一笔不算大的亏损:一千八百法郎。如同在商界和政界一样,巴尔扎克又一次在报业上栽了跟斗。

　　那么爱情方面情况如何呢?外国女子住在千里之外,几乎没有音讯。他大胆地去信抱怨她的沉默:

　　　　我已经三个月没有收到您的信了……啊!我终于发现您是如此渺小,我看出您也是势利的。噢!您不给我写信是因为我也很少去信吧!好吧!我很少写信是因为我有时简直没有钱付邮资,而且还不愿意告诉您。是的,我竟窘迫到这个地步,甚至比这还要严重!这的确是可怕、可悲的,然而这就像您脚下的乌克兰土地一样千真万确。不错,有些日子我在大街上自豪地啃着一块小面

----

① 《司汤达通信集》,第 10 卷第 288 页,巴黎,斯迪万书屋,1943 年。——原注
② 圣伯夫:《月曜日谈话》,第 3 卷第 276 页。——原注

包⋯⋯上帝啊！原谅她吧！因为她自己知道她干了些什么！⋯⋯①

　　她指责他同维斯孔蒂夫人的关系和《贝阿特丽克丝》一书中《献给萨拉》的题词。他则竭力证实他对维斯孔蒂夫人的冷淡。

　　　我同她的友谊，也就是您所耻笑的关于题献的友谊并不是我所期待的。英国式的偏见真是可怕，他们排斥艺术家的一切特点，如无拘无束，自由放任等。我对她们看得再清楚也没有了，因此我在《幽谷百合》中能够那样凝练准确地刻画出这个国家的妇女⋯⋯②

　　可以说他这样写是出于谨慎，但是不能不注意到 Contessa 越来越感到厌倦，正在逐渐疏远他。"布列塔尼的村姑"（海伦·德·瓦莱特）是个十足的骗子，一向口是心非。韩斯基先生似乎长生不老，韩斯卡夫人捉摸不定。一切都不如意。而巴尔扎克已经四十岁了，整整苦熬了四十个年头："我孜孜以求的幸福是一桩甜蜜的婚姻，在干旱无水，只有烈日和游牧者的荒漠中徘徊已使我筋疲力尽了。"③在失望之中，他谈起要"把他的老骨头送到巴西去，葬身于一桩疯狂的事业之中"。他曾经追求金钱、女人、荣誉。可是如今他一文不名，也不再有女人，而一帮愚蠢之徒还在否定他的功绩。

---

① 巴尔扎克：《致外国女子的信》，第 1 卷第 524—527 页。——原注
② 巴尔扎克：《致外国女子的信》，第 1 卷第 538 页。
③ 巴尔扎克：《致外国女子的信》，第 1 卷第 530 页。

我要烧毁我的全部书信、文稿，只留下家具和雅尔迪。把我的小物件留给我亲爱的妹妹（我无比珍惜同她的手足之情），然后一走了之。她会忠实地守护这些宝贝的。我将把事务委托给一个人，把作品留下来供人们开发利用，然后我出发去寻找我所缺少的财富。我要么衣锦还乡，要么就下落不明。这是我坚定不移的最后方案，我将在今年冬天义无反顾地实行这一计划。我含辛茹苦的创作还不足以偿清债务，必须另谋出路……①

　　这不过是一篇小说而已，像其他无数的小说一样。《巴西之行》始终未能成书，也没有成行。

---

　　①　巴尔扎克：《致外国女子的信》，第 1 卷第 542—543 页。——原注

　　　　　　巴尔扎克传（下）

第二十八章　下街

作家未必会在私人日记里或通信中吐露全部真情实感,只有他笔下的人物才会披露他真正的生活,他那没有实现的、理想中的生活。

——弗朗索瓦·莫里亚克①

继续住在雅尔迪已经不可能了。虽有诉讼代理人加沃鼎力相助,巴尔扎克争取时间的企图还是没有成功。几个主要的债主,尤其是那个凶恶的富隆,死死缠住他不放。其余的小债主,如花匠布鲁埃特、洗衣师傅、肉店老板、乡警等都还算有耐心。有钱的财主向来毫不留情。不过巴尔扎克自有多条妙计。一天,他写了一篇短篇小说②,故事里的浪荡公子马克西姆·德·特拉伊自信、轻蔑而狂妄地对上门讨债的债主说:"假如您能把我的欠债都骗去,先生,我会对您感激不尽,您等于教会我某些新的处世经验……愿为您效劳。"③

---

① 弗朗索瓦·莫里亚克(1885—1970),法国小说家。
② 指《债权人的诡计》,后改为《经纪人》。
③ 巴尔扎克:《经纪人》。

巴尔扎克和他书中的主人公一样,认为债权人和债务人之争是一场既无道义又无法律可循的战争。他听从加沃的建议,把雅尔迪拍卖了。房地产连同建筑物、土方工程和种植物总共卖了一万七千五百五十法郎。可是他在这上面的花费已达十万法郎。不过名叫克拉雷的买主是个虚构的稻草人,其实就是巴尔扎克自己。这一回,债主们被这桩假拍卖坑苦了。他们只得按各自债权的比例瓜分到一笔数目少得可怜的钱。而巴尔扎克暗地里依然是雅尔迪的主人。

两年前他在给韩斯卡夫人的信中说:"以后来信请寄:塞夫勒,雅尔迪,巴尔扎克先生。这将是我的永久通讯处,我想我会在这里安度晚年的。"①可是到了 1840 年 11 月,一切都变了:"来信请寄:巴黎近郊帕西镇,下街十九号,布鲁尼奥尔先生。"②帕西当时是一个郊区村落,因温泉和德莱塞男爵的漂亮宅第闻名。男爵当时开了一家榨糖厂。巴尔扎克迁到帕西后,离巴黎更近了。更妙的是,他不会再被债主们抓到。因为他用化名租下一座建在陡坡上的隐秘小楼。当年在下街建造了旅馆的产业主,现在又在这座小楼下面加建了一幢房子,可以充作宴会厅和柑橘暖房,这样一来,从花园望过去,那与下街处在同一水平线上的小楼的底层,竟像是这幢房子的第三层。这个住所后来隔成五个房间,它几乎掩盖了其他附属建筑(因为它本身比其他建筑高出两层),马厩的院子朝向狭窄的岩石街。巴尔扎克租下的房子有一条暗梯直通这个院落。因此这个被人四处追捕、惶惶不可终日的人,非常庆幸找到这样一所有两条出路的住房③。如果执行员追到下街,奥诺雷可以从岩石街

---

① 巴尔扎克:《致外国女子的信》,第 1 卷第 481 及第 484 页。——原注
② 巴尔扎克:《致外国女子的信》,第 1 卷第 546 页。
③ 此住所即今巴黎"巴尔扎克纪念馆"所在地,街名已改为雷努瓦尔,门牌改为四十七号。

溜走,顺着一条陡峭而隐蔽的小道一口气跑下山,直奔河滨道,那儿有去王宫市场的公共马车。

《时代》报主编费利克斯·索拉尔为约一篇连载小说来这里找过巴尔扎克。他对这次访问作过一番描述。小说家同他约会时把接头暗号告诉了他:必须按此街的门铃,向看门人求见布鲁尼奥尔夫人,然后下两层楼。过去的杜朗寡妇是个虚构的人物,而这个布鲁尼奥尔夫人确有其人。她名叫路易丝·布鲁尼奥尔,1804 年出生于阿里埃奇省一个山村的农民家庭。她聪明,有活力,精明能干,专以替单身中年作家操持家务为职业。玛瑟琳娜·代鲍尔德-瓦勒莫尔把她介绍给巴尔扎克。她当过拉图什的女管家,也许还不仅仅是女管家!

费利克斯·索拉尔说她"是一个年纪四十上下的妇人,肥胖的面庞流露出平稳安详的出家人表情,活像个负责同外界联系的修女"。也许她就是继贝尔尼夫人、阿布朗泰斯公爵夫人、基多博尼·维斯孔蒂夫人和韩斯卡夫人之后的又一个可怜的猎获物。不过巴尔扎克已经厌倦了头脑复杂的女性,认为跟这位被玛瑟琳娜称作"纽芬兰犬"①的妇人能过上太平日子。他用在姓氏前冠以"德"字的方法把她封为贵族,这是他从父辈承袭下来的癖好。

她在他的生活中所起的作用超过人们的设想。这不仅仅是因为她操持着他的这个家(巴尔扎克在这个家中只是个"客人"),也不仅仅因为她为他跑印刷厂、出版社、报社,老练地讨论合同,她还在主人的性生活中起到了不可缺少的作用。他甚至带她出去旅行。1860 年(巴尔扎克死后十年),她到巴登-巴登镇旧地重游,因为她曾经同她难以忘怀的伟人一起游览过这个小镇。她在给经纪人费萨尔的信中回忆道:"当

---

① 纽芬兰犬转意为热心肠的人。

时我听到周围的人在说：'你看见他了吗？''看见了。''瞧，这就是他！'我可怜的朋友，他对人们的好奇心厌烦极了。可是我当时还年轻，能有此荣幸真是非常骄傲。这次重游巴登-巴登，又去看了当初我们差一点要租下来，准备在那里共度晚年的房子，使我不禁悲从中来……"①路易丝·德·布鲁尼奥尔很长时间内对巴尔扎克忠心耿耿，巴尔扎克轻率的许愿使她非常满足；她一直认为自己是他的情妇兼女仆。

索拉尔叙述道："德·布鲁尼奥尔夫人"亲自领他走进巴尔扎克的书房：

> 我走进圣殿，目光落在一尊巨大的《人间喜剧》作者的胸像上，这是一件用最漂亮的大理石雕凿的精美作品，基座上嵌有一只时钟。
>
> 一扇玻璃门开向一个不大的花园，园中种着一丛丛瘦弱的丁香。光线穿过玻璃门照进书房，墙上排着几幅无框的油画和无画的画框。玻璃门对面放着一个书橱，架子上横七竖八地放着：《文学年鉴》、《司法公报》、《世界名人传》和培尔②编的词典。左侧的另一个书橱似乎是专门放当代作家作品的。里面摆着哥尔赞（Golzan）、阿尔丰斯·卡尔、德·吉拉尔丹夫人的作品。屋子中央有一张小桌，显然就是写字台了，上面只有一本书：法语词典。
>
> 巴尔扎克身穿一件原来是白色的宽松僧袍，手里拿着一块毛巾，爱不释手地擦拭着一只塞夫勒瓷杯……③

① 斯波贝奇·德·洛旺儒的收藏：A.255，第143—144页。——原注
② 培尔（1647—1706），法国评论家、哲学家，《历史批评词典》是他最重要的贡献。
③ 引自路易·德·罗瓦约姆：《巴尔扎克在帕西》，第11—12页。——原注

不久,巴尔扎克考虑到母亲完全要靠他赡养,还是两人住在一起比较经济,尽管不免要产生许多麻烦。

巴尔扎克致洛尔·絮尔维尔:告诉妈妈把她的羽绒褥垫、挂钟、烛台、两条床单和换洗衣服放在你家里,12月3日,我会派人去取……假如她愿意,她会非常幸福。不过请告诉她要珍惜这个幸福,切莫把幸福吓跑了。每个月我给她一百法郎零花,有一个人陪伴她,还有一个女用人。她会得到如意的照料。我要尽我所能把她的房间布置得漂漂亮亮。我还要把原来在卡西尼街时我自己房间里的波斯地毯给她铺上……①

尽管母子双方都颇有诚意,但是总共只在一起住了六个月。巴尔扎克夫人和布鲁尼奥尔夫人无法和平共处。母亲大人的古怪脾气,"能把一个被大量的思考、繁重的工作和无尽的烦恼折磨得几乎麻木的人气得发狂"②。1841年7月,母亲大人急急忙忙地自己搬走了。

巴尔扎克夫人致奥诺雷:我亲爱的奥诺雷,当初我答应到你那儿去住时,还以为我和你在一起会很幸福。可是不久就发现我无法适应你这种折磨人的动荡不安的生活。若只是我一个人受罪,我是可以一忍再忍的。但是从你冷淡的态度中,我察觉到你是迫不得已才把我接来同住,而并非心里十分乐意。我在你身边非但不能使你高兴,反而招你讨厌,这样我就更加为难了! 正是由于这

---

① 《巴尔扎克家书集》,第212页,阿尔班·米歇尔版1950年。——原注
② 巴尔扎克:《致外国女子的信》,第1卷第564页。——原注

种处境我才说了些叫你不受用的话。从那时起我就下决心离开你的家。也许老年人和青年人是合不到一起的……①

巴尔扎克夫人致洛尔·絮尔维尔：我还想对你说，我并不怪罪任何人。布鲁尼奥尔夫人本性善良，如果说有什么不足之处，那也不是故意的。她极其正直，待人体贴。我可以放心地让位于她。她爱奥诺雷，会细心照料他的……我想可怜的布鲁尼奥尔夫人在奥诺雷身边绝无妨碍。这个不幸的人已经历尽磨难……我确信她是值得同情的。希望奥诺雷一旦有可能，尽早给她安排一笔生活费……这是完全公平的，因为她费了不少心力来阻止奥诺雷大手大脚乱花钱，打消了他许多疯狂的念头……②

巴尔扎克夫人错就错在想干预儿子的生活。但是他反复向她说明：他除了工作，别无生活可言！"所谓工作，就是每天午夜起身，一直写作到八点钟，用一刻钟吃完早饭，再一口气工作到下午五点，然后吃晚饭，第二天接着干！就这么干，我四十天里写出了五卷书！"

什么书呢？他同时写作好几部作品，放下这部，又拿起那部。这一时期在他的书信中常常提到的有：《两个新嫁娘的回忆》《假情妇》《于絮尔·弥罗埃》《搅水女人》《一桩神秘案件》。有超人，必有超级作家。巴尔扎克是个超级小说家。他那巨大的材料库似乎永无枯竭之日。多年下来，他积累了不少题材。例如 1833 年曾纳入写作计划的《遗产》，一度易名为《布瓦鲁热的继承人》，到了下街的小屋里就产生出两部小

---

① 《巴尔扎克家书集》，第 213 页。——原注
② 斯波贝奇·德·洛旺儒的收藏：A.318，第 203—204 页。——原注

说:《搅水女人》和《于絮尔·弥罗埃》。

　　一旦选好主题,他就把它放入一个自己所熟悉的环境和背景之中。随后将塑造好的人物充实进去。按照这个办法,他把《搅水女人》安放到他在弗拉佩斯勒小住时曾仔细观察过的城市伊苏屯。王政复辟时期,当地有一帮领半饷的军官和小痞子,号称逍遥骑士,他们专门寻衅闹事,骚扰百姓。为了"引起读者的兴趣",还必须在这群游手好闲的无赖中引进一个强有力的"恶魔"式的作恶巨匠。巴尔扎克顺手从他的袋子里掏出了菲利浦·勃里杜,画家约瑟夫·勃里杜的哥哥。小说讲的是一个多情的老单身汉的故事,他是菲利浦的舅父鲁杰,一个老实窝囊的好好先生,搅水女人弗洛尔·勃拉齐埃及其情夫的奴隶。搅水女人以肉欲享受来控制老人,爱的却是无赖汉玛克斯·吉莱。

　　菲利浦·勃里杜为争夺遗产来到伊苏屯,在决斗中杀死了玛克斯·吉莱,从舅舅手中抢走了弗洛尔,制服了这个老实人和姑娘,掠夺了亲生母亲和同胞兄弟的财产,而成功在即之时,终因精力耗尽,功亏一篑,"他上西天去了"。作家剩下的事便是在勃里杜兄弟周围安插些陪衬人物:约瑟夫的作家和画家朋友,被菲利浦征服的女戏子和漂亮的轻佻女人(都是些巴尔扎克早已塑造过的现成人物)。这部东拼西凑的作品获得了连作者本人都意想不到的成功。起初他还担心这部没有爱情描写的"吓人的小说"会遭冷遇。其实不然,菲利浦的残暴,老好人鲁杰的软弱无能以及他一日不可短少的对女性爱抚的需要,弗洛尔的丰腴体态和那些极富性感的描写都促成了本书的成功。它的历史价值也给我们留下了深刻印象。领半饷的军人或散兵游勇是每一次大的政治危机之后的产物。菲利浦·勃里杜后来被复辟王朝召回军队,封为德·勃朗布尔伯爵,授予荣誉勋位和圣路易勋章。这又是历史的一课!

　　巴尔扎克本人更喜欢另一部有关遗产纠纷的小说:《于絮尔·弥罗

埃》。在这部作品里,他掺进了一些他所相信的心灵感应和神秘主义的东西。善良的米诺雷医生请通灵者从远处了解到养女于絮尔爱上了一个相貌英俊的邻居,同时还发现她是位完美无缺的贞淑少女。他深信于絮尔的前途已有保障,便安然辞世。他的另一个继承人,车行老板米诺雷-勒弗罗,却用卑鄙的手段侵吞了他的财产。死者在于絮尔面前显灵,揭发了这桩罪行。长着公牛脖子的巨人米诺雷-勒弗罗发觉事已败露,精神崩溃而死。最后的结局是物归原主和美满的婚姻。故事有许多地方看起来简直难以置信,然而由于作者把米诺雷-勒弗罗、克勒米耶-米诺雷,以及两人之间错综复杂的亲属关系放在一个真实的环境中加以描绘,加上奈穆尔车行的技术性的细节交代和花园中景物的生动描绘,又使人不由得不信。(阿兰说:《于絮尔·弥罗埃》是一部户外小说。)"巴尔扎克笔下那些似乎不真实的东西,往往是非常真实的,只不过我们这些凡夫俗子的眼光不如天才的眼光那样锐利,因而察觉不到而已。另一方面,许多今天可以通过科学实验来证实的东西,当时只有先知和超人能够猜测到。"①这是我们对巴尔扎克的一种信任,他希望我们相信他,他也值得我们信任。

《一桩神秘案件》源于他少年时代的回忆。他的父母从省长波姆勒将军那里听到过很多关于参议员克雷芒·德·里在执政府时期被神秘地绑架的传闻。对该事件颇知其详的德·阿布朗泰斯公爵夫人也向他透露过许多重要的细节。富歇②的警察总署曾声称抓住了凶手,并处决了三名显然是无辜的贵族青年。绑架的原因何在? 有些人说这是警方一手策划的,目的是查获一份文件,即拿破仑在意大利的马朗戈同

---

① 这句话是马赛尔·布特隆在克洛德·莫里亚克所著《热爱巴尔扎克》一书的手稿上写的眉批。摘自此书出版后的第 95 页,巴黎,圆桌出版社 1945 年。——原注

② 富歇(1759—1820),法国政客,拿破仑时期的警察总监。

奥地利人决战之时,克雷芒·德·里伙同皮什格吕①密谋一旦拿破仑战败就取而代之的密件。这事件是个很好的题材,可是巴尔扎克需要更多的小说情节。他于是在这一片沃土上辛勤耕耘,而且获得了丰收。为了证明那两个贵族青年(孪生兄弟保尔-玛丽和玛丽-保尔·德·西默兹)的无辜,他虚构了马兰·德·贡德维尔(小说里的克雷芒·德·里)把西默兹的家产当作国家没收的财产拍卖给他自己的情节。从此以后,西默兹家族就把贡德维尔视为窃夺他们家土地的贼人。这样一来,所有同情西默兹家的人,尤其是他们的管家——被处以极刑的忠实仆人米许——所表现的激烈情绪就显得合情合理了。读到这里,人们仿佛又一次感受到《舒昂党人》中那种晦暗的气氛,听到深夜里奔跑的马蹄声,看见面色蜡黄、阴森可怕的科朗坦。故事一直在不明真相的状态下展开,好比战场上的士兵一样不知其所以然,明白人只是偶尔一闪而过:皇帝在耶拿战役前夕露过一面,最后,内阁总理亨利·德·玛赛几句话就驱散了一直掩盖着案件真相的层层烟幕。在这出描写爱情和忠诚的悲剧背面,是大革命中投机者们的既得利益,这些人希望永久地占有逃亡贵族的财产。这样一来,荒诞不经的故事便反映了实实在在的历史。而且从外省的一角可以看出:"帝国之被人接受,主要不是靠威力,而是靠秩序及其所显示的稳固。"②稳固可以促进忠诚。

在《一桩神秘案件》中,巴尔扎克又一次提出了自然政治的观点,这是巴尔扎克信仰的唯一主张,即顺乎人类天性应成为政治的永恒原则。同样,他在《两个新嫁娘》中陈述了他对婚姻的见解,批评了浪漫主义的幻想。路易丝·德·绍利厄和勒内·德·莱斯托拉德是在修道院

---

① 皮什格吕(1761—1804),法国将军,曾与旺代首领卡杜达尔(1771—1804)合谋暗杀拿破仑,事败后用领带自杀。

② 阿兰:《和巴尔扎克在一起》,《艺术与众神》,七星文库版,第948页。——原注

寄宿学校读书时的好友,一直保持着通信联系,但她俩选择的生活道路完全不同。"前者听凭最狂热的激情驱使,后者则明智地接受命运安排。"①勒内选择的是理智的婚姻,丈夫是一个在生活中受过挫折的男人,心地善良,却不怎么可爱。然而由于道德观的一致,由于经济、政治和生活上的联系,由于双方都抛弃了幻想,由于对孩子的共同的爱以及共同理财治家,等等,他们夫妻间这种理性的爱得以深化发展。妻子改造了丈夫,把他提高到她的水平。这不是狂热的爱情,不过你若像勒内一样接受这样的观点:"克制和忠诚是使婚姻获得成功的主要手段",那么这爱情便算得上是幸福的了。这有点悲惨,但在巴尔扎克那个时代,却又非常真实。路易丝·德·绍利厄则和一个神秘的西班牙人相爱、结婚,起初这门婚事显得很荒唐,后来却变得光彩夺目。妻子像个偏执的情妇,把丈夫折磨至死。她再婚以后,自己坠入情网,因荒唐的猜疑和疯狂的忌妒而自绝于世。这两幕悲剧都是通过勒内和路易丝的通信透露出来的(其中某些信件出自洛尔·絮尔维尔之手)。

家庭约束和共同利益是维系婚姻的坚实基础,这就是小说的寓意所在。不错,巴尔扎克曾经就此书的主题写信告诉浪漫的乔治·桑:"您放心,我们的意见是一致的,我宁愿被路易丝杀死,也不愿和勒内长期生活在一起。"而且巴尔扎克自己在生活中也追求过强烈的激情,但是上面那句话,真是肺腑之言吗?他才不甘心死于路易丝之手呢。他和贝尔尼夫人的关系既充满激情,却也不乏讲求实际之处;他的创作、斗争乃至经商活动,处处有 Dilecta 插手。和玛丽·杜·弗勒内依、La Contessa、海伦·德·瓦莱特等谈不上有什么激情,只能算是逢场作戏。他不止一次对卡罗琳娜·玛尔布堤说:如果仅仅限于肉体之乐,他只把

<hr>

① 阿兰:《和巴尔扎克在一起》,《艺术与众神》,七星文库版,第 988—989 页。

爱情视为无关紧要的游戏。他从 1833 年起孜孜以求的是同夏娃琳娜·韩斯卡结婚,从而无可争议地跻身当时的上层社会。无论是他的出身,还是他的天才,都没能使他达到这一步。其实他的生活同他的信念并不矛盾,或者更确切地说,他从来不曾如他所追求的那样,过上和自己的思想相一致的生活。

实际上,巴尔扎克身上并存着两个人:一个是生活在人世间的粗鲁汉子,同母亲和妹妹吵吵闹闹,因负债累累而四处躲避债权人,一面跟一位波兰伯爵夫人书信传情,同时又与自己的女仆同居;另一个是塑造整整一个社会的作家,爱慕肩膀雪白、眼睛明亮的年轻女子,不论是女演员或是公爵夫人。他能体会并且理解最为细腻的情感,过着阔绰的、根本不必为可怜的金钱问题操心的生活。凡人巴尔扎克免不了和家里那些小市民打交道,盗火者巴尔扎克则同自己创造的高门显贵来往频繁。他的全部心思被自己塑造出来的人物所占据,以至无暇他顾。贝尔尼夫人和阿布朗泰斯夫人临终时他都没有前去看望,虽然在现实生活中他爱过她们。然而在亨利埃特·德·莫尔索、爱丝苔·高布赛克、柯拉莉这些诞生于他的艺术头脑的女子生命垂危之际,他却寸步不离地守护在她们身旁。在现实生活中,他有时显得无情无义、漫不经心;而在"他自己的"世界里,他又柔情似水,激情无限。因为这是他唯一可以信赖的世界,也是他的心灵和智慧得以最活跃地充分施展的唯一领域。

令人惊奇的是,这位凡人巴尔扎克,帕西的隐居者,虽然经常连续二十天扎进墨水和稿件中废寝忘食地工作,居然还能抽出时间坐上去巴黎的公共马车,在那些崎岖、狭窄的街道上游逛。1840 年 12 月 15 日,他去荣军院观看了拿破仑的骨灰安放仪式。

从勒阿弗尔直到佩克①,塞纳河两岸黑压压地站满了人。那条船开过时,百姓都屈膝跪下,那场面比古罗马人的凯旋还要壮观。他虽已入墓,人们依旧记得他的容貌:白皙的皮肤,富于表现力的手势。他最终仍然是享有崇高威望的人。巴黎真是个充满奇迹的城市。五天之内,人们就竖起了一百二十座雕像,其中有七八座相当出色。民众还筑起了一百多个凯旋柱,以及二十米高的骨灰瓮和可容十万人的观礼台。荣军院挂起了绣满蜜蜂的紫色丝绒帷幔。我的织毯商对我说了这么一句话:"先生,在这种情况下,人人都是绒绣师傅了。"……②

　　可以想见,巴尔扎克在这美好的一天一定非常高兴。他狂热地爱丰功伟绩,爱拿破仑皇帝,还爱那些帷幔。

　　1841 年 3 月 25 日,他在德尔芬·德·吉拉尔丹家里,同拉马丁、雨果、戈蒂耶、卡尔一起欢度了一个美好的夜晚。"自米拉波公馆那段时光以来,我还没有这么畅快地笑过。"③6 月 3 日,他参加了法兰西学院举行的维克托·雨果入院仪式。雨果气度非凡地进入会场,隆起的额头显得愉快开朗。但巴尔扎克批评他的演讲:"诗人背弃了士兵们,背弃了先辈,他试图为国民公会辩护。他的演说使他的朋友们极为担忧。"④担忧也没有用,因为"这位大诗人,这位创造形象的大师受到了惩罚,是谁惩罚他呢? 是萨勒旺底"。此人是历史学家兼政客,梯也尔说他是一只"满载荣誉的孔雀"。他照例不放过机会对新当选的院士

①　佩克,位于塞纳河岸凡尔赛地区的一个小镇。
②　巴尔扎克:《致外国女子的信》,第 1 卷第 549、550 页。——原注
③　巴尔扎克:《致外国女子的信》,第 1 卷第 554 页。
④　巴尔扎克:《致外国女子的信》,第 1 卷第 562 页。

发射讽刺的利箭:"我们感谢您勇敢地捍卫诗人的使命而不受政治野心之诱惑。"①对于一个其政治野心路人皆知的人来说,这番话简直无耻之极。

　　巴尔扎克本人也一直垂涎法兰西学院的席位。早在 1836 年他已宣称:"我要用大炮轰开法兰西学院的大门。"他已无数次算计法兰西学院院士的两千法郎年薪和词典编纂委员会的六千法郎津贴,以及他认为随着院士的荣誉必然会到手的贵族院议员的称号。1839 年他已经提出申请,随后在雨果面前又收回了这个申请。那一次雨果来到雅尔迪。巴尔扎克带他到陡滑的花园里去散步。雨果顾不上说话,只留心在陡峭的坡地上稳住步子,直到一棵核桃树下才开口说:

　　　　"好,总算有棵树了。"
　　　　"是啊! 而且还是棵了不起的树呢! 您知道它能带来什么收益吗?"
　　　　"既然是棵核桃树,我想它该结核桃吧。"
　　　　"不对! 它每年可提供一千五百利弗尔②。"
　　　　"核桃吗?"
　　　　"不,我是指钞票。"

　　于是巴尔扎克解释,按照当地古老的封建习俗,达弗赖镇的居民都要把垃圾倒在这棵树下,天长日久,积成山一样高的堆肥,巴尔扎克可

---

　　①　萨勒旺底:《1841 年 6 月 3 日在法兰西学院会议上的讲话》。萨勒旺底(1795—1856),系法国政客,历史学家,曾任法国公共教育部部长。
　　②　利弗尔,在法语里既可以作币制单位(相当一法郎),又可作重量单位(约相当于半公斤),此处有双关意义。

以把肥料卖给附近种葡萄和种菜的农民。

> "这可是座金山啊！照直说吧，这就是鸟粪肥啊！"
>
> "是没有鸟的鸟粪吧！"雨果用他特有的冷漠和超脱口吻说道。①

　　午饭的时候两人谈起进法兰西学院的事。雨果虽然没有慨然允诺，可是看得出他后来一直为巴尔扎克据理力争。雅尔迪卖出之后，巴尔扎克在下街寓所仍不时接待法兰西学院院士。"我活动的目的只是让人知道我希望当选，因为这是为我的夏娃，或者说是为我的噜噜（夏娃的昵称）准备的大喜事。"法兰西学院是个社会实体，任何一个现实主义者，无论他有多少幻觉，也不能不承认它的存在。

　　另外一个作家团体"文学家协会"也耗费了巴尔扎克许多宝贵的时间。他历来关心同行们的利益。早在 1834 年他就发表过一封《致十九世纪法国作家的公开信》，信中指出："法律保护了土地，保护了辛劳流汗的无产者的房屋，却没收了诗人用脑力创造的成果……"巴黎的戏院剧场每年有上千万的收益，可是文坛巨匠们如雨果、缪塞、苏利叶、欧仁·苏等人的收入又有多少呢？全法国作家的收入加在一起也不到一百万。成千上万富豪对法兰西每年产生出来的二十部佳作一毛不拔！他们宁肯去阅览室借来看，或者干脆去买翻印本。

　　巴尔扎克呼吁文艺作品应该像其他东西一样作为私产（当时法律规定作家死后十年其作品就不再属个人），法律应该保护属于作者个人的文艺作品不被外国盗印（比利时盗版者已窃取了巴尔扎克的相当

---

① 莱翁·戈兹朗:《穿拖鞋的巴尔扎克》，第 137—138 页。——原注

大一部分版权），作家对其作品应有支配权，未经作者本人允许，不得采用或改编其作品。巴尔扎克的这些要求都是公正的，不言而喻的，并且后来都列入了版权法。但是当时确乎需要耗费相当大的精力与立法机构的漠不关心做斗争。文学家协会终于在 1838 年诞生。维克托·雨果、大仲马、弗雷德里克·苏利叶都是第一批会员。巴尔扎克当时不在，但于 1838 年 12 月被吸收入会。次年，又被推举为该协会主席，接替出任国民教育部长的维勒曼。

他的宿敌圣伯夫没有放过机会嘲讽"工业化文学"和"文学财产的守护神"，照他的说法，"这造成了一种舞蹈症，一种品达罗斯风格①的疾病"。"每一次狂傲的叫嚣都能化成一阵金雨。这样数以百万的金钱便得来全不费功夫。在人前炫耀或乞讨这些钱时连脸都不红。"圣伯夫把文学家协会戏称为真正的"工人行会"，文学界的"法兰西将军团"（巴尔扎克用语）。"人们请千万认清，"圣伯夫轻蔑地写道，"这是一伙为剥削提供贸易场所的人。"事实上圣伯夫把偷印说成冒险和荣誉纯粹是风凉话，因为他自己既不冒这个风险，也得不到这种荣誉。

---

① 品达罗斯风格，指古希腊抒情诗人品达罗斯的风格，即夸张而晦涩的抒情体。

第二十九章 《人间喜剧》(一)

人间喜剧是模仿天父上帝的作品。

——阿尔贝·蒂博代①

　　1841 年,巴尔扎克同一伙出版商(杜博歇、菲讷、赫哲尔和保兰)签订了一项合同:在《人间喜剧》的著名标题下出版他的全部著作。他已经不止一次给一组组作品冠以共同的标题,意在造成一种印象,也就是说,一套鸿篇巨著如果有一个总称,将有助于在人们心目中形成概念。由此产生了《私人生活场景》《巴黎生活场景》《风俗研究》《哲理研究》以及本该补充前两项研究的《分析研究》,但是除了《婚姻生理学》以外,这一部分始终停留在计划之中。事实上有不少作品时而编在这一组,时而又被编入另一组,说明这种分类法多少有些随心所欲。他曾设想以《社会研究》作为总标题,后来在但丁的《神曲》②启发下,他想出了《人间喜剧》。1839 年他给赫哲尔的一封信中, 第一次提到了这个标

---

① 阿尔贝·蒂博代(1874—1936),法国文学评论家。
② 但丁的《神曲》原意为"神的喜剧",中译本译为《神曲》。

题。

《人间喜剧》可不是出版商耍的什么花招。巴尔扎克想要把他那数量众多的小说汇编成集各种人物典型之大成的全景。他来得及完成吗？他不知道。但是到了1841年，完成的部分已经构成一个井然有序的世界。和真实的世界一样，它自身还在不断地繁衍，有时以对应的形式(如《外省伟人在巴黎》激发了研究《一个巴黎大人物在外省》的兴趣，这一题材在《莫黛斯特·米尼翁》和《外省的诗神》中有所表现)，有时则以类似的形式出现(如《婚约》引出了《死后财产清单》，不过该作品一直没有写成)。这种自身繁衍的方法，使创造力获得了不可思议的增长。莫里斯·巴尔台什指出：如果把巴尔扎克的锦囊中其余的写作计划也一同包括进去加以考察，《人间喜剧》的脉络将显得更为清晰。在《路易·朗贝尔》中，天才因思维过旺而损寿，与此相对，《克汀病患者》则描写因头脑空空而长寿。

斯波贝奇·德·洛旺儒公布了巴尔扎克的五十三篇只有计划而尚未动笔的小说标题。其中几篇甚至留下了某些线索，如《布瓦鲁热的继承人》《伟人》《济贫院与民众》《学者之间》《戏剧真相》《一个主意的经历和遭遇》《教师队伍剖析》。在这份清单之上还应该再加进一百来个类似简短注文的草稿。整整一个大千世界在头脑里骚动，纷繁的主题推推搡搡，抢着要降生人世。请看这两个精彩的私人生活场景：穷苦的年轻姑娘为了弄到一个丈夫，装出一副非常富有的样子，结果跟一个以同样手段蒙骗了她的穷鬼结了婚……一位青年女子为一个男子的殷勤所惑，自作多情，以为被爱上了，其实不然，因而对他产生怨恨，而他却又真的爱上了她……"从这些拥挤躁动的题目中，从人物和题材的温床上，可以衍生出形形色色的想象。这里面也反映出作者的多产、对精力的肆意挥霍以及对生命的置之度外。"①假如巴尔扎克能活到七十岁，我们将有幸读到描写他的主人公们的晚景的小说，想到这一点，真令人难过。

为了保证他苦心经营了十年之久的创作在这次出版时一举成功，赫哲尔要求他写一篇序。巴尔扎克由于劳累过度建议再版达文的原序。赫哲尔生气了："出版您的全集，对您的作品来说是最重大的事了，在它与读者见面时怎么可以没有几句您自己的话呢?"巴尔扎克让步了,在这一长篇前言中,他试图阐明自己的创作动机。他说,建造这座大厦的念头，最初是在他研究圣伊莱尔的时候产生的。我们还记得,巴尔扎克有感于人世间存在着形形色色的人物类型,恰似自然界中不同类别的动物一般。工人同商贩、海员同诗人之间的区别,和狮子同驴、鲨鱼、山羊之间的区别性质是一样的。

只是《人间喜剧》远比动物界的喜剧复杂。首先,在动物界中,雌雄相配总是在同类之间进行的,雄狮同雌狮相配;而在人世间,雄狮却可以同母羊或雌虎结成配偶。再者,动物须经历千万年后方可进化为更高一级的动物;而在人类世界,一个杂货店老板几年之内就可以一跃而成为法兰西贵族院议员,一个公爵却会沦落到社会底层。最后,人类有灵巧的双手和思维能力,他创造出工具、衣服、房屋等,这些都随着文明的进化而演变。因此,研究人类的博物学家既要描绘男人、女人,也要描绘事物。

瓦尔特·司各特已经成功地把小说提到历史的高度,但他还没有想到把他的一部部作品连为一体。巴尔扎克的第二个光辉特点在于创作了一部概括当代风俗的完整历史,其中每一章就是一部小说。他塑

---

① 莫里斯·巴尔台什:《〈女作家〉导言》,第45页。——原注

造了两三千个不同身份的人物,足可以和警察局的户籍档案媲美,他按不同的社会等级和职业将他们组合成社会。整套作品的内在联系如此紧密,要想充分体验它的魅力,就得一本不漏地读完。

只有读完之后,人们才会发现这个帝国的疆域如此辽阔,在这片疆土之上,智慧的太阳永不落①。恩格斯曾说:"我从巴尔扎克的作品里学到的东西要比从所有职业的历史学家、经济学家和统计学家那里学到的全部东西还要多。"《人间喜剧》既是一幅最真实地描绘了永无休止的人类生活的画卷,同时又是波旁王朝复辟时期最精彩的风俗史。它包罗万象:贵族和资产阶级,政府和军队,还有银行信贷、商业交通、新闻出版、司法、政治和社交界的内部机制。这绝不是浮光掠影的勾勒,而是像拆卸一部具有明显的齿轮系统的庞大机器一样,把它的零件一个个拆下来展览。

他无所不知,城市、家庭、巴黎的每一个区,他都了如指掌。"这位夜行的荷马用魔怪的火焰照亮了一个骚动不安之城的地下室和巷道,那里正上演着一部令人毛骨悚然的活剧。"②他深入到大学生食堂、剧院后台、公爵夫人的内室、交际花的卧榻。他创造的人物都由现实生活中的真人提供装束。裁缝斯笃布为吕西安·德·吕邦泼雷置装,布依松(也就是巴尔扎克自己的裁缝)为夏尔-葛朗台做衣服;美丽的拉布丹夫人在黎塞留大街七十六号的福森珠宝店购置煤玉制成的葡萄串。至于外省,昂古莱姆、勒阿弗尔、里摩日、阿朗松等地各种不同的社会圈子,他全都知情。这些城市中因 1789 年至 1830 年间政治动荡的影响

---

① 大英帝国以"日不落国"自诩,这里以"智慧的太阳永不落"喻指《人间喜剧》的博大精深。

② 亨利·福西永语,转引自乔治·普拉达利耶:《历史学家巴尔扎克》,第 292 页。——原注

而产生的无法缓解的、偏褊的敌对情绪,巴尔扎克了解得比谁都清楚。读者如果看不到法国社会根植于怎样的历史土壤就无法理解王政复辟时期的法兰西。"真实的生活都是有因可循的。"此外,巴尔扎克所使用的人物再现手法,赋予他的虚构人物以第四维的深度——时间的深度。

然而他的目标绝不仅仅是描绘一个社会。在他看来,作家非但不亚于政治家,或许还能超越政治家,因为作家能"对人间的事情作出判断"。如果说巴尔扎克意识到自己是最伟大的小说家,这可不仅仅是由于他塑造出如此众多的栩栩如生的人物形象(可以设想,一个勤奋而平庸的作家也有可能塑造出大量人物),而是由于他在塑造人类时糅入了他自己的思想精髓,他认为集中于一个特定目标上的意志能够产生巨大的能量,不过这种意志是受到限制的。在他看来,每个民族如同每个人一样,都有那么一张驴皮;要想延长民众的寿命,必须减少他们的生命运动。因而巴尔扎克主张建立稳定的政体和法规。"我在两条永恒真理的照耀下写作,即宗教和君主政体。"在政权问题上,巴尔扎克总想扮演魔鬼的角色。他说:"一个正直的政治家,好比一部有情感的蒸汽机,或者一个边掌舵边做爱的驾驶员,他们是注定要翻船的。"可是深知巴尔扎克的乔治·桑说:"在令人痛心的罪证和良心的责备面前,他身上的恶魔势力便在他心灵深处那纯真善良的天性底下彻底崩溃。他会握着你的手默默无言,或者掉转话头谈起别的事情。"使用权谋、不择手段是他身上理智的一面,而宽厚大度才是他的内心所固有的。

政治和宗教观

巴尔扎克认为最佳政体应该是能够产生最强大效能的政体。然而,他认为,要获得这最大的效能就必须使国家的权力集中。我们还记得他虚构的卡特琳娜·德·梅迪契和罗伯斯庇尔的那段对话。他赞同这两个代表国家理性的人物,出于同一原因,他也崇拜拿破仑。和大多数同龄青年一样,他也曾是"奥斯特利茨的孩子"①;他对少年时期的狂热仍记忆犹新。

请重读《妇女再研究》中有关拿破仑皇帝的颂词:"他被描绘成一个无所事事的人,其实他曾经是一个无所不为的人! 他代表过有史以来最完美、最集中、最专制、最严厉的权力……他什么都能做到,因为他什么都有决心去做……极其专横,又极其公正,视情况而定,他是真正的国君! ……"这就是纯粹的巴尔扎克观点,没有一点专横,就谈不上公正。在万不得已之时,即法律不能伸张正义之时,就只能求助于君主,乃至"十三人集团"。

1830 年革命后,假如资产阶级的君主政体强有力的话,巴尔扎克也许会承认它的。但是"我们进行了一场伟大的革命,而成果却为几个小人窃取了……七月革命最致命的错误在于没有给路易-菲力浦三个月的时间实行独裁统治,以便巩固人民及国王的权力"。要想为民众谋福利,唯一有效的办法就是实行极权制度(或者尽可能地集中权力)。"所谓代议制政府其实是一场没完没了的纷争……政府的本义应该是稳定。"②巴尔扎克对 1830 年建立起来的君主立宪政体的软弱无能哀叹不已,两年后,即 1832 年,他转向了保王派。其实这既非出于夏多布里昂式的虔诚热情,也不似警觉的珠尔玛所指责的那样出于向上爬的野心,而是因为他觉得合法的君主专制是最能为人们所接受的制度。

---

① 奥斯特利茨,捷克斯洛伐克地名,1805 年 12 月拿破仑率兵在此击败由奥地利国王和俄国沙皇亲自统率的奥俄联军。"奥斯特利茨的孩子"指崇拜拿破仑的青少年。

② 巴尔扎克:《思想、主题、片断》。——原注

后来巴尔扎克的这一政治观点引起了福楼拜和左拉的愤慨,他们评论说:"他是天主教徒,保王派……产业主……十足的老好人,但仅仅是二流货色而已。"巴尔扎克是二流货色!简直是疯话!比福楼拜更为激烈的共和派阿兰却能理解巴尔扎克的政治观,他指出:"他虽然拥护王权和教权,但是对两者都不相信。"的确,从信仰的绝对意义上讲,他对两者都不相信,但是他相信它们的实用价值。巴尔扎克珍视传统、家庭、君主制,因为这些都是既成事实,也因为其中蕴藏着民族的生命力。在他看来,不停地更换首脑,用朝三暮四的思想去指导行动,只会削弱国家。他认为稳定本身就是件好事。这种观点可以导致他拥护人民的专政或者君主专制,信仰拿破仑或者马拉,同样也可以使他崇拜路易十四。拿破仑的唯一错误是没能使政权永固长存。好的国王可以来自下层,也可以来自上层。巴尔扎克最讨厌不稳定的庸人政府。有时他还幻想建立一种集体的专政。"假如法国有十五个能人联合起来,组成法兰西政府,并且推举出一个相当于伏尔泰的首领,那么所谓立宪政府的玩笑,这种由平庸之辈组成的走马灯似的政府很快就会消失。"力量能够同时带来权力和合法性。

　　这并不意味着力量只能来自一个方面。巴尔扎克既理解米歇尔·克雷斯蒂安和泽·马尔卡斯,同样也非常理解德·封丹纳伯爵和亨利·德·玛赛。他的宠儿之一荷拉斯·毕安训谈起埃斯巴侯爵夫人时说:"我恨这种人,最好来一场革命把这帮家伙斩尽杀绝。"巴尔扎克本人也曾对卡斯特里侯爵夫人如此恼恨,虽然他的伤痛是因虚荣心而不是贫困引起的。人们也可以说巴尔扎克是革命派,因为他描绘了一个糜烂的社会,并且流露出要改造这个社会的愿望。只不过他是从资产阶级的角度来描绘的,身为资产阶级的儿子,他只求在这个社会中谋得一个席位。

那么我们来看看他的君主制和宗教思想吧……什么是他的宗教思想呢？他在《神秘之书》的序言中解释道：神秘主义就是纯原则意义上的基督教。他把圣约翰的《启示录》视为架设在基督教神秘主义与印度、埃及、希伯来和希腊的神秘主义之间的一座桥梁。他的这种观点由雅各布·波墨传给居荣夫人，传给费讷隆①。到十八世纪出现了斯威登堡这样一个福音传道者，他同圣约翰、摩西、毕达哥拉斯②比肩而立。之后在法国又有圣马丁出来提倡。这就是路易·朗贝尔所信奉的，也是巴尔扎克所捍卫的宗教。在1832年致夏尔·诺迪耶的信中，巴尔扎克重新提起他二十岁时作过的哲学探索。那时他正躲在阁楼上贪婪地阅读莱布尼兹和斯宾诺莎的论著。这些书把他引向了何处呢？他被引入了两难推理：要么承认上帝与物质同在，既如此，上帝就与另一个不同于他的强者并存而不再是全能的主宰；要么承认上帝先于一切存在，他取自身的精华创造了世界，这样一来，人类社会或者说整个世界便不该有罪恶。正如司汤达所说："在战场上，上帝同时处于两个敌对的阵营而自相残杀。"任何经院哲学都不免要走入死胡同。

那么如何是好呢？采取皮浪③的怀疑主义态度，还是满腔热诚地投入基督教的怀抱而不去穷根究底？青年时代的巴尔扎克在理智上是倾向怀疑主义的。1824年，他说："任何人都有癖好，宗教不过是最崇高的一种而已。"1837年他又说："我既没有入教，也不打算皈依，因为我没有任何宗教信仰。"最终他还是选中了基督教。哪一种基督教呢？天主教吗？是的，童年时代他曾为之激动不已，后来又写过许多感人的

---

①　费讷隆(1651—1715)，法国散文家，曾担任王子太傅，但其宗教、政治观念均与正统相抵触。
②　毕达哥拉斯，公元六世纪的希腊哲学家、数学家。
③　皮浪(约公元前365—前275)，古希腊哲学家，怀疑主义者。

故事来捍卫它。在《乡村医生》中,他宣扬基督教文明的力量。在《幽谷百合》中,他描写基督徒感人的温情。然而这一切仍不足以把他列为正统的天主教徒。他说:"天主教教义是一套自欺欺人的假话。"

不过,这位教化人的作家认为教会可以维护道德的和社会的真理。为了弄清这位不信教者对宗教的作用持何种看法,需要回顾一下他所描绘的社会,那是一个金钱主宰一切,弱肉强食,黑白颠倒,是非不分的社会。"1840年的法国是什么状况呢?那是个人欲横流,没有爱国主义,没有良心,政权软弱无力的国家……"面对飞扬跋扈的邪恶,天主教建立了一套"阻止人类滑向堕落的完整体系"。头脑清醒的巴尔扎克并不认为天主教教义具有绝对的价值;而是看中了天主教那些崇高而丰富的神话故事。因为人类除去神话之外还能接受什么呢?"要全民族都去研究康德是不可能的。"对民众来说,信仰和习俗要比研究和论证更有实际意义。

弗朗索瓦·莫里亚克写道:"我没有忘记,如果说巴尔扎克信奉天主教,那也是像德·波纳尔和德·迈斯特①一样,出于策略和实用主义的考虑,因而肯定不是最虔诚的。不过在他的灵魂深处和作品中激荡着一股真正的宗教潜流……只消重读一下《路易·朗贝尔》和《乡村医生》就不难看出,巴尔扎克一方面过于熟知世间的罪恶,同时也深谙人类固有的善良……"②这不单纯是沼泽区的资产阶级用来使妻子恪尽本分和保护私人财产的狭隘的天主教义。巴尔扎克准备在《人间喜剧》未来的作品中以相当多的篇幅去描写基督徒的善行。灵魂的得救

---

① 德·波纳尔(1754—1840)和德·迈斯特(1753—1821)均为法国作家,政治家,君主制的维护者。

② 弗朗索瓦·莫里亚克:《巴尔扎克的现实意义》,《向巴尔扎克致敬》,第321—337页,巴黎,《法兰西信使》1950年。——原注

是悄悄地、秘密地进行的,不过慈善行为能创造一些可见的奇迹。贝纳西医生和韦罗尼克·格拉斯兰都是靠行善积德来赎罪的。

　　一个信徒可能会对这位宗教卫士居高临下的态度感到不快。但他对宗教虽不信仰,却无亵渎之意。在优美的短篇小说《无神论者望弥撒》中,不信鬼神的外科医生德普兰请神甫来为他的恩人———个可怜的挑水夫做弥撒超度灵魂。他的学生毕安训对此迷惑不解,他答道:"我是以一个怀疑论者的善良愿望去祈祷的:'主啊,如果确实有那么一个你用来安置那些生前十全十美的人的地方,请别忘了好心的布尔雅吧……,亲爱的,你看,这就是具有我这种观点的人所能做到的一切。上帝该是个好心的家伙,他不会怪罪我的。我敢向你起誓,我甘愿舍弃家产,只要布尔雅的信仰能够在我头脑里生根。"①老师病危时,毕安训一直在他身边照料他,这位弟子始终不敢肯定赫赫有名的外科医生德普兰到死还是个无神论者。在巴尔扎克身上,除了德普兰的不可知论之外,还混杂着他所塑造的一些高尚的神甫的某些品质。

　　他是否有玄学倾向? 不错,因为他不相信物质决定论足以解释一切现象。巴尔扎克既是物质论者,又是广义的精神论者。他认为精神渗透于物质之中。物质有不同的等级,从不大像有思想的矿石,到灵魂附于肉体的人,再上升到只有灵魂的天使。巴尔扎克模模糊糊地相信石头可以成圣,人也可以转化为天使。他知道世界蕴藏着一个巨大的奥秘,在生命里还有一个比生命更强有力的本原。他同意把这个奥秘、这个本原称为上帝。人类一直希望探明这个奥秘和本原,但是我们只能通过某些寓意、象征和迹象去揣度它们。如果上帝保持缄默,那么生命与物体就永远载负着神秘的信息。在物质与人之间有着无形的联

---

　　① 巴尔扎克:《无神论者望弥撒》。

系。宇宙万物中真正重要的奥秘存在于无穷小的物质成分之中。这就是巴尔扎克不厌其烦地描写每一件家具和上衣、每一顶帽子和每一个动作的原因。任何东西都和其他一切东西相通。用绝对抽象的眼光来看,推销员同皇帝具有同样的价值。

世界是个统一体。一种单一的物质同时产生了物质世界和精神世界。巴尔扎克喜欢以生理活动对精神活动所产生的作用为例来说明这种统一。受压抑的色欲能转化为父爱、道德力量和善行,正如热可以转化为光与电。我们每个人都有一股生命力,有的人用它来干一番事业,另一些人则用它来犯罪。受压制的欲望能加强意志的力量,人在世界上能有所作为靠的就是这股强大的意志力。巴尔扎克的梦想是什么?他试图集合这股意志力,使之转化为一种神奇的乃至神圣的力量。

充当上帝,创造一个世界,这就是巴尔扎克的影子——路易·朗贝尔、巴尔塔扎尔·克拉埃和弗朗霍费所追求的目标,只不过没有公开承认这一点而已。然而人的力量是有限的,普罗米修斯随时会干出蠢事来。巴尔扎克自己有时也流露出这种担心。幸而他的工作和几个女人解救了他。因为自然界的统一和平衡来自阴阳两元素的结合:阳性表现为运动和斗争,阴性则体现了稳定和继承性。圣西门主义者以及后来的奥古斯特·孔德[1]都主张这一学说。巴尔扎克不但同孔德一样是个深刻的思想家,而且还是诗人。他用神话故事来表现他的玄学观。他可以同柏拉图、但丁和莎士比亚比肩而立。

---

[1] 孔德(1798—1857),法国哲学家。

爱情,婚姻

　　巴尔扎克时而从神秘的角度,时而从生理的观点论述爱情,用词相当文雅,没有丝毫赤裸裸的描写,色情场面极少,却不乏大胆的生理分析。肉体的运动左右着情感的活动。毕安训初次与迪娜·德·拉博德赖见面,就从她的言谈之中探明了这位领主夫人的私生活内幕:她的丈夫,矮小的拉博德赖患有阳痿病,所以迪娜依旧是处女。因此,只要卢斯托乐意,她随时可以属于他。而且她宁愿委身于小记者卢斯托也不愿意投入大医生毕安训的怀抱。"原因是需要爱情的女人对投身繁重工作的男人怀有本能的反感,女性不论多么高超,在占有男人的问题上却永远是女人。"①肩负重任、惜时如金的巴尔扎克竟然能做出这样细致的观察。他颇为内行地描绘男女恋人之间交换的"炽热的目光"。他对肉欲的作用并不陌生,他知道朗热公爵夫人拒绝的是什么样的爱情,究竟是何种奇异的魔力使半老徐娘贝阿特丽克丝战胜了卡利斯特的年轻迷人的新婚妻子萨宾娜,为什么瓦莱丽-玛奈弗或"电鳗"能控制住那些老头子。他本人不是也热爱过比自己母亲年纪还大的贝尔尼夫人,疯狂地追求过卡斯特里夫人,同胖胖的夏娃琳娜共同品味那"难忘的日子"的欢乐吗?"爱情的厨艺"中每一道菜的做法他都熟悉。

　　但是在他看来,一切缺乏社会基础的爱情都不免导致失败。他在作品中经常描写婚外恋的凄惨结局。人不仅需要感官上的满足,还需要自尊心和物质利益的满足。爱一个女人,就是爱她的全部,包括她的

---

　　①　巴尔扎克:《外省的诗神》。

肉体、精神、容貌以及她生活中的一切陪衬、装饰。他喜欢韩斯卡夫人是因为她"值得爱",此外他还爱她的学识,她的三千农奴,她的伯爵夫人头衔,她的庄园和她的信仰。他捍卫他的婚姻理论,曾经同乔治·桑发生争论。他认为只有结婚,恋爱双方才能共享一切——分享爱情、成功和财产,他们的结合才能获得教会、社会以及家庭的支持。当然,理智的婚姻如果不能伴以双方的真诚相爱,也没有真正的幸福可言。巴尔扎克祝愿他的主人公,也祝愿他自己不仅"有一所茅屋和一颗心,而且应该有一座宫殿和心上人"①。这种态度正好同浪漫主义大相径庭。巴尔扎克无论在政治上还是爱情上都是逆潮流而行。

巴尔扎克总是强调情欲与爱情的区别:"情欲是一种可能出现差错的期望……男人也好,女人也好,都可以不失体面地多次产生情欲,因为追求幸福是很自然的事! 但是在人的一生中只有一次爱情。"巴尔扎克自己就是接二连三产生情欲的实例。不过他至少在理论上是坚持爱情专一论的。他说:"一个人一生中不会有两次爱情,只有一次像大海一样深沉无垠的爱。"肉体的爱和精神的爱应该汇聚到一个人身上。一对恋人,"展开快乐的双翅高飞",升华为一个天神。在《塞拉菲塔》中这还仅仅是一种象征,到了卡米叶·莫潘心目中,已经是可以实现的完美形象了。这也是巴尔扎克自己寄托在夏娃·韩斯卡身上的期望。但是由于他专心致志于创作,所以尽管描绘了这样一种超凡入圣的境界,却不能亲自体验。一个伟人无权沉溺于伟大的爱情之中,他不能属于一个女人。他何尝不懂得爱呢? 不过他必须首先献身于创作。这是他没能对心上人道出的真情。

---

① 费利西安·马尔索:《巴尔扎克和他的世界》,巴黎,伽利玛出版社,1955 年,第 260页。——原注

在作品中他也描写了情欲与爱情的融合。欧也妮·葛朗台热恋她的堂弟，路易丝·德·绍利厄和于絮尔·弥罗埃深爱她们的丈夫，亨利埃特·德·莫尔索对费利克斯怀有一种混杂着爱情、情欲与母爱的感情。狄安娜·德·卡迪央经历多次激烈的感情角逐后，爱上了德·阿泰兹，并且隐匿自己的幸福；爱丝苔既爱吕西安，也爱他那寒碜的小屋；迪娜(缪斯)对情人更是忠贞不贰。但是《人间喜剧》中大多数女子追求的不是财富便是能满足虚荣的幸福。罗莎丽·瓦特维尔要的是满足自尊心和发泄隐秘的怨恨，莫黛斯特·米尼翁把求爱者当作谋取财产的小卒耍弄，勒内·德·莱斯托拉德的精细盘算使她的丈夫都感到惊讶。所有这些姑娘都知道她们早晚要成为金钱祭坛上的祭品。到那时女人将像奴隶般被人拍卖，有的被永久卖出(嫁人)，有的被暂时租借(卖淫)。没有爱情的婚姻是合法的卖淫。乔治·桑说："我们把女儿像圣女般地抚养大，却又像雌马般地出卖给人家。"然而社会总要掩盖其严酷的现实。"我们把菜肴盛在金、银、瓷器中呈上饭桌，这和把爱情装饰打扮起来是出于同样的心理。"

巴尔扎克和他的女主人公们都接受这种买卖。年轻漂亮的姑娘嫁给贵族院议员，以保持其社会地位，或者嫁给老银行家以获得大笔财富。同样，年轻英俊的小伙子把自己卖给年长的妇人是由于她们可以带来金钱和权力。拉斯蒂涅靠但斐纳·纽沁根住进带家具的住宅，马克西姆·德·特拉伊靠的是德·雷斯托伯爵夫人。吕西安·德·吕邦泼雷起初指望从柯拉莉身上发迹，后来又转向爱丝苔。拉帕菲林(《浪荡王孙》)从情妇手中得到"一笔巨款"。巴尔扎克对此有什么可愤慨的呢？他自己从情妇那里借支的款项更多！在《人间喜剧》里，男人结婚常常怀着某种野心，然而更多的是考虑物质利益。

"既然是买卖，当然有竞争。有钱的女继承人首先是一场激烈的争夺战的赌注,然后成为获胜者向上爬的工具。克罗旭和格拉桑争夺欧也妮·葛朗台,杜布斯基耶和瓦卢瓦骑士争夺科尔蒙小姐,菲利浦·勃里杜和玛克斯·吉莱争夺搅水女人……为了夺取嫁妆,男人之间展开了拼搏。为了抢到丈夫,女人同女人争斗……由于婚姻里面有交易,有竞争和利益之争,于是形成了其独特的法则。勒内·德·莱斯托拉德写道:"你看,亲爱的疯丫头,我们已经研究了夫妻爱情关系的法则!……夫妻关系,说到底就是财产关系。"①

　　若是某个评论家对《人间喜剧》中女人所占的地位感到惊讶,巴尔扎克会回答他说,那是因为他没有充分考虑到创作一套比《一千零一夜》还要长、包括一百多部独立成篇的故事的著作所遇到的困难。在东方传奇中,女子是被禁闭起来的,故事叙述者只好去描写集市、苏丹王的宫殿、鞋匠摊等。所以阿拉伯作家必须求助于神话、巫师和法宝才能吸引读者。在中世纪的欧洲,史诗文学的灵魂是战争,奴隶反抗主人、教士反对王室的斗争。往日仅有的小说题材已被瓦尔特·司各特采掘一空。居斯蒂纳写道:"十九世纪的法国社会已无任何美妙的东西可写,社会各等级的人不再有各自独特的面貌。由于缺乏形象上的题材,作者不得不在心理描写,在探索人类最微妙的内心世界上下功夫……"巴尔扎克的所长正是体察和揣摩人类的微妙情感。他披露女人的灵魂而不得罪她们。这位冷酷的观察家从不为爱情和金钱的喜剧所迷惑。他能够随心所欲地描绘出最细腻的感情变化。女人始终是他的忠实读者,因为没有任何一位作家比他更了解她们。不少女读者感到被他揭开了心灵的面纱而暗自欣喜。

---

　　① 安德烈·乌尔塞:《非人间的喜剧》,巴黎,伽利玛出版社,1964 年,第 612—613页。——原注

巴尔扎克十分熟悉交际花,他相信她们的情欲与爱情也是可以结合的。他喜欢她们的肉体、她们奢华的排场和对男人的熟悉了解,喜欢她们敢于冒险的精神,以及朝露般短暂的青春年华中的诗意。在他的作品中,她们组成了一个独特的世界,有她们自己独特的语言、法规、年轻的情人、阔绰的老头和她们自己的悲剧(诸如柯拉莉之死、爱丝苔的自我牺牲)。对于男子,"爱情从来只是一种被我们的想象所美化了的饥渴",或者是他们向社会挑战时所期待的一种支柱。拉斯蒂涅在他的冒险中需要但斐纳·德·纽沁根,勃龙代的前程仰仗蒙柯奈夫人。勃龙代说:"傻瓜们若想高升,唯一的机会就是利用爱情。"为什么一定是傻瓜呢?若是没有洛尔·德·贝尔尼,巴尔扎克会有什么出息?难道他不是寄希望于同韩斯卡夫人的婚姻,以求出人头地吗?而且爱情也不能说是唯一的希望。当谈不上爱情的时候,还有友谊,还可以结社。一个赤胆忠心的朋友或一群忠实的伙伴,同女人一样也是巴尔扎克的主人公所梦寐以求的。贵族社会之所以使巴尔扎克如此神往,正因为它也是一个能激励自己的成员的封闭的团体。巴尔扎克只身步入社会之初,也因惧怕孤独而寻找过斗争的伙伴。从弗利谷多的伙伴,到虚构的十三人集团、红马会、伏脱冷和他的一班人马,都来自神秘的帮派思想,足以填补爱情的空缺。

金　钱

在《人间喜剧》里,金钱、谋财的手段、嫁妆、遗产、交易、银行、高利贷、篡改遗嘱、巧取豪夺的比重同爱情一样多,甚至还要多。因为在巴尔扎克的相当一部分作品中并无爱情故事。而且他对他所欣赏的《巴马修道院》"如此丰富的内容中"居然没有涉及金钱颇为惊诧。有两个因素决定了万能的金钱在他的作品中充当首要角色,即作者本人和他的时代。

首先是作者。巴尔扎克出生于一个金钱拜物教的家庭。我们记得他母亲说过这样的话:"财富,巨大的财富就是一切。"在他周围,所有的人都缺钱,絮尔维尔一家、蒙泽格勒一家、他的父母以及他本人。这怪他们自己吗?是的,他的双亲拥有足够维持生计的财产。絮尔维尔一家本该满足于一份工程师的薪金。奥诺雷如果不是那么奢侈,一定会相当富裕。但是失意造成他的挥霍无度。他的事业是从何处起步的呢?从在诉讼代理人那儿当见习生开始。他在那里嗅到了不义之财的铜臭味,并且窥见了法律与公正的真实关系。他见到过受愚弄的老实人、得势的骗子、贪赃枉法的法官。他揭露了一个不公正的法庭。这个法庭可以秉承一位美貌贵妇的旨意,为伪造假证的小埃斯格里尼翁开脱罪责;在这种法庭上,案件的裁夺完全取决于法官太太卡缪索·德·玛尔维尔夫人的意愿。巴尔扎克在作品中写这些,因为他都亲眼见过。

时代风气的腐败使他得以目睹种种类似的事件。在旧制度下,人的行为和贪欲均受荣誉的制约,到了大革命时期和帝政时期,对丰功伟绩的热情和喜爱成了行为的准则。可是,购买充公的产业,发战争财,趁政权更迭之际投机倒把,低价收购公债,等等,把一个新的统治阶级送进了权力机构。这些人的唯一打算是大发横财。见解一大堆的贝尔纳-弗朗索瓦失败了,不声不响的葛朗台却成为巨富。泰伊番靠罪恶起家,有些人靠破产倒账发财,还有一些人是靠不名誉的婚姻作晋身之阶。道德沦丧污染了整个社会。如果战争还在继续,菲利浦·勃里杜肯定是个勇敢的士兵,如今却为争夺遗产而杀人。皮罗托也做起了投机买卖。若不是处在这个时代,高布赛克可能是个最诚实的人,因为他最坦率。诉讼代理人但维尔说:"如果我死后留下孩子,我一定请他当他们的监护人。"这意味着"高布赛克将以孤儿的名义勒索别人,以保证但维尔的遗孤的财产得到忠实的管理"。①

七月王朝时期正是大资本主义(尽管当时的词汇中已出现"资本"和"资本家",但"资本主义"这个词还鲜为人知)兴起的年代。巴黎的地价飞涨,股份公司蓬勃发展。詹姆斯·德·罗特希尔德投资兴建北方铁路。巴尔扎克看出他们前景光明,便过早地(他总是这样!)怂恿韩斯卡夫人参与这场投机。廉价的报纸销量猛增,巴尔扎克正是那些办报人的朋友。当时还处在童年时期的出版业尝试了一些新方法,这些方法也正是巴尔扎克早已想到过的。基佐号召人们"富裕起来",巴尔扎克十分乐意加入角逐。但是一个人总不能一面创作《人间喜剧》,同时又亲自去实践。金钱主宰着世界,巴尔扎克则描绘这个世界。

他不加评论地描绘世界,为此受到人们的指责,有人认为他的沉默是一种袒护。但是他本能地意识到,任何直露的评论都会损害作品的艺术性。艺术的功能在于提供一种不带感情色彩的观察。如果作家说教和谴责,作品的美就全毁了。如果作家与作品保持一定距离,就能感动读者,为读者所理解。"醒世作家应该巧妙地藏身于历史学家的外衣之下。"巴尔扎克知道他的任务不是评判,照契诃夫的话说:"那是法官们的事。"他是历史学家,是社会的书记,而不要去反对这个社会。唯一可责怪他的就是他对这个社会的了解还不够全面。《人间喜剧》中几乎没有描写工人,而且我们看到他笔下的农民同文赛斯拉·韩斯基或德·蒙柯奈将军眼中的农民没有什么区别。爱财的艺术家之不幸就在于总把眼睛盯在富人身上。维克托·雨果创作《悲惨世界》的灵感来

① 安德烈·乌尔塞:《非人间的喜剧》,第 109 页。——原注

自朱丽叶·德鲁埃①；而贝尔尼夫人、韩斯卡夫人、阿布朗泰斯公爵夫人和卡斯特里侯爵夫人只能为巴尔扎克照亮舞台的一半。

---

① 朱丽叶·德鲁埃(1806—1883)，法国著名女演员，自 1833 年与雨果同居，直至去世。

第三十章 《人间喜剧》(二)

我们有时诅咒人类的处境，因为我们总是把它同根本不存在的抽象的完美境界相比较。其实，我们的前提应该是人类本身，他们的现状和他们吵吵嚷嚷的存在。如果不承认这就是世界的本来面目，那我们只好去寻死。巴尔扎克医治了人们的悲观厌世态度，这就是他的卓越贡献。

——阿兰

创　作

他是怎样工作的？采用哪些素材？他很乐意这样回答：Allis true（全是事实）。他谈起他那"惊人的精确"，并且说道："就连小说家自以为凭空造出来的历史，和事实相比还是差得太远了。"无疑，生活比艺术丰富，然而生活的真实并非艺术的真实。人对生活既无法穷其究竟，也不能包揽无遗。真实看上去很少像真的，它缺乏协调和统一。这位大作家却要从中寻求统一。巴尔扎克更喜欢把自己当作诗人，也就是说他要再现事物的本质。"什么是艺术？艺术是现实生活的集中表现。"
想象以现实为依据，但要重新加以组合。艺术家的任务在于把提炼过
的思想通过人物体现出来，塑造出让读者感到栩栩如生而又简明概括
的艺术形象。巴尔扎克小说的中心是一种激情，小说是这种激情发展
和强化的过程，这激情不断地增长，扫荡着一切障碍，泛滥成灾，甚至致
人死命。

巴尔扎克式的小说家，巴尔扎克式的人物，既是真实的，又高于真
实。他给乔治·桑的信中写道："我喜爱不平凡的人物，我自己就是其
中之一。再说我还需要用这些人物来衬托我那些平庸之辈，我从来不
轻易放弃他们。不过我对这些平庸的人比您对他们感兴趣。我从反面
把他们加以拔高和理想化，即夸大他们的丑陋和愚蠢，以滑稽夸张的手
法来改造他们。"这种夸张手法使巴尔扎克接近于浪漫派。不过浪漫派
热衷于塑造奇形怪状的事物而毫不顾及真实性，巴尔扎克则力图通过
真实可信的细节使之不脱离人间。

巴尔扎克塑造人物可以分为三个阶段。第一阶段是以一些他所熟
悉的人物或书本上见到过的人物作为原型，比如依据达布兰塑造皮勒
罗，依据玛丽·德·阿古尔塑造贝阿特丽克丝。后来他又从其他模特
儿身上借取一些成分来丰富这个形象，使之面目一新。在第二阶段，他
"不再局限于对现实进行文学加工，而是顺应作品的内在要求行事"[1]。
他像画家一样后退几步，以便更好地观察他的作品，然后这儿添上一
笔，那儿上一层色。为了使作品更为鲜明生动，巴尔扎克一向重视前面
已经描述过的事物。最后在第三阶段，他"仿佛听凭一种幻觉的驱使来

---

[1] 皮埃尔·洛勃里耶:《〈赛查·皮罗托〉中的人物塑造》,《巴尔扎克年鉴》1964年,第
251—270页。——原注

改造他的人物"，使人物变成一种观念的化身。如高布赛克体现了金钱的威力，赛查·皮罗托体现正派，高里奥老头则体现父爱。

　　然而哪怕是进入这样抽象的阶段，他依旧没有脱离现实。最有趣的莫过于从他的每一部作品中发现他自己的日常生活轨迹。葛朗台称他的妻子为"小妈妈"，一如洛尔称呼自己的母亲，而且葛朗台像贝尔纳-弗朗索瓦一样喜欢谈论莫卧儿帝国。在拉布丹的绿色文件夹中能看到絮尔维尔的运河计划。他用全新的方式重新组合这些素材。当然，巴尔扎克用得最多的是他自己，他的往事，他的忧伤。他的许多小说都是对他自己的补偿。他把现实生活拒绝赐予他的东西送给自己。玛赛给了他漂亮的长相和力量，拉斯蒂涅给他带来了有钱的婚姻和要人的地位，阿泰兹给予他纯洁的心灵。或者，运用古已有之的老手法把自己的失意转嫁到某个倒霉蛋身上。于是，吕邦泼雷替他经受青年时期的磨难，皮罗托接过印刷厂倒闭的噩梦，拿当为他饱尝作家的苦恼。他明知自己的工作能力和天才远远超出这些可怜的家伙，仍忍不住要把这些说出来，展示给人们，才感到痛快。像泽·马尔卡斯、阿尔贝·萨瓦吕斯这些才能与他不相上下的兄弟，尽管不免要沉沦，却都扮演了救世主的角色。"因此，巴尔扎克笔下的每一个人物都有作者自己的影子。他们胜利、失败、倒下，都是为了改变他自己的命运。"[1]

　　在他看来，所有这些人物都和现实世界的人生活在同一环境里，现实世界的人对他来说，倒像是他所塑造的人物的不太清晰的翻版。他深深扎根于这第二现实之中，因而能够与他的人物一道超越时空去飞翔。他向读者解释道："德·玛赛这个了不起的人物在这里以总理的面

---

　　① 加埃唐·皮贡:《巴尔扎克自画像》，巴黎，门槛出版社，1960 年，第 109 页。——原注

貌出现,而在《婚约》中他的事业刚刚开始,再早一些,从他十八岁到三十岁这段时间,他还是个最轻浮、最游手好闲的浪荡公子。"①在社会生活中不就是这么回事吗?你遇到一个很久没见的熟人,此人原先是个穷光蛋,眼下却成了富翁;你走到客厅的另一角,有人在半小时之内绘声绘色地讲述了这个人二十年来鲜为人知的经历。巴尔扎克擅长写这类谈话,每次话题一转,给你透露一点线索。一个故事往往要分好几次才叙述完。他说:"世界上没有一件事物是单一的,一切都是镶嵌拼接而成……作家面前的模特儿是十九世纪,这是一个不停地活动、很难坐稳的模特儿……"②他有时要花上三年时间才找到一个结局(《贝阿特丽克丝》),有时他竟忘记了作品中人物的过去——也许根本就不知道。写在《外省伟人在巴黎》之前的《电鳗》就是个例子。书中吕西安的朋友和敌人谈起吕邦泼雷的时候仿佛都是些健忘症患者。对于这些,如果作者有时间,以后可以再作调整。最妙的是巴尔扎克漫游在自己创造的世界里,就像人们生活在现实中一样,他在那里等待一次奇遇或一席知心话向他透露故事的下文;同时他在真实的世界里所遇到的人都变成了他作品中的主人公,他不断地从他们身上吸取新的素材。

他运用的是史学家的风格与手法。为了解释清楚某一情景,他就到《人间喜剧》中去找例子,并且总能找到。假如他要安排一个晚会,他就召集《人间喜剧》中的人物,有时候是资产阶级和官员,有时候是社交界的名流。这些人回忆的事情自然都是以前的小说中所描绘的。《人间喜剧》是历史中的历史。在《夏娃的女儿》的序言中,他半开玩笑

---

① 巴尔扎克:《〈夏娃的女儿〉前言》。——原注
② 巴尔扎克:《〈夏娃的女儿〉前言》。

地宣布不久将为《风俗研究》开列人物传略清单,他将亲自为拉斯蒂涅作传。他以为是在开玩笑,其实却是在预言。

从这里我们可以明白,为什么他能够轻松地答应用那么快的速度赶出六十页的短篇来为某个出版商凑齐一卷书的篇幅。他只需从他的人物群像中挑出几个必要的角色就行了。在这样那样的刊物上发表过的为数众多的文章或单行本,可以提供不少"片段"。例如公务员、杂货商之类的人物,或用来填空补缺的某些"插曲",有时在再版时又被他删掉了(例如《大名鼎鼎的戈迪萨尔》初版中关于布洛涅森林的一段插曲后来就消失了)。他没有什么职业上的条条框框,他像导演一样根据需要随意打开或者关闭舞台上的照明灯。他毫无顾忌地借用某位工程师在路桥杂志上发表的报告,抄一段德尔芬·盖依或戈蒂耶的诗。这有什么关系呢? 反正作者自己鲜明的个性足以保证作品的协调统一,况且故事内容很快又有变化发展。

波德莱尔觉得巴尔扎克的文笔给人一种"冗长、拥塞、芜杂的感觉"。其实不然,巴尔扎克作为书简作家和记者,文章写得相当漂亮,活泼、生动,又见风格。作为风俗史家和地理学家,对事物的描写既精确又不乏见地。无论描写箍桶匠或花粉商,剧院后台或化学家的实验室,他所使用的有关技术词汇简直无可挑剔。作为醒世作家,他在作品中漫不经心地留下许多格言、警句,丝毫不比拉罗什富科①和尚福尔②的逊色。诸如:*只有老年人才有时间恋爱……逆来顺受等于慢性自杀……利害冲突往往导致互相残杀;恶习反倒彼此相安无事……*可以看出他受十七、十八世纪古典主义的影响很深。除了他那些天才的新

———————————

① 拉罗什富科(1613—1680),法国作家,以其《箴言录》闻名于世。
② 尚福尔(1741—1794),法国伦理学家,以用词精辟,擅写格言警句闻名。

发现(不在少数)外,他还采纳了他们那种"自然的风格"。他有了不起的模仿能力,能模仿拉伯雷和圣伯夫。他出色地创造了一套既科学又富哲理的体系。巴尔扎克并不是那种"自命不凡的长篇连载小说家",在作品中塞入一些老生常谈"以假装高明"。相反,从幼年时代起他就善于思考、探索。

诚然,他缺乏稳定的鉴赏力,当他刻意追求崇高和美的时候,往往弄巧成拙或陷于浮夸。像"她那神圣的微笑甚至能化泥为金""她们那半掩的心田的贞洁藩篱""怎么,你也陷在深渊之中吗,我的天使?",等等。天使在他的小说里未免过多了一些。当然,这里我们应该考虑到当时的时代背景、当时流行的浪漫派华丽辞藻以及巴尔扎克自己阅读的大量书籍。玛西永漂亮的文笔也难免写出笨拙可笑的情书。亨利埃特·莫尔索像她的塑造者一样,读圣马丁的书读得太多了。由于巴尔扎克相信创作的统一性,他用的比喻有时很贴切,有时却显得滑稽可笑。他把玛蒂法夫人比作"柜台上的叶卡捷琳娜二世",把纽沁根比作"金融界的大象",把高里奥称作"父爱的基督"。这是巴尔扎克的一大癖好,就像他的口头禅"这就是其所以然"一样。但是大作家不是都有各自的癖好吗?拉布吕耶尔①喜欢在文章结尾画龙点睛地来那么一段;普鲁斯特喜欢一串串形容词和隐喻。

再说大师们有权为所欲为。"他们根本无须讲究文笔,他们这些了不起的人不在乎有语病,正因为有这些语病才更说明他们了不起。而我们这些小人物只有拿出十全十美的作品来才能站住脚……在此我不揣冒昧地提出一个我在任何场合都不敢说出口的见解,即大作家往往文笔不佳,这对他们再好也没有了。不应该从他们那里去找形式美,而

---

① 拉布吕耶尔(1645—1696),法国伦理学家,著名的《品性论》的作者。

应该到二流作家(如奥拉斯、拉布吕耶尔)那里去找。"①

如上所述,没有一个作家比他更勤奋的了。泰奥菲尔·戈蒂耶说巴尔扎克"每找到一个自己满意的表达方式都要付出无限艰苦的劳动"。但他又说:"巴尔扎克有一种风格,一种非常漂亮的风格,这是一种天赐的,为表达他的思想所必需的精确风格。"他像夏多布里昂一样喜欢收集一些古词,赋予它们以新的价值。(例如洛图尔-梅兹雷喜欢用的 virvoucher,意思是"像无头苍蝇那样瞎忙"。)或是使用某些罕见的词如:flavescent(发黄的),turquin(深蓝色的)。还有《人间喜剧》中那些妙不可言的人名。像高布赛克、皮罗托、赛里齐等都是他从店铺招牌上、从年鉴中或从自己的记忆里搜寻出来的。他在《图尔的本堂神甫》中发明了"潜对话"一词,即透过谈话来表达一个人潜在的真实思想,需要你从字里行间去琢磨出来。同样也可以说他的书信(尤其是致韩斯卡夫人的信)就隐含着一种"潜书信"。读者可以从他写给心上人的信中看出翻腾在他胸中的那些善良的愿望、天真的诡诈以及浪漫的技巧。

观察家或"先知"

在《人间喜剧》前言中展开了一个完整的世界体系,这正是巴尔扎克施展才华的起跳板。缪塞曾经写道:"他想要抓住一根线索,一根可以收揽一切,汇聚一切的线索。……他的野心是要垄断那把开启时代大门的唯一钥匙……"对巴尔扎克来说,生活是一系列的因,然而他自

---

① 《居斯塔夫·福楼拜通信集》,第 3 卷第 31—32 页。——原注

己的天才却先于和外在于这个系列。一个大艺术家居然不知道自己是怎么创作的。他回顾已经完成的作品，试图弄明白自己的创作规律。他想用一种完整的体系来解释作品的统一性，这种统一性反映了作者的个性。巴尔扎克对现实世界进行加工，以便创造出巴尔扎克式的世界。他需要真实的素材以便使他的人物与生活紧密相连，但哪会有一把能够开万把锁的钥匙呢？拉斯蒂涅不是梯也尔，约瑟夫·勃里杜不是德拉克洛瓦，卡斯特里侯爵夫人不是德·朗热公爵夫人，贝尔尼夫人也不是莫尔索夫人。但是梯也尔和德拉克洛瓦兄弟的某些特征被糅进拉斯蒂涅和勃里杜的形象中。拉斯蒂涅和梯也尔一样娶了情妇的女儿为妻。桑多既非卢斯托，亦非吕邦泼雷，可是这两个人身上都有桑多的影子。若是没有乔治·桑，就不会有卡米叶·莫潘，但是卡米叶·莫潘也不是乔治·桑。当巴尔扎克对夏娃·韩斯卡说莫潘就是乔治·桑时，他是低估了自己的创造力。纪德说过：艺术的真谛在于"上帝提供，人来安排"。自然提供素材，艺术家来安排素材。

不过，生活中也会有些奇遇，为作家提供一些可以直接搬进小说，或者略加改动就可以写进小说的人物。安娜-玛丽·梅南杰曾经指出，夏多布里昂的女友科尔德莉娅·德·卡斯泰拉讷的婚姻与爱情的许许多多细节，几乎同《古物陈列室》中狄安娜·德·摩弗里纽斯（后来成了《卡迪央王妃的秘密》中的女主人公）的遭遇处处吻合。① 同样显贵的地位：卡斯泰拉讷家族同卡迪央家族都是家财万贯的王公贵族。同样的厄运：同驻守远方的丈夫分离后，科尔德莉娅·德·卡斯泰拉讷住在圣奥诺雷郊区的一家小旅店里，正如狄安娜住在米罗梅尼尔街一所

---

① 见玛丽·梅南杰：《一位巴黎王妃或卡斯泰拉讷伯爵夫人的秘密》，《巴尔扎克年鉴》1962年，第283—330页。——原注

房子的底层。她们的美貌不相上下,都有蓝色的眼睛,天使般的容颜。甚至行为也一样的堕落,公开地在自己身边聚集一批声名显赫的情人。她们同样有"装饰美化自己的灵与肉"的非凡本领,同样具有刚强的气质和应付逆境的勇气。

所有的情节都极其相似。卡迪央王妃有一个危险的女友兼情敌埃斯巴侯爵夫人,正如卡斯泰拉讷伯爵夫人同她的情敌迪诺公爵夫人之间有着亲密的联系。"无疑,她们两人彼此都掌握着对方的重要秘密,而且这种秘密肯定不只是涉及一个男人,也不只是一件具体事务上的效劳……一旦两个朋友终于相互残杀,手持带毒的匕首怒目相对之时,那旗鼓相当的场面该是何等惊心动魄,直到其中的一位不慎失落手中武器的那一瞬间,这平衡才会打破。"巴尔扎克的这句话,无论是用来形容现实中的这两位女士,还是虚构的两位女士,都一样恰当。甚至卡迪央这个名字也一定是按照巴尔扎克的手法,取自一位名叫卡里央的王妃(在某次舞会上,这位王妃的裙子烧着了,和科尔德莉娅·德·卡斯泰拉讷的一次经历一模一样)。狄安娜保存着吕邦泼雷的书信,科尔德莉娅则保存着夏多布里昂的书信。我们还可以在亲近科尔德莉娅的人当中找到和米歇尔·克雷斯蒂安、亨利·德·玛赛、达尼埃尔·德·阿泰兹相似的人物。总之,在这里,生活本身就构成了艺术作品,作家的天才在于从中发掘出杰作来。

然而,此类幸事是极少见的。当巴尔扎克出版《金眼女郎》时,有人曾问他这故事是不是真的,他答道:"情节是真的……风俗史家必须在一切可能的地方撷取同一激情发生在不同人身上的事件,加以连缀组合以获得一个完整的戏剧。"而小说家、诗人则将风俗史家提供的草图加以改造,就像伦勃朗给那些阴暗的店铺投下一缕斜射的暗黄色的光,巴尔扎克凭借他那金色的幻觉,使丑陋平庸的故事大放异彩,创造出光与影的强烈对比。人们有时说他是现实主义者,有时又说他是梦幻家。这两种说法都不对,若说这两者相辅相成才比较切合实际。

波德莱尔曾说:

> 我常常奇怪人们把巴尔扎克的伟大归结为他是个观察家,我总认为他的主要长处在于他是一个梦幻家,一个充满激情的梦幻家。他笔下的人物都富有生命的活力,正如他自己一样。他构思出来的故事都同梦境般有声有色。《人间喜剧》中的人物,上至豪门显贵,下至庶民百姓,无不比现实喜剧中的人物更渴求生活,在斗争中更活跃、机智,享受时更加贪婪,忍受苦难时更加坚忍,奉献时也更为伟大崇高。总之,巴尔扎克塑造的每一个人,哪怕是普通的看门人,都有非凡的才智,每一颗心灵都充溢着坚强的意志。巴尔扎克本人就是如此……①

如果再补充一句"这位梦幻家的想象仍植根于现实之中",这种说法便完全正确了。"人们过于强调巴尔扎克是个观察家、分析家。这也对,也不对。他是个先知。"②这个说法很有名,但不太贴切。他的观察的确超越了现实,但他同时也很注意观察现实。他倾听马路上行人的谈话,向军人讨教,和刽子手一起吃饭,和苦役犯交朋友,聆听良家女子的忏悔。他无书不读,而且经常从那些他认为失败的作品中发现一本好小说的起点。他的作品扎根于蕴含着古典文化的肥沃土壤,博览群书的功底,以及对他所处时代的令人称奇的了解。余下要做的,就是把

---

① 波德莱尔:《浪漫主义艺术》,巴黎,加尼埃出版社,1962 年,第 678—679 页。——原注

② 语出夏斯勒,摘自圣伯夫在《月曜日谈话》中的引文。——原注

这些极其丰富的材料制作成艺术作品。这一转化过程真是神秘莫测，连他自己都难以捉摸。艺术的熔炼是在那无数个辛劳的夜晚，在一种痴迷的状态中进行的。"加速运转的智力达到最佳状态，分娩的痛苦消失在大脑极度兴奋的快乐之中。"①一个构思闪电般地出现，立即附着于某个具体的人物身上，或者按照拉瓦特的相面术设计出一个典型，这个典型顿时跃然纸上。米许的颈项已为断头台准备好下刀的地方，伏脱冷有红棕色毛发，科朗坦则戴着蓬乱的假发套。

《人间喜剧》中的房屋、城市都是砖瓦石块和思想情感的混合体。每一主题都必须有一个背景。巴尔扎克就利用他所熟悉的城市：索漠、昂古莱姆、伊苏屯、盖朗德、阿朗松、里摩日、富热尔，等等，而且必要时他会毫不犹豫地用图尔、伏弗赖的某些景象去制造一座合他心意的索漠城。他带着他的喜剧演员们巡回各地，将全班人马随意调动。巴黎人菲利浦-勃里杜把伊苏屯搅得鸡飞狗跳，毕安训是桑塞尔人（卢斯托的同乡），却在巴黎创业。从 1842 年起，巴尔扎克笔下的人物世界异常活跃，从中滋生出他自己的种种机遇巧合。

他的故事像一条条纵横的马路交叉在"十字路口"，读者已经熟悉的人物在那里相遇，通过若干短篇小说的形式，这些人物又参加到共同的故事里去。例如《浪荡王孙》《经纪人》《不自知的喜剧演员》，都属于"十字路口"小说。他随心所欲地把几个风俗研究串连在一起，汇合在一个小故事中，用其中的人名同《人间喜剧》联系起来。参议员克洛德·维尼翁早先同读者见面时是文学评论家，名噪一时的画家的前身是拙劣的画匠弥斯蒂格里。巴尔扎克常常直截了当地用括号标出："（参看《贝阿特丽克丝》）""（见《古物陈列室》）"。这些"十字路口"

---

① 乔治·普莱引自《内在的距离》，普隆书屋，1952 年，第 137 页。——原注

作品的主题显得无关紧要,但是它们对巴尔扎克的忠实读者则十分珍贵,因为他们能在这里与所有熟识的人物再度相逢。就这样,《人间喜剧》如同生活一样一天天地发展。由于过分地受出版商和报刊的支配,作者无法按照自己的意图去构筑大厦,而不得不奔波于各个工地之间。这一来也许更好。因受限制而造成的各种偶然机遇正好反映了生活中的偶然。起初他不得不做些手脚,改换一些名字和日期,以使某些相互矛盾的成分并存于一个统一体内。及至我们现在谈到的阶段,巴尔扎克的"社会"业已形成,它可以展开自己的一幕幕活剧了。它的整体要比局部的总和不知高大多少倍。

尽管巴黎报界对此持保留态度(巴尔扎克一直是报界的攻击对象),这项普罗米修斯的壮举仍然以其宏伟的规模及绚丽的内容而声誉日隆。巴尔扎克本人则继续使他的崇拜者们吃惊,甚至常常让他们皱眉头。虽然波德莱尔没有像圣伯夫那样把巴尔扎克的创作称作工业化文学,但他对这个诗人的脑袋里像金融家的办公室般塞满了数字也深感惊异。

这就是他,一个处于神话般的破产境地,处于夸张和变幻莫测的冒险事业中,并且总是忘记点亮神灯的人,一个不懈地从事"绝对之探求"的执着的梦幻追寻者……这个在生活中令人难以忍受,而写出的作品却妙不可言的怪人,这个既富有天才又十分虚荣的胖孩子,他身上的优点和缺点难分伯仲,致使人们在摒弃他的缺点时唯恐排斥了他的优点……①

---

① 波德莱尔:《浪漫主义艺术》,第535—536页。——原注

不错,巴尔扎克的缺点往往正是他的优点。他之所以能够把风俗小说"这种下里巴人的东西改造成一种令人称道、妙趣横生,而且往往是高雅脱俗的作品,是因为他投入了全部自我"。如果说他善于把两个公证人的争斗描绘得如同两国之间的战争一样重要,那是因为他本人曾经深受金融和法律这两架残酷机器的压榨。"他的天才在于他能够身处平庸而不加改动就把平庸变得崇高起来。"①

　　那些断言《人间喜剧》言过其实的人只能怪他们自己没有这方面的经历。对巴尔扎克而言,这些都再真实不过了。这部作品耗尽了他的生命。他同时看到三千个人物生活在他周围,在这些人的身后是"一部降格的启示录"。在那遥远的未来,"当地球如梦幻中的病人一般翻身转动,沧海变桑田的时候",他看到了包括我们这个世界在内的数十个世界的尸骨。什么人的头脑能承受这样繁重的思索和这样复杂的幻象? 他知道,在他超量的创作活动中,他是以生命来换取作品的! 如同《驴皮记》里的拉法埃尔一样,他无法遏制欲望,也不能停止创作。他的双脚深深陷在日常生活的泥潭之中,他的精神早已飞升到他自己充当造物主的那个世界。

巴尔扎克的智慧

　　《人间喜剧》中的实用道德观有两个侧面:其一我们可以从亨利埃特·莫尔索写给费利克斯·德·旺德奈斯的教诲信中略知一二。记得

---

　　① 阿兰:《同巴尔扎克在一起》,《艺术与众神》,伽利玛出版社七星文库版,第1013页。——原注

她曾告诫费利克斯"要尊重社会法规,但在荣誉问题上绝不让步"。可是伏脱冷给吕西安·德·吕邦泼雷和欧也纳·拉斯蒂涅的忠告却体现了另一种截然不同的处世哲学。伏脱冷说:"历史有两种。一种是官方的,骗人的历史,那里面以高尚的情感解释行动;另外一种是秘史,是唯一真实的历史,这里面以结果来判断手段。总的说来,人都是听天由命的,他们承认结局,归顺胜利者。那么你就去争取胜利吧,成功了,你就是清白无罪的。你的行为本身不算什么,重要的是人们对你的看法。要保持美好的外表,把生活的阴暗面隐藏起来,而把最光彩的一面亮给人家看。一切都在于形式。"

巴尔扎克赋予恶魔伏脱冷和天使般的亨利埃特·莫尔索同样雄辩的口才。他不遗余力地以他自己的方式进行这种咄咄逼人的讽刺抨击。也许是辩证法要求每一种思想都有自己的对立面,也许是每个人物的语言都要符合他的性格。但是这种道德观上的二重性也反映出巴尔扎克本人的天性和他的生活经历之间的冲突。他的天性宽厚温和。从戈蒂耶到戈兹朗,只要不是心怀忌妒的人,对这一点都意见一致。甚至《人间喜剧》中的恶魔都喜欢把自己变成打抱不平的人。有必要重提乔治·桑的话,她说巴尔扎克"既天真又善良"。但是有两个重要原因使他像个悲观主义者:一是个人的原因,即他本人的不幸;另一个是历史的原因,即时代的弊病。

因此他用来描绘社会的笔调只能是黑色的,而且他有意选用黑色。"伟大的作品以其充满激情的一面流传于世。"所谓激情"就是过度,就是恶"。在《人间喜剧》中,过错与罪行有时也受到惩罚,但是坏人在他的小说里常常是获胜者。"巴尔扎克笔下那些恶人逞凶作恶的场面实在描写得太精彩了,以致使我们产生一种既欣赏又厌恶的复杂感情,正如奥德修斯在独眼巨人面前,或者水手辛巴德停靠在神奇的海岛上撞见妖怪时的那种感受。"①他喜欢用这种地狱的火光照亮他的百丑图。他之所以像诋毁恶魔一样冷酷地摧残天使，也许更不留情，是因为他在最优秀的人身上看到了命运的残酷。在他看来，圆满的结局只能是"虚假的美"的一种表现。埃斯巴夫人想要使她丈夫——一个极好的人——被判禁治产，这个坏女人找到了一个坏法官，结果她胜诉了。拉斯蒂涅和玛赛这种野心勃勃、冷酷无情的轻浮子弟能够统治法国，而路易·朗贝尔、德·阿泰兹或拉布丹这类具有雄才大略的仁人志士却只能空怀抱负。

《一桩神秘案件》中年轻高尚的洛朗丝看到无辜的米许被送上断头台而愤愤不平。拿破仑在耶拿战场上指着军队对这位青年女子说了如下这番话："这里是三十万将士，他们也都是无辜的！可是明天，他们之中有三万人将要战死，为他们的国家捐躯……请记住，小姐，人应该为国家的利益而死，就像为自己的荣誉而死一样。"巴尔扎克对此丝毫不予谴责，他只是加以验证。你要改变社会形态吗？掌权的人可以更换，但是不同阶层不同种类的人依然存在。总还是会有劳动者、官僚和抬轿子的脚夫，至多是抬轿子的换了人，或者轿子改成了马车，仅此而已。

佩拉德和科朗坦是不是可憎？真是愚蠢的问题！拿破仑皇帝说："何必抓住一个间谍不放呢？他已经不再是一个人了，他也不再有人的感情，他只不过是机器上的一个齿轮。他执行了他的任务。假如机器不是如此运转的话，任何一个政府都无法生存。"连巴尔扎克笔下那些正直的人，如善良的但维尔，对无赖也相当宽容。一个艺术家所要做的不是去谴责这些人，而是把他们呈现在读者面前；而对于一个事业家来

---

① 皮埃尔·洛勃里耶：《巴尔扎克作品中的艺术技巧》，第 93 页，巴黎，迪第耶出版社 1961 年。——原注

说,则是要认识他们,以便提防或利用他们。"有些美德在人们执政时是要戒除的。"此外,一本小说的道德寓意需要通过读者本人的道德观来起作用。假如某个青年人读过《人间喜剧》之后并不谴责卢斯托和吕邦泼雷的话,那就说明他是以同样的观点来对待自己的。

令人惊奇的是这位比谁都善于活灵活现地描写恶魔的小说家竟然如此重视社会价值。事实上,他所塑造的恶魔没有一个不是依存于社会的。在他看来,一个人的存在取决于社会环境和一定的经济地位。因此不论他怎样为王权和宗教辩护,他仍然受到马克思主义者的青睐。他为他们的理论提供了依据。他们更喜欢现实主义的保王派巴尔扎克,而不欣赏号召人们去"理解那些善良的富人"的空想主义共和派欧仁·苏。他们喜欢高布赛克和伏脱冷而不喜欢《巴黎的秘密》中的鲁道夫王子。为了将社会风暴搬上舞台,"必须让那些藏在舞台下面的巨人兴风作浪"①。

然而作者如何协调那么多相互矛盾的道德观呢?他并不着意去协调它们,只是像所有的艺术家那样,拿着画笔去描绘。让后来的评论家去评判巴尔扎克的哲学思想,让贝尔托神甫去超度他的灵魂吧!"真正的诗人应该像上帝一样藏身于他所创造的世界之中,只有通过他的造物才能看到他。"巴尔扎克超越了他的人物,这些人物在他们最美好的时刻可以超越人类的弱点(随即被宽恕的弱点)而达到至高无上的境界。尽管他的作品中描写了那么多的邪恶,然而这一超越偏见和激情的理解使得作品成为一种力量与明达的源泉。阿兰说:"我发现,若要真正地研究人,就必须以巴尔扎克教给我们的这种粗暴方式去爱他们。"

---

① 巴尔扎克:《致希波利特·卡斯蒂耶的公开信》,《星期》周刊(1846 年 10 月 11 日)。——原注

第四部　天鹅之歌

女人的爱抚会麻痹作家的诗情,销蚀最顽
强的斗志。

——巴尔扎克

第三十一章　坦塔罗斯的苦刑

> 我心中没有一时一刻是孤独的,因为你永远伴随着我,正如我
> 的痛苦、我的工作和我的血液永远与我同在。
>
> ——巴尔扎克

　　只要记忆犹新,离别会有利于感情的凝聚;但是长期的分离,却会耗尽爱情的给养。1841 年,巴尔扎克每年仍给他的夏娃写五六封长信,给她寄书,重复他的绵绵情话,当然是用小心谨慎的方式,因为韩斯基先生可能要看他的信。韩斯卡夫人接受他的书和信,偶尔回一两封(间隔半年,甚至十个月),而且似乎从理智到感情都在疏远他。他已经变成她子虚乌有的情人,不大放在她心上了。她全神贯注于爱女安娜的教育,一心想把女儿培养成虔诚的信徒。她们一起阅读玛西永和圣弗朗索瓦·德·萨尔斯①的著作。巴尔扎克悲哀地意识到外国女子正越来越深地躲进那不可企及的异乡:"我真不明白您为什么沉默,您已经很久没有回信了……"他非常担心,便去请教催眠师,后来又请教一位

---

① 圣弗朗索瓦·德·萨尔斯(1567—1622),十六、十七世纪瑞士著名传教士。

"著名的巫师"巴尔塔扎尔。巫师说迄今他的生活一直是连续不断的通向胜利的搏斗,不出六个星期,他会收到一封或许会改变他的命运的信。

巫师们的预言并不总是错的。1842年1月5日,从乌克兰寄来了一封讣告。文赛斯拉·韩斯基已于1841年11月10日去世。这对巴尔扎克无疑是个大喜讯,但是他对这位遗孀仍然尽可能把话说得非常得体:

> 至于我,亲爱的,尽管这一事件使我达到了十年来热切盼望的目标,但是我可以在上帝和您面前问心无愧地起誓,除了完全顺从地等待天命之外,我心中没有任何其他念头。即使是在我最冷酷的时刻,也没有让邪恶的念头玷污我的灵魂。人不可能压制住一切不由自主的内心冲动。我常常这样想:"和她在一起我的生活该是多么愉快呀!"一个人若没有希望,就无法保持自己的信念、情感乃至整个内心世界。我的热切期待和顺从天命的双重动机得到了上帝的嘉许,它们曾经是我搏斗中的支柱。但是我理解您向我表达的悲痛心情……①

那么善于揣度人心的巴尔扎克,这一回却没有料到夏娃对老伴的哀悼之情是真心的。他生前是她忠诚的保护人,体贴的丈夫。他一死,她便面临险恶的困境。财产继承远不是一件顺利的事。早在签订婚约之时,韩斯基先生就决定让他的妻子享有终身财产权,但是现在却遭到男方家庭的反对。有一个令人生畏的叔叔,巴尔扎克管他叫"帖木耳叔

---

① 巴尔扎克:《致外国女子的信》,第1卷第671页。——原注

叔",是个葛朗台式的封建老顽固。韩斯基一死,他立即出面阻止移交财产所有权。俄国皇帝向来不喜欢乌克兰的波兰贵族。只要出一点小小的差错,就足以使韩斯卡夫人失宠,落得一无所有。因此她告诫巴尔扎克不要奔赴乌克兰,若是他不合时宜地撞来,肯定会惹恼家庭和沙皇。

她焦急地询问她以前写给巴尔扎克的信件保存在什么地方。万一收信人猝然去世,这些数目可观的书信能否得到安全保管? 他发誓说在存放信件的保险箱上贴了一张写给他妹妹洛尔的字条,嘱咐她"全部销毁,不得拆阅"。在他看来,既然不会再有人吃醋,何必如此担惊受怕呢? 他们今后的生活将非常单纯,他们要像神话中的恩爱夫妻菲莱蒙和博西①一样白首偕老,在炉边安度晚年……"这种乐趣已使他感动得热泪盈眶了。"她还怕些什么呢? 难道是怕同他一起吃苦? 怎么可能呢? 他已经出版了那么多篇作品,完全可以自费去俄国作一次为期四个月的旅行。同他结合可以给她带来荣誉以及更多的东西。他只差一笔"独立的财产"就能成为三院士②和国会议员了,他可以通过自己的创作挣得这笔财产。

可是在 1842 年 1 月,夏娃守寡的第一个年头,虽然他已签订了若干个合同,却没有写出什么东西,即使动笔也很不顺手。原因是业已摆脱任何监督的夏娃,在这对他俩至关重要的时刻竟杳无音信!"自从收到你那封幸福的来信,眼看就是一个月了,您怎么一个月都不给我写信? ……"③那封幸福的信……她一定觉得他太没分寸。他俨然以丈

---

① 菲莱蒙和博西,典出希腊神话传说,这是一对贫穷善良的夫妻,白首偕老,死后化为两棵大树,依然枝叶相缠。
② 大约是指法兰西学院院士、法兰西文史学院院士和词典编纂委员会委员。
③ 巴尔扎克:《致外国女子的信》,第 2 卷第 7 页。——原注

夫的口吻指点她如何处理遗产,劝她尽早把年方十四岁的女儿安娜嫁出去,找一个"有头脑的,尤其是有钱的男人",要她把财产使用权让给已经获得全部财产虚有权的女儿,以换取一笔固定资金。

邮差久久不送信来,奥诺雷焦虑不安。2月21日,终于收到盼望已久的来信,却使他目瞪口呆。外国女子以一种"冰冷平静的口吻"向他宣告"您自由了"而缄口不提他们的婚事。她表示要把全部的爱奉献给唯一的女儿。她那凶恶的婶婶罗莎丽对她严加看管,防范她同任何法国人来往。"去巴黎? 没门!"罗莎丽婶婶(也是表姐)仇恨和惧怕法国是有理由的:1797年她母亲鲁博米斯卡王妃就是在法国被斩首的,她本人对恐怖时期在监狱里度过的那段可怕的铁窗生活记忆犹新。这个高傲的家族对于"庸俗的"私通尤其不能容忍。诚然,夏娃的姊姊卡罗琳娜·索邦斯卡也曾有过几个情人,但他们都是普希金这种真正的老牌俄罗斯贵族,而不是巴尔扎克这等生活放荡的市民阶级,在热武斯基家族看来,这是最忌讳的结合。

哪怕韩斯卡夫人说一句:"我同您的愿望一样,但是您必须再等一两年。"巴尔扎克也就会甘心忍耐了。他在信中对她说:"无私忠诚、信义和坚贞是组成我性格的四块基石,在这四块基石之间,只有温情和绝对的善良……因此读了您这封残酷的来信之后,我将等待……我个人总以为彼特拉克要比洛尔更伟大。假使她丈夫休格·德·萨德给她自由,她一定会借故对《歌集》的作者施行控制,把蜘蛛网织得严密坚固,并且纠合亲属对他进行责难和攻击……"①这封信的语气变得相当尖刻了,因为这位情人,这位未来的丈夫,刚刚经受了一系列沉痛的打击。

她有什么可责备他的呢? 1835年她在维也纳曾对他说:"您不要

---

① 巴尔扎克:《致外国女子的信》,第2卷第12—13页。——原注

爱上别的女人,我只要您一颗坚贞的心。"(据他讲)这一要求做起来比她想象的要容易。当一个冒失鬼前来打听他的所谓桃花运的时候,他是这样回答的:

先生,我对他说,今年以来我一共写了十二卷小说和十幕戏剧,也就是在上帝创造的三百六十五天中我整整干了三百个夜晚。不消说,这1841年同过去的十年没有什么两样。我不否认有些女人迷上了一个想象中的巴尔扎克先生,但是她们并没有前来纠缠这位有幸回答您的问题的胖大叔巴尔扎克。女人们(不论高低贵贱,上至公爵夫人,下至年轻女工)无一例外要求男人心里只有她们,如果要她们同一个从事伟大事业的男人在一起,她们连十天也忍受不了。这就是为什么所有的女人都喜欢蠢人的缘故。蠢人把全部时间都用在她们身上,除了陪伴她们以外什么都不干,以此来证明对她们的爱。一个天才人物即使献上他的心灵和财富,然而不把时间供奉出来,再高贵的女人也不认为他在爱她。①

是的,自从洛尔·德·贝尔尼去世之后,这位"世界上最温柔的人"一直生活在"情感与肉体的孤寂之中"。也许有一段时期他曾经希望从维斯孔蒂夫人那里获得一些安宁与温情,然而实际上(他自称)那只是一场失望,与卡斯特里侯爵夫人给他带来的失望一样惨痛。而且,他需要的不再是情人,而是结婚,是永不分离的保证,同生共死的信任。"我恳求您认真想一想,您今后的日子还长着呢……"②

① 巴尔扎克:《致外国女子的信》,第2卷第15页。——原注
② 巴尔扎克:《致外国女子的信》,第2卷第21页。

这一时期他满怀真诚地给她寄去了一封封最为甜蜜的情书。一个大小说家耍起了自己的本行,她能相信这份真诚吗? 她知道信义和忠贞并非总是"他性格的基石"。丈夫的亡故使她失去一切支持,她不得不考虑她的家庭对这样"一桩有失体面的婚姻"的反应。她唯恐再婚后,家里人会夺走她的女儿,这对她将是致命的打击。再说比起七年前在维也纳,她已经老多了,是否还能使这位看起来依旧性欲旺盛的情人满意呢? 她没有把握。为慎重起见,她给他寄去一张新近画的肖像。"亲爱的,您寄来的肖像真漂亮,看上去简直像个少女。"①

　　产生误解的主要原因是:他这位对法兰西社会了如指掌的人,却难以理解斯拉夫社会的复杂性。乌克兰的波兰人被当作叛乱分子和罗马天主教徒而深受压迫。基辅的地方长官是个专制暴君,他可以用一道简单的命令查封有争议的遗产。而且基辅法庭已经拒不承认这份对寡妇如此有利的遗嘱的合法性。她上诉到参议院,并通过该院向沙皇求援。走投无路之下她只得依靠在沙皇宫廷里当副官的弟弟亚当·热武斯基将军,她必须亲自到圣彼得堡去打官司。巴尔扎克对这次远行表示赞同:

　　"您去圣彼得堡吧,施展您的全部智慧,尽一切努力去争取胜诉。运用各种手段,力争见到皇上。有可能的话,要利用您弟弟和弟妹的影响。您来信中关于此事的见解都非常合理。"他本人也准备去支援她。"若是您觉得没有妨碍的话,我准备加入俄国籍,我要去请求沙皇批准我们的婚姻。这并不是异想天开……"②

　　加入俄国籍! 这位如此法国化的作家为什么要跨上这头离奇的怪

---

① 巴尔扎克:《致外国女子的信》,第 2 卷第 109 页。——原注
② 巴尔扎克:《致外国女子的信》,第 2 卷第 25 页。

兽？原来他刚刚在法国遭受了最惨痛的失败。近两年来他把快速致富的希望寄托在戏剧创作上。雨果出于好意，"以葛朗台老爹式的热忱和审计院官员的确信口吻向他列举了戏剧文学能产生的经济利益"。巴尔扎克听得入了迷。他为奥德翁剧院写了一本相当不错的西班牙式喜剧《基诺拉的智谋》。剧本表现了一位先于富尔顿发明蒸汽船的西班牙人阿尔丰索·封塔那雷斯的苦恼和他的仆人基诺拉——一个费加罗式的人物——的狡黠。巴尔扎克向喜剧演员们朗读了剧本，或者更确切些说，向他们精彩地朗诵了剧本的前四幕。然后他宣称第五幕还没有写成，他可以讲讲内容。但是临场现编的效果很差，弄得他顾此失彼，狼狈不堪。他的朗诵刚一结束，那位他寄予厚望的主要女演员玛丽·多尔瓦就声明剧中没有她中意的角色。

巴尔扎克致信玛丽·多尔瓦：我亲爱的福斯蒂娜①，当我去信告诉您我从第二剧团的团员那里争得的条件时，您丈夫梅尔勒先生对我说了一句话，迫使我不得不给您写这封信……梅尔勒说："我想如果我太太没有见到角色的话是不会接受的。"因此只能等您回来做决定，也就是说要等到十天之后。假如您对我并不像我对您那样信任的话，那就没有必要再等待了，因为他们不能在奥德翁剧院闲等着……

我请求您来信接受我的条件，并且保证一旦成功，谁也不能把您从我的戏中抽走，直到演够为止。请对我遵守信用！当然我指的不是您的感情，我才不会蠢得说出这种话，我指的是您的才能。

总之，如果大获成功，若是我们每上演一百场平均收入为二千

---

① 福斯蒂娜是巴尔扎克的剧本《基诺拉的智谋》中的角色，准备请多尔瓦扮演。

五百法郎,您就可以拿到一万法郎。假使演出失败,您就回到梅尔勒向我谈起的那些荷兰人那里去……我不能让这桩生意就这么悬着。我等着您的一句话。来信请寄黎塞留大街 112 号。

您对我说过"不论您走到哪里,我都追随着您"。哪怕这是一句波希米亚女人而不是诚实女人的谎言,我仍然相信您。您看看我给您提供了多么好的条件!请接受我的无限深情。①

虽然剧本的朗读并不成功,虽然玛丽·多尔瓦背叛了巴尔扎克,但是奥德翁剧团的经理利厄还是接受了剧本,并且热情地赞扬它,简直要和卡尔德隆和洛珀·德·维加相提并论。他宣布立即着手排练。巴尔扎克明确地提出他的条件,他的要求实在太过分了:不雇用捧场者;前三场演出的全部戏票都由他掌握,由他亲自出售。

"正厅池座我只给圣路易的骑士们,正厅前座留给贵族院议员,外交使节占据一楼包厢,众议员和国家级官员坐二楼。"

"那三楼留给谁呢?"

"金融巨头。"

"四楼呢?"

"经过挑选的资产阶级阔佬。"

"那好,可是记者呢?您让他们坐在哪儿?"

"让他们自己买票,假使还有剩票的话……但是不会有剩票的……②"

---

① 没有发表过的信,由弗朗西斯·昂勃里埃尔收藏。——原注
② 莱翁·戈兹朗:《巴尔扎克在自己家里》,第 125—127 页,巴黎,米歇尔·莱维版,1863 年。——原注

从《幻灭》问世以来,巴尔扎克和记者之间就爆发了一场恶战。"他们企图割我的头皮,我则要饮他们的脑浆。"他把首场演出想象成小说中的一幕:届时剧院大厅将盛况空前,这是一次戏剧性的胜利,社交上的胜利,还带来经济上的巨大收益。他不仅要亲自当售票员,而且要在这上面狠狠地赚它一笔。

有人前来订购一楼包厢,他在售票窗口里面回答:"太晚了!您来晚了!最后一个一楼包厢已经卖给奥古斯蒂娜-奥古斯蒂妮·德·莫黛纳公主了。"

"巴尔扎克先生,我们可是出高价啊!"

"价钱再高你们也买不到一楼包厢,因为已经售完了。"

结果买票者空手而归。这个把戏在开头几天还吃得开,人们出高价,费了不少力气买到一张票。可是没过几天,人们的热情便降低了。这世界上的一切都会冷却的。人们对花费许多精力去买票感到厌倦了。到了临近首场演出的一个星期,巴尔扎克不得不以剧院的通常价格出售,而他原来异想天开,满以为可以卖个惊人的高价……①

1842年3月19日,巴尔扎克的剧本终于在一个观众稀稀拉拉的剧场内上演了。巴黎人没有耐心为买戏票如此奔波,干脆打消了看戏的念头。剧场里寥寥无几的观众嘶叫、踩脚、怒号,简直糟透了。评论家

---

① 莱翁·戈兹朗:《巴尔扎克在自己家里》,巴黎,米歇尔·莱维版,1863年,第129页。——原注

希波利特·吕卡这样评述道:"巴尔扎克先生枉费心机地把大部分坐票(以高价)留给经他精心遴选的观众,他激怒了公众的情感,文艺界受到他们当中一位最杰出成员的冒犯。"其实被冒犯的不是文艺界,而是希波利特·吕卡先生自己。

1842年4月8日,巴尔扎克致信韩斯卡夫人:"《基诺拉的智谋》成为一场难忘的论战的对象,很像《艾那尼》的那场论战。在连续上演的七场当中,观众从开演到结束不停地吹口哨,根本不愿听下去。到今天已是第十七场了,奥德翁总算赚了钱……"①那点钱实在微不足道。"《基诺拉的智谋》一剧,我连五千法郎都赚不回来……我所有的敌人都向我扑来,他们为数不少……几乎所有的报纸(只有两份除外)都争先恐后地咒骂我,诽谤我的剧本。"②

戏剧创作不是他的所长,这一点是确定无疑的了。这次失败也许是命里注定的好事。他只得重操旧业,用他自己的话说是"为了谋生,为了履行合同"。实际是因为他像一棵能结果的苹果树一样,总能创作出精彩的小说。"总之,我要像以往的十五年那样继续干下去。我要埋头苦干,冥思苦想。创作的艰辛有这样的奇效,它可以使您忘却其他痛苦。从现在起,在一个月之内,我必须用这支笔挣来一万三千法郎。"③他闭口不提从艺术创作中获得的快乐,而把自己描绘得像个苦役犯:"创作,无休止的创作! 上帝也不过创作了六天啊! ……"④

这确实是一声绝望的悲叹,他真心实意渴望摆脱这种被逼迫的创作生涯,同他心爱的人一起平静地生活在俄罗斯或法兰西的某个角落

---

① 巴尔扎克:《致外国女子的信》,第2卷第22—23页。——原注
② 巴尔扎克:《致外国女子的信》,第2卷第22—23页。
③ 巴尔扎克:《致外国女子的信》,第2卷第34页。
④ 巴尔扎克:《致外国女子的信》,第2卷第37页。

里,再也不要听到涉及债主或出版商之流的事情。但真到了这样的角落,除了创作,他将干些什么呢? 无论如何,目前这种工作节奏,即使对于他这个快手来讲,也太过分了。"昨天我完成了《公共马车上的旅行》①……我正在结束《阿尔贝·萨瓦吕斯》。人们拼命催我交出《农民》,《新闻报》要我赶出《两兄弟》②的续篇,前半部早在两年之前已经发表了。弄得我顾此失彼,手忙脚乱……"③

但是他并没有手忙脚乱,每一部作品都坚持写完才罢休。《公共马车上的旅行》(《入世之初》)的素材得自他的妹妹洛尔和两个外甥女莎菲和瓦朗蒂娜。他兴趣盎然地关注着她们的学业。他让她们写记叙文寄给他。每当舅舅称赞她们时,便对她们说能够得到"像他这么有名气的大人物"的赞扬应该说是没有白费力气。若是遇到他高兴用她们作业中的题目来做文章,则更是她们的荣幸了。《入世之初》就是利用洛尔根据女儿们的叙事文而写成的短篇小说改写的,后来洛尔又把自己的原文出版问世。

故事讲的是同乘一辆公共马车旅行的一群年轻人,以为可以任意编造谎言而不受惩罚。可是他们并不知道他们冒失的谎言所涉及的那位可以毁掉他们前途的强有力的人物,正隐姓埋名与他们同乘一辆马车旅行。刚刚踏入社会的青年奥斯卡·于松爱吹牛放炮,正是他的愚蠢和虚荣,一下子断送了他自己的前程。奥斯卡的这种毛病,巴尔扎克年轻时也有过,一般青年人身上都有。巴尔扎克在这篇面向中学生的小说中加入了一些读者已经很熟悉的人物,从而使之更加充实。其中有贵族院议员赛里齐伯爵,诉讼代理人德罗什和画家约瑟夫·勃里杜

---

① 即《入世之初》。
② 即《单身汉的家事》。
③ 巴尔扎克:《致外国女子的信》,第 2 卷第 39 页。——原注

等。洛尔笔下一个不起眼的故事,被改写得相当丰富而有分量,巴尔扎克把它放进一定的历史环境。所有这些人的经历突然被一些重大历史事件联系在一起。出生于 1799 年是巴尔扎克的幸运。他对三种不同制度的切身了解使他得以用探照灯般的迅疾一瞥,照亮过去与未来。在困难时期为贵族效过劳(贝尔纳-弗朗索瓦对此颇为熟悉)便能获得令人吃惊的宽容。管家莫罗在大革命时期拯救过赛里齐伯爵的家产,这件往事竟然使他的儿子可以任意侵吞伯爵的财产而不受惩罚。后来奥斯卡·于松参加了 1830 年 7 月革命的街垒战,又在阿尔及尔失去了一只手臂。英雄的业绩赎回了昔日说谎者的劣迹。一个小说家应该让克利俄①在他的作品中起作用。

巴尔扎克把这本书献给了洛尔,题词是:"荣誉归于为我提供本书题材的那颗光辉而纯朴的心——她的哥哥。"事实上,这个篇幅不长的故事的主要价值,在于它好比整体建筑中的一块石料,一个加工精细、逗人喜爱的柱头,体现了巴尔扎克的一条道德准则,即"勤奋、正直、谨慎"。当主人公奥斯卡认识到这三个词是成功的秘诀时,为时已晚。在勤奋这一点上,巴尔扎克是无与伦比的;至于正直,他有自己特殊的标准;而说到谨慎,他却根本没有这个禀赋。

如果说奥斯卡·于松身上有一点洛尔·德·贝尔尼面前那个笨手笨脚的年轻巴尔扎克的影子,那么阿尔贝·萨瓦吕斯则是成年巴尔扎克的化身。同《路易·朗贝尔》《幽谷百合》和其他几个短篇一样,它属于同作者个人生活联系最密切的几个虚构故事之一。艺术大师在建筑自己的圣殿时只遵循艺术的法则,但有时也会把自己的肖像绘在彩色窗玻璃上。阿尔贝·萨瓦吕斯正是 1842 年的巴尔扎克。他当时给外

---

① 克利俄,希腊神话中主管历史的缪斯。

国女子写了这样一封令人心碎的信:"这场重新燃起的战斗给我带来了无穷的痛苦,而最刺伤我心的是这样一个忧思:'假如她厌倦了!'它给我造成的疼痛超过所有砸在我身上的石头……我的生命中存在着另一个无比美好的生命,我只能对这张信笺倾吐衷肠。"①果真无处倾诉了吗? 不,最肯听他倾诉衷肠的是他的小说。

"假如她厌倦了……"这就是《阿尔贝·萨瓦吕斯》的主题。小说描述了一个野心勃勃的才子屡遭挫折,最后隐居到贝藏松。巴尔扎克于 1833 年 9 月 24 日为采购纸张曾到过这个神秘的城市,凭着他神奇的禀赋,几个小时便猜透了这个城市的奥秘。萨瓦吕斯的长相就是作者四十三岁时的模样。他是这样描绘自己的:"脑袋长得很出色,一头黑发中夹杂着几根银丝,像画上圣彼得和保罗的头发一样,一簇簇鬈曲着,浓密而有光泽,可是硬得像马鬃。滚圆的脖子白白的,和女人的相仿。高贵的前额上刻着深深的皱纹,这是宏伟的规划、非凡的思想、深邃的沉思印刻在伟人额头上的皱纹……"②

阿尔贝热恋着一位意大利贵妇,阿尔盖奥洛公爵夫人,她婚前是索德里尼公主。为了奉献给她一个与她的身份相称的地位,阿尔贝要在政治上出人头地。他以出色的律师事业征服了贝藏松;他谙熟贝藏松的复杂的社会关系,赢得了老谋深算的代理主教的支持和友谊;正在青云直上之际,却不幸被一个名叫罗莎丽·德·瓦特维尔的贝藏松姑娘爱上了。这姑娘为阿尔贝那神秘莫测的生活着迷,可是阿尔贝甚至没有注意到她。倔强而诡秘的姑娘因受蔑视而决心施行报复。她私自扣留阿尔贝和美丽的意大利贵妇之间的信件,并且伪造假信,意在拆散这

---

① 巴尔扎克:《致外国女子的信》,第 2 卷第 34—35 页。——原注
② 巴尔扎克:《阿尔贝·萨瓦吕斯》。

对情侣。贵妇在恼怒之下匆匆嫁给了德·雷多雷公爵。阿尔贝·萨瓦吕斯万念俱灰，隐退到沙尔特勒大修道院，在那寂静的天国修行去了。他完全消沉，甘愿听从修道院长的支配。遁世、隐居、缄默。巴尔扎克喜欢描写使一个人的灵魂与肉体遭到毁灭的飞来横祸。在他自己屡屡失意之时，他也曾不止一次地向往这样一种归宿。

这本小说是向夏娃·韩斯卡发出的一封不难破译的密码信："我已经身心交瘁，一旦失去您，我将以某种方式消沉下去……"巴尔扎克在给夏娃的信中并不掩饰他同书中人物的关系。他把爱情的第一幕安排在瑞士，表示对他自己美好往昔的怀念。这对情侣相约在日内瓦会面，但是"我不愿把意大利公主安排在米拉波公馆，因为这样会招来别人对我们的流言蜚语……"①当然更不能把她安排在狄奥达蒂，否则更让人一目了然，而且一提起这四个字就引起他剧烈的心跳。阿尔贝·萨瓦吕斯同巴尔扎克一样，眼前总是出现他的外国女子的面庞和她的宫殿。那位拆散这对情侣的恶毒姑娘也叫罗莎丽，和热武斯卡婶婶同名。总之，书中的一切都是在协助作者驱除他自己的恶魔。

同时，巴尔扎克还向韩斯卡夫人说明了小说的第二个主题：

> 我要在《人间喜剧》的第一卷中写出一条给**男人**的深刻教训，而丝毫不掺杂对女人的教训。我要向读者指出，一个人如果在社会生活中过于好高骛远，心智衰竭之时，必将对少年时期所追求的全部目标产生厌倦，从而导致消沉。这将是《路易·朗贝尔》的另一种表现。②

---

① 巴尔扎克：《致外国女子的信》，第 2 卷第 40 页。——原注
② 巴尔扎克：《致外国女子的信》，第 2 卷第 33 页。

这条教训不仅适用于阿尔贝·萨瓦吕斯，也适用于巴尔扎克，他有时也责备自己的计划过于庞大。为什么要企望一切呢？"除了幸福之外，我已经没有力量去追求别的东西了，如果再得不到这顶幸福的玫瑰花冠……我这个人就算毁了……像古代的赛跑者一样，到达终点时已经奄奄一息……终于赢得幸福的权利之时，却不再有能力去享受！唉！古往今来多少人都是这样的命运！……"①这是阿尔贝的感叹，而他的主人巴尔扎克也说了类似的话："我只怕当幸福来临之际只剩下一副空皮囊了。"

这是对外国女子发出的警告，但她似乎并不理解这个教训，也没有读懂这本小说。巴尔扎克在信中伤心地写道："我真奇怪您为什么不喜欢《阿尔贝·萨瓦吕斯》。"不错，她觉察到意大利公主身上有基多博尼伯爵夫人的某些特征，公主的丈夫同伯爵又是同名。由于这个缘故或是其他什么原因，她对作者如此珍爱的这部作品横加指责。她说这是一部"男人的书"。这一点她倒没有弄错。这是一部在极其宏伟的工地上焦躁不安地苦干的建筑师的作品。他知道要完成他的宫殿还需要多少艰苦奋斗，他眼看每一天的流逝都带走他"一小片私人的生活"和寿命，他感到衣袋里的驴皮正在缩小。他梦想有朝一日能够放弃他那些超人的计划，在完成如此繁重的工作之后，能依偎在慈母般的情人身旁好好休息。他害怕一旦幻想不幸破灭，就再也没有勇气生活下去了。

---

① 巴尔扎克:《阿尔贝·萨瓦吕斯》。

第三十二章　圣彼得堡之行

今日的希望,昔日的欲望。

——巴尔扎克

世间一切事物都会有停顿,这时人们期待着某一事件的发生,酝酿着重大的决定。生活依旧,而幸福却迟迟不来。自文赛斯拉·韩斯基作古之后,巴尔扎克就完全生活在期待之中。他忧心忡忡地给他的夏娃写道:"现在我对于生活,对于我应该得到的东西都充满怀疑。"①过去几年里,这段遥远的北国爱情曾一度冻结,如今重新燃起希望。但是过度的劳累已使巴尔扎克心力交瘁:"我的眼皮总是跳个不停,使我深感不安,因为我觉得这是某种神经性疾病的先兆。"②笃信自然疗法的纳卡尔医生再一次劝他卧床两周。"在床上静卧两个星期什么也不干!我这个闲不住的人如何做得到! 所以我便乘机考虑咱们俩的事,美滋滋地设计蓝图,规划前程,像个用纸牌算命的人。"③

---

① 巴尔扎克:《致外国女子的信》,第 2 卷第 66 页。——原注
② 巴尔扎克:《致外国女子的信》,第 2 卷第 85 页。
③ 巴尔扎克:《致外国女子的信》,第 2 卷第 86 页。

卧病在床,发着低烧,还在不停地幻想美好的未来。他的诉讼代理人和稻草人将替他保管好雅尔迪,他要为夏娃把房子布置起来。花上一些时间、精力和银钱就可以把它改造成一座优雅的别墅。"有了它,再加上巴黎的一处住宅以及一年二万四千法郎的国家薪俸,这就是世界上最美好的生活了。因为我将获得法兰西学院一万五千法郎的年金,我这支笔只需每天工作六小时就能保证两万法郎的年收入。再干上十年,我就能积累一笔财富了……"①真不愧是幻想国里的幸福建造大师!然而加沃师傅不但不能保住雅尔迪,还要求巴尔扎克卖掉这块地产。看来这一回真是无计可施了。

> 他说那块地是填不满的无底洞,并且保证卖掉之后可以用这笔钱买进一处更好的地产……他是真心爱我的……他维护我的自尊心胜过我自己,但他办事拖拖拉拉。他想还清一些可怕的债务,我这方面也在用自己的生活费清偿一些巨额债款。要挣钱,就得创作,不停地创作。我现在开始担心我会丧失创作能力……②

在这一点上他的担心倒是多余的。逆境与病痛都不能影响他那旺盛的、巴尔扎克式的创造力。他自称用三天时间完成的(他就是喜欢这样卖弄)短篇小说《奥诺丽纳》笔调清新,题材既大胆又雅致,同《被遗弃的女人》和《夏娃的女儿》一样脍炙人口。奥诺丽纳离开了她那值得尊敬的丈夫奥克塔夫·德·博旺伯爵,去追随一个不值一爱的情夫,此人很快就抛弃了她,虽然她的丈夫一心想要她回心转意,她却选择了孤

---

① 巴尔扎克:《致外国女子的信》,第 2 卷第 85 页。——原注
② 巴尔扎克:《致外国女子的信》,第 2 卷第 131 页。

苦伶仃的卖花女生涯，因为她对他有一种肉体上的厌恶感，所以她宁愿独守清贫，也不愿回到上流社会去屈从他的抚爱。而这位丈夫却在暗中关照她，悄悄地帮助她，以高价买进她制作的绢花。通过奥克塔夫对背叛出走的奥诺丽纳的爱情，不难看出巴尔扎克对自己所爱恋的夏娃·韩斯卡是否会回到他身边的担忧。他用奥克塔夫的嘴向她诉说那些难熬的长夜：

> 您是否想象得出，我常常靠端详一帧小型画像来安抚我那绝望的欲火，我的目光亲吻着她的额头，滑过她微笑的嘴唇和秀美的面庞，我嗅到她白皙皮肤的香气，似乎能触摸到她那一头鬈曲乌黑的秀发。您可曾见到，有时我忽然被希望鼓舞、纵身跳起，有时又因失望痛苦得好比万箭穿心。我在巴黎的泥泞中行而行，想要用疲劳来压制内心的烦躁。……有时在深夜，我竟听见狂欢女神裙上的铃声①。我最害怕从偶尔出现的闪闪发光、跃跃而动的希望一下子跌入绝望的深渊……在玛丽-路易丝来到法国的前三天，拿破仑就是这样在贡比涅的新婚之床上辗转反侧……世间伟大的情感都有共同的表现。我要像诗人，像皇帝一样地爱！……②

故事既优美又令人心碎。然而巴尔扎克对这篇作品仍不放心："《奥诺丽纳》是不错的，不过我担心风格过于朴素，这只是我自己的看法，因为有人认为这是大手笔，然而也许它是贫乏的……"③他之所以不放心，是因为人们对他太不留情。评论界对《阿尔贝·萨瓦吕斯》没

---

① 狂欢女神为象征性的人物，身穿短裙，裙上系有小铃，手持小木偶。
② 巴尔扎克：《奥诺丽纳》。
③ 巴尔扎克：《致外国女子的信》，第 2 卷第 128 页。——原注

有好评,说什么"风格沉闷,累赘……令人生厌"。眼下连载小说的新霸主是欧仁·苏。全国上下都在翘首等待《巴黎的秘密》的续篇。《两世界杂志》的评论文章宣称《路易·朗贝尔》和《欧也妮·葛朗台》的作者如今已经才思枯竭。真是荒谬可笑!一个才思枯竭的人,能够同时构思创作《幻灭》的结尾、《外省的诗神》、《爱丝苔》(《电鳗》)和《现代史拾遗》吗?所有这些作品都是在匆忙之中一个片段一个片段续成的,因为《家庭博览》和其他几家报刊都在索要稿件。与此同时,他还得每个月花上二百小时跑到拉尼的外省印刷厂去校阅《人间喜剧》校样。不论时间多么紧迫,他仍然要对稿子反复修改十多次,无论大仲马还是欧仁·苏,都做不到这一点。

　　他像个同时砌盖四五幢房子的泥瓦匠,又像个同时与十个人对弈并且盘盘皆胜的棋手。他可以毫不费力地续完一篇中断多年的未完成作品。《外省的诗神》就是这样在巴尔扎克的火炉上经过长时间的文火煨煮,不知不觉炖熟的。起初这是一篇情节残酷的短篇小说,题名《大望楼》,于1832年发表。到1837年编入《外省生活场景》时发展为中篇小说,题名《大望楼或三复仇》。故事讲述桑塞尔镇上一个土头土脑的侏儒有个贤良的妻子,王家检察官爱上了这个从未得到安慰的女子,两个巴黎人——医生毕安训和记者卢斯托——为了吓唬她,对她讲了三个耸人听闻的夫妻间复仇的故事。书中,作者部分地利用了卡罗琳娜·玛尔布堤向他吐露的大量私情,用爱弥尔·勒尼奥医生向他介绍的小镇桑塞尔替代了《诗神》里的里摩日。

　　1843年,他忽然产生了翻新贡斯当的小说《阿道尔夫》的念头,他想从女人的视角来描写同样的悲剧。于是他从自己的杂货架上重新取出卡罗琳娜·玛尔布堤,加工改造成《外省的诗神》里的迪娜·皮耶德斐。她出身于新教徒家庭(和卡罗琳娜一样),父母把她嫁给了一个有钱的小矮子拉博德赖为妻。她也像卡罗琳娜一样在家里办起了一个文学沙龙,并且在显贵名流和叛逆者们面前朗读自己的小诗。另一点同卡罗琳娜相同的是迪娜虽然有许多追逐者,却在相当长的一段时间内忠实于自己的小个子丈夫。

和迪皮特伦来到玛尔布堤家的情况一样,有一天桑塞尔小镇上来了两个在巴黎混出了名、如今回乡参加竞选的桑塞尔人,他们是医生荷拉斯·毕安训和夸夸其谈、好吃懒做的连载小说作者艾蒂安·卢斯托。迪娜为卢斯托的能言善辩所迷惑,成了他的情妇,并且在他走后发觉自己有了身孕。"在迪娜身上,一种女性的堂吉诃德精神左右着她的命运……精神上的游侠骑士生活耗费了她十年光阴。……在爱情上,她犯了同样的错误……"①她追到巴黎,要和卢斯托生活在一起。从此,情节变得残酷起来。真诚爱恋着的情妇落入了卑劣薄情的小人之手,这家伙为了抛弃她,利用一群年轻漂亮的荡妇戏弄了她一番。心地善良的迪娜(卢斯托亲昵地称她迪迪娜)天真地信任他,不懂他的诡计,反而报以一片忠诚。但是六年以后,她终于看透了情夫的卑劣怯懦,她读过《阿道尔夫》,绝不愿充当爱蕾诺尔的角色。她没有唉声叹气,而是重新回到矮子丈夫身边。丈夫收留她,并且抚养她同卢斯托所生的两个儿子。这部苦涩而感人至深的作品表现了典型的巴尔扎克思想:一切违背社会伦理观念的爱情都注定要酿成悲剧。

《外省的诗神》触怒了卡罗琳娜·玛尔布堤,她生怕里摩日人怀疑她有私生子,小玛尔布堤们会不会被人当作桑多的女儿? 她害怕有人指责这个出逃的缪斯在巴黎用丈夫的钱供养着一个二流作家。其实什么事情也没有发生,因为里摩日人很少读书。

---

① 莫里斯·巴尔台什:《外省的诗神》注释。——原注

按说迪娜的性格应该是可以打动卡罗琳娜的,她是有胆识的女性,能够克服困难,驾驭局势。虽然已经同卢斯托破裂,却仍在他困难之时慷慨解囊。因为是他向她初次揭示了燃烧着欲火的"炽热目光"。然而卡罗琳娜却感到有必要自己来写点什么,于是以克莱尔·布吕纳的笔名写了一篇题为《虚假的地位》的小说为自己辩解。她在小说中先后以两种面目出现,在外省是个失意的妻子,在巴黎则成了丧失社会地位的资产阶级女子。卡罗琳娜在小说中化名卡米叶,是一位女中豪杰。这位外省女子在巴黎打入文化圈子,结识了于里克(巴尔扎克的化身),女作者对他的描写毫不宽容。她写道:"由于通俗和读者众多,他颇为自己迟到的成就沾沾自喜,甚至不知如何炫耀才好。因而他的梦想、计划和希望变得异常庞大,正如他把自己也看得同样伟大。这种虚荣心使他处处显得可笑,发展成一种自恋癖,以致产生许多荒唐的欲望⋯⋯于里克是个天才,他跟得上时代的步伐,他知道一切都取决于金钱,受制于金钱,也来自金钱。可惜他过于天真地说出了这个真理⋯⋯所以他树敌过多⋯⋯"①1844 年出版的《虚假的地位》使卡罗琳娜付出了代价,她失去了许多朋友,因为她在这部无情的作品中冒犯了他们。从此她再也没有见过巴尔扎克,巴尔扎克甚至撤掉了《石榴园》一书中给她的题献。相反,高尚的迪娜却赢得了我们的尊敬。她的形象远远高出她的原型!巴尔扎克在这本书中表现出空前纯熟的技巧。然而⋯⋯

　　然而一种失意和极度厌倦的情绪渐渐潜入他心间。昔日他曾写道:"我生活中的大事就是我的作品。"如今却发生了奇怪的变化。他向

---

　　① 克莱尔·布吕纳:《虚假的地位》,巴黎,马拉西斯出版社,1844 年,第 1 卷第 100—103 页。——原注

外国女人反复诉说:他的生命不再是全部被文学创作占据,而是为感情所左右,他日夜盼望能遇见一个和他同样感情炽烈的人。他靠着回忆昔日的美妙时光来打发日子。"我好像重新看见狄奥达蒂的那条小路和米拉波公馆花园中那条铺满碎石的小径,咱俩多少次在那里漫步啊!我一面端详那些雕塑,耳边又响起您的外国口音,手中握着您的纤手……还有其他许多使我耳热心跳的情景……"①他陈述自己受压抑的爱情:"上帝呀!当我依偎在您的石榴裙下安度我的余年时,您总有一天会了解我那真诚坦率的赤子之心,感受到我那无尽的温情和我那颗坚忍执着的灵魂。您知道我最怕什么吗? 我就怕惹您生厌,怕您对我说'走开!'就好像人们对待一只赖在脚边不肯走开的狗……"②他常常接连几个小时闻着夏娃来信上的香气,他只是为她而工作。**一颗忠诚的心③!**

　　他有本领"使别人相信许多事情,也善于说服自己相信任何事情"。因此他坚信,自从 1832 年以来,他只剩下这唯一的信念、唯一的爱情、唯一的希望。除了夏娃,有谁真正爱过他呢?"您真不知道我母亲是个什么样的人! 她简直是个恶煞凶神! 此时此刻她正在折磨我的妹妹,她已经把我可怜的小妹妹洛朗丝和我的外祖母折磨死了……我呢,几乎同她闹翻,早晚会有这么一天的。我宁愿继续受苦,这是无法愈合的创伤。我们曾经以为她精神失常,去请教一位与她保持了三十三年友谊的医生,而医生却回答我们说:'哎呀! 她不是疯狂,而是心地不好!'"④这些激烈的抱怨中只含有一小部分真理,大部分是忘恩负义

---

①　巴尔扎克:《致外国女子的信》,第 2 卷第 102 页。——原注
②　巴尔扎克:《致外国女子的信》,第 2 卷第 142 页。
③　原文为拉丁文。
④　巴尔扎克:《致外国女子的信》,第 2 卷第 71 页。——原注

之词,巴尔扎克为了博得同情竟不惜言过其实。他说:"我既无母亲,也无童年。"他忘记了维勒帕里西斯的天伦之乐,"神圣家庭"中的戏谑谐趣,还有那可怜的老太婆的一片忠心。

那么,贝尔尼夫人呢? 不错,他确曾把她当作母亲,她培养造就了他。但是她怎能给予他所希冀的东西——一个妙龄美女的爱情? 基多博尼·维斯孔蒂伯爵夫人又如何呢? 他在信中对夏娃解释道:"凡尔赛吗? 您尽管放心,切莫自寻烦恼。凡尔赛早就令我诅咒不已了。背信弃义,浅薄轻浮,这就是凡尔赛插曲的本质……凡尔赛宫是路易十四心血来潮的产物,那是个冷酷无情的地方……"①这些不公正的话无非是巴尔扎克用来平息夏娃琳娜的醋意而已。事实上他继续以巴利署名给 **La Contessa** 写情书,甚至还向她借钱,这充分证明他们还有来往。但他却向外国女子郑重声明:同"英国女人"的爱情已经完蛋了。卡罗琳娜·玛尔布堤呢? 她希望再和他见面,他却粗暴地把她打发掉:"巴尔扎克先生并未忘记玛尔布堤夫人的恩泽,可是玛尔布堤夫人却忘记了那些不得不为生存而工作的作家们的不幸处境……"②

不,在这个世界上,他只剩下他的天使,他亲爱的亲人,他的希望之光了。他称她为"谦逊夫人",因为她不图名誉,也不图声望。不过他一定会要她分享他的声誉和光荣。进入法兰西学院已是铁板钉钉的事情了。他在军械库图书馆会见了深孚众望的夏尔·诺迪耶,诺迪耶对他说:

"我亲爱的巴尔扎克,您在法兰西学院稳拿全票。不过法兰西

---

① 巴尔扎克:《致外国女子的信》,第 2 卷第 105 页。
② 《巴尔扎克通信集》,第 3 卷第 506 页。——原注

学院可以接纳一个注定要遗臭万年的政治流氓,选中一名用重金买通重罪法庭的无赖,但是一想到可能把人送往克利希①的索债期票就会吓晕过去。法兰西学院对于贫寒的,或是买卖不兴隆的天才没有丝毫怜悯同情之心……因此我劝您或是通过婚姻,或是证明您不欠任何债务,或是在街上开一爿店来取得一个社会地位,那您就一定入选。"

一旦入选,我就将被任命为词典编纂委员会委员。这可是个每年补贴六千法郎的终身职位,再加上作为院士的两千法郎,此外我还肯定能进入法兰西文史学院,成为终身书记……②

他又一次按照自己的习惯,把未来当作了现实:

这样,除了政府的津贴之外,我还有一万四千法郎不受任何人左右的固定收入……您一定要打赢您的那场官司! 也一定能打赢我这场官司……③

与此同时,孤立无援的外国女子被麻烦的事务搅得狼狈不堪,也向他倾诉自己的苦衷。她写道:"还要等三年,简直是要命。"这话听起来倒有点希望。奥诺雷说不要紧:"我向您担保前途无虞,什么也不能使你我改变初衷。好吧! 就等着上帝安排吧!"另外,这两只受伤的野鸽在相距遥远的天地里仍能颇为轻快地扇动带伤的翅膀。巴尔扎克心情愉快地在卡斯特里夫人(此时已是公爵夫人)家里同维克托·雨果和

---

① 克利希街是债务人监狱的所在地。
② 巴尔扎克:《致外国女子的信》,第 2 卷第 74—76 页。——原注
③ 巴尔扎克:《致外国女子的信》,第 2 卷第 76 页。

戈兹朗共进晚餐,同时也是丰盛的精神会餐!远在圣彼得堡的韩斯卡夫人则在家中接待一位可爱的老人——气度不凡、学识渊博的德·巴尔克先生,这位老练的阿多尼斯想入非非,甚至打算同她结婚。她委婉地让他明白他们的结合是不可能的,并且试图劝他重新皈依上帝。他则表示每次只要有幸在她身边待过一会儿,便会感到更加虔诚。这是瓦勒蒙①进攻女信徒们的巧计。她把老头儿引向神秘主义。她把这事告诉巴尔扎克之后,真把他吓了一跳。"我的天哪!我可不敢说我能够容忍您赐福予任何人,哪怕是这个给您写情书的可怜老头儿……"②

这位深知男人、女人以及爱情之不测的小说家居然大意得令人吃惊,他愚蠢地写了一封引荐信,把正要去圣彼得堡举办音乐会的钢琴大师李斯特介绍给韩斯卡夫人:

> 亲爱的弗朗兹……如果您乐意帮我一个忙的话,就请您到那个以我的名义送信给您的人家里度过一个傍晚,为这位将要被您迷住的小天使演奏几支曲子,她就是安娜·韩斯卡小姐……

全欧洲都知道李斯特在女人心目中的威望,他的才华,他的相貌,加上他显赫的声名。韩斯卡夫人在私人日记中承认她确实为音乐家的来访神魂颠倒。她和安娜一起观看了首场演出,并赞赏不已。李斯特在圣彼得堡期间好几次登门拜访,临去莫斯科之前又来告别。他那深邃的目光使她颇为动心。热武斯基家的小姐们都天生喜欢冒险,崇拜名人,热心布道,这种性格驱使她提笔给李斯特写信。和李斯特通信可

---

① 瓦勒蒙,法国作家拉克洛的《危险的关系》中的人物,一个诡计多端的情场老手。
② 巴尔扎克:《致外国女子的信》,第2卷第142页。——原注

能会使她陷得很深。然而这位音乐界的唐璜从莫斯科返回时已经热恋上一位疯狂追求他的莫斯科少妇。这下可惹恼了韩斯卡夫人，她提醒他不要忘记过去的教训，请他想想同玛丽·德·阿古尔私奔和破裂的往事。他认真地回答她道："请放心，我比以前明智多了，这一次我如果想拐走女人，那么一定要连同丈夫一起拐跑。"李斯特这个人有本领把莫斯科的邂逅和圣彼得堡的爱情游戏协调起来，他当即向夏娃发起了爱的攻势，弄得她几乎把握不住自己。

　　李斯特，中等身材……高耸的鼻梁，线条优雅，最好看的是他那张轮廓优美的嘴，那里面有一种特殊的温柔，甚至近乎圣洁的东西……真是绝妙的构造，令人百看不厌。他身上不乏高贵之处，但也有一些令人惋惜的地方。这也是人的自然属性的反映，有其伟大的一面，不幸也有其丑恶的一面。其中既有崇高的升华，也有使他自己乃至别人堕落的无底深渊……李斯特那个圈子里的人颇有些危险，他们把该受谴责的东西当成可爱的。当他说出一句骨子里缺德透顶的话时，他们报以微笑。他们认为像他这样的艺术天才有权信口雌黄……人们原谅他，甚至为他喝彩，大家都爱他……①

　　马里沃②式的调情很快就变成了一场爱情攻势。夏娃竭力同李斯特保持一定的距离，他则责备她一本正经。他离开俄国时前来同她告别："他拿着我的手，吻了一下，又将它握在两手之中。我把手轻轻地抽

---

① 斯波贝奇·德·洛旺儒的收藏：A.387bis，第1—14页。——原注
② 马里沃(1688—1763)，法国剧作家。

回,对他说:'李斯特先生,听我说,您以后不要再来了,让这次成为我们的最后一次会面吧。'"这是非常明智的结局。但是巴尔扎克却慌了,一个劲儿地向他的心上人唠叨那个"可怜的李斯特",说德·阿古尔夫人和他同居了十年,生下了三个孩子之后,最终还是爱上了爱弥儿·德·吉拉尔丹。"如果你给李斯特写信,千万要多加小心,因为你不知道他是多么不讲信用……"①这位伟大的爱情分析专家有时竟表现得异常天真。

最使人耿耿于怀的莫过于忌妒。此时巴尔扎克比任何时候都更迫切地想要实现他的圣彼得堡之行,首先是为了再见他的夏娃。自从她获得自由,变得可望而又可即以来,他重新燃起了对她的欲望,同时也自以为能够帮助她打赢官司。他知道自己在俄国负有盛名,加之以出色的律师自居,他幻想自己到沙皇面前说说情便可起决定作用。可是夏娃琳娜·韩斯卡根本不愿意让她的情人出面替她辩护:"安安稳稳地待在您那儿吧,我的事让我自己来办。"她毕竟是波兰人,不是俄国人,她对沙皇的专制毫不欣赏。她在私人日记中提到过"不敢正眼看人的奴隶"②。

1843 年 5 月 16 日,星期一,③巴尔扎克四十四岁了。

喔!伟大的圣奥诺雷,多亏了你,我才有这么一条美丽的巴黎陋巷,请你在这一年中对我多加关照!保佑我免遭覆舟之祸!让市长先生或法兰西领事先生结束我的单身汉生涯,因为我已经在

---

① 巴尔扎克:《致外国女子的信》,第 2 卷第 236 页。——原注
② 斯波贝奇·德·洛旺儒的收藏:A.381,第 17 页。——原注
③ 这一天是巴尔扎克的主保圣人圣奥诺雷的节日。

心里结婚近十一年之久了！①

他迫切需要他的圣徒保佑他。过量的工作损害着他的健康。他不得不住进拉尼的印刷厂，躺在一张行军床上，在动身赴俄罗斯之前，先得完成欠出版商的书稿，凑足路费。

> 我每天喝三杯浓咖啡，胃在痉挛，血在燃烧，脸色焦黄！啊！我多么渴望休息，像傻子一样什么也不想，变成圣彼得堡的"伦敦佬"，度过快乐的 6、7、8、9、10 月，除了您给我看的书稿以外，整整四个月不读书报和校样！我只想清静，闭门谢客，住在您的附近，像只贝壳里的牡蛎……②

到 1843 年 6 月，他完成了《幻灭》的第三部，题为《发明家的苦恼》："我要把大卫·赛夏和夏娃·沙尔东在乡间的生活同吕西安在巴黎所干的各种荒唐事形成鲜明对照。这是善良的不幸同邪恶的不幸之对比。"③这可是件极其困难的工作。巴尔扎克试图以大卫·赛夏和库安泰兄弟之间的诉讼案吸引读者。大卫·赛夏是一种革新的纸浆的发明者，库安泰兄弟是富有而落后的印刷业主。巴尔扎克不知道自己究竟是否获得了成功。在第二部描写了巴黎场景之后，第三部中对两个外省人的美好心灵的描写显得黯然失色。正因为如此，他把《大卫·赛夏》(后改为《夏娃和大卫》，最后又定名为《发明家的苦恼》)的校样修改了不下十五六遍。

---

① 巴尔扎克:《致外国女子的信》，第 2 卷第 162 页。——原注
② 巴尔扎克:《致外国女子的信》，第 2 卷第 168 页。
③ 巴尔扎克:《致外国女子的信》，第 2 卷第 82 页。

《电鳗》的续篇是一幅丑恶可憎的图画（堕入情网的纽沁根成了受愚弄的行尸走肉），但是巴尔扎克认为必须"如实描绘巴黎"，何况丑陋的事物到他笔下就具有了喜剧成分（如大腹便便、颇具性感的银行家向爱丝苔求爱的可笑场面）和崇高的色彩（如"老夫顿发少年狂"）。"此时的爱情犹如一颗被遗忘了的种子，在暮秋的阳光照拂下绽出绚丽的花朵。"巴尔扎克这时甚至不再喊累了："我简直成了一台造句的机器，仿佛是铁铸的机器。"这家"可恶的拉尼印刷厂"的排字工人都被他拖得精疲力竭，可是作者一直坚持到底。7月来临之前，已经全部完工。只是连载《大卫·赛夏》和《爱丝苔》的两家刊物正面临破产的危机，弄不好巴尔扎克可能拿不到稿酬。"靠笔杆子维持生计真是昏了头才去干的可怕差事。"①最后多亏加沃师傅大发慈悲才凑足了盘缠。他必须到俄国大使馆去申请签证。接待他的秘书维克托·德·巴拉宾在日记中写道："我对听差说：'请他进来！'随即一个身材矮胖的人出现在我面前，一副面包师的相貌，鞋匠的身段，箍桶匠的块头，针织品商人的举止，酒店老板的打扮，就是这样！他一文不名，因此要去俄国；他要到俄国去，因为他不名一文……"②

圣伯夫谈起巴尔扎克总不免失之偏颇，他给朱斯特·奥利维埃③写道：

> 巴尔扎克破产了，甚至比破产还要惨，于是他到圣彼得堡去了，却让报纸传出他去那里是因为健康原因，并且声言不打算写任

① 巴尔扎克：《致外国女子的信》，第2卷第181页。——原注
② 《维克托·巴拉宾的日记》，第141页。巴黎，爱弥儿一保尔书屋，1914年。——原注
③ 朱斯特·奥利维埃(1807—1876)，瑞士籍的法语作家，与圣伯夫交谊颇深。——原注

何关于俄国的东西。人们习惯于滥用这个国家的好客之情，于是他认为做出这样的保证可以换取主人的好感，并且得到各种各样的款待。然而如今这位小说家的许诺能值什么呢？……①

俄国驻巴黎代办 P.D.基什廖夫向他的政府作了如下汇报：

> 鉴于这位作家总是穷愁潦倒，目前尤为窘迫，所以很有可能他此行的目的之一是卖文赚钱……因此只要满足巴尔扎克先生对金钱的需要，或许可以利用他这支目前在我国及全欧仍具广泛影响的笔来回击德·居斯蒂纳先生那本蛊惑人心的书……②

但这仅仅是个建议，并没有向巴尔扎克提出。他于 1843 年 7 月 29 日到达圣彼得堡。他在夏娃的私人日记本中写道：

> 我于 7 月 17 日（波兰历法）抵达，中午时分，在库塔伊佐夫米利奥纳大庄园同我亲爱的伯爵夫人夏娃幸福地再度相会。自从维也纳一别，我就没有见过她，可是我发现她依然是那样年轻美貌。阔别七年，她始终留在广袤的田野，而我了然一身生活在巴黎的人间沙漠。她像对待老朋友一样接待了我，而我则感到那些同她分别的漫长岁月统统都是不幸的，阴冷忧郁的。从 1833 年到 1843 年，一晃十年过去，在此期间，与常理相反，越是受着分离的折磨，越是因失望而苦恼，我对她的感情反而日益加深。时光无法追回，

---

① 圣伯夫：《书信集》，第 5 卷第 206 页，巴黎，史托克书屋，1947 年。——原注

② 安德烈·皮埃尔：《巴尔扎克首次访俄一百周年》，《两世界杂志》(1943 年 12 月 1 日)。——原注

爱情也是不能重新铸造的。①

　　出于审慎,他没有住进心爱的人住的库塔伊佐夫庄园,而是住在底特洛夫别墅。由于臭虫袭扰,他在那里睡得很不安稳。这又算得了什么呢?他终于同他的夏娃再度相聚,并且可以尽情地爱她了。他们立刻恢复了在日内瓦和维也纳时的亲密关系,而且更加美满,因为韩斯卡夫人已经成为寡妇,获得了自由,这有利于他们之间亲密热烈的感情。她的诉讼进展顺利,不必再为她在人世间的财产担惊受怕了。巴尔扎克差人送往库塔伊佐夫的情书充满了柔情蜜意和幸福的感受。"亲爱的小猫……我可爱的噜噜②……千遍吻……再过一小时我就到你身边……"由于心上人在身边,他的才思变得格外敏捷,以至不靠咖啡也照样能写作。

　　每天一到中午时分,他就到她那里去,很少留意"世界上的其他事情"。然而这位法兰西名流的来临还是引起了人们的好奇心。拉祖莫夫斯卡娅公主从圣彼得堡给夏娃琳娜来信说,她从皇上口中得知"某位名人,就是那位最洞悉、最擅长描绘女人心灵的人刚刚驾到"。另一位贵妇写道:"人们会欣赏,会欢迎这位名人吗?但愿上帝使他对俄罗斯抱有好感。"所有的贵妇人都请求韩斯卡夫人把她的贵客带到她们家里去。宾肯多夫伯爵为他弄到了出席克拉斯诺耶村检阅的请帖。在那里他见到了沙皇,而且离他只有五步的距离。他写道:"所有关于皇帝英俊的传说和描写都是真实的,在欧洲找不出一个人可以和他媲美。"在这次检阅中他中了暑,既是原意,也是隐喻的中暑。③

―――――――――――

① 巴尔扎克:《致外国女子的信》,第 2 卷第 184—185 页。——原注
② "噜噜"是人们对孩子或女人表示亲昵的称呼。
③ 指他与韩斯卡夫人的爱情大大升温。

巴尔扎克到俄国一星期后，掌玺大臣涅谢尔罗迭的夫人给儿子的信中写道："巴尔扎克驳斥了居斯蒂纳，这是顺乎情理的事，但是不能就此相信他是真心诚意的。"一家叫作《北方蜜蜂》的俄国报纸作过这样的评论："俄罗斯了解自己的全部价值，无须介意外国人的评论。"总之，当局对他没有提出任何要求，巴尔扎克也不打算驳斥居斯蒂纳。在圣彼得堡他既不想捞取官方的津贴，也无意于满足虚荣心。他的幸福在于同夏娃琳娜厮守在一起，在那个名叫"笨象"的茶炊前诉说绵绵情话。还有那块小地毯，高背靠椅，她那可爱的脑袋总是倚在上面，他从挂在枝形吊灯上的常青藤上摘取了一片叶子。他把这棵常青藤比作他俩的命运的象征："不是枯死，就是牢牢攀住。"客厅里放着一张双靠背的椭圆形双人沙发和一张适于闲卧的蓝色长沙发。他坐在上面等待着裙裾的窸窣声，开门的吱呀声，这些都能使他从头到脚震颤起来。啊！第一天她身上穿的是蓝黄两色的裙袍！

安娜后来在给母亲的一封信中回忆巴尔扎克在她们客厅里朗读《夏娃的女儿》的情景。作者在这篇细腻的小说中指出，那种危险的思想，执着的念头，在男人身上表现为行动的计划，在女人身上则表现为爱的梦幻。嫁给《幽谷百合》中的费利克斯的玛丽·德·旺德奈斯狂热地爱上了一位强壮魁梧但貌不惊人的作家拉乌尔·拿当。幸而费利克斯受过杰出的亨利埃特·德·莫尔索的熏陶，表现出丈夫的深谋远虑和明智，使一场悲剧得以避免。母女俩都被这篇精彩动人的力作吸引，互相倾诉对这位迷人的作者的爱慕之情。巴尔扎克再度征服了他的夏娃。她刚刚读过歌德和贝蒂娜·布兰塔诺①的通信集（后者已经

_____

① 贝蒂娜·布兰塔诺(1785—1859)，德国女子，二十岁时狂热爱上歌德，长期与歌德通信，后嫁给了德国诗人和小说家阿钦姆·封·阿尔尼姆。

嫁给阿钦姆·封·阿尔尼姆）。浪漫的姑娘给一位并不相识的名人写信，使韩斯卡夫人回忆起当初自己还是个浪漫的少妇时投书巴尔扎克的情景。这一段精神恋爱曾激发她写过一篇短篇小说。后来又把它付之一炬，不过还是讲给巴尔扎克听了。他希望读一读那些信件，"请把歌德和贝蒂娜的第一卷借我一阅"。读毕他写了篇毫不留情的评论。"此书是为心地善良者而不是为心地邪恶者所作。"这是阿尔尼姆夫人在序言中写的，换句话说，"对本书印象不佳者不是好人"。巴尔扎克把自己排在恶人之列。为什么？因为他对此书持批评态度，他说："这书已超出文学的范畴而进入了药剂师的柜台……"

实际上，要使爱情描写（我们指的是文学性描写）精美绝伦，——因为在这方面人们只能接受最精美的东西——就必须对爱情作全面完整的描写。爱情应该以三种形式来表现，即理智、情感与肉体；爱情必须是既神圣又有性感，既理智又富有诗意……①

巴尔扎克说贝蒂娜并不爱歌德，她只不过是为写信而写信，为他绣制一些暖和的背心和拖鞋而已。巴尔扎克在评论中写道："她一个劲儿地给歌德穿上暖和的衣服，但愿……噢！不！那些背心，像那些散文一样，都是不通情感的……"②巴尔扎克言下之意是说：只有咱俩的爱情才是完美的，因为我们是全身心地相爱。但是尽管嘲讽歌德和贝蒂娜，他还是不放过这个曾经吸引了他聪慧的情妇的题材。后来，他又提及此事：

---

① 巴尔扎克：《致外国女子的信》，第 2 卷第 186—189 页。——原注
② 巴尔扎克：《致外国女子的信》，第 2 卷第 189 页。

您的小说实在美妙，您若能重新写出来寄给我，将带给我莫大的快乐。我来进行修改，并且用我的名字发表。您不必沾湿您的绣鞋，却可享受到作者的乐趣，因为我会保留您那清新动人的文风。首先要描写一个外省家庭，在一片庸俗的生活背景中，出现了一位性格奔放、浪漫热情的姑娘。接着，以书信往来的形式，引出一位巴黎的诗人。随后替诗人写信的朋友应该是一位专门为贵人提袍裾的聪明人。这将是一幅漂亮的侍从骑士的写真，这种人负责与报界周旋，跑腿办事等等……结局该是这个青年人的胜利，大诗人的失败，要表现出大人物的怪癖和粗暴，使小人物望而生畏。动手干吧！您会对我有所帮助，帮助我挣几张千元大票子。这该多么光彩……①

这次合作的成果就是 1844 年出版的《莫黛丝特·米尼翁》，《私人生活场景》的最后一篇。"这是诗意与现实、幻想与社会之间的搏斗，是进入成熟年龄之前的最后一堂课……"②巴尔扎克经常有超越其他作家的欲望。《幽谷百合》要与《情欲》比高低，《外省的诗神》是对《阿道尔夫》的挑战。巴尔扎克认为自己在生活和爱情方面的艺术造诣高于歌德，因为他不像歌德那样以高傲自负的态度接受一个小姑娘的崇敬，他懂得痛苦与欢乐的价值。在普罗米修斯的火光照耀下，那些由夏娃草草勾勒出来的人物顿时变得生气勃勃。莫黛丝特·米尼翁身上有夏娃少女时代的影子，也有点像她的堂妹卡莉克丝特·热武斯卡。他的女主人公借用了夏娃的相貌："她那为近乎神秘的色彩所笼罩的额头，

---

① 巴尔扎克:《致外国女子的信》,第 2 卷第 320—321 页。——原注
② 巴尔扎克:《致外国女子的信》,第 2 卷第 331 页。

其诗意几乎被嘴唇的肉感意味扫除一空。"①莫黛丝特的父亲亲昵地称
她为"他的小拖鞋",这正是热武斯基伯爵对女儿夏娃琳娜的昵称。莫
黛丝特·米尼翁同不久前的夏娃琳娜一样,一心想成为艺术家或诗人
的伴侣。她写信给诗人兼政客卡那利(拉马丁?),正如夏娃琳娜投书巴
尔扎克。而且她的信也像夏娃的信一样有点儿卖弄学问。巴尔扎克雄
健的笔风受到韩斯卡原作的局限,悲剧不时转化为沙龙喜剧。不过,正
如阿兰所说,巴尔扎克写小说已经得心应手,万无一失。因此卡那利这
个人物同阿泰兹一样具有真实感。神秘的小矮子,公证人的小文书比
查忠实地保护着莫黛丝特,与夏娃的表兄,忠心耿耿的塔代十分相似。
故事发生的地点勒阿弗尔和昂古莱姆一样有上城下城之分。总之,任
何素材都有用处,不过都经过了加工改造。

　　发生在莫黛丝特和父亲之间的一场争吵刺痛了韩斯卡夫人。在这
场口角中父亲责怪女儿给一个陌生人写信。夏尔·米尼翁对冒失的女
儿说:"就不说廉耻吧,难道你的理智,或者你的智慧没有告诉你,这样
做,就等于自投男人怀抱么? 难道我的女儿,我唯一的、仅有的孩子,竟
会这样不自重,这样轻举妄动么?"夏娃认为这是指责她的行为。巴尔
扎克辩解得十分巧妙:小说家应该进入各类角色,必须既能代表女儿也
能代表父亲说话。这不过是情侣间的小摩擦而已。韩斯卡夫人对她的
小说家的俄国之行保留着美好的回忆。在她的《私人日记》中有这样
的记载:

　　　　生命的那一瞬多么甜美,多么短暂! 充满欢乐的心灵在蔚蓝
　　的晴空映照下绽苞怒放,这一瞬间仿佛青春永驻,幸福长存。然而

---

① 巴尔扎克:《莫黛丝特·米尼翁》。

在那之前的漫长岁月和随之而来的痛苦又是何等难熬！……这温馨之梦，依然，而且永远美丽、幸福、完美，这是失乐园之前的天堂生活，她那摆脱了一切世俗利害关系的心灵感到自己正在最圣洁的天地之间徐徐飘荡，其慵懒飘逸之情状令人忆起无邪的童年……发自内心的迷人的声音，请重新唤起激动、喜悦、真实的幸福，理想的陶醉，纯真无邪的快乐，那洪亮浑厚的可爱嗓音，那心灵的回声，请抚慰一颗孤独的心，支撑我的希望……①

　　她终于承认她的情人属于有史以来最伟大的人物之列。他则在取道柏林和法兰克福的归途中不断回味在圣彼得堡度过的那些黄昏时光。"温柔而富于性感的灵魂最醉心于回忆，对亲爱的小猫咪的回忆永远在我的心上和嘴唇上……"②离别使他茫然若失，"意气消沉"，简直"活不下去"。回国以后，他感到十分难受，只好求救纳卡尔医生，医生又一次诊断他为脑充血。巴尔扎克自己则认为是"对猫咪的相思症"。

　　　我犹如耳聋的贝多芬，眼瞎的拉斐尔，只身受困于别列津纳河的拿破仑；我脱离了我的生存空间、我的生活以及我的感情和思想已经习惯了的温柔之乡。无论是维也纳、日内瓦或是纳沙泰尔都无法表达那持久的情感之迸发，缠绵不尽的爱以及那长时间的喃喃私语……③

　　此次风平浪静的俄国之行，使他确信今后他的生活也将这样甜美

---

① 韩斯卡夫人:《私人日记》,《巴尔扎克年鉴》1962 年,第 31—32 页。——原注
② 巴尔扎克:《致外国女子的信》,第 2 卷第 198 页。——原注
③ 巴尔扎克:《致外国女子的信》,第 2 卷第 214 页。

和谐,充满柔情。当时报纸透露沙俄将迫害乌克兰的天主教徒。他祈望韩斯卡夫人尽早签署一项财产转移书,然后来法国与他团聚。

毫不奇怪,巴黎仍然传说巴尔扎克批驳了那本"该死的侯爵"写的书,因而沙皇重重地酬谢了他。他在 1843 年 11 月 7 日给韩斯卡夫人的信中说:"有人以为沙俄帝国十分需要我这支笔,并且认定我因这番效力而带回了一批财宝,这真是莫大的恭维。我向第一个对我讲这话的人说,这些人既不了解你们伟大的沙皇,也不了解我。"①不久在另一封信中他又说:"人们传说我因为不肯写一篇什么反击文章而拒绝了一笔数目可观的赏钱……多么荒谬! 你们的君主是非常明智的人,绝不会不懂得一支被收买的笔是毫无威望的……人们将会知道我既没有写过支持俄国,也没有写过反对俄国的文章。到我这样成熟的年龄,早已摆脱一切政治偏见,难道还会去改写自己的历史吗?"②

在巴黎,路易丝·德·布鲁尼奥尔正在赶织一幅挂毯,等他归来时好送给他一件意想不到的礼物。她期待着什么呢? 这位管家婆情妇同"神圣家庭"相处得颇为"融洽",她搬弄是非,传播流言蜚语,使得已经很紧张的家庭关系更为恶化。奥诺雷并不关心自己家里的事,却一心关注着亨利埃特·博雷尔(又名莉蕾特)。她是安娜·韩斯卡从前的家庭教师,本来是新教徒,现在皈依了天主教。她想进法国的修道院,由于超过了规定的年龄,她必须取得巴黎总主教府的特许才能如愿。巴尔扎克毛遂自荐,为她奔走效力。

雅尔迪怎样了呢? 至今没有找到买主。为了迎接心上人,他又一次起了重整雅尔迪的念头,虽然坡陡土黏,可是这庄园依然有它的好

① 巴尔扎克:《致外国女子的信》,第 2 卷第 213 页。——原注
② 巴尔扎克:《致外国女子的信》,第 2 卷第 285 页。

处。从那里乘火车一刻钟就可以到昂丹大道。弄得好还可以出产牛奶、黄油和水果。况且，有了这庄园，他就可以理直气壮地对法兰西学院的院士们宣布："瞧！我是产业主，可以当选了吧！"因为他又开始在院士们当中进行游说了。他对外国女子写道：

> 我活动的目的只是让人知道我希望当选，因为这是为我的夏娃，或者说为了我的噜噜预备的大喜事。我被排斥在法兰西学院之外的期间，我要占据受他们排挤的文学界的第一把交椅。我宁可当这么个恺撒式的人物，也不愿成为第四十位不朽者。再说即使要当院士，我也要等到 1845 年才接受这项荣誉……①

他的朋友夏尔·诺迪耶生命垂危：

> 他对我说："喂，朋友，您要求我投您一票，而我却把席位让给您。我已经离死期不远了。"……②

其他的院士仍然纠缠债务问题，似乎财富可以造就天才！

> 因此我正在考虑写一封信，分发给我已经拜会过的四位院士。如果我再去运动其余的三十六具僵尸，那才叫愚蠢呢！我的事业是完成我的宏伟建筑，不是拉选票！昨天我对米涅说："我宁愿写一本书，而不愿白费力气去参加一次不成熟的竞选！我决心已定。

---

① 巴尔扎克：《致外国女子的信》，第 2 卷第 243 页。——原注
② 巴尔扎克：《致外国女子的信》，第 2 卷第 245 页。

我不愿依仗财富进入法兰西学院。我认为该学院盛行的这种见解是一种侮辱,特别是当这种见解公之于众的时候。我将依靠自己的努力来致富,我再也不去乞求提名了!……"①

　　他给他的四名支持者分别写了信。他们是:雨果,夏尔·诺迪耶,迪帕蒂和邦日维尔。信中充满着自豪和尊严。但他"把学院一词从他的记忆中"一笔画掉只不过是几个月的事情。接着他又以昂贵的价格购进一件据古董商鉴定为"卡特琳娜·德·梅迪契用过的五斗橱"。他重新开始巴黎的生活。而那些在圣彼得堡度过的黄昏,则作为一段美好的插曲留在记忆之中。

---

　　① 巴尔扎克:《致外国女子的信》,第 2 卷第 249 页。——原注

第三十三章　"噜噜"交响曲

> 一个艺术家不幸充满他所要表达的激情时,他就无法表达这种激情了,因为此刻他变成了他所要表现的事物本身,而不是它的形象。

> ——巴尔扎克

他早预料到回国后会有一场恶战。文坛上的商业化风气愈演愈烈。作家们从此益发依靠连载小说混饭吃。巴尔扎克式的长篇开场白、细腻的描写和分析,对连载小说的技巧而言显然是不适宜的。自从大仲马和欧仁·苏声誉鹊起,报社老板们便不再把巴尔扎克看作不可缺少的人物。不过"落魄的坛主"还是窥见了"重夺霸权"的一线希望,刊载过《巴黎的秘密》的著名《辩论报》社长贝尔丹和巴尔扎克签订了一项合同,准备发表他的两部小说:《莫黛丝特·米尼翁》和《小市民》。此举无疑是对敌手的辉煌胜利。正值敌人们断言他黔驴技穷的时刻,他"必须"用一篇杰作来打响在《辩论报》上的第一炮。况且用他的夏娃提供的题材来写成这篇"胜利的小说"又是多么令人心醉的事情!《莫黛丝特·米尼翁》从 1844 年 4 月 4 日起在《辩论报》上刊出。

题词是"献给一位外国女子——她是被奴役的土地的女儿,爱情的天使,梦幻中的精灵,坦诚的孩童……她有男人的头脑,女人的钟情,诗人的想象……"①无情的圣伯夫当即把外国女子错认为贝尔吉奥若索公主,因而对题词十分恼怒,他写道:"有谁见过这般乌七八糟的文字? 这样的作家难道不该受到嘲笑吗? 究竟是什么交易使得一家颇知自重的报刊如此慷慨地为这样的作家提供版面? ……"②

应该承认题词是过于夸张了。不过一涉及夏娃琳娜,巴尔扎克就控制不住感情的闸门。从俄罗斯带回的记忆点燃了他的情感的烈火。这是他第一次同这位气质与自己如此相投的女人自由自在地相处在一起。"我就像 1819 年时一样恋爱着,我今生今世只有这唯一的一次爱情。"③她寄给他一块从自己穿过的黑色裙袍上剪下的布片。他在回信中写道:"一想到我将用它揩拭笔上的墨迹,我就哭得泪人儿似的。好半晌工夫,我的心激动得几乎停止跳动,我用它包住了……不,只有爱得很深才敢如此。总之,每当我使用它时,我的心就被这个念头紧紧攫住。……"④这像是痴情吗? 是的,巴尔扎克爱起来就是这般痴情。这就是他的品德和魅力所在。他陶醉于自己的浮华辞藻。这不是一种游戏吧? 也许是,不过他倒是很热衷于这痴情的游戏。这位偶像崇拜者在桌子上供奉着达芬热⑤画的微型肖像,墙上挂着威尔卓尼亚的风景,左手无名指上戴着一只镶红宝石的定情指环。

怀着一腔为圣彼得堡度过的夜晚所激起的热情,他再一次对夏娃唱起赞美诗:"您是灯塔,幸福的星星……您是快乐,您是光荣……同您

---

① 巴尔扎克:《莫黛丝特·米尼翁》献词。
② 《圣伯夫通信集》,第 5 卷第 527 页。——原注
③ 巴尔扎克:《致外国女子的信》,第 2 卷第 269 页。——原注
④ 巴尔扎克:《致外国女子的信》,第 2 卷第 294 页。
⑤ 达芬热(1790—1849),奥地利画家,以画微型肖像著名。

在一起,永不会厌烦……"①他请她相信他的绝对忠贞:"说起梅花雀,您尽管放心,它是贞洁的楷模……鸟类也有良心。您还不完全了解这种印度鸟的自然习性。它只对一朵玫瑰歌唱。"②他乖乖地等待着。"噢! 温柔可爱的小猫咪,您知不知道,只要我一动笔写这封信,梅花雀就勃然惊醒,而我也就被往日的回忆所激动? 可怜的亲亲,它是否也一样地激动?"③

　　他时而抱怨那些充满肉欲的幻象搅得他无法工作,害得他整夜整夜地神情恍惚,难以完成手头的创作。《莫黛丝特·米尼翁》这篇因吸收了心上人提供的题材而唯一进展较快的小说,照样没能在连载小说上打响。这篇作品太缺乏情节。读者的反应冷淡,因此《辩论报》急忙开始发表大仲马的《基度山伯爵》。"我深信我为您和我自己写出了一部杰作,他人的毁誉又何足道哉?"可是《小市民》这艘载有二十五至三十名船员的一等战舰却沉没了。咖啡已经如同白水一般刺激不起他的精神。应已故的韩斯基先生的要求,六年前已动笔写作的《农民》(最初题为《大地主》)不知被卖出、赎回、放弃了多少次,迄今依旧是一项徒劳无益、旷日持久的浩大工程。在第一稿中,大地主是葛朗里厄家的一位侯爵,与一群自由派资产阶级为敌的极端保王派领主。后来巴尔扎克放弃了这个构思,希望以一种完全不同的形式重新构筑这篇作品。但是在此之前还必须完成《交际花盛衰记》。

　　人们还记得《幻灭》第三部的主题是大卫·赛夏在帕里西斯遭受的苦难,然而我们看到,重要的插曲是:在巴黎受挫后心灰意冷、准备轻生的吕邦泼雷和一个西班牙教士卡洛斯·埃雷拉在大路上邂逅。这位

---

①　巴尔扎克:《致外国女子的信》,第 2 卷第 313 页。——原注
②　巴尔扎克:《致外国女子的信》,第 2 卷第 325 页。
③　巴尔扎克:《致外国女子的信》,第 2 卷第 421 页。

卡洛斯·埃雷拉不是别人,正是逃犯伏脱冷。吕西安俊秀的容貌打动了乔装改扮的教士,一股狂热的爱油然而生,教士打定主意要帮助他对巴黎的上流社会施行报复。但必须首先教给吕西安生存的秘诀,不能再像孩子那样天真幼稚了。"要是您不把柯拉莉从卡缪索手中抢过来,不给人知道您同她的关系,您就能娶到巴日东夫人,一跃而为昂古莱姆的省长,德·吕邦泼雷侯爵。"伏脱冷如此这般赤裸裸地教唆着。

这段复仇的主题引出了《交际花盛衰记》。这部长篇系列小说创作于 1838 年至 1847 年。各部分标题按顺序分别为《烟花女子动真情》(其中包括已完成的《电鳗》)、《老叟情爱价几何》、《蹉跎路通向何方?》(早先叫《罪恶的教唆》)以及《伏脱冷最后显形》。这部系列小说是集浪漫、荒诞、杜撰的情节与真实的观察为一体的奇特杂烩。其中洗心革面的妓女为了爱情不惜再次堕落、苦役犯伏脱冷恶魔般的教唆、他对吕西安的暧昧之情以及他从吕西安的房前走过时的非分幻想,"同性恋的神圣忧郁"①,这些是小说的浪漫成分。国内最大的贵族之一葛朗里厄公爵竟产生同一个来历不明的暴发户联姻的念头、伏脱冷同警察科朗坦的斗法、警察孔唐松的死于非命等是杜撰的情节。莫里哀式的喜剧描写——老银行家纽沁根的痴情、莱奥丁娜·德·赛里齐获悉吕西安的死讯时那种动物般的狂号、对技艺高超的盗贼和附设监狱内院的描写等等则都是现实主义的。巴尔扎克告诉韩斯卡夫人:"我用的纯粹是欧仁·苏的手法。"可能是这位连载小说元帅要同大仲马和欧仁·苏这两位将军较量一番。但随着他步入老境,竟堕入追求离奇怪诞的情节,神秘的色彩,巴黎式的"一千零一夜",和费拉居斯阴影的癖好。尽管如此,巴尔扎克依然远比他的对手们高明,因为他对事物的刻画极

---

① 语出马赛尔·普鲁斯特。

为扎实,对社会腐败的谴责异常尖锐,他巧妙地揭示了投机家与高门显贵之间无耻的勾结,他以"无情的鞭挞掀去了掩盖腐烂疮口的外衣和破布"。可惜他最后为吕西安设计的悲惨结局的确过分夸张,使人感到不如吕西安初次遭受的挫折那样入情入理,那样感人至深。

在《交际花盛衰记》一书中,巴尔扎克把他自身的双重性格体现在两个人物身上。吕西安代表了作者女性的一面,这是"一个不乏愿望和理想,却毫无行动能力的不完整的天才"。而伏脱冷则补足了吕西安所缺少的男子气。吕西安和埃雷拉这两个人物构成了一套完整的策略。在囚牢里自缢之前,吕西安这个不幸的年轻人给伪装的议事司铎写了一封信,清楚地阐述了这种结合:"该隐和亚伯①都留下了后代……在人类的伟大悲剧中,该隐是反对派。凶狠残暴的该隐的子孙统治着亚伯的子孙。他们对那些柔弱的灵魂具有极大的吸引力,能够引诱他们上钩,把他们碾为齑粉……这是宏伟壮观的恶之美……是恶之诗……你使我卷入这场伟烈的人生活剧,可我却有着自己的生存信条,因此我得以将自己的脑袋从您那复杂的高尔求斯结中抽出,而套进用我的领带结成的活结中去……"②巴尔扎克自己则是该隐和亚伯的共同后代。他身上既具有吕西安的某些弱点,也具有赛夏的才干和伏脱冷的力量。要造就一个伟大的作家,除了才能(这一点吕西安也具备)之外,还必须有坚强的意志。创作生涯从来是艰苦至极的,巴尔扎克接受了这条法则,吕西安却拒不就范,从而决定了两人不同的命运。

早在 1843 年,这一鸿篇巨著的骨架已在他强健的头脑中形成。但是由于健康的原因,他未能完成这部巨著。到底是什么病呢?从俄国

---

① 据《圣经》传说,该隐和亚伯是亚当和夏娃的两个儿子,该隐种地,亚伯牧羊,因耶和华看中亚伯的供物,该隐出于忌妒而杀死亚伯。

② 巴尔扎克:《交际花盛衰记》。

回来后他染上了黄疸病，不久又得了严重的头痛症。纳卡尔医生说这些病都不要紧，可是接着又因腹痛和瘙痒症而痛苦不堪。家里的烦恼事更是"层出不穷"。贝尔尼夫人曾经向奥诺雷预言洛尔总有一天会变得像她母亲一样，巴尔扎克不胜震惊地发现这一次又不幸被 Dilecta 言中。兄妹之间的往来稀少了，这并未使他不快，将来夏娃琳娜成为他的妻子之后，这种疏远反倒有好处。他一想到自己家的人可能给威尔卓尼亚的女主人留下何种印象便不寒而栗。这不是什么美好的感情，但他竟这么想了，于是他同家庭的联系逐渐少下来。

与此相反，他却背起了亨利埃特·博雷尔这个包袱，她是巴尔扎克同夏娃之间爱情关系的第一个同谋。我们还记得巴尔扎克为她的事奔走巴黎总主教府的情形。博雷尔于 1844 年来到法国，巴尔扎克把她安置在下街，并给予她特殊的礼遇，让她住在自己的卧室里。可是不久他就发现她愚不可及。由于总主教府的一位教士引荐，维西塔西翁女修道院院长埃格莱修女同意免收亨利埃特的入院费。"但是这个蠢货却认为有失身份而拒不领情。"难道不应该留点后备以防万一吗？

巴尔扎克特地为她请教了詹姆斯·德·罗特希尔德，总算把博雷尔小姐的钱存了起来，答应她用利息(八千法郎)支付入院费。她于是作为非幽居修女进了修道院。巴尔扎克常去看望她。尽管他对博雷尔小姐兴味索然，但她曾是他们珍贵的传书人，在她身上他能嗅到心上人的气息。啊！何时才能重新获得爱情？外国女子已经胜诉，可是未来的丈夫对这了不起的胜利表示漠然，使她颇为不快。他傲慢地告诉她，他只想依靠自己的努力挣得财产。他说显而易见，沙皇的裁决是一种恩赐：

这是法庭的恩典,德·塞维涅夫人①也有过一宗诉讼案,案子递交到最高法院,大臣们请路易十四裁决,国王批示道:"凡涉及德·塞维涅夫人的案件,尽管做出有利于她的判决,我无须过问,闭着眼睛就可以签字。"美丽的夫人,波兰的塞维涅,您精神上的祖先,一定也会写信给她的女儿称赞路易十四是国王中最伟大最高尚的一位。这就是我的看法……②

这个看法真令人扫兴。因为韩斯卡夫人把胜利归功于自己的精明能干,而不承认什么法庭的恩典。随后巴尔扎克又提出许多明智的忠告。应该要求基辅法庭立即做出财产所有权的判决。他信中写道:"我们是多么古怪的一对情侣……来往的情书里充满了数目字,满纸的生意经! ……可是宝贝儿,数目字是咱们幸福的基础啊。"③她已经由圣彼得堡返回基辅,他劝她学习管理家务,学做法国妇女,也就是防止挥霍浪费。她应该尽快变得吝啬一些。

大革命时期的大屠杀应归咎于路易十六没有在三级会议召开之初除掉那些恶棍。因此,您应该一再申请属于您的财产用益权,尽快结清和落实这笔数字,哪怕不能立刻拿到手也要去催促。同时结算诉讼费用和您在彼得堡的开销。可能的话,您应该去改变叔叔的冷漠态度,只要不致有损您这样伟大的女性和母亲的身份,要最大限度地感动他。他已近暮年,最终会皈依宗教的,这一点不容置疑。您不知道坟墓的气味对于这些不信神的人意味着什么。

---

① 塞维涅夫人(1626—1696),法国书信体作家。
② 巴尔扎克:《致外国女子的信》,第2卷第333页。——原注
③ 巴尔扎克:《致外国女子的信》,第2卷第453页。

他们会在临终前吐尽自己的过失,把自己洗刷得一干二净。他会放走农奴,反省过去对待您和侄女的错误态度。特别是您必须学那些小心翼翼保护自己资产的贵妇人那样积聚钱财,尽量吝啬一些。瞧!我净跟您说什么来着!①

　　胜诉之后,她急于逃出俄罗斯。由于无法获得去法国的签证,她便匆匆赶往德累斯顿,那里聚集着一批波兰流亡者。日夜思念着她的巴尔扎克请她在德累斯顿为他预订一个房间。不过在动身之前,他无论如何必须写完《农民》。《新闻报》已经开始发表前面的章节,可是全书并没有完工。小说最初几章刚刚发表,巴尔扎克就向韩斯卡夫人夸口说取得了惊人的意想不到的成功。然而忠实可靠的老朋友泰奥菲尔·戈蒂耶所说的情况恰好相反:报社每天收到许多读者来信要求停止刊登这种令人腻烦的作品。这篇小说本来不宜于拆开来连载,再说巴尔扎克写作这篇小说时毫无激情,还忍受着神经痛的折磨:"我是把双脚泡在芥末中写作《皮罗托》,把脑袋浸在鸦片中写作《农民》的!"
　　12月6日,《新闻报》上宣布即将连载大仲马的《玛尔戈王后》。吉拉尔丹想以一篇趣味性更强的小说吸引来年的订户。交稿的时间已过,他继续向巴尔扎克索取《农民》的结尾,因为稿酬已经预支。但是"弹簧已断"。交出的稿子显然质量极差。评论界反映说:"又是一本有头无尾的书,不知什么时候和怎样来结束……这个费加罗不去攻击富人反而诬蔑穷人……他竭力诋毁乡村生活……他把农民描绘成社会之外的野蛮人……"巴尔扎克自己也声称对这本书产生了厌倦心理。"我永远不能原谅自己陷入《农民》这个泥潭。"他知道吉拉尔丹像那个

---

① 巴尔扎克:《致外国女子的信》,第2卷第364—365页。——原注

威尼斯商人①一样要割下他的一磅肉，可是每当他重新提笔写这部小说时，脸部肌肉就不由得像猴子一样抽搐起来。

他多么想奔赴德累斯顿去重温欢乐，却遭到夏娃的坚决反对。他思念她已经陷入一种不折不扣的痴迷状态。为什么她执意把他打入地狱？为什么逼得他痛不欲生？为什么她一想到在德累斯顿和他见面就如此害怕？难道那个地方对巴尔扎克怀有敌意？他不还是那个在圣彼得堡时的巴尔扎克吗？把夏娃琳娜的心"毒化到这般田地的俄国王妃们"究竟是些什么样的人呢？既然 Liddida② 不乐意在德累斯顿见他，为什么不可以到别处去和他相会呢？

他的写作效率低、质量差，因为他每天要花上好几个小时在巴黎四处奔走，为"噜噜们"寻找一处住宅。（从俄国之行以来，他的爱称叫作"噜"，她则是"噜噜"，他俩的财产叫作"噜噜们的财宝"。）他放弃了改建雅尔迪的念头。为了与威尔卓尼亚女主人的身份相称，为了对得起卡特琳娜·德·梅迪契的衣柜，他必须寻找一座华贵的宅邸，必须前有花园后有庭院，而且要建筑在一块将来会涨价的地皮上。她不解地问道："何必对投机生意如此着迷？"因为要在巴黎维持外国女子已经习惯了的那种生活水平，非得拥有一大笔财产不可。"我原谅你，我的噜噜，因为你不知道自己说的是什么。"他将要为夫人布置起一个什么样的宫殿啊！仅仅是卡特琳娜·德·梅迪契的衣柜就是一笔财富。那上面镶嵌的螺钿和金丝就足以还清他欠下的所有债务，然而除非是罗特希尔德，或者英国的罗伯特·皮尔先生，他才肯出让，要价是三千英镑。

他四处物色房子，在帕西，在巴黎市内的讷芙·迪·马图兰街，在

---

① 指莎士比亚的名剧《威尼斯商人》中的高利贷者。
② 希伯来语"亲爱的"，此处指韩斯卡夫人。

蒙梭公园,寡妇街,爱丽舍田园大道(他预言这个地区的地价总有一天会上涨到每平方米十万法郎)。未来的新房费用总额,包括修缮改建费在内,估计在二十万法郎上下。巴尔扎克造了个乐观的预算:出售雅尔迪的收入,《农民》和《人间喜剧》的稿酬,"噜噜"夫人再出二万法郎,基本上能凑够这个数目。她为什么不从乌克兰多弄点钱出来? 因为她在那里的财产迟早要被没收。她怎么对她的"噜"的预算方案如此疑虑重重? 在生意经方面,她还是个稚嫩的小姑娘,而他呢,倒是一只被开水烫过的老猫了。

再说,来不来巴黎,全在她自己,事情好办得很,只要把安娜和韩斯卡夫人登记在巴尔扎克的护照上,作为他的妹妹和外甥女。他可以在夏约或帕西为她租一套带家具的公寓。她们可以隐姓埋名地参观游览。安娜有许多地方可去,展览馆、大小剧院、音乐学院的各种音乐会,以及其他娱乐活动。在巴黎住上三个月,雇个厨娘,一个女仆和一个小侍童,每月开销不会超过三千五百法郎。德·布鲁尼奥尔太太会照料好一切事务的。他就等着 Liddida 下决心了,巴尔扎克早已被离别折磨得身心交瘁,失魂落魄。"我的脑子里再也挤不出一行文字,我失去了勇气、力量和意志……"[1]为了防止神经错乱,他甚至开始玩纸牌戏,出席晚会! 这种因肉欲的渴求而产生的痴呆和麻痹也许有一部分属实,但他的描写的确言过其实。一方面他有这种艺术特长,另一方面也是故意吓唬她。他想感动那个"冷酷"的女人。至少他为写《贝阿特丽克丝》而走访德尔芬·德·吉拉尔丹的那一天,肯定没有失魂落魄之感,他需要描写受丈夫欺骗的少妇的痛苦,所以就吉拉尔丹夫妇多灾多难的夫妻生活和德尔芬进行了长谈。蜜蜂难以改变的天性是酿造蜂蜜。

---

[1] 巴尔扎克:《致外国女子的信》,第 3 卷第 28 页。——原注

吉拉尔丹同玛丽·德·阿古尔夫人新近的关系帮助巴尔扎克饶有兴味地为贝阿特丽克丝这个人物注入了新的内容。

住在德累斯顿的韩斯卡夫人之所以迟迟不作答复,部分原因是为女儿的事情。安娜是个波兰民族主义者,执意要嫁给一个波兰人。而且已经看中了乔治·莫尼泽伯爵。他长着柔软光滑的金黄胡须,温文尔雅,表情神秘,他喜欢收集昆虫标本。一旦年轻的伯爵知道未来的岳母将要嫁给一个法国人,会不会改变初衷?加之巴尔扎克对这桩婚事横加阻挠,也搅得她心绪不宁。奥诺雷去信告诫她:"你的女儿一是有钱,二是波兰人,这两点使她处于特殊的危险境地。"俄罗斯皇帝的心愿是帝国的统一,理所当然要摧毁波兰民族主义和罗马的天主教。巴尔扎克自己就是个马基雅弗利主义者,如果他处于沙皇的地位,他也要这么干的。因此谁要企图站起来反抗,并且又是个有钱的波兰人,准会成为打击的对象。同莫尼泽联姻,前景堪忧。只有同外国人通婚(譬如嫁给一个德国或奥地利贵族)方能免除这类厄运。至于安娜是否看中了伯爵英俊的仪表呢?对此,他以《婚姻生理学》作者的丰富经验回答道:"她还没有体会到结婚本身会带来什么样的肉体厌恶感呢!"

这没完没了的等待、无法忍受的犹豫不决,简直把巴尔扎克毁了。他说:"因此,只有一个词可以形容我的现状:*精力衰竭*!"他甚至不知道她是否仍然忠于他俩的美妙计划。她只是偶尔寄来一封极其简单的信,里面没有几句温情话。没办法,他只好去修道院隔着栅栏探望亨利埃特,以便借机谈谈夏娃。他若是在信中对夏娃稍有指责,她便生起气来,说他把她当作"哥萨克女人"了(其实这不算过分)。并且声称她也要进修道院,以示反抗,最后却加上一句:"我原谅你。"他用嘴唇去吻信笺上这几个体现仁厚之心的字。

1845 年 4 月 18 日,禁令终于解除了。她在信中写道:"我愿意见你。"他立刻奔赴德累斯顿。"我带来了馨香的云朵。"她为他在罗马体育场旅馆订了房间，价格不算贵。她们母女俩则住在萨克斯饭店。他饿狼般地来到她身边，他写道："德累斯顿，是消饥解渴之地，乞丐进了天堂，穷鬼扑向阔佬的盛宴。"在德累斯顿，他获悉巴黎刚刚授予他荣誉勋位勋章。看来，他对这小小的骑士勋章并不十分介意……太微不足道，太晚了。不过他也不必以拒绝接受来羞辱维勒曼。一些喜欢拿他做讽刺对象的漫画家们，这一次画的是巴尔扎克正在把十字勋章往他那硕大的手杖柄上套。

巴尔扎克发现安娜的未婚夫有许多优点，尽管还不够儒雅。他对夏娃说："他缺少他那个姓氏和地位的人应有的那种彬彬有礼和大贵族的风度。"这固然令人遗憾，然而除了夏娃和安娜之外，还有谁能完美无缺呢？他说："乔治没有受过妇女的教育和熏陶，即那类能教会青年们如何处世、如何生活的老妇人。"不过已经订了婚的青年再想找一个德·贝尔尼夫人式的女人，已经为时过晚了。

为了避开德累斯顿的流言蜚语，"噜噜们"匆匆动身前往洪堡和康斯塔特，夏娃琳娜在那里洗温泉浴。这以后的四个月同巴尔扎克平时的辛劳生活相比，简直是放纵行乐。安娜和乔治这对恋人真心实意地喜欢这位风趣的旅伴。当时杜梅尔桑和瓦兰的滑稽表演正风行一时，受这些江湖小丑的启发，巴尔扎克获得了比尔博盖的绰号，夏娃·韩斯卡叫作阿塔拉，莫尼泽的外号是格兰加莱，安娜叫绥菲丽娜。巴尔扎克满肚子抖不完的笑料使得四个"小丑"始终兴致勃勃。自从同这位"如此可爱"的女人再度欢聚，他重新焕发出无限欢快的活力。在后来的回忆中，他把在各个城市逗留期间的爱情回忆加以细细区别："在康斯塔特，是餐后的各种甜食，犹如贪食者试图习惯于美食却无能为力。在卡尔斯鲁赫，是抛给穷人的施舍。可是到了斯特拉斯堡就不同了，已然是老练的爱情,好比路易十四的财富,是可靠无疑的共同幸福……"①

在斯特拉斯堡,他预订了三张 7 月 7 日去巴黎的公共马车座位票,乔治将在晚些时候到比利时同他们会合。巴尔扎克给布鲁尼奥尔太太寄去了详尽的指令和夸奖:"我刚刚收到您的来信,这是一封同您的心灵一样温柔可爱的信。您还是像从前一样。"②这样的夸奖太不谨慎了,足以唤起最危险的希望。他指示她在玛德莱娜教堂附近租一套带家具的公寓(月租不要超过三百法郎)。"但是要用您的名字去租,因为女士们没有护照……韩斯卡夫人要求里面也有一间我的房间……但是必须严守秘密……从各方面来看,我的前途都完全可靠。安娜很喜欢我,我确信我们之间可以真诚友好地相处……"③于是,这位管家兼情妇以明显的巴结态度接受了这桩能带来财富的婚姻,甚至同意他们婚前同居的打算。她奉命在女士们的卧室里铺上一块蓝色的地毯,订了一个月的《幕间》报(用波莉尼小姐之名,订在图尔街十八号),以便让戏迷安娜了解各剧院上演的剧目。

爱情交响曲继续在各个城市巡回演出。

　　帕西、枫丹白露! 是贝多芬的天才,是绝响! 奥尔良、布尔日、图尔和布洛瓦是协奏曲,是爱侣交响乐,各有其不同程度的明快旋律,只是从"噜"那儿不时蹦出几个苦闷的低音符。巴黎、鹿特丹、海牙和安特卫普是秋天的花朵。不过布鲁塞尔则比得上我们的康斯塔特,这是两情相洽的胜利……④

---

① 巴尔扎克:《致外国女子的信》,第 3 卷第 149 页。——原注
② 巴尔扎克:《致外国女子的信》,第 3 卷第 60 页。
③ 巴尔扎克:《致外国女子的信》,第 3 卷第 62 页。
④ 巴尔扎克:《致外国女子的信》,第 3 卷第 149 页。

所有这些拿音乐做比喻的温情,表明历时四个月的旅行极为美满。唯独在荷兰发生过一点小小的"争吵"。那是因为巴尔扎克不惜血本从旧货店里买了几件古董,被韩斯卡夫人狠狠地责备了一顿。他在鹿特丹买下一只价值三百七十五荷兰盾的乌木衣柜,使她极为恼火。"唉,喽喽们唯一的争吵竟是为了衣柜。"路易丝·德·布鲁尼奥尔太太的事倒没有引起争吵,但是外国女子以十足的哥萨克方式下了一道敕令。一到巴黎,她就觉得女管家同男主人之间的亲密关系极为可疑。两个女人互怀敌意,以致韩斯卡夫人坚持要把"山里人"辞掉。巴尔扎克只好答应一回到巴黎,就执行这道颇为棘手的命令。为了安抚夏娃琳娜,他在信中把女管家骂成"装模作样的女人""乞丐""泼妇""恶魔"。9 月间,他通知她必须在六个月内另谋生计,她不禁痛哭流涕。

　　离开了他亲爱的"小丑们",巴尔扎克重新陷入忧伤之中,离别的痛苦搅得他神不守舍。虽然这次分别时间不长,了结手头几件事情以后,他就要再度同她相会。

　　　我还从来没有同小夏娃这样亲密地在一起生活过,那习以为常的良辰,那喜出望外的欢乐把我化为齑粉。中断的青春在我身上复苏,那超出我的期待和希望的美妙结合简直达到我难以承受的地步。①

　　有人毫无根据地说情况完全相反,她并不爱他。我们虽然没有见到她写的信,但从巴尔扎克给她的回信中可以了解到她经常表现得温柔可爱:"你最近的三封来信是我心灵的巨大财富。你满足了我对爱情

---

　　① 巴尔扎克:《致外国女子的信》,第 3 卷第 70—71 页。——原注

的全部奢望、幻想和期待。你这样爱我,使我感到无比幸福……当你不在我身边的时候,这三封信就是在巴登时的夏娃,是爱的杰作!……"①请听他的呼唤:"喔!噜噜!我的爱,强烈持久的爱情把我俩紧紧地拴在一起。"

"小丑们"都和巴尔扎克相处融洽,待他极为亲切友好。回巴黎后,他收到一幅金属画,是乔治的作品,上面的题词是:"献给比尔博盖——感激您的众小丑"。此外还附有一封阿塔拉、韩斯卡夫人写的迷人的信。在爱情问题上,"小丑"那一方可说是一帆风顺。然而在帕西,事情却不那么顺当。布鲁尼奥尔太太理所当然怒气冲天,作为辞退的条件,她要东家付给她七千五百法郎,还得送她一片烟店。纳卡尔医生是烟草总署长官的朋友,他从中斡旋,正当事情成功在即之时,女管家又改变主意了。她认为开小烟店有失身份,而要求一个印花税票销售店!母亲大人和洛尔都为她鸣不平,给她撑腰。她则作一番最后的努力争取留下不走。巴尔扎克给外国女子的信中写道:"我对她说:'假如您说出一个不字,您就立刻给我离开这个家。我有钱让您住在别处,我可以自己到小饭馆去吃饭。'她于是闭上嘴,再也不提任何条件了。"②也许在他面前她是这样,但是她向他家里的人大发牢骚。母亲大人写信对洛尔说:"布鲁尼奥尔太太跟我说奥诺雷一点情面都不讲。我回答她说:'太太,他工作忙的时候就是这样,他脑子里装的东西太多,因此还是不要埋怨他吧!'"

诉讼代理人加沃也失去了巴尔扎克的宠信。"这家伙麻木得令人恼火",他已经变成废物。新的债务清理人由奥古斯特·费萨尔担任,

①　巴尔扎克:《致外国女子的信》,第 3 卷第 114、117 页。——原注
②　巴尔扎克:《致外国女子的信》,第 3 卷第 115 页。

他是个精明能干的经纪人,他成功地说服债主们作百分之五十的让步了结债务。只有裁缝布依松对这位才华横溢的主顾始终满怀信心,保留他的汇票等待他未来的成功。"噜噜"们未来的新房倒是个严重问题,看来要在巴黎为夏娃物色到一座合格的房屋简直不可能。然而**阿塔拉和比尔博盖**总会有办法弄到一所漂亮住房的。巴尔扎克再一次核算了他那笔大可伸缩的账目。在罗特希尔德那里有"噜噜们的财宝"。《人间喜剧》要么赚到十万法郎,要么一文不值,这取决于销售情况和读者的胃口。可写的作品还不少。波兰出版商克朗多夫斯基为了《夫妻生活的烦恼》早已火冒三丈,甚至发出威胁。可以想见,这份苦差事让巴尔扎克十分头疼,因为它即使写出来也将远比他青年时代的作品《婚姻生理学》逊色。

让工作见鬼去吧!《人间喜剧》被抛在一边已经六个月了。创造出这么多地狱的作者难道没有权利享受一下人间天堂的生活吗?他信中写道:"我一颗心只想着你,才思早已荡然无存。"热恋能够激发才情,而过度纵欲则使他麻木迟钝。1845 年 10 月,巴尔扎克匆匆乘邮车赶赴巴登-巴登,回到帕西时已累得死去活来。韩斯卡夫人要偕同安娜和乔治去意大利过冬。巴尔扎克将去索恩河畔的夏隆同他们会合,并一起乘船去马赛,然后"小丑们"再由马赛搭乘法国邮轮"莱奥尼达"号前往那不勒斯。这次远游将把他们的爱情推向巅峰。"里昂,喔!里昂向我显示了超乎一切的温馨甜蜜、完美无缺的爱情,对于我,里昂成了鉴别人生的标志,仿佛就是那可以叫开天堂之门的神圣的字眼……"①六个月中,他只写了《贝阿特丽克丝》的结尾,几页《农民》和《交际花盛衰记》末卷的提纲,除此以外几乎什么也没有写。这在他从事文学创作以来

----

① 巴尔扎克:《致外国女子的信》,第 3 卷第 149—150 页。——原注

是破天荒第一次。他写道:"我将轻而易举地把这些东西划拉出来。我缺钱吗？我缺少的是幸福,因而我要回到你身边来。"①可怜的伟人!他忘记了幸福可以毁灭艺术家,伟大的人物只能为其作品而生。

---

① 巴尔扎克:《致外国女子的信》,第3卷第95页。——原注

第三十四章　佩莱特和她的奶罐

> 我们女人只能像看戏那样仰慕才子,若要与他们共同生活,则永远不行。

> ——巴尔扎克

1845 年,巴尔扎克三次离开帕西。第一次从 5 月一直到 9 月,第二次是 9 月底去逛了一趟巴登-巴登,第三次是 10 月和 11 月,就是那次从夏隆到那不勒斯的难忘的旅程。多么美好的爱情、旅游以及古董旧货的丰收之年啊!他真想同"小丑们"留在意大利,什么心也不操,整日和夏娃琳娜耳鬓厮磨,四下里逛古玩店。但是他不得不回巴黎去应付财政危机,检查费萨尔的工作,平息出版商克朗多夫斯基的不满,他要充实《人间喜剧》,在出版界重整旗鼓,同时还要物色一所房子。

11 月 12 日,经过"八天的海上颠簸",他在马赛港登岸。全船的人,除了水手们和他以外,都病倒了。这是他特有的夸张手法。这次回来,他比以往任何时候都更深地陷入情网。他满怀激情地同马赛诗人约瑟夫·梅里(此人认识夏娃)谈论起她那朱庇特式的前额,那是上帝、天使和魔鬼的联合杰作。

喔！小噜噜！我亲吻你漂亮的眼皮,我津津有味地啄你可爱的脖颈,那地方真像爱窝窝。我捏住你柔软的小爪爪,仿佛嗅到了令人陶醉的芬芳。我在想象中体验着你身上的万千优点,一个蠢女人只要具有其中之一就足以自傲,我要对你说:"喔！噜噜,啊,我的小夏娃,我越来越爱你了……"①

自然他要带梅里去光顾珠宝店,为他朝思暮想的女人买一条华贵的项链,这是一件出自印度艺人之手的无价之宝！"红色象征胜利,紫色代表美满的爱情……写到这里我的眼睛不觉湿润起来,这是无限的感激之情,我的内心充满年轻人那种恋情……"②晚年的爱情,犹如最初的荣誉一样甜蜜。

对于他,回到巴黎总是灾难重重,他再次陷入困境。起初他并不缺现金,韩斯卡夫人交给他一笔约十万法郎的可观款项,让他购置房屋及家具。这笔"噜噜们的财宝"本该是神圣不可侵犯的,而这位恶习难改的投机家自以为有权用它来"赚取利润",便去买了北方铁路股票,认为必涨无疑。纽沁根男爵本可以告诉他交易所的股票中已经包含了上涨的价格,但是纽沁根的计谋是不会向股东们泄露的。不过,在1845年底,巴尔扎克的经济状况的确有明显的起色。在韩斯卡夫人和费萨尔的规劝下,他开始有条不紊地清偿债务,还掉了四万法郎的欠债;善良的达布兰大叔同意把欠他的八千法郎减为五千。巴尔扎克甚至误以为大叔会答应再借给他二十万来帮助他还清全部债务,但是被母亲大

---

① 巴尔扎克:《致外国女子的信》,第3卷第128页。——原注
② 巴尔扎克:《致外国女子的信》,第3卷第125页。

人和妹妹洛尔劝阻了。看来并非真有其事。

母亲大人认定奥诺雷连本带息共欠她五万七千法郎。儿子说这是"瞎算一气"。母亲反过来责备他"极端的忘恩负义"。后来由赛迪约表兄出面调解，才使双方互相作了让步。德拉努瓦夫人倒从未逼债。基多博尼·维斯孔蒂夫妇非但不向他讨还那一万法郎欠款，还在 1846 年再次借给他一万二千法郎。但是这一善举丝毫不能阻止巴尔扎克在给韩斯卡夫人的信中诋毁他热爱过的人，甚至把萨拉称作"英国老太婆"。事实上他是把属于波兰女人的北方铁路股票作抵押来借款的，但是他必须让波兰女人放心。哄哄她而已。

如果巴尔扎克稍稍明智一些，在夏娃琳娜和费萨尔的帮助之下，钱的矛盾早该缓解了。可是他偏偏要铤而走险。只要听说一桩投机生意，哪怕风险再大，他必定要跳进去。有一位船主以"巴尔扎克"命名一条轮船，他立即以一万法郎购进两股。他说能够获得百分之四十的红利。事实上，此后这条船就无影无踪了。从早到晚，他到处物色地皮、房屋，讨价还价。为了布置他理想中东方色彩的华丽住宅，他购买了一套古色古香的中国餐具，他说："我只花三百法郎就买进了仲马花四千法郎买的东西，而它的实际价值是六千法郎。"[1] 他到鲁昂去了一趟，为了看那些便宜得"几乎等于白送"的乌木护墙板。他还买了些降价的椅子，以便布置二楼上那间他称之为"绿色沙龙"的小客厅（其实根本没有），还为亲爱的买了一张漂亮的书桌和两个雕花衣橱。

　　我转了三个小时，买到了如下三件东西：一、一只黄色的茶杯，五个法郎，而实际价值不下一百法郎，真是件宝贝。二、一只人们

---

① 巴尔扎克：《致外国女子的信》，第 3 卷第 145 页。——原注

送给塔尔玛①的塞夫勒绿瓷杯,是帝国时期的产品,无价之宝,因
为仅就它上面画的一束花就价值二十五个路易(我只花了二十法
郎)。三、六把豪华的椅子,上面镶嵌着林园、花朵和树丛图案,我
要把它们放在绿色沙龙里。还将叫人把其中的两把改成椭圆形双
人沙发。真是一笔合算的买卖……②

　　花点钱有什么关系呢?北方铁路的股票,只要坚持保留一年,"这
一点我们能做到的,每一股就可净得三百法郎的红利。我们的一百五
十股就是四万三千法郎的利息……"③仅仅这一笔钱就足够购买房子
和家具。

　　但是还剩下几个伤脑筋的问题:首先是那个"荡妇"布鲁尼奥尔太
太,她简直不知天高地厚,忽然间不要那家印花税票商店了,她决意嫁
给一个小有名气的雕塑家艾尔绍尔,因此她要一笔嫁妆。巴尔扎克根
据艾尔绍尔这个名字的发音(同时也联想到《巴黎的秘密》中那凶悍的
泼妇),给她起了个绰号:"母猫头鹰"。后来,她又一次改变主意,她说
这个该死的雕塑家是个丑陋不堪的禽兽,他喜欢那些十三岁以下的姑
娘。最后"母猫头鹰"又回到印花税票店的主意上去。要弄到这爿店极
为困难,巴尔扎克不得不求助于詹姆斯·德·罗特希尔德。

　　　罗特希尔德当过那儿的摄政,他常干这类事。他问我她长得
漂亮吗?和她发生过关系吗?我答道:"发生过一百二十一次,假
如您要的话,我可以把她送给您。""她有孩子吗?"他又问。我说:

<hr />

① 塔尔玛(1763—1824),拿破仑时代法国著名的悲剧演员。
② 巴尔扎克:《致外国女子的信》,第3卷第218—219页。——原注
③ 巴尔扎克:《致外国女子的信》,第3卷第178页。

"没有,不过您可以跟她生几个。"他说:"很遗憾,我只保护有孩子的女人。"这纯属托词,假如她真有孩子,他就会说他不庇护不道德的女人。我对他说:"呃!怎么!您以为可以跟我要花腔吗?我可是北方铁路公司的股东呀!我来给您写一张委托书,由您来管理我的事务,就像管理一条价值四十万法郎的铁路一样。"他说:"怎么?您要能引我上钩,我就更佩服您了。"我说:"我会引您上钩的,我只要到您太太跟前告您一状,让她好好管束您。"他大笑起来,仰面倒在沙发上对我说道:"我累坏了,买卖上的事简直要了我的命。给我写个委托书吧……"①

因此"母猫头鹰"的问题仍未解决,可恨的女管家兼情妇野心未能得逞,连连发出威胁。

第二件不顺心的事情来自家里:絮尔维尔在洛尔鼓动下到西班牙去实地考察一项工程,正在此时,这位工程师设计的杜布河上的一座桥被洪水冲走了!这位杰出的女性总是因为野心勃勃而铸下错误。另外,1846 年 1 月 1 日又发生了一件小小的冲突。以往每年的这一天,巴尔扎克夫人、洛尔、瓦朗蒂娜和莎菲都要到奥诺雷家里来做客。可是这一次却只有外甥女们来看他。

我想这肯定是我母亲捣的鬼,于是我穿戴整齐去给她拜年,却遭到她怀有敌意的接待……她总想委过于我。昨天她唠唠叨叨地对我妹妹说:"你看着吧,你哥哥肯定不会来拜年的。"正因为我来了,她没能言中,才心怀敌意地接待我……我拿定主意,从此每年

---

① 巴尔扎克:《致外国女子的信》,第 3 卷第 218 页。——原注

只在元旦、她的命名日和她的生日去看望她十分钟,至于你,只要给我母亲和妹妹寄张贺年卡就够了……①

第三件麻烦事是关于亨利埃特·博雷尔小姐。她一定要收回为她存放的财产,并且要求巴尔扎克去参加她的入院仪式。这可是冗长的仪式,用这时间至少可以写四页稿纸。他说:"这些混蛋修女以为地球是专为她们而转动的。"但是他还是克制了自己。必须有人代表他亲爱的女人和安娜出席"亨利埃特·博雷尔的葬礼"。再说,他也未虚此行:

> 我从没有参加过修女入院仪式,所以我细心地察看一切,我那专注的神情足以令人把我当成虔诚的信徒。……场面相当隆重,颇有戏剧性。当我看到三位新修女匍匐在地,让人罩上裹尸布,听着人们给三个活人念诵致死人的祷文,随后她们又穿上新娘的嫁衣,头顶白玫瑰花冠再次出现,宣誓嫁给耶稣基督的时刻,我自己也非常感动……②

典礼完毕,他得以上前同她交谈;她快乐得像只小鸟。他笑着对她说:"您现在是夫人了!"

第四个难题是创作。不久以前,创作还是一种乐趣,而今想象力已经封闭。"现在我写点东西简直困难至极,我的思想已经僵化,不再属于我了……昨天一整天我好像死了人一样难过……为了结束《人间喜剧》中的一卷,无论如何必须写完最后六页……"他疲劳极了,眼皮一

---

① 巴尔扎克:《致外国女子的信》,第 3 卷第 176—177 页。——原注
② 巴尔扎克:《致外国女子的信》,第 3 卷第 135—136 页。

个劲儿地跳。原先只点三支蜡烛的烛台不得不换成五支的大烛台。"但是这样一来,两个晚上就要烧掉一法郎五十生丁的蜡烛,您听见吗?夫人! 此外还有两法郎的煤火费和五十生丁的咖啡,加起来每个晚上要花四个法郎。这《一千零一夜》的故事成本可够高的! ……"①

《农民》毫无进展,他试图写作《交际花盛衰记》的第三部分《伏脱冷最后显形》。开头一页改写了二十五遍,仍不满意。何况这本书还有待发展,将来总共要有四部。第三部将改成《罪恶的教唆》,为此作者不得不去采访巴黎裁判所的附属监狱。这部小说的结尾写得非常漂亮,不过是后来完成的。1846 年,巴尔扎克的创作进行得非常艰难。专栏记者们认为他已被人遗忘:"苏利叶和巴尔扎克先生而今安在?"②他写信给正在那不勒斯的夫人说,只有结婚后心安定下来方能恢复他的写作才华。"这简直不是爱情,而是精神错乱。"总之,这是魔鬼缠身,没有比丧失创作灵感更糟糕的事了。

要是结婚的事确定下来就不至于这样了。但是两人的通信中却风波时起,互有指责。韩斯卡夫人的一个妹妹阿莉娜·莫纽斯柯写信给夏娃说巴尔扎克是个"浪荡公子,荒唐鬼,好色之徒"。外国女子故作娇态,声称怕他嫌自己年龄太大。"你需要的是年轻姑娘吧?"巴尔扎克回答她:"你这话太过分了,倒是我唯恐你嫌我不够年轻! 我真愿意自己变成二十五岁的小伙子,不管你多老,只要爱我……"③

"母猫头鹰"还在绞尽脑汁给他制造麻烦:

> 管家婆说:"哼! 您爱,您爱……您就爱您自己(她把我说成自

---

① 巴尔扎克:《致外国女子的信》,第 3 卷第 157 页。——原注
② 见 1846 年 9 月 15 日《环球》杂志所载署名厄格的文章:《文学界近况》。——原注
③ 巴尔扎克:《致外国女子的信》,第 3 卷第 183 页。——原注

私鬼,就因为我要撵走她),要是有人向您介绍一个二十岁的姑娘,加上十万法郎年金和一个贵族头衔,准保您会娶她。而且您最好……"我跟她说,首先,我很遗憾不存在这么一个年轻姑娘,因此我要说的话无法得到证实。如果真有的话,那她一定是像迪诺小姐(如今已是德·卡泰朗夫人)一样美丽,像她一样出身塔莱朗家族,拥有十五万法郎年金,可我不会娶她,因为重婚是弥天大罪……①

梅花雀也无精打采了:

孟加拉雀死了,是过量的工作、梦幻、奔波、忧虑和咖啡把它害死的。这些小动物总是这样,先是一阵骚动,吱吱喳喳唱个不停,而眼见这一切均属徒劳时,便静静地躺下来,犹如那些狗离开了亲爱的主人,在猎猎狂吠一阵之后,便不再作声……②

1846 年 2 月韩斯卡夫人致巴尔扎克:到罗马来吧! 然后我们一起去佛罗伦萨,从佛罗伦萨穿越我们亲爱的瑞士、日内瓦和纳沙泰尔,你把我们留在巴登,就回你的巴黎办事去,我们则走水路回家……③

巴尔扎克正眼巴巴等着这一声召唤呢。唉,就在他下决心去意大利,并且自我安慰地想"无法完成的书总会有时间写出来的",当天,发

---

① 巴尔扎克:《致外国女子的信》,第 3 卷第 184 页。——原注
② 巴尔扎克:《致外国女子的信》,第 3 卷第 220—221 页。
③ 巴尔扎克:《致外国女子的信》,第 3 卷第 225 页。

生了一件糟糕透顶的事故。他从了不起的裁缝布依松家里出来,走到黎塞留大街和林荫大道的拐角处,在跨越一条水沟时,扭伤了大腿肌肉,疼痛难忍,行期推迟了十五天。经医术高明的纳卡尔医生细心照料,在 3 月 20 日前后,总算可以走动了。多亏罗特希尔德男爵和其他方面的帮助,他们终于为"母猫头鹰"弄到了她要的印花税票商店。"小丑"剧团又可以进行他们的巡回演出了。穿戴一新的**比尔博盖**奔赴罗马,会同朋友们一起游览了波罗美诸岛,重返瑞士、海德堡、法兰克福,心花怒放地寻回了希望,并且同"他的夫人"一起为共同的未来设计了无数个蓝图。看来她已经决意结婚。他们将要在都兰购置一处别墅,在乡间度过一年中的大部分时间,在巴黎的圣日尔曼近郊租一处落脚点,在那里过冬。

旅行归来,他便着手实施计划。他要做的是:从"噜噜的财宝"中提取八万法郎购买北方铁路的股票。同冉·德·马尔戈讷一起去伏弗雷买一幢房子,先用他那些单身汉的家具大致布置起来,而用新近买的全部漂亮家具来布置巴黎的住宅。如此,他就能拥有一份产业和二百股北方铁路股票。他在信中写道:"读到这段成就,你能不钦佩你的**噜噜**吗?"若是真的能够买到在伏弗雷待售的蒙孔图尔城堡该多好呀!蒙孔图尔正是他梦想了三十多年的城堡,迷人的塔楼式宅邸,前后有两片开阔的园地,位于卢瓦尔河上游。"蒙孔图尔景色很美,有绿荫掩映的小径,有果园,还有一条河从脚下流过……"①他已经在打新的如意算盘:他们将要在蒙孔图尔居住六年,以便有所积蓄,不过冬天要在巴黎度过,以免头脑生锈。从巴黎到图尔的火车在植物园附近的车站停靠,因此必须就近寻找住所。王家广场正处在合适的位置上。他在那里看中

---

① 巴尔扎克:《致外国女子的信》,第 3 卷第 242 页。——原注

了一套朝南的公寓,附带有三间仆人的住房。啊!他的计划多么周全,多精明的人呀!

从德国传来了两则使他大喜过望的消息。乔治·莫尼泽的父亲刚刚去世。不错,首先要祝他灵魂安息。不过他的死解除了这对青年人的婚姻障碍,甚至还必须抓紧一些。他要夏娃尽早为他们完婚。这样,她便可获得自由。第二则消息令他既欣喜又自豪。他使"亲爱的伯爵夫人"怀孕了。巴尔扎克终于快有儿子了。儿子将命名为维克托-奥诺雷。这个孩子大概是 5 月 20 日至 30 日期间,他们途经瑞士北部的小城索勒尔时怀上的。他写道:"爱情的结晶不会让你恶心呕吐,孕期可以比较轻松。但是还得谨慎小心多加保重,噢!可爱的小维克托-奥诺雷……"①如今要为三个"噜噜"工作了,巴尔扎克得为"自己的小子"鼓起更大的勇气!(请记住,父爱在巴尔扎克心目中始终占有相当重要的位置!)债务怎么办?写作的成就足以了结这些债务。"我刚刚考虑了一遍可以写作的小说,我还要合计一下怎样用手稿来支付各笔债务。"②有一笔两千五百法郎的欠款,一个短篇足以支付。还有一笔七千五百法郎,只需在《新闻报》上诌个长篇就齐了。外行人也许会认为这种在债权人和报刊编辑催逼之下炮制作品的方式是不正派的。巴尔扎克却另有见解,或许这就是天才的狂妄。他在信中写道:"一个人必须挣钱糊口时如何想得到这许多?难道罗西尼为了二百埃居而创作《塞维利亚的理发师》时会想到荣誉吗?他当时的情况同我在写作《婚姻生理学》时一样,就是为了挣口饭吃。这一点我们之间早谈到过。"③

胎儿维克托-奥诺雷的出现迫使他的父母不得不考虑及时结婚的

① 巴尔扎克:《致外国女子的信》,第 3 卷第 245 页。——原注
② 巴尔扎克:《致外国女子的信》,第 3 卷第 247 页。
③ 巴尔扎克:《致外国女子的信》,第 3 卷第 320 页。

问题,如果他们想要个合法子嗣而不是"婚后追认"的私生子的话。但是由于许多复杂原因(例如预产期与婚礼之间必要的间隔,尚留在乌克兰并且时刻受到威胁的财产,以及种种流言蜚语等),他们的婚礼必须秘密举行,以便将来向外人宣称是先婚后孕的。巴尔扎克有一个主意:摩泽尔省长热尔摩是他在旺多姆学校的同窗,梅斯的总检察长德拉克洛瓦是他的好友,如果能在洛林地区找到某个蒙在鼓里或乐意帮忙的市长,就有可能瞒天过海,同其他许多婚礼一起发个结婚启事。不过唯一不可缺少的是身份证明。巴尔扎克立即向图尔市申请他的证件,外国女人却只有一份俄文的护照。她必须以安娜婚礼急需为由,叫人从波兰弄来文赛斯拉·韩斯基的死亡证明。

巴尔扎克写信叮嘱外国女子:"你父母的死亡证明毫无用处,但是你的出生证明是必不可少的。你务必把它弄到。没有这个证明,在任何一个国家都结不了婚。"然而韩斯卡夫人实际出生于 1800 年,她一直把自己的年龄隐瞒六岁。她不敢把真实年龄告诉巴尔扎克。这可不是一个四十六岁的女人随便一笑就能承认的谎言,她天生没有那种嬉皮笑脸的品性。只好且战且退,决定偷偷把孩子生下来交给巴尔扎克,然后自己回威尔卓尼亚去。

拿不出出生证明并不是她作此决定的唯一理由。当夏娃即将不问吉凶地把自己的命运同她的伟人结合在一起的时刻,她又感到恐慌起来。作为情人,她爱着他,这是毫无疑问的,却害怕这样一个异想天开的人做丈夫。他反复对她说:"难道我不是一个精明的会计吗?"事实上他根本不是。他一方面大谈"噜噜的财宝"神圣不可动用,另一方面却大量借用这笔财宝。他对购买北方铁路公司股票的措施颇为得意,不料股票直线下跌。在一封信上他得意扬扬地宣称欠债已全部还清,下一封信里却又冒出了许多新债务。

这个浪子断言他自己的收入足够支付全部债务,且"噜噜的财宝"在北方铁路股票上可以赚进五万法郎。如果股票一个劲儿地下跌,他就在跌到最低点时再买进一些,还能保持不亏不盈。另外夏娃琳娜的兄弟埃内斯特·热武斯基伯爵还欠着夏娃二万五千法郎,他早晚要归还的。"噜噜的财宝"会越积越多。这样一算,从今冬起巴尔扎克在还清债务以后,自己还可余下二万法郎。这位"最精细的会计"觉得事事如意了。但是逢上他头脑清醒的片刻,却不免感叹:"哦,了不起的拉封丹,《佩莱特和她的奶罐》写得多好呀!"①他的想法相当美好,却不能令人放心。他怎么发誓也没有用:

　　　　我请求你不要自寻烦恼。我保证没有得到你的同意绝不轻举妄动,你信中对我的疑虑使我十分伤心,我对前途满怀信心,对这些危险置之一笑。但是看到你如此不必要地担惊受怕倒使我很难受……②

　　不论是否必要,她的确是在担忧。而且她的担忧不无理由。8月份他刚刚清醒地说过:"必须推迟购买任何不动产。"9月份他就买下了坐落在鲁尔区吉祥街十四号的一所住宅。他喜欢"吉祥"这个街名,它来自这块地产原先的股东福尔蒂内·哈姆林(福尔蒂内为吉祥之意)。此外这里还有一条秘密通道。卖主名叫皮埃尔-阿道尔夫·佩尔托。做一笔"桌面下"的买卖的想法使巴尔扎克十分着迷:

---

　　①　巴尔扎克:《致外国女子的信》,第3卷第287页。——原注
　　②　巴尔扎克:《致外国女子的信》,第3卷第263页。

> 如果说价钱是五万法郎,我和佩尔托先生在合同上只签三万二,三个月之后,我再付给他一万八。我把三十股北方铁路股票押在他那里作担保,这都不写在合同上……①

他认为夏娃对此不应有任何反对意见。因为这的确是一笔如意合算的买卖,只需用一万法郎来装修,这样他们总共只花六万买下这所房子,而四年之后,它将价值十五万!他还故作谦虚地说:这不过是间"情人的寒舍"而已。其实这房子正面一字排开有九扇窗户,还要布置得富丽堂皇,他说:"你可以在这里接待你的表妹利涅王妃,在利涅家族所有的城堡中,找不出一处比我们的房子更漂亮的了。这可真正是'水平线②'之上……"

这所房子紧挨着隶属圣菲利浦-鲁尔教区的圣尼古拉教堂,从前是规模宏大的博戎修道院的一部分。路易十六时代的税务大臣尼古拉·博戎是个放荡不羁然而慈善仁爱的金融家,他在这条街上拥有爱丽舍宫还嫌不够,又让人修建了一个游乐场和一座圆顶陵墓,这座小房子是为举行晚会而建造的。博戎以他的护佑圣徒的名字给这所教堂命名,并在这里选定了自己的墓地,后人就把他安葬在这里。

> 全巴黎都在往爱丽舍田园大道奔,再等六个月,我今天用五万法郎买进的房产就会上涨到十万,只要路易-菲力浦不死,价钱还会涨,没什么可犹豫的……我去看了那座教堂,非常漂亮,像一座

---

① 巴尔扎克:《致外国女子的信》,第4卷第23页。——原注
② 巴尔扎克:《致外国女子的信》,第4卷第32页。——原注。这里"水平线"原文即Ligne(音利涅),与"在利涅家族的水平之上"一语双关。

小型的先贤祠,博戏就安息在那里……①

博戏新区的建设,正在划成一块块的场地上发展,画家居丹、吉罗、勒曼等人都看中了这里的浓荫和清新的空气。未来的"比尔博盖公馆"外形古怪,这所两层楼的房屋横卧在一个封闭的长条院落内。只有两扇窗子朝向街道。天花板很低,花园也极小。然而巴尔扎克却欣赏这幢隐蔽建筑物的浪漫外观。

这里和我在帕西的住宅一样神秘难寻,一个女人可以隐姓埋名地住在里面。因为博戏先生专门建造了一个隐蔽的套间,为的是在这里隐藏一个女子。住在这里谁也看不见她,而她却能看见一切,听见一切……②

金融家博戏不时喜欢从俗人变为信徒,他在"游乐园"中的卧室可秘密地通向教堂的一个廊台③,这样,他走出房间就可以进入圣尼古拉教堂去望弥撒。巴尔扎克自然不会放过机会向他那虔诚的情妇宣传这天赐的便利。

我可以告诉你我为什么要买下它,因为我想送给你一件出乎意料的礼物。对我来说,你的虔诚和宗教习惯是你可爱的心灵中最美好的一面。我买的这座房子背后就是圣菲利浦-鲁尔教区所辖的圣尼古拉教堂,博戏出资建造这座教堂,立下遗嘱交给圣菲利

---

① 巴尔扎克:《致外国女子的信》,第 4 卷第 26、95 页。——原注
② 巴尔扎克:《致外国女子的信》,第 4 卷第 27 页。
③ 指教堂中望弥撒的廊台。

浦教区,还在教堂底层为自己家里人留下一个专用入口,为自己保留了一个非常精致的廊台,以便畅行无阻地来往其间。你完全可以从卧室直接进入廊台。

我的天使,这就是我买下这所宅院的原因,房子坐落在花园和漂亮的小教堂之间。合同上规定了保留此通道的权利,这在全巴黎是绝无仅有的……①

债务尚未还清就匆匆买下一座公馆,前任房东、投机商佩尔托从来没有在这里居住过,因而这幢被弃置的房屋修缮工程耗资巨大。为了防止那些精彩的壁画受潮损坏,不得不安装一套暖气设备;此外还缺少马厩、车库和看门人住的小屋(博戎修道院的附属设施已经卖给了海景画家泰奥多尔·居丹)。这一系列荒唐事使韩斯卡夫人恼怒不已。为了安慰"怒不可遏"的夏娃,巴尔扎克向她重新强调教堂的好处,那无与伦比的廊台在他致外国女子的信中成了无休止的话题:

1846 年 10 月 4 日:你知道吗?经我调查证实,在巴黎,包括皇室在内,像这样拥有一个直通教堂私人廊台的,只有你一个。为了得到这种皇家特权,博戎一定花去了上百万的家财。若是马尔戈讷夫人在世,也会乐意为它花费十万法郎的。②

1848 年 12 月 8 日:当我想到我亲爱的夫人在自己家里可以从楼上或楼下直接进入教堂里一个属于她自己的廊台望弥撒,想到

---

① 巴尔扎克:《致外国女子的信》,第 4 卷第 56 页。——原注
② 巴尔扎克:《致外国女子的信》,第 4 卷第 66 页。

这是巴黎唯一享有这种国王或王子级别特权的公馆,便激动得不知所措……①

　　巴尔扎克承认他的公馆外观很难看,"外表丑得像个军营",但是他将在那里堆积那么多精美的东西,它将成为一座"一千零一夜"中的宫殿。他寄去了建筑师桑迪的设计方案,并且开列了关于墙饰、挂钟、大瓷花瓶、分枝吊灯和油画等一长串清单,她见他这样装饰一个房间,简直惊呆了。他写道:"这是诺雷(即奥诺雷)的幻境,他希望他周围的一切都是美好的,正如他的心灵,他的妻子,他的夏娃都是美好的一样,这就是他十四年以来的梦境……"②

　　什么? 一切美好! 嫁给一个尽干些不合时宜的荒唐事的丈夫能不叫人害怕? 而且这个丈夫是否忠实还是个问题! 他可不是始终如一的人。"最亲爱的"得知"母猫头鹰"还留在下街时大吃一惊。巴尔扎克辩解说,"母猫头鹰"照料家务、处理财务很精明,还可以借她的名义出面去办交涉。她威胁要干最坏的事,这一点千真万确。但若要把她撵出去,至少得扔给她七千五百法郎,而巴尔扎克没有这笔钱。"母猫头鹰"抱怨道:"我再也嫁不出去了,你把我的青春耽误了。"后来,她因吃了过多的甜瓜而染上了霍乱,病得上吐下泻,奥诺雷不得不照顾她。单身汉的生活自有许多难处,夏娃责怪他用个女管家倒有点不公正了。他夜以继日地工作,所以像个孩子一样需要保姆。因此,"女无赖"是不可替代的人,留着她并不是为了夏娃琳娜所猜忌的那种理由。他保证:"我要她嫁出去,离开我的家,等我回来就办这件事。"

---

① 巴尔扎克:《致外国女子的信》,第 4 卷第 153 页。——原注
② 巴尔扎克:《致外国女子的信》,第 4 卷第 33 页。

等他回来是什么意思？原来他打算到德国去参加安娜和莫尼泽的婚礼。但他必须完成报社等候已久的一大批稿件之后才能离开巴黎。他早已答应《新闻报》写完《农民》的后半部。为了争取缓期交稿，他去求助于肥胖的德尔芬·德·吉拉尔丹。她把巴尔扎克同拉马丁一起请来吃饭，巴尔扎克祝贺拉马丁在政坛上取得的成功。"但是他毁了自己的健康，这个五十六岁的人看上去至少有八十岁。他垮了，完蛋了，没有几年可活了。他被野心和事业上的挫折耗尽了精力……"①然而拉马丁后来又活了二十三年，巴尔扎克四年之后就一命呜呼了。

他动身之前计划要写完的作品足以吓退任何一个作家，请看他信中是怎么写的：

> 下面是我将要写的东西：首先是《穷亲戚》中的《邦斯舅舅》，它占《人间喜剧》中的二至三个印张；然后是《贝姨》，占十六印张；再往后是《王家检察官的劣迹》，占六印张。总共二十五印张，也就是二万法郎，包括报载和成书。接下去要写完《农民》。全部收入高于我的支出……这些题目都是我喜欢的，因而可以用最快的速度创作出来。我需要钱，但是出版业行情不振……②

此外，家庭义务也需要略为兼顾一下。自从忠诚的赛迪约出面调停之后，巴尔扎克与母亲大人的争吵平息了下来。他到维维安纳街去看她时，她甚至在街上抱吻他，这可是前所未有的热情。洛尔也来告诉他，已经为女儿莎菲相中了乘龙快婿：

---

① 巴尔扎克：《致外国女子的信》，第 3 卷第 260 页。——原注
② 巴尔扎克：《致外国女子的信》，第 3 卷第 254—255 页。

絮尔维尔只要把即将建成的汝拉大桥的股份给女儿作陪嫁，他(指洛尔未来的女婿)就满足了，他有钱，对莎菲也很中意。他也是个有地产、房产和资本的大建筑承包商。我说过："要记住，在这资产阶级的时代，议院里需要的是更多的横梁立柱而不是拉马丁式的诗人。但是要抓紧完婚，拖延下去夜长梦多。"……这年头，竟有四桩婚事要办：一、"母猫头鹰"的；二、安娜的；三、咱们俩的；四、莎菲的……①

是的，这年头，婚事频频，作品寥寥。巴尔扎克的沉寂使他的敌人兴高采烈。总有那么些敌人，有的由忌妒生恨恶，有的看不惯他的作风举止，有的敌视他的才华。他们心怀恶意地认定巴尔扎克才思枯竭是由于体力耗尽和从事连载小说："巴尔扎克先生那大胆透彻的观察才能曾经不止一次地掩饰了他那飘忽不定的情趣和粗糙的文笔，如今他的才能已被这种平庸无聊的写作消磨殆尽。他已到了山穷水尽的地步……"②唯一无可辩驳的回答是拿出一部杰作来。他还有力气写出来吗？能够的，只要……

---

① 巴尔扎克:《致外国女子的信》，第3卷第310页。
② 德·马扎德:《当今文学作品面貌》，《两世界杂志》(1846年合订本)，第2卷第1017—1018页。——原注

第三十五章　外部世界

世界是一只装满利刃的大桶。

——巴尔扎克

以前,在很长一段时期,他能够一连几个星期忘掉外部世界,沉浸在自己的幻觉里。遇到最困难的时刻,他便甩开一切烦恼,幽居在萨榭、布洛尼埃尔或弗拉佩斯勒,从创作中寻得幸福。到了1846年底,隐蔽所失效了,灵感不再喷涌,稿纸终日空白。"我们必须结合。"他给夏娃琳娜写道。他的"心灵上有一片云翳"。博戎公馆正委托建筑师和承包商修葺,为此,不得不花许多精力去照料。维克托-奥诺雷即将降生,增添了当父亲的责任感:"既为人父,便不可盲目行事。"于是,他挪用创作《人间喜剧》的时间,终日忙于筹划预算,查看图纸。整修这座小小的公馆,全部费用需要一万二千法郎。加上购买房子和家具的钱,总数将达七万七千法郎。这点钱对于购置这么一处全巴黎最漂亮的房子来说,简直微不足道! 当然,这话指的是房屋内部,因为它的外表依旧"像个军营"。不过四年之后,它就会成为一笔可观的财产。天晓得,又是一次雅尔迪悲剧的重演。

单有一座房子算不了什么,还必须把它装饰布置起来。他把以前外出旅行时收集到的家具、大瓷花瓶、彩陶盘子都用上了。"以前你所指责的蠢事都是明智之举。"①订购一套漂亮的书柜简直"太有道理"了,可是他"不得不"到施米尔讷的店里去买地毯,"坚固耐用归根结底是一种节约,这一点我早看明白了。"经济、明智、谨慎只是些托词,以此来为他的荒唐挥霍辩护。"我们有十九扇窗户要装饰,以每扇三百法郎计算,你想想,这要花多少钱! 不过临时草草地装饰一下也相当于现在三分之二的价钱。"②所以应该购置经久耐用的窗帘。这能算是乱花钱吗? 既不是追逐轻佻女郎,又不是抽烟酗酒。为什么不可以买些床上用品和内衣呢?"你要是见到好看的枕套,就为每张床买上一打,要买四角和四边都绣花的。这种枕套德国的比法国的好。买来后我们在这里为你的枕套镶上花边。"③床单、餐巾、抹布……这位能干的家长想得真周全,什么都买,什么都收集。"咱们厕所里水箱的把手是用绿色波希米亚玻璃做的。"④

他无法理解的是,他的夏娃似乎焦虑不安。究竟是为什么呢? 再过五十天他们就要结婚,终于有个归宿了。他抽空去梅斯拜见省长,一切顺利。省长为他找到了一个守口如瓶、唯命是从的市长。婚礼将于夜间在市长家里举行。纳卡尔的儿子和热尔摩省长当证婚人。然后新婚夫妇将请梅斯的主教或帕西的神甫为他们祝福。"我们的声誉保住了! 但是你可知道我克服了多少困难,会见了多少好人哪! ……手续不合规矩无关紧要,结婚证书是最硬的。"⑤显然,假如她能够把婚礼安

———————
① 巴尔扎克:《致外国女子的信》,第 4 卷第 6 页。——原注
② 巴尔扎克:《致外国女子的信》,第 4 卷第 7 页。
③ 巴尔扎克:《致外国女子的信》,第 4 卷第 48 页。
④ 巴尔扎克:《致外国女子的信》,第 4 卷第 167 页。
⑤ 巴尔扎克:《致外国女子的信》,第 4 卷第 16 页。

排在德国的威斯巴登或梅因兹,将更为缜密。她还怕什么呢?她的信中对所有的事情都采取一种含含糊糊的否定态度。这使他忧伤至极。难道是因为金钱问题吗?这个嘛,只要他干一个月的活,全都解决了。

巴尔扎克总是信心十足,但事实却顽固不化,不听他的指挥。那些书都没有完成,出版商们却要见到手稿才肯付钱。该付给建筑承包商的钱是不容拖欠的,母亲唠唠叨叨,"母猫头鹰"怨气冲天。购买房屋必须动用"噜噜的财宝"。但是现在这笔钱全用来买了北方铁路股票,若是每股涨到一千法郎,倒是一笔可观的数目,可惜股票一个劲儿往下跌。眼看已经比购入的价钱低了二百法郎。巴尔扎克又不愿意亏本卖出去。其实他应该在七百五十法郎时卖出去,等它跌到六百法郎时再购进来。这一次倒不是他这位一贯正确的人失算,本来北方铁路进展顺利,是一桩好买卖,可惜受到时局危机的影响。战争阴影笼罩,路易-菲力浦危在旦夕。巴尔扎克并不喜欢这位国王,但是从经济角度考虑,他认为路易-菲力浦的去世将带来一场灾难。此外,认购股票的款项尚未付清,他必须或者再投入二万八千法郎,或者蚀本售出。他恳求夏娃琳娜再次伸出援助之手,给他汇来这笔款项,以渡过难关。她相当粗暴地答复道,无论现在或是将来,她都不能帮这个忙。这可如何是好?他不得不以部分股票作抵押,去向罗特希尔德借款。生活真是太可悲了!

是啊!韩斯卡夫人对他已失去信心。她写道:"我已经给你的钱,你爱怎么办就怎么办吧,我的诺雷,但是可不能再吃掉我的遗产了。"①这多么不公正啊!他对自己所做的一切毫无悔意。"我若是错了,你尽可以责怪我,但是在我干得很好的时候,请不要责怪我呀!"②

---

① 巴尔扎克:《致外国女子的信》,第 4 卷第 60 页。——原注
② 巴尔扎克:《致外国女子的信》,第 4 卷第 62 页。

可她现在除了责怪他以外就没有别的。婚礼不管在哪儿举行,梅斯也罢,梅因兹也罢,都令她惧怕。她希望至少推迟一年再结婚。维克托-奥诺雷将秘密地诞生,必要时可在结婚证书上追认这个孩子。这对巴尔扎克真是莫大的打击!"你的决定完全打乱了我的计划。我渴望中的幸福又要迟到十五个月,或者至少推迟一年……"①为什么做出如此令人沮丧的决定呢?除了法律、家庭和上流社会舆论等方面的困难之外,夏娃一想到要最终把自己的命运与他结合在一起时就不寒而栗,因为尽管他自认为是理智的化身,却经常表现得惊人地缺乏理智。不是吗?在他闹财政危机的时候,却向她宣布要用二万四千法郎买下一套装帧精美的戏剧作品。还认为这是千金难买的好事,何况可以分四年付款,每年只需六千法郎,真是小意思。但就连这点小意思他也没有。当他请求"亲爱的伯爵夫人"为他们结婚的新床买一条俄罗斯白鼬皮毯子时,这位女地产主不由得勃然大怒。他又写道:"你知道吗?我将买下贝尔纳·帕利西为亨利二世制造的喷泉。"伯爵夫人大惑不解,难道要办博物馆吗?为什么刚买下卡特琳娜·德·梅迪契的衣柜,又要买亨利二世的喷泉?

他想立刻结婚,可是一切都同他作对,10月5日梅斯省长热尔摩前来拜访,他对巴尔扎克说,在摩泽尔举行婚礼的秘密保持不了多久。显然这位虽然友好却又谨慎的省长考虑到这种和法律开玩笑的事对自己是危险的。同时也必须估计到万一沙皇得知他的臣民和一个外国人秘密结婚,乌克兰的财产势将难保。法律顾问们一致的意见是,韩斯卡夫人必须先回波兰办理亡夫遗产的继承手续,然后才能有再婚的自由。巴尔扎克终于接受了这种安排:"既然这是你的意见,那么如今也是我

---

① 巴尔扎克:《致外国女子的信》,第4卷第56页。——原注

的意见了。"

为了简化一切,他建议她把地产送给安娜·莫尼泽作陪嫁:

> 至于我,我不在乎这点地产……我再对你说一遍,我一个人将
> 要挣得的财产足够我们俩花的。1847 年我能挣十万法郎。一、
> 《伏脱冷的结局》;二、《旺代人》;三、《阿尔西的议员》;四、《共和国
> 士兵》;五、《一个家庭》。还要再版《人间喜剧》。再用六年工夫,
> 我就能取得当年在帕西的收益。也就是说,五十万法郎……①

不过眼前必须中断几天这伟大的工作,以便去威斯巴登为乔治和
安娜证婚。这可是个绝好机会,可以在法兰克福同他那"白胖肉感的爱
人"共度良宵。返回巴黎后,他亲手起草了一则结婚启事,投给《消息
报》和其他五家报社:

> **10 月 13 日,威斯巴登消息:**今天本地的天主教堂里举行了一
> 场婚礼。新娘是俄罗斯帝国最富有的遗产继承人之一,安娜·
> 德·韩斯卡伯爵小姐,新郎是古老而显赫的万达林世家的代表人
> 物,乔治·莫尼泽伯爵。德·巴尔扎克先生是证婚人之一……
> 新娘由于母亲(原热武斯卡伯爵小姐)的关系,是法兰西王后
> 玛丽·莱辛斯卡的外侄孙女;乔治伯爵则是波兰最后一个国王的
> 侄孙,也是著名而不幸的沙俄皇后玛丽娜·莫尼泽之父的直系后
> 裔。德·阿布朗泰斯公爵夫人曾经撰述过玛丽娜皇后的传记。②

---

① 巴尔扎克:《致外国女子的信》,第 4 卷第 56 页。——原注
② 巴尔扎克:《致外国女子的信》,第 4 卷第 75 页。(本消息载 1846 年 10 月 18 日《消息报》)——原注

这则启事满足了巴尔扎克的自尊心，却激怒了韩斯卡夫人的妹妹阿莉娜·莫纽斯柯。她在巴黎读到了这条新闻，立即把巴尔扎克嘲讽了一通。"她对我说，你们的家庭已经破落、衰败、潦倒……她说这则启事不恰当……真可怕，你家里的人同我家里的人何等相似乃尔……"①这位"刻薄尖酸"的阿莉娜想弄明白她姐姐是否真的要改嫁。出于谨慎，巴尔扎克回答说，这只是他自己的愿望，一切尚未定夺，不过假如真的成为事实，他将拿出三十万法郎现款，除去一切债务，靠他这支笔每年还有十万法郎收入。听了这话，阿莉娜失望地叹道："这么说，我姐姐将会结下一段金玉良缘啰？"真是一出绝妙的喜剧。然而这位大阔佬还不知道该拿什么来支付他买房、修缮、置办家具、装护壁板和科尔多瓦②皮革的开支呢。而北方铁路股票仍在继续下跌！

阴霾密布的天空时而也绽露一角青天。巴尔扎克收到乔治和安娜的信，他们的幸福感染着他：

1846 年 10 月 23 日,巴尔扎克回信给乔治·莫尼泽伯爵夫妇:

我的可敬可爱的情侣们，亲爱的温柔的小丑们，比尔博盖老爹可以辞职了。因为格兰加莱已经长大成人，绥菲丽娜已展翅高飞。在剧中，她嫁给了可憎的杜康塔尔，但是我们像莫里哀那样把剧情改了。她幸福地同格兰加莱结合。我希望这个格兰加莱是只挪亚时代以前的鞘翅、鳞翅天蛾，却并不是个老顽固。

我要告诉你们，你们热情洋溢的信令我多么感动，像你们这样

---

① 巴尔扎克:《致外国女子的信》，第 4 卷第 105—106 页。——原注
② 科尔多瓦，西班牙地名。

两个在热恋中的可爱人儿,通常是自顾不暇的……①

云层背后透出的另一线光明是罗特希尔德借给他一万八千法郎支付购房的费用。尤为可喜的是巴尔扎克终于能够重新高效率地进行创作了。《贝姨》和《两个乐师》进展迅速,《农民》和《小市民》紧随其后。一个美好的理想给了他这股力量:为了在不久的将来偿清债务,支付买房费用,"挽救钱箱"。然而,这是何等艰巨的工程啊!

> 啊,我的"噜噜",你不知道创作一本一书的艰辛!好的作品读起来给人以美的享受,但要一口气创作八部好作品却是比一场耶拿战役更为艰巨的劳役!……为我祈祷吧,求上帝保佑,让我笔尖上的灵感仿佛吸足了墨水一样源源不断地流淌。要是单凭灵感就能创作多好,可是还得讲究文笔!……②

灵感和文笔都会有的。大量再版的《人间喜剧》重新赢得了读者,《罪恶的教唆》的成功稳住了他的地位。他再一次春风得意了。《贝姨》也开始在报上连载,获得交口称赞:"好一部杰作。"连他自己都大吃一惊:"我没有料到《贝姨》会这么成功,你将看到我文学生涯中最为辉煌的一幕……社会上对我有了巨大的良好反响。我胜利了!……"

万事如意。"噜噜"们将获得幸福和财富。"噢!1847年是多么不寻常的一年。"几个月以来,他忙于《人间喜剧》的修改和润色。如今他可以专心致志地投入创作了。他计划在一年之内写出二十卷小说和两

---

① 巴尔扎克:《致外国女子的信》,第 4 卷第 85—86 页。——原注
② 巴尔扎克:《致外国女子的信》,第 4 卷第 108 页。

三个剧本。

突然间晴天一声霹雳,夏娃琳娜身体严重不适,在德累斯顿卧床不起。医生嘱咐她,如果想要保住维克托-奥诺雷,必须卧床休息。巴尔扎克焦急万分,跑去请教纳卡尔医生。医生尽力安慰他,说韩斯卡夫人不该在怀孕未满五个月的时候外出旅行。不过还来得及补救。然而并没能得到补救。早产儿一出世就夭折了。巴尔扎克这位被夺走孩子的高老头失声痛哭。他的第一个行动应该是奔到她身边去。可是怎么行呢? 北方铁路公司需要再付一笔款项,因而他离不开工作台。希望终于成为泡影:

> 我多么想要一个你的孩子啊! 这可是一条活生生的生命! 请你相信,经济上的灾难倒算不了什么。然而……我一辈子辛勤劳动、受尽折磨才刚刚开始获得的这一幸福结晶突然中止了,推迟了,也许是永远失去了! 幸而我还没有失去你,你依然一往情深地爱着我。为此,应该感谢上帝,应该重新开始工作,继续等待,等待! ……①

他已经等待了十三年。他认为是自己无意中造成了这场巨大的不幸,先是在索勒尔使她怀了孕,之后又是他建议夏娃陪同莫尼泽夫妇去德累斯顿:

> 我永远不能原谅自己,因为无疑是火车上的颠簸导致这一严重打击,这一下扼杀了多少幸福和希望,且不说它还给你带来这么

---

① 巴尔扎克:《致外国女子的信》,第4卷第138页。——原注

多肉体上的痛苦。请多多保重,因为这类病痛非常危险,弄不好会造成严重的后遗症,极难痊愈!你要好好听医生的话,不要出门,切忌焦躁,千万不要烦恼……①

不要烦恼?他自己倒应该听从这个劝告!"我现在什么事也干不下去,对什么都不感兴趣,没有任何东西能够吸引我。我想不到会对这一刚刚开始的生命有这么深的感情!但是,他就是你,他就是咱们俩呀!"②他现在压倒一切的感情是哀伤。虽说他提醒自己"我不能跑到德累斯顿去看她,因为这要占用我十二个工作日",但是这十二天他都在昏昏沉沉的状态中度过。他的大脑像一匹疲惫不堪的老马,任你怎样抽打都无济于事。夏娃琳娜让安娜代笔写信说:"如果同他见面,感情上的激动于她的健康不利。"③深夜两点钟他还盯着炉火出神,一面想念她,一面不住地嘀咕:"怎么不见她来信?"终于来信了,给了他一丝安慰:"并没有维克托-奥诺雷,这是一个女孩。"

就你身受的痛苦来说,你并没有减轻这可怕的事故给我造成的哀伤,但是你缓和了我的遗憾,因为我盼望的是维克托-奥诺雷。维克托-奥诺雷不会离开他母亲的,他应该在咱们身边生活二十五年。这才是我们的生活呢……④

La Liddida 现在想回到威尔卓尼亚去,以节省开支,重聚"噜噜的财

① 巴尔扎克:《致外国女子的信》,第 4 卷第 147 页。——原注
② 巴尔扎克:《致外国女子的信》,第 4 卷第 150 页。
③ 巴尔扎克:《致外国女子的信》,第 4 卷第 138 页。
④ 巴尔扎克:《致外国女子的信》,第 4 卷第 187 页。

宝"。不！唯一的财宝是她。若是他们不在 1847 年 7 月结婚,他就难保自己会怎么样了:"我将被忧伤所吞噬,也许就此结束这痛苦的生命。"焦虑的确在毁坏他的健康,他消瘦得令人害怕。

他不仅在私生活上受折磨,巴黎人还对他眼前的成功和幸福忌妒得发疯。"世界是一只装满利刃的大桶",正如佩罗的故事集里描写的那样。"一只脚已经跨进坟墓,如同行尸走肉"的卡斯特里公爵夫人,用这样一把利刃在他的伤口里转动。她刻毒地对巴尔扎克说起有那么一个莫尼泽伯爵夫人,是个波兰女人,在帝国时期经常举办舞会,还同玛耶公爵调情。她问巴尔扎克是否认识这个女人。巴尔扎克佯装不知,听她提到韩斯卡夫人的名字,他惊叫起来说:"可她已经五十八岁,当上祖母了！"亨利埃特·德·卡斯特里接着问起博戒修道院的事:

> 她说这座房子样子很丑,我回答:"糟透了！看上去像座兵营,而且前面还有一个长一百尺、宽三十尺的园子,好像监狱里的院子。但是有什么办法呢？我觉得这里安静隐蔽,价钱也便宜。"……当她相信我住得很差,永远也结不成婚,并且又在干蠢事的时候,她就变得可爱起来。这就是我的一个老朋友……①

可是德尔芬·德·吉拉尔丹听到这些流言后的反应是起劲地向巴尔扎克卖弄风情。能够征服一个外国女人,使他在她心目中威望倍增。他为了创作上的需要,前来就夫妻婚后生活中遇到的麻烦问题和她长谈时,她以为他对她很有意思,她扮演了《妇女研究》中的角色。他的目的仅仅是为《贝阿特丽克丝》搜集素材,她却以为他在追求她。为此他

---

① 巴尔扎克:《致外国女子的信》,第 4 卷第 155 页。——原注

告诫夏娃大可不必担忧,比起风流倜傥的洛奈子爵,吉拉尔丹夫人不过是个丑妇。然而巴尔扎克还是陪她去看戏。她也同他谈起过他同韩斯卡夫人的婚事:

> 我是这样对她说的:"夫人,若能如此那可太理想了,那是我渴望已久但不敢相信的事。十四年来我始终一心一意,堂堂正正,纯洁无瑕地爱着这个女人。我首先是她的挚友,以至于为了满足她一时的愿望,我可以不远千里去看她,而且巴望这样的心血来潮更多一些。我深知,如果我不娶她,她是不会嫁人的。做她的朋友就足以使我自豪一辈子了。啊!假如她有朝一日对我说(因为我只会从她嘴里听到):'我要同某某王子结婚。'不出十天我就会死去……这绝不是信口开河,因为十四年以来,她已成为我的生命所系。这就是我要说的一切。这里面早已不存在什么财产、姓氏等等诸如此类诱人们的庸俗观念。我像骑士和贵族般地爱着她,我相信会得到回报。这位夫人对我的深切同情是我的保障。假如她把我的友情当作儿戏,那就是上帝瞎了眼。这些就是人们纷纷议论编造的故事的真情,因为我知道人们在议论我们的时候,对真情是一无所知的。"她听了这些都惊呆了,她用诧异的目光望着我。我对她说:"外表上看我这个人很快活风趣,你愿意的话,还可以说我有点昏头昏脑。但这一切不过是障眼的屏风,它遮住了一颗除了'她'以外任何人都不了解的心灵。我为她而创作,为她而争取荣誉。她是一切,是我的读者。是我的前途!"
>
> 她对我说:"你向我道出了《人间喜剧》的真谛,这样的不朽之

作只能是这样写出来的……"①

　　小说家信中的这段话肯定作了修改，以适合"心上人"的口味。因为德尔芬和《新闻报》还在为他入选法兰西学院而暗中努力，为此更不能得罪她。同时他也害怕由于自己的不谨慎而吸引债主们来向他索债。泰奥菲尔·戈蒂耶见到博戒公馆的豪华惊羡不已，巴尔扎克故作谦卑地对他说："我现在比任何时候都穷，这些财产都不属于我。我是为一个朋友布置这座公馆的。我只不过是看守和门房而已。"②

　　自从夏娃筹划着回乌克兰以来，巴尔扎克的创作热情又被切断了。他连一行也写不出，呆坐在桌子前，像个受罚的小学生，脑子里挤不出半点思想来。大剂量的咖啡也没能起作用，他陷入了悲惨的绝境，只好阅读别人的作品，其中乔治·桑的《魔沼》倒是部杰作。他写信给韩斯卡夫人说："我多么盼望那阻挡灵感洪流的塞子能在一瞬间被冲开……"③1846 年 12 月的气候十分恶劣，雨雪交加。心绪不好的时候是难以创作的。巴尔扎克一心只惦记着他的"窝"。他不相信在巴黎能找得到另一间可以同"比尔博盖公馆"媲美的沙龙。"四壁都饰以最豪华的雕花护壁板"，这使他省下了购买墙布的开支。"这仅仅是我们这样两个疯子的一幢朴素的小房子，但是室内的一切都将非常雅致……"④

　　　你也许会觉得可笑，了……了不起的《人间喜剧》的大……

---

① 　巴尔扎克：《致外国女子的信》，第 4 卷第 121—122 页。——原注
② 　泰奥菲尔·戈蒂耶：《奥诺雷·巴尔扎克》，《当代人物群像》第 128 页。——原注
③ 　泰奥菲尔·戈蒂耶：《奥诺雷·巴尔扎克》，《当代人物群像》第 156 页。
④ 　泰奥菲尔·戈蒂耶：《奥诺雷·巴尔扎克》，《当代人物群像》第 163 页。

大……大作者竟然对置办家具之类的琐事如此津津乐道,像拉封丹寓言中那个鞋匠一样整天唠叨个没完,反反复复数他那一百个埃居。但是,噜噜,你叫我怎么办呢!这是咱们俩的事呀!……①

不过真要使"咱们俩"成为现实,夏娃就必须到巴黎来。她还不能住在博戎,他将在爱丽舍田园大道为她租一套备有家具的带花园的房子。她可以隐姓埋名,但愿她能来!他再也不能孤身一人生活下去了!然而她却继续埋怨他的挥霍无度。他收到她从德累斯顿寄来一封有关经济问题的"严厉的信",不禁怀疑她究竟听到了哪些人的恶意而愚蠢的告诫。

喔!噜噜,假如在信中你不是以如此动人、多情的母亲般的口吻对待我,我一定会对你如此不公正地怀疑我而鸣冤叫屈。我已经四十八岁,白头发都有了。我要有自己的财产,也有能力得到。我也不愿重蹈雅尔迪的覆辙或犯别的错误。可是你总以为我还会冒冒失失干这种蠢事!你把我当成老小孩,异想天开的诗人!……噢,亲爱的噜噜,放心吧,说我吝啬的人要比说我挥霍的人更多……②

可是她并没有被说服,她写道:"博戎之后,还会再来个蒙孔图尔,你会不断地重蹈覆辙。我爱上了一个永不回头的浪子。"他反驳道:"我爱上了一个轻信坏话,专爱教训人的小人儿!不过我的反击将是有力

---

① 泰奥菲尔·戈蒂耶:《奥诺雷·巴尔扎克》,《当代人物群像》第 178 页。——原注
② 巴尔扎克:《致外国女子的信》,第 4 卷第 211 页。——原注

的,因为未来将证明我是个会攒钱的人……"①如果她真的回乌克兰,他将追随她而去。法国还有什么值得留恋呢?既无荣誉,又无不动产。一个月之内,他就可以了结这里的一切事务,欢欢喜喜地远走高飞。除了她,他对一切都无所谓:"连《农民》我都不想写完了,我的上帝,我连一个字母都不愿再写了。我要过一种幻想家的生活,成为世上最幸福的人,甘当我的噜噜身边的狗,甘当农奴,只要同你在一起,永不离开你……"②她还等什么呢?莫非要等他变成一个老翁不成?无论如何,她不来看一看博戎公馆实在是件憾事。

　　一切已初具规模,花园里的铺石工程已经完成,目前还在修便道,铺沥青路,安放露天雕塑……外观将不像我想象的那么糟。咱们再种些花花草草,让墙上爬满青藤,把我的夏娃的天堂布置得完美无缺,不叫她说我有半点儿疏漏。油漆工在整修屋顶,埃杜因③在修复褪了色的壁画,再过二十天,一切都将面目一新……

　　你知道咱们家的棉布制品有多少吗?说出来吓人:二十四对床单,一百块抹布,十二打餐巾,等等,等等……④

　　至于这些美妙物品的付款问题,他叫她不要操心。在圣彼得堡时,她曾颇有些自命不凡地对他说:"放心吧,你不会娶一个穷女人的。"如今,他也能这样对她说:"放心吧!你不会嫁给一个饿死鬼的!"到1850年,他的全部债务都将了结,"噜噜的财宝"分文不少,小小的公馆将价

---

　　① 巴尔扎克:《致外国女子的信》,第4卷第213页。
　　② 巴尔扎克:《致外国女子的信》,第4卷第219页。——原注
　　③ 埃杜因(1819—1889),法国画家、雕刻家。
　　④ 巴尔扎克:《致外国女子的信》,第4卷第222—223页。——原注

值三十万法郎;到那时,巴尔扎克可以有一万六千法郎的年收入,其中六千法郎是法兰西学院的薪俸。过去,她常常摇头耻笑他自以为是个理财能手,但是这一次却是确凿无疑的事实。《世纪报》即将再版他那些最著名的小说,《立宪报》也要重刊他最走红的作品,《人间喜剧》销路甚佳,这的确是伟大的胜利。现存的唯一障碍是:由于心上人不在身边,他无法写作,甚至提笔忘字。心绪不宁给他造成无法估量的创伤。"我要知道究竟是我去俄国生活,还是你来巴黎居住。"

韩斯卡夫人忽然改变主意,她答应在去乌克兰向孩子们传授管理好大庄园的诀窍之前,先来巴黎小住两个月。巴尔扎克霍然痊愈。他将同这位可爱的女人"朝夕相处,度过整整两个月的美好时光! ……啊! 这是我仅存的愿望,若能遂愿,我死而无憾! 我将继续创作,在你眼前写作《农民》"①。这剂精神良药立时见效。竟然每日能写二三十页。《伏脱冷最后显形》脱稿了。从现在到 1 月 25 日之前,他将完成那部连最挑剔的大……大……大韦隆都认为超过《贝姨》的杰作《邦斯舅舅》。"噜噜呀! 这些都是你的作用,是你创造的奇迹!"②

来吧,你能想象得出你赐予我的全部幸福吗?不,无须受苦,无须破产,只要听从我的劝告,就是说,来这里住进爱丽舍田园大道的一套美丽公寓,闭门不出,只在天黑之后同我一道去散步,像住在泰布街初期的爱丝苔那样过着无与伦比的幸福生活。因为有什么东西可以同一颗纯洁心灵中这样的爱相比呢! 这就是人间天堂,寂静无人却有现代科学设备的天堂。③

---

① 巴尔扎克:《致外国女子的信》,第 4 卷第 229 页。——原注
② 巴尔扎克:《致外国女子的信》,第 4 卷第 234 页。
③ 巴尔扎克:《致外国女子的信》,第 4 卷第 231 页。

1847 年 2 月初,道路畅通无阻。他将去法兰克福接她。他在新贝里街租了一套房,租期从 2 月 15 日至 4 月 15 日。这套住房在一所豪华旅馆的底层,门厅、客厅、饭厅、三间卧室和一间下房依次相连,门前就是花园。此外韩斯卡夫人还将享有"一辆出租的华丽包车"。

　　　　我真不敢奢望星期六晚上就可以把我亲爱的人儿搂在怀里,这似乎是幻想。我仿佛是去剧场看戏害怕迟到一般。每想及此,喜不自胜,几乎战栗起来。两个月形影不离,在某个无人知晓的幽静角落过上两个月幸福的夫妻生活,到音乐厅、歌剧院、意大利剧院等地去小小地享受一番。这简直要让你的诺雷乐疯了……

　　请放心,房租三百三十法郎,伙食三百七十法郎,这不过是你妹妹的那七百法郎。娱乐和车马费等算它五百,加起来是一千二百法郎,两个月是二千四百法郎,再加二千四百法郎做你回家的用度,一共是五千法郎,再多带二千以防万一。合计七千法郎,足够你 2、3、4、5 月份的开销。这能说太多吗? 若是你做预算,准得翻一倍。我的上帝! 我如饥似渴地需要你啊! ……①

---

① 巴尔扎克:《致外国女子的信》,第 4 卷第 243—244 页。——原注

第三十六章　天鹅之歌

　　爱与恨是相辅相成的两种情感,但是恨比爱的寿命更长。

　　　　　　　　　　　　　　　　　　　　　——巴尔扎克

　　这的确是巴尔扎克这个伟人的真实状况:性爱的欲求,结婚的愿望以及收藏古董的天真癖好,把他折腾得坐卧不宁,抑制了他的创作灵感。其实他的创造力和卓越的才识并没有受到损坏。一旦他对于爱情的前途略感宽慰,看到他的心上人将要来巴黎小住的前景,智慧的火花立刻迸发出熊熊烈火,于是又一批杰作问世。他甚至有能力对付最棘手的作品《农民》,并赋予它真正的深度和广度。

　　前面已经谈到,这本书最初(1834)是文赛斯拉·韩斯基建议巴尔扎克写的,它的草稿早被弃置不用。现在有必要重新回顾一下这本具有无可比拟的历史价值的小说的创作过程。巴尔扎克曾有好几次机会观察乡野世界:在都兰乡间的冉·德·马尔戈讷家和约瑟夫·德·萨瓦里家,在亚当岛的维埃-拉法耶家,在维勒帕里西斯周围,也许还有雅尔迪一带的农村。在这些地方他隐约琢磨到当时最严重的社会问题之一,即法国大革命为一部分资产阶级开辟了通向政权的道路,从而平息了他们的不满,却没有给农民带来什么好处。革命之后很快又产生了新的大地主,先是帝国时代的将军们,接着是复辟王朝时期的旧贵族。农村的广大公众不能接受这种复归,巴尔扎克作为风俗史家,能够理解究竟是什么东西把乡村的小资产阶级包括公证人、房地产商、管家(产业代理人)、城镇官员等同农民联结在一起,因为小资产阶级要鼓动农民共同反对新的封建统治。

尽管这本书的题目由韩斯基先生首先提出,而且作家本人未来的夫人还是一位"大地主",但是巴尔扎克太善于进入人物的感情世界,因而不可能不理解农民的不满。书中的主人公之一富尔雄老爹说道:"城里人坐在火炉边搞盗窃,比到林子里捡树枝儿赚多了……我见过旧时代,也见到了新时代,尊贵的博学多才的先生,不错,牌子是换了,可酒还是一个样儿。"①地主不再是贵族老爷,却换成了资产阶级。富尔雄还说:"你们还没瞧出来吗?资产阶级比贵族老爷还要坏!你们想想,要是我们大家都富起来,他们怎么办?……他们会种地吗?他们能自己收割吗?……"巴尔扎克在这本书的献词中预言大革命之后产生的这些愤懑不满的人民"总有一天会吞没资产阶级,正如资产阶级吞噬掉贵族阶级一样……"。

地主若是能睁一只眼闭一只眼,听任人们在他的土地上顺手牵羊捞些好处,那么他的日子还混得下去,不然的话……巴尔扎克在书中虚构了一处叫作艾格庄的领地,位于法耶市(与维埃-拉法耶的名字发音相近,他的庄园地处勃艮第地区的若瓦尼附近,洛图尔-梅兹雷是那里的专区区长)附近。这块领地在督政府时期被一位漂亮的歌女莎菲·拉盖尔买下,到帝国时期又转入蒙柯奈伯爵之手。这位将军是埃斯林

---

① 巴尔扎克:《农民》。

战役的英雄。他身材高大,性情暴躁。他那娇小玲珑的妻子是聪明漂亮的雇佣文人爱弥尔·勃龙代的情妇。庄园的管家戈贝坦起先以为在将军治下可以像在歌女当主人的时期一样,继续干他那些偷偷摸摸的勾当。但是这位将军并不熟悉农村,而是个崇敬纪律的军人,他要推行严明的制度:

> "您倒是靠我的地生活的。"伯爵将军对戈贝坦说。
> "难道您以为我可以靠天生活吗?"戈贝坦笑着回答。
> "滚!混蛋,你给我滚!"①

戈贝坦被撵走,诚实的米旭接替他当了管家。可是这一来将军可真是捅了马蜂窝。做房地产买卖的戈贝坦通过他的裙带关系控制着这一带乡村。地方法官是他的表兄兼连襟。他们在乡下无法无天,任意霸占妇女,侵吞土地,乡间的警察明白应当闭起眼睛只当看不见。光管收租的大地主是斗不过他们的。他可以在省级法庭胜诉,到了地方上却仍然一筹莫展,利害相关的地头蛇们组成一张对付他的罗网。米旭被人暗杀,凶手始终逍遥法外,因为见证人都不肯开口。这桩案件颇像1825年发生在图尔附近的保尔-路易·库里埃凶杀案,巴尔扎克深知其内情。专区区长劝告蒙柯奈卖掉这块地产,把钱存起来吃利息。

> "怎么,要我在农民面前退却?我当年在多瑙河都没有后退一步呀!"

---

① 巴尔扎克:《农民》。

"是啊,但是您手下的骑兵队如今在哪儿呢?"勃龙代说。①

这次奇特的谈话之后一个星期,在全省,甚至巴黎的各公证事务所门口都张贴了告示,宣布分片出售艾格庄。当地的高利贷者格雷古瓦·里谷买下了全部土地,自己留下葡萄园,把森林让给戈贝坦,邸宅花园归黑帮②。又一次证明:牌子换了,酒还是一个样儿。

这些事发生之后又过了很久,勃龙代已穷愁潦倒,表面上维持着体面的生活,内里穷得想要自杀。这时他突然收到一封黑漆封口的信,蒙柯奈伯爵夫人向他通报将军去世的噩耗,她成为丈夫的财产继承人。四十岁的寡妇向青年时代的恋人伸出了"友爱之手,还递过一笔可观的财产"。爱弥尔·勃龙代被任命为省长,娶了维吉妮·德·蒙柯奈(原特鲁维尔子爵和俄国公主舍别洛芙的女儿)。显而易见,巴尔扎克在这本小说的结尾用上了他自己梦寐以求的归宿:作家和一位俄国伯爵夫人的联姻,这位夫人早就选中他作为情人。

但是小说家要完成这本虚构的小说却遇到了无数困难与障碍。农民的社会比圣日耳曼区的贵族社会封闭得更为严密,使他难以接近。不错,他在《乡村医生》和《乡村教士》两本书中研究过农村社会。在《社会入门》中,探讨过农产品价格问题,他认为农产品价格之所以压得极其低廉,是"为了使(法国的)工业能够同英国这个强大对手竞争"。巴尔扎克默认法国的繁荣只能建筑在农民"极端贫穷"的基础之上,这不过是用来解释农民赤贫状态的伪善的委婉说法。在巴尔扎克看来,这是一种社会现实,正如动物学中某些动物注定被分在低等类目

---

① 巴尔扎克:《农民》。
② 黑帮,指当时的走私团伙。

一样。而实际上,农民没有任何理由承受这种牺牲。巴尔扎克意识到,作为当代史学家,自己还需要进一步深入研究这个问题。

因此他没能把《农民》一书圆满地结束。吉拉尔丹已经在《新闻报》上连载了前半部,并且预付了后半部的稿费九千法郎。但是结尾部分始终没有交稿,巴尔扎克后来不得不退还了一部分预支稿酬。《农民》一书是在巴尔扎克死后 1855 年才出版的。韩斯卡夫人成为巴尔扎克的寡妇以后,曾先后请求尚弗勒里和拉布把此书续完,遭到他们的拒绝后,她试图自己动手,也没有成功。最后不得不把巴尔扎克从 1838 年开始起草的提纲稍加润色拿出来发表。她这样做是对的。这本书属最优秀的作品之列,蕴含着无穷无尽的真理,从十九世纪直到今天,依然颠扑不破。教训是很清楚的:人们从来不曾以有说服力的法规来引导农民和老百姓。蒙柯奈们在乡村总会找到戈贝坦这样的人。巴尔扎克在这里也像在别处一样,想要按照人们的本来面目反映他们的面貌。但是有不少人指责他,说他以政治偏见歪曲(甚至丑化)了农民的形象。

巴尔扎克年纪不算人,却已因焦虑、失意和熬夜而早衰。由两部姊妹篇式的小说组成的《穷亲戚》成为他的"天鹅之歌"。他意识到这是一场非同小可的拼搏。

1846 年 6 月 16 日,巴尔扎克致韩斯卡夫人: 当前亟须我写出两三部巨著来推翻这些统治着这杂种文学的假神明,以证明我比任何时候都更有朝气,更富活力,也更伟大。《老音乐家》(即《邦斯舅舅》)是男性穷亲戚,备受欺凌,仍心地善良。《贝姨》是女性穷亲戚,同样备受欺凌,她介入了三四个利害相关的家庭,为她所受的全部痛苦施行报复。①

　　他对这种对称的增殖颇为得意。最初他只打算写两部中篇小说。其中《邦斯舅舅》来自阿贝里克·斯贡写的短篇《歌剧院的两名大管吹奏者》。巴尔扎克对这位青年作者说："您可以看看我怎样来发展您的主题。"②他在这个题目上狠下功夫，结果发展成一部长篇著作。

　　老好人邦斯的收藏正是巴尔扎克希望自己拥有甚至以为已经拥有的宝库。他和邦斯舅舅一样有钻古董店的癖好，同样也极害怕别人以外行的眼光来观看他的珍藏。他还有其他一些模特儿：达布兰大叔也喜欢收藏古董，歌剧院的首席小提琴手索瓦热也像邦斯一样把对音乐的爱好和收藏旧货的癖好结合起来。这位索瓦热和巴尔扎克倒真相像。在写作过程中，"穷亲戚"的主题逐渐退居次要地位，真正的主题变成了施模克——《夏娃的女儿》中格朗维尔小姐们的那位亲切感人的音乐教师——对邦斯的深情厚谊。小说描写了贪馋的食客邦斯的凄惨遭遇，他受到表妹卡缪索太太的羞辱，被她赶出家门，突然失去了平日精美的饭菜（一如皮罗托神甫被迦玛小姐驱逐时的情景）；还描写了橘黄色眼珠的看门女人西卜太太和阴狠奸刁的雷蒙诺克的阴谋诡计。卡缪索夫妇把舅舅邦斯虐待至死以后，从可怜的施模克手中非法夺取了遗产。总之，这是一出纯洁善良的人被邪恶紧紧包围而无力自卫的悲剧。人们看到这位天才作家借助自己创造的一整套体系，把阿贝里克·斯贡的一个单薄的短篇发展成这等规模，都赞叹不已。巴尔扎克写道："这是一部极其简洁却包含着人类全部情感的杰作，至少我自己

　　① 巴尔扎克：《致外国女子的信》，第3卷第256页。——原注
　　② 参阅道纳尔·阿当松和安德烈·洛朗：《歌剧院的两名大管吹奏者的故事》，《巴尔扎克年鉴》1963年，第185—194页。——原注

是这样看的。这本书和《图尔的本堂神甫》一样伟大，而且更为明晰，也是那样地令人心酸。我真高兴……"①他的确应该高兴。《邦斯舅舅》至今仍然扣人心弦。

　　这本书的重要性，还在于描绘了下层小资产阶级，和他过去描写得最多的巴黎社会层次大不相同的一些平民典型。通常他总是写巴黎的富贵阶层，也就是 1822 年前后他站在拉雪兹神甫公墓的高处对之垂涎三尺而终于跻身其间的那个上流社会。在《人间喜剧》中，公爵夫人比轻佻女工要多。《赛查·皮罗托》《公务员》《小市民》只是少数例外。《幻灭》中由报纸、剧院和风流场所引进的那些记者、艺术家，是复辟王朝时期上层社会的边缘人物。《邦斯舅舅》这本反映路易-菲力浦时代的小说，故事也是从 1843 年上层社会的汉诺威街卡缪索·德·玛尔维尔家里开始的，但不久就转移到沼泽区诺曼底街的一所贫穷的四层楼上，邦斯在那里收藏艺术精品，简直成了博物馆。在这所破败不堪的房子里发生着一连串弱肉强食的可怕故事，人们可以看到一些阴暗的人物在那里游荡，如算命的巫婆和她那讨厌的阿斯塔罗特②，还有专门盘剥穷人的经纪人，等等。然而这阴暗的故事却沐浴着诗一般动人的温柔的友情之光（这也是巴尔扎克的梦想之一）。是的，他向那些诽谤他的人证明他"比任何时候都更加伟大"。

　　《贝姨》同样在写作过程中大大地充实提高了。这本书最初的构思来自洛尔·絮尔维尔的短篇《罗莎丽姨母》，曾经刊载在 1844 年的《儿童报》上。兄妹俩自幼就喜欢在一起幻想。但是洛尔只是平平淡淡地叙述一篇简单明晰、充满诚实与善良愿望的故事，奥诺雷则加以发

---

① 　巴尔扎克：《致外国女子的信》，第 4 卷第 281 页。——原注
② 　指巫婆封丹纳太太起课时用的一只大蛤蟆。

挥,变成"一篇情节复杂、曲折而残酷的小说"①。贝特是个心肠狠毒的人,她像一棵在仇恨的烈火中痉挛扭曲的匍匐植物。一阵突发的创作灵感使巴尔扎克抓住了这样一种可怕的性格,从而为《人间喜剧》增添了一批新人物,诸如李斯贝特·斐歇尔、瓦莱丽·玛奈弗、巴西人蒙戴斯和于洛夫妇。

创作这些人物用的是《幻灭》的手法,即赋予现实素材以某种观念,继而用他丰富的想象力加以扩充,创造出一些令人难以忘怀的怪物。仅就贝特这个人物而言,他自己写道,她身上既有他母亲(他错误地认为自己的母亲在母爱的外表掩盖下,内心深藏着一种对儿子的仇恨),又有玛瑟琳娜·代鲍尔德-瓦尔莫尔,以及热武斯基家族中他的死敌罗莎丽婶母的影子。不难设想,原来那位热心肠,而今变得疯狂起来的布鲁尼奥尔太太也为贝特这个人物提供了若干素材。丑陋、贫穷、受尽屈辱的贝特策划着阴险毒辣的计谋来使于洛一家破产和丧失名誉,正如布鲁尼奥尔太太以同样的手段来对付夏娃琳娜一样。

身为军需官、参议员、荣誉勋位二级勋章获得者的于洛男爵(即我们在《舒昂党人》中已认识的那位元帅的弟弟)是个好色之徒,且越来越深地陷入淫欲的深渊不能自拔。有人认为巴尔扎克写于洛夫妇有影射雨果夫妇之意(埃克托·于洛同维克托·雨果,阿黛丽娜·斐歇尔同阿黛尔·富歇谐音)。除了姓名相近之外,雨果这位法兰西贵族院议员正好在前一年同莱奥妮·比亚尔私通时被人当场抓获,与小说中于洛和瓦莱丽·玛奈弗的情节一样。说实在的,巴尔扎克对待雨果的态度始终是模棱两可的。雨果赞赏巴尔扎克,在法兰西学院为他辩护,巴尔扎克称颂雨果的诗作,却相当不公正地贬低雨果的为人。巴尔扎克惯

---

① 皮埃尔-乔治·卡斯泰克斯:《〈贝姨〉序》,巴黎,佳作俱乐部版(1959)。——原注

于利用现实中的各种细节,比亚尔事件当然也不例外。

贝尔纳·居庸认为巴尔扎克写这本书的时候正好为情欲所纠缠,他一定也能从自己身上借鉴某些东西用于刻画于洛男爵。也有人说于洛男爵同前一年死去的参议员奥尔伯爵颇为相似。在艺术创作领域内,这一切都是可能的。男人、女人、情妇、好色逸乐之徒,以至作者自己,统统都被投入坩埚中去提炼。当他写道:"人们每天对镜观察自己,像男爵一样总以为自己还年轻,没有什么变化,但是别人却发现我们的头发变成灰鼠毛,额头起了皱,肚子也像南瓜一样凸起来了。"这究竟指的是于洛还是他自己? 这本书的中心思想使人想起《高老头》、《欧也妮·葛朗台》和《绝对之探求》,都是一种强烈的情欲(这次是老头儿的淫欲)导致家庭和财产的毁灭。于洛一家对他的淫欲进行了长期卓越的抵制,而反常的淫欲最终仍"如洪水般"泛滥,淹没了一切。

瓦莱丽死后,于洛先后与一个小戏子及一个女工同居,最后竟买下了一个刚脱离儿童期的小姑娘。他家里的人百般看管也阻止不住他半夜里溜到阁楼上同一个肮脏丑陋的女人幽会。他不仅自己变得无耻下流,糊涂愚钝,还把圣洁的妻子也拖进卑劣的角逐,她问他:"告诉我,这些女人干了些什么? 她们是怎么把你勾引住的? 我也来试试……"①然而"着了魔的人像苍蝇叮着粪堆一般感到幸福满足"。巴尔扎克从未写过比这更丑恶而又更漂亮的华彩篇章。但这次超人的拼搏(《贝姨》是在两个月之内写成的)终于摧毁了他的健康。

夏娃总算快要来了,他要到法兰克福去接她。多亏这几个月的突击创作,他手头有了一点儿钱。《人间喜剧》正在再版,他又卖掉了《邦斯舅舅》《伏脱冷最后显形》,连那本刚刚开了头的《阿尔西的议员》也

---

① 巴尔扎克:《贝姨》。

已预售。韩斯卡夫人自己支付在巴黎期间的费用,奥诺雷提供床上用品及餐具。然而还必须预付两个月的房租六百六十法郎,雇一个厨娘,辞退"母猫头鹰",付给她一笔补偿费。这一切都无关紧要了。"与爱情相比,金钱算得了什么?"总之,前景是美好的!

> 好了! 我现在只有一个念头,就是这个星期我就要看见你了,我要吸吮你的气息,拥抱你可爱的躯体,亲吻你的裙裾。我一定要用整整半天的时间来端详你,尽情享受同你在一起的幸福……①

不过他补充道:

> 这是有生以来第一次咱俩单独在一起,别无他人。我们将毫无拘束地发作坏脾气。你会挨打,而我会挨骂! ……②

1847 年 2 月 4 日,他动身前往法兰克福,从那里接来了他那"善良、丰满、温柔而肉感的夏娃"。她肉感吗? 当然! 温柔吗? 不见得! 他领她参观吉祥街的住宅时她简直把他的心都搞碎了。他期待的是她赞赏的惊呼,她却对一切都加以批评。过多的细木雕饰、青铜器、大理石制品,过多的贝雕镶铜家具。为什么要倾家荡产来装饰这样一所"阴暗、古怪的房子"呢? 他为爱情付出了多么大的心血代价,换来的却是一通责骂! 不过也难怪,到处是脚手架和石灰泥块,叫她怎么正确评价这个住所呢?

---

① 巴尔扎克:《致外国女子的信》,第 4 卷第 242 页。——原注
② 巴尔扎克:《致外国女子的信》,第 4 卷第 244 页。

在这段时间里,他几乎完全放弃工作,陪韩斯卡夫人到韦里酒家、皇宫饭店(《幻灭》中的吕西安一来到巴黎就在这家饭店里吃了一顿饭,花去了他在昂古莱姆够用一个月的生活费)以及其他最时髦的饭店去吃饭,参观美术展览,到多艺剧院看滑稽戏,逗得她笑逐颜开。他们在家里吃得非常简单。他给夏娃的信中回忆道:"在整整两个月里,我亲爱的人儿每天都吃头天剩余的食品,而把新鲜的肉食留给心上人,我没有为此说一句温存的话!不过我全看在眼里,内心感动不已……"①

朝夕相处两个半月之后,他又把夏娃送回法兰克福,失魂落魄地只身返回巴黎,他给她写道:

> 别了!我亲爱的宝贝!希望在哪里?正如你所说,这将是我们之间最后一场风暴,最后的烦恼……千遍地吻你,抚摸你,我可爱的小夏娃琳娜。我比任何时候更深地爱你。我要娶你为妻,否则我也不想活了……②

在这以后写的作品都布满愁云,显得阴暗忧郁。从1829年到1842年之间的作品里充满着他的回忆,他叙述自己的青年时代,陶醉于以作品来补偿生活。韩斯基先生去世之后,他的幻想变得苍白无力,充满着强烈的现实感。过去是模糊宏大的计划和对荣誉爱情的梦幻支持着他,启迪着他的灵感;如今只有一个明确执着的欲念——"结婚"纠缠着他。小说中反映出一个男人对爱情的忧虑、疑惑(如《奥诺丽纳》《阿尔贝·萨瓦吕斯》)和幻想破灭的哀伤(如《农民》《穷亲戚》)。他仍然

---

① 巴尔扎克:《致外国女子的信》,第4卷第278—279页。——原注
② 巴尔扎克:《致外国女子的信》,第4卷第253页。

抱着完成他那宏伟建筑的希望。"我已经花了十六年的心血,还需要八年工夫来完成它。"①(引自给珠尔玛·卡罗的信)。这位醒世作家希望通过《分析研究》赋予《人间喜剧》以理性的意义,而不愿他的宏伟建筑给人以不可思议的印象。但是他还有时间和精力去完成它吗?

---

① 巴尔扎克:《和珠尔玛·卡罗的通信》,阿尔芒·柯兰书屋,1935 年,第 319 页。——原注

第三十七章　没有灵魂的躯体

您见过动物园中困倦无聊的雄狮吗？真是一幅悲惨的景象。

——巴尔扎克

说真的,巴尔扎克在情妇离去之后那样伤心绝望,确实有点像于洛男爵。刺激的、淫荡的回忆搅扰得他无法工作。心上人在巴黎逗留的日子并没有他预期的那样甜蜜,有好几次她让他十分痛苦,那情景他至死难忘。但是他已经不能缺少她了。他写道:"我的好噜噜,如果我不是爱你爱得发疯,我早已不在这个世界上了……我现在的一切都是为了你,来之于你! 我已经不再有我自己的存在……"①他深感孤独,没有朋友,没有家庭。整理物品时他发现一双绣花拖鞋,上面用铅笔写着一行字:"这双鞋是在你外出奔忙,我单独在家时做的。"②他竟泪如泉涌,在书房里整整哭了两个小时。这可不是为了打动"伯爵夫人"而编造出来的故事,这是一个心力交瘁、感情脆弱的病人的反应。

---

① 巴尔扎克:《致外国女子的信》,第 4 卷第 250—251 页。——原注
② 巴尔扎克:《致外国女子的信》,第 4 卷第 288 页。

可是他还不得不继续在巴黎奔忙。第一,(巴尔扎克仍然喜欢列数)"母猫头鹰"离开下街之前,偷走了夏娃琳娜写给巴尔扎克的情书,并且要求一笔极高的赎金才肯归还。她威胁说要写信给韩斯卡夫人的女儿、女婿(他们已经回到波兰),并把情书的副本寄给他们。这对于夏娃将是极其卑劣的侮辱。公证人加沃建议通过协商方式收回这些信件。巴尔扎克同布鲁尼奥尔太太进行谈判,他答应出五千法郎,对于已经债务累累的他,这真是一笔巨款。检察官和警长也都劝他撤回对偷窃和讹诈的起诉。因为打这场官司花的钱将超过五千法郎,而且还会闹得满城风雨。欺诈固昂贵,正义价更高。

前去会见这个狠毒的女人,同她讨价还价,把他气得发狂。到了7月份,巴尔扎克终于用响当当的钱币换回了这些信。也许她还会设法留下一两封谈及未来的儿子维克托-奥诺雷的信。巴尔扎克也留下了这个女流氓承认她偷走信件的那封信,作为她的罪证。收回之后,巴尔扎克最后读了一遍这些来自乌克兰、瑞士、意大利和德国的发黄了的心爱的纸张,并立刻付之一炬,然后面对着灰烬又哭了起来。巴尔扎克致韩斯卡夫人:"十五年的时光仅留下些许纸灰,我的心碎了! 心灵之火写下的书信,被大地之火所吞没! ……"①经历了这次痛苦的教训,夏娃琳娜坚决要求巴尔扎克今后把她写的信件全部销毁。

第二,他搬到吉祥街住下来,亲自动手布置,把萨克森瓷器、塞拉东花插、中国花瓶等装饰品一一安放在古董架上或墙上。这项工作虽然劳累一些,倒能解脱若干精神上的痛苦。而且吉祥街,是如此的僻静安逸,完全像在乡间一样。他答应过夏娃再不买任何东西,他信守诺言;然而必要的物品还得添置。厨房还没装备起来,缺少炊具。此外不时

---

① 巴尔扎克:《致外国女子的信》,第 4 卷第 376 页。——原注

出现价廉物美令人爱不释手的好东西,机会难得,不宜错过。例如他发现一只由著名的细木工匠里斯奈做的小柜,上面是一块细木镶嵌的活动台面,可以当桌子用。他估计这件家具价值一千至两千法郎,走进去一问,却只要三百四十法郎,这可是无法抵御的诱惑啊!而且买回来之后,他发现这只小柜曾经是爱丽莎·波拿巴的用品,"真是一件独一无二的皇家珍宝"①。

不过请夏娃尽管放心,他已经变得非常听话和谨慎,甚至有点谨慎过分。他看见两只精美的花瓶,放在书房里再好不过了,但是他克制住了,没有买。不过他弄到一幅肖像画,看上去是提香的作品,还有一只深蓝色的中国瓷瓶,一个布勒②做的托架,一只木雕女像柱。"您以为我为这些东西倾家荡产了吧?可它们只花去我三百五十法郎。"③而他却从中享受到值六千法郎的幸福。此外,盥洗室里还需要添置三四件小东西。"啊!这盥洗室又是一件珍宝……"④

> 我们的秘密小间里需要:第一,一张漂亮的小卧榻;第二,一个价值五十法郎的托架来固定您知道的那只小盒子和碗;第三,一个放蜡烛的托架;第四,三只放花瓶的红木托架。在梅因兹的时候,您问过我那只中国瓷罐子的盖子有什么用处,现在我把它放在角落里搁圣水刷子。这是个逍遥快活的地方,漂亮得像个小客厅。您猜这花了多少钱!……⑤

---

① 巴尔扎克:《致外国女子的信》,第 4 卷第 280 页。——原注
② 布勒(1642—1732),法国著名细木雕刻工匠。
③ 巴尔扎克:《致外国女子的信》,第 4 卷第 301 页。——原注
④ 巴尔扎克:《致外国女子的信》,第 4 卷第 284 页。
⑤ 巴尔扎克:《致外国女子的信》,第 4 卷第 296 页。

于是从威尔卓尼亚传来了严厉的指责。夏娃发怒了,写道:"行了,够了!"好吧! 听你的! 他需要一只闹钟,原来的那只已经不走了。他看见一只又好又漂亮的闹钟,只需一百法郎,算了,他放弃了!"哪怕只用十个苏去买价值一千法郎的东西,我也不干了……说到做到……"既然他的圣母认为他买东西是一种嗜好,一种恶习,而不是谨慎明智地购买,那他就回到苦行僧的简朴中去吧。他再不踏进商店的门槛了。

陛下是否能破例开恩允许我买一只桃花心木的普通家具来放放皮鞋和靴子,再买一只摆在梳妆室里存放我的内衣? 如果这样做是犯禁的话,我只好依旧把鞋子放在楼梯上的花坛里,因为我不敢买花,太贵了。现在我不写作,也不挣钱,没有权利花钱……①

第三,经济状况十分恶劣。北方铁路股票继续下跌,虽然想了许许多多办法,巴尔扎克(其实是夏娃)在这上面仍然亏损了六万法郎。要想挽回损失,除非再购进二百七十五股,这样就可有五百法郎的优惠价,也就是说使每股的价值从五百六十法郎上升到六百五十法郎,于是就可以赚进二万五千法郎,而不是亏损五万。不过这是有钱人才做得起的买卖。可怜的噜噜们缺少资金,只得认赔。实在令人恼火。他说:"我在这个领域里没有能耐。"他们在北方铁路的股票上一共支付了十三万法郎。"因此我很遗憾没有在'不吉祥'街的房子上继续投资。"然而这所小小的极其简朴的房子已经充满了艺术品。"床前的两块白鼬皮地毯是不可少的……只有这样才能叫你体会到巴比伦式的甚至东方

---

① 巴尔扎克:《致外国女子的信》,第 4 卷第 353—354 页。——原注

式艺术的富丽豪华……"①要购置这么多精美物品至少要写出十本《幽谷百合》才能付得起这些费用。他计划今年冬天到威尔卓尼亚庄园去创作。

他打算去乌克兰写作,眼下在博戎写不出什么东西。"我的精神不能集中,每个题目我都做了尝试,都感到腻烦……我连续几个小时地沉湎于回忆之中,我真的呆滞了。"②他感到自己被哀伤所吞没,得了忧郁症,他尝试一种他所谓的"头脑的手淫"来刺激思维,但是这颗脑袋仍然毫无活力。然而他欠着债,答应的事情必须做到,把《农民》写完,还要写出《阿尔西的议员》。

坐下来写作真难呀!要想获得一万八千法郎年息,付清五万五千法郎的债务,就必须积累一笔六十万法郎的资金。干吧!《人间喜剧》的小小作者,写一本《王子的教育》,写几本不值钱的小说,编几个剧本。为你的奢侈付出代价,为你的挥霍去受罪,在你那墨水瓶和白纸的地狱里去等待你的夏娃吧!③

他应该把《农民》交给《新闻报》了,但他试图重读手稿的时候简直厌烦得恶心。目前他还乐意做的唯一事情是写信。写给他那远方公主的信,可以汇成巨卷。"有什么办法呢?我的心左右着我的思想,叫我怎么写《农民》呢?"④他又想到写剧本,为莫里哀的《伪君子》写续篇,题为《奥尔恭》。剧情是全家人都怀念答尔丢夫,伪君子将以胜利者的

---

① 巴尔扎克:《致外国女子的信》,第 4 卷第 286 页。——原注
② 巴尔扎克:《致外国女子的信》,第 4 卷第 212、284 页。
③ 巴尔扎克:《致外国女子的信》,第 4 卷第 291 页。
④ 巴尔扎克:《致外国女子的信》,第 4 卷第 297 页。

面目回到玛丽亚娜、艾莉央特和佩奈尔夫人当中去。不过这必须写成诗剧,而泰奥菲尔·戈蒂耶拒绝同他合作。"那么,我想让查理·德·贝尔纳写一幕,给梅里两幕,另外两幕分给别的诗人。"①

集体创作是不可能的,只能靠自己。巴尔扎克又开始服用咖啡。半公斤咖啡八天就喝完,却一行诗也写不出来,木哈咖啡②浇得他头脑完全麻木了。事实上是那可望而不可即的幸福把他折磨得死去活来。他的朋友洛朗-扬见他痴痴呆呆,非常担忧,给他送来一本狄更斯的小说(《家养的蟋蟀》)让他解解闷。"这本小书是一部无懈可击的杰作,狄更斯拿到了四万法郎,在英国给的钱比这里多! ……"③祸不单行,吉拉尔丹写来一封咄咄逼人的信。他之所以坚持要出齐《农民》是因为巴尔扎克预支的稿费尚未结清。他写道:"假如您能归还《新闻报》预付给您的那部分稿酬,我将乐意放弃《农民》。"巴尔扎克认为吉拉尔丹的粗野无礼是因为《新闻报》弄到了丹尼尔·斯特恩(德·阿古尔夫人的笔名)的连载小说《蓝袜子》。自从巴尔扎克发表《贝阿特丽克丝》以后,她就一直怀恨于他。回击吉拉尔丹的唯一办法是写出一本好书来。但是"我的房子令我生厌,文思迟钝停滞,在我应该工作的时候,我却无所事事"。

究竟是什么原因使他长时间地无所出息呢? 首先是因为文学创作需要精力高度集中。从前他在卡西尼街、战斗街、下街,尤其在萨榭、弗拉佩斯勒和布洛尼埃尔能够写出那么多作品,是因为他沉浸于创作之中,完全忘记了外部世界。而如今,除了精神上因爱情而忧虑成疾之外,还被吉祥街的无数琐碎事务纠缠。他必须安排好家里的上下用人。

---

① 巴尔扎克:《致外国女子的信》,第 4 卷第 297 页。——原注
② 木哈咖啡,原产于阿拉伯的上等咖啡。
③ 巴尔扎克:《致外国女子的信》,第 4 卷第 316 页。——原注

他辞退米耶,换了一个名叫弗朗索瓦-缪克的阿尔萨斯人充当他"亲爱的伯爵夫人"未来的马车夫。扎奈拉又取得了他的信任,还向他推荐了一个出色的贴身女仆,一个虔诚的比利时女信徒,她会缝纫和洗熨衣服。三个仆人每月工资九十法郎,加上供给食宿,算下来一年也要一万二千法郎。像他这样的年龄和声望,这样的开销似乎不算过分。但他刚刚以为人事安排告一段落,却发现扎奈拉十分虚伪。趁巴尔扎克不在家的时候竟把他们的邻居、画家居丹带来,把整所房子上上下下都参观了一遍,正如他作品中的西卜太太带领雷蒙诺克参观邦斯舅舅的收藏一样。这里又一次发生现实生活模仿作品的事情。多么悲惨可怕的经历啊!"我现在只有上帝和我亲爱的小姑娘可以信赖了。"

此外还有一个侵占他时间的人。这就是夏娃·韩斯卡的冤家妹妹阿莉娜·莫纽斯柯,那个小时候打破过夏娃鼻子的妹妹。她赖在巴黎不走,当夏娃不在的时候她发现巴尔扎克非常可爱。加之韩斯卡女皇陛下也下令道:"你要向我妹妹炫耀一番。"结果阿莉娜不仅是眼花缭乱,简直是大吃一惊。她在参观吉祥街的"窝"时发表的感叹颇像小说中的贝姨。

> 用她的话说,这是一座宫殿(有人说这里的一切,包括每一根最普通的钉子都是为了一个心爱的女人而准备的)。想到这宫殿将属于那个曾经被她打破过鼻子的女人,她简直气坏了。她说:"威尔卓尼亚怎么能同这所精美绝伦的住所相比呢?我从未见过这样好的地方。巴尔扎克先生,威尔卓尼亚反映了最拙劣的审美观,因为我那已故的亲爱的姐夫就是在那里作孽的。"

> 亲爱的,听到她这样发泄仇恨,我忍不住大笑起来,因为我完全明白个中原因。这个男人居然选中了夏娃而不是阿莉娜,这种

人会有什么审美观呢?

　　走进藏书室,她说道:"单是这些图书就值十万法郎。讷伊和圣克鲁图书馆都为之相形见绌。"我说:"我喜欢书。"她带着无限的惊羡离去,她以为仅就这所房子而论,我已是百万富翁了。①

　　阿莉娜看见巴尔扎克的床上有两只枕头吓了一跳。其实熟悉巴尔扎克的人都知道,他喜欢用两个枕头把头垫得高高的。但是阿莉娜以为(并且希望)巴尔扎克在家里还藏着一个女人。她问道:"为什么要两只枕头? 啊,我知道,这是有所准备。"②

　　然而,仅仅是仆人,来访,采购,以及相思等等,还不足以说明他为什么如此迟钝慵懒。事实是巴尔扎克感觉自己有病,而且的确是病了。他的朋友弗雷德里克·苏利耶患心脏肥大症,血液循环不畅,两腿肿得厉害,已经不久于人世了。巴尔扎克说:"这使我极为震动,因为我觉得我也有心脏肥大症。"他的诉讼代理人加沃师傅见他一天天衰弱下去,就劝他离开巴黎去休养。"您走吧! 要不然您就完了。"③完了? 还不至于吧! 他觉得是精神受了刺激,他总是相信精神能够作用于肉体。他对当时的一切都持悲观态度。他认为法国的资产阶级专政已经摇摇欲坠,意大利不久将发生暴乱,火势会蔓延到全欧。他写信告诉夏娃:"您想象不出共产主义会走上什么道路,这种理论主张推翻一切,平分一切,连食物和商品都要平均分配,它把所有的人都看成是兄弟……"④夏娃知道巴尔扎克对这种理论持什么态度,但是人们无法阻

　　① 巴尔扎克:《致外国女子的信》,第4卷第322—323页。——原注
　　② 巴尔扎克:《致外国女子的信》,第4卷第329—330页。
　　③ 巴尔扎克:《致外国女子的信》,第4卷第363页。
　　④ 巴尔扎克:《致外国女子的信》,第4卷第351页。

挡历史潮流。

为了使自己振作起来,他试图去亚当岛旧地重游,他少年时曾在那里的维埃-拉法耶家度过假期。有时候重温旧情是有益的。他给夏娃的信中写道:

> 阔别三十年之后我又见到了那儿的森林和峡谷,这是我的第二故乡,十八岁那年我在那里休养康复,而这次却毫无作用。这一切好比一场梦。我是乘北方铁路的火车去的。我一连步行了七个小时,像战士行军一般,回来时也乘火车。我对这一切都无动于衷,并没有产生我所期待的激动。啊!若是我的琳娜和我同行,我可以对她说:"在这棵树下,我梦想过荣誉;在这里我幻想过爱我的女人;在那里,我解脱了母亲的专制给我带来的痛苦,等等……"那么,这次旅行就会有意义了!……①

他重新变成孩童,希望能把头埋在母亲的怀中。期望从他心爱的夏娃身上,重新获得他的 Dilecta 曾经慷慨施予他的爱情和抚慰。可惜!夏娃对待他像个严厉的法官,还是个不太明断的法官,她不懂得不幸者的规律。他觉得她老在生他的气,态度苛刻,甚至抱有敌意。他多么想摆脱一切金钱与事务,奔到她那里去。"但是我发现您并不想要我,于是我坠入双重的绝望之中:既不为人所期待,又写不出一行作品……喔!我的心智,你在哪里?在贝尔狄采夫,在那俄罗斯的博斯平原②上,在那看得见而从未见过的地方!……"③他哀叹道:"请对不在

---

① 巴尔扎克:《致外国女子的信》,第 4 卷第 365 页。——原注
② 博斯平原是法国的重要产粮区。这里指俄国的乌克兰。
③ 巴尔扎克:《致外国女子的信》,第 4 卷第 332 页。——原注

您身边的那个人温柔一些,请您更进一步地了解他。"她为什么呵责他由于极度的爱情而造成的倦怠呢? 他的心上人讥讽地说:"拿出书稿来,亲爱的先生。"是的,但是只有写着"痛苦"与"忧郁"两个词的手稿,"这两者联合起来摧毁着他的生命"。

他热烈爱着的人为什么禁止他到乌克兰去走一趟呢? 是因为她害怕舆论? 因为她事务缠身? 因为她已经老了(这是她说的),而他需要的是年轻美貌的女人? 因为沙皇会对他的来访产生反感? 无可奈何之下,巴尔扎克只得向善良的安娜求援。他写道:

> 您亲爱的妈妈很少写信给我,并且不许我去乌克兰。我觉得这两件事都是反常的……我已经那样习惯于同你们三人相处,以致我对目前的状况难以忍受,没有一件事能引起我的兴趣。我真像一条丧家之犬,它只怀念失去的主人……①

这样的卑躬屈节,这样的温柔哀怨,着实让人看了难过。他的夏娃琳娜其实是爱他的,本性也是善良的。她终于不顾担惊受怕而心软下来,同意他来乌克兰。他立即抖擞精神,办理签证,准备启程。出版商苏弗兰可以借给他旅费,或者出版几个短篇来赚这笔钱。"我只带十几个黑麦面包和一条牛舌作为从克拉科夫到威尔卓尼亚路上的干粮。"啊! 动身上路他是多么快活! 没有亲爱的夏娃,他活不下去了。"有了她,一切都能办到,没有她,则一事无成。我的一切都留在她那里了。在长时间的期待中,我的勇气和力量耗尽了。您看,我毫无怨言,因为

---

① 巴尔扎克:《致外国女子的信》,第4卷第346页。——原注

世界上没有比我更幸福的人了……您身上有取之不尽的宝藏……"①

　　他日夜兼程奔向他的无价之宝。快得不能再快了。1847 年 9 月 5 日从巴黎动身,依旧是取道那使他遭受巨大损失的北方铁路,13 日,星期一,就到了威尔卓尼亚。有人曾警告他,到这个语言不通的地方作长途旅行会非常寂寞无聊。他随身带了一个轻便小篮,里面装着旅行饼干、浓缩咖啡、白糖、一条牛舌和满满一瓶茴香酒。但由于他的名气很大,所以到处都受到热情款待。边防站长哈盖尔先生亲自到车站迎接他,这位长着一张聪明可爱的面孔的官员邀请巴尔扎克同他一起用便饭。这顿便饭之丰盛使巴尔扎克大为高兴。

　　有这位长官关照,那些被形容得十分严厉可怕的海关人员自然把他当贵宾对待。所以这位旅客对俄罗斯的规章纪律颇有好感。相反,他很不欣赏那种叫作基比卡的木材和柳条制的马车,因为"它颠簸得叫人骨头架子都要散了。夜晚美极了,天空像一块由无数银钉钉住的蓝色幕布。深深的寂静之中只听见马铃响声叮当,那清脆单调的音乐带给人无限的喜悦……"②终于,他经过"最最著名"的别尔季切夫城进入了乌克兰。"这是一片无边无际的小麦王国,像库柏小说中寂静的草原,这儿就是乌克兰的沃土,黑色的沃土有五十多尺深,从来不需要施肥的土地……"③他深深地沉入梦乡,直到被一声叫喊唤醒。"我远远看见一座类似卢浮宫和希腊神庙的建筑,在落日的余晖中闪着金光。"这就是威尔卓尼亚。

　　① 巴尔扎克:《致外国女子的信》,第 4 卷第 346 页。——原注
　　② 巴尔扎克:《基辅来鸿》。
　　③ 巴尔扎克:《基辅来鸿》。

第三十八章　在卡拉巴侯爵夫人家里

有一种现象很值得注意……正如我们的感情常常服从于意志,我们在多大程度上恪守对自己许下的诺言,就在多大程度上创造自己的命运。

——巴尔扎克

他孜孜以求的心愿得到了满足。长期以来在幻想中建造的宫殿变成了这座实实在在的乌克兰宫堡。

巴尔扎克致洛尔·絮尔维尔:这所房屋不折不扣是一座卢浮宫,这里的土地有我们一个省那么大。你想象不出它有多么辽阔,多么肥沃,完全不需施肥,每年只要把小麦种播下就成。尽管年轻的伯爵夫妇两人拥有大约两万名男性农夫,也就是说至少有四万农奴,而实际上需要四十万人才能种上这些土地。所以他们只好能收割多少就种多少……①

---

① 《巴尔扎克家书集》,巴黎,阿尔班·米歇尔书屋,1950年,第235页。——原注

巴尔扎克做了三十年卡拉巴侯爵的美梦,现在觉得自己已经成为侯爵夫人未来的丈夫。

真是心满意足的日子。阿塔拉、绥菲丽娜和格兰加莱真诚友爱地接待比尔博盖,把他安置在一套精美的房间里,有卧室、客厅和工作室。这里的银器、瓷器和地毯,尤其是那厚实、豪华的地毯,满足了这位酷爱地毯者的奢求。打开每一扇窗户,都能看到无边无际的乌克兰麦田。而在这座宫殿里"有五六个这样的套房可以接待客人"!

> 这个国家有些地方真是奇怪,一方面有最豪华奢侈的布置,另一方面却缺少我们那里最普通的生活设施。整个乌克兰只有我们这里有新式油灯和一家医院。镜子高达十尺,墙上却没有壁衣……这里用麦草生火取暖(而威尔卓尼亚有卢浮宫那么大)。每个星期在炉子里烧掉的麦草相当于巴黎圣洛朗市场上所能见到的全部草料……①

主人的亲切关怀使他忘记了这里生活上的不便和俄罗斯的严寒气候。这些奥林匹斯山上的神祇过着日常的家庭生活。安娜阅读马赛历史学家卡普菲格的著作:《路易-菲力浦时代的欧洲》。这是一部十卷巨著。母亲坐在安娜身边绣花。巴尔扎克跟乔治伯爵讨论一项宏大的经济计划,因为他本性难移,这回又看到在乌克兰这块土地上可以大有作为。

为此他请教絮尔维尔。事情是这样的:安娜的丈夫乔治·莫尼泽

---

① 《巴尔扎克家书集》,第 235、242 页。——原注

和他的兄弟安德烈共同拥有一块俄罗斯最美好的土地,在布劳迪附近的维斯尼奥维克庄园,其中有面积约两万阿尔邦①的一二百年的老橡树林。而当时法国正铺设铁路,需要大量橡树木材做枕木。因此需要打听维斯尼奥维克的木材在法国铁路系统能卖到什么价钱,还得计算运输费用:首先得走公路从布劳迪运到克拉科夫,然后走铁路从克拉科夫运到巴黎,其间要在马格德堡渡过易北河,在科隆渡过莱茵河。由于当时还没有铁路桥,只能摆渡轮运。初步估算,如果每根木材价值十法郎,加上运费二十法郎,成本三十法郎,在巴黎能卖什么价钱? 能否卖出六万根? 就算每一根可得纯利二十法郎,我们就有十二万法郎的收入。此外还有数目可观的取火木柴。好一个葛朗台的算盘。

令人惊讶的是,巴尔扎克还补充道,这么一桩有利可图的生意至今还没有人去做,他认为这是这个地方的产业主像安的列斯群岛上的克里奥尔人一样无所用心的缘故。他要絮尔维尔尽快给他回音,因为他的主人将带他去游览克里米亚、高加索和底比利斯。

　　人们想象不出俄罗斯蕴藏着多么巨大的财富,由于缺乏运输条件而沉睡着……有一天我走到威尔卓尼亚的一个村子里,那里用机器打麦子,仅仅那一个村子就有二十个麦垛,每垛都有三十六尺高,五十尺长,十二尺宽……但是由于管家的贪污、浪费,已经使收入大受损失……威尔卓尼亚必须有它自己的工业:甜食作坊、织毯作坊、裁缝铺、鞋匠铺,等等。这些都属这个家庭所有。我现在才明白已故的韩斯基先生在日内瓦对我说他有三百个仆人是什么

---

① 阿尔邦,法国旧时土地面积单位,1阿尔邦相当于20至50公亩。

意思,真是个完整的乐队……①

　　威尔卓尼亚的主人还拥有一个毛纺工厂,每年生产一万匹呢绒。如此"巨大的财富"简直要让法国人头晕目眩。

　　所有这些财富都将由夏娃转让给她的女儿安娜,以换取一笔终身年金。巴尔扎克写信告诉洛尔·絮尔维尔:"我理解她的诚意,我特别高兴,因为我获得的幸福完全摆脱了物质的利益。"事实是唯有通过这个办法,他们才有可能结合。但是除此之外还有不少障碍横在他们面前,首先是尚未获得沙皇的恩准,其次是韩斯基家庭的反对。"我来到这里之后才理解到在实现愿望的道路上有多大的困难。"

　　有人认为在威尔卓尼亚,两个轻佻的妇人妨碍了巴尔扎克的写作。其实正相反。尽管在 1847 年 12 月间他只写完了《现代史拾遗》的第二个插曲,但是与此同时他还着手写作《阿尔西的议员》(这是一部有一百来个人物的巨著)、《小市民》、《戏剧如是观》以及《女作家》。《女作家》的开端写得非常出色,可以让人预测到从此"巴尔扎克所创造的社会将随着法兰西社会的演变而变化发展"。克洛德·维尼翁在《贝姨》中是国防大臣维桑布尔元帅的秘书;到《不自知的喜剧演员》中,却去巴黎大学任教,同时在《辩论报》上发表连载小说;到了《女作家》一书中,他当上了研究院院士兼参议员,领取一万五千法郎的双份薪水。约瑟夫·勒巴原是呢绒商纪尧姆的伙计,后来是猫打球商店的老板,他当了五年商务法庭庭长之后终于升为贵族院议员。大名鼎鼎的银行家戈迪萨尔,铁路公司的总裁,忘记了自己曾经是个旅行推销员。安多希·斐诺(即巴尔扎克的札记本中的斐诺·德·卡叶里伯爵)当然也不会

_____

① 《巴尔扎克家书集》,第 242 页。——原注

记得从前被一班狡猾的小记者奚落的情景。这种健忘症不仅个人有，社会也一样。巴尔扎克头脑中所构思的社会，"既是独立的，又是忠实于历史现实的"①。

夏娃·韩斯卡不仅不妨碍他写作，而且还督促他。他回巴黎的途中给她写信道："请不要责备我写得太少，要知道我写的《初入教门》是一件奇迹……"②这就是他写的关于慈善事业的第二篇故事，起初打算题名为《济困扶危教友会》，后来改为《现代史拾遗》。这部小说是《十三人故事》的反衬，描写一群强有力的富翁专门行善积德。第一个片段题为《圣徒的恶作剧》，曾于1842年刊载在正统观点的杂志《家庭博览》上。这是一本属于《乡村医生》和《乡村教士》类型、应该获得蒙蒂翁奖的书。要写好它似乎很困难，他说："想把一出只见绵羊不见狼的戏写得引人入胜真是太费劲了。"

解决的办法是：加进一只洗心革面的狼——戈德弗鲁瓦，他原是一个戴黄手套的花花公子，破产以后有一次在巴黎圣母院附近僻静冷静的修女巷结识了年老的拉尚特里男爵夫人，在她周围有四个沉静寡言、像修士一样纯洁虔诚的男子，他们受到巴黎的红衣主教和上流社会的极大尊敬。这个团体拥有巨大的财富，专门用来拯救不幸的人们。巴尔扎克要把行善积德的故事写得同《电鳗》中腐败作恶的故事一样激动人心。为此他援引了舒昂党人事件中的一桩真实故事。

拿破仑帝政时期，鲁昂有一位年老的德·康布雷侯爵夫人，因为曾经庇护谋反分子而被判处二十二年徒刑，并被钉在耻辱柱上。她的女儿卡罗琳娜·阿盖·德·菲罗尔则死于断头台。巴尔扎克小说中的拉

---

① 莫里斯·巴尔台什：《〈女作家〉导言》。——原注
② 巴尔扎克：《致外国女子的信》，《巴黎杂志》（1949年11月）第20—21页。——原注

尚特里夫人就以这位真实的贵妇人为模特儿,这是一位哀婉动人的女性,在这个人物身上还寄托了巴尔扎克自己的许多辛酸的回忆。他请求鲁昂上诉法庭的书记员维马尔把对侯爵夫人的起诉书原文抄寄给他,略加改动就引用到书中。没有必要重新编写。但是书中许多细节都有夏娃琳娜的影子。四位大善人都阅读过托马斯·厄·肯培写的《效法基督》。为什么呢?因为1833年,夏娃赠送给奥诺雷的第一件礼物就是一本《效法基督》。而拉尚特里夫人送给那位回头浪子戈德弗鲁瓦的礼物也正是这本劝善书。因为在巴尔扎克看来,"宗教也好,政治也好,其实质都是多情的、浪漫的"①。在威尔卓尼亚,晚饭后围着火炉,他把白天刚写完的这一段朗读给夏娃一家人听。连那位向来只喜欢收集昆虫标本而不爱好文学的乔治也被感动了,"这是**比尔博盖**的最大胜利"②。

《初入教门》尽管是巴尔扎克体力和精力衰竭之时的作品,却仍有许多长处。为了强化故事的戏剧性,戈德弗鲁瓦加入宗教社团后被委任的第一项任务就是拯救总检察长布尔拉克一家。正是这个布尔拉克,从前曾下令逮捕拉尚特里母女,并判处女儿的死刑。这个人物的原型就是帝国时期鲁昂地区特别刑事法庭的总检察长夏佩-马里沃男爵,他的教名贝尔纳到了小说中被改成布尔拉克男爵。书中自然不能缺少一位可爱的受害者,她就是男爵的女儿旺达。旺达得了一种奇怪的疾病,叫作"波兰坏血症"。巴尔扎克还创造了一位医生的形象,而威尔卓尼亚的家庭医师克诺特就是现成的模特儿,他还提供了许多关于这种奇特病症的细节。旺达是一个"受宠爱的快活孩子,爱好音乐,大量阅

① 莫里斯·雷加尔:《〈现代史拾遗〉导言》,巴黎,加尼埃出版社,1959年。——原注
② 斯波贝奇·德·洛旺儒的收藏:A.303,第563页。——原注

读小说,会花钱,爱打扮",这一切都酷似夏娃的女儿安娜。巴尔扎克既然住在一个典型的波兰家庭里,他自然要充分利用所见到的一切。

小说中旺达绣制的门帘正是韩斯卡夫人的作品。布尔拉克虽然是个严酷无情的检察官,巴尔扎克却同时赋予他高老头式的父爱,他把女儿的房间布置得给人以极其豪华的幻觉,与此同时隔壁房间却是一片贫穷破败的景象。巴尔扎克对这一创造得意扬扬,这可能是从他新近阅读过的狄更斯的作品《家养的蟋蟀》中得到的启发。他自己在战斗街也曾经让客人们穿过阴暗的走廊和空无家具的房间,最后进入一千零一夜式的贵妇人小客厅。对小说的结尾褒贬不一,有人认为过于夸张,有人却觉得十分优美,视读者的口味而异。情节是这样的:正当那位前检察官对这许许多多善行大惑不解、激动得瘫倒在地的时候,拉尚特里夫人像幽灵似的出现在他面前。布尔拉克抬眼望天,喃喃自语道:"天使们就是这样复仇的!"在巴尔扎克笔下,连宗教都带上魔幻色彩,成为某种巨大而神秘的力量的工具。这一主题放在《人间喜剧》的总体中去观察,就不仅是个别人物的遭遇,而是巴黎社会另一个侧面,即善良的巴黎的写照,它同邪恶的巴黎一样神秘。

不难想象,当巴尔扎克在威尔卓尼亚的客厅里朗读这些故事的时候赢得了不少眼泪。夏娃母女有时把她们的朋友**比尔博盖**当作逗乐的小丑,同时也承认他身上有许多伟大之处。因而原谅他的缺点是不言而喻的。人们是怎样便怎样,应该无情地如实描绘他们,正如巴尔扎克一贯所做的那样,但是应该尊重他们身上高尚的一面,哪怕最坏的人也不乏优点。

女主人把巴尔扎克带到基辅去了,巴尔扎克致洛尔·絮尔维尔的信中写道:

我看到了北方的罗马,那座有三百个教堂的鞑靼城市,Laurat 的巨大财库,草原上的圣女索菲亚。有机会来这儿看一看是非常好的。人们对我殷勤备至。你们能相信吗?有一个富有的农奴竟然读过我的全部作品,每星期在圣尼古拉大教堂为我献一支大蜡烛,为了探明我什么时候到达这里的消息,他买通了韩斯卡夫人妹妹家里的用人,以便赶来见我!……①

　　母亲大人来信祝贺元旦。她去检查过吉祥街的房子后在信中写道:

　　我发现一切都井然有序,干净得一尘不染,最挑剔的女人也找不出毛病来。你有两个好用人看着家,我相信他们都很诚实可靠,他们盼着你回来。他们说好几次看到通知说你要回来,最后发现这都不过是为了让他们更加精心照看好房子。他们还告诉我说你的建筑师每周都来检查一次。
　　亲爱的,我像往常一样时刻准备为你效劳,这你是知道的。若能为我心爱的人做一点事情,我感到无比幸福。无论何时何地,你要我干什么我就干什么,你可以完全信赖我。
　　按照老习惯,我要说几句新年祝词。我今年已经去朝拜过上帝,在他的圣殿里除了表达对上帝的崇敬之外,我剩下的唯一愿望就是为你们祈祷,祝愿我亲爱的孩子们幸福……②

————————————

① 《巴尔扎克家书集》,第 243 页。——原注
② 《巴尔扎克家书集》,第 246 页。

巴尔扎克同他亲爱的小丑们在一起过得十分愉快,而且他疲惫不堪的身心也需要在威尔卓尼亚这个甜蜜的避风港里得到调养。但是北方铁路的股票急需付款,迫使他不得不于严寒的1月就动身返回巴黎。韩斯卡夫人送给他一件狐皮袄,但是天气太冷了,还得在皮袄外面再穿一件大衣。外国女子交给他九万法郎,让他去应付北方铁路的付款和其他日常开支。

有趣的是这次在乌克兰小住期间,巴尔扎克感到非常幸福。有生以来第一次,他实现了从童年时代起就梦寐以求的愿望,即生活在一座有数不清的恭敬顺从的奴仆侍候的宫殿里。即使他知道奴婢们的恭顺是由极其严酷的刑罚维持着,他也丝毫不感到愤怒。卡罗夫人指责他对人民的痛苦无动于衷,他也毫不在乎。她的确难以理解,为什么当他在描写本阶级人们的时候具有如此生动丰富的想象力,却不能展示被压迫者的苦难。然而在这三个月里,他第一次摆脱了每日每时催逼稿件和偿付债务的烦恼。人得到了解脱,创作力却反而削弱了。在威尔卓尼亚他没有像创作的全盛时期那样生产作品,部分原因是在这座波兰式的卢浮宫里没有压力逼迫他,另外也是因为《人间喜剧》的继续创作遇到了新的问题。

他所创作的人群随着他一起衰老,他们之中有许多人已经去世。现在拉雪兹神甫墓地已经出现高布赛克和吕西安·德·吕邦泼雷的壮丽墓碑,伏脱冷当上了警察局长,拉斯蒂涅第二次当上大臣。也许诗人可以使这些幽灵复活,正如荷马史诗中死去的人们,只等诗人一声召唤,便再次聚集在他的周围。巴尔扎克所搜罗的这些人物正拥挤在他未完成的小说的过厅里待命。巴尔扎克接待他们,他知道可以给他们派什么用场,但是他担心自己已经没有精力完成这部史诗了。这,便是他身穿夏娃·韩斯卡送给他的皮袄,坐着雪橇,穿过严寒沉静的大草原时的心情。

第三十九章　革命、骚动、演出

> 喔！革命中的人民,犹如失去控制的大海。
>
> ——雨果

1848 年 2 月,他发现法国处于群情激愤的状态中。这时改革派正在举行聚餐会,最后一道甜食端上来的时候,演说家们大声疾呼要求全民普选。梯也尔把内阁比作一条底部漏水的船,眼看就要沉入水底。拉马丁宣称,在自由的革命之后,是被蔑视者的革命。① 连国民自卫军中都发出"改革万岁"的呼声。资产阶级失去了人民的支持,政权岌岌可危。巴尔扎克从来没有喜欢过七月王朝,他盼望一个更强有力的政权。但是他害怕任何变革都会带来的那种骚乱。

2 月 22 日,他应邀赴马尔戈讷家的晚宴,马尔戈讷在巴黎有一套寓所。由于时局动乱,有一半宾客未能出席。巴尔扎克也不得不步行回家,他的出租马车夫因为害怕,根本不敢出门。街上的人群举着火把,

---

① 自由的革命指资产阶级反对贵族的革命,被蔑视者的革命指平民反对资产阶级的革命。

抬着尸体游行。23日早晨,巴尔扎克忘记了革命,沉浸在"温柔的思念"之中。梅花雀想念他的"安乐窝的玫瑰"①,安乐窝是他的小猫咪的又一个新名字。当晚,他获知国王已经让步,解散了内阁。他给韩斯卡夫人的信中写道:"这是路易-菲力浦向流放或绞架迈出的第一步。"这种忧虑使他变成一个极权主义者。"政治必须是无情的,才能稳定政权。我承认,在我见到这一切之后,我比以往更加主张奥地利的残酷刑罚,西伯利亚的流放以及一切极权主义的做法。赞成我这种极端主张的人与日俱增,连我的妹夫都加入了我的行列。"②可怜的絮尔维尔!他也害怕了!

2月24日,巴尔扎克出于好奇,跟随起义的人群走进杜伊勒里宫,亲眼看见人们砸碎玻璃窗和吊灯,撕破挂着金流苏的丝绒窗帘,焚烧珍贵的图书。这种狂暴行为使他心痛欲裂。然而他却带回了几件宫中的摆设,国王宝座上的椅套和小王子们③的练习簿。收藏家的收获抚慰了保守主义者心中的伤痛。

雨果和他的朋友们本想请开明的公主、奥尔良公爵夫人出来摄政,以挽救七月王朝,但是国会被武装起来的人民包围了。一个共和政权正在酝酿诞生,巴尔扎克认为这将是一场无政府暴乱,将造成贫穷和抢劫。虽然他的朋友拉马丁被选入临时政府,仍不能让他放心。他相信拉马丁是非常正直的人,但他信不过他的诗人气质。金钱从手中溜走,北方铁路股票以每天百分之三的速度下跌,已经跌落到最低点。在这种情况下,葛朗台老头准会大批买进。巴尔扎克写信给夏娃的女儿、女婿,请他们汇些款子到法兰克福让他支配,但他们没有汇来。时局乱透

---

① 巴尔扎克:《致外国女子的信》,《巴黎杂志》(1950年8月)第15页。——原注
② 巴尔扎克:《致外国女子的信》,《巴黎杂志》(1950年8月)第16页。
③ 小王子们指路易-菲力浦之孙帕里斯伯爵和莎尔特勒公爵。

了,没有地方可以发表稿件或连载小说。出版商也好,报刊也好,都不敢介入。

2月24日,巴尔扎克在杜伊勒里宫遇见了青年作家尚弗勒里,他是个放荡不羁的连载小说作者。27日,他把他召到吉祥街,穿着他的白色睡袍接待了这位年轻人。尚弗勒里觉得他非常漂亮:"他的目光炯炯,花白的头发刚劲有力,脸色不时由黄转红,由红转黄,奇异的大胡子给人一种快活粗犷的感觉……他经常放声大笑,高兴得挺起大肚,在他鲜红的嘴唇后面露出几颗稀疏的,却如同岩石般结实的残牙……"①

巴尔扎克和尚弗勒里长谈了三个小时,给了他不少忠告。这位青年人正在写一些短篇小说。巴尔扎克说:"写短篇没有出息,您的故事太短,久而久之将束缚住您的思路。"他提起一个名叫贝尔图的康布雷人,此人每星期在《新闻报》上发表一篇小说。"开头一两年,他相当成功。后来就无声无息了……您喜欢的话,可以写短篇小说,但是每年不要超过三篇。写这些东西只能当消遣,以每年三篇计算,十年您就可以发表三十篇。如果三十篇中有二十篇是杰作,那您就是幸运的了。这样您可以每年用十个月的时间去创作剧本来赚钱,赚很多的钱,因为艺术家需要过富丽堂皇的生活。"于是巴尔扎克领他参观了自己的收藏品,并且确信连罗特希尔德也非常羡慕他。在整个参观过程中,这位年轻的客人惊讶地寻思:"我在什么地方见到过这些展品? 在哪里见过呢?"突然他想起来了,这就是邦斯舅舅的收藏呀。

尚弗勒里有幸遇上巴尔扎克心情良好的时候,可是很快,形势的发展又使他陷入忧虑之中。资产阶级和工人之间的一场较量看来已不可避免,这是平民与绅士的搏斗。全民直接投票选举定在4月份。巴尔

---

① 尚弗勒里:《关于巴尔扎克的日记》。

扎克致信立宪党人,说要参加竞选。他说:任何人都不应该"在法兰西需要动员一切力量与智慧的时候"逃避责任。但是他对自己的运气不抱任何幻想。他在马路上遇到亚历山大·威尔时说道:"选民中多数是庸人,他们只会投庸人的票。您以为拉马丁能当上共和国首脑吗? 是的,只要他听命于那些操纵者、指使者,也许能行,但是一旦他想要行使自己的主张,使用哪怕一个自己的人,他就会像一块玻璃一样被砸得粉碎。"至于巴尔扎克自己,如果不能当选,就打算离开法国。但是有这个可能吗? 革命正蔓延到德国、奥地利和波兰。

他仍然固执地希望到威尔卓尼亚去生活。在巴黎有什么意思呢?哺育他的双乳——文学和戏剧——正在枯竭,况且他拒绝充当共和国的公民。只要拉马丁仍旧当部长,拿到护照是不成问题的。不过,在离去之前,他必须清偿债务。哪儿去弄钱呢? 有人提出要他再写曾经被禁的《伏脱冷》,但是附带一些不体面的条件,就是让弗雷德里克·勒迈特模仿被废黜的国王。"这是个耻辱,哪怕给我八万法郎我也不会同意……"①有一件值得庆幸的小事是:路易丝·德·布鲁尼奥尔太太要结婚了。不是嫁给雕塑家艾尔绍埃,而是准备嫁给有钱的企业家夏尔-伊西多尔·塞高。这真是一桩出人意料的婚姻,这个诡诈的女人竟将成为一位贵族院议员的弟媳妇。"这个男人难道疯了不成?"但是"令人高兴的是这只牛虻不会再来叮咬我心爱的人了!……"②一个有地位的上流社会女子不会再干出敲诈勒索的勾当,也许终有一天会交还偷去的信件。

旧巴黎突然死灰复燃。3 月初,吉拉尔丹夫妇举行盛大晚会。巴

---

① 巴尔扎克:《致外国女子的信》,《巴黎杂志》(1950 年 8 月)第 21 页。——原注
② 巴尔扎克:《致外国女子的信》,《巴黎杂志》(1950 年 8 月)第 21 页。

尔扎克周围所有的人,资产者、银行家,都在做投机买卖,发国难财。他们用微不足道的低廉价格购进土地和房产。商人都是赌徒,他们总以为下一次政变会对他们有利。"共和政体寿命长不了,最多挨不过三年,因此千万不能坐失良机……势必还会出现一个男性或女性独裁者,迟早要恢复伪装立宪的君主政体……"①但是眼下还必须找点工作做做。

戏剧界又在向他招手。玛丽·多瓦尔正在为奥斯坦领导下的历史剧团搜寻剧本。正好巴尔扎克的草稿簿上有一出戏剧刚开了一个头,题为《后母》,内容正符合要求,而且很快就可以写完。既然出版界不景气,最可指望的就数戏剧了。这时的巴尔扎克已经穷到一个星期只吃一块像样的牛排。

致韩斯卡夫人:我日渐衰老,工作起来相当费力,我的灯油最多只够照亮我将要写的最后几部手稿了。只要写出五六个剧本,一切都可以安排妥帖,我相信这点力气还是有的。不过这最后几部东西将浸满我的泪水和惜别之情。是的,我不再有更多的奢望……世界上有些人生来就是为了受苦,另一些人则事事如意,我只能听天由命。我感谢您,也感谢上帝所给我的幸福。②

啊!假如他在戏剧上也能做出在文学上那样的成就,那么巴尔扎克就能得救,并且会富起来。但是在这样的混乱之中如何能工作呢?"我们将要进行一场战胜共和派的搏斗。"那时所有的股票、债券价值

---

① 巴尔扎克:《致外国女子的信》,《巴黎杂志》(1950 年 8 月)第 27 页。
② 巴尔扎克:《致外国女子的信》,第 5 卷,未出版。——原注

将要回升。若是乔治·莫尼泽能给他十万法郎就好了。如今只需二万七千法郎就可以买到不久前价值十二万法郎的北方铁路股票！反革命的胜利是确有把握的，他说："我们不是在火山口上，我们是在火山里面。"写这几行字的时候他听到远处的人群在高唱马赛曲呢。

　　虽然他的双眼有病（他出现复视，纳卡尔医生担心他视神经萎缩），《后母》的创作仍在进行。他希望 4 月 9 日向演员们朗读脚本。"29 日上演……要是演出成功，我就得救了。我成了剧作家，每年可收入十万法郎。"[1]但是在这动荡的政治气候中怎么能写作呢？以政治气温表著称的罗特希尔德男爵夫人采取了"暴风雨前的阴沉态度"。巴尔扎克认为国会选举之后必定要爆发内战。然而他依然保持他在国会的候选资格，在一场彩票的游戏中他不愿意袖手旁观。他很悲观，也许六个星期之后欧洲再也没有一个君主政体站得住脚了。"您瞧，这可不能含糊，国王是产权的象征。我真怕，再过些时候，人们就要向产权进攻了……"[2]这将是世界末日。他要韩斯卡夫人头脑里有所准备，甚至远在俄罗斯，私有财产也会受到威胁的。一旦她也被迫逃离乌克兰，巴黎将为她提供避难所，因为三个月之后，巴黎将成为世界上最安全的都市。动乱的必然产儿是专制政体。

　　4 月 9 日，他总算向玛丽·多瓦尔和奥斯坦朗诵了两幕脚本，他们非常赞赏。16 日，他忍着眼疾宣读了第三幕。奥斯坦团长因为同女演员玛格丽特·拉克莱索尼埃有暧昧关系，请求巴尔扎克为她安排一个角色。多么肮脏的交易！巴尔扎克非常厌烦。"您瞧，搞戏剧这一行，就得忍受这种乱七八糟的生活。"[3]而他却有六个剧本在进行，多么可

---

① 巴尔扎克：《致外国女子的信》，《巴黎杂志》（1954 年 7 月）第 17 页。——原注
② 巴尔扎克：《致外国女子的信》，《巴黎杂志》（1954 年 7 月）第 22 页。
③ 巴尔扎克：《致外国女子的信》，《巴黎杂志》（1954 年 9 月）第 15 页。

怕！"但是搞戏剧可以弄到我所需要的五六十万法郎,不成功的话,我将毁于其中！"①他在边干边学,不久他就可以像写小说一样成功地写戏剧了。

至于政治形势,巴黎谣言四起,愚蠢无知的教权派极权主义者竟幻想拉马丁夫人会把亨利五世请回来,巴尔扎克说拉马丁夫人"这英国老太婆是个奶酪商的女儿。真荒唐得笑死人了"。然而事态发展叫人难以捉摸,谁能说肯定不会发生这种事情呢？若真是这样,巴尔扎克想象自己至少可以当上安德尔-卢瓦尔省省长,或者在政府里主管美术,要不就去做烟草批发生意。

然而眼下巴黎依旧很不景气,爱丽舍田园大道上只有几十辆马车来往,而上一年却有上万车辆。政府严厉控制着报纸。巴尔扎克写道:"我们的自由快饿死了,我们的平等穷得叮当响,我们的博爱蜷缩在墙角。"②土木工人在大街上游行。4 月 19 日,选举前夕,巴尔扎克致信立宪党人,倡议建立一个稳定的政府:

> 自 1789 年至 1848 年,法兰西,或者说巴黎,每隔十五年就更换一次政体。为了国家的荣誉,为了我们的繁荣,我们的商业、艺术(艺术是商业的灵魂)、信用和光荣,总而言之,法兰西的全部财富不再受到定期的威胁,难道不是已经到了寻得并建立一种稳定的政权形式,一种王朝的统治形式的时刻了么？说真的,我们六十年来的历史足以解释为什么巴黎曾经遭受三十次毁灭而只剩下一

① 巴尔扎克:《致外国女子的信》,《巴黎杂志》(1954 年 10 月)第 17 页。
② 巴尔扎克:《致外国女子的信》,《巴黎杂志》(1954 年 9 月)第 19 页。

点残破的遗物留在世界各地,听凭旅游者们发掘出来陈列在博物馆里,这些遗物正是今日巴黎的祖先!

我祝愿新的共和国强大明智,因为我们需要一个稳定的政府,让我们可以像土地出租者一样完全自由地签订长期的租约,十五年或者十八年的租约!这就是我的希望,也是我公开的政治主张……①

4月23日举行投票。巴尔扎克只获得二十余票!拉马丁仅在巴黎就得到二十五万九千八百票。这很自然,巴尔扎克这种极权主义思想显然不符合民众的意愿。虽然选举过程温和平静,巴尔扎克仍觉前途未可乐观。巴黎不会像外省那样轻易地接受国民大会。巴尔扎克比任何时候更迫切地想要离开法国。拉马丁答应给他护照,只等俄国发签证了。临走之前,他要写完《后母》,他常去卡斯特里公爵夫人家里赴晚宴("她现在可怕得像一具尸体"),还要接待未来的小姨子阿莉娜·莫纽斯柯夫人,她把美丽的女儿波琳娜带到他家里做客。

5月3日,巴尔扎克在卡斯特里夫人家里观看了一群业余爱好者演出缪塞的剧本《逢场作戏》。罗歇·德·阿尔登堡(卡斯特里夫人同维克托·德·梅特涅的私生子)饰夏维尼,表演得十分"可笑",康塔德夫人饰玛蒂尔德,演技拙劣。"怎么回事?上流社会妇女在沙龙里扮演上流社会妇女竟然会丧失自己的一切优点而变得令人憎恶。……这一来,倒衬托出了演员们的伟大,证明了他们的才能……"②他安步当车,从巴克街走回吉祥街寓所。一路上他的心又飞到了威尔卓尼亚。"我

---

① 巴尔扎克:《政治信仰声明》,《全集》,第28卷,老实人俱乐部版。——原注
② 巴尔扎克:《致外国女子的信》,《巴黎杂志》(1954年10月)第32页。——原注

宁愿放弃所有的剧本,到你沙龙里的大餐桌边喝一杯茶,我不想看到我的剧本上演时遭受一帮游手好闲的观众喝倒彩!……"①

5月16日,圣奥诺雷节那天,巴黎街头再次闹起风潮。而他的剧本《后母》却一举成功,虽然玛丽·多尔瓦由于孙子乔治·吕盖刚死,把剧中杰特律德一角根据奥斯坦的意愿让给了奥的情妇。这是巴尔扎克在戏剧上的首次成功,他终于把他在小说中的能量注入戏剧之中。

剧情是这样的:杰特律德·德·梅亚克是格朗尚伯爵的女儿波琳娜的家庭教师。伯爵原是拿破仑帝国的老将军,王朝复辟之后变成了呢绒商人(真是奇特的转变),家庭教师成功地把自己嫁给了这位骄傲的帝国遗老。后母与继女同时爱着一个青年,于是后母施计毒死女儿。巴尔扎克曾经透露剧本的起源。有一天他在一户表面上和睦的家庭中做客,无意中发现了后母与继女之间互相憎恨的目光。他并没有像现实主义小说家那样去探明这个家庭的秘密,而是听凭自己的灵感去发挥创造力。他使用了《人间喜剧》中的绝妙手法,给一出家庭悲剧衬以时代的背景。追求波琳娜的青年马尔康达的父亲于1815年背叛过拿破仑,于是格朗尚这个狂热的波拿巴分子对变节者的惩罚殃及第二代,他绝不允许女儿嫁给马尔康达。这是"罗密欧与朱丽叶"式的家族间的世仇。

戈蒂耶撰文热情赞扬道:"在此动乱与炎热的气候下,历史剧最近获得了一次令人欣慰的成功,因为这将推动一位在小说创作中已证明其天才的作者,今后同时在悲剧和喜剧舞台上贡献出他那罕见的才能……"②戈蒂耶提出问题:像巴尔扎克这样一位深切理解人类心灵、

———————————

① 巴尔扎克:《致外国女子的信》,《巴黎杂志》(1954年10月)第33页。

② 戈蒂耶:《戏剧艺术史》,巴黎,赫哲尔出版社,第5卷第272页,1859年。——原注

使生理学家乃至诗人均为之震惊的奇才,何以没有更早地在戏剧上崭露锋芒? 他的答案是:"今天,书刊检查名存实亡,只能算个微不足道的障碍。但是内部的冷枪暗箭以及种种人为的障碍使得作品的构思难以在舞台上实现……"天才的自尊心使他不屑于应付这些圈套,"导演、经理、男女演员、哑角配角……还有机械师、布景师、灯光师,人人都有自己的想法,足以弄出另一出戏来代替你所编写的剧本……你若向他们让步,采纳他们的主张,观众就把这些人联合起来干的蠢事算在你的头上,向你喝倒彩。"

这一回,巴尔扎克总算扬眉吐气了,评论界发出一致的赞扬声。泰奥菲尔·戈蒂耶固然是友好的裁判,而经常抱有敌意的儒勒·雅南居然也表示响应,他写道:"《后母》获得全面的成功,杰出的小说家再一次证明他善于使美和力达到高度的统一……善于把自然、艺术和天才糅为一体。"不幸的是政治风暴影响了剧本的演出。巴黎处于激烈的动荡之中。许多人连家门都不敢迈出。第二场演出时座位几乎空了三分之二。奥斯坦通知巴尔扎克说,他要把剧团带往英国,等局势平静以后再回来上演他的剧本。《后母》给巴尔扎克带来的报酬不足五百法郎! 但是评论界的赞美鼓舞他在这条道路上坚持下去。他心中孕育着其他几个剧本:《小市民》《麦卡泰》《奥尔恭》《疯狂的考验》《好心的理查》《皮埃尔和卡特琳娜》等。他向韩斯卡夫人宣称他写所有这些剧本都是为了使良心得到解脱。"假如到 12 月份我的心情和生活依然没有起色,我将停止战斗,像个溺水者一样听其沉沦。你将再也听不到比尔博盖的消息……"①

这种哀伤调门是由于在夏娃这方面又产生了新的烦恼。住在威尔

---

① 巴尔扎克:《致外国女子的信》,《巴黎杂志》(1956 年 11 月)第 20 页。——原注

卓尼亚期间，她对他是那样地专注和温柔，但是情人回到巴黎之后，她又变得冷淡起来，甚至相当无情。这位非常性感的女人需要情人在身边，而巴尔扎克这个习惯于想象的人，分离仍能使他感情凝聚不散。他写起信来长篇大论，收到的回信却是片言只语。她劝他娶一个年轻女郎！他把这封难以置信的信拿给莫纽斯柯夫人看，莫纽斯柯夫人居然直截了当提出要把女儿波琳娜嫁给他，这简直更荒唐了，将一个妙龄美女扔进五十岁老头儿的怀抱……不过，这完全是出于夏娃姊妹俩的宿怨。

马尔戈讷见他如此忧伤孤单，便以他惯有的那种和蔼而平淡的口吻建议他到萨榭去写作。巴尔扎克一方面急于写完《小市民》，另一方面也为外国女子那无法解释的沉寂伤透了心，就接受了马尔戈讷的邀请。

初到萨榭，他感觉还不错，重游他的都兰，他的树林，他的美丽的幽谷，《幽谷百合》中的小别墅。同时，他一天又一天地追忆在威尔卓尼亚的幸福日子，他把自己比作在英国克拉蒙避难的路易-菲力浦，国王一定也在深切怀念他的杜伊勒里宫。2月革命并没有使外省绅士的生活发生丝毫变化，忧郁而驼背的马尔戈讷夫人虽然已经去世，但是午饭和晚饭后的惠斯特牌戏还照旧进行。伏弗雷的葡萄酒使巴尔扎克昏昏欲睡，因此《小市民》没有什么进展。尽管马尔戈讷生活十分节省，但仍然吃得很好，对巴尔扎克说来简直是过分好了，加重了他的心血管病。每次爬坡登楼都要气喘吁吁。他认为得了肺气肿，心脏扩大充血。

此外恶劣的局势也加深了对他的刺激：巴黎流血的6月夺去了二万五千人的生命，拉马丁威信扫地，戏院全部停业。马尔戈讷准备离开萨榭，以防发生全国性的暴动。巴尔扎克认为巴黎更不安全，但他没有选择余地，只得回到吉祥街。不过他还是庆幸自己在暴乱的时候没有在巴黎,否则他就得同国民自卫军一起去进攻起义者的街垒,而他魁梧的身躯很容易成为对方瞄准的目标。幸运的巧合使他在这光荣的时刻不在巴黎,因此区里的人不能怀疑他逃避公民的战斗职责。

在巴黎他喜出望外地收到了好几封亲爱的人儿寄来的长信。原来是邮路出了问题,而不是心上人的冷淡。喔!多么美妙的情书!"现在是中午,我已经连续十个小时阅读来信!……你见过葡萄成熟时的灰色小乌鸦吗?……这简直是天堂!我就像这些小鸟一样不停地吮吸你心灵的甘露,在几个小时里我同你一起重温你近两个月的生活,真是无与伦比的幸福……"①他立即提笔反驳她的责怪。何必为阿莉娜提出把女儿嫁给他的荒唐建议不安呢?自从十七年前在瑞士的纳沙泰尔见到了那件紫色丝绒裙袍之后,他的心中就只有一个女人了。"愿我们永远②同生共死,哪怕在永生中还要挨我那共死者的训斥!……在这沉寂凄凉的巴黎,只剩下三分之二居民的巴黎,我的心是快乐的,你知道这是因为什么。因为我看到你爱我和我爱你一样深……"③

但是,在他这里,一切都乱七八糟。扎奈拉的饭菜做得极糟,而且一点也不会整治家务。"喔!你真不知道我是多么需要一个妻子啊!"在等待他的妻子来主持家务期间,他委托母亲和两个外甥女莎菲和瓦朗蒂娜来代理。在他下次去乌克兰的时候,招之即来的母亲将住到吉祥街来。可喜的是眼前有几笔收入,法兰西喜剧院为剧本《小市民》预支了五千法郎,奥德翁剧院也为《好心的理查》预付了五千。若是还能多活几年的话,说不定还可以把《人间喜剧》改写成剧本。那可就太妙了。此外韩斯卡夫人又寄来了一万法郎。他得以再为北方铁路投入一

---

① 巴尔扎克:《致外国女子的信》,《巴黎杂志》(1959 年 8 月)第 5 页。——原注
② 原文为拉丁文。
③ 巴尔扎克:《致外国女子的信》,《巴黎杂志》(1959 年 8 月)第 7 页。——原注

笔资本,无论如何他必须保住这批股份,因为铁路网即将完全建成,股值将上涨到一千法郎一份。这么多好消息把他的心脏病治好了一大半。心上人在一封信里寄来一朵粉红色的长春花,突然他感到青春复归,信心百倍。

7月4日,夏多布里昂去世。"经过6月的骚动,巴黎似乎依然惊魂未定,枪炮声、警报声仍在人们耳际萦绕,以致未能注意到伟人们的悄然离去……"①巴尔扎克随着送葬的行列走着,周围的市民闹闹嚷嚷。他信中写道:"这次出殡真叫人心寒。人们是如此冷淡平静,好像不是在送葬,而是在证券交易所里。"②那天晚上他在絮尔维尔家吃饭,还玩了一盘惠斯特牌。马路上只听见军警的吆喝声:"走马路中间!——立正! 口令!"耳聋的或者心不在焉的行人回答得慢了就会被一枪打死。

夏多布里昂一死,巴尔扎克就计划着去填补他在法兰西学院的位置。应该由一个活着的伟人来代替死去的伟人。他向雨果谈及这个想法,雨果答应投他一票。他很欣赏巴尔扎克,并且让《纪实报》创办人瓦克里去请巴尔扎克为他们的报纸写连载小说。在这动乱萧条的时刻,这可以说是难得的优遇了。巴尔扎克从此与奥古斯特·瓦克里结为好友。瓦克里当时正在排演他写的一部诗剧《特拉加达巴》,便邀巴尔扎克去看彩排。他俩一起步行回家,从圣马丁门走到圣奥诺雷近郊。巴尔扎克丝毫不喜欢这个剧本(一出"快乐的雨果"型的讨厌的诗剧),但是他向年轻朋友讲了许多知心话。他开始相信亨利五世可能回来登基,届时他将要求当大使,出使伦敦或圣彼得堡。他说:"多么可惜,雨果竟然与共和派同流合污了! ……不然的话他是可以大有作为的。"瓦

---

① 维克托·雨果:《见证录》,第1卷第362页。——原注
② 巴尔扎克:《致外国女子的信》,《巴黎杂志》(1959年8月)第8页。——原注

克里小心翼翼地提醒他,你自己也竟选过国会议员。巴尔扎克却答道:"喔!那是另一码事,我没有当选呀!"

8月17日,他向法兰西喜剧院圆满地朗读了他的剧本《麦卡泰》(后改名为《投机商》)。戈蒂耶事先已经听过一遍,他对巴尔扎克的表演才能赞叹不已:

> 时而尖锐急促,时而轻柔温婉,时而低声噪叫,时而细语喃喃,时而咆哮如雷,各种音调应有尽有。首先是"债务"的独唱,伴以声大的合唱。到处都是讨债的债权人,从炉子里、床底下、抽屉里溜出来,从烟囱里冒出来,从锁孔里钻进来,像情人一样从窗口爬上来,像魔术玩具似的从箱子底跳出来,像穿过英国的活动门似的穿墙进来,纷扰的人群,嘈杂的噪音,如潮水般蜂拥而至。无论麦卡泰如何挣扎都无济于事,讨债鬼们纷至沓来,你简直隐约看到从地平线上拥过来密密麻麻的讨债队伍,好似那酿成灾害的白蚁,所到之处,寸草不留。①

一位喜剧演员听了巴尔扎克的朗诵后对儒勒·克拉尔蒂说:"从来没有一个人曾让我体验到如此不可抗拒的力量:真是天才的威力。"剧本得到一致的好评。但此时的巴尔扎克却不惜一切代价,宁愿放弃在戏剧界和法兰西学院将获得的好运,一心只想奔赴乌克兰。现在不再是因为害怕革命,而是需要再见亲人。

---

① 泰奥菲尔·戈蒂耶:《奥诺雷·德·巴尔扎克》,《当代人物群像》,第100页。——原注

我整天怀念威尔卓尼亚,在沉思冥想中我已经到了威尔卓尼亚,我简直看得见那里的一切细枝末节。我的灵魂离开了我,走进你的房间,打开窗台下面存放白糖的小柜,旁边是通向盥洗室的那扇桃花心木小门;我能数得清我们下棋的台布上的蜡烛油滴……我察看亲爱的噜噜衣柜里的手帕……我在你的房间里同你共进晚间八点半的夜宵。我发誓这是因为我爱你,所以我的心同你在一起……①

的确,这完全是出于爱情。远方的伯爵夫人不再拥有巨额财富,她已年近半百。"因此,我无法克制同你在一起的欲望,我只是为了你而活着。你的音容笑貌,你的责怪埋怨,你裙袍的窸窣声,都是我朝思暮想、日夜渴求的对象,这一切都应当是实实在在的……"②

他已经在为旅行和婚礼做准备。他去拜访他所在的圣菲利浦-杜-鲁尔教区的神甫,神甫对他非常友好,给了他一张证书,允许他在波兰的某一教区接受婚礼的祝福。俄国大使馆发给了他签证,但是基辅的地方长官给敖得萨的军事长官发了一道密令:"沙皇陛下慷慨地允许去年曾来过我国的法国文人巴尔扎克再次入境……我荣幸地请求阁下置该文人于严密监视之下,并随时通报其情况。"③

他决心放弃一切,假如沙皇坚持的话,甚至可以改入俄国籍。9月19日他启程"奔向他的北斗星",把文学和戏剧方面的事务全权委托洛朗-扬去照管。母亲大人负责料理吉祥街的家务。他毫不惋惜地离开了这个窝,尽管它是那么"适合两位天使"居住。对于巴黎和法国正在

---

① 巴尔扎克:《致外国女子的信》,《巴黎杂志》(1959年8月)第9页。——原注
② 巴尔扎克:《致外国女子的信》,《巴黎杂志》(1959年8月)第10页。
③ 2597号通报,日期1848年11月4日。此件藏敖得萨省政府档案库。——原注

酝酿着的一个新世界,他感到十分隔膜。他缺乏必要的空间、时间距离和自由思想来描写这个剧变中的社会。何况他盼望已久而一直未能落实的可以使他得救的婚姻占据了他的全部身心,在这种情况下他怎能安下心来工作呢? 一个人在病中往往像个孩子。他精疲力竭,气喘吁吁,多么需要把头依偎在温柔的母性的肩膀上。这位情母虽然不时训斥游子,却丝毫无损于爱情,反而更增强了他的爱。他的想象力仍然充满生机(当时他正在构思的几部小说的开端可以做证),但他已缺乏体力来构建和完成他的作品了。他希望在乌克兰的安乐窝里能恢复他的元气。

第四十章　风雨飘摇

我属于反对派的行列,它的名字是"生命"。

——巴尔扎克

1848 年底和 1849 年全年,巴尔扎克都住在威尔卓尼亚。经历了巴黎的喧嚣和苦难之后,他觉得威尔卓尼亚是和平的避风港。他在那里占有一套漂亮的房间,还有一个专门伺候他的贴身仆役,巨人般的托马斯·古贝那楚克在他面前有时还表现得非常卑躬屈节、唯唯诺诺。早上,当巴尔扎克踏进他的工作室时,他的农奴早已为他把炉火烧得旺旺的。他脚蹬皮毛拖鞋,身穿一件又轻又暖的高加索切尔克斯细毛织物做的室内便袍。他觉得自己身上穿的是"温暖的阳光"。银色的烛光照亮了他的书桌。他慢腾腾地写作《维萨尔小姐或执政府时期的法国》、《女作家》或《戏剧如是观》。但这已经不是迫不得已的工作,也不是为了应付紧急债务而在一夜之间写出一篇小说的情况了。在威尔卓尼亚居留期间,每当巴黎急需用钱,他就去求助于女主人,于是她便通过一家俄罗斯银行把所需款项汇给罗特希尔德。经济上的宽松扼杀了创作上的多产。

但是女主人并非每次都宽宏大量。她把地产都给了女儿,自己只留下一份终身年金,收入是有限的。唯一可指望的是乔治伯爵,但是安娜夫人相当挥霍,乔治·莫尼泽也背着债务。辽阔无垠的土地带来的收益却是微不足道的。因此,他们的母亲将同一个负债累累的法国浪子结婚的事着实令人担忧。把这位天才的客人留在家里以增添欢乐的气氛倒是他们十分乐意的事,但是他们害怕母亲在法国承担起力所不及的重负。巴尔扎克如此骄傲地谈论的吉祥街的漂亮住宅尚未付清账,家具还有巨额欠款!此外,巴尔扎克一家人的生活担子会不会落到未来的巴尔扎克夫人身上?未来的婆婆早已一贫如洗,韩斯卡夫人已经答应给她每年一千二百法郎的生活费。妹夫絮尔维尔也是叫苦不迭,他的事业总是那么不顺利,外甥女莎菲的追求者已经不再上门,洛尔要为两个女儿准备陪嫁。巴尔扎克和他的北斗星之间思想感情上的联系是牢固的,不过是否结为夫妻,她还在犹豫之中。也许至少应该等待**比尔博盖**还清债务。但是在这一点上怎么能信得过他呢?他是个素来分辨不清幻想与现实的人。

他能够揣摩到这种迟疑态度,有时她干脆坦率地承认这一点,这可把他折磨坏了。身处穷途末路,他唯一的指望是通过这桩美妙的婚姻扭转局面,建立幸福的生活。走法兰西学院这条路吗?是的,他已委托母亲把他的名片送到各位院士家中,但是送名片同他亲自出马毕竟是两回事。母亲来信谨慎地提出:"你仅仅让我送名片给院士们,选举迫在眉睫,难道不需要走走别的门路吗?……"①1 月 11 日,学院投票填补夏多布里昂死后空缺的位子。维克托·雨果就座以后,昂比和邦日维尔(两个最不易记住的必朽的不朽者)凑到他耳边问道:"巴尔扎克,

---

① 《巴尔扎克家书集》,第 291 页。——原注

是吗?"雨果答道:"不错!"只有两个候选人,诺阿依公爵和巴尔扎克。结果是诺阿依获得二十五票,巴尔扎克四票,两张废票,一票弃权。八天以后,再次投票填补瓦图空出的位子。巴尔扎克获得两票:雨果和维尼。若是人们掂掂这两票的分量,巴尔扎克就应该当选,可惜人们只计算选票的数量,因此当选的是《那不勒斯征服史》的作者圣普里埃伯爵,而不是《人间喜剧》的作者巴尔扎克。雷兹红衣主教说:"任何会议都是平庸的。"洛朗-扬致信巴尔扎克,写道:"看来劣势的选票才能选出好的院士。"①

与此同时,在吉祥街寓所,母亲大人指挥着两个用人,弗朗索瓦和扎奈拉,她自己却被公证人、税务官、供货人团团围困。她受命盯住地毯商,购买水晶托盘,从当铺取出一只银盘交给银匠弗罗芒·默里斯做样品,让他制作同样的银盘补足那一套银餐具。她还得定做仿布勒式的细花木雕小托架,饰以神话中的狮头羊身怪物,那上面要安放两只中国瓷瓶。她必须用手托起瓷瓶,而不得从上面提拿,以免打碎。总之,数不清的任务把七十二岁高龄的老太太忙得不亦乐乎。儿子授权她用出租马车,而不是去坐公共马车,虽然这种交通工具十分便宜。她吃得好,穿得暖,尽情享受着这幢漂亮房子的舒适安逸,尤其因为她经历过清苦贫寒的生活,对这里的舒适也就感受更深。

她几乎每天清晨四点前后就醒来,首先是感谢上帝,然后舒舒服服一直躺到六点钟。她独自穿戴梳洗,去望弥撒,向仆人布置一天的工作:"弗朗索瓦,今天很潮湿,把炉子生起来。""扎奈拉,今天做一道汤,烧栗子和鱼。"晚饭后,她看看书,替外孙女莎菲编织一条毛毯。这种生活显然有点单调寂寞,连下一盘棋玩一局牌的机会也没有,但是她却心

---

① 斯波贝奇·德·洛旺儒的收藏:A.314,第334页。——原注

满意足,她写道:"住在你美丽迷人的宫殿里,受到很好的服侍,令我想起过去的好日子。若是你父亲再多活几年,我的日子即使不如你这样阔绰,至少也能过上与我的年龄和身份相称的生活!……上帝是值得赞美的,我顺从上帝的意志……"①

奥诺雷对她有所关照,这也是应该的,因为她为他受过多少苦呀!可是当她出一点点差错的时候,他便严厉指责她。为了缴付北方铁路股票的款项以及偿还各种债务,他让夏娃给母亲汇去三万一千法郎。并吩咐罗特希尔德银行把钱送到吉祥街十四号,收款人的名字是萨朗比耶夫人。为什么用这个名字?因为巴尔扎克自己还欠着这家银行一笔债务,他害怕某个细心的收款员发现巴尔扎克这个名字之后,从中扣除一部分他的欠款。然而当银行的听差带着钱款来到"迷人的宫殿"时,仆人却说他们不认识萨朗比耶夫人。罗特希尔德银行当然向韩斯卡夫人所委托的那家俄罗斯银行查问,后者又向威尔卓尼亚请示。弄得奥诺雷十分难堪。他给母亲写道:"这简直像一把匕首刺中了我,我多么痛苦啊!"②

此外,母亲竟然冒冒失失在信中谈论妹妹洛尔的困境,说什么絮尔维尔若是在抽干卡贝斯坦水塘这项工程中失败的话就会破产。巴尔扎克老太太丝毫不能理解在威尔卓尼亚这样远离尘世的地方,收到信件是多么惹人注目的事。一个哥萨克人骑马从别尔季切夫把信件送来,大家急切地打听信中的内容,互相传阅,交换消息。巴尔扎克没动脑子,拆开信便高声朗读起来,这封笨拙的信迫使他承认絮尔维尔像他一样二十年来不断为债务所困扰。于是在威尔卓尼亚引起了无限的埋怨

---

① 《巴尔扎克家书集》,第 282—283 页。——原注
② 《巴尔扎克家书集》,第 300 页。

和指责："早知如此，我们就不该花这么多钱来维持吉祥街的房子，我们可以用那笔钱来救助处于困境的工程师。"母亲也不该在信中提及欠基多博尼·维斯孔蒂的那笔债务，应该把它叫作欠费萨尔的债。她怎么可以如此不识时务，犯这样的差错呢！

巴尔扎克的指责，可把老人家惹恼了："您能不能对可怜的母亲态度温和一些，她是爱您的。我为您的安宁祈祷，至于我的处境如何，只有老天晓得……"①于是奥诺雷也恼了：

1849 年 3 月 22 日,写于威尔卓尼亚:亲爱的母亲:昨天收到你本月 4 日来信，又是"你"，又是"您"的，真叫我这个五十岁的小男孩大吃一惊，……我甘冒再收到一封类似的信的危险，也要告诉你，看到你对我俩处境的极不公正的判断和彻头彻尾的无知，如果说谈不上令我十分伤心，倒是让我感到可笑。到了你这把年纪，总该明白刚不如柔。作为女人，更不可采取如此尖酸刻薄的态度！不幸的是，你这封极其生硬和冷酷无情的信，正赶在我打算为你安排一个宽裕的晚年生活、在你每月一百法郎生活费之外再替你付房租和女仆扎奈拉的三百法郎工资、让她一直留在你身边侍候你的时候……我的处境你应当再清楚也没有了……在这当口你竟然给我写这样一封信，它使我想起从前你那严酷凶狠的目光，对于十五岁的孩子它固然有足够的威慑力，但是对于不幸已经活到五十岁的我，却完全没有作用了。

再说，经历了多少动荡不安，辛勤奋斗，在贫困中挣扎沉浮了半辈子之后，我获得幸福的唯一希望全都寄托在这个女人身上。

---

① 《巴尔扎克家书集》,第 335 页。——原注

她不再是十八岁的妙龄女郎，既不贪图荣华富贵，也不眷恋英俊美貌，这一切我都不能奉献给她。她已年过四十，经历的事情很多。她颇多疑虑，而且生活中的种种遭遇更增添了她的戒心……因此在我和她交往的十年中，我一直对她说如果她和我结婚，绝不等于和我的家庭结婚，她有完全的自由来决定是否和我的家人见面。这是非常自然的，出于常识、良知和谨慎，我必须这样做。因此我并没有向你和洛尔隐瞒这个条件。尽管这是很自然的事，你却一直认为这是不光明正大的，是我用来掩盖什么卑劣行径的借口，你认为我是企图往上爬，想当贵族，背叛抛弃我的家庭……然而这却是极其简单明了的真理。我是你应该引以为豪的儿子，而你却对我写出如此薄情的信，尤其是昨天收到的那封信。难道你以为这样做能够吸引具有她这种性格和经历的女子来同我组成一个新的家庭吗？……

我不要求你装出你并不具有的感情，因为上帝和你都知道，自从我出世以来，你从来没有对我施以深情厚爱。这你倒是做对了，因为假如你对我像对待弟弟亨利那样宠爱，也许我现在早已堕入他那种境地。因此从这个意义上讲，你倒是我的好母亲。而我今天要求的是你应该明智地考虑你自身的利益，遗憾的是你从来没有这种明智。哪怕是为了你自己。我恳求你不要再来破坏我的前途，因为我不必和你谈及什么我的幸福……①

巴尔扎克奇怪自己的家人竟然如此盲目无知。眼看他将有幸迎娶一位全俄罗斯为之倾倒的富裕、尊贵而极其善良的女子；她一旦来巴黎

_____

① 《巴尔扎克家书集》，第336—339页。——原注

定居,便将成为有影响的人物,足以帮助絮尔维尔的女儿们在婚姻上处于有利的地位。可是他的母亲,似乎是为了表现自己的傲慢,把一切都弄糟了。妹妹洛尔也是这样,她难道不懂得韩斯卡夫人完全可以弃巴尔扎克及其家庭于不顾?没有比这更容易的事了。而她之所以没有这样做,正是出于她和她的孩子们对巴尔扎克本人与日俱增的敬佩。因此当她看到巴尔扎克自己家里的人对他倒并不尊重,能不感到吃惊吗?他给洛尔的信中还说道:

　　不要把我说的话都当成恶意的。我是出于好心,是指点你在有关婚姻的问题上应该采取什么态度。是啊,亲爱的孩子,我们必须谨慎从事,要如履薄冰,再思而言,三思而行。因此,我在这封长信中说的话有什么不当之处,你不要怨恨我,采纳其中正确的意见,把信销毁,今后不要再提它了!这也是我对母亲嘱咐的话……请相信,我根本不想对我的家庭指手画脚,充当什么绝对权威,要别人都听我的。我只是求你们千万不要干蠢事。如果你经过冷静考虑仍不同意我的意见,我们也不用再谈了……我所渴望的只是绝对的安宁、内心的平衡、适度的工作,以便完成我的《人间喜剧》。

　　我自信我的看法是对的,如果这些计划能幸运地实现,我希望像人们说的那样,建立一个美好的家庭。如果这一切彻底失败,我只好取走吉祥街属于我的图书和其他物品,逆来顺受地重新开始生活,重整事业……不过这一次我将随便住进一个包食宿的公寓,只要一个备有家具的房间,舍弃一切身外之物,孑然一身,无牵无挂……目前进行的这件事撇开感情不谈(这件事的失败将从精神上置我于死地),对我来说,成则可以获得一切,败则陷入一无所有。这件婚事若不成功,我无法活下去,我将满足于莱迪吉耶尔街那样的阁楼,靠每月一百法郎苟延残喘。情感、精神和雄心,只有同我十六年以来所追求的这一巨大幸福并存才有意义。如果失去这幸福,我便不再需要任何东西,我什么都不要了。

请别以为我是贪图奢华。我喜爱吉祥街的豪华是与其伴随的条件相联系的,即一位出身高贵的美貌夫人,宽裕的生活以及最美好的社会关系,而我对那些物件本身并无温情。吉祥街完全是为了**她并借着她而存在的**……①

另外一件被他埋怨的小事是:他在乌克兰居留的初期,曾收到过两位外甥女的几封来信。可爱风趣的少女的手笔,使安娜伯爵小姐不胜喜欢。但是后来莎菲和瓦朗蒂娜不写信来了,据母亲大人说是因为奥诺雷舅父不给她们回信。他火了,写道:"怎么? 你,我的母亲,你竟认为我这五十岁的儿子必须给外甥女写信吗? 我如果高兴给她们写几个字,她们应该感到莫大的光荣和幸福才是……"②在这一通雷霆之下,母亲大人屈服了,于是莎菲和瓦朗蒂娜重新开始了塞维涅夫人式的写作。

可爱的莎菲还在记日记。这一家人的血液里都有墨水。1849 年元旦,莎菲在日记中描写了她们在吉祥街外婆"家里"的一顿晚餐。"可怜的外婆! 瞧她接待我们的那份高兴劲儿! 她又像过去那样当起贵妇人来了……巨大的雕花壁炉的炉膛里燃着熊熊烈火……多么精美的小小晚餐! 都是我们爱吃的东西。仆人弗朗索瓦和扎奈拉围着我们忙碌不停! 只有我父亲显得忧郁,闷闷不乐……舅舅在俄罗斯,他没有给我

---

① 《巴尔扎克家书集》,第 354—355 页。——原注
② 《巴尔扎克家书集》,第 306 页。

们写信! 他呀! 在那儿泡在金银财宝堆里了,才想不起他可怜的小外甥女呢……"①莎菲爱上了珠尔玛的儿子伊凡·卡罗,但这是毫无希望的爱情。至于达布兰爷爷,虽然元旦那天他来拜了个年,却没有带来什么像样的礼物。"多抠门儿! 这老光棍有四万法郎年金,还有收藏古董的嗜好,只带来一个价值两法郎的中国瓷茶杯! 算了,这么大岁数了,只好原谅他这点儿吝啬劲儿……"②

奥诺雷舅舅终于来信了。调门儿是忧郁的。"同这位漂亮尊贵的韩斯卡夫人的婚事还没有敲定。他会幸福吗? 她多么高傲,尽管舅舅声名卓著,恐怕她还会把他看得低她一等的。也许是我错看她了。因此我衷心希望一切都能按他的愿望实现。不过这样我们就要和他有距离了,我们会受委屈的。这有什么呢? 今晚我还要为舅舅的婚事祈祷……不论他怎样,我都要爱他……他答应给外祖母每月一百法郎津贴,真了不起! ……应当承认,在这样一位贵妇人身边,他的情感会升华,心地会更好。他真善良,看来他是真心爱着她……"③年幼的莎菲非常聪明,她已经懂得了真正的爱会产生善良的心。她怜悯自己的父母,原谅他们毁了一家人的生活。她写道:"我的上帝! 多么令人心碎! 眼看一位如此勇敢的父亲失去了勇气! 他曾经拼命工作! ……现在他躺在床上不能入睡。"于是她带父亲去逛杜伊勒里宫,去讷伊散散心。"巴黎真美! 阳光灿烂,空气清新温暖! ……"④

自然学家可以从莎菲和瓦朗蒂娜身上看到这种有趣的现象:"神圣家庭"的性格特征在下一代身上得到再现。她们爱好写作,有那么一丝

① 《莎菲·絮尔维尔的日记》,《巴尔扎克年鉴》1964年,第88—89页。——原注
② 《莎菲·絮尔维尔的日记》,《巴尔扎克年鉴》1964年,第91页。
③ 《莎菲·絮尔维尔的日记》,《巴尔扎克年鉴》1964年,第90页。
④ 《莎菲·絮尔维尔的日记》,《巴尔扎克年鉴》1964年,第98页。

虚荣心,心地非常善良。她们的谈吐举止均属资产阶级,却从外祖父母那里继承了崇敬贵族和蔑视商人的本能。不过对达布兰先生例外,因为他爱好音乐和美术作品,他乐于倾听莎菲弹钢琴。"我敬重他,但是自尊心阻止我对他有所流露。他很有钱,我才不屑于同那些觊觎他遗产的人群为伍呢……"何况达布兰"被这群卫星团团围住的时候,便不由自主地流露出他庸俗的一面,开开粗鲁的玩笑,像小店里的人那样放声大笑……"①众所周知,巴尔扎克一家人都有文艺天才,他们忘记了他们的祖先中有一支也在沼泽区开过店。妈妈刚写完一个剧本《幸福的女人》,爸爸读后提出了批评。莎菲写道:"在艺术作品上,绝不能听家里人的评论,他们不是过于温和便是过于严厉。"②这情景好像回到了 1820 年维勒帕里西斯的家中。

1849 年 6 月 25 日,巴尔扎克致洛尔·絮尔维尔:你的女儿们的来信给这里带来极大的快乐,大家从她们的风格、字迹和文字中揣摩她们的性格举止,她们特有的外貌和心灵之美。邮袋一到,当我认出你的笔迹时,他们就大声嚷着问有没有"她们"的来信。若是安娜伯爵夫人来到巴黎,她一定会经常邀请她们去意大利剧院、法兰西歌剧院和喜剧院去看戏的。可是絮尔维尔的卡贝斯坦工程会把两个小把戏从巴黎带走。你告诉我的这项工程计划使我宽慰,絮尔维尔的小船行进得蛮不错嘛……③

然而巴尔扎克的小船却风雨飘摇。那位高效率的冒失鬼洛朗-扬

① 《莎菲·絮尔维尔的日记》,《巴尔扎克年鉴》1964 年,第 100—105 页。——原注
② 《莎菲·絮尔维尔的日记》,《巴尔扎克年鉴》1964 年,第 107 页。
③ 《巴尔扎克家书集》,第 409 页。——原注

受巴尔扎克之托,在巴黎同出版商和报纸经理们打交道。母亲大人只受命签字,无权参与讨价还价。这位代理人不乏热情和机智,却未能使剧本《投机商》上演。他给威尔卓尼亚送去了法兰西的舞台信息。奥斯坦的历史剧团全仗着"没完没了的剑客"①撑局面。眼下只有这个剧团还在盈利。此外,还有一家上演了一出抨击共和国的小剧赚了几个钱。洛朗-扬认为这种机会主义态度太卑劣了。他写道:"一年来他们容忍着一个令人憎恶的政府,整天向它致敬,付给它大笔的税金,仅仅在晚上对它吹几声呼哨就算保住了自己的体面,简直是堕落、胆小鬼。"②洛朗-扬敦促巴尔扎克快寄一本杰作来。"说真的,快半年了,法兰西成了你的天才的寡妇,就像安娜修女一样,我也没见你寄来多少有分量的东西。你的仆人洛朗-扬。"③

韩斯卡夫人、安娜和乔治·莫尼泽对他始终"无比热情",关怀备至,想方设法帮助他"清除生活道路上的杂草"。但是那件最主要的事情,他们的婚事,依然遥遥无期地拖延下去,令人烦躁不安。"期望中的事没有进展。"夏娃琳娜伯爵夫人属于沙皇的臣民,无论是把财产转移到安娜名下,为她自己立一笔终身年金,还是宗教的婚礼仪式都有待宫廷批准,而这些,虽经多方奔走请求,仍迟迟批不下来。

下面是 1849 年 1 月 5 日巴尔扎克致圣彼得堡国民教育大臣乌瓦洛夫伯爵的信中的一段:

> 十六年来,我眷恋着一位尊贵圣洁的妇人……她是俄罗斯的子民,其无可怀疑的忠顺服从,想必深得您的赞赏,因为您对俄罗

---

① 指大仲马的剧本《三个火枪手》等。
② 《巴尔扎克和洛朗-扬》,《巴尔扎克年鉴》1960 年,第 169—172 页。——原注
③ 斯波贝奇·德·洛旺儒的收藏:A.314,第 334 页。——原注

斯的一切了如指掌……没有至尊至上的国君恩准,她不会同意嫁给一个外国人。然而她授权给我为之提出申请。我对这一顺从态度毫无怨尤,相反认为此乃顺理成章之事。我的政治信仰绝不允许我批评,更不能冒犯任何一个国家的立法。长期以来,违背此项原则者之厄运足以告诫我切勿重蹈其覆辙。故我今日之命运完全取决于俄皇陛下,对此我毫无疑惧,深知事情将有圆满结局,因为我确信陛下的慷慨善良同他的权力一样至高无上……①

巴尔扎克若是还年轻,就会不耐烦地发出怨声:"得……得……得……"

他能活到结婚那一天吗?他病得不轻,心脏早已十分衰弱,到1849年,已经岌岌可危,每走一步路,甚至连梳头都要发喘,并已多次发生心肌梗死。威尔卓尼亚有两位家庭医生,即克诺特父子俩,师承名闻全欧的德国医学博士弗兰克,弗兰克自己也曾在圣彼得堡行医。巴尔扎克对他们两位的医疗护理非常满意。他们的诊断是单纯性心脏肥大,治疗方针在于"恢复静脉血流的畅通和清洗血液",因为病人的血液浓度太高。但是当他按医生的指示空腹服用柠檬汁时,便产生剧烈的呕吐,吐得死去活来。他在信中诙谐地写道:"全靠我这公牛般强壮的体格,给人类的主宰制造了小小的麻烦,我属于反对派的行列,它的名字是'生命'……"②母亲大人提醒他,说她自己和萨朗比耶外祖母都是受不了柠檬汁的。

他的病体不允许他回法国去。起初他曾计划于1849年9月启程。

---

① 原件藏于乌克兰波需切堡的乌瓦洛夫档案室。斯波贝奇·德·洛旺儒的收藏中有一份抄件:A.283,第158—162页。——原注
② 《巴尔扎克家书集》,第379页。——原注

但当时他的病情太重,经受不起旅途的劳累。他说:"还需要六至八个月恢复我的心脏瓣膜的弹性……"①他喜欢克诺特医生那种霍夫曼式的性格。这位医生自己动手炮制神秘的药粉,还有收藏小提琴的癖好。莫尼泽夫妇俩对已经住了一年多的巴尔扎克仍然很热情,欢迎他继续住下去。然而他们自己也有困难和不幸:两场火灾,三场诉讼,还有几所房屋倒塌,农田歉收等。乔治伯爵原来一直雇着五百名农夫直接经营一大片土地,现在却考虑把土地全部出租,只留下住宅和花园。

巴尔扎克几乎每年冬天都要犯气管炎的毛病。1850 年 1 月的那次感冒来势凶猛,把他的肺都要咳炸了,他以为自己要死了。他在家信中写道:

> 我整天关在房间里不能出门,甚至卧床不起。好心的女士们总是陪伴着我,不讨厌我咳嗽吐痰的丑态,那简直像晕船时的呕吐。我周身出虚汗,痛苦至极。现在总算过去了,可以说已经适应了这里的水土……②

至于那件"大事",看来有望得到预期的结果。从韩斯卡夫人的角度,嫁给这样的病人是莫大的牺牲,因为他不再有做情人的健壮体格;作为作家,看上去也不会再有大的作为了。此外,法兰西的政局依然动荡不定,路易·波拿巴主持着第二共和国,巴尔扎克和他母亲对这个软弱的领导者不抱太大指望:

---

① 《巴尔扎克家书集》,第 473—474 页。——原注
② 《巴尔扎克家书集》,第 494 页。

这位可怜的总统时时流露出黔驴技穷、忧心忡忡的样子。他似乎不懂得装出一副任何政治家都应该具有的莫测高深的面孔，却总是那样焦虑不安，答非所问，别人对他说的话四分之三他都听不懂。此外还有些分不清好歹。人人都说："这样下去，怎么得了？……"①

在这种情况下，让韩斯卡夫人离开自己像女王般主宰着的宫殿，去经受动荡的生活，充当看护病人的角色，似乎不很理智。

1849 至 1850 年，巴尔扎克度过了最艰难的一个冬季。整整二十天，他被钉在床上，韩斯卡夫人是他最忠实的看护。他唯一的娱乐是观看安娜·莫尼泽身着盛装去附近花园参加舞会。1850 年 3 月，终于获得了皇上的恩准，一切文件手续都办理妥当，他们可以到别尔季切夫去举行婚礼了。直到最后一刻，他还不敢相信自己的幸福。可是他却不停地给母亲大人发出指令，细致周到地布置好一切，以待他偕同"奥诺雷夫人"一起回到吉祥街的家里。他要求花坛中栽满"美丽又美丽的鲜花"，碗柜里准备好最优等的奶酪。新婚夫妇来到之前，必须把所有的书籍装帧一新。巴尔扎克安排自己的家务，同他写小说时描写的一样具体。

举行婚礼的前三天，他还没有确切的把握。3 月 11 日他写信给母亲道："为办那件事进行着一切准备，但是必须等事成之后才能明确地告诉你。在这里和别处都一样，这种事情只有等仪式举行完毕才算大功告成。"②夏娃琳娜在"同意"和"不同意"的天平上的那根指针直到

① 《巴尔扎克家书集》，第 508 页。——原注
② 皮埃尔·德卡福：《巴尔扎克先生的百日》，第 9 页，巴黎，卡尔曼-莱维版，1950年。——原注

最后一刻还在摇摆不定。促使她最后下定决心的,除了爱情和荣誉之外,还带有三分怜悯。

3月14日晨七点,婚礼终于在"融雪滴翠、钟声回荡"的别尔季切夫圣巴尔巴拉教堂举行。主婚人是基多米尔红衣主教的代理人奥扎罗夫斯基伯爵神甫,乔治·莫尼泽是证婚人之一。"安娜伯爵夫人搀扶着母亲,母女俩都快乐至极。"①婚礼之后,全家返回威尔卓尼亚。晚上十点钟,才筋疲力尽地回到这里,乌克兰的寒风震撼着古堡。巴尔扎克气喘吁吁,五十岁的新娘风湿痛发作:"她的双手双脚肿得动弹不得,寸步难移……"②克诺特医生让古堡的女主人采取一种奇特的疗法,"每天她必须把双脚伸进一只刚刚开膛的乳猪的腹腔之内,浸在滚热的还在颤动着的内脏里。那只小猪的叫声悲惨得难以形容,它不懂得此举给它带来的荣幸而一味挣扎……"③心脏病的丈夫和风湿痛的妻子都处于不能旅行的状态。他们不得不把回巴黎的日期定于4月底。"我希望能在月底之前到达巴黎……天哪!我的病体需要故土的空气,同时期望我的妻子能因此恢复健康,她也病得厉害……"④

婚后,巴尔扎克写了四封捷报,分寄给母亲、妹妹、纳卡尔医生和患难时期的女友珠尔玛·卡罗。

1850年3月17日,巴尔扎克致珠尔玛·卡罗: 我们是久经考验的老朋友了,我应该亲自向您报告我这幕长达十六年之久的伟大壮丽的爱情剧的幸福结局。这就是说,三天之前我迎娶了世上

---

① 《巴尔扎克家书集》,第522页。——原注
② 《巴尔扎克家书集》,第523页。
③ 《巴尔扎克家书集》,第472—473页。
④ 《巴尔扎克家书集》,第572页。

唯一我爱过的,前所未有地爱着的,并将至死不渝地爱下去的女人。我想这段姻缘是上帝赐予我的,是对我一生中所遭受并克服了的无穷坎坷、辛劳和困难的补偿。我不曾有过幸福的青年时期,不曾有过欣欣向荣的春天;但是我将迎来最明媚的夏天和最甜蜜的秋天……①

给纳卡尔医生的信中他既谈了自己辉煌的婚姻,又谈到了悲惨的病情。他,巴尔扎克,成了玛丽·莱辛斯卡皇后的侄孙女婿,沙皇的一位副官的妹夫,皇后身边一位最有地位的贵妇人的外甥,那些嫉妒他的人会怎样说呢?但是当这位医生看到他的病人连攀登二十级台阶的力气都没有,坐着不动还要喘得透不过气的惨状又该怎么说呢?如果说巴尔扎克由于计划的圆满实现而兴奋,他对前途却已不抱幻想,Bedouck②给了他一生中梦寐以求的理想婚姻,但他也知道,新婚之床就是他的死亡之榻。正如《舒昂党人》中的玛丽·德·韦纳伊,他也可以说:"还有六小时可活。"1834年他曾经写道:"眼看《驴皮记》的作者年纪轻轻就死去倒是件奇事。"是奇事吗?不,这是不可避免的事!一个人像他这样天天夜里吞噬自己的生命,能长寿吗?但是"无论如何,必须死在窝里"。他万分焦急地要把妻子带回吉祥街去。

不过,他还必须到基辅走一趟,把巴尔扎克夫人的名字登记到他的护照上,同时申请俄罗斯帝国的出境签证。这趟跋涉之后,他又添了一种病:眼炎。他不能再看书写字,一块黑斑遮住了视线。克诺特医生采取了一些新的疗法,终于同意他于4月25日启程返回巴黎。经过克拉

---

① 《巴尔扎克和珠尔玛·卡罗的通信》,伽利玛出版社,1951年,第275页。
② 参阅本书第345页。

科夫和德累斯顿的这段路程极为艰难崎岖。马车深深陷进泥淖,把车门都封住了。气喘吁吁、几乎失明的巴尔扎克不得不下车坐在泥地上,等待农夫们用千斤顶把车子拔出泥潭。他用双手捂住自己的心脏,吃力地喘气。

1850 年 4 月 30 日途经乌克兰的布劳迪时,夏娃·德·巴尔扎克致信女儿安娜:我对他的健康状况非常忧虑,窒息越来越频繁,虚弱到极点,毫无胃口,虚汗淋漓,严重地消耗着他的体力。拉齐维洛夫的朋友们发觉他变化之大,判若两人……我认识他已经十七年了,每天都能从他身上发现以前不了解的优点。唉!要是他能稍为再健康一点该多好呀!望把这情况告诉克诺特医生。你想象不出他昨天晚上有多么痛苦。我希望故乡的空气能对他有点好处。若是这个希望落空,我就惨了!你知道,他这样热爱我,呵护我,使我多么幸福。他可怜的眼睛也越来越坏。我不知道这一切意味着什么。我时常悲伤,忧虑……①

最后又写道:"比尔博盖说,一旦踏上法国的土地,他就会好起来的。"5 月 10 日,他们到达德累斯顿,巴尔扎克瞎着眼给洛尔·絮尔维尔写信:"我们总算活着到了这里,但是又病又累。这样一趟旅行,消耗掉我十年的寿命。请你设想,当两人热烈相爱,生怕爱死对方或被对方爱死,这是一种什么感受……"②他向洛尔和母亲表示,坚决不要母亲在吉祥街迎候他们,唯恐有失体面。他写道:"我的妻子应该前去看望

---

① 转引自马赛尔·布特隆:《韩斯卡夫人的真实面貌》,巴黎,拉皮讷版,1929 年,第 27—30 页。——原注

② 《巴尔扎克家书集》,第 531 页。——原注

她,向她请安。在此之后,她才能继续像现在这样表现她的忠诚。而在我们初到家时的混乱之中,她来帮助我们将有失她的尊严。"①巴尔扎克老夫人奉命将门钥匙留给阿尔萨斯籍的仆人弗朗索瓦·缪克,而她自己则必须住在自己家里。

两位旅人在德累斯顿耽搁了几天,夏娃的朋友们对新婚夫妇庆祝一番。他们还逛了商店,奥诺雷为自己买了一套优质衣服,妻子买了一条"精美得连圣女都要为之发疯的珍珠项链"。巴尔扎克夫人给女儿女婿的信中写道:"比尔博盖大师拥抱你们。"夫妇俩在死神的威胁下似乎仍然很幸福。

他们终于在一天夜里到达巴黎。就在当天早晨,一位老太太坐上出租马车离开了这座房子。她遵照儿子的命令,叫仆人把花坛插满了鲜花,准备好开普敦生产的小奶酪。晚上,一辆马车停在吉祥街。一个男人,气喘吁吁,几乎双目失明,经过两昼夜不眠的旅途劳顿,筋疲力尽地走下车来,身后还跟着一位风韵犹存的女子。门铃响过,却没有人答应。"然而,房子里显然有人住着,因为所有的窗口都亮着灯光,装饰着花束。"②铃声响个不停,还是没有人来开门。巴尔扎克原本打算来一个凯旋的场面,如今却像是一场噩梦。③ 深更半夜,马车夫不得不到圣奥诺雷近郊街一七五号找锁匠格里莫来撬锁。等到夫妇俩走进这幢如此深情地准备好的宅第之时,他们发现仆人弗朗索瓦·缪克精神病突然发作,房子里被他弄得乱七八糟,自己反锁在里面出不来了。得等天亮以后,才能把他送进医院。他们付钱打发走了车夫和锁匠,然后夏娃

---

① 转引自马赛尔·布特隆:《韩斯卡夫人的真实面貌》,第532页。
② 斯波贝奇·德·洛旺儒:《一部爱情故事》,第102页,巴黎,卡尔曼-莱维版,1896年。——原注
③ 参阅皮埃尔·德卡福:《巴尔扎克先生的百日》。——原注

退入红色卧室,奥诺雷住进蓝色房间,在他上衣的小兜里,那块驴皮已经变得像玫瑰花瓣一样小了。

第四十一章　走向死神

房屋造毕，死神来临。

——土耳其谚语

"比尔博盖到达这儿时身体状况极坏，你从没见过他像今天这个样子，既看不见东西，也走不动路，并且每况愈下。"夏娃给安娜的信中这样写道。巴尔扎克卧床不起，夏娃在他身边看护。他回家后的第二天，纳卡尔医生就来看望他的病人和挚友。巴尔扎克的病情使他大为吃惊，立刻决定 5 月 30 日给他会诊。医生们又是放血，又是拔罐子，轻泻剂、利尿剂并用，还嘱咐他避免一切兴奋，少讲话，要说话也必须压低嗓门。

纳卡尔医生的记录表明了他个人的印象。他已经失望了，巴尔扎克的病情恶化瞒不过任何人。"更何况自他童年时代起这位医生就追随他，爱护他，研究他，还能有什么凶兆能逃过他的眼睛呢?"纳卡尔医生检查出他的心脏病又有了新的并且是致命的变化。病人气喘不止，说话断断续续，上气不接下气。不过，有那么几天，大家还希望治疗和休息能够减轻症状，至少能维持一段时间。

巴尔扎克夫人那朱诺般的前额上依旧保持着庄重和镇静。6月7日，她在写给"心爱的宝贝孩子"的信中，用一种奇怪的冷漠口吻抱怨说："简直无法从这暂时的困境中脱身，我的时间都耗费在这些最令人厌烦的琐事中了。"几乎失明的巴尔扎克，只好向夏娃口授他的信件。这份差事，加上护理病人和家务事，让这位家庭主妇忙得不可开交。她几乎抽不出时间到"山梅盛开和金雀花开始凋零"的庭院里稍微散散步、想想孩子们或者"沉浸于未来的遐想之中"。

　　当她说到"要回到两个亲爱的人身边"之时，是否已经确信她丈夫死之将至？但是她并没有流露这种念头，她写道："治疗取得了令人满意的效果，支气管炎消失了，眼睛开始复明，衰竭现象已经停止，气闷日渐减少。"她寸步不离病人，甚至无暇去看望昔日的女友莉蕾特·博雷尔，即如今在修道院的玛丽·多米尼克嬷嬷。夏娃忠心地看护着丈夫。

　　忠诚，精力充沛，她勇敢地承受着生活的变化、身体的疲劳和精神上的焦虑。她写道："我的身体从来没有像现在这样好，法兰西的空气浴让我心满意足……我终于见到了婆婆。因为我守护病人不能出门，她便前来看望儿子，她已完全恢复健康。至于她这个人么，只能在咱们之间说说，她是个*过时的时髦女人*①。她从前一定很美……幸而她不常来摆架子，她已经去尚蒂伊度夏。我更喜欢她的女儿，像个滚圆的皮球，不过人很风趣，心地善良。她的丈夫是位杰出的男子汉，女儿们活泼可爱……"②

　　夏娃和洛尔·絮尔维尔之间建立了友好的通信关系。1850年6月1日，夏娃致洛尔："我们可怜的奥诺雷今天早晨放了血……我们可敬

①　原文为波兰文。
②　马赛尔·布特隆：《韩斯卡夫人的真实面貌》，第53页。——原注

的医生来看望过他……今天上午我们谈论了你们很久,他是多么深情……我用不着说什么您也知道,他有一颗出自造物主之手的最美好的心灵。"纳卡尔医生取得了她的欢心:"不可能有比他更博学,同时又如此亲切自然和迷人的人了。"莎菲·絮尔维尔很喜欢她的新舅妈,称她为"可敬可爱的"舅妈。两个外甥女觉得她似乎对她天才的男人施加了非常良好的影响。"舅舅结婚和生病以后,对他的亲属们变得温柔、和蔼多了。"①"神圣家庭"的全体成员都自豪得飘飘然,所有的朋友也都感到分外光彩。因为连共和国的亲王总统(路易-拿破仑)都派人来探问病情。

可是夏娃却感到"在这所不吉祥的公馆里"日子过得很忧郁。"慈悲的上帝何时才能垂怜于我们呢?难道我们的苦难还没有受够吗?"而巴尔扎克自己却信心十足。他那双著名的金光闪烁的眼睛依然炯炯有神,可惜死灰般苍白的脸色否定了这残存的青春气息。洛朗-扬看到他朋友的这张脸大为吃惊,写道:"他已经只剩下自己的影子了。"泰奥菲尔·戈蒂耶是这样写的:"没有比一个愿望的实现更可怕的事了……梦寐以求的良缘业已缔结,幸福的安乐窝构筑完毕,'穷亲戚们'都沾了光。过分美满了,剩下的就只有等待死亡了……但是我们谁也不曾料到会有这样的结局……我们都确信他将为我们所有的人送葬……"②巴尔扎克曾经无数次向朋友们绘声绘色地谈到巫师巴尔塔扎尔预言他将如何长寿,以至他们都信以为真了。

6月19日,好心的泰奥菲尔在去意大利之前到吉祥街来探望他。不巧,正值巴尔扎克乘马车到海关去提取在德累斯顿购买的物品,这真

---

① 安德烈·洛朗:《不祥的房子》,《巴尔扎克年鉴》1961年,第73—94页。——原注
② 泰奥菲尔·戈蒂耶:《奥诺雷·德·巴尔扎克》,《当代人物群像》第128页。——原注

是太冒险。就像邦斯舅舅那样,收藏家不顾重病在身,要亲自出马去保卫他的宝贝。他非常遗憾没能见到戈蒂耶,就向夫人口授了一纸便笺:"如果说您见我出门去了,那并不意味我已有好转。我只不过是违背医生的禁令,拖着病体勉强挨到了海关……他们说我很有希望痊愈,但我却始终像一具木乃伊一样,既不能说话,也不能行动。这张便函是为了报答您的友情,在医生迫使我陷入孤独之时,这份友谊对我尤其珍贵。"在信纸下方,巴尔扎克用颤抖的手涂写了一行几乎难以辨认的字迹:"我已经不能再读书和写字了。"如果可能的话,他定能在某一篇小说中精彩地描绘这种活尸和无能为力的凄惨状态。

病人和他的妻子几度以为病情有所好转。纳卡尔医生每天都来看望,他诊断出病人有严重的蛋白尿,因此他心里明白,这表面上的平静只是暂时的和缓。老医生对韩斯卡夫人的印象极佳,说她"心灵高尚,宽仁大度,极有教养"。巴尔扎克身穿睡袍半躺在一张巨大的扶手椅中接待了保尔·默里斯和奥古斯特·瓦克里,来客极力掩饰着悲伤同他握手。"跟我夫人谈吧!"他对他们说,"今天不允许我讲话,但是我听着你们。"

维克托·雨果来了,他神采奕奕,热情友好,气度非凡。这一天适逢巴尔扎克感觉良好,心情愉快,满怀信心。他不怀疑巴尔扎克能够痊愈,也就无所顾忌地谈笑风生。后来雨果这样描述这次会见:

> 我们谈了很多,还争论了政治问题。他责备我"蛊惑人心"。他是个保王派。他对我说:"您怎么能够满不在乎地放弃法兰西贵族院议员的头衔呢?这可是仅次于国王的最高荣誉啊!"他还说:"我的房子可以跟德·博戒先生的公馆媲美,虽然没有花园,但是有一条通向街角那所小教堂的私人通道。我的楼梯口有一扇门直

通教堂,只消把门打开,我就能望弥撒了。比起花园来,我更珍惜这条通道。"我向他告辞时他步履艰难地一直把我领到这个楼梯口,指给我看那扇门,一面向他的夫人喊道:"一定要让雨果看看我所有的油画。"……①

巴尔扎克谈起雨果时常常不太公正和愤愤然,但在内心是喜欢他、钦佩他的。他们是当时最伟大的两个人物,他们自己心里都明白这一点。

安娜·莫尼泽从俄罗斯的来信也反映出她获得了令人欣慰的消息:"我要千万次地赞颂和祝福上帝,他使我亲爱的父亲的健康有了明显的好转……喔!我心中的吉祥街,百倍的吉祥如意!喔!多么好的街名啊!……"她还转述克诺特医生的话说:"哎,假如当初我能留德·巴尔扎克先生再多待一个月,尤其是如果我能说服他每天吃一个柠檬的话,也许他现在已经差不多痊愈了……"②多么天真啊!

到7月份,情况急转直下。参加会诊的路易大夫对维克托·雨果说:"他活不过六个星期了。"水肿异常严重,洛尔给母亲的信中说道:

先后三次,医生在他鼓胀的肚皮上放了上百条蚂蟥……尽管他们俩永远是那样乐观,尽管奥诺雷在死神的鼻子底下还在说俏皮话、开玩笑,但他已经气息奄奄了。就在腹膜炎发作的昨天夜里,我嫂子平静地对莎菲说:"我怕他是没救了。"但是她的失望十分短暂,她那了不起的信心又回来了,今天早晨,她再次毫无惧色

---

① 维克托·雨果:《见证录》,第2卷第69页。——原注
② 斯波贝奇·德·洛旺儒的收藏:A.387。——原注

地放上了最后三十条蚂蟥……嫂子真令我不可思议。她知道情况是多么危险吗？莫非她真不知道？若是她知道的话，那她真是太英勇了……①

她必定是知道的。纳卡尔医生了解她是个勇敢的女人，他不会瞒着她的。他赞赏她的坚强。哭哭啼啼有什么用呢？倒不如认认真真地放上蚂蟥，不要影响丈夫的信心。他精神较好的时候，思想总能活跃起来，谈论他未来的小说，计算着需要多少时间来完成。纳卡尔医生后来写道："只有上帝知道这是多么大的损失，我们当时没有把他的构思、人物和情节记录下来……他的笔终于不能再写作了。"②

在机体发生这样的器质性紊乱的情况下，一向深知人类命运的德·巴尔扎克先生表示希望会见一位尊贵的上帝的使者，在他嘴里宗教仅仅是宇宙间智慧的最高表现。这种安详从容的态度多么令人心碎！这位年纪不大的伟人，不得不眼看自己以三十年夤夜不眠的辛勤劳动与刻苦研究换来的荣誉、那目睹大厦完工的愿望以及刚刚获得的内心幸福，都将就此斩断……③

请来的是奥苏尔长老，圣菲利浦-鲁尔的本堂神甫，著名的博戎教堂住持。巴尔扎克在小说中描写过多少临终的场面，如高老头、莫尔索夫人、邦斯、瓦朗蒂娜、格拉斯兰之死，等等。可以确信，他本人同教士

---

① 《巴尔扎克年鉴》1961 年，第 80 页。——原注
② 皮埃尔·德卡福引自纳卡尔医生的《观察报告》，见《巴尔扎克先生的百日》，第38—39 页。——原注
③ 皮埃尔·德卡福引自纳卡尔医生的《观察报告》，见《巴尔扎克先生的百日》，第38—39 页。

的这番临终对话体现了巴尔扎克的伟大和高尚。医生们早已放弃了穿刺术，水肿使皮肤变得像猪皮，肌肉成了肥膘。到 8 月 5 日，他的腿碰在家具上，积水涌了出来。就在当天，由夫人执笔，巴尔扎克口授了一封致费萨尔的信："我右腿溃烂疼痛难忍，您可知道我痛苦到何等地步。我看这都是因为我的婚姻太幸福了，所以上苍要我付出代价。"他亲自签上名，在他的签名底下，夏娃加了一句："请想想吧，亲爱的先生，这位悲痛的女秘书哪有力气写这封信！可怜的人儿油已耗尽，他已经只是一架机器，等待着上帝给以仁慈的一击，打断它的弹簧，才悲惨地停止运转。"①

这么说，她已不存任何幻想。在别尔季切夫举行婚礼时她是否抱过幻想？看来不大可能。她的决心迟迟难下，然而正如洛尔所说，这是个勇敢的决定。因为巴尔扎克夫人知道她将要照料一个垂死的人，而且在第二次守寡时还要面对一个糟糕的局面。有几次"短暂的神志错乱"（次数不多），中断了他非凡的智慧，令他本人也十分吃惊，事后他还努力回忆是怎么一回事。不久，动脉炎引起坏疽，腐烂处的绷带发出恶臭。医生指示病人绝对休息，并且开了一剂天仙子和洋地黄药水，最后他建议打开所有的门窗，在"死者房间"里多放几个盛满石炭酸溶液的盘子。纳卡尔医生在他的朋友尚未咽气之时就用"死者房间"这个词，说明他已认为无药可救了。红肿的伤口发干发烫，毫无办法。据说巴尔扎克在失去知觉之前说过这么一句话："只有毕安训能救我。"很可能在昏迷前的谵妄中，他已完全生活在《人间喜剧》的世界里。

8 月 18 日星期日上午九点，夏娃请来了奥苏尔长老。巴尔扎克接受了临终涂油礼，并用微弱的动作示意他已明白是怎么回事。十一点

---

① 见安德烈·洛朗：《不祥的房子》，《巴尔扎克年鉴》1961 年，第 88—89 页。——原注

钟,他进入了最后的昏迷状态。巴尔扎克夫人被三个月的护理折磨得筋疲力尽,她请来一位看护。下午,维克托·雨果夫人前来打听消息。那天雨果请叔叔路易·雨果吃晚饭,但饭后立即雇了一辆马车亲自赶往吉祥街,以便同唯一能与他平起平坐的人见上最后一面。

我拉响门铃。那晚皓月当空,时而被一片薄云遮掩,街上阒无一人。没有人来开门,我再次拉铃,门开了,一个女仆手持烛台出现在我面前。"您找谁?"她问。她在流泪。我报了姓名后被引进楼下客厅。壁炉对面的一个托架上放着一座大理石的巨型巴尔扎克半身像,这是大卫的作品。客厅中央一张椭圆形桌子上燃着一支蜡烛。桌子十分华贵,四条腿是精工细雕的四个小人像。另一个女人走进来,也是眼泪汪汪的,她说:"他不行了,夫人刚回卧室去,医生从昨天起就不管他了……"①

夏娃回自己房间去休息几个小时,弥留状态也许会持续一段时间,再说临终之前已无须照顾了。女看护告诉雨果:

"今天早晨九点起,先生就不再说话……十一点以后他大声喘气,什么也看不见了。他过不了今晚了。您要不要我去叫絮尔维尔先生?他还没有睡呢。"

她走出去后,我稍等了片刻。幽暗的烛光照着客厅里豪华的家具和墙上挂着的波尔比斯和荷尔拜因的富丽堂皇的油画。影影绰绰的大理石胸像仿佛是垂死者的鬼魂。房子里弥漫着一股尸体

---

① 维克托·雨果:《见证录》,第 2 卷第 67 页。——原注

的气味。

德·絮尔维尔先生走进来，又向我讲述一遍女用人说过的情形。我要求见一见德·巴尔扎克先生。

我们穿过走廊，登上铺着红地毯和充满艺术品的楼梯，有花瓶、雕像、油画以及摆满珐琅制品的橱柜，然后又是一条走廊，我看见有一扇门开着。我听见既响又可怕的喘息声。我到了巴尔扎克的卧室。

房间中央放着一张桃花心木的床，床头床脚都绑着若干横梁和皮带，显然是为了帮助病人翻身的装置。德·巴尔扎克先生躺在这张床上，头被高高的枕头垫起，枕头底下加了几个房间里长沙发上的红色锦缎靠垫。他的脸呈酱紫色，近乎发黑，头向右侧倾斜，胡子零乱，头发灰白，剪得很短，眼皮睁着，瞳孔发直。我从侧面看他，那样子真像拿破仑皇帝。

一位老妇人（女看护）和一个男仆分别站在床的两侧。床头背后的桌子上点着一支蜡烛，门旁的五斗橱上燃着另一支。床头桌上放着一只银质花瓶。这一男一女默不作声，怀着恐惧静听垂死者的大声喘息。

床后头的那支蜡烛把挂在壁炉旁的一幅肖像照得通亮，那是一个健壮红润、面带微笑的青年人。

床上散发出一股难闻的气味。我掀开被单，握住巴尔扎克的手，那手上全是汗，我按他一下，他没有反应……女看护对我说："他天亮前就会咽气。"

我走下楼去，头脑里印下了那张毫无血色的面孔。穿过客厅时，我又瞥见那座肃然挺立的胸像，朦胧中焕发着傲慢的神采。我不由得想到了死亡与不朽的关系。

那天是星期日,回到家里,我发现好几个人在等我,其中有土耳其代办里扎·贝,西班牙诗人那瓦雷特,流亡中的意大利伯爵阿里瓦贝讷。我对他们说:

"先生们,欧洲将要失去一个伟大的天才。"①

当天夜晚,巴尔扎克与世长辞了。古怪而忠诚的洛朗-扬立即赶来。巴尔扎克夫人不喜欢这个浪荡的人,她厌恶他那副落拓不羁的样子和他那"不雅的谈吐"。但是丧葬中他却帮了大忙。他去市政府报丧,在报纸上发布讣告,请来画家欧仁·吉罗为躺在灵床上的巴尔扎克画下最后一幅彩粉画。这幅画显示出画家的才气和深情,巴尔扎克的头部漂亮、刚毅而平静。有个名叫马尔米尼亚的模塑工跑来模制了一只死者的手,并且把他的手艺寄给了"巴尔扎克夫人",这就是光荣。

巴尔扎克的生命像《人间喜剧》里的某篇小说一样结束了。他曾多少次描写一个人毕生梦寐以求的爱情,可是就在他以为终于能够享受到而伸手去攫取的那一瞬间,它却溜走了。《舒昂党人》、《路易·朗贝尔》和《阿尔贝·萨瓦吕斯》等小说都是这样结尾的。

像古代的赛跑者一样,到达终点时已经奄奄一息!幸运与死神同时抵临门槛!在爱情燃尽的时刻得到你所爱的女人!终于赢得幸福的权利之时,却不再有力气去享受!唉!古往今来,多少人都是这样的命运!

长久以来,他就有这种预感:这也就是他自己的命运。他那洞烛幽

---

① 维克托·雨果:《见证录》,第 2 卷第 68—69 页。——原注

711   巴尔扎克传(下)

微的睿智曾经那样热衷于揭示事物的奥秘,因此在他生命的最后那些日子里,必定极为清晰地看到了他自己一生的因果关系。欲火燃尽了他的生命,塑造人物的行动耗尽了他的精力,他是自己作品的牺牲品。命途多舛的童年和青年时代激发了他那超人的雄心。他无所不欲:爱情、财富、天才、荣誉。虽然横在起点与终点之间的距离看上去难以逾越,他却终于得到了一切。1850 年 8 月 18 日,星期天,他静卧在亲手布置的、酷似他所梦想的《一千零一夜》的环境中,依偎在为了他而抛弃自己的宫殿和麦海的神奇的外国女子身旁,安息在他所制造并赋予生命的人物世界里;这些人物将在他身后永远活下去。然而多年来对他紧追不舍的死神,终于和他同时跨过了终点。

尾 声

友谊与荣誉只能在坟墓里享受。

——巴尔扎克

圣菲利浦-鲁尔区的本堂神甫同意让巴尔扎克的灵柩在博戎小祭堂里停放两天。因此,巴尔扎克终于在死后"从这扇他所独有的,对他来说比任何天堂乐园之门更为珍贵的小门通过"[1]。葬礼于 8 月 21 日星期三举行,没有什么隆重的排场。十九世纪最伟大的小说家没有任何正式头衔。他的王国不在这个世界上。盖棺的黑色旗帜上没有标志,没有蒙黑纱的鼓乐队,也没有穿花边制服的仪仗。不过从上午十一点起,所有"怀念和景仰他的人"纷纷聚集到圣尼古拉教堂和小祭堂周围。那些长期同他一起,为他排字的印刷工人在人群中占了相当大的比例。[2] 内政部长巴罗什代表政府出席仪式。从点着蜡烛的停尸堂到教区教堂的送葬过程中,由内政部长、维克托·雨果、亚历山大·仲马、

---

① 维克托·雨果:《见证录》,第 2 卷第 69 页。——原注
② 《巴尔扎克先生的逝世及其葬礼》,载《侧影》周刊。——原注

弗朗西斯·威等作家协会会员执绋。在灵柩台前,部长对坐在身边的雨果说:"这是一位杰出的人物。"雨果回答:"这是一位天才。"

送葬的行列绵延好几条大街,几乎看不到尽头。大仲马和雨果是步行去的。下午很晚才到达拉雪兹神甫墓地。雨果差一点夹在灵车和一座大墓碑之间被挤碎。他在墓前发表了一篇演说,人们以一种肃穆的感情认真倾听。雨果事后记载:"我演说之际,太阳渐渐西斜,巴黎在落日的霞光中显得很远很远,我听见脚下的泥土滚入墓穴,它们落在棺柩上的低沉响声打断了我的讲话。"拉斯蒂涅曾经在这墓地的山丘之上向巴黎发出挑战。而这一天,巴黎却在悼念拉斯蒂涅的塑造者。

维克托·雨果说:

在最伟大的人物当中,巴尔扎克属于头等的一个,在最优秀的人物当中,巴尔扎克是出类拔萃的一个……他所有的著作汇成了一部书,一部活生生的、光辉灿烂、意义深远的书。我们当代全部文明的来龙去脉、其发展及动态,都以令人惊骇的现实感呈现在我们面前。这部奇妙的书被作者命名为《喜剧》,其实也可以说是一部《历史》。它以无限丰富的形象和风格超过了塔西佗的历史著作,达到了苏埃托尼乌斯①的高度,超过了博马舍而堪与拉伯雷媲美……它在大量的真实、夸张、平庸、粗俗、物质的描写中,会突然让人觉察到最忧郁最带悲剧色彩的理想……

这就是他为我们留下的作品,一座高大而坚固、建立于花岗岩基石之上的丰碑,在这丰碑的上空将永远闪耀着作者的不朽声誉,伟人们自己奠定了基石,后人在上面为他们建立塑像。……喔!

---

① 苏埃托尼乌斯(约69—122以后),罗马著名传记作家和书简作家。

这位强壮且不知疲倦的劳工,这位哲学家、思想家,这位诗人和天才,曾经和我们一起经历了生活的战斗狂澜、日常的争吵与搏斗,正如各个时代所有伟大人物都经历过的一样。今天他终于在这里安息了。他摆脱了非议与仇恨,在走进坟墓的当天,也进入了光荣。从今以后,他将超然凌驾于笼罩在我们众人头顶的云雾之上,在祖国的星空闪闪发光。①

在这同一天,巴尔贝·德·奥尔维利写道:

巴尔扎克之死是文化界的巨大不幸,在我们这个时代去世的人物中,只有拜伦之死能与之相比。是的,拜伦和巴尔扎克一样,刚刚跨出青年时代,正当创作的成熟之年就离开了人世,留下了一部未完成的巨著。《唐璜》这部诗篇同《人间喜剧》这部更为伟大的诗篇一样,都还没有写完,尤其是后者,可以说我们仅仅读到了它的一半……瓦尔特·司各特的一生像一轮红日那样,走过了晴朗而漫长的整整一天之后落下山去……歌德这位命运的宠儿,早在有生之年就已经享有未来的不朽盛名,成为人们心目中的大理石雕像,而巴尔扎克却是在他生命的中途,正当他的才华与创作计划的规模日益扩大之时,溘然病逝……②

巴尔扎克的宿敌圣伯夫于 9 月 2 日在他的《月曜日谈话》中,一开

---

① 维克托·雨果:《巴尔扎克的葬礼》,1850 年 8 月 21 日在巴尔扎克墓前的演说,收入《流放之前》,第 1 卷第 296—297 页,巴黎国民出版社 1937 年。——原注

② 巴尔贝·德·奥尔维利:《巴尔扎克之死》,《时尚杂志》(1850 年 8 月 24 日)。——原注

始就宣称今后他将摒弃一切个人恩怨,以全新的眼光来评价巴尔扎克的作品,他是这样写的:

> 有谁比他更好地描绘了帝国时代的元老和美女?有谁比他更深切地打动了复辟王朝末期的公爵夫人和子爵夫人的心灵?这些饱经世故的三十岁女人,以一种模糊的热切心情盼望看到她们自己的这位画家为她们所画的肖像……最后,有谁比他更巧妙地从现实中汲取素材,充分地表现了七月王朝时期得胜的资产阶级?……如果说巴尔扎克先生在法兰西以惊人的速度获得了巨大的成就,那么从欧洲范围来看,他的声誉则更加伟大,更加无与伦比。例如在威尼斯,曾经有一批人以巴尔扎克作品中的主要人物自许,采用这些人物的名字,在生活中扮演这些角色。有一个时期,人们只看见拉斯蒂涅、朗热公爵夫人、摩弗里纽斯公爵夫人,而且在这出社会喜剧中,肯定不止一个男演员或女演员坚持要把他们的角色演到底。……①

作过一番颂扬之后,圣伯夫仍忍不住从他的秘密武库里找出一些毒汁,巧妙地稀释之后射将出去。甚至在巴尔扎克死后,他说仍不能接受"这种经常挑逗人心、瓦解意志、刺激神经、染上各种色彩和花纹的风格,正如我们的大师们所批评的那样,这是一种亚洲式的令人舒舒服服地堕落的风格"。他也不能赞同巴尔扎克所公开承认的对斯威登堡、梅斯麦以及形形色色卡廖斯特罗②的偏爱。圣伯夫接着说道,他之所以

---

① 圣伯夫:《月曜日谈话》,第 2 卷第 443—463 页。——原注
② 卡廖斯特罗(1743—1795),意大利冒险家、魔术师,自称通秘术,曾在法国上流社会红极一时,后被控参与王后项链事件而被判刑。

坚持要指出巴尔扎克的这些弱点，目的在于"不让我们对于一位有杰出才能的人的崇敬和悼念，超出能够为人接受的限度"。同时他还肯定地说乔治·桑是一位比巴尔扎克更伟大的作家。我们希望——并且相信——这种说法会使乔治·桑感到不快。

＊　　＊　　＊

　　这里我要简单地交代一下这些戏剧中那些次要人物的下落。母亲大人(外孙女们称她为"好外婆")在巴尔扎克死后又活了四年，她继续宠爱她的女儿洛尔，折磨女婿絮尔维尔。当女婿远在外地忙于修桥开河之时，她喜欢去看她的女儿。她以她那形象化的语言写道："老猫不在家，老耗子可以跳舞了。"她一如既往，动不动发脾气，喜欢玩惠斯特牌，喝大量的重糖橘汁，不忘记为家里人庆祝生日，并且不停地向儿媳妇要钱："告诉我，为了纪念我们亲爱的死者，您始终爱着您那可怜的婆婆……我需要看病，买柴、付房租，我的钱只够维持到 2 月 1 日了……"①事实也是如此，奥诺雷·德·巴尔扎克夫人始终没让她缺什么。

　　根据代代相传的规律，洛尔也时常"神经质大发作"。她撰写一些美妙的故事，但销路不好。她的丈夫是个太富于创造性的工程师，设计的工程大大多于实践的工程。"好外婆"的最后一封信中"在她的好女儿的额头上留下一个热烈的吻"，然后便退出了人生舞台，这是 1854 年

　　---

　　① 斯波贝奇·德·洛旺儒的收藏：A.381，第 272、278 页及 A.391bis，第 40 页。——原注

8月1日的事。家庭经济每况愈下。絮尔维尔(即欧仁-米迪·德·拉·格尔纳雷)死于1867年,留下了十一万一千九百一十八法郎的资产,不过欠下的债务大概还高于此数,因此他的遗孀和女儿们拒绝继承遗产。可爱的莎菲嫁了一个比自己大二十岁的老鳏夫雅克·马莱,不久老头子离家出走,从此杳无音讯。莎菲被遗弃后不得不到一个老参议员马尔坦·杜·诺尔家里当家庭教师。妹妹瓦朗蒂娜·絮尔维尔与律师路易·杜阿梅尔结婚(杜阿梅尔后来升任儒勒·格雷维总统的秘书),死于1897年。可怜的亨利·德·巴尔扎克至死不知道他的生父冉·德·马尔戈讷在遗嘱中给他留下了一笔二十万金法郎的遗产,因为1858年3月11日亨利贫病交加地死于扎乌齐军医院,正好比他的生父去世早两个月。

好心肠的五金商——达布兰大叔始终和絮尔维尔一家保持着友谊。他在遗嘱中赠给洛尔一只银质大汤碗和五十件小玩意儿,给莎菲一只萨克森瓷盒和一只中国瓷茶杯,给瓦朗蒂娜的是巴尔扎克生前非常喜欢的一对景泰蓝花瓶。也许她们宁可得到"一点真正的钱",但是达布兰想到了所有的人——他那个区的穷人,朗布绮街的邻居,从前的仆人,以及数不清的叔伯兄弟,甚至还有卢浮宫博物馆。他的名字将同巴尔扎克的名字一起永远为后人所知,因为巴尔扎克的第一部作品《舒昂党人》就是献给这第一位朋友的。

深沉寡言的卡罗少校死于1864年,珠尔玛为穷困所迫,不得不离开弗拉佩斯勒,隐居在诺昂-昂-格拉赛的"一间小农舍"里,她出版了一些儿童读物,其中较成功的有收入蔷薇丛书的《祖母的点心》《小雅娜或责任》等作品。她一直活到1889年,死在两个儿子之后。小儿子步兵上尉约里克,于1870年在色当阵亡。大儿子,森林水泽总督察伊万死于1881年。伊万的女儿玛德莱娜·卡罗嫁给乔治·佩耶尔,他后来当了审计法院首席法官。他们俩的儿子是雷蒙·佩耶尔,笔名是菲利浦·埃里亚①。

巴尔扎克在遗嘱上指定他的夫人为全权继承人,并且承认欠她十三万法郎的债务,实际数目超过它的一倍。巴尔扎克遗赠给玛丽·弗勒内依一幅由布吕斯托洛讷装帧的吉拉尔东②的基督像,其实完全是赝品。纳卡尔医生、亚历山大·德·贝尔尼以及珠尔玛·卡罗都得到了不同的纪念品,这是对他们忠诚友谊的真挚谢意。

奥诺雷·德·巴尔扎克夫人完全可以拒绝继承这样一笔债务累累的遗产。但是她却坚决地付清了全部债务,并且赡养老婆婆,使她免受饥寒。不过有的时候外国女子毫不客气地让她感觉到这件好事的分量。有一次老太太要求增加生活费,她冷冷地答复道:"我想除了按时付给您规定的生活费之外,我没有对您做过其他的许诺,我可以明确地告诉您,这对我来说已经很不容易了。您比任何人都清楚,我的全部财产都已落入令郎的债权人手中……"③夏娃·德·巴尔扎克致公证人德拉帕尔姆的信中写道:"在我婚后的四个月中,我并不是巴尔扎克的夫人,而是他的看护。我为了护理病入膏肓的丈夫而毁坏了自己的健康,正如我继承了他留给我的债务和困境而毁掉了我个人的财产……"④这一切都是言之有据的。

夏娃琳娜的丧夫之痛是真挚的,强烈的,然而也是短暂的。她给纳卡尔医生的信中说她如今只是一个失去灵魂的躯体,这是巴尔扎克式的夸张语言。"不,亲爱的医生,虽然您有无比透彻的理解力,您仍不能

---

① 菲利浦·埃里亚(1898—1971),法国小说家及戏剧家。
② 吉拉尔东(1628—1715),法国雕刻家。
③ 见《巴尔扎克年鉴》(1961)第 92 页。——原注
④ 斯波贝奇·德·洛旺儒的收藏:A.391,第 131—136 页。——原注

设想此刻我所经历的巨大哀痛。您不知道当我的生活只剩下痛苦的时候,需要多大的勇气才能继续活下去……"为了纪念奥诺雷,她把丈夫那根著名的绿松石镶柄手杖赠送给了纳卡尔医生。

比尔博盖之死,使莫尼泽夫妇深为震惊。安娜信中写道:"喔!我亲爱的、无与伦比的宝贝母亲……今后我们将以全部生命来缓和你这无比的辛酸与痛苦。"小两口卖掉了在俄罗斯的大部分产业,只留下威尔卓尼亚庄园托付给克诺特医生照管。他们来到巴黎,在那座"不吉祥的房子"隔壁建造了一座豪华的公馆,地皮是从画家居丹手中购进的。乔治收藏的蝴蝶存放在许多玻璃橱内。

五十岁的奥诺雷·德·巴尔扎克夫人依然相当吸引人,且容易受吸引。巴尔贝·德·奥尔维利说:"就她现在这模样,也足以令人神魂颠倒……她具有一种庄重和高贵的美,尽管略嫌肥胖臃肿,但是她善于在丰满中保持一种活跃的魅力,加上她说话时那美妙动听的外国口音和给人印象极深的性感的体态,真是火上添油……"的确,她让年轻的尚弗勒里不由自主地动了情。巴尔扎克去世时他正好不在巴黎,回来后便去探望这位遗孀。她非常热情地接待他,甚至过分热情了,她请他帮助整理她那著名的丈夫的遗稿。

尚弗勒里回忆道:

> 那天我觉得头痛,同她谈话时,我多次用手托住我的前额。
>
> "您有什么不舒服?"她问。
>
> "不知道,大概是神经痛。"
>
> "我来给您治一治。"
>
> 她转到我身后,用双手揉我的前额。在这种情况下,产生了一种磁流,它吸住了我,以至于我们并未就此止步。

于是开始了一段暧昧关系。尚弗勒里比这位"美丽的萨尔玛特①"要年轻二十岁。她在 1851 年 5 月 13 日给他的一封信中写道:"每天晚上我都到一些歌舞咖啡厅去消遣,前天晚上我开怀大笑,有生以来我还从来没这样笑过。——一个人能够无牵无挂,无忧无虑,独立不羁,自由自在地生活在巴黎真是快活。"②显然,夏娃迷恋上了巴黎的生活,因为她从此再也没有回国去过。

作家的遗孀都有责任整理丈夫的遗著。夏娃委托杜塔克准备出版一部全集,更确切地说,是一部经过补充的全集,因为她坚持要把仅仅开了一个头的两本小说《阿尔西的议员》和《小市民》收进去。为了完成这两部书,她本想让她的情人充当她丈夫身后的匿名合作者,但是尚弗勒里拒绝去做这件他自己并不赞同的事情。于是她为了拉住这位不由自主的情人,使用了种种手段。

夏娃·德·巴尔扎克致信尚弗勒里:我要告诉你,昨天我有一笔小小的意外进项,里面有几枚黄澄澄、光灿灿的共和国新金币,我特地把它们留在一边,因为对我来说它们太年轻太欢快了……③

此外,巴尔扎克当年给外国女子写信时使用的印封章也用在了尚弗勒里给夏娃的信封上。说明她不仅送他金路易,还加上了伟人巴尔

---

① 萨尔玛特,指从中亚移居俄国波兰境内的人种,此处指夏娃琳娜。

② 斯波贝奇·德·洛旺儒的收藏:《夏娃·德·巴尔扎克和尚弗勒里的通信》,A.389,第 60—65 页。——原注

③ 斯波贝奇·德·洛旺儒的收藏:《夏娃·德·巴尔扎克和尚弗勒里的通信》,A.389,第 60—65 页。——原注

扎克的遗物。也许是她想要在尚弗勒里的生活中扮演过去在青年巴尔扎克身边的成熟老练的 Dilecta 的角色。但她这种使巴尔扎克神魂颠倒的哥萨克风味的神秘主义和热烈的肉欲很快就吓退了尚弗勒里。因为夏娃醋劲十足,十分专横,使他觉得自己好像有一位叶卡捷琳娜女皇似的情妇,他决意躲开她。然而他每次企图逃跑,她都以整理巴尔扎克未完成作品的借口召他回来。终于,1851 年 11 月因忌妒而发生的一次争吵导致他期待已久的破裂。

与尚弗勒里分手之后,夏娃求助于夏尔·拉布,把完成《人间喜剧》的使命交托给他。

夏娃·德·巴尔扎克致信阿尔芒·杜塔克:我选择拉布先生来续完这部作品,因为在我丈夫临终前的病榻边,我们谈及如何结束他的未完成作品时,他提出了拉布先生……①

死无对证,死者的遗孀提供了只有她一个人听到过的无可辩驳的证词,她可以任意使用这种权利。

巴尔扎克曾经在《君主主义联盟》报上(从 1847 年 4 月 7 日至 5 月 3 日)连载过《阿尔西的议员》的前十七章。他死后,人们并未从他的抽屉里找到后续部分,但是夏娃自告奋勇向拉布提示小说的结尾,说是她丈夫生前曾对她描述过。她说道:

我来告诉他我所知道的巴尔扎克先生关于《阿尔西的议员》

---

① 斯波贝奇·德·洛旺儒的收藏:《夏娃·德·巴尔扎克和尚弗勒里的通信》,A.272,第 228 页。

一书的构思……我对《人间喜剧》中的人物比对现实世界的人物更熟悉。因此，人们若想了解以伟大天才和坚强意志创造的这个人口众多的不朽的大家庭中某些人物的习惯、品性、与各方面的关系，以及行为姿态等方面的细节，往往都要求助于我……①

拉布在这位遗孀的指点下投入工作。到 1852 年《立宪报》上发表的时候，小说已拉长到连载一百零一次。其中只有前面的三十一段是作者生前在《君主主义联盟》上发表过的。属于巴尔扎克的这一部分后来被题名为《选举》。在《立宪报》上发表的长篇巨著总名为《阿尔西的议员》，共分三部：《选举》、《萨尔诺夫伯爵》和《博维萨热一家》。以巴尔扎克的名义发表，并未提及合作者拉布。②

夏娃给杜塔克的一封信中谈及《小市民》一书：

> 我很高兴拉布先生能够把它续完，因为我相信巴尔扎克先生只可能选择他来完成这部作品。这并不是一种假设，而是明确的信心，因为他在病中曾对我说："我想见一见拉布，也许他愿意承担《小市民》的收尾工作……"③

此书的第一部（出版于 1856 年）分为二十七章，其中二十二章是巴尔扎克的手笔。1857 年问世的《小市民》第二部则完全是拉布的手笔。出版过《阿尔西的议员》单行本（这是在米歇尔·莱维推出震动文坛的二十四卷八开本的《全集》之前）的波泰在刊印《小市民》时，鼓起勇气

---

① 斯波贝奇·德·洛旺儒的收藏：A.272，第 21 页。——原注
② 斯波贝奇·德·洛旺儒的收藏：A.272，第 21 页。
③ 斯波贝奇·德·洛旺儒的收藏：A.272，第 10 页。

在内封上注明:本书由夏尔·拉布续完。

1851 年,来自弗朗什-孔泰的马掌匠之子,著名画家冉·吉古①,为莫尼泽伯爵夫人画了一张肖像。这位画家每次在沙龙里展出他的历史性的"巨幅画卷"时,所有的报纸都要赞美他那"男性的才华"。安娜有一次带母亲到这位艺术家的画室里去,巴尔扎克夫人于是也请他为自己画像。这位粗犷、剽悍而又恭顺的画家征服了她。从 1852 年起,他们实际上成了夫妻,因为这种关系一直继续到 1882 年 4 月 10 日夏娃琳娜病逝。功成名就的老吉古,蓄着高卢人的小胡子,比她多活了十二年。这对奇异而忠实的伴侣一直住在巴尔扎克夫人孀居以后在圣乔治新城区买下的博雷加尔堡。

外国女子的晚年由于孩子们的不幸而黯然失色。巴尔扎克早已发现安娜酷爱华丽昂贵的服饰和珍宝,她抵挡不住巴黎的诱惑。尚蒂伊的花边披肩,阿朗松的镂花枕套,沃兹的名牌裙袍,漆雕屏风,中国瓷器,光彩夺目的首饰,使威尔卓尼亚的女继承人倾家荡产。她所热爱的丈夫,有着圣徒般温和的面孔和神秘眼神的乔治伯爵于 1875 年患脑溢血,从此神志不清,再也没有康复。他珍藏的蝴蝶被变卖一空,威尔卓尼亚庄园早已为夏娃琳娜的哥哥亚当·热武斯基所有。

安娜的丈夫和母亲于 1881 年和 1882 年先后去世,这时她已一贫如洗,只得卖掉博雷加尔堡,隐居在伏吉拉尔街的圣母十字架修道院。"生活于贫困之中,她依然保持着当年富裕环境中的性格,善良可爱,像小鸟一样天真无邪,她曾经非常招巴尔扎克喜欢。"1915 年她在修道院去世,遗赠给曾经照料她的修道院长一只象牙镶嵌的孔雀石匣,有玫瑰色丝绒衬里,从前巴尔扎克用它保存韩斯卡夫人的来信,上面刻有 H.L.

---

① 冉·吉古(1806—1894),法国画家、雕刻家和收藏家。

两个字母,是希伯来文中*亲爱的夏娃*(Heva Lididda)两字的字首。修道院长把这件宝物高价转让给以"巴尔扎克研究权威"著称的马赛尔·布特隆①。开价之高,远远超过布特隆的经济能力,但是他奔向自己存放钱币的柜子,大把抓起自己所有的钞票,连数都不数,悉数扔给修道院长,从此就由他珍藏着这只神圣的匣子。

卡罗琳娜·玛尔布堤继续写她的《旅途诗话》,以克莱尔·布吕纳为笔名发表自传体小说。在《错位》一书中,她描写了一位外省贵妇人在巴黎的失望。

她一度成为巴斯托雷侯爵②的情侣(他忠实于王位觊觎者亨利五世的事业,还充当过亨利五世在法国的代办),她以这段艳史为背景写了《普莱西欧侯爵或三个时代》。后来她与侯爵的破裂闹得沸沸扬扬。巴斯托雷侯爵曾经托她保存一只小盒子,里面锁着一些机密文件,正是他进行保王活动的铁证。感情破裂之后,卡罗琳娜大概想利用这些文件对他进行报复。有好几个人在回忆录中肯定她曾把这只小盒子卖给路易-菲力浦的警察当局。而她则在克莱尔·布吕纳的私人日记中含糊其辞而又激烈地否认她进行过要挟威胁。她自称仅仅是企图以这些文件换取一笔被抛弃的补偿。无论如何,小盒子事件使玛尔布堤夫人落下一个不光彩的冒险家的名声。还是高尚的迪迪娜③比她的名誉好得多。

1890年2月16日,八十七岁高龄的卡罗琳娜在爱丽舍田园大道穿越马路时跌倒在地。一辆公共马车从她身上碾过。她被送进博戎医院

---

① 马赛尔·布特隆(1877—1962),法国学者,曾任法兰西研究院图书馆馆长、法国图书馆馆长,毕生从事巴尔扎克研究,是公认的学术权威。

② 巴斯托雷侯爵(1756—1840),法国政治活动家。

③ 指《外省的诗神》中的女主人公。

（距离巴尔扎克去世时住的房子只有两步之隔），再也没有恢复神志，当天就死在医院里，过后才弄清楚她的身份。早在她的女儿二十三岁上夭折时，她就在拉雪兹神甫公墓买下了一块永久性的坟地，她安葬在那里，与巴尔扎克和外国女子为邻，离他们的墓地不远。

古庸的寡妇海伦·德·瓦莱特一如既往地行为不轨。两个互相容忍的保护人始终对她十分眷恋，同她生过一个私生子的贵族老爷后来正式承认了这个男孩，使他结了一门不坏的亲事。海伦最后同伊波利特·拉雷像夫妻一样居住在巴黎里尔街九十一号，于 1873 年 1 月 14 日死在那里。她始终在伯爵和男爵之间维持着一种巧妙的平衡。由于她曾经一度成为巴尔扎克的玛丽之一，她的遗赠财产承受人拉雷男爵从她的遗物中发现了《贝阿特丽克丝》的校样和一封巴尔扎克写给玛丽·×××夫人的亲笔信，男爵把这两件东西赠送给图尔市图书馆，并且细心而天真地隐瞒了收信人的真实身份。

同巴尔扎克和外国女子、安娜和乔治·莫尼泽以及卡罗琳娜·玛尔布堤一样，海伦·德·瓦莱特死后也葬在拉雪兹神甫公墓，那个地方的土地和墓碑下埋葬着多少与巴尔扎克有关的故事啊！

安葬了死去的人之后，应该回过头来谈谈那些永远活着的人，他们是：高老头、葛朗台、于洛、贝特、邦斯、拉斯蒂涅、吕邦泼雷、包比诺、皮罗托、高布赛克……他们生活在我们的周围，经常和我们交往，他们帮助我们认识始终没有多大变化的人类。卡迪央王妃、埃斯巴侯爵夫人之流继续演出她们精明而残忍的戏剧，高里奥的女儿们还在不停地剥削她们的父亲，不止一个贝纳西在努力拯救法国的村庄，在离我们不远的地方，蒙柯奈将军刚刚卖掉他的庄园，而且总有那么一个戈贝坦把它买下。

年复一年，在全世界，忠实的读者越来越多。任何一家出版商只要再版《人间喜剧》，很快就销售一空。巴尔扎克的不朽声誉远远超过那天雨果在拉雪兹神甫墓地上，面对薄雾笼罩的夕阳所发表的那篇美丽的颂词。1842 年巴尔扎克写道："对我做出公正评价的时刻尚未来临。"这种不公正顽固地持续了很久。他死后很长一段时期，评论界对他仍持保留态度。"所有高大的建筑都投下阴影，有些人则只看见阴影。"自然主义者错误地把他当作自己的祖先，尽管左拉自认为从巴尔扎克的政治观和神秘主义中瞥见"一线天才之光"。法盖①在 1887 年还指责他的"外省公证人帮办的思想"和粗俗的文风。

但是最先承认他伟大的，还是那些伟人，雨果之后，有波德莱尔赞赏他，然后是陀思妥耶夫斯基、勃朗宁②、马克思、斯特林堡③，再往后是普鲁斯特、阿兰，再就是全世界了。学院派的评论家们，如法盖、布吕纳蒂耶④等人终于不得不认错。先是泰纳⑤，然后是布尔热⑥，指出巴尔扎克既是观察家，也是一位思想家，而且是后者指导着前者。不过他所处的历史时代对他起了很大作用。他生活在一个幻想破灭的时代。由于大革命和拿破仑帝国，人们在内心积聚起一股超人的力量，反英雄主义的复辟王朝和资产阶级王朝没有能力使用这股力量。1830 年和1848 年两次软弱的革命只消耗了这股力量中微不足道的一小部分。巨大的过剩能量推动了伟大的事业，这就是工业革命和《人间喜剧》的诞生。

十九世纪末叶是平平的年代，人们寄希望于科学的进步，而否认或

---

① 法盖(1847—1916)，法国评论家。
② 勃朗宁(1812—1889)，英国诗人。
③ 斯特林堡(1846—1912)，瑞典作家、戏剧家。
④ 布吕纳蒂耶(1849—1906)，法国文学评论家。
⑤ 泰纳(1828—1893)，法国文学评论家、哲学家和历史学家。
⑥ 布尔热(1852—1935)，法国作家，以对文学心理学的研究驰名文坛。

忽视巴尔扎克所揭示的严酷现实。相反,我们这个世纪经历了两次大战,像巴尔扎克一样看到了社会的大动荡、大反复,一些人突然失败,一些人以惊人的速度上升,因此我们这个时代似乎与巴尔扎克更接近。像法盖这样的人如何能够理解菲利浦·勃里杜呢?他一辈子也不曾见过这类事情。而我们却看到了我们的半饷军人、我们这儿的谋杀行凶、阴谋诡计以及种种神秘案件。我们时代的学者证实了巴尔扎克关于物质的统一性的思想,并且致力于绝对之探求。他们和巴尔扎克一样相信思想是一种物质的运动。精神与人体医学的全部研究都肯定了路易·朗贝尔的直觉预感的存在。在巴尔扎克的《赛查·皮罗托》一书中有这样一句话:"一系列的偶然连在一起就形成了一种天意。"这是对统计学法则的预言。

和巴尔扎克同样伟大的普鲁斯特熟悉《人间喜剧》中的每一个细节,对于一部如此伟大的作品竟然出自一个生命短暂、挣扎于困苦与平庸之中的作者之手,他一定不会像别人那样吃惊。维勒帕里西斯不就是普鲁斯特的伊里埃镇吗?他的莱奥尼姑妈颇像是"神圣家庭"中的一员,而莱迪吉耶尔街上的小阁楼也不比他在奥斯曼大街上那间软木地板的房间更凄凉。"创造天才作品的人并不是生活在最优雅的环境中的人。"从巴尔扎克懂得在作品中曲折地反映他母亲的严厉目光、失宠孩子的怨恨、旺多姆学校楼梯间里的阅读、第一次闻到的"女人的气息"、妹夫的失败、高利贷者的卑鄙、幻想的破灭以及出神入化的创作境界那一天起,他就以自己的心血滋养着他所创造的人物。在耗尽生命之后,他年轻轻地死去。但是,谁不愿意成为一个巴尔扎克呢?